国家社会科学基金项目成果（16BDJ04B）

新民主主义革命时期进步出版活动史料整理与研究

陈矩弘　著

浙江大学出版社
·杭州·

图书在版编目（CIP）数据

新民主主义革命时期进步出版活动史料整理与研究 / 陈矩弘著. -- 杭州：浙江大学出版社，2024.8
ISBN 978-7-308-25005-4

Ⅰ.①新… Ⅱ.①陈… Ⅲ.①出版工作－史料－研究－中国－1919-1949 Ⅳ.①G239.295

中国国家版本馆CIP数据核字(2024)第104184号

新民主主义革命时期进步出版活动史料整理与研究
XINMINZHUZHUYI GEMING SHIQI JINBU CHUBAN HUODONG SHILIAO ZHENGLI YU YANJIU

陈矩弘　著

责任编辑	平　静
责任校对	黄梦瑶　汪　潇　张培洁
封面设计	周　灵
出版发行	浙江大学出版社
	（杭州市天目山路148号　邮政编码　310007）
	（网址：http://www.zjupress.com）
排　　版	杭州林智广告有限公司
印　　刷	浙江新华数码印务有限公司
开　　本	710mm×1000mm　1/16
印　　张	38
字　　数	681千
版 印 次	2024年8月第1版　2024年8月第1次印刷
书　　号	ISBN 978-7-308-25005-4
定　　价	188.00元

版权所有　侵权必究　印装差错　负责调换
浙江大学出版社市场运营中心联系方式：0571-88925591；http://zjdxcbs.tmall.com

前　言

　　新民主主义革命时期中国共产党及其领导下的进步出版业是在艰难曲折的环境下萌芽、发展和壮大起来的，它见证了一个政党、民族乃至一个国家成长的历史轨迹。因此，对于这一时期党领导下的出版工作历史加以系统梳理和研究，无疑具有十分重要的历史和现实意义。由于当时战乱和时局动荡，自然灾害，人力、财力、物力和技术力量限制，再加上日后的部门撤并、人事变动等诸多因素，造成许多珍贵的中共出版史料的散佚，老一辈党的出版工作亲历者和见证者的相继离世更使得一些生动形象地反映当年出版工作真实细节的史料缺失。

　　中国共产党历来注重党的各种史料的保存、整理和发掘工作，中共中央下发的《中共中央关于加强和改进新形势下党史工作的意见》（中发〔2010〕10号）强调，要"切实做好党史资料搜集整理工作""继续抢救新民主主义革命时期党史资料""逐步编纂出版编年史、专门史等其他党史基本著作"。因此，开展对新民主主义革命时期中共出版史料的抢救性发掘、整理和研究工作，已是刻不容缓。本书正是在这一背景下，对新民主主义革命时期中国共产党领导下的出版活动展开全面深入的资料整理与研究。

　　近年来，国内外学者对于中国共产党在新民主主义革命时期的出版活动从文化史、新闻史、出版史、传播史等多角度进行了考察，研究视角和方法逐渐丰富多样。但是，从整体来看，学界对于中共出版业微观考察较多，宏观审视和整体研究较少，目前还没有一部对新民主主义革命时期中共出版工作进行系统研究的专题论著。从研究内容上看，学界多侧重对中共各时期的报刊和马克思主义经典著作的研究，而对中共出版管理制度、出版方针政策、出版经营方式、中共各阶段出版业之间的传承关系等问题研究较少。针对以上问题，当前有必要在继续深入发掘相关史料的基础上，对此展开系统深入的研究。

　　本书以新民主主义革命时期中国共产党及其领导下的进步出版业为考察对象，在充分挖掘各种文献资料、实物资料、口述资料等的基础上，通过对党的出版管理体制、出版方针政策、书刊编辑、出版、发行及传播活动的系统梳理和全面考察，从而建构起新民主主义革命时期中共出版业发展的完整理论框架。

本书采用以时间转移为经线、以事件发展为纬线的思路进行框架构建，重点整理和研究以下几个方面的内容：（1）对新中国成立之前中国共产党出版的图书、报刊的整理和研究。探讨其主要内容、编辑和发行特色以及在传播马克思主义，宣传党的路线、方针和政策，传播进步知识和文化等方面的贡献。（2）对新中国成立之前中国共产党创办的出版、印刷、发行机构史料的发掘整理和研究。探讨该时期中国共产党领导下创建的出版机构的创办背景及其所开展的出版发行业务工作，重点分析这些出版机构在出版选题方面的特色，出版品种、类型、数量，书刊宣传和推广策略，以及在当时严酷的出版环境下开展斗争的策略。（3）对新中国成立之前中国共产党在出版领域为反对国民党的文化"围剿"政策的研究。主要探讨自中国共产党成立至解放战争时期中共领导下的进步出版界为反对国民党当局的书刊查禁政策而展开的斗争策略。（4）对新民主主义革命时期中国共产党领导下的出版管理体制，出版方针、政策的研究。重点探讨中国共产党领导下的出版管理体制的特点，勾画并展示中国共产党领导下的出版业不断发展壮大的历程，分析其在推动革命出版事业的发展中所起的历史作用。

本书通过对新民主主义革命时期中共及其领导下的进步出版活动总体轮廓的勾画，向读者展示了一幅中共出版业在近30年峥嵘岁月里历经磨砺，从苦难走向辉煌的长时段画卷。作为一部专门以中国共产党在新民主主义革命时期的出版业作为独立考察对象的学术论著，本书力图结合当时的时代背景和出版环境对中国共产党在新民主主义革命时期的出版活动进行审视，在研究中注意考察时代环境与出版活动之间的关联，既探讨社会环境对于出版活动的影响，又研究出版对于政治、经济、文化发展的反作用。在叙事方式上，本书采用了史学界盛行的编年体、纪事本末体等记述方式，同时借鉴法国年鉴学派的"长时段"理论来开展研究。笔者认为，对新民主主义革命时期中共出版史资料的整理和研究，具有以下几点学术价值。

首先，有利于保存对中国共产党成长的历史记忆和价值认同。新民主主义革命时期的中共出版史是中共领导和发展出版业的历史记载，也是中共自身成长的历史印记，对其进行整理和研究，有助于人们了解中国共产党奋斗成长的历史轨迹，增强社会各界对于中国共产党的历史认同和价值认同。

其次，有利于厘清新民主主义革命时期中共出版业发展的历史脉络，推动中国共产党部门工作史研究的进展。本书通过整理现有成果，同时进一步挖掘档案史料、实地考察资料和出版口述史料等第一手资料，对中国共产党处于新民主主义革命时期的出版工作史料进行系统梳理和研究，厘清中共出版业发展的历史脉络，进而推动中共出版史研究的进展。

最后，有利于拓展中共党史、近现代出版史研究的内涵，为中共党史和近现代出版史研究提供新视角、新思路。本书基于"大出版观"的研究视角，从新闻史、传播史、出版发行史等多角度考察中共出版史，拓展和丰富了中国共产党党史和近现代出版史研究的内涵。

新民主主义革命时期中国共产党及其领导下的进步出版活动是新中国出版事业的源头活水，通过对这一时期党领导下的出版业发展历史的研究，有助于加深人们对于党的宣传出版工作的认识；有助于人们深入了解中国共产党领导下的出版业筚路蓝缕的艰辛开拓历程；有助于弘扬党的优良出版传统，总结出版工作中的历史经验和教训，从而更好地服务于当下出版业的改革和发展，推进社会主义出版强国和文化强国的建设。

目 录

第一章 绪 论 … 1
- 第一节 关于出版史的概念、研究对象和研究内容 … 1
- 第二节 新民主主义革命时期进步出版业发展历程回顾 … 6
- 第三节 新民主主义革命时期进步出版业的主要特征 … 28

第二章 五四运动和中国共产党诞生时期的出版活动 … 35
- 第一节 五四时期办刊高潮的兴起 … 35
- 第二节 《新青年》的编辑与发行特色研究 … 48
- 第三节 《共产党》月刊的秘密出版 … 58
- 第四节 新文化运动中"四大周刊"的出版 … 66
- 第五节 《劳动界》《劳动者》《劳动音》的出版 … 80
- 第六节 五四时期进步出版机构的创建 … 88

第三章 中国共产党的创建和大革命时期的进步出版活动 … 105
- 第一节 中国共产党早期出版管理体系考察 … 106
- 第二节 中共成立初期创办的出版发行机构 … 111
- 第三节 陈望道和《共产党宣言》的翻译出版 … 124
- 第四节 蔡和森与《向导》周报的出版 … 129
- 第五节 大革命时期的爱国进步出版活动 … 136
- 第六节 大革命时期的新文学运动及其出版活动 … 152

第四章 土地革命战争时期中共领导下的出版业 … 159
- 第一节 白色恐怖统治下中共出版工作的斗争策略 … 159
- 第二节 《布尔塞维克》的编辑与发行特色 … 172
- 第三节 中共地下出版发行机构的创办 … 179
- 第四节 中共领导下的左翼文化出版事业 … 188
- 第五节 中央苏区时期的出版活动 … 205

第六节　《红色中华》《青年实话》《斗争》《红星》出版 ………… 235
第七节　土地革命战争时期各革命根据地的出版活动 …………… 254
第八节　东北抗联的成立及其出版活动 …………………………… 270
第九节　土地革命战争时期中共出版发行管理体系的建立 ……… 284

第五章　全民族抗日战争时期中共领导下的出版活动 …………… 302

第一部分　全民族抗日战争时期中共在国统区和沦陷区的出版活动 …………………………………………………………… 302

第一节　上海"孤岛"时期《西行漫记》的翻译出版 …………… 303
第二节　进步出版界的"空前巨业"——《鲁迅全集》出版考略 …………………………………………………………… 318
第三节　中共领导下国统区抗日救亡刊物的兴起 ………………… 338
第四节　《新华日报》和《群众》周刊的出版 …………………… 345
第五节　中共领导下的进步出版机构及其出版活动 ……………… 356
第六节　国统区进步出版界的反查禁斗争 ………………………… 370

第二部分　全民族抗日战争时期中共敌后抗日根据地出版业的勃兴 …………………………………………………………… 378

第一节　晋察冀抗日根据地的出版活动 …………………………… 379
第二节　陕甘宁边区出版管理机构的建立及其出版活动 ………… 397
第三节　山东抗日根据地的出版活动 ……………………………… 428
第四节　晋冀鲁豫抗日根据地的出版活动 ………………………… 441
第五节　晋绥抗日根据地的出版活动 ……………………………… 453
第六节　华中抗日根据地的出版活动 ……………………………… 468
第七节　华南抗日根据地的出版活动 ……………………………… 499

第六章　全国解放战争时期进步出版业的发展壮大 ………………… 506

第一节　东北的解放及其出版业的新生 …………………………… 506
第二节　中共及进步出版界争取出版自由的斗争 ………………… 517
第三节　解放区新华书店的发展壮大 ……………………………… 528
第四节　生活、读书、新知等进步书店的出版活动 ……………… 537
第五节　中华人民共和国成立前后党的出版工作 ………………… 547

第七章 结 语 ··· 561
第一节 新民主主义革命时期进步出版业的性质、规律和特点… 561
第二节 新民主主义革命时期进步出版业的地位、作用及影响… 566
参考文献 ··· 578
后　　记 ··· 595

第一章　绪　论

由于事物本身的复杂性和发展上的阶段性，再加之主体的认知差异，人们对于同一事物有不同的认识，从事物属性中抽象和概括出来的概念也不尽一致。对于何谓"出版"和"出版史"这一问题，学界也是众说纷纭，莫衷一是。科学的概念乃是人们深入认识事物的前提和基础，为了有助于本书写作的顺利开展，有必要对出版史等相关概念进行梳理。

第一节　关于出版史的概念、研究对象和研究内容

一、出版、出版史的概念

要研究出版史，弄清楚出版史研究的概念、研究对象和研究内容，首先要对"出版"这一概念进行界定。正如有学者指出的："以往的出版史研究有一突出的问题，就是没有对'出版'这一概念作一个明确的界定，没有对出版史研究的主题作一个明确的认定。'出版'往往被当作一个不言自明的概念，论者往往以自己的理解为基础来使用，这样就造成了'出版'一词的空洞或过于宽泛，也造成了出版史研究的过于宽泛及出版史研究主体的缺失。"[1]中国虽然有着悠久的出版业发展历史，但古代没有"出版"一词，而是用"刊行""刻印""印板""镌印""雕版""刊刻"等词来表示书籍的印制和发行。在我国，"出版"一词是在19世纪下半叶才从日语引进的，[2]直到清末才出现。据出版家王益考证，中国最早使用"出版"一词的是黄遵宪，他曾在1879年与日本友人龟谷的书信往来中提到"出版"这一词语。[3]在欧美国家中，"出版"一词，从词源上看，无论是英语的"publish"还是法语的"publier"，均来自拉丁文的"publicare"，本义为"公之于众"。1952年，《世界版权公约》对"出版"一词作出如下定义：本公约所用"出版"一词，是指作品以有形的形式复

---

[1] 胡国祥：《近代传教士出版研究》，华中师范大学出版社，2013年，第1页。
[2] 肖东发：《中国编辑出版史》，辽宁教育出版社，1996年，第3页。
[3] 王益：《"出版"再探源》，《出版发行研究》，1999年第6期。古少甫认为是梁启超在1899年的《自由书》中第一次使用"出版"一词。见《"出版"考（续）》，《出版发行研究》1991年第5期。

制（reproduction），并把复制件向公众发行（general distribution），使作品能供阅读或观赏。[1]这一定义的核心是"复制件向公众发行"。

由于所处的语言环境和文化背景不同，国内外关于"出版"一词的定义也不完全相同。在我国，有不少学者对"出版"的概念进行了深入广泛的探讨，出版史专家肖东发先生认为："出版就是将人类的精神成果经过选择、编辑、加工，记录在一定载体上，公之于众，向社会广泛传播的活动。"[2]蔡克难先生认为出版是"编辑活动的重要组成部分，即对他人作品（信息）进行规模化物化复制，使之有利于扩散的一种信息传播活动"[3]。学者庞沁文倾向于从出版人角度对出版的内涵进行界定，他指出："出版是出版人面向社会，提出选题由作者创作出作品，或者直接选择作品，经编辑复制后向公众发行，经接受者接受后对社会产生影响的活动。"[4]学者李新祥认为，"出版"并非一个即时性的静态范畴，而是一个动态的过程性范畴。[5]

总的来看，尽管目前学界对于出版的认识多种多样，但是"复制并向公众发行"作为出版的核心环节在学界已经达成共识。

关于"出版史"的概念，目前国内专家学者也存在一些分歧。[6]张召奎认为：出版史是研究出版事业产生和发展历史的科学，出版事业史研究的范围包括出版编辑史、出版印刷史、出版发行史三个方面。出版史研究对象包括两个方面：一是书刊的意识形态；二是书刊的物质形态。[7]宋原放、李白坚认为：出版史是研究文化史诸侧面（哲学史、思想史、文学史、史学史、风俗史、民族史、科技史、学术史等）的物化及传播过程。出版史可称作是文化史的技术构成史，是文化史的重要构成部分。[8]持这一观点的还有吉少甫，他认为，中国出版史是中国文化史的组成部分，是中国文化史的专业史。[9]

---

[1] 林穗芳：《有关出版史研究的几个问题》，《出版史料》，2003年第2期。
[2] 肖东发：《出版是永远的朝阳产业》，《现代出版》，2012年第5期。
[3] 方卿、徐丽芳：《出版学研究进展》，武汉大学出版社，2017年，第75页。
[4] 庞沁文：《出版的基本规律是什么》，《编辑学刊》，2010年第4期。
[5] 李新祥：《出版学核心》，中国书籍出版社，2010年，第148—149页。
[6] 宗合：《中国出版史研究的主要分歧》，《中国出版》，1996年第7期；魏玉山：《出版史研究百年沿革（三）》，《出版发行研究》，2002年第7期。
[7] 张召奎：《中国出版史概要》，山西人民出版社，1985年，第10页。
[8] 宋原放、李白坚：《中国出版史》，中国书籍出版社，1991年，第8页。
[9] 吉少甫：《中国出版简史》，学林出版社，1991年，第1页。

二、出版史研究对象和内容

关于出版史的研究对象，刘光裕先生认为出版史是研究"历史上以公众传播为宗旨，以作者为起点、读者为终点的书籍传播"[①]。这一界定特别强调了"书籍面向公众传播"这一重要特征，以书籍是否向公众传播作为区别出版与非出版的重要依据。笔者认同这一看法，因为作者和出版部门出版图书的目的并不是供自己阅读，而是供读者阅读、鉴赏、收藏，以作者为起点的图书著述经过编辑、印刷、发行等一系列流程，最终转到读者手中，从而实现知识和信息的传播，这一过程就是出版。

由于古代传播知识文化的载体主要是纸质的书籍，上述观点仅强调把"书籍向公众传播"作为出版史研究对象。随着时代的发展和科学技术的进步，传播知识信息的载体日益丰富，尤其是近代以来，报纸和期刊已成为继书籍之后传播信息和知识的新的重要载体。因此，这里需要进一步厘清的问题是，要不要把报纸和期刊纳入出版史研究？对此，国内外学者也有不同观点。研究学者魏玉山认为："报纸、杂志是出版物的不同形态，报刊出版是出版业发展到一定阶段的产物，报刊出版也是出版业的重要组成部分，特别是近现代出版史，更是不能缺少报刊出版的方面。如果在出版史中不研究报纸、杂志，甚至不充分地研究报刊史，那么我国的出版史是不完整的。"[②]出版史研究学者张召奎也认为，出版的外延包括了报纸和期刊。[③]

笔者对于以上两位学者的观点持认同态度，认为出版史的研究对象应将报纸和期刊纳入考察视野。因为，近代以来，尤其是五四新文化运动以来，报纸和期刊已成为继书籍之后的重要出版载体。报纸、期刊与书籍相比，具有出版周期短，知识更新速度快，售价较低，印制成本相对低廉和携带方便等诸多优点。因此，近现代以来，各政党组织、政治团体和社会组织均十分重视报刊的创办，重视运用报刊这一重要媒体来表达立场观点和宣传自身的政治主张。因此，在近现代出版史研究中，如果把报刊排除在考察对象之外，那么这一研究是不完整和有局限的。

出版史不是著作史，也不等同于图书史。出版史是研究出版活动历史和规律的一门科学。出版史研究的对象包括图书、报纸、期刊等出版物。出版史研究专家魏玉山认为，出版史研究的主要内容应包括：第一，研究

[①] 刘光裕：《先秦两汉出版史论》，齐鲁书社，2016年，第6页。
[②] 魏玉山：《出版史研究百年沿革（三）》，《出版发行研究》，2002年第7期。
[③] 张召奎：《中国出版史概要》，山西人民出版社，1985年，第9页。

图书、报纸、期刊等出版物的编辑、印刷、发行历史;第二,研究出版各个环节之间的联系与关系;第三,研究出版与社会政治、经济、文化等因素的关系;第四,研究出版机构、出版人物的历史。[①] 基于这一考察,本书把期刊和报纸纳入研究视野是有一定学理基础的,当前国内一些出版史专著仅关注图书,在编辑、印刷(复制)、发行三个环节中,仅局限于考察图书的编辑这一环节,是不符合出版史研究的总体要求的。

三、本书研究的几点说明

根据以上对出版、出版史相关概念,出版史研究对象和研究内容等相关问题的考察,同时,结合本书研究的实际,特对有关问题作如下说明。

第一,本书研究的出版物对象为图书、期刊和报纸,重点研究书刊的编辑出版和发行。本书吸收了学界大多数出版史专家的观点,把报纸和期刊纳入研究内容,因为在出版史,尤其是近现代出版史研究中,如果摒弃丰富的报刊不论,那么近代出版史就纯粹变成一部近代书业史或图书史,这样的出版史研究就过于狭窄和不完整了。但是,也要防止把出版史研究范围定得过于宽泛。因为根据上面对出版、出版史等相关概念的理解,有些事物并非出版史对象,如果把一切与文字或文学艺术有关的内容都纳入出版史研究的领域,"将导致出版史研究存在'范围过于宽泛'、'主体对象缺失'的问题"。[②] 出版史研究虽然是文化史研究的重要组成部分,但出版史不能等同于文化史,二者在研究对象、研究内容和范围上是有区别的。出版史研究应紧紧围绕出版物(书籍、报刊)的"编、印、发"这一主题来展开,如果把研究对象和范围定得过于宽泛,实质上是偏离了出版史研究的应有主题。因此,鉴于以上观点,再加之研究时间和精力所限,新民主主义革命时期的文书、簿册、墙报诗(画)、枪杆诗、宣传画、木刻艺术、革命标语、革命宣传口号等,未纳入本书研究范畴。从地域来说,本书对中共出版业所进行的考察,重点关注的是中共在全国出版中心、大中城市、革命根据地、解放区、重要出版地域的出版活动情况,因为资料搜集和写作篇幅局限,有关偏远地区和县区及以下的出版活动只作涉及性评价,不作为考察的重点,而且研究这些地区的出版业也大多着眼于地方正式出版的报刊,其他一些小报,因其资料散佚严重、影响力和传播范围较小等,均未纳入本书的研究范畴。

第二,本书研究的时间范围是自新文化运动兴起至中华人民共和国

---

① 魏玉山:《出版史研究百年沿革(三)》,《出版发行研究》,2002年第7期。
② 胡国祥:《近代传教士出版研究》,华中师范大学出版社,2013年,第19页。

成立之前。虽然中国共产党的成立时间是在1921年，但中国共产党的创建不是一蹴而就的，它经历了一个酝酿和孕育的过程。在酝酿和孕育阶段，早期共产主义知识分子陈独秀、李大钊、毛泽东、李达等人就开始办报办刊，从事马克思主义的传播活动。陈独秀创办的《新青年》在俄国十月革命胜利后，就开始转变为宣传马克思主义的刊物。1918年11月，李大钊在《新青年》第五卷第五号发表《庶民的胜利》和《布尔什维主义的胜利》两篇文章，热情颂扬俄国十月社会主义革命，高举起马列主义的伟大旗帜。1918年，李大钊、陈独秀共同创办《每周评论》，并在上面发表了大量宣扬社会主义革命的文章。因此，在五四运动爆发前，陈独秀、李大钊等一批先进知识分子就通过《新青年》《每周评论》等刊物，开始了马克思主义的宣传。[1]五四运动爆发后，《湘江评论》、《共产党》月刊等一批进步和革命刊物相继创办。毛泽东主编的《湘江评论》积极传播反帝反封建的民主革命思想，李达主编的《共产党》月刊系统地介绍了马克思主义理论。中国共产党成立前夕，这些进步和革命刊物的出版，为中国共产党的成立奠定了思想理论基础。因此，在研究中国共产党出版史的过程中，把中国共产党成立前夕的出版活动纳入研究范围，才能使本书的研究显得更加完整，才能弄清楚中共出版业发展的来龙去脉。

第三，在资料的搜集、运用和写作方式上，有三点需要说明：

（1）本书注意搜集和使用原始文件，将各时期中共中央和各级党委政府发布的决议、公告、通知等文件，出版当事人之间往来书信，当事人回忆录和口述资料，以及当时出版的报刊和书籍上刊载的信息作为研究的资料来源。对于当事人的回忆录和口述资料，史学界基本上公认为回忆录和口述资料应属于第一手的原始材料。从党史研究角度来看，回忆录是从事党史研究的重要资料来源，正如党史研究专家龚育之先生所说："当事人的回忆，可以提供许多档案文献中所没有的可能是很重要的东西，可以提供许多生动的背景和细节，可以使档案文献中一些材料由于当事人的回忆而得到说明乃至补正，可以说，许多回忆不但补充了档案的不足，而且使许多档案活动起来了，站立起来了。"[2]由于回忆录和口述资料是当事人对亲身经历事件的回忆，其叙事较一般的史料记载更加鲜活生动，基于回忆录和口述史这一原始材料的特殊性，本书尤为重视回忆录和口述材料的收集和整理，同时，在使用过程中，注意将其与其他相关史料进行对比分

---

[1] 郭德宏：《中国共产党图史》（上），山西教育出版社，2012年，第28页。
[2] 龚育之：《序一》，中共中央党史研究室第一研究部编：《七大代表忆七大》（上卷），上海人民出版社，2006年，第1—2页。

析，以求还原事实真相，做到研究的科学性和客观公正性。

（2）在档案资料的运用上，由于对新民主主义革命时期中共出版业的研究涉及中国共产党的历史，目前在档案的开放程度上还有诸多限制，笔者难以直接接触到大量的原始档案。因此，本书所涉及的档案资料主要为中央档案馆和地方各省市档案馆已经开放出版的档案。本书中涉及的中央和地方各级有关宣传出版工作的决议、指示、公告、通知、函电、出版会议记录等均为中央和地方各档案部门业已公开的文件。

（3）在写作方式上，本书对中国共产党出版活动的考察采取"以时间转移为经线、以事件发展为纬线"的总体写作思路。按时间先后顺序，将新中国成立之前的出版活动分为五四运动和中国共产党诞生时期、中国共产党的创建和大革命时期、土地革命战争时期、全民族抗日战争时期、全国解放战争时期五个发展阶段进行考察。"以时间为经，以事件为纬"展开叙事，是历史研究中一种较为主流和传统的叙事方式，它的优点是叙事线索比较清晰，前后章节具有逻辑性。以时间为主轴开展对新民主主义革命时期中共出版业的研究，不仅能向读者清晰地呈现中共出版业诞生、成长、发展、壮大的历程，而且在同一个时期内，又可以看到事物发展之间的联系，从而让读者看清中国共产党自诞生伊始至取得全国政权这段时间内出版活动的历史轨迹和大致轮廓。

第二节　新民主主义革命时期进步出版业发展历程回顾

中国共产党的出版史，是中国共产党领导下的整个革命斗争和建设事业史的重要组成部分。新民主主义革命时期，中共出版业的成长、发展、壮大，贯穿于整个新民主主义革命的过程。新民主主义革命时期中国共产党出版史的内涵十分丰富，它与我国近现代政治经济史和思想文化史有着密切的关联，是中国近现代革命史和中共党史的一个重要组成部分。研究新民主主义革命时期的中共出版史，对于了解新民主主义革命时期，中国共产党是如何利用出版这一利器来和反动阶级进行斗争，对于总结新民主主义革命斗争的历史经验，对于弘扬党的优良出版传统，对于进一步繁荣和发展中国特色社会主义出版事业，都具有极为现实的指导意义和启示意义。

新民主主义革命时期中共出版史大致可以分为五四运动和中国共产党诞生时期、中国共产党的创建和大革命时期、土地革命战争时期、全民族抗日战争时期、全国解放战争时期等五个历史发展阶段。

一、五四运动和中国共产党诞生时期的出版活动

五四运动时期，是中国近现代出版史上的一个高峰年代，也是中国共产党出版事业的孕育和发端时期。五四运动时期，国内各进步政治团体、社会组织和爱国青年为了宣扬自己的政治主张，倡导新文化运动，激发全民爱国热情，挽救民族危亡，纷纷办报办刊、创办书店、翻译出版各种书籍。各种类型的报刊如雨后春笋破土而出，出版业呈现出一派欣欣向荣的景象。这一时期，以陈独秀、李大钊、毛泽东、周恩来、李达、蔡和森、李汉俊、恽代英、邓中夏、罗章龙等为代表的早期共产主义知识分子，在上海、北京、广州、武汉、长沙、济南等城市纷纷成立共产党早期组织。为宣传马克思主义，他们创办了大量进步报刊，其中，陈独秀创办的《新青年》，李大钊创办的《每周评论》，李达等人创办的《共产党》月刊，李汉俊等人主编的《星期评论》，毛泽东等人创办的《湘江评论》，邓中夏、罗章龙等人主编的《劳动音》等，都是该时期具有较大影响力的刊物。在长沙、武汉、南昌等地，早期共产主义知识分子还成立了一批进步书社，编印出版了大量进步书刊，并积极开展对马克思主义的学习、研究和传播。五四时期共产主义知识分子开展的出版活动，传播了马克思主义学说，为中国共产党的诞生奠定了思想和文化基础。

二、中国共产党的创建和大革命时期的出版活动

中国共产党建党前后，为促进马克思主义学说在我国的传播，提高全体党员的马克思主义理论水平，先后在上海成立了以出版马克思主义理论书籍为主要任务的出版机构：社会主义研究社、新时代丛书社、新青年社、人民出版社、上海书店。其中，人民出版社是中国共产党成立之后创办的第一个出版社，由中共中央局负责宣传工作的李达亲自主持。

在当时白色恐怖和出版条件极为艰难的环境下，人民出版社仍坚持出版了《工钱劳动与资本》（今译《雇佣劳动与资本》）、《劳农会之建设》（今译《苏维埃政权当前的任务》）、《共产党宣言》（重印1920年陈望道译本）、《共产主义ABC》、《马克思〈资本论〉入门》等一批宣传马克思主义理论的图书。[1]为更广泛地传播马克思主义，与各种非马克思主义思潮进行斗争，中国共产党还创办了《向导》、《前锋》、《新青年》（季刊）、《中国青年》、《中国工人》等宣传马列主义的报刊。其中，《向导》是中共成立后最早创办的一份中央机关报，该报于1922年9月13日在上海创刊，

---

[1] 夏雨：《中国共产党的第一个人民出版社》，《文史杂志》，2011年第3期。

1927年7月18日停刊，共出201期。中国共产党早期领导人陈独秀、李大钊、瞿秋白、蔡和森、李立三、张太雷、彭述之等都曾为该报撰过稿，毛泽东的著名调查报告《湖南农民运动考察报告》的部分内容也曾在《向导》刊出。建党前后出版的这些报刊和著作，促进了马克思主义在中国的传播，提升了我们党的马列主义理论水平，引导一大批先进知识分子走上了共产主义的道路。

新民主主义革命时期，中共出版管理机构从无到有，从小到大，自上到下，不断发展、健全和完善。中国共产党建党初期，组织机构尚不健全，还没有设置专门的出版管理机构。中共一大通过的《中国共产党第一个决议》指出："一切书籍、日报、标语和传单的出版工作，均应受中央执行委员会或临时中央执行委员会的监督。"①这表明，建党之初，出版发行工作是直接归由中央执行委员会领导的。

1923年6月召开的中共三大会议上，讨论通过了《中国共产党中央执行委员会组织法》，该法案明确规定：中央执行委员会"在两大会之间为本党最高指导机关，管理各区各地方之行动，发行用本党名义之出版物"。②由此可见中共中央对出版发行工作的重视。1923年11月，中共在上海召开的第三届第一次中央执行委员会会议上通过了《教育宣传问题议决案》，决定正式成立"中央教育宣传委员会"，教育宣传委员会下设编辑部、函授部、通讯部、印行部和图书馆等五个部门。编辑部和印行部主要担负书刊的编辑、出版、发行任务。这表明，随着时间的推移，中共对于各部门的分工和管理日益走向专门化和细化。从第一次国内革命战争开始，中国共产党进入了发展壮大时期。随着党员数量的不断增加，中共对于各项事业的领导和管理工作得到加强。1924年5月，我党成立了第一个专门的出版工作领导机构"中央出版部"。该机构先后由张伯简、王若飞、毛泽民等担任书记一职，领导党的出版发行工作。

中共四大以后，中共中央出版领导机关的名称有了新变化。1925年10月，中央执行委员会第二次扩大会议通过的《组织问题议决案》中提到："现在中央的各部：组织、宣传、妇女及分配科、出版科等，应当有确定的组织，他们相互之关系也要明确的规定。"③1925年12月13日，《中

---

① 中央档案馆：《中共中央文件选集 第一册（一九二一—一九二五）》，中共中央党校出版社，1989年，第6—7页。
② 中央档案馆：《中共中央文件选集 第一册（一九二一—一九二五）》，中共中央党校出版社，1989年，第156页。
③ 中央档案馆：《中共中央文件选集 第一册（一九二一—一九二五）》，中共中央党校出版社，1989年，第473页。

共中央通告第二十二号》要求:"各省委的出版分配股,应与中央的出版科发生直接的关系,对于中央的刊物收发均须有系统的发行。"① 由以上决议案和通告可知,这一时期中央出版部的名称已改为"中央出版科"。除中央出版科外,在中共四大之后至中共五大之前,中央还先后成立了中央编译委员会、中央编辑委员会,前者主要负责"党内党外各种小册子之编译"②,后者主要负责对中央各出版物的"定期的审查",管理各机关报刊和指导"各地方的各种出版物"。③1925年1月,继中央出版部之后,党中央还成立了中共中央出版发行部(亦称中央出版委员会)。1927年中共五大后,随着革命形势和党的组织建设的发展,中央出版组织机构也不断变迁,先后设置了中央党报委员会④、中央出版局、中央宣传部出版科、中央组织部发行科等出版管理部门。⑤ 各个时期的出版管理机构在职能和职级上虽不尽一致,但总体趋势是分工不断细化。

三、土地革命战争时期中共领导下的出版活动

1927年,国民党新右派首领蒋介石在上海发动"四一二"反革命政变,大肆屠杀共产党员和革命群众,接着以汪精卫为首的武汉国民政府也走向反动,发动了"七一五"反革命政变。大革命失败以后,全国处于白色恐怖的环境中,1927年8月7日,中共中央在汉口召开紧急会议,会议通过了《党的组织问题议决案》,要求"中央临时政治局应当按期出版秘密的党的政治机关报","机关报之党报委员会,由政治局委任之。政治局之下应设一特别的出版委员会,专掌传播党的机关报及中央一切宣传品的责任","中央临时政治局,应当建立全国的秘密交通机关,与出版委员会的散布宣传品的工作相联络,担任传达通告指令输送宣传品等等的职任"。⑥ 根据决议,中共中央决定由郑超麟出任中央出版局局长一职,并

---

① 中国社会科学院新闻研究所:《中国共产党新闻工作文件汇编》(上),新华出版社,1980年,第27页。
② 中国社会科学院新闻研究所:《中国共产党新闻工作文件汇编》(上),新华出版社,1980年,第20页。
③ 中国社会科学院新闻研究所:《中国共产党新闻工作文件汇编》(上),新华出版社,1980年,第30页。
④ 中央党报委员会成立的具体时间,各学者之间说法不一。有"1927年4月"说,见刘苏华:《延安时期中国共产党出版史研究(1937—1947)》,湖南师范大学出版社,2012年,第106页;有"1929年6月"说,见王凤超:《中共中央党报委员会的历史沿革》,《新闻与传播研究》,1988年第1期;有"1931年"说,见郑士德:《中国图书发行史》,高等教育出版社,2000年,第679页。
⑤ 刘苏华:《四大至五大时期中共中央出版组织机构考察》,《长沙理工大学学报(社会科学版)》,2012年第5期。
⑥ 中央档案馆:《中共中央文件选集 第三册(一九二七)》,中共中央党校出版社,1989年,第230页。

由郑超麟、彭礼和、毛泽民、倪忧天等人组成中央出版委员会。[①]1927年"七一五"反革命政变爆发后，中共中央机关报《向导》被迫停刊。中共八七会议上讨论了重新出版中央机关报刊的事宜。1927年10月22日，中共中央发布通告，决定出版新的中央机关刊《布尔塞维克》，并决定由瞿秋白、罗亦农、邓中夏、王若飞、郑超麟组成编辑委员会，瞿秋白任编委会主任，郑超麟任秘书。[②]1928年7月，因郑超麟离开中央前往福建工作，出版发行工作改由毛泽民负责。

中共八七会议以后，中共中央机关由武汉迁往上海。迁沪后的中央出版局仍由郑超麟负责。1928年6月至7月，中共六大召开，大会通过的《宣传工作目前的任务》指出：党的宣传委员会要"发行供给城市与乡村用的大批通俗的政治书籍报章"和"马克思、恩格斯、列宁、斯大林、布哈林及其他马克思主义和列宁主义领袖的主要著作"，"因处于秘密条件下，发行工作极为艰难，所以对组织散布秘密刊物于全国的特别人员应加以最大的注意，应极力注意改良分散刊物与输送的办法"。[③]由此可见中共中央对于出版发行工作的高度重视。

1929年6月，党的六届二中全会上通过的《宣传工作决议案》进一步健全了党的宣传工作。根据决议，中央宣传部下设审查科、翻译科、材料科、统计科、出版科、编辑委员会、文化工作委员会7个科室。其中，翻译科主要负责译介各种马列主义著作、国际政治、经济、革命运动和苏联状况及各兄弟党的材料；出版科负责管理公开发行、出版的事务；编辑委员会主要负责编辑宣传教育丛书和小册子。[④]由此可知，中央宣传部出版科承担了原先中央出版局的职责。

党的六届二中全会通过的决议案还规定，中央宣传部"应与党报委员会发生最密切的关系，但宣传部不能代替党报委员会"[⑤]。中央党报委员会主任（书记）原由中央宣传部部长蔡和森兼任，后由李立三继任，1930年9月后又改由沈泽民兼任。中央党报委员会主要负责管理中共机关刊物《布尔塞维克》、《红旗》周刊、《红旗日报》、《实话》、《党的生活》。

1930年，中共六届三中全会通过了《组织问题决议案》，决议要求：

[①] 中央出版局是中共五大后设立的，首任局长为汪原放，后改为毛泽民。见宋原放：《中国出版史料》（现代部分，第1卷下），山东教育出版社，2001年，第303页。
[②] 朱钧侃等：《总想为大家辟一条光明的路——瞿秋白大事记述》，南京大学出版社，1999年，第273页。
[③] 中央档案馆：《中共中央文件选集 第四册（一九二八）》，中共中央党校出版社，1989年，第256、258页。
[④] 中央档案馆：《中共中央文件选集 第五册（一九二九）》，中共中央党校出版社，1989年，第270页。
[⑤] 中国社会科学院新闻研究所：《中国共产党新闻工作文件汇编》（上），新华出版社，1980年，第59页。

"党报必须设立全国系统的工农通讯员，经过他们使党报与广大群众密接起来。必须建立群众的发行网，以保持秘密的发行路线。"[1]中央党报委员会主任（书记）由中央宣传部部长瞿秋白兼任。1930年10月3日，中央政治局会议决定成立中央党报委员会总干事会，总干事会由瞿秋白、向忠发、潘问友、沈泽民、杨善南5人组成。[2]1931年，中共六届四中全会以后，中央党报委员会主任一职由时任中央宣传部部长张闻天兼任。

1931年以前，中共中央曾在中央组织部下设置发行科，中央组织部发行科和1929年6月党的六届二中全会成立的中央宣传部出版科的分工大致是前者主要发行党内文件、通知、材料和秘密书刊，后者主要发行公开的书刊和小册子。1931年2月，中共中央"把过去组织部指导之下之发行科，成立中央出版部，直属中央常委领导"。[3]据曾在中央出版部工作的王均予回忆，中央出版部的负责人为杜延庆，出版部下设印刷厂（负责人：毛远耀）、公开发行科（负责人：王平）和党内发行科三个部门。印刷厂是整个出版部的核心，党内发行科主要承担了原中央组织部发行科的事务，负责为全国各地党组织秘密供应书刊，公开发行科主要通过各种关系半公开地推销中共出版的各种书刊。[4]由以上中央党报委员会和中央出版局、中央宣传部出版科、中央组织部发行科、中央出版部的设立情况和人事变动来看，在大革命失败后白色恐怖日趋严重的形势下，中央组织机关及职能变动是相当频繁的。

由于白色恐怖日趋严重，党的机关屡遭破坏。1933年1月，中共临时中央政治局被迫由上海转移至中央苏区。1934年1月，党的六届五中全会在瑞金召开，会议决定，原来的中共中央党报委员会改称"中央局党报委员会"，党报委员会主任由中央宣传部部长张闻天兼任。

中共临时中央局由上海迁至瑞金后，1931年2月在上海成立的中央出版部是否一起迁至中央苏区，目前尚未见到相关资料记载。中央苏区在1931年底成立了中央出版局，直属中华苏维埃共和国临时中央政府，是苏区出版事业的管理机构。首任中央出版局局长为朱荣生，他同时兼任总发行部部长。1932年7月，张人亚继任中央出版局局长并兼任中央印刷局局

---

[1] 中共中央文献研究室、中央档案馆：《建党以来重要文献选编（一九二一——一九四九）》（第7册），中央文献出版社，2011年，第489页。
[2] 中共中央组织部、中共中央党史研究室、中央档案馆：《中国共产党组织史资料》（第2卷，土地革命战争时期）（上），中共党史出版社，2000年版，第81页。
[3] 《论发行工作》，《红旗周报》1931年5月27日，第8期。见张闻天等主编：《红藏：进步期刊总汇 1915—1949 红旗周报（1—8）》，湘潭大学出版社，2014年，第31页。
[4] 王均予：《忆我在中央出版部的工作》，《上海党史资料通讯》，1985年第11期。

长。当时中央苏区的许多书刊都是以中央出版局的名义出版发行的。①除了中央局党报委员会和中央出版局外，中央苏区成立的重要出版机构还有中央教育人民委员部编审委员会、中央教育人民委员部编审局、工农剧社编审委员会、工农美术社、马克思主义研究总会编译部、马克思共产主义学校编审处、中央革命军事委员会出版局、中央革命军事委员会编译委员会、中央军事政治学校编审出版科。此外，苏区一些学校如中国工农红军学校、中国工农红军卫生学校、中国工农红军大学等都成立了出版科，出版过各种教材。②

中央革命根据地十分重视书刊发行网点的建设，在瑞金设立了中央总发行部（后改称中央局发行部，也称中央发行部）、工农红军书局、实话书店等发行机构。③1931年春，闽西苏维埃政府在福建长汀创办了中央革命根据地第一家出版兼发行的机构——闽西列宁书局。据不完全统计，闽西列宁书局自成立至1934年红军长征前，总计出版图书300多种，近10万册。④

中央苏区还积极发展印刷事业，先后成立了中央印刷局、中央印刷厂、青年实话印刷所、中央教育人民委员部印刷所、中央革命军事委员会印刷所等印刷机构。中央印刷厂是中央苏区创办的规模较大的印刷厂，隶属中央出版局和中央印刷局管辖。该厂拥有200多名印刷工人，印刷设备比较齐全，为中央苏区承印了大量图书和报刊，多次受到中央有关部门领导的表扬。⑤

中央苏区是第二次国内革命战争时期中共创建的革命根据地中新闻出版事业发展最快和最为繁荣的地区。其中，1932—1934年是中央苏区出版工作成绩最为显著的三年。据叶再生先生的统计：1932年，中央苏区出版书籍和报刊196种，1933年出版199种，1934年出版148种，三年总计出版书籍和报刊543种，其中图书出版数量为408种。⑥这一时期，从中央到地方各县苏维埃政府部门、人民团体、中国工农红军等编印出版了种类繁多的书籍和报刊。1934年1月，毛泽东在第二次全国苏维埃代表大会上所作的报告中提到：中央苏区已有大小报纸34种，其中如《红色中华》从

---

① 叶再生：《中国近代现代出版通史》（第2卷），华文出版社，2002年，第880页。
② 洪荣华：《红色号角：中央苏区新闻出版印刷发行工作》，福建人民出版社，1993年，第331页。
③ 郑士德：《中国图书发行史》，高等教育出版社，2000年，第639—640页。
④ 柯华：《中央苏区宣传工作史料选编》，中国发展出版社，2018年，第564页。
⑤ 柯华：《中央苏区宣传工作史料选编》，中国发展出版社，2018年，第564页。
⑥ 叶再生：《略论十年内战时期苏维埃区出版物及其特点》，见叶再生：《出版史研究》（第三辑），中国书籍出版社，1995年，第33页。

3000份增到40000—50000份以上,《青年实话》发行28000份,《斗争》只在江西苏区每期至少要销27100份,《红星》17300份……[1]以上这些报刊能取得如此大的发行成绩,与中央革命根据地对于出版发行工作的重视是分不开的。

1934年10月,第五次反"围剿"失败以后,中共中央和中央红军被迫实施战略转移,从中央苏区出发,开始了艰苦卓绝的二万五千里长征。由于长征途中紧张的战斗生活,正常的出版活动大受影响,出版物的数量也大为减少。1935年10月,党中央率领红军主力抵达陕北后,建立了新闻出版宣传机构,中央宣传部部长由时任总书记张闻天兼任,吴亮平任副部长,中央出版局局长一职由廖承志担任。为了加强党的抗日民族统一战线方针、政策的宣传,1935年11月,中共中央复刊了中央苏区时期创办的《红色中华》和《斗争》周刊。[2]

1936年12月,张学良为了逼蒋介石抗日,发动了西安事变,这次事变得到和平解决。西安事变促成了第二次国共合作的实现。1937年7月7日,日本侵略者发动卢沟桥事变,全国人民奋起抗日,全国性的抗战全面爆发。

四、全民族抗日战争时期中共领导下的出版活动

全民族抗战爆发之初,由于敌我军事力量悬殊,华北、华东、华中等大片国土很快沦陷。中共领导下的八路军和新四军挺进敌后,开展敌后抗日游击战争,先后开辟了陕甘宁、晋察冀、晋冀鲁豫、晋绥、华中、山东等多块敌后抗日根据地。

(一)全民族抗日战争时期时期中共在国统区和沦陷区的出版活动

为了宣传中国共产党的抗日民族统一战线主张,报道中共领导下的八路军、新四军的抗日斗争英勇事迹,坚定人民抗战必胜的信念,中共在国统区公开出版发行了《群众》周刊和《新华日报》,在桂林、香港等地也积极领导和支持爱国进步人士开展抗日救亡出版活动。抗战期间,生活书店、读书出版社、新知书店在中国共产党的领导和指示下,不断拓展出版业务,从事革命进步出版活动,出版了一大批革命书刊,为抗日救亡事业作出了突出贡献。

全民族抗战爆发后,生活书店总店由上海先后迁往武汉、重庆,在中

---

[1] 毛泽东:《毛泽东新闻工作文选》,新华出版社,1983年,第34页。
[2] 赵生明:《新中国出版发行事业的摇篮》,太白文艺出版社,2017年,第3页。

国共产党的领导和帮助下,生活书店的出版业务获得迅速发展,在重庆、成都、桂林、西安、昆明等地开设了50多家分店,在新加坡等地还设立了海外分店。据统计,生活书店从创立到1948年底,先后出版了30种期刊和近1000种图书,[①]1937—1939年是生活书店图书出版的高峰时期,其中1937年出书150种,1938年出书200余种,1939年出书240种,三年时间生活书店出版书籍数量达590余种。[②]生活书店出版的《生活》《全民抗战》《世界知识》《译文》《文艺阵地》《妇女生活》《读书月报》等,深受广大读者欢迎。该店出版的马克思主义经典著作如《反杜林论》《共产党宣言》《法兰西内战》《费尔巴哈论》等,哲学社会科学论著如《新哲学人生观》《中国化的辩证法》《新社会学大纲》《新经济学大纲》等,以及"青年自学丛书""世界文库"和大批通俗读物,对宣传马克思主义理论,提高群众思想政治觉悟,引导青年走上革命道路,均起到了重要的作用。

新知书店在全民族抗日战争爆发后,总店先后迁至武汉、桂林、重庆。在重庆、金华、丽水、长沙、常德、南阳、衡阳、襄阳、柳州等地建立了分店。新知书店在武汉时期,与中国出版社是一套人马两块牌子。武汉新知书店曾以中国出版社的名义出版了《共产主义运动中的"左"派幼稚病》《论反对派》《国家与革命》《列宁主义问题》等马列主义书籍。以新知书店的名义出版了胡绳著的《辩证法唯物论入门》、薛暮桥著的《经济学》、翦伯赞著的《历史哲学教程》等书。此外,新知书店还出版了一批进步的文艺作品和通俗出版物。[③]

读书出版社初名"读书生活出版社",其创办之初跟生活书店、新知书店一样,都为股份合作制性质的出版社,后在中国共产党的领导和帮助下出版了大量进步书刊。抗战期间,读书出版社迁往武汉。1938年4月,读书出版社先后在广州、贵阳、桂林、昆明等地设立分社、办事处或门市部。抗战期间,读书出版社出版了一批有影响力的作品,其中包括大部头的马克思主义理论书籍《资本论》(郭大力、王亚南合译),该书是我国第一部中文全译本。该社出版的艾思奇的《哲学讲话》(后改名《大众哲学》)先后印行30多版。读书出版社还先后发行过《读书生活》《读书》《战线》《文学月报》《大家看》《新音乐》等。[④]

抗日战争时期,在中共地下党的领导下,沦陷区的进步出版活动也

[①] 生活书店史稿编辑委员会:《生活书店史稿》,生活书店出版有限公司,2013年,第436页。
[②] 生活书店史稿编辑委员会:《生活书店史稿》,生活书店出版有限公司,2013年,第123页。
[③] 徐雪寒:《徐雪寒文集》(增订版),生活·读书·新知三联书店,2006年,第524页。
[④] 高信成:《中国图书发行史》,复旦大学出版社,2005年,第363页。

得到发展。全民族抗战爆发后,全国出版中心城市上海沦陷,除了公共租界和法租界的一小块地方外,外围的地方全部被日军占领,上海沦为一座"孤岛"。上海沦陷后,大批出版机构和文化人士被迫内迁,但还有一些爱国文化人士和出版机构选择了坚守,他们利用租界特殊的国际关系背景,积极开展进步出版活动。1938年初,爱国进步人士胡愈之、王任叔、郑振铎、张宗麟等人创办了一家秘密出版机构——复社。他们在出版环境十分险恶的情况下,组织一批共产党员和进步文化人士,迅速翻译出版了美国著名新闻记者埃德加·斯诺的《红星照耀中国》,复社在出版这本书的时候将书名改为《西行漫记》。《西行漫记》一书的出版引起国内外轰动,美国历史学家拉铁摩尔说:"在人们政治上思想苦闷的情况下,斯诺的《红星照耀中国》就像火焰一样,腾空而起,划破了苍茫的暮色……那本书里没有什么宣传,只有对实际情况的报道,原来还有另外一个中国啊!"①《西行漫记》以真实的文字记载了中国共产党人和工农红军的英勇事迹,它的出版,给在苦难中挣扎的国人以巨大的精神鼓舞,一批文化人士和青年学生阅读该书之后,毅然选择了奔向革命根据地延安。

继《西行漫记》之后,复社又出版了《鲁迅全集》《列宁全集》等重要书籍。《鲁迅全集》的出版是当时文化界和出版界的一件大事。全书共计600余万字,基本上囊括了鲁迅一生的著译。这样一部鸿篇巨制,在胡愈之等人的精心组织下,仅用了三个月时间就搜集、整理并印制完成。正如许广平所说:"六百余万言之全集,竟得于三个月中短期完成,实开中国出版界之奇迹。"②

(二)中共敌后抗日根据地的出版活动

全民族抗战爆发后,中共出版中心转移至党中央所在地延安。1939年,抗战进入相持阶段后,国民党实施消极抗日、积极反共的方针,在国统区查禁各种进步书刊,禁止《解放》周刊、《新中华报》等敌后抗日根据地出版的革命书籍和报刊的发行。1939年3月22日,中共中央发布《关于建立发行部的通知》,通知决定:"从中央起至县委止一律设立发行部","各级党委应动员一批有发行工作经验的同志担任发行工作","各级发行部应依照各种不同的环境,建立公开的、半公开的或秘密的发行网"。③

1939年6月1日,中共中央在中央党报委员会出版发行科的基础上,

---

① 孙华:《〈西行漫记〉的传播对中共领导的抗日战争及中美关系的影响》,《出版发行研究》,2009年第6期。
② 北京鲁迅博物馆鲁迅研究室:《鲁迅研究资料》(15),天津人民出版社,1986年,第16页。
③ 中国社会科学院新闻研究所:《中国共产党新闻工作文件汇编》(上),新华出版社,1980年,第88页。

成立了中央发行部（后改为"中共中央出版发行部"），统一领导陕北与全国抗日根据地的出版发行工作。与此同时，为了加强书籍和报刊的发行力度，与出版、印刷工作建立起更为密切的联系，中央开始着手创办公开的发行机构——新华书店。1939年9月1日，新华书店门市部在延安清凉山下正式开业，毛泽东亲笔书写了店名。

除了新华书店外，抗战时期在延安创办的出版发行机构还有解放社、八路军军政杂志社、解放日报社、光华书店、青年书店、西北抗敌书店、延安人民书店、大众读物出版社等。解放社的前身是"解放周刊社"，1938年后改名为解放社，它是抗战时期延安设立的"第一个大型的出版图书最多和影响最大的重要出版机构"[1]。解放社在抗战期间出版了许多马列著作，如《共产党宣言》《社会主义从空想到科学的发展》《法兰西内战》《哥达纲领批判》《德国的革命与反革命》《共产主义运动中的"左派"幼稚病》《社会民主党在民主革命中的两个策略》《列宁选集》等，此外还出版了大量中央领导人的著作，如毛泽东的《论持久战》《论联合政府》《抗日游击战争的战略问题》《中国革命和中国共产党》《新民主主义论》《农村调查》《改造我们的学习》《整顿党的作风》等。[2]除毛泽东的著作外，解放社还出版了刘少奇的《关于修改党章的报告》和《论共产党员的修养》、朱德的《论抗日游击战争》、张闻天的《十年来的中国共产党》、陈云的《怎样做一个共产党员》等重要著作。解放社出版的著作大都印有"解放社出版、新华书店发行"的字样，这说明解放社出版的图书主要是由延安及各地的新华书店发行传播的。

抗日战争时期，中央对于边区的印刷事业也十分重视。早在中央出版发行部成立之前，延安就已经成立了中央印刷厂，并出版了《卡尔·马克思》《国家与革命》与《列宁选集》多卷本等马列主义译著。毛泽东曾多次视察中央印刷厂并对印刷工作作出过一系列重要指示，他指出："印刷厂的工作很重要，印刷厂生产精神食粮，办好一个印刷厂，抵得上一个师。"[3] 1940年12月，毛泽东在《论政策》一文中指出："每个根据地都要建立印刷厂，出版书报，组织发行和输送的机关。"延安整风运动期间，中央印刷厂开展了学习赵占魁运动，在运动中涌现出一批印刷技术革新模范，极大地提升了出版印刷工作效率。中央印刷厂在陕北艰苦的环境下，

---

[1] 王海军：《抗日战争时期陕甘宁边区出版业述略》，《中共党史研究》，2012年第6期。
[2] 赵晓恩：《以延安为中心的革命出版工作》（五），《出版发行研究》，2001年第5期。
[3] 延安清凉山新闻出版革命纪念馆：《万众瞩目清凉山——延安时期新闻出版文史资料》（第1辑），1986年，第412页。

克服了缺少印刷设备、纸张匮乏、材料紧缺等诸多困难。他们因地制宜，用当地的一种叫"马兰草"的植物造纸，印刷出大量图书和报刊，为革命根据地军民送上了宝贵的精神食粮。

抗日战争时期，延安出版的重要报刊有《解放》周刊、《解放日报》，毛泽东曾先后为两份报刊写了报刊名和题词。《解放》周刊创刊于1937年4月24日，是中共中央机关刊物。《解放》周刊由张闻天任主编，编辑人员有廖承志、徐冰、吴亮平、杨松等人。《解放》周刊创办之际，正是中华民族危亡日益加深的时候，该刊成为中共宣传抗日救亡的重要阵地。1941年5月16日，《解放日报》创办之后，根据中央指示，《解放》周刊停办。《解放日报》是中共中央的机关报，该报创办于1941年5月16日，其前身为中央苏区创办的《新中华报》。该报由解放日报社出版，解放日报社首任社长为博古（秦邦宪），总编辑先后由杨松、陆定一担任。《解放日报》是中共敌后抗日根据地发行的第一份大型报纸，也是抗战期间中共在敌后抗日根据地创办的影响力最大的一份报纸。该报一直出至1947年3月27日停刊，共出版2130期，每期发行数量约10000份。[1]除党的机关报外，在延安出版的其他重要报刊还有《共产党人》（1939年10月20日创刊）、《八路军军政杂志》（1939年1月15日创刊）、《中国工人》（1940年2月7日复刊）、《中国妇女》（1939年6月1日创刊）、《中国青年》（1939年4月16日复刊）、《中国文化》（1940年2月15日创刊）、《边区群众报》（1940年3月25日创刊）等，这些报刊与《解放》周刊、《解放日报》等一起，共同形成了中共中央报刊系统。

除了陕甘宁边区外，其他革命根据地也成立了众多出版机构，出版发行了大量的书籍和报刊。晋察冀抗日根据地是中共领导的八路军在敌后创建的第一块抗日根据地。晋察冀抗日根据地建立后，党的宣传工作也逐步深入。1937年12月11日，晋察冀军区政治部创办了《抗敌报》三日刊，1940年11月7日更名为《晋察冀日报》，这是敌后根据地出版的最早的红色报刊，社长兼总编为邓拓。该报直至1948年6月14日终刊，历时"十年又六个月零三天"[2]，共出版2854期。《晋察冀日报》由晋察冀日报社负责出版，该报社在出版报刊的同时，还出版了大量的马列著作和毛泽东著作，以及政治、军事、社会科学、文化艺术作品。其中，最值得一提的是出版了我国第一部《毛泽东选集》。《毛泽东选集》的出版由晋察冀中央分局委托晋察冀日报社社长兼总编辑邓拓主持。邓拓同报社编辑人员一起，

---

[1] 赵生明：《新中国出版发行事业的摇篮》，太白文艺出版社，2017年，第66页。
[2] 邓拓：《邓拓全集》（第2卷），花城出版社，2002年，第305页。

全力以赴投入《毛泽东选集》的编辑出版工作，在全社人员的努力下，仅用三四个月时间就基本完成任务。1944年7月，首部《毛泽东选集》正式出版，这是边区出版史上的一件大事，是在极其艰苦的条件下进行的。《毛泽东选集》的出版，为宣传毛泽东思想作出了重要贡献。

晋察冀抗日根据地成立的晋察冀新华书店也出版了大量的进步书刊。新华书店晋察冀分店成立于1941年5月5日，业务上受延安新华书店总店的指导，行政上归属晋察冀日报社领导。抗日战争时期，书店出版了《社会民主党在民主革命中的两个策略》（列宁著）、《唯物论与经验批判论》（列宁著）、《无政府主义还是社会主义》（斯大林著）、《农村调查》（毛泽东著）、《湖南农民运动考察报告》（毛泽东著）等马列著作和中央领导人著作，还出版发行了一批政治理论读物和文艺读物。[1]边区文化供应社成立于1941年6月18日，该社在抗战期间出版了《晋察冀文艺》《晋察冀戏剧》《晋察冀音乐》《晋察冀美术》等文艺作品。

晋察冀抗日根据地还出版了《晋察冀画报》，这是敌后根据地出版的第一份大型新闻摄影报。该报创刊于1942年7月7日，由晋察冀军区组织部主办，是一份以刊登摄影图片为主的综合性画报。解放战争时期，该画报与晋冀鲁豫军区的《人民画报》合并。《晋察冀画报》总共出版了44期，每期发行10000份，[2]它的出版，对抗日根据地的新闻摄影出版事业起到了较大的促进作用。

晋冀鲁豫抗日根据地创办了《新华日报（华北版）》《冀南日报》《太岳日报》《晋冀豫日报》《鲁西日报》《火线报》《战斗报》《抗战生活》《华北文艺》《华北妇女》等，"据不完全统计，太行、太岳根据地报刊多达208种"[3]在这些报刊中，影响最大的当属《新华日报》（华北版）。据《太行根据地文化》统计，从抗日战争开始到1944年，太行、太岳根据地共出版《新华日报》5828536份。[4]《新华日报》华北版创刊于1939年1月1日，是中共中央北方局的机关报，由何云任社长兼总编。该报于1943年10月1日更名为《新华日报》（太行版），一直出到1949年8月19日终刊，共出版1449期。《新华日报》华北版出版之时，正是抗战进入相持阶段的艰难时刻，它的出版，对团结广大军民抗战，坚定民众抗战胜利信心，起了很大作用。正如该报在发刊词中所说："本报愿在抗战转入相持阶段，

---

[1] 齐峰、李雪枫：《山西革命根据地出版史》，山西人民出版社，2013年，第52页。
[2] 陈申、徐希景：《中国摄影艺术史》，生活·读书·新知三联书店，2011年，第375页。
[3] 樊为之：《延安时期党的文化建设研究》，陕西人民教育出版社，2012年，第376页。
[4] 樊为之：《延安时期党的文化建设研究》，陕西人民教育出版社，2012年，第376页。

成为鼓励前进的号角，克服困难，巩固团结，坚强斗志，坚持作战，创造、巩固和扩大抗日根据地。"①《新华日报》华北版一出版就引起了较大的轰动，发行量高达两万份，1940年时发行量达5万余份。②

山东抗日根据地在各级党委的指导下，新闻出版工作搞得有声有色，创办了一批在当地乃至全国都有影响力的报刊，如《大众日报》《鲁中日报》《战士》《战士画报》《山东文化》《胶东大众报》《胶东画报》《山东文艺》《胶东青年》《群众》《胶东大众》等。《大众日报》是中共中央山东分局创办的面向山东抗日根据地公开发行的一份党报。该报最初由苏鲁豫皖边区党委创办，创办时间为1939年元旦，后成为中共中央山东分局机关报，刘导生和匡亚明分别担任报社社长和总编辑。《大众日报》在发刊词中明确指出，该报要"为大众服务，成为他们精神上的必要因素之一，成为他们自己的喉舌，更成为他们所热诚支持的最公正的舆论机关"。③《大众日报》印刷厂（对外又称大众印刷厂），是山东抗日根据地创建最早的一家大型印刷厂。该厂除了印刷《大众日报》外，还印刷了大量政治理论书籍、党内文件、政府军队布告、群众文化读物、对敌伪军和敌占区人民群众进行宣传的宣传品等。山东分局领导赞扬《大众日报》印刷厂是"当之无愧的红色革命印刷厂"。④

《山东画报》于1943年7月创刊。该报由山东军区政治部下设的山东画报社出版，社长康矛召。解放战争时期，《山东画报》改称《华东画报》，发行范围扩大，从创刊时的1500份，增加到三四千份。⑤《山东画报》发表过很多反映根据地军民英勇抗击日伪的珍贵画作，如攻克郯城、赣榆、莒县、临沂，打死臭名昭著、殃及华北的汉奸、土匪刘黑七（刘桂棠），岱崮保卫战、莱芜大捷、攻克济南等。这些珍贵的历史镜头，成为研究抗日战争的珍稀史料。抗战期间，《山东画报》紧密配合党的中心工作，利用典型事例向群众宣传革命。该社的美术编辑人员，还编绘了不少瓦解日军的宣传材料，交由日本人反战同盟散发，起到了瓦解日军士气的作用。

抗日战争时期，山东抗日根据地创办了一批出版机构，如大众日报社、群众报社、胶东联合出版社、大众印书馆、山东文化出版社、山东新

---

① 梁宇红：《抗战时期的〈新华日报〉（华北版）》，《人民政协报》，2008年9月11日。
② 樊为之：《延安时期党的文化建设研究》，陕西人民教育出版社，2012年，第377页。
③ 于岸青：《一张报纸的抗战——大众日报社史撷英》，山东人民出版社，2018年，第221页。
④ 常连霆：《中共山东编年史》（第5卷），山东人民出版社，2015年，第158页。
⑤ 山东省文化厅史志办公室、临沂地区文化局史志办公室：《山东省文化艺术志资料汇编》（第13辑），临沂地区《文化志》资料专辑，临沂地区文化局史志办公室，1988年，第304页。

华书店、渤海新华书店、胶东新华书店等。这些出版机构出版了大量图书。据不完全统计，仅从1939年到1942年，大众日报社就出版了188种图书。1940年到1945年，胶东大众日报社与胶东联合出版社共出版99种图书，近百万册。[①]这些图书题材涵盖范围较广，除了马列主义著作、毛泽东著作外，还包括大量政治理论读物、文艺读物和少量自然科学著作。

在中共的领导下，晋绥革命根据地的出版事业不断发展。根据地出版了一批有影响力的报刊如《战斗报》、《抗战日报》、《晋西大众报》（1945年后改名为《晋绥大众报》）等。其中《晋绥大众报》是晋绥边区民众最喜爱读的一份报刊，它的前身是创办于1940年10月26日的《晋西大众报》，该报由吕梁文化教育出版社出版，从1945年6月5日第245期起改名为《晋绥大众报》，1946年7月1日又更名为《晋绥日报》。

晋绥抗日根据地所辖的晋西北和绥远地区比较偏远，文化相对落后，民众的文化水平低，文盲占大多数。鉴于这一现状，《晋绥日报》力求做到通俗化、大众化和地方化，报社注意在农村发展通讯员，保证大部分稿源来自生产第一线。报社要求稿件的用字一般不超出1200个常用字范围，来稿要注意多运用群众熟悉的词汇。[②]

《晋绥日报》连载了马烽和西戎合著的长篇章回体小说《吕梁英雄传》，歌颂了吕梁人民在共产党的领导下，奋起反抗日寇的烧杀抢掠，与日伪展开英勇斗争的故事。通过《晋绥日报》的报道，中共领导根据地军民英勇抗日的形象家喻户晓，深入人心。

在出版发行报刊的同时，晋绥抗日根据地还出版了大量图书。抗战期间，晋绥抗日根据地创建了吕梁文化教育出版社、抗战日报社、晋绥大众报社、战斗报社等一批出版机构。这些出版机构除了担负报刊的印刷和发行任务外，还出版了大量革命书刊。据统计，从1940年到1945年，晋绥边区发行的马、恩、列、斯著作和毛泽东的著作66种，编印出版的政治、军事、经济、文艺等各类读物123种，发行总数量达100余万册。[③]

华中抗日根据地在抗战期间，创办了《抗敌报》、《抗敌》杂志、《抗敌画报》、《拂晓报》、《江淮日报》、《盐阜大众》、《苏中报》、《苏南报》、《战士报》、《七七报》、《共产党人》、《挺进报》、《真理》、《江南》、《江淮文化》、《新浙东报》等。据粗略统计，从1938年到抗战胜利，华中抗

---

① 樊为之：《延安时期党的文化建设研究》，陕西人民教育出版社，2012年，第391页。
② 杨茂林：《山西抗战纪事》（第2卷），商务印书馆，2017年，第575页。
③ 杨建中：《山西抗日战争史》，三晋出版社，2017年，第486页。

日根据地一共出版过200多种报刊。①

《抗敌报》创刊于1938年5月1日，由新四军政治部主办，是新四军军部机关报。该报由冯定担任主编，经常为该报撰稿的人员有朱镜我、李一氓、薛暮桥、聂绀弩、黄源、林淡秋等，新四军领导人项英、陈毅、袁国平等也曾在该报发表过文章。《抗敌报》大力宣扬团结抗战精神，大量报道了新四军抗敌的业绩。

《拂晓报》也是抗战时期华中抗日根据地办得比较有特色的一份报刊，陈毅曾为该报题词"拂晓报是我军报纸中比较优秀的一个"②。该报创刊于1938年9月29日，是新四军第四师机关报。新四军第四师师长兼政委彭雪枫为该报题写了报头和发刊词。他在发刊词中指出："要和广大群众，各个友军，密切的团结起来，亲爱的结合起来，坚决执行统一战线，目标一致向着日寇、汉奸、托匪。"③该报积极宣传党的抗日救亡主张，反映和报道敌后抗日根据地军民艰苦卓绝的斗争。《拂晓报》报道内容丰富，立场鲜明。它的出版，犹如拂晓时分吹响的战斗号角，鼓舞人们与日伪展开殊死搏斗。1942年1月1日，《拂晓报》改组为中共淮北区党委机关报，另出《拂晓报》（部队版）。

《江淮日报》是抗战时期中共中央华中局机关报。该报创办时间为1940年12月2日，创办地点为江苏盐城。江淮日报社由刘少奇兼任社长。该报大力宣传党的抗日民主方针、政策，重点报道苏北地区的军事、政治、经济等方面的斗争和成绩，在宣传党的抗战政策和根据地建设中发挥了重要作用。

在创办报刊的同时，华中抗日根据地还出版了大量抗战书籍。抗战期间，华中抗日根据地所辖各地区都创建了一批出版发行机构。其中，淮南地区成立了淮南教育出版社、淮南通俗文化出版社，淮北地区创办了拂晓出版社、淮北出版社、淮北教育出版社，苏南地区建立了苏南出版社、江南书店，苏中地区建立了苏中出版社、韬奋书店、大众书店，苏北地区成立了苏北出版社、盐阜书店，淮安地区创办了雪枫书店，浙东地区创办了浙东书局（后改名为"韬奋书店"）。④江南书店是抗战时期华中抗日根据地创办的一家具有特色的出版发行机构。为了做好书刊的发行工作，书店成立了一支水上发行队伍，常年游弋于江南水乡，出没于芦苇荡。书店

---

① 赵晓恩：《延安出版的光辉》，中国书籍出版社，2002年，第43页。
② 方汉奇：《中国新闻事业通史》（第2卷），中国人民大学出版社，1996年，第851页。
③ 王传寿：《安徽新闻传播史》，合肥工业大学出版社，2014年，第126页。
④ 吴永贵：《中国出版史下册·近现代卷》，湖南大学出版社，2008年，第383页。

在苏常太、虞锡澄等根据地和游击区的90多个水乡小镇建立了发行网点，用船只将新书发行到广大军民手中。

以上这些出版机构在抗战期间，积极配合抗日根据地的宣传斗争，除了印刷出版刊物外，还出版了大量马列著作和中央领导人著作，大量政治理论书籍、抗战文化书籍、通俗文艺读物、小学教材、识字课本。如浙东书局，除出版《新浙东报》外，还翻印出版了毛泽东的《新民主主义论》《论持久战》《论联合政府》等。这些著作的出版，为宣传马列主义和党的方针政策，为宣传抗日救国，为根据地建设作出了贡献。

抗战期间，华南抗日根据地所辖的东江和琼崖两个根据地也积极开展抗日出版活动，在东江抗日根据地创办了前进出版社。该社于1941年7月成立，由曾生、王作尧等人领导的东江抗日游击队（后发展为东江纵队）创办。前进出版社在抗战期间出版了"前进文萃丛书"和《前进报》《抗日杂志》《新百姓》《大家团结》等报刊，此外还出版了一些政治教材和军事教材，如《国共两党与中国之命运》《行军》《野外演习之一》《基本战斗教练》等。琼崖抗日根据地先后创办了《救亡呼声》《救亡旬刊》《新琼崖》《抗日新闻》《每日要电》《南路堡垒》《军政杂志》《战斗生活》《每周时事》《新琼崖报》《新文昌报》等刊物。此外，还编印出版了一批政治通俗小册子、歌曲、漫画以及文化课本、学习资料等，以供根据地基层干部做文化、政治、宣传教育之用。

抗战时期，以延安为中心的各抗日根据地的出版活动，是在党中央的统一领导下展开的。敌后抗日根据地的出版事业继承了苏区出版业的传统，所出版的书刊带有鲜明的政治特征。大量党报党刊和马列主义书籍、中央领导人著作、政治理论书籍和抗战文艺书籍、通俗读物、教材等读物的出版，体现了出版为政治服务的宗旨。这些革命书刊的出版，对宣传中国共产党的抗日民族统一战线方针、政策，对团结广大民众抗击日伪，对分化打击日伪、汉奸，树立抗战胜利信心，对根据地政治、经济、军事、文化等各项建设事业的发展，均起到了积极的推动作用。

五、全国解放战争时期中共领导下的出版活动

抗战胜利后，全国人民要求和平、民主，但国民党蒋介石为了实现其独裁统治，撕毁了重庆谈判协议。1946年6月，解放战争全面爆发。在战争之初，国民党军队凭借军事装备上的优势在战场上掌握主动权，但是，随着国民党军队的有生力量不断被歼灭，局势发生逆转，中共领导下的解放区范围日趋扩大。共产党领导的解放区出版事业也随之获得进一步发展，各地新华书店担当了解放区出版业发展的主力军。

全国解放战争时期，中共领导下的新华书店经历了由分散走向统一的历程。东北是最先获得解放的地区，也是解放战争时期各解放区中出版成绩最大的地区。抗日战争胜利后，中国共产党派大批干部和军队挺进东北，开辟东北根据地。为了加强宣传工作，中共在东北先后建立了东北书店、光华书店、兆麟书店、鲁迅文化出版社等。

东北书店于1945年11月16日在沈阳成立，属于东北日报社领导。东北书店成立之初的主要任务是发行《东北日报》，同时出版图书。国民党军队进犯东北后，东北书店随即转移，先后迁往长春、哈尔滨、佳木斯等地。同时，东北书店还积极在东北各地发展分支店。至1947年底，东北书店已经拥有松江、西满、合江、牡丹江、黑龙江及吉林、辽北等7个直属分店、73个支店和百余个分销处，并在佳木斯、安东、哈尔滨建立了3家印刷厂，成为中共在东北地区规模最大的集编辑、印刷、发行为一体的出版机构。至1949年6月，东北书店总店的干部职工人数达975人。

东北书店除了翻印延安解放社和各解放区的图书外，还结合当时的形势和根据地建设需要编印出版了一批新书。在东北解放区开展土地改革期间，东北书店出版了一批关于农村土地改革运动的图书，如《中国土地法大纲》《受苦人翻身大联唱》《白毛女》《农民泪》《地主血腥发家史》《暴风骤雨》《翻身乐》等。解放战争时期，东北书店最为突出的成就是编纂出版了《毛泽东选集》。这部选集分为6卷，共1000页，80多万字。东北书店出版的《毛泽东选集》总计印行2万部，是新中国成立之前出版的毛选中装帧质量较好、发行数量较大的一部。

全国解放战争时期，生活、读书、新知三家革命书店在东北解放区合资创办了光华书店，该书店是中国共产党领导的以民间面貌出现的出版机构。解放战争时期，三家书店分别在大连、安东、佳木斯、齐齐哈尔、哈尔滨、长春、沈阳、瓦房店成立了光华书店。大连光华书店于1946年11月15日开业，是三家革命书店在东北解放区最早创办的一家书店。大连光华书店经理为邵公文。解放战争时期，大连光华书店出版了《简明中国通史》（吕振羽著）、《种谷记》（柳青著）、《太阳照在桑干河上》（丁玲著）、《大众哲学》（艾思奇著）等图书和《学习生活》等杂志，还发行了《政治经济学》《青年自学丛书》《铁流》《革命文豪高尔基》以及鲁迅、茅盾、巴金、邹韬奋、艾思奇、沈志远等人的著作，深受东北广大干部和青年学生的喜爱。①生活、读书、新知三家书店除了在东北解放区开设光华书店外，还在山东解放区的烟台、潍坊、济南、石岛等地开设了书店，甚至在朝鲜的平壤还开设了光华书店。生活、读书、新知三家书店合并后，1949年8月，各地的光华书店统一改为生活·读书·新知三联书店。

在山东解放区，1946年1月，成立了山东新华书店，该店与东北书店一样，也是集编、印、发于一身的综合性出版机构。1947年春，华中新华书店北撤至山东，与山东新华书店合并，成立华东新华书店总店，属华东局宣传部领导，华东新华书店总店总经理为王益，副总经理为华应申、叶籁士、华青禾。华东新华书店总店下设置了鲁中新华书店、鲁南新华书店、渤海新华书店、胶东新华书店等分店，在各地区的下属县也成立了新华书店分支店。

全国解放战争时期，华东新华书店创办了《新华文摘》《文化翻身》等刊物，还出版了毛泽东的《新民主主义论》《论联合政府》《目前形势和我们的任务》《论持久战》、朱德的《论解放区战场》、刘少奇的《论共产党员的修养》《论党》、恽逸群的《蒋党真相》等党和军队领导人的著作，此外还翻印了延安的《小二黑结婚》《王贵和李香香》等文学作品。为了支援解放战争，华东新华书店还设立了随军书店。随军书店是流动的，部队打仗打到哪儿，随军书店也建到哪儿。随军书店除了向部队供应报刊书籍外，还兼营一些文具用品。为了充实书店书刊品种，华东新华书店设法从上海、东北等地区采购了不少书刊，以供应机关、部队。②

山东新华书店原有一家印刷厂，合并后的华东新华书店所属的印刷厂由一家发展为三家。三家印刷厂除担负书店自身的书刊印刷任务外，还承担华东局及其他各机关、部队的印制任务。1948年，解放战争转入进攻阶段后，新华书店派出人员前往潍坊、济南等城市接管国民党的书店。徐州解放后，华东新华书店又派员前往徐州接管国民党的正中书局和文化服务社，同时在徐州成立新华书店。1949年3月，华东新华书店总店一部分人员在王益带领下随军南下，在上海建立华东新华书店总店，一部分人仍留山东，山东的总店则改为新华书店山东总分店。解放战争时期，山东（华东）新华书店取得了较大的出版成绩。据不完全统计，山东（华东）新华书店共出版图书484种。山东（华东）新华书店出版物不仅品种丰富，有

---

① 生活·读书·新知三联书店文献史料集编委会：《生活·读书·新知三联书店文献史料集》（下），生活·读书·新知三联书店，2004年，第754页。
② 山东省出版总社出版志编辑部：《山东出版志资料》（第2辑），山东省出版总社出版志编辑部，1985年，第19页。

马列著作、政治理论读物、中小学教科书、通俗文艺读物，还有解放军指战员编写的作品，而且印刷质量比较高，装帧比较考究。

全国解放战争时期，山东地区的书店还有冀鲁豫书店，该店于1944年在河南信阳成立，是由冀鲁豫日报社发行部与冀鲁豫行署所办的文化出版社合并而成。1945年底，书店迁入鲁西菏泽。解放战争期间，书店随着军事形势的发展，不断转移，先后在菏泽—鄄北—范县—寿张—阿城—朝城等地设店[1]，同时，在大名、桐城、聊城等地设有分店。1949年书店改称冀鲁豫新华书店。1949年秋，华北全境解放，中央决定以冀鲁豫边区为基础，设立平原省，省会设于新乡，冀鲁豫新华书店迁至河南新乡，与太行新华书店、华北新华书店新乡分店合并为新华书店平原省分店。[2]

成立于抗战时期的华北新华书店在解放战争时期也有了更大的发展。抗战胜利后，华北新华书店在河北邢台、邯郸，山西长治、阳泉，河南安阳等地开办了分支店。1948年6月，晋冀鲁豫和晋察冀两个大区合并，华北新华书店也与晋察冀新华书店合并，改为华北新华书店总店。1949年3月，华北新华书店进入北平，10月改称新华书店华北总分店，成为新华书店总店的主体。解放战争时期，华北新华书店出版了《毛泽东选集》《北方杂志》《大众科学》《儿童杂志》《晋冀鲁豫边区文艺创作小丛书》《晋冀鲁豫详解地图》《平原文艺》《演唱杂志》《工农兵》《文丛》等书刊，在解放区军民中产生了一定的影响。

1947年秋，刘邓大军挺进大别山，创建了中原解放区，山东新华书店派出部分工作人员，赶赴河南宝丰创建了中原新华书店，随着书店分支机构的发展，改称中原新华书店总店，原来设在洛阳的太岳新华书店与中原新华书店总店合并。1948年10月，中原新华书店总店迁往郑州，下设郑州、洛阳、开封三个分店。次年5月南下武汉，先后改称"新华书店华中总管理处"和"新华书店中南总分店"[3]。

1949年5月和8月，南昌、长沙解放后，中南总分店派出工作人员分赴以上两个省会城市，创建新华书店。1949年10月，广州解放后，中共华南分局教导营的书店分队进驻广州，创建了广州新华书店。1949年11月桂林解放后，中南总分店派出工作人员前往桂林，创建了新华书店广西分店。西南地区因解放较晚，建店时间也较晚，新中国成立后，中央从晋绥、上海、南京抽调书店工作人员前往西南创办新华书店。1950年1月3

---

[1] 新华书店总店：《书店工作史料（2）》，新华书店总店，1982年，第11页。
[2] 新乡市地方史志编纂委员会：《新乡市志》（下），生活·读书·新知三联书店，1994年，第290页。
[3] 中国新华书店协会：《新华书店》，河北教育出版社，2017年，第166页。

日，西南总分店在重庆成立，接着在成都、泸州、南充等地建立分店。贵阳、昆明解放后，1950年初，也相继创建了新华书店。1949年9月25日，新疆和平解放，1950年1月10日，新疆迪化分店成立，同年8月，迪化分店改组为新疆总分店。1951年，西藏和平解放，次年，西南总分店派出书店工作人员前往西藏甘孜、昌都、拉萨建立新华书店。至此，新华书店在全国所有省份都成立了新华书店及其分支店，构建起了全国统一的发行网络。

抗日战争和解放战争时期，各解放区成立的新华书店总店及其各分支店，出版发行了大量图书。除了马克思、恩格斯、列宁、斯大林等革命导师的著作外，还发行了毛泽东等中共领导人的著述。此外，各地新华书店还配合根据地建设，发行了大量政治理论读物、通俗读物，社会科学、自然科学、医药卫生等图书，如《政治经济学》（薛暮桥著）、《封建主义》（苏·柯斯明斯基著、张仲实译）、《中国土地法大纲》、《大众哲学》（艾思奇著）、《唯物史观》（吴黎平、艾思奇编著）、《社会发展简史》、《鲁迅全集》、《白毛女》（贺敬之著）、《甲申三百年祭》（郭沫若著）、《内科学》、《战争与外科》等，这些图书的出版，对于"团结人民，教育人民，打击敌人，消灭敌人"发挥了重要的作用。解放战争时期，新华书店为配合部队战斗，创办了许多随军书店，发行各种马列著作和革命著作，宣扬党的方针政策，为广大官兵提供了宝贵的精神食粮。解放战争时期，彭德怀司令员曾高度赞扬新华书店，称"新华书店发行的图书，比炮弹还厉害"[1]。

诞生于抗日炮火声中的新华书店，历经抗日战争和解放战争的洗礼，在人民军队攻城略地的战果中不断发展壮大，由偏远地区逐渐向着中心城市转移，由星星之火到成燎原之势。据不完全统计，从1940年到1949年8月，仅华北、华东、华中、东北、西北各区新华书店就出书5291种，总印数达4400多万册；到1949年10月，全国有新华书店分店108处，支店589处，印刷厂29处，出版发行战线的职工8000余人（不包括三联书店的）[2]。这和中国共产党建党初期的出版事业相比，可以说是取得了长足的发展。这些历经战火洗礼而成长起来的出版发行队伍，与三联书店出版发行队伍一起，构成了新中国出版发行事业的重要基础。

全国解放战争时期，中共领导下的生活、读书、新知三家书店经历

---

[1] 郑士德：《浅论新华书店的优良传统》，中国出版科研所科研办公室：《近现代中国出版优良传统研究》，中国书籍出版社，1994年，第380页。

[2] 中国出版科研所科研办公室：《近现代中国出版优良传统研究》，中国书籍出版社，1994年，第40—41页。

了一个艰难曲折的发展历程。抗战胜利后，三家书店的总店迁回上海。留在重庆的三家分店遵照党的指示，开始进行合并。1945年8月，重庆的三家书店正式合并为"生活书店、读书出版社、新知书店三联书店"。1945年10月22日，三店联合发布了《生、读、新为合组重庆三联分店告同人书》，指出："为了集中力量共同努力，生、读、新三个店，有更进一步团结合作的必要。在全国范围内的合作正在逐步研究中，重庆三家分店，经过长时间的考虑和缜密的商讨，决定立即联合经营。"[①]"告同人书"还公布了组织机构和人员构成名单，推举仲秋元为经理，书店下设营业、总务、会计三个部门。"告同人书"发表后，重庆三联书店正式开始营业。与此同时，回到上海的三家书店工作人员迅速开始了复店工作。生活书店在上海吕班路（今重庆路）开设了门市部，同时还设立了编辑部、出版部。新知书店在四川路开设了门市部，读书出版社不久也在上海设立了门市部。三家书店在上海编印出版了毛泽东的《论联合政府》《新民主主义论》以及其他马列主义著作。

在国统区，三家书店为了防止国民政府的打击破坏，遵照中共指示，三店开辟了一些二、三线的"外围"出版机构。如，生活书店在上海开设了骆驼书店、峨眉出版社、华夏书店、韬奋出版社、士林书店、致用书店，在上海、重庆、香港等城市开设了知识出版社。三家书店还在北平联合开设了朝华书店，在长沙、广州等城市开设了兄弟图书公司。这些书店偏重出版发行某一方面的图书，如华夏书店偏重发行解放区出版的图书，骆驼书店主要发行文学类名著。解放战争时期，骆驼书店翻译出版了狄更斯的《匹克威克外传》《奥列佛尔》《大卫·科波菲尔》《双城记》、巴尔扎克的《高老头》《欧也妮·葛朗台》、罗曼·罗兰的《约翰·克利斯朵夫》等世界文学名著，深受广大读者的欢迎。[②]

全国解放战争时期，三家书店还派驻人员前往东北、山东解放区创办书店，在烟台、大连等地成立了光华书店，并在大连开办了光华印刷厂。东北全境解放后，哈尔滨、佳木斯、齐齐哈尔、长春、安东、沈阳等城市相继开设了光华书店。

1947年，石家庄解放后，三家书店又派人进驻该城市开设了新中国书局，并以此为基点，进一步向济南、徐州、开封等城市派驻工作人员，设立书局。平津解放后，三家书店遵照党的指示，在这些城市开设了新中

---

① 生活·读书·新知三联书店文献史料集编委会：《生活·读书·新知三联书店文献史料集》（上），生活·读书·新知三联书店，2004年，第590页。
② 生活书店史稿编辑委员会：《生活书店史稿》，生活书店出版有限公司，2013年，第314页。

国书局，由此在华北地区打开了新局面。[①]

1947年秋，国民政府发表"戡乱令"，加紧了对出版界进步人士的迫害。10月19日，国民党中宣部在报上公开攻击三家书店是供应共产党书刊的书店，重庆、武汉等地的三联书店遭国民党查禁，工作人员被逮捕。面对险恶局势，三家书店决定将总店转移至香港。1947年11月和1948年2月，国民党反动派先后下密令查封三家书店。三家书店提前得到消息，赶在国民党查封之前将总部迁往香港，三家书店负责人黄洛峰、徐伯昕、沈静芷及总店工作人员陆续前往香港避难。上海三店同时在报上刊登启事，宣布结束营业，但仍留下部分成员在沪坚持开展秘密的图书出版工作。

1948年10月，根据周恩来同志的指示，三家书店在香港进行了彻底合并，成立"生活·读书·新知"三联书店，实行集中统一管理。新中国成立前夕，三联书店根据中央指示，大部分人员离港前往北京，总部迁往北京，成立"生活·读书·新知三联书店总管理处"。少部分人员仍留香港坚持从事进步文化的传播工作。

在抗战时期和解放战争时期，三家书店为革命进步出版事业，为传播先进思想和文化作出了重要贡献。他们在国民党当局的文化高压政策下，坚持出版革命和进步书刊，积极抢占出版高地，把革命出版发行工作推进到国统区地盘。据统计，新中国成立前，国内共出版"红色读物"400余种，其中，三家书店就出版了200种，约占红色读物出版总数的一半。[②]由此可见，抗日战争和解放战争时期，生活、读书、新知三家书店是中共领导下在国统区开展新闻出版工作的主要阵地。从险恶的出版环境中走过的三联出版人，与解放区的新华书店出版发行队伍一起，构成了新中国出版发行事业的重要基础。

第三节　新民主主义革命时期进步出版业的主要特征

通过对新民主主义革命时期中共领导下的出版活动的粗略梳理，我们可以发现，中国共产党在各个时期对于出版工作都十分重视，始终把出版工作当成是党的宣传工作的一个重要组成部分，始终牢牢地掌握和利用出版这一重要阵地。自中国共产党成立伊始，党的历次重要会议都把宣传出版工作列入重要议事日程。在中央领导机构的设置上，党的宣传出版机构

[①] 中国人民政治协商会议全国委员会文史资料研究委员会：《文化史料丛刊》（第6辑），文史资料出版社，1983年，第103页。

[②] 郝振省：《2012—2013中国出版业发展报告》，中国书籍出版社，2013年，第256页。

都占有重要的地位。正是由于中国共产党对于新闻出版战线的重视，其领导下的革命和进步出版事业才能由小到大、由弱变强，不断成长和发展起来。中共领导下的新闻出版业也成为团结和教育人民，打击和消灭敌人的重要武器。新民主主义革命时期中共领导下的出版活动具有以下特点。

一、中共领导下的出版活动带有鲜明的政治倾向和宣传意识

新民主主义革命时期，中共领导下的新闻出版机构出版了大量革命进步报刊和书籍。在报刊出版方面，中共早期出版的《新青年》、《每周评论》、《共产党》月刊、《星期评论》、《湘江评论》、《向导》、《前锋》，第二次国内革命战争时期的《布尔塞维克》、《红色中华》、《斗争》周刊、《红旗》周刊、《红旗日报》、《实话》、《党的生活》，抗日战争和解放战争时期的《新华日报》、《群众》周刊、《解放日报》、《解放》周刊、《抗敌报》、《晋察冀日报》、《共产党人》、《晋绥日报》(《晋绥大众报》)、《晋察冀画报》、《人民日报》等，都带有鲜明的政治倾向和宣传色彩，这些报刊中有不少还是中国共产党中央的机关报刊。

在书籍出版方面，中共领导下的报社、杂志社、出版社、书店等各类出版机构相继出版了《共产党宣言》《共产主义ABC》《马克思〈资本论〉入门》《阶级争斗》《社会主义史》《湖南农民运动考察报告》《共产主义运动中的"左"派幼稚病》《论反对派》《唯物史观》《国家与革命》《列宁主义问题》《资本论》《哲学讲话》《联共（布）党史简明教程》《西行漫记》《鲁迅全集》《列宁全集》《列宁选集》《毛泽东选集》《论持久战》《论联合政府》《抗日游击战争的战略问题》《中国革命和中国共产党》《新民主主义论》《农村调查》《改造我们的学习》《整顿党的作风》《关于修改党章的报告》《论共产党员的修养》《论抗日游击战争》等一系列马列主义书籍、中共领导人著作、政治理论书籍等。

中共在新民主主义革命时期出版的革命书籍和报刊，在传播马克思主义理论，宣传党的理论、路线、方针、政策，配合党的武装斗争、政治斗争方面起到了重要作用。尤其是中共在各个时期创办的革命报刊，在唤醒民众觉悟，壮大革命声势，推进革命事业方面，更是功不可没。今天，我们重读革命年代的报刊，仍然能感受到它们所表现出来的强烈的革命斗争色彩。如，毛泽东在谈到创办《政治周报》的理由时说道："为什么要出版《政治周报》？为了革命。为什么要革命？为了使中华民族得到解放，为了实现人民的统治，为了使人民得到经济的幸福。"①《中国青年》在发刊词中慷慨陈词："政治太黑暗了，教育太腐败了，衰老沉寂的中国像是不可救药了！"②中央苏区时期创办的《红色中华》在发刊词中公开提出："要尽量揭破帝国主义与国民党军阀及一切反动政治派别进攻革命欺骗工农的阴谋，与反动统治的内部冲突崩溃，及一切政治内幕。"③中共领导下的革命报刊所展示出来的鲜明政治倾向、坚定的政治立场、强烈的斗争精神、敢于打破旧世界和建设新世界的革命勇气，给人以强大的精神鼓舞。

二、中共领导下的新闻出版业有着革命家开办书店和办刊办报的优良传统

新民主主义革命时期，中共在推进马克思主义大众化传播的过程中，始终把新闻出版工作当作是党的宣传工作的喉舌和重要武器。在新民主主义革命的各个阶段，中共都重视利用报刊和书籍，传播马克思主义理论，宣传党的理论、路线、方针、政策，唤醒民众觉悟，动员人民群众起来参加革命斗争，因而当年许多革命工作者也是新闻出版工作者。翻开中国共产党的历史，我们会发现，新民主主义革命时期中共领导人中，有很多人都曾从事过新闻出版工作，还有一些人本身就是编辑、新闻记者、报人、出版发行工作者。

中共领导下的新闻出版工作具有革命家、政治家办刊办报，从事编辑发行工作的优良传统。中共早期许多领导人如陈独秀、李大钊、毛泽东、周恩来、李达、蔡和森、方志敏、瞿秋白、恽代英、邓中夏、罗章龙等曾有过办刊办报或办书店的经历。中共创始人和早期领导人陈独秀早在新文化运动时期就创办了《新青年》杂志，积极传播马克思主义。同为中共创始人之一的李大钊也有着丰富的编辑出版经历。1916年，李大钊担任《晨钟报》总编辑，后又担任《新青年》杂志编辑和撰稿人。1918年12月，李大钊和陈独秀一起创办《每周评论》，1919年2月参加《晨报》第七版改版等。毛泽东早年曾担任进步刊物《湘江评论》的主编，并创办了公开发行马克思主义书刊的机构长沙文化书社。周恩来早年曾主编《天津学生联合会报》和《觉悟》。中共早期领导人方志敏曾在南昌创办文化书社。

---

① 毛泽东：《〈政治周报〉发刊理由》，《政治周报》第1期，1925年12月5日，朱移山：《中国新闻传播史文选》，合肥工业大学出版社，2016年，第137页。
② 中国社会科学院新闻研究所：《中国共产党新闻工作文件汇编》（下），新华出版社，1980年，第8页。
③ 《红色中华》第1期，1931年12月，《中央苏区文艺丛书》编委会：《中央苏区文艺史料集》，长江文艺出版社，2017年，第224页。

中共早期领导人李达编辑出版实践经历也十分丰富，他不仅担任《新青年》的编辑，还担任我党历史上第一个半公开发行的理论刊物《共产党》月刊的主编。1921年9月，他负责创办并主持中国共产党第一个出版机构人民出版社，翻译出版了一批马克思主义理论著作，为早期马克思主义在中国的传播作出了极大贡献。中共早期领导人蔡和森曾主编中共第一个政治机关报《向导》周报。《向导》自创办到1927年停办，他不仅负责《向导》的组稿工作，还是主要撰稿作者，据统计，在该报出版的5年时间里，蔡和森在该报发表了130多篇文章。①

中共早期领导人瞿秋白早年曾任《新青年》《前锋》杂志的主编和主要撰稿人，同时还负责《向导》的编辑工作。1925年6月4日，瞿秋白创办了中国共产党第一份日报《热血日报》。《向导》停刊后，1927年10月，中共中央在上海重新创办了党的机关刊物《布尔塞维克》，瞿秋白任编辑委员会主任。中央苏区时期，瞿秋白担任中华苏维埃共和国临时中央政府机关报《红色中华》报社社长兼主编。

早期著名的工人运动领袖恽代英曾在武汉创办利群书社，并出版刊物《互助》。邓中夏早年曾主编《中国青年》《青年工人》等。罗章龙曾任中共第一个公开发行的机关刊物《向导》周报的编辑、主编，并曾担任《中国工人》《群众》《斗争导报》《劳动》等刊物的主编，以及中共中央在上海秘密出版的报纸《上海日报》的编辑。②

1945年，毛泽东、周恩来在重庆与国民党进行谈判时，还曾向华中解放区发出电报，要求解放区新闻出版工作人员"尽快地去上海等地办报"，电报指示如下：

（一）上海《新华日报》及南京、武汉、香港等地以群众面目出版的日报，必须尽速出版，根据国民党法令，可以先出版后登记，早出一天好一天，愈晚愈吃亏。

（二）华中可去上海等地公开活动的，如范长江、钱俊瑞、阿英、梅雨等，要多去、快去。除日报外，其它报纸、杂志、通讯社、书店、印刷所、戏剧、电影、学校、工厂等方面无不需要，比现在华中解放区意义还要重要些，必须下决心用最大力量经营之。③

---

① 王彦丽：《历史丰碑》（2），西北工业大学出版社，2012年，第38页。
② 中国新闻年鉴杂志社：《中国新闻年鉴（1994）》，中国新闻年鉴杂志社，1994年，第444页。
③ 中国近代现代出版史编纂组：《新民主主义革命时期出版史学术讨论会文集》，中国书籍出版社，1993年，第444—445页。

由此可以看出，中国共产党对于新闻出版工作是十分重视的，早期党的领导人中有不少人还是新闻出版工作的行家里手。由于中国共产党对于出版工作的重视和懂行，我们党在新中国成立后，能迅速地将以阶级斗争、民族解放为宗旨的出版事业转化为以为人民服务为宗旨的社会主义出版事业。

三、中共领导下的革命和进步出版工作者敢于斗争、善于斗争

抗战时期，日本帝国主义不仅在军事上侵略中国，还在思想文化上推行殖民方针，在敌占区实行奴化教育。为了反击日伪的文化殖民，中共中央宣传部于1941年3月20日发布《关于反敌伪宣传工作的指示》。根据这一指示，以延安为中心的解放区调整出版方向，出版了一大批宣传抗日的报纸、刊物、小册子等，还出版了一批研究、分析敌国情况的出版物，如《敌伪研究》杂志和《日本便览》《日本帝国主义在中国沦陷区》《战争中的日本帝国主义》等图书，以指导沦陷区人民斗争。[1]

抗战时期，国民政府实行片面抗战，压制民主思想，禁售解放区出版的进步书刊。对此，中共领导下的出版界与国民党压制民主思想的行径展开了针锋相对的斗争。1937年7月19日，延安《解放》周刊发表社论，猛烈抨击国民政府扣押解放区书刊的做法，社论写道："国民党各地方当局在南京中枢标榜其'保障正当舆论'之下，却对我们的《解放》加以无端的阻碍与故意的摧残，使正当的爱国言论，不能源源的传达于四方，这是多么可惜的一回事！……我们不独抗议当局如此不当地摧残《解放》，我们抗议当局对一切爱国言论毫无理由的禁止与压迫。我们要求立即取消这一切不正当的禁令。"[2]

抗战进入相持阶段后，蒋介石领导下的国民政府实行消极抗日、积极反共的方针，刻意制造反共摩擦，在国统区出现恐吓销售进步书刊的书店工作人员，扣押进步书刊的事件。在第二次反共高潮时，国民党顽固派在文化领域里大肆推行专制主义。中共领导下的出版界与之展开了坚决斗争。1941年4月3日起，《新中华报》连续四天刊载了由徐伯昕起草的《生活书店被摧残经过》，对国民党在国统区实行的文化专制主义政策进行了抨击。据统计，《新中华报》在第一次、第二次反共高潮中，发表抨击国

---

[1] 赵晓恩：《延安出版的光辉——〈六十年出版风云散记〉续编》，中国书籍出版社，2002年，第21—22，82页。

[2] 《本刊的被扣》，《解放》周刊，1937年7月19日。

民党顽固派制造摩擦的社论16篇以及谈话、文章40多篇。①1943年，国民党掀起第三次反共高潮后，中共领导人毛泽东明确指示要运用舆论反击国民党的反共活动，要"造成压倒反动气焰之热潮"。②1943年7月12日，延安《解放日报》刊发毛泽东的《质问国民党》一文，揭露了国民党顽固派消极抗日积极反共、破坏统一战线与国内和平的罪恶行径。该文发表之后，延安新华书店还立即将其印成小册子，并在国统区和解放区出版发行。

新民主主义革命时期中共领导下的出版业不仅敢于斗争，还善于斗争，重视讲究斗争策略和斗争艺术。第二次国内革命战争期间，国民党蒋介石为了维护其独裁统治，大肆破坏中共建立的出版机构，查禁进步书报刊，迫害革命和进步出版人士。面对白色恐怖的环境，中共领导下的新闻出版工作者为了传播进步思想，宣传党的政策，揭露国民党反动派的阴谋，采取了巧妙的斗争策略，他们将进步书刊的封面进行伪装，以瞒过当局的审查。如这一时期出版的中共中央机关刊物《布尔塞维克》，封面曾先后伪装为《新时代国语教科书》《经济月刊》《中国文化史》《中国古史考》《少女怀春》《中央半月刊》《金贵银贱之研究》《虹》《平民》等刊名。《红旗周报》的封面曾先后伪装成《时事周报》《实业周报》《快乐之神》《光明之路》《真理》《出版界》《新生活》《摩登周报》《平民》。《中国工人》曾伪装成《红拂夜奔》《南极仙翁》出版。在书籍出版方面，也采取了伪装作者和书名的方式，如，署名"周作人"的《秉烛后谈》一书，里面的实际内容却是毛泽东的《目前形势和我们的任务》等18篇文章。③封面伪装是革命进步出版业对抗国民党反动派查禁书刊的一种斗争策略，通过采用这种灵活巧妙的斗争方式，中共领导下的出版业得以在险恶的环境下生存和发展。

抗战后期，国民党顽固派掀起多次反共高潮。1943年，国民党颁布了"抗战时期宣传名词正误表"，禁止在书籍和报刊中使用"八路军""新四军""解放区"等称谓。为了使书刊能顺利发行，中共领导下的进步书刊编辑工作者巧妙地采用"抗日军""人民的军队""敌人的后方"等意思相近的名词代替，既不影响文章的阅读，又能通过国民党图书审查机构的审查。针对国民党采用吊销期刊登记证扼杀进步刊物的做法，革命的出版工作者就采用出版丛书的方法来办期刊。一些进步出版发行机构被国民党查

---

① 常紫钟、林理明：《延安时代新文化出版史》，陕西人民出版社，2001年，第25页。
② 毛泽东：《运用舆论反击国民党进攻》，《毛泽东新闻工作文选》，新华出版社，1983年，第105页。
③ 《北京出版史志》编辑部：《北京出版史志》（第8辑），北京出版社，1996年，第37页。

封后，他们便采取改名迁址或另设新书店继续营业，或采取与他人合资等办法开展书刊经营活动。

解放战争时期，中共领导下的国统区出版业面对国民政府的残酷迫害，采取了化整为零、化大为小的出版方式。如在办刊过程中，通过乔装成民主党派的刊物或直接与民主党派合作办刊，以达到躲避国民政府审查的目的。通过采取各种灵活的办刊策略，中共在国统区的新闻出版事业在逆境中顽强地生存下来并取得了较大的发展。解放战争时期，中共领导下的生活、读书、新知三家书店，为了在国民党严酷的新闻出版审查政策下生存下来，根据中央指示，采取了一、二、三线的纵深防御战术部署，分别成立了一批二、三线的出版机构，如华夏书店、士林书店、骆驼书店、新中国书店等。这些二、三线的书店，一方面公开发行国民政府审查通过的书刊，同时，又以隐蔽的方式秘密发行革命书刊。通过合法斗争与秘密斗争的结合，以求得生存和发展。

新民主主义革命时期，中共领导下的出版业能在艰苦卓绝的环境下不断成长、发展、壮大，其最根本的原因是有中国共产党的领导。在新民主主义革命发展的各个阶段，中国共产党始终坚持对出版工作的领导，在各个重要历史时期，针对内外环境的变化，中国共产党及时对宣传出版工作发布各种决议、指示、公告、通知，根据形势变化和工作需要及时建立或调整党中央领导下的各级出版机构和部门，为配合宣传工作需要和革命斗争需求及时创办各种刊物，出版发行各类书籍。新民主主义革命各个时期，中共对于出版工作都给予了极大的关注和重视，许多领导人还亲自参加编辑出版工作或著述撰文，开展对于形形色色的非马克思主义思潮的斗争。面对错综复杂的环境和各种敌对势力、反动统治阶级的残酷打压迫害，中共领导下的出版业勇敢地起来反抗，敢于斗争、善于斗争并最终取得了斗争的胜利。今天，我国正处在从出版大国向出版强国迈进的伟大历史征程中，新民主主义革命时期中共出版业的革命优良传统，仍值得学习继承和进一步发扬光大。

第二章　五四运动和中国共产党诞生时期的出版活动

　　19世纪末20世纪初，晚清政府的腐败无能导致国力衰弱，西方列强乘机入侵中国并掀起了一股瓜分中国的狂潮。为了挽救民族危亡，以孙中山为首的革命党人发动了辛亥革命。资产阶级革命党人经过浴血搏斗，最终推翻了腐朽的清政府。然而，革命的胜利果实却被北洋军阀首领袁世凯篡夺。为复辟封建帝制，袁世凯军阀集团在国内掀起了复古尊孔的反动逆流。辛亥革命的失败和北洋军阀的专制统治，使一部分接受过新式教育的先进知识分子认识到，革命失败的根源，在于国民头脑中缺乏民主共和意识。革命要取得成功，首先要从思想文化上打破封建，冲击封建思想和封建意识。为此，他们决心发动一场新的思想启蒙运动，以期开启民智，启发民众觉醒。以《青年杂志》的创办为开端，中国掀起了波澜壮阔的新文化运动。为了宣传民主和科学的思想，国内一批先进知识分子、进步青年纷纷办报办刊，宣传新文化、新思潮，有力地推动了新文化运动的发展。新文化运动启发了民众觉悟，为马克思主义在中国的传播和五四运动的爆发奠定了基础。

　　1919年5月初，北洋军阀政府在巴黎和会上的外交失败，点燃了五四运动的导火线。五四运动时期，一大批爱国青年和进步知识分子，为了宣扬新思潮新文化，反对帝国主义和封建军阀，掀起了一股办刊热潮。与此同时，一批早期的共产党员，为了宣传马列主义思想，开始办报办刊，从事出版活动，中共出版事业由此发端。

第一节　五四时期办刊高潮的兴起

　　五四时期，是中国近现代史上报刊出版活动的一个高峰时期。为了宣传革命和进步思想，各地纷纷成立共产党早期组织和各种进步社团，并从事报刊出版活动。

一、五四时期进步社团创办的刊物

　　1915年9月15日，陈独秀在上海创办《青年杂志》(从第二卷起改名为《新青年》），高擎起"民主"与"科学"两大旗帜，对封建旧道德发起了猛烈的进攻，吹响了新文化运动的号角。早期共产党人陈独秀、李大钊等纷纷在《新青年》撰文，大力宣扬马克思主义理论。他们还编辑出版了"马克思主义研究专号"和"劳动节纪念专号"，成为"宣传马克思主义与工人运动相结合的一个里程碑"[①]。《新青年》的创刊，"为中国的社会思想放出有史以来绝未曾有的奇彩"[②]，在中国的思想界引起极大的震动。在它的影响和带动下，各地进步青年纷纷起来，成立各种进步社团，创办各种刊物，传播各种新思潮。据估计，"五四"前后，全国创办的各类社团数量多达三四百个[③]，各种鼓吹新思潮的刊物有400多种[④]（表2-1）。

表2-1 "五四"前后创办的重要进步社团及刊物

社团名称	创办者	创办时间、地点	创办宗旨	所办刊物
新青年社	陈独秀	1915年9月15日，上海	宣传科学和民主，发起文学革命与批孔运动，积极提倡新文化	《新青年》
互助社	恽代英、黄负生	1917年10月8日，武昌	群策群力，自助助人	《新声》《向上》
新民学会	毛泽东、蔡和森等	1918年4月14日，长沙	改造中国和世界	《新民学会会员通信集》
国民杂志社	邓中夏、许德珩、周炳琳、谢绍敏、张国焘、段锡朋等	1918年10月20日，北京	增进国民人格，灌输国民常识，研究学术，提倡国货	《国民》
新潮社	傅斯年、罗家伦、顾颉刚、杨振声等	1918年12月13日，北京	为中国新文明的建设打下一基础	《新潮》
每周评论社	陈独秀、李大钊、高一涵、高承元、张申府、周作人等	1918年12月22日，北京	主张公理，反对强权	《每周评论》
工读互助团	李大钊、陈独秀、蔡元培、胡适、王光祈等	1919年3月24日，北京	帮助北京的青年，实行半工半读主义，庶几可以达教育和职业合一的理想	

---

① 郑保卫：《中国共产党新闻思想史》，福建人民出版社，2004年，第6页。
② 《〈新青年〉之新宣言》，《新青年季刊》第1号（共产国际号），1923年6月15日。
③ 王桧林：《中国现代史》（上册），北京师范大学出版社，2009年，第29页。
④ 张德旺：《新编五四运动史》，黑龙江人民出版社，2009年，第250页。

续表

社团名称	创办者	创办时间、地点	创办宗旨	所办刊物
平民教育演讲团	康白情、夏镜澄、易克嶷、朱一鹗、陈宝锷、陈兴霸、周长宪、罗家伦、黄日葵、周炳琳、陈云程、廖书仓、许德珩、邓中夏等	1919年3月29日，北京	增进平民智识，唤起平民之自觉心	《讲演周刊》
工学会	匡互生、周予同、刘薰宇等	1919年5月3日，北京	国有困难外交，则竭力以谋补救	《工学》
星期评论社	戴季陶、沈玄庐、李汉俊、陈独秀、胡适、李大钊、罗家伦、蒋梦麟等	1919年6月8日，上海	以独立的精神、批判的态度，提倡新文化、宣传社会主义、激励工人运动	《星期评论》
少年中国学会	李大钊、王光祈、陈愚生、张尚龄、周太玄、曾琦、雷宝菁等	1919年7月1日，北京	本科学的精神，为社会的活动，以创造少年中国	《少年中国》《少年世界》《星期日》
觉悟社	周恩来、邓颖超、郭隆真、郑季清等	1919年9月16日，天津	本着反省、实行、持久、奋斗、活泼、愉快、牺牲、创造、批评、互助的精神，求适应于"人"的生活——做学生方面的"思想改造"事业	《觉悟》
浙江新潮社	夏衍、谢锦文、汪馥泉、阮毅成、查猛济、施存统、俞秀松、周伯棣、傅彬然等	1919年10月10日，杭州	本奋斗的精神，促进劳动界的自觉和联合，谋人类生活的幸福和进步	《浙江新潮》
平民教育社	北京高等师范学校师生	1919年10月，北京	研究宣传实施平民教育	《平民教育》
利群书社	恽代英、林育南、沈志耀、廖焕星等	1920年初，武昌	利群助人，服务群众	《互助》《我们的》
马克思学说研究会	李大钊、邓中夏、黄日葵、高君宇、范鸿劼等	1920年3月31日，北京	研究关于马克思派的著述	

续表

社团名称	创办者	创办时间、地点	创办宗旨	所办刊物
马克思主义研究会	陈独秀、李汉俊、陈望道、俞秀松、李季、戴季陶、沈玄庐、施存统、邵力子、陈公培、袁振英、沈雁冰、周佛海、刘大白、张东荪、沈仲九等	1920年5月，上海	研究马克思主义和俄国十月社会主义革命	
长沙文化书社	毛泽东、彭璜、何叔衡、易礼容等	1920年8月2日，长沙	贩卖中外各种有价值之书报杂志，以充青年人及全体湖南人新研究的材料	
俄罗斯研究会	毛泽东、何叔衡、姜济寰、易礼容、方维夏等	1920年8月22日，长沙	研究俄罗斯的一切事情	
齐鲁书社	王乐平、王尽美、邓恩铭等	1920年10月1日，济南	专卖各种最新丛书杂志及教育用品，以介绍文化，增加人类的知识	
励新学会	王尽美、邓恩铭等	1920年11月21日，济南	研究学理，促进文化	《励新》
北京大学社会主义研究会	李大钊、何恩枢、徐其湘、陈学池、郭弼藩、陈顾远、费秉铎、鄢祥禔	1920年12月2日，北京	研究社会主义	

五四时期的进步社团中，除了陈独秀等人组建的新青年社外，李大钊在北京大学组建的"马克思学说研究会"、周恩来等在天津组织的"觉悟社"、恽代英在武汉创办的"利群书社"、毛泽东在长沙创办的"文化书社"、蔡和森等在法国巴黎创办的"工学世界社"，都是当时具有重要影响力的社团。

在刊物的出版方面，五四时期创办的重要期刊除了《新青年》外，影响力较大的刊物还有陈独秀、李大钊在北京创办的《每周评论》(1918年12月22日创刊)、毛泽东在湖南长沙创办的《湘江评论》(1919年7月14日创刊)、中共上海发起组创办的《共产党》(1920年11月7日创刊)等。为了鼓励广大工人阶级团结起来，开展反对官僚资本主义和封建主义、帝国主义的斗争，上海、北京、广州等地的共产党早期组织相继创办了《劳动界》《劳动者》《劳动音》等一批以工人阶级为阅读对象的通俗报刊，成为宣传马克思主义的重要阵地。以上有关刊物，将在后面章节进行详细介绍，这里仅就以下几种刊物做一简要介绍。

1. 新民学会与《新民学会会员通信集》

1918年4月，毛泽东、蔡和森、何叔衡、张昆弟、罗学瓒、陈昌等人在湖南长沙创办"新民学会"，并出版《新民学会会员通信集》，其目的在于"联聚同人精神，商榷修学、立身，与改造世界诸方法"[①]。《新民学会会员通信集》反映了毛泽东等早期共产党人和进步知识分子对于中国革命的探索。

2. 新潮社与《新潮》杂志

新潮社是"五四"前后创办的较早和较有影响力的一个进步社团。新潮社创办时间为1918年12月，地址设在北京大学校园内。发起人为北大学生傅斯年、罗家伦、顾颉刚等人。新潮社在创办的过程中，曾得到过蔡元培、陈独秀、胡适、钱玄同、李大钊等人的热情指导和帮助。为宣传新文化、新思想，该社于1919年1月创刊了《新潮》杂志。由傅斯年、罗家伦和杨振声等人负责刊物的编辑工作，编辑部成员还有徐彦之、康白情和俞平伯等。《新潮》创刊伊始就高擎起新文化的旗帜，向封建旧思想、旧文化发起了猛烈的炮火轰击。《新潮》杂志积极倡导白话文运动，倡导新文学，译介了一批国外文学作品，有力地推动了新文化运动的发展。

新潮社在创办《新潮》的同时，也编印出版了一些丛书，如"新潮丛书""文艺丛书"等。"新潮丛书"先后汇编出版了《迷信与心理》（陈大齐著）、《科学方法论》（王星拱著）、《点滴》（周作人译）、《蔡孑民先生言行录》（蔡元培著）、《现代心理学》（陶孟和著）、《疯狂心理》（李小峰、潘梓年译）等。"文艺丛书"前3种先后汇编出版了《春水》（冰心著）、《桃色的云》（爱罗先珂著、鲁迅译）和《呐喊》（鲁迅著）。

3. 国民杂志社与《国民》杂志

1919年1月，邓中夏、黄日葵、高君宇等人在中共早期创始人李大钊的帮助下组织成立了进步团体"学生救国会"，同时决定成立国民杂志社并创办《国民》杂志。《国民》的创刊宗旨在于"增进国民人格，灌输国

[①]《发刊的意思及条例》（原载《新民学会会员通信集》第一集），卢洁、谭逻松：《毛泽东文物图集（1893—1949）》（上），湘潭大学出版社，2014年，第32页。

民常识，研究学术，提倡国货"①，体现出浓厚的爱国色彩。《国民》杂志的编辑和作者主要为北大学生，邓中夏、高君宇、黄日葵、许德珩、张国焘等是该刊的主要编辑和撰稿人，李大钊、杨昌济等人也经常为《国民》杂志写稿，《京报》创办人邵飘萍和画家徐悲鸿被聘为该刊顾问。《国民》杂志积极宣传介绍马克思主义和俄国十月革命，发表了一系列介绍苏联和马克思主义学说的文章，如：该刊第2卷2、3号连载了常乃惪译的《马克思主义的历史唯物主义》一文。此外，该刊还翻译了《共产党宣言》中的一些章节。该刊最初是用文言文发表文章，"五四"以后改用白话文。

4. 互助社与《新声》杂志

互助社是五四运动前在武汉成立的最早且影响力较大的进步社团。1917年10月8日，恽代英、黄负生等人在湖北武汉发起成立了互助社，先后加入该组织的成员还有林育南、李书渠、廖焕星、刘仁静等人。互助社以"群策群力，自助助人"为宗旨。受互助社的影响，武汉各地的进步社团如雨后春笋般地迅速涌现。如林育南、魏以新等组织了新声社，刘仁静、鲁斌等组织了辅仁社，汪崇涛、林育南等组织了我社，林育南、卢斌等组织了黄社（后改名诚社）等，恽代英、林育南、廖焕星等组织了健学会，陈学渭、恽代英等组织了仁社。

为进一步在武汉地区传播新思想、新文化，恽代英和林育南等决定创办一份类似于《新青年》的刊物。1919年3月1日，《新声》半月刊正式出版。

关于创办《新声》的目的，林育南在写给《新青年》编辑部的信中曾说，因为看了《新青年》后，思想上逐渐觉醒，为了帮助"在黑暗沉沉的地狱里生活"的朋友也醒悟过来，我们"发了个大愿，要做那'自觉觉人'的事业，于是就办了个《新声》"。②《新声》积极提倡白话文，传播新思想、新文化、新道德，批判封建礼教和复古思想。恽代英称《新声》是"武昌第一个新文化出版物，亦是响应北大新思潮的先驱者"。③五四时期，武汉各地进步社团的成立以及进步报刊的创办，极大地推动了武汉各阶层群众的反帝爱国运动。

5. 少年中国学会和《少年中国》《少年世界》

1919年7月1日，李大钊、王光祈等人在北京发起成立了"少年中国

---

① 中共中央编译局：《五四时期期刊介绍》（第一集，上册），生活·读书·新知三联书店，1978年，第64页。
② 李良明：《林育南传记》，华中师范大学出版社，2018年，第13页。
③ 恽代英：《恽代英全集》（第四卷），人民出版社，2014年，第251页。

学会",并创办了学会机关刊物《少年中国》。李大钊任该刊主编。《少年中国》积极从事进步思想和马克思主义的宣传,李大钊、恽代英等为该刊经常撰稿人。该刊保存了学会发展和会员思想方面较为详尽的资料和留法勤工俭学学生运动的一些材料。1922年7月后该刊曾休刊7个月,1924年5月停刊,共出4卷,48期。

继《少年中国》后,1920年1月1日,少年中国学会又创刊了《少年世界》。两种刊物在内容登载上各有侧重,《少年中国》主要"登载关于哲学、文学纯粹科学等项文字",《少年世界》专载"各种调查及关于应用科学之文字"。[①]由此可看出,两种刊物之间是有明确的分工的,《少年中国》注重刊登理论研究成果,而《少年世界》则侧重发表实践调查和社会应用成果。《少年世界》在创刊号登载的发刊词中也解释了发行该刊的原因,指出,该刊是"记载事实"的月刊,发刊词强调中国青年与世界青年应共同"负改造世界的责任",而"改造中国"是改造世界的一部分。发刊词还提出了"改造中国"的具体办法,认为要分三步走,第一步是"本科学的精神,研究现代思潮",第二步是"记载由现代思潮演成的事实",第三步则是"根据思潮和事实的趋势,草一个具体的改造中国的方案"。[②]以上三步中,《少年中国》要完成第一步,第二步的事情要由《少年世界》去做,第三步的使命则要由中国全体青年去完成。

《少年世界》刊载的内容十分丰富,辟有多个栏目如"学生世界""学校调查""教育世界""工厂调查""劳动世界""农村生活""华侨消息"等,这些栏目中刊载的文章,有的是对国内外的工人、学生和华侨运动的情况进行的报道,有些是对工厂、农村实际情况所作的调查,有些是反映国内外劳动人民的生活状况。此外,该刊还辟有"妇女世界"、"儿童世界"、"社会批评"、"世界大势"(后改为"世界之世界")、"地方调查"、"学术世界"、"赞书录"、"出版界"、"森林调查"、"游记"、"杂录"等栏目,分门别类地介绍了许多具体的知识内容,为"五四"青年了解社会和国际形势提供了极大的帮助。

《少年世界》发表了多篇介绍苏俄革命和建设的文章,如《波希微党之教育计划》(第3期)、《一九一九年之俄罗斯》(第4期)、《新俄罗斯建设之初步》(第6期)、《罗素眼中苏维埃的俄罗斯》(第10期)、《苏维埃教

---

① 中共中央编译局:《五四时期期刊介绍》(第一集,上册),生活·读书·新知三联书店,1978年,第270页。

② 中共中央编译局:《五四时期期刊介绍》(第一集,上册),生活·读书·新知三联书店,1978年,第271页。

育之成绩》(第12期)等。该刊也发表了许多介绍国际工人运动的文章,如黄日葵的《最近英美的劳动运动》等(第4期)、李大钊的《"五一"May Day运动史》(第5期)。在《最近英美的劳动运动》一文中,作者介绍了英美工人阶级在十月革命影响下逐渐觉醒的情况。此外,该刊在第11期还刊载了蔡和森的《法国最近的劳动运动》一文,分析了法国社会各阶层对于法国劳动者举行罢工的不同态度,揭露了法国反动资产阶级和政府镇压大罢工的阴谋和卑劣行径。

该刊还刊登了留法勤工俭学的中国学生所写的关于旅法生活、法国工人和旅法华工情况的报道,如第11期发表了罗学瓒的《法兰西工人》和王若飞的《圣夏门勤工日记》两篇文章。罗学瓒的文章介绍了法国工人和留法勤工俭学学生的工作和生活情况、思想情况、文化程度和福利待遇等,揭示了资产阶级自私自利的本质和剥削工人的罪恶。王若飞的日记则记录了他在法国工厂中做工的见闻和经历,作者通过亲身体验感受到了劳动创造世界的道理和劳动人民的可贵,文章批评了一些"四体不勤"的知识分子对劳动人民的轻视心理。

《少年世界》还发表了大量少年中国学会会员撰写的社会调查文章。如《南通》(第1期)、《陕西》(第2期)、《陕西社会现状之一斑》(第3期)、《年假游济南杂记》(第4、5、6期连载)、《芜湖文化运动记》(第4、6、9期连载)、《广丰的社会调查》(第9期)等。这些调查广泛涉及当地的文化教育、地方沿革、人口、风土人情、工商实业、物产、慈善事业、文化事业、名胜古迹等方面,有助于广大青年知识分子了解社会现状。

除以上内容外,《少年世界》还刊登了一些有关南洋华侨消息的报道,介绍了华侨在南洋的事业以及华侨的教育、思想、妇女状况,帝国主义对于华侨的压迫,南洋华侨在五四运动影响下掀起的爱国运动等。《少年世界》第7、8期是"妇女号"特刊,刊载了各国妇女运动的情况,各种进步组织及其出版物,妇女争取平等权利的斗争等情况,有的文章还暴露了中国广大农村妇女受压迫和无权的境况。如,该刊第8期发表了田汉的《吃了"智果"以后的话》一文,揭露了中国劳动妇女受压迫的根源,并为妇女争取自身权利和解放指明了路径。

6. 觉悟社和《觉悟》月刊

1919年9月,周恩来、邓颖超、马骏、郭隆真、郑季清等21人在天津成立"觉悟社"并出版《觉悟》月刊,宣扬共产主义学说。北京《晨报》称赞"觉悟社"是"天津的小明星"[①]。《觉悟》创办的目标和宗旨,是"本

---

① 《现在的天津》,北京《晨报》,1919年11月25日。

着反省、实行、持久、奋斗、活泼、愉快、牺牲、创造、批评、互助的精神，求适应于'人'的生活"①。

《觉悟》为大32开本，每期100余页。《觉悟》上发表的文章，主要宣扬反对封建道德，提倡妇女解放，同时，还刊载了一些宣扬"工读主义""新村理想"等空想社会主义思潮的文章。《觉悟》所刊文章，作者都是用数字代号的谐音署名，如邓颖超的署名是"逸豪"（1号），周恩来的署名为"伍豪"（5号），郭隆真的署名"石衫"（13号），刘清扬的署名是"念五"（25号）。《觉悟》只出版了一期，第一期发布了周恩来撰写的《觉悟》和《觉悟的宣言》、邓颖超的《为什么》等文章。周恩来在《觉悟的宣言》中提出，要铲除一切不适应现代进化的剥削阶级和阻碍人的自由发展的封建旧思想、旧道德和旧伦常，②展现出作者反帝反封建的坚定意志。

7. 曙光社与《曙光》月刊

1919年11月，宋介、王统照、王晴霓等人在北京成立"曙光社"并出版发行《曙光》月刊。该刊创刊宗旨，是为了"唤醒国人彻底的觉悟，鼓舞国人革新的运动""将一丝一丝的光线，都照在大地之上"，让人民从黑暗的深夜走向光明的白昼。③

《曙光》杂志由宋介担任主编，主要编辑人员和撰稿者有丁镇华、王晴霓、王统照、祁大朋、范煜璲、徐彦之、耿济之、郑振铎、瞿世英等人。《曙光》早期刊载的文章以摘译英、美等国报刊文章为主。从第1卷第6期开始，该刊在李大钊的引导下，逐渐转为以宣传介绍马克思主义理论为主，表现出明显的革命倾向。《曙光》月刊从1919年11月创刊到1921年夏终刊，共存在了一年多的时间。

8. 改造社与《新江西》季刊

"改造社"于1920年12月在南昌成立，创办人为袁玉冰、方志敏、黄道。为宣传本社团的政治主张，该社于1921年5月1日创办了《新江西》季刊。《新江西》对如何改造社会，进行了广泛探讨。在该刊创刊号发布的《本刊宣言》中，提出了改造社会的三点主张：一是要"发展'德谟克拉西'精神"，打破一切权威和各种不平等的制度；二是用"劳工神圣"的思想启发民众觉悟，"引着他们到光明的路上去"；三是对于"黑白不

---

① 《觉悟的宣言》，《觉悟》第1期，1919年12月29日。
② 《觉悟的宣言》，《觉悟》第1期，1919年12月29日。
③ 中共中央编译局：《五四时期期刊介绍》（第一集，上册），生活·读书·新知三联书店，1978年，第306页。

分""是非颠倒"的社会现象进行严格的批评，从中寻求公平和真理。①

该刊创刊号刊载了主编袁玉冰的《我的希望——新江西》一文，文章对江西地方军阀的专制统治进行了强烈的批判。文章大声疾呼，要努力把"黑暗的江西"改造成一个"光明的江西"，要抱着"牺牲奋斗的决心"，把阻碍社会前进的荆棘一一斩断，"努力导出一线光明的道路来"。②文章还热情讴歌俄国十月革命，认为中国未来也势必要走俄国人的道路。

五四前后出版的这些刊物，大力传播新思想、新文化，它们与《新青年》等重要刊物形成呼应，从而初步形成了马克思主义的宣传格局。

二、《晨报》副刊、《京报》副刊、《觉悟》和《学灯》的出版

五四运动时期是新闻出版业的一个大变革时代，在早期共产主义知识分子的影响和介入下，一些报纸副刊也开始从消闲读物转变为传播新思想、新文化和新知识的阵地。其中，《晨报》《京报》《觉悟》《学灯》被誉为五四时期著名的"四大副刊"。

1.《晨报》副刊

《晨报》的前身为1916年8月15日创办于北京的《晨钟报》。《晨报》在初创时期的副刊所载内容多为消闲娱乐类文章。1919年2月7日，《晨报》宣布对副刊进行改革，新开辟了"自由论坛"和"译丛"两个栏目，主要介绍新修养、新知识、新思想，使副刊成为宣传新文化和马克思主义的重要阵地。改版后的《晨报》由孙伏园担任主编。

《晨报》副刊改版后，在李大钊的支持下，表现出鲜明的革命倾向性，开始大量刊载宣传十月革命和马列主义学说的文章。如，该刊第7期登载了李大钊的《战后之世界潮流》一文，作者在该文中热情称赞了俄、德等国的无产阶级革命，并满怀信心地指出："这种社会革命的潮流虽然发轫于俄德，蔓延于中欧，将来必至弥漫于世界。"③接着，李大钊又连续发表了多篇宣扬民主和科学，反映新思想、新文化的文章，为五四时期的革命青年指明了前进和斗争的方向。1919年3月14日，李大钊在《晨报》副刊上发表了《现代青年活动的方向》一文，号召青年从旧的思想和生活的束缚之下解放出来，去投入实际的活动。他号召广大青年要到劳动中去，同

---

① 《本刊宣言》，《新江西》第1期，中共江西省委党史研究室：《中共江西地方史》（第1卷），江西人民出版社，2002年，第36页。
② 汪立夏、李康平：《红色江西》，江西人民出版社，2006年，第13页。
③ 中共中央编译局：《五四时期期刊介绍》（第一集，上册），生活·读书·新知三联书店，1978年，第100页。

劳动群众相结合，他认为，有志青年应远离"尘嚣嘈杂"之地，要到最受压迫、最痛苦的劳动群众中去，那里虽然黑暗、悲惨和寂寞，但是，"黑暗寂寞中所含的，都是发生，都是创造，都是光明"。①

为了传播马克思主义学说，该刊还开辟了"马克思研究"专栏，刊发了马克思主义经典著作《雇佣劳动与资本》中的最早中译本《劳动与资本》、河上肇的《马克思唯物史观》、李大钊的《马克思与第一国际》等文章，热情讴歌马克思的伟大历史功绩。李大钊在《马克思与第一国际》一文中指出，马克思不但是伟大的学者，而且是伟大的革命活动家和第一国际的创造者，"自有马克思主义以来，社会主义才得有科学的基础，社会主义者的运动才有努力的方向了"②。这些论著和文章的介绍，促进了马克思主义在中国的传播，对于五四时期先进知识分子了解马克思主义学说，确立马克思主义唯物史观起了较大的帮助作用。

《晨报》副刊还大量刊载了瞿秋白、俞颂华、李仲武等人访问俄国所写的通讯报道，其中，以瞿秋白发表的通讯报道数量最多，约占通讯报道总数的一半以上，"达十六万字之多"③。1922年，为纪念俄国十月革命胜利五周年，《晨报》副刊特辟"俄国革命纪念"专号。纪念号刊载了李大钊的《十月革命与中国人民》一文，作者深刻分析了十月社会主义革命的伟大国际意义，同时，号召中国人民同苏俄人民和全世界的劳动人民联合起来，反对世界帝国主义。这些新闻采访报道和纪念文章，为国内青年了解俄国十月革命和苏俄社会主义建设，促进马列主义在中国的传播起了积极作用。

《晨报》副刊积极呼吁各社会阶层关注妇女问题，鼓励广大妇女起来反抗，争取妇女的人格和解放。《晨报》副刊还大力提倡白话文运动，刊发了大量白话文小说。另外，副刊开设的"译丛"一栏译载了苏俄著名作家高尔基、普希金、契诃夫、托尔斯泰、屠格涅夫等人的作品，对推动五四时期新文学运动的发展作出了贡献。

2.《民国日报》的副刊《觉悟》

《觉悟》于1919年6月16日在上海创办，由邵力子担任主编。该刊积极关注国内的工人运动，先后报道和评论了国内各地的工人罢工事件，

---

① 中共中央编译局：《五四时期期刊介绍》（第一集，上册），生活·读书·新知三联书店，1978年，第107页。
② 中共中央编译局：《五四时期期刊介绍》（第一集，上册），生活·读书·新知三联书店，1978年，第128页。
③ 中共中央编译局：《五四时期期刊介绍》（第一集，上册），生活·读书·新知三联书店，1978年，第134页。

如，河南开封商务印刷所工人罢工（1920年3月）、香港机器工人大罢工（1920年5月）、北京大学出版部印刷工人罢工（1920年10月）、上海法租界电车工人罢工（1921年3月）、杭州理发工人罢工（1921年5月）、天津洗衣工人罢工（1921年5月）、长沙理发工人罢工（1921年7月）、杭州浙江印刷公司工人罢工（1921年11月）等。这些报道和评论对工人运动的进步表现给予了高度评价，如，在《杭州理发工人的罢工风潮》一文中，作者称赞杭州理发工人面对地方军警，能"以威武不能屈的精神去对付"①。在《天津洗衣工人的罢工风潮》一文中，作者称赞天津洗衣工人罢工斗争的坚决，文章说道："他们罢工底目的，如何光明正大？他们底进行，又如何的坚决有力？能不佩服他们吗？"②《觉悟》在报道1922年1月香港海员大罢工时，称赞大罢工表现了"劳动界阶级的觉悟"③。同时，认为只要工人阶级能够团结起来，"不拘何处罢工，必能收到良好的效果"，即便是和军阀战斗，"亦必能所向克捷，无往不利咧！"④这表明，当时中国的一些先进知识分子，已经认识到工人运动的重要作用，以及工人阶级加强团结，联合起来与资本家斗争的重要性。

从1924年7月起，《觉悟》陆续发表了许多共产党员在上海的夏令讲学会上的讲稿，如瞿秋白的"新经济政策"、萧楚女的"外交问题"、安体诚的"经济思想史"、杨贤江的"青年问题"等。

《觉悟》积极倡导革命文学，刊发了大量文艺作品、文学评论，尤其是白话小说和新诗，几乎每期都有刊载。这些作品反映了作者改造社会的强烈愿望、开展革命斗争的决心和对劳动人民的同情，具有极强的现实主义风格。1924年11月6日，《觉悟》发表了沈泽民的《文学与革命的文学》，这是一篇马克思主义的文艺理论作品。文章正确地阐述了文学和革命斗争的关系，强调文学对于革命所起的重大作用，同时，革命实践反过来对于文学创作有促进作用。文章指出："文学家本身必须是革命家，诗人若不是一个革命家，他决不能凭空创造出革命的文学。"⑤该刊在宣传无产阶级文艺思想方面发挥了积极作用，在中国现代文学史上也占有一定的地位。

3.《京报》副刊

《京报》于1918年10月5日在北京出版，由近代著名报业家和新闻记

---

① 吴静：《杭州理发工人的罢工风潮》，《民国日报》副刊《觉悟》，1921年5月27日。
② 季扬：《天津洗衣工人的罢工风潮》，《民国日报》副刊《觉悟》，1921年7月20日。
③ 力子：《应当怎样援助香港海员呀》，《民国日报》副刊《觉悟》，1922年2月2日。
④ 劳动一分子：《香港海员罢工解决感言》，《民国日报》副刊《觉悟》，1922年3月10日。
⑤ 沈泽民：《文学与革命的文学》，《民国日报》副刊《觉悟》，1924年11月6日。

者邵飘萍所创办。《京报》副刊的创办时间为1924年12月5日，主编一职由孙伏园出任。孙伏园原为《晨报》副刊主编，后来由于《晨报》代理总编辑将已经发排的鲁迅的讽刺诗《我的失恋》随意抽掉，引起孙伏园的不满，他认为："这并非只是为着一篇文章，原是思想斗争，民主思想和封建思想的斗争。"①随后，孙伏园从《晨报》副刊离职，后在邵飘萍的力邀下，加入《京报》并负责主编《京报》副刊。

孙伏园被誉为民国时期的"副刊大王"，是一位有着丰富副刊办刊实践的编辑。他在主编《京报》副刊的过程中，继承了《晨报》副刊中积极关注社会现实问题的编辑理念。《京报》副刊在思想斗争中最鲜明的特点是，"经常抓一个有较大典型性的问题，有意识地展开讨论，正反两个方面都有文章发表，然后进行总结，这样让青年在对比中深入思考，明辨是非，获得启迪和教益"②。例如针对当时社会上流行的"整理国故"的社会思潮，《京报》副刊发表了鲁迅著名杂文《青年必读书》，对这一思潮予以批判。鲁迅在文章中指出，"整理国故"的社会思潮会对青年造成两重负面影响，一方面是使青年人"回避现实的社会问题"，另一方面造成人的思想"逐渐硬化，逐渐死去"，这与新文化运动的根本精神是背道而驰的。他在《青年必读书》一文中对"整理国故"思潮的驳斥，逻辑严密、条理清晰，给读者以心灵上的震动。

鲁迅是《京报》及其副刊的主要撰稿人之一，他在《京报》副刊上发表了《忽然想到》《咬文嚼字》《青年必读书》《并非闲话》《我还不能"带住"》《如此讨赤》等一系列颇受读者欢迎的杂文。1926年4月26日，因《京报》创办人邵飘萍被奉系军阀杀害，《京报》被迫停业，其副刊也在出版至477期后停刊。③

4.《时事新报》的副刊《学灯》

《学灯》是上海《时事新报》所办的一份副刊，创刊于1918年3月4日。该刊最早为周刊，自1919年1月起改为日刊。副刊云集了一批文化界的知名人士，先后担任编辑的有张东荪、匡僧、俞颂华、郭虞裳、宗白华、李石岑、郑振铎、柯一岑、朱隐青、潘光旦、钱沧硕等人。

《学灯》的创刊宗旨为：一、"促进教育，灌输文化"；二、"屏门户之见"；三、"为社会学子立说之地"。④该刊栏目设置有"现代学术界""俄

---

① 魏剑美、骆一歌：《中国报纸副刊史》，新华出版社，2015年，第45页。
② 魏剑美、骆一歌：《中国报纸副刊史》，新华出版社，2015年，第45页。
③ 方汉奇：《中国新闻事业通史》（第2卷），中国人民大学出版社，1996年，第114页。
④ 张东荪、李石岑：《学灯宣言》，《时事新报》副刊《学灯》，1918年3月4日。

国研究""社会主义研究""社会运动家""读书录""书报介绍"等，另外，还开设了"社会问题""妇女问题""劳动问题"等专栏。

《学灯》积极提倡新文艺，主张建设新文学。1920年1月1日，该刊发表了《当力求进步》的宣言，提出要"建中国的未来文化""奉学术作本栏新文化运动的指导明灯"[①]。《学灯》刊载了许多著名作家的作品，如：郭沫若的《鹭鹚》《归国吟》《上海印象》《西湖纪游》；郁达夫创作的首部小说《银灰色的死》和首篇散文《芜城日记》；沈雁冰译介的第一篇白话小说《在家里》等。此外，该刊还发表过周作人、康白情、张闻天、宗白华、叶圣陶、沈泽民、成仿吾、田汉、胡怀琛、胡适、鲁迅、郑振铎、王独清、刘延陵、落华生（许地山）、洪为法、王统照、郁达夫、郑伯奇、滕固、徐玉诺、冰心、谢六逸、王平陵、倪贻德、潘训、俞平伯、胡梦华、徐志摩、顾仲起、施蛰存、李金发等人的作品或译作。该副刊多次出版了探讨新诗理论的专辑，如"诗学讨论号""诗歌讨论""新诗讨论"等，此外，该刊还重视对于新文学作品的评介。

五四时期，《学灯》还积极传播新思潮和马克思主义理论，发表过早期共产党人李大钊、毛泽东和马克思主义研究会成员陈望道等人的文章。如，该刊曾登载过毛泽东的《民众的大联合》（原载于《湘江评论》）一文。这些文章的发表，对于推动五四运动的发展和传播马克思主义思想作出了贡献。

五四时期创办的各种进步社团，虽有着不同的宗旨和信仰，但在反帝爱国，实现民族独立和富强方面有着共同的愿景。这些社团所创办的各类进步刊物，大力提倡白话文运动，传播新思想、新文化，对于唤醒民众觉悟、促进民众思想解放起了积极作用，也为马克思主义在中国的传播创造了条件。这些新式刊物的出现，既是新文化运动以来宣传新思潮、开展百家争鸣的必然结果，也是新文化运动深入发展的重要表征。五四时期各种社团的成立以及各类进步刊物的出版，为以后党的出版事业的发展创造了一个良好的开端。

第二节 《新青年》的编辑与发行特色研究

中国近代新文化运动的发展为进步出版业的发展提供了条件，而国内先进的知识分子又反过来利用"出版"这一武器促进新文化运动的进一步

---

① 宗白华：《当力求进步》，《时事新报》副刊《学灯》，1920年1月1日。

开展。《新青年》的创刊及其对新文化运动所起的推动作用已充分证明了这个道理。《新青年》是五四时期创办的最重要的一份期刊,也是近现代期刊史上影响深远的一份期刊,有着"天下第一刊"的美誉。至今国内外学者对于《新青年》杂志及其创办人陈独秀的研究仍兴盛不衰。

一、《新青年》的创刊

《新青年》的创办者陈独秀(1879—1942),原名庆同,字仲甫,安徽怀宁(今安庆)人。他是中国近现代史上伟大的爱国者和革命家,新文化运动的发起者和马克思主义的积极传播者,中国共产党早期的主要领导人。

陈独秀出身官僚地主家庭,早年学习举业,17岁时考中第一名秀才。1897年,陈独秀考入杭州求是书院(浙江大学前身),开始学习西学。在此期间,他撰写了《扬子江形势论略》《扬子江筹防刍议》《湖中水师》等文章,提出建设长江江防方案,见解颇为独到,被时人誉为"皖城名士"。1901年,陈独秀因参加反清活动被清政府通缉,被迫逃亡日本。1903年,陈独秀回国后,协助章士钊等人在上海创办《国民日日报》,积极鼓吹革命。1904年,陈独秀在芜湖创办《安徽俗话报》,该报以开启民智、救亡图存为宗旨,积极宣传民主革命。辛亥革命后,陈独秀曾在老家安徽短暂出任过都督府秘书长和高等学校教务长等职。1914年,他受章士钊之邀,再度前往日本,参与《甲寅》杂志的创刊和编辑工作。

1915年9月15日,陈独秀在上海创办《青年杂志》,编辑部设在上海嵩山路吉谊里21号,陈独秀亲自担任主编一职。杂志版面为16开,每期发行量定为1000册,杂志的撰稿者多为与陈独秀关系熟络的皖籍同乡旧友。陈独秀在创刊号发表《青年杂志社告》一文,阐释该刊办刊宗旨:一是与青年诸君商榷"修身治国之道";二是通过介绍国际时事和学术新思潮以拓展青年眼界;三是以"平易之文"阐释"高尚之理",使青年诸君在"研习科学之余,得精神上之援助"。[①]

1915年9月,陈独秀在《青年杂志》卷首发表《敬告青年》一文,对青年进行了热情的赞美,认为"青年之于社会,犹新鲜活泼细胞之在人身"。[②]作者在文中指出,"人权说"、"生物进化论"和"社会主义"是近代文明的特征,要实现社会改革,关键在于新一代青年的自身觉悟和观念更新。他呼吁青年不要做"陈腐朽败之分子",勉励青年崇尚自由、进步、科学,要有世界眼光,要讲求实行和进取。他总结近代欧洲之所以强盛的

---

① 陈独秀:《青年杂志社告》,《青年杂志》,1915年9月15日。
② 陈独秀:《敬告青年》,《青年杂志》,1915年9月15日。

原因，一是"人权平等之说兴"，二是"科学大兴"，"科学"与"人权"是推动社会历史前进的"舟车之两轮"，从而首先在中国高举起"科学"与"民主"两面大旗。

1916年9月，《青年杂志》从第2卷第1号起改名为《新青年》。以《新青年》为发端，中国思想文化界的进步知识分子发起了一场声势浩大的新文化运动。

二、《新青年》的编辑工作

1917年1月，陈独秀受北京大学校长蔡元培之邀，赴北大任文科学长。《新青年》编辑部也由上海移至北京，但印刷地点仍在上海。为适应形势的需要，1918年1月，陈独秀宣布对编辑部进行改组，实行轮值编辑制，"所有撰译，悉由编辑部同人，公同担任"[1]。担任《新青年》轮值编辑的人员有陈独秀、李大钊、胡适、钱玄同、刘半农、高一涵、沈尹默、陶孟和等人。[2] 1919年1月15日，《新青年》第6卷第1期刊登了一份"本杂志第六卷分期编辑表"，该表所列轮值编辑人员分别是：第1期陈独秀；第2期钱玄同；第3期高一涵；第4期胡适；第5期李大钊；第6期沈尹默。[3] 五四运动爆发后，从第7卷1期开始，《新青年》又取消了这一制度，改由陈独秀担任主编。

《新青年》杂志的成功，在很大程度上得益于其拥有一支强大的编辑团队。《新青年》旗下聚集了一大批当时思想界、文化界、学术界的精英人士，他们抱着开启民智和救亡图存的共同理想、信念汇聚到一起，构成一种基于地缘、学缘和趣缘关系的知识分子群体。

陈独秀在创办《新青年》之初，主要仰仗的是《甲寅》杂志的编辑和作者队伍，这些编辑和作者大多是陈独秀的同乡，如胡适、高一涵、汪叔潜、陈遐年、高语罕、刘文典等，皆为皖籍人士。

1917年，陈独秀北上调任北京大学文科学长之后，依托北大深厚的学术背景和精英知识分子众多的优势，《新青年》编辑队伍迅速扩大，一批提倡新文化的北大学者和青年知识分子纷纷加入《新青年》编辑和作者队伍。第3卷新加入的作者有蔡元培、钱玄同、章士钊、恽代英、毛泽东、常乃德等人，到第4卷时，又有一批新派文人如周作人、鲁迅、沈尹默、沈兼士、陈大齐、王星拱、俞平伯、傅斯年、罗家伦、袁振英、林语

---

[1] 《本志编辑部启事》，《新青年》第4卷第3期，1918年8月1日。
[2] 张耀杰：《历史背后：政学两界的人和事》，广西师范大学出版社，2006年，第67页。
[3] 《本杂志第六卷分期编辑表》，《新青年》第6卷第1期，1919年1月15日。

堂等人加盟。《新青年》由此形成了一个由文化、教育、学术界等著名新文化人士组成的强大作者和编者群体。这些编辑和作家，尽管身份不同，思想上也各有差异，但都聚合在陈独秀倡导的"民主"与"科学"的旗帜下，构筑起一个基于共同理想的知识分子社群。

陈独秀个人的人格魅力、坚定信仰、坚韧意志和超凡组织能力，打造了一个极具个性而又团结的编辑和作者群体。他们通过《新青年》传播新思想、新文化，发出改造中国、挽救民族危机和国家命运的呼声，撼动了当时的思想文化界，在中国近现代思想文化史上留下了耀眼的光芒。

三、《新青年》的发行和广告策略

陈独秀早年曾有过创办《安徽俗话报》和《甲寅》杂志的办刊经历，出版经营意识非常强烈。由于《新青年》杂志社是一个自主经营自负盈亏的民营出版机构，需要通过商业化运作，提高杂志销量来获取市场利润，以维持杂志社的正常运转，所以，《新青年》一创刊，陈独秀就非常重视杂志的经营与发行工作。

《新青年》在创刊伊始就发布《社告》，称"本志以平易之文，说高尚之理"，以表明刊物面向大众的读者定位。陈独秀调任北大后，《新青年》与北京大学形成"一校一刊"的完美结合，其影响力迅速扩大，发行量猛增，从创刊时的1000余册逐渐上升到10000多册。据汪原放回忆，《新青年》销量最高的时候，"一个月可以印万五六千本"。[①] 由此可见该刊在社会上受欢迎的程度。

该刊在创办之初，委托上海群益书社发行。为了扩大发行量，群益书社通过在全国各地设立"代派处"等发行分支机构的方式，拓展发行网点。《新青年》第1卷第2号封底刊登了全国各埠的74个分店、代理销售处、分发行所或代派处。这些代派处，有的是设在书店，有的是设在杂志社、报社、图书馆，方便读者就近阅读和购买。与此同时，《新青年》还走出国门，在新加坡建立了普益印务公司、曹万丰书庄两个海外代派处，在日本等国也设有代派处。各个代派处的销售业绩也各有差异，像湖南长沙文化书社，半年之内便销售该刊达2000册。

《新青年》从第8卷起改为上海共产党早期组织机关刊物后，不再由群益书社发行，改为自办发行。该刊设立了发行部门，由陈独秀的安庆同乡和好友苏新甫负责杂志的发行事宜。苏新甫有着丰富的书刊发行经

---

① 汪原放：《回忆亚东图书馆》，学林出版社，1983年，第32页。

验，陈独秀早年在创办《安徽俗话报》的时候，苏新甫就协助他主办过发行工作。陈独秀对其发行工作能力相当认可，他曾在给胡适的信中写道："《新青年》编辑事有陈望道君负责，发行事有苏新甫君可负责。"① 在苏新甫的努力下，《新青年》的发行渠道进一步开拓，发行网点不断增多。《新青年》第9卷出版时，已在包括香港在内的全国38个大中城市建立了95个代销点，并在海外设有代派处，如欧洲总代派处巴黎中国书报社、日本东京神田北神保町书店等，组建起较为系统的发行网络。②《新青年》由刚创刊的时候仅发行1000来份到后来发行15000多份，除了有陈独秀主编和众多作者提供高质量的稿件外，苏新甫在书刊经营、发行方面也功不可没。

为了扩大杂志发行量，《新青年》还采取了打折促销、捆绑销售、特价促销等多种营销策略。《青年杂志》刚创刊，就在创刊号上登载《通信购书章程》："凡购本版书籍者概照定价七折计算。"③ 各地分派处实行"十份八折，百份七折"的折扣优惠措施。《新青年》出版至第5卷后，由于影响力大增，读者订购活跃，杂志一度脱销，读者纷纷要求再版。于是《新青年》杂志社决定出合订本，将一至五卷合刊，推出平装本和精装本两个版本。合订本销售价格为"常装实价银五元，精装实价银六元五角"，并规定合订本是"五卷合卖"，不分开单卖。通过捆绑销售，大大提高了杂志的销量。《新青年》在第7卷第3、4号期刊上还打出了特价促销的广告，广告说，《新青年》前5卷合装本，"现在特价，每部常装只卖四元五角，比较最初发行的购价还要减少实银五角"④。广告同时申明这些合订本将限期出售，希望读者欲购从速，显示出极强的促销意识。

《新青年》除了采取灵活的促销策略外，还善于通过广告宣传以扩大杂志的影响力。《新青年》一创刊就发布《社告》称"本志执笔诸君，皆一时名彦"，以此表明刊物作者队伍的强大。《新青年》第2卷又刊登《通告》说："自第二卷起，欲益加策励，勉副读者诸君属望，因更名为《新青年》，且得当代名流之助。嗣后内容，当较前尤有精彩。"⑤ 第3卷第1号还在封面上印上"陈独秀先生主撰"，在广告页栏上打出"大名家数十名执笔"的醒目字眼。通过宣传"名家执笔"和"名流之助"，以此显示刊

---

① 胡适：《胡适来往书信选》（上），中华书局，1979年，第116页。
② 汪耀华：《新青年广告研究》，上海书店出版社，2016年，第165页。
③ 《通信购书章程》，《青年杂志》第1卷第1号，1915年9月15日。
④ 《通告》，《新青年》第7卷第4号，1920年3月1日。
⑤ 《通告》，《新青年》第2卷第1号，1916年9月1日。

物的内容质量和影响力,以"勉副读者诸君属望",向读者表明办好刊物的决心和信心。

《新青年》刊登的广告种类繁多,大致可分为以下几类:

(1)图书广告。《新青年》前期刊登的广告内容多为书业广告,主要刊载群益书社的图书广告,此外,还有亚东、商务等民营出版机构以及一些进步社团出版的图书广告。如《新青年》第8卷第1号刊登的"新青年丛书"广告中,介绍了《社会主义史》《疯狂之心理》《哲学原理》《工业自治》四种新书,并敬告读者"以上四种均已译,陆续付印,特此预告"[①]。

(2)杂志和报纸广告。《新青年》从第7卷第2号开始大量刊登杂志广告。《新青年》刊登的杂志广告中,有一大部分是与其他杂志"交换"刊发的广告。当时,与《新青年》"交换"刊发广告的杂志有一百多种。《科学》是第一份在《新青年》刊出广告的杂志,从第1卷第1号开始,共登了10次。《新青年》第1卷第3号刊出的《科学》广告词写道:"《科学》乃中国科学界唯一之月刊",凡有志于研究科学者,"不可不读"。与此同时,《科学》也为《新青年》做广告,称《新青年》有助于"增长识见""助益精神""执笔者皆一时名彦"等。

《新青年》第7至第9卷是刊登杂志广告最多的几卷。《新潮》《学艺》《少年中国》《少年世界》《科学》《曙光》《解放与改造》《建设》《音乐杂志》《太平洋》《民铎》《新教育》《新社会》等纷纷在《新青年》上刊登广告。其中《新潮》是在《新青年》刊登广告次数最多的杂志,共刊登了15次。[②]《新青年》第6卷第6号刊登了《新潮》第1卷第3版预约的整版广告:"本志是介绍西洋有益思潮,批评中国学术上、社会上各问题的月刊。出版后,读的人非常欢迎,初版早完了,再版出版,不到半月也完了。但是各界要求的信,还是来个不了,所以赶印三版,发售预约。"[③]

《新青年》后期,很多曾和《新青年》因观点不同展开论争的杂志如《东方杂志》也在《新青年》做广告。在《新青年》第8、9卷上,《东方杂志》总共刊登了8次广告。由于这一时期的《东方杂志》也开始致力于民主与科学的启蒙,介绍马克思主义理论的文章逐渐增多,因而与《新青年》在观点上逐渐趋同,彼此之间的关系也就密切起来了。各刊之间通过"交换"广告,拓展了宣传渠道,扩大了自身的影响力。《新青年》在大量

---

① 汪耀华:《新青年广告研究》,上海书店出版社,2016年,第12页。
② 汪耀华:《新青年广告研究》,上海书店出版社,2016年,第73页。
③ 《新潮第一卷三版预约广告》,《新青年》第6卷第6号,1919年11月1日。

刊发书刊广告的同时，也刊发了一些报纸广告。

（3）商业广告。除了图书、杂志广告外，《新青年》也刊载了一些商业公司的广告，如眼镜、印刷、药品、香品、香烟等。《新青年》第8卷第1号刊登了南洋烟草公司、中国兴华制面公司的广告，第3号刊登了精益眼镜公司、南洋烟草公司、上海五洲大药房营业部广告。这类广告属于有偿广告，需要收取一定的广告费用。由此可看出，《新青年》的编辑人员已具有较强的商业经营意识。

除以上广告外，《新青年》还刊登了一些社团、学会、研究会的"简章""宣言""启事""纪略""社告""通告"等，这些社团广告主要反映各种进步社团活动信息。

《新青年》通过发布多种形式的广告，既提升了自身在读者中的影响力，扩展了杂志的传播范围，扩大了杂志的销量，同时，通过刊登一些有偿的商业活动广告，也获得了相应的广告收益。《新青年》刊登的广告大多为文化类广告，即使是一些商业类广告，也多为文化类商品。如《新青年》为宣传"济南齐鲁书社"所刊登的广告词："本刊开办以来，就抱定了宣传文化的宗旨，凡各处有价值的出版物，无论是季刊、月刊、半月刊、旬刊、周刊、日刊，无不乐意代售。"[①]这体现出《新青年》明确的办刊宗旨，即为传播新文化、新思想服务。

四、《新青年》办刊成功的因素及历史地位

刊物的创办受到多方面因素的制约，既受主编个人性格特质的制约，也受到当时时代环境的影响。《新青年》正是基于陈独秀个人的人格品质、实践经历和历史使命感，因应时代的需求，创办了这样一份革命进步刊物，最终获得了巨大的成功。

1.陈独秀个人的品格特质和社会经历

陈独秀不仅是《新青年》的主编，而且也是该刊的主要撰稿人。他在该刊发表了100多篇政论、专论和杂文，对当时的思想界和文化界产生了极大的影响。《新青年》第2、3卷封面写有"陈独秀先生主撰"一行字，凸显其本人对于刊物的重要性。

陈独秀一生的经历是曲折而又丰富多彩的，年幼的时候接受传统的儒家思想教育，成长过程中又受到维新派及资产阶级民主革命思想的影响。20世纪初，随着俄国十月革命的胜利，他又开始接触马克思列宁主义思

---

① 《济南齐鲁书社广告》，《新青年》第9卷第1号，1921年5月1日。

想，坚信只有马克思主义才能救中国，才能改变近代中国愚昧落后、积贫积弱的状态。他在创办《新青年》的过程中，高擎"民主"和"科学"的大旗，号召全国青年起来，用革命手段打倒帝国主义和封建主义。他主张对中国社会进行改造，把中国社会由属于少数人的资产阶级旧民主改造成为属于广大工农劳动群众的无产阶级的新民主，同时，为创立中国共产党进行多方准备，由此彻底完成了由旧民主主义思想向科学社会主义思想的转变。

从陈独秀个人的活动足迹来看，青少年时代的陈独秀从信息相对闭塞的安徽来到"得风气之先"的全国第一大都市上海，随着交游渐广，他的眼界也日益开阔。随后，他又东渡日本，受海外东西方思潮文化的进一步影响，视野更为开阔，树立起卓越的面向世界的战略眼光。陈独秀的个人禀赋加之丰富的生活和社会实践经历，使他成为时代的先驱者，他创办的《新青年》也成为引领时代潮流，执当时舆论界之"牛耳"的重要刊物。近代中国创办的杂志多如牛毛，但正如胡适所说："只有三本杂志可以代表三个时代，可以说创造了三个时代。一是《时务报》，一是《新民丛报》，一是《新青年》。"[①]《新青年》开启了中国由旧民主主义革命向新民主主义革命转变的新时代，起到了承上启下的作用，具有划时代的历史意义。

2.明确的办刊宗旨和读者定位

《新青年》的办刊宗旨非常明确，有很强的针对性，刊名本身就是一面旗帜。《新青年》创刊后，就明确提出其创刊目的就是"与青年诸君商榷将来所以修身治国之道"。把时代大任寄托于"青年"，希望他们能"放眼以观世界"。刊物读者定位相当清晰，体现出独到的编辑构思。

《新青年》之所以能成为引领时代潮流、影响力巨大的刊物，与《新青年》编辑队伍的多元开放意识有着密切的关联。这从《新青年》的办刊宗旨、指导思想及编辑理念上得到充分体现。在《新青年》创刊号上发布的《社告》指出："今后时会，一举一动一措，皆有世界关系，我国青年虽处蛰伏研求之时，然不可不放眼以观世界。"体现出《新青年》开放的办刊理念。在创刊词《敬告青年》中，陈独秀又对青年提出希望，要求青年是"世界的而非锁国的"，体现出鲜明的开放意识。在刊物内容的选取上，《新青年》创刊号所刊载的13篇文章，内容几乎都与世界有关。其中专门介绍国外知识的就有《现代文明史》《法兰西人与近代文明》《青年

---

① 上海革命历史博物馆：《上海革命史资料与研究》（第5辑），上海古籍出版社，2005年，第117页。

论》等，体现出主编放眼世界的办刊视野。

《新青年》开放的办刊意识，使其很快确立起在同人刊物中引领思想潮流的地位，这种开放的办刊意识和海纳百家之言的胸襟，极大地促进了当时的思想解放运动。《新青年》办刊理念的先进性、开放性和前瞻性，也使其成为造就一代思想大师和文学大师的摇篮。

3.热忱为读者服务的意识

《新青年》编辑的读者意识强烈，为了鼓励读者参与创作，《新青年》在第2卷第1号上新辟"读者论坛"一栏，并发布《通告》，对于读者来稿，"不问其'主张''体裁'是否与本志相合。但其所论确有研究之价值，即皆一体登载，以便读者诸君自由发表意见"。[①]以此扩大读者参与群体。与此同时，《新青年》还注意从读者队伍中发掘优秀人才，把他们培养为作者。当时不少优秀青年如钱玄同、傅斯年、罗家伦、常乃德、俞颂华、舒新城等，后来都成为《新青年》的读者兼作者。《新青年》通过开辟"读者论坛"，加强了与读者的互动，扩大了自身的影响力，同时，还起到了发掘作者人才的作用。

《新青年》为了鼓励作者投稿，在第2、3卷中的第1号的封三都刊登了《投稿简章》，欢迎作者往该刊投稿。简章还告知了所投稿件的报酬标准，来稿"一经选登，奉酬现金，每千字自2元至5元"。《投稿简章》对于作者来稿的格式和要求也作了说明："本志每面16行，每行40字，稿纸能与相合者最妙，字以明显为佳。"[②]《投稿简章》同时还标明了作者投稿地址。

《新青年》编辑人员重视与读者、作者之间的交流和沟通。《新青年》特别设置了"通信"一栏，发表了大量答疑辩难的文章，大都为陈独秀亲自撰写，足见其对于读者意见的重视。对读者的正确意见，陈独秀极力赞同，如，他在《答汪叔潜》一文中写道："前文未达，予读者以误会，资官僚以口实，殊非立论之旨，得尊函纠正之，敢不拜嘉！"[③]《新青年》还设有"读者言论""随感录"等栏目，主要"为容纳社外异议而设"[④]。这些栏目的设置，为当时自由知识分子提供了一个"真正自由表达公意的场所"[⑤]。

---

① 《通告》，《新青年》第2卷第1号，1916年9月1日。
② 《投稿简章》，《新青年》第2卷第1号，1916年9月1日。
③ 陈独秀：《答汪叔潜（政党政治）》，《独秀文存·通信》，首都经济贸易大学出版社，2018年，第8页。
④ 陈独秀：《新青年宣言》，《新青年》第7卷第1号，1919年12月1日。
⑤ 薄景昕：《论〈新青年〉场域的构成》，《求是学刊》，2009年第1期。

4. 灵活的编辑策略

《新青年》创办之初，读者的关注度并不是很高，为了引起读者关注，陈独秀发起了一场关于"新旧文学"的论战。1918年3月《新青年》第4卷第3期上，钱玄同以"王敬轩"的笔名，模仿旧文人的口吻，写了一封《文学革命之反响》的公开信，对新文学横加指责。信中列举了白话文的种种"可笑""可鄙"之处，痛斥新文学提倡者，认为他们的言论只不过是"狂吠之谈"，使用标点、引进西文是"工于媚外"。总之，文章大谈文言文如何比白话文好。而刘半农则以记者的身份，在同期杂志上发表了《复王敬轩》一文。该文用诙谐幽默、嬉笑怒骂的语言对王敬轩的言论进行了批驳。两篇文章针锋相对，双方势同水火，这一争论很快引起了思想文化界的震动，越来越多的文化界人士开始加入这一论战，双方都聚集了一大批拥趸。双方纷纷撰文，对对方进行口诛笔伐。钱玄同与刘半农之间演的这一出"双簧戏"收到了奇效，吸引了越来越多的看热闹的读者，《新青年》由此声名鹊起，销售也日渐火爆。鲁迅在《忆刘半农君》一文中对这次"双簧"论战策划给予了高度称赞，称之为打了一个"大仗"①。

为了进一步加强《新青年》的影响力，陈独秀还亲自策划了《新青年》与《东方杂志》之间的论战。《东方杂志》创刊于1904年，由商务印书馆编辑发行，是当时上海一份大型综合性期刊，在读者中有很高的声望。1918年9月，陈独秀在《新青年》发表《质问〈东方杂志〉记者——〈东方杂志〉与复辟问题》一文，对《东方杂志》进行大肆声讨，还给它扣上了一顶"复辟"的黑帽子，以此来吸引读者眼球。这一招颇具杀伤力，很快让《东方杂志》招架不住，发行量迅速下降。为了稳住读者，《东方杂志》不得不采取减价促销的策略，但还是未能挽回颓势。为了提振声望，《东方杂志》迫不得已，只好撤换主编。经过此役，《新青年》杂志销量猛增，一举超越《东方杂志》，成为当时上海乃至全国最为畅销的杂志。

《新青年》在20世纪初中国新旧思想激烈交锋之际，勇立时代潮流，传播了世界的先进文化思想，开启了民智，振奋了国人精神。它倡导文学革命，推广了白话文，既改变僵化、过时的文体和文风，又有助于普及政治、文化、科学知识，把我国文化迅速推向前进；它高举"科学"和"民主"两面大旗，为改变近代中国专制、愚昧、贫穷、落后的面貌振臂高呼。它热情讴歌俄国十月革命，把先进的马克思主义思想传播到中国；

---

① 鲁迅：《忆刘半农君》，《朝花夕拾》，中国言实出版社，2016年，第133页。

它主张把社会主义理论与民主革命的实际结合起来，为近代中国开辟了一条有别于旧民主主义革命的新民主主义革命道路。《新青年》的创办为五四运动的爆发准备了条件，并极大地推动了五四新文化运动的发展。

《新青年》在从创刊至终刊的10年左右时间里，始终顺应时代呼声，积极传播新文化、新思潮，热情引导青年成长，成为五四一代青年人生成长中的指路明灯。中共早期许多领导人如毛泽东、周恩来、恽代英、蔡和森等都曾受到陈独秀及其所创办的《新青年》的影响。毛泽东在回忆其早期革命生涯时曾说，他还在长沙读师范的时候，就酷爱阅读陈独秀主编的《新青年》，而且特别喜欢读胡适、陈独秀等人所写的文章，并把他们当成了自己的模范。[①]恽代英也把《新青年》当成了人生成长中的重要精神导师，他曾给该刊写了一封感谢信，信中说："自从看了《新青年》，渐渐的醒悟过来，真是像在黑暗的地方见了曙光一样。"[②]

著名出版史研究专家叶再生先生认为，《新青年》是近现代中国出版史上值得大书特书的一份重要杂志，"它的创刊不仅触发了新文化运动，为五四反帝反封建运动，为马克思主义学说的传入和中国共产党的建立创造了条件，也为出版史又一次提供了宝贵的经验：'出版'这项武器，在中国思想文化史和革命史方面，是能起关键作用的。"[③]《新青年》传播了先进的马克思主义理论，引领了新文化运动的潮流，哺育了一代青年，为中国共产党的成立从思想、文化和组织上创造了条件。《新青年》是中国近现代期刊史上的一座丰碑，陈独秀和他所创办的《新青年》的历史功绩，必将永载史册。

第三节 《共产党》月刊的秘密出版

《共产党》月刊是五四运动期间上海共产党早期组织主办的一份半公开的理论刊物，由中共创始人和领导人之一的李达担任主编。刊物主要介绍俄国革命经验和宣传马克思主义理论，批驳各种非马克思主义学说，反映了中国早期共产主义者对于马克思主义的认识。《共产党》月刊的创办为中国共产党的创立起了重要的思想准备和舆论引导作用。

---

① ［美］埃德加·斯诺：《西行漫记》，东方出版社，2005年，第139页。
② 恽代英：《欢迎"新声"》，《新青年》第6卷第3号，1919年3月15日。
③ 叶再生：《中国近代现代出版通史》（第2卷），华文出版社，2002年，第106页。

一、《共产党》月刊的创刊

20世纪初叶，列宁领导的俄国十月革命的胜利，促进了中国早期知识分子的觉醒，他们决心"走俄国人的路"[①]。在十月革命的影响下，中国的进步知识分子发起了伟大的五四爱国运动，五四运动促进了马克思主义在中国的传播。"五四"期间，各种宣传马克思主义学说的团体纷纷涌现，他们办刊办报、译介马克思主义经典著作，掀起了一股学习和传播马克思主义的高潮。在这场思想解放运动中，以陈独秀、李大钊、毛泽东、周恩来等为代表的一批先进知识分子逐渐成长为"中国共产党的人才基础"[②]。他们在全国各地成立共产党早期组织，并开展办报办刊活动，《共产党》月刊也就在这种背景下应运而生。

1920年8月，共产党人陈独秀、李达、李汉俊等人发起成立了中国第一个共产党早期组织——上海共产党早期组织。为了更好地传播马克思主义，他们迫切需要创办一份理论刊物，以便从思想上把全国各地共产党早期组织统一起来，为创建全国集中统一的无产阶级革命政党做准备。经过讨论和筹备，1920年11月7日，《共产党》在上海正式创刊，编辑部地址先是设在上海老渔阳里二号（李达寓所），后迁至法租界辅德里625号。该刊由李达担任主编，李达、李汉俊、沈雁冰、施存统、陈独秀等上海共产党早期组织的成员是该刊的主要撰稿人。

李达（1890—1966），名庭芳，字永锡，号鹤鸣，湖南零陵岚角山镇（今属永州市）人。李达不仅是中共创始人和早期领导人之一，在马克思主义哲学研究方面也造诣颇深，被誉为"传播马克思主义理论的先驱者"[③]。李达早年曾留学日本，师从日本著名马克思主义学说传播先驱河上肇先生，专门攻读马克思主义。李达在主编《共产党》之前曾参与过《新青年》的编辑工作，积累了丰富的办刊经验。

二、《共产党》月刊的主要内容及特点

《共产党》月刊的创刊宗旨，在陈独秀撰写的发刊词《短言》中指出，中国的劳动者已成了资本家的奴隶，要解救我们的同胞，需要全体劳动者团结起来，"用革命的手段打倒本国外国一切资本阶级，跟着俄国的共产

[①] 毛泽东：《毛泽东选集》（第四卷），人民出版社，1991年，第1471页。
[②] [日]石川祯浩：《中国共产党成立史》，中国社会科学出版社，2006年，第10页。
[③] 胡绳：《传播马克思主义理论的先驱者——纪念李达同志诞辰一百周年》，《光明日报》1990年10月28日。

党一同试验新的生产方法"。①作者在发刊词中强调,中国应学习俄国共产党的做法,废除资本主义制度,建立社会主义的生产方式,从资本阶级手里抢夺来政权,建设劳动者的国家。

《共产党》月刊所设栏目包括短言、正文、国内消息、世界消息等。其所载内容主要包括以下几个方面:

1.介绍俄国社会主义革命和苏俄政府开展工作情况

《共产党》月刊发表了多篇介绍俄国革命和苏俄政府开展工作情况的文章,如《俄国共产政府成立三周年纪念》《俄国共产党的历史》《俄国劳动革命史略》《中国与俄国》《圣彼得堡之选举》《关于新俄教育的一席话》《俄罗斯的儿童问题》《劳农俄国的教育》《俄国青年之运动》《劳农俄国的劳动妇女》《劳农制度研究》等。这些文章对俄国共产党和俄国革命的历史、政治制度、青年运动、劳农制度、教育问题、妇女和儿童问题进行了详细的介绍。

中国的马克思主义者不仅认为应对俄国革命予以特别关注,俄国政府实施国家和社会管理的经验也值得借鉴。如,无懈(周佛海)的《俄国共产政府成立三周年纪念》一文通过比较俄中两国的国情,认为俄国革命运动的道路也适合于中国,"中国底情形,简直和俄国的是一样"②。既然情形一样,中国工人阶级也可以走俄国人的路。《俄国劳动革命史略》一文指出,"俄国1905年革命"之所以失败,"是有产阶级对于帝国主义的迷信有以致之,并非无产阶级战略不良的罪过"。③经历革命失败后,12年以来(1905—1917)有产阶级及劳动阶级"竭力培养实力",直至1917年2月神圣战争的爆发。"于是俄罗斯农人的花、工人的叶,充满生机的少年,经过百炼的壮士都擦拳磨掌,卷入革命漩涡……诺曼底帝室于是乎推倒。"④俄国革命发展的历史表明,尽管无产阶级革命的道路漫长而曲折,但最终的胜利一定是属于无产阶级的。《俄罗斯的儿童问题》一文谈到了俄罗斯政府对儿童食物问题、健康问题、体育问题、防疫问题的关注。文章认为,苏俄政府为保护儿童成长所采取的政策值得我们关注和借鉴。⑤

2.对共产国际和各国共产党活动情况的报道

该刊登载了众多介绍第三国际和国际共产主义运动的文章,如《俄国

---

① 陈独秀:《短言》,《共产党》第1号,1920年11月7日。
② 无懈:《俄国共产政府成立三周年纪念》,《共产党》第1号,1920年11月7日。
③ P.生:《俄国劳动革命史略》,《共产党》第2号,1920年12月7日。
④ P.生:《俄国劳动革命史略》,《共产党》第2号,1920年12月7日。
⑤ 海参崴通信:《俄罗斯的儿童问题》,《共产党》第3号,1921年4月7日。

共产党的历史》《列宁的历史》《国家与革命》等。该刊译介了关于第三国际成立大会情况的报道，以及关于俄共党的基层组织活动情况的文章。[1]如，李达以"胡炎"为笔名发表的《第三国际党大会的缘起》一文详细介绍了第三国际成立的背景、原因和会议召开的情况。作者在文章中揭露了第二国际的改良主义实质，并对第三国际的宗旨进行了介绍。文章指出："第三国际是由列宁倡导成立的世界各国共产党的组织，是世界革命的总机关。"[2]《共产党》通过对第三国际的宣传和介绍，使中国早期革命知识分子认清了第二国际的改良主义本质，坚定了他们以列宁的第三国际为榜样建立无产阶级政党的信心。[3]

《共产党》辟有"世界消息"专栏，该栏目刊载了关于德、日、法、英、意大利、土耳其、匈牙利、波兰、捷克、丹麦、奥地利等国共产党开展活动情况的报道。例如，该刊第6号刊载的《日本社会主义同盟》一文，介绍了日本社会主义同盟的发起、成立大会和开展活动等具体情况。文章指出："日本各地的工人罢工运动兴起，声势浩大，该同盟成员也出了不少力，由此可知日本社会主义运动已经普及到百姓中，成了民众群体运动。"[4]

3. 对各种无政府主义思想的批判

五四时期，各种新思潮不断涌现，一些无政府主义者打着社会主义的招牌，不仅在刊物上进行理论宣传，而且在工人运动中大肆鼓吹无政府主义思想，这种情况造成了一些党组织和成员在思想上的混乱。为此，《共产党》月刊发表了一系列文章，对无政府主义者发布的种种荒谬和错误言论进行了严厉批评。署名"无懈"（周佛海）的作者在《夺取政权》一文中指出，无政府主义不仅反对有产阶级的政治，也反对无产阶级政治，不仅反过去，也反对现在和将来的一切政治，总之，"他们根本地反对政治"。[5]文章揭露了无政府主义不要政治的危害性，阐明了政治和革命事业的密切关系和无产阶级夺取政权的必要性。文章指出，要彻底推翻资产阶级，非一时的暴动能够成功，要与资产阶级进行长期斗争，"非把政权

---

[1] 邓绍根、王明亮：《中国最早旗帜鲜明地高举"共产党"大旗的刊物——〈共产党〉月刊》，《新闻与写作》2011年第7期。
[2] 胡炎：《第三国际党大会的缘起》，《共产党》第1号，1920年11月7日。
[3] 张明、张扣林：《〈共产党〉月刊在建党时期所作的宣传》，《江苏科技大学学报（社会科学版）》，2009年第4期。
[4] 佚名：《日本社会主义同盟》，《共产党》第6号，1921年7月7日。
[5] 无懈：《夺取政权》，《共产党》第5号，1921年6月7日。

夺到无产阶级底手上来不可"。① 针对无政府主义不要中央政府和中央权力，一切生产机关都由自由人分散管理的主张，署名"江春"（李达）的作者在《社会革命底商榷》一文中指出，无政府主义主张自由人分散管理的最大缺点，"即是不能使生产力保持在一个平衡稳定的水平"。② 作者指出，在社会化大生产的背景下，要通过实行生产资料公有制，把农业、工业等一切生产机关都收归中央集中统一管理，才能促进生产和经济的发展。文章还批驳了无政府主义者提出的"各尽所能，各取所需"的分配原则和"全不调节个人的收入"的消费主张，指出这只不过是一种不切实际的空想。在生产力不发达的情况下，若是采用这种分配制度的话，"社会的经济的秩序就要弄糟了"。③ 作者的主张很明白，在生产力尚未达到高度发达的情况下，不可能取消货币经济，而是要以货币的形式来调节分配和收入，实行按劳分配。

三、《共产党》月刊的编辑和发行

《共产党》月刊正式出版了6期，在创办过程中，由于经费筹措困难，办刊时断时续，1920年11月7日出创刊号，12月出第2号，1921年4月出了第3号，1921年5、6月相继出了第4、5号。这时各地共产党早期组织正在筹备党的一大，为扩大刊物的影响，该刊在《新青年》上连续刊登了《共产党月刊社启》，登了该刊的目录，并标明了代售处地址为"广州双门底共和书局"，同时，还告知读者订阅费用，"外埠寄邮票十分即可奉上"。1921年7月7日，《共产党》月刊第6号出版，这是现在所能见到的该刊的最后一期。

《共产党》虽为半公开刊物，但也非常重视对于本刊的宣传。该刊在《新青年》刊登了多则广告启事和各期要目。为了不引起北洋军阀当局政府的注意，刊物不标明编辑、印刷和发行地点，所有文章的作者均用笔名或不署作者名字。《共产党》月刊第1至6号，共刊载短言6篇，文章48篇（表2-2），国内外消息48篇。"短言"均没有作者署名；"文章"有作者署名的共42篇，其余6篇未署名；"消息"第3期和第4期有作者署名，其余均未署名。

---

① 无懈：《夺取政权》，《共产党》第5号，1921年6月7日。
② 江春：《社会革命底商榷》，《共产党》第2号，1920年12月7日。
③ 江春：《社会革命底商榷》，《共产党》第2号，1920年12月7日。

表2-2 《共产党》月刊第1—6号刊载作品一览

文章名称	作者	发表时间	文章刊发期号
《俄国共产政府成立三周年纪念》	无懈	1920年11月7日	第1号
《第三国际党大会的缘起》	胡炎	1920年11月7日	第1号
《共产党同他的组织》	李穆	1920年11月7日	第1号
《俄国共产党的历史》	A.T.	1920年11月7日	第1号
《列宁的历史》	A.I.	1920年11月7日	第1号
《共产党第九次大会》	震寰 译	1920年11月7日	第1号
《俄罗斯的新问题》（列宁演说）	震寰 译	1920年11月7日	第1号
《为列宁》	法国Georges Sorel 著，震寰 译	1920年11月7日	第1号
《列宁的著作一览表》	震寰 译	1920年11月7日	第1号
《英国共产党成立》	震寰 译	1920年11月7日	第1号
《共产党未来的责任》	英国Amcrnanus 著，震寰 译	1920年11月7日	第1号
《社会革命底商榷》	江春	1920年12月7日	第2号
《共产主义是什么意思》	P.生 译	1920年12月7日	第2号
《美国共产党党纲》	P.生 译	1920年12月7日	第2号
《共产党国际联盟对美国I.W.W[①]的恳请》	P.生 译	1920年12月7日	第2号
《俄国劳动革命史略》	佚名	1920年12月7日	第2号
《美国共产党宣言》	P.生 译	1920年12月7日	第2号
《告农民》	佚名	1921年4月7日	第3号
《自治运动与社会革命》	P.生	1921年4月7日	第3号
《将死的第二国际和将兴的第三国际》	佚名	1921年4月7日	第3号
《共产党的出发点》	霍格松（Hodgson）原著，P.生 译	1921年4月7日	第3号
《莫斯科第一次工人的自由市府》	震瀛 译	1921年4月7日	第3号
《无产阶级的哥萨克兵忠告世界的工人》	震瀛 译	1921年4月7日	第3号
《波兰共产党忠告世界工人》	震瀛 译	1921年4月7日	第3号
《中国与俄国》	B.R.Bek 著 震瀛 译	1921年4月7日	第3号
《赤军及其精神》	B.R.Bek 著 震寰 译	1921年4月7日	第3号
《圣彼得堡之选举》	译美国 The Nation 杂志	1921年4月7日	第3号

续表

文章名称	作者	发表时间	文章刊发期号
《加入第三次国际大会的条件》	译自美国Nation杂志	1921年4月7日	第3号
《关于新俄教育的一席话》	石逸	1921年4月7日	第3号
《俄罗斯的儿童问题》	海参崴通信	1921年4月7日	第3号
《万国青年共产党写给上海社会主义青年团的信》	佚名	1921年5月7日	第4号
《告劳兵农》	吉生	1921年5月7日	第4号
《无政府主义之解剖》	江春	1921年5月7日	第4号
《我们为什么主张共产主义？》	无懈	1921年5月7日	第4号
《国家与革命》	列宁著，P.生译	1921年5月7日	第4号
《劳农俄国的教育》	P.生译	1921年5月7日	第4号
《俄国青年之运动》	格林	1921年5月7日	第4号
《劳农俄国的劳动妇女》	吉生	1921年5月7日	第4号
《中国劳动界消息》	K.生	1921年5月7日	第4号
《告劳动》	TS	1921年6月7日	第5号
《夺取政权》	无懈	1921年6月7日	第5号
《我们要怎么样干社会革命？》	CT	1921年6月7日	第5号
《劳农制度研究》	均	1921年6月7日	第5号
《红宝石》	美国劳动共产党印行，天柱译	1921年6月7日	第5号
《太平洋会议及我们应取的态度》	汗	1921年7月7日	第6号
《中国劳动组合书记部宣言》	佚名	1921年7月7日	第6号
《资本主义世界和共产党的世界联盟》	朗生译	1921年7月7日	第6号
《红宝石》（续）	美国劳动共产党印行，天柱译	1921年7月7日	第6号

注①：I.W.W为The industrial Workers of the World "世界产业劳动者同盟"的略写。

由于是半公开发行的刊物，该刊的作者或译者署名均用了笔名。目前，这些笔名所指代的真实作者，已被考证出来。据相关学者考证，"江春""胡炎"为李达的笔名，"无懈"为周佛海的笔名，"CT"为施存统的笔名，"均"应是李汉俊的笔名，署名"朗生""吉生"的作者应是沈泽民，署名为"P.生"的作者应为沈雁冰，"石逸""震寰""震瀛"应为袁振英的笔名，署名为"李穆"的作者是李少穆，"A.T."和"A.I."的真实作者或为杨明斋。①对于未署名的6篇"短言"，创刊号的《短言》应为陈

---

① 韦明：《〈共产党〉月刊作者、译者笔名考述》，《上海党史与党建》，2018年第2期。

独秀所写，这可从1921年1月毛泽东致蔡和森的信中得到印证，毛泽东在信中写道："上海出的'共产党'，你处谅可得到，颇不愧'旗帜鲜明'四字（宣言即仲甫所为）。"[①]此外，该篇"短言"在收入《中国共产党宣传工作文献选编1915—1937》中时，作者署名为"陈独秀"。[②]

由于该刊是为了适应建党需要而创办的理论刊物，所以刊物出版后受到共产主义者和革命进步人士的欢迎。各地共产党早期组织纷纷订阅该刊，并积极开展学习和研讨。北京共产党早期组织成员不仅自己认真学习，还在长辛店开办了劳动补习学校，向工人通俗讲解《共产党》《共产党宣言》中的内容，宣传马克思主义学说和无产阶级政党理论。李大钊领导的"马克思学说研究会"也向会员和进步青年学生介绍和推荐《共产党》月刊。在长沙，毛泽东曾将月刊作为湖南小组成员学习的材料，并"非常重视组织进步青年学习《共产党》月刊"[③]。

因为是半公开性质的刊物，该刊的发行方式主要有两种：一种是随《新青年》赠送读者，《新青年》是公开发行的期刊而且发行量很大，通过借助《新青年》的影响力增加《共产党》月刊的发行数量和扩大范围。[④]另一种方式是把杂志进行伪装后直接寄送给各地共产党早期组织，再由他们进一步转发。如长沙共产党早期组织收到李达寄过来的《共产党》月刊后，毛泽东一次就给湖南第一师范学校的联系人张文亮寄去9本杂志。当时，正在湖南一师学习的张文亮在日记中有如下记载："十二月二十七日，泽东送来《共产党》九本。"[⑤]通过以上两种方式，该刊的发行量不断上升，最高时曾达5000份，成为当时的畅销期刊之一。中国共产党早期重要领导人蔡和森曾称赞《共产党》月刊不仅"销数很广""宣传亦很有力量"[⑥]。

《共产党》月刊高擎"共产党"这面大旗，积极宣扬无产阶级建党学说，对共产党的政治纲领进行了系统介绍和研究，为中国共产党成立后制定的第一个政治纲领进行了准备。它通过向广大进步青年和学生传播马克思主义学说和理论，宣传社会主义革命，引导他们走上了革命的道路。

[①] 中国社会科学院现代史研究所：《新民学会资料》，《中国现代革命史资料丛刊》，人民出版社，1980年，第162—163页。

[②] 中共中央宣传部办公厅、中央档案馆：《中国共产党宣传工作文献选编（1915—1937）》，学习出版社，1996年，第329页。

[③] 唐贤健：《李达与〈共产党〉月刊》，《湖南行政学院学报》，2010年第5期。

[④] 马宁：《中国共产党历史上的第一个党刊——〈共产党〉月刊出版发行始末》，《出版发行研究》，2017年第10期。

[⑤] 成寿炽：《毛泽东同志曾秘密散发的是〈共产党〉月刊》，《湘潭大学学报（社会科学版）》，1984年第3期。

[⑥] 蔡和森：《蔡和森的十二篇文章》，人民出版社，1980年，第20页。

《共产党》月刊通过批判社会改良主义等形形色色的非马克思主义思潮，将各种无政府主义分子、修正主义分子等剔除出马克思主义阵营，使各共产党早期组织成员的思想得到净化，更加坚定了共产主义的理想和信念。《共产党》月刊虽然存在的时间不长，发文数量也不多，在宣传马克思主义学说的过程中也有一些不精确的地方，但这丝毫不影响其思想价值和历史作用。它是中国早期马克思主义传播之路上的一盏明灯，为在黑暗中摸索前行的共产党人和进步知识分子提供了方向指引和精神慰藉。

第四节　新文化运动中"四大周刊"的出版

新文化运动期间，在陈独秀创办的《新青年》的影响下，许多早期共产党人、进步青年和知识分子纷纷创办刊物，传播新文化、新思想，各地迅速掀起了一个办刊高潮。当时，在宣传新文化阵营的进步刊物中，除了《新青年》《共产党》等以月刊形式出现的进步期刊外，各地还创办了许多以周刊形式出版的进步期刊。其中比较著名的有《每周评论》《星期评论》《湘江评论》《星期日》，这四种周刊在全国范围内产生了较大的影响力，成为五四时期宣传新文化的重要刊物。

一、《每周评论》的出版

《每周评论》由中共早期领导人陈独秀、李大钊等人所创办。李大钊（1889—1927），原名耆年，字守常，河北乐亭人。李大钊是"五四"新文化运动的先驱，中国共产党的主要创始人和早期杰出的领导人。

李大钊早年曾入天津北洋法政学堂学习，并开始接受西方先进科技文化知识。1913年3月，李大钊加入北洋法政学会并出任编辑部主任，负责编辑《言治》月刊，这是他最早编辑的一份刊物。[①]1913年冬，他赴日本早稻田大学学习，主修政治学。在留日期间，他曾先后负责过留日学生进步团体创办的《神州学丛》和《民彝》两份杂志的编辑工作。1916年5月，李大钊回国后来到上海，积极投身于反对袁世凯复辟的斗争。1916年8月，李大钊应北洋军阀众议院议长汤化龙之邀，来到北京创办《晨钟》，在此期间，他发表了大量宣传民主革命思想、反对封建军阀专制统治的文章，因而，招致北洋军阀当局的嫉恨和威胁，李大钊被迫离开《晨钟》。1917年1月，他应章士钊之邀，担任《甲寅》杂志编辑。1918年2月，陈独秀

---

① 刘家林：《中国新闻史》，武汉大学出版社，2012年，第376页。

创办的《新青年》改为同人编辑制度后,李大钊应邀加入《新青年》杂志编辑部从事编辑工作。

早期的《新青年》是一个理论性、学术性较强的刊物,主要侧重于思想启蒙,而对时政关注相对较少。后期,《新青年》在内容上进行了调整,刊发了众多时政类文章,使得刊物的政治性更加突出和鲜明。但是,由于《新青年》主要以刊载长篇论著为主,且是月刊,每月出版一期,时效性相对较差,难以及时反映时局的变化和指导五四运动的发展。有鉴于此,陈独秀考虑创办一份更能及时反映国内外形势和指导国内斗争的周刊,李大钊对此深表赞同。

1918年12月15日,《每周评论》在《新青年》上刊登出版广告,广告明确指出,《每周评论》与《新青年》宗旨相同,都是"输入新思想,提倡新文学",但各有侧重和特点:"《新青年》是重在阐明学理,《每周评论》是重在批评事实。《新青年》一月出一册,来得慢,《每周评论》七天出一次,来得快。"[①]该出版广告用对比的手法将两种刊物各自的内容和特色进行了说明,表明二者是相互配合的关系。经过一番筹备后,1918年12月22日,《每周评论》正式与读者见面。

《每周评论》的创刊宗旨在于"主张公理,反对强权"。对于何谓"公理"和"强权",陈独秀在其撰写的《发刊词》中进行了进一步阐释:"凡合乎平等自由的,就是公理;倚仗自家强力,侵害他人平等自由的,就是强权。"[②]

《每周评论》侧重于对国内外大事的及时介绍和述评,这是它的一大特色。该刊设置了社论、国内大事述评、国外大事述评等时政类栏目。陈独秀、李大钊、胡适等人是该刊的主要撰稿作者。据统计,陈独秀在《每周评论》撰文最多,达150多篇,其次是李大钊,发文55篇,发文较多的还有胡适(含译作34篇)、高一涵(51篇)、张申府(25篇)等人。[③]《每周评论》编辑部同人在本刊撰文,均使用笔名。如,陈独秀在发表文章时署名"只眼",李大钊的笔名是"明明""常""守常",胡适笔名"适",高一涵笔名"涵庐",张申府笔名"赤",王光祈笔名"若愚"等。

《每周评论》大力宣扬马克思主义理论,主张"劳工神圣"。1919年4月6日,陈独秀在该刊发表《纲常名教》一文,指出欧洲各国社会主义学说已十分盛行,俄、德和匈牙利通过发动革命,已成为共产党的世界。作

---

① 《〈每周评论〉广告》,《新青年》第5卷第6号,1918年12月15日。
② 陈独秀:《发刊词》,《每周评论》第1号,1918年12月22日。
③ 周爱武:《〈每周评论〉的传播学意义》,《怀化学院学报》2007年第5期。

者预言:"这种风气,恐怕马上就要来到东方。"①同一期还刊发了成舍我的《共产党宣言(摘译)》一文,该文认为,《共产党宣言》是"马克思和恩格斯最先最重大的意见",其要旨是"主张阶级战争,要求各地劳工的联合"。②

《每周评论》对处于帝国主义和官僚资本主义压迫下的中国劳工的苦难生活进行了报道,并提出"劳工神圣"的主张。这方面的文章如蔡元培的《劳工神圣》、陈独秀的《贫民的哭声》、笔名为"植"的《北京之男女佣工》、署名"善根"的《修武煤厂之工头制》和《人力车夫问题》、"佚名"的《北京剃头房与理发店之今昔》、"守常"的《劳动教育问题》、"明明"的《唐山煤厂的工人生活》、"渔村"的《山东东平县的佃户》等,这反映出刊物撰述者对于国内劳工问题的高度重视。

五四时期,国内先进的知识分子已开始关注俄国社会主义革命,《每周评论》也刊发了众多介绍和讴歌俄国十月社会主义革命的文章。如李大钊的《新纪元》、署名为"一针"的《俄国皇族枪毙了》、署名为"明明"的《过激乎?过惰乎?》、署名为"冥冥"的《过激派的引线》、署名为"只眼"的《二十世纪俄罗斯的革命》等。李大钊在《新纪元》一文中热情地歌颂了俄国的社会主义革命,指出俄国十月革命给黑暗的中国带来了一丝曙光,为在岑寂的暗夜中摸索的革命人士点亮了"新人生的道路"。作者呼吁:"我们应该趁着这一线的光明,努力前去为人类活动,作出一点有益人类工作。"③由此可看出,当时国内一批早期的进步知识分子已接受了马克思主义并已开始在国内大力传播这一先进理论。《每周评论》还对世界各国民众为争取民族独立和开展社会主义革命运动的情况进行了报道,以此唤醒国内民众觉悟,鼓舞民众反帝反封建的斗志。这些宣传和鼓动工作,对于随后五四运动的开展起到了舆论准备的作用。

五四运动爆发后,该刊刊发了大量的文章,热情声援这一伟大的反帝爱国运动。1919年5月11日,《每周评论》第21号增设"山东问题"专号,刊载了大量揭露帝国主义侵略本质和北洋军阀政府软弱无能的文章,积极引导国内舆论,指导五四运动的方向。陈独秀以"只眼"为笔名在"山东问题"专号发表了《对日外交的根本罪恶》一文,他提出当前斗争的矛头应指向卖国政府,而不要仅仅局限于曹、章、陆几个卖国贼。④5月18日,

---

① 陈独秀:《纲常名教》,《每周评论》第16号,1919年4月6日。
② 成舍我:《共产党宣言(摘译)》,《每周评论》第16号,1919年4月6日。
③ 李大钊:《新纪元》,《每周评论》第3号,1919年1月5日。
④ 陈独秀:《对日外交的根本罪恶》,《每周评论》第21号,1919年5月11日。

他又发表了《为山东问题敬告各方面》一文，强调"万万不能把山东问题当做山东一省人的存亡问题"，号召全国人民团结起来结成反日统一战线，一起来"反对日本及亲日派"。①5月26日，他发表《山东问题与国民觉悟》一文，提出了"平民征服政府"的口号，他指出，"公理不是能够自己发挥，是要强力拥护的"，面对帝国主义的侵略和军阀的反动统治，必须使用"强力"将其推倒。②

1919年6月11日，陈独秀在散发革命传单时遭北洋军阀政府逮捕，李大钊也暂离北京避难，《每周评论》的编辑工作由胡适接管。胡适接办后，改变了该刊的办刊方向，刊发了大量主张社会改良的文章。如，1919年7月20日，该刊登载了胡适的《多研究些问题，少谈些"主义"》一文，在该文中，作者提出当下中国应"多研究些实际问题"，他认为，离开实际问题去"空谈外来进口的'主义'没什么用处"。③该文所表达的实际上是一种反对进行社会革命，主张社会改良的论调。

胡适的社会改良言论引起了李大钊的注意，当时正在外地避难的李大钊读了胡适一文后，立即撰写了《再论问题与主义》一文，对胡适的言论进行了批驳，李大钊指出，"问题"和"主义"二者是交相为用、并行不悖的，当前的社会"固然要研究实际的问题"，但也"要宣传理想的主义"。李大钊在文中直言不讳地宣称："我是喜欢谈谈布尔塞维主义（Bolshevism）的。"④"问题与主义"之争是五四时期思想文化界的一次大交锋。通过争论，国内许多先进的知识分子开始自觉地思考中国社会所面临的实际问题，探寻救国的方案。因此，这一论争进一步促进了马克思主义在中国的传播。

《每周评论》的办刊形式和内容风格特色对五四时期的报刊产生了较大的示范效应，继之而起，全国各地纷纷创办各种时政类报刊，如北京的《国民公报》《晨报》，上海的《星期评论》《时事新报》等。一时间，时政类报刊蔚然成风，遍布南北。

二、《星期评论》的出版

《星期评论》是五四时期上海出版的一份进步周刊。该刊于1919年6月8日正式出版，创办人为戴季陶。戴季陶、沈玄庐、李汉俊等是该刊

---

① 陈独秀：《为山东问题敬告各方面》，《每周评论》第22号，1919年5月18日。
② 陈独秀：《山东问题与国民觉悟》，《每周评论》第23号，1919年5月26日。
③ 胡适：《多研究些问题，少谈些"主义"》，《每周评论》第31号，1919年7月20日。
④ 李大钊：《李大钊文集》（下），人民出版社，1984年，第35—36页。

的主要编辑和撰稿人。据有关学者统计,《星期评论》的署名作者共计51人,其中,戴季陶、沈玄庐、李汉俊三位作者的发文总数占了该刊所刊全部作品篇数的六成。[①]三位主要编辑和核心作者成员中,李汉俊是上海共产党早期组织中最早的一批成员,沈玄庐于1920年七八月间加入上海共产党早期组织。[②]

《星期评论》创刊号发表了沈玄庐撰写的《发刊词》,文章指出,现在的世界是"我的世界",现在的国家是"我的国家"。[③]作者在发刊词中强调人的思想解放和精神独立,主张大众团结起来,共同打破旧的世界秩序,创造一个人人平等的新世界。

《星期评论》的体裁格式与《每周评论》大致相似,栏目设置十分丰富,辟有评论、思潮、世界大势、世界思潮等二十多个栏目。此外,《星期评论》每逢大事纪念日,还会推出一些增刊或特刊,如"双十纪念号""新年号""劳动纪念号"特刊等。

五四时期,工人阶级的觉醒及其产生的巨大力量引起中国先进知识分子的关注。《星期评论》是在五四运动爆发的背景下诞生的,因而,"劳工问题"也自然成为《星期评论》关注的一个焦点。该刊发表了大量关于劳工问题的文章。戴季陶在《中国劳动问题的现状——上海的劳动条件如何》一文中指出,中国劳工不仅数量众多,而且"吃苦耐劳,温和服从"。中国劳动力的价格,在世界最为低廉,而资本家所获利润却高达40%。[④]但是,中国的资本家却缺乏人道,不懂得尊重劳动者。

《星期评论》积极倡导工人运动,号召工人起来进行罢工斗争,该刊刊发了大量反映工人罢工斗争的文章。如,沈玄庐的《上海罢工的将来》《工人应有的觉悟》,李汉俊的《最近上海的罢工风潮》等。沈玄庐在《工人应有的觉悟》一文中指出,虽然辛亥革命推翻了君主专制统治,颁布了《临时约法》,但是人民依旧是毫无所获。例如,《临时约法》虽然规定了人民的身体非依法不得逮捕,但劳动者普遍每天做工十几个小时,哪一天不是和囚犯一样?什么住宅、教育、卫生、保险、慰安等,都是只对资本家的,而不是对劳动者讲的。[⑤]

该刊还关心工人的劳动问题,发表了许多关心工人劳动问题的文章,

---

① 杨宏雨:《〈星期评论〉作者群研究》,《理论学刊》,2018年第3期。
② 杨宏雨、肖妮:《〈星期评论〉——"五四"时期舆论界的明星》,《同济大学学报(社会科学版)》,2012年第5期。
③ 沈玄庐:《发刊词》,《星期评论》第1号,1919年6月8日。
④ 季陶:《中国劳动问题的现状——上海的劳动条件如何》,《星期评论》第35号,1920年2月1日。
⑤ 沈玄庐:《工人应有的觉悟》,《星期评论》第46号,1920年4月18日。

如，李汉俊的《浑朴的社会主义者底特别的劳动运动意见》，戴季陶的《工人教育问题》《劳动问题的新趋向》《中国劳动问题的现状》《关于劳动问题的杂感》《劳动运动的新趋向》《上海的同盟罢工》《文化运动与劳动运动》等。同时，该刊还发表了许多介绍日本和欧美各国的劳动组织与劳工运动的文章，分析了国际工人运动的新趋向。这些文章，为中国先进知识分子开展工人运动，向中国工人阶级灌输科学社会主义原理提供了理论指导，也为上海共产党早期组织的酝酿和成立创造了条件。

在进行理论宣传的同时，该刊还用实际行动支持上海工人的罢工斗争。1920年上海染织厂工人大罢工爆发后，《星期评论》积极支援工人的罢工斗争，并派出员工在上海沿街大量散发传单。①

《星期评论》在倡导工人运动的同时，还积极宣传马克思主义的理论，刊发了不少宣传马克思主义学说和介绍马克思生平事迹的文章。如，《主义的研究与宣传》《主义的研究与禁止》《唯物史观的解释》《马克思传》《马克思逸话一节》《强盗阶级底成立》等。沈仲九在《主义的研究与宣传》一文中指出，我们应该从实践中去研究马克思主义理论，"有了理论的鼓吹，固然容易发生事实的暗示，有了事实的暗示，就容易唤起对于理论的注意，由事实的暗示而渐唤起对于理论的觉悟，那么所提倡的主义，才能够有真实的实现"。②

林云陔的《唯物史观的解释》一文，着重介绍了马克思的历史唯物主义原理，文章指出，马克思的唯物主义原理，是"社会进化的最高原理"，这一原理"非同一般哲学家徒为理想的造作者可比，纯是由历史上进化的连续趋势演成的结果"③。该文还阐释了马克思唯物史观中上层建筑对于经济基础的反作用的思想，文章谈到，"须知物质的状况，虽是经济的基础，然而仍旧要各种原料，方能成为历史构造的模型"。④戴季陶的《马克思传》对马克思的生平做了介绍，对马克思的一生作了高度评价，指出，马克思以"高远卓绝的理想援助全世界的劳动运动的事业"，"我们所以有今天，劳动运动所以有今天，毕竟是因为有他。倘若没有他，恐怕今天我们还陷在一塌糊涂的烂泥坑里！"⑤署名为T. T. S.的作者在《马克思逸话一节》中指出，马克思不仅提出了精密、透辟的"剩余价值说"，而且还发

---

① 杨之华：《"一大"前后》（二），人民出版社，1980年，第26页。
② 仲九：《主义的研究与宣传》，《星期评论》第40号，1920年3月21日。
③ 云陔：《唯物史观的解释》，《星期评论》双十节纪念号，1919年10月10日。
④ 云陔：《唯物史观的解释》，《星期评论》双十节纪念号，1919年10月10日。
⑤ 戴季陶：《马克思传》，《星期评论》第31号，1920年1月1日。

明了独创的"唯物史观"和震惊世界的"阶级斗争说",我们最应该学习的就是马克思那"由献身的精神显出的伟大人格",文章认为,马克思的人格正是体现了中国儒家所提倡的"富贵不能淫、贫贱不能移、威武不能屈"的人格观。①

李汉俊在《强盗阶级底成立》一文中指出,社会有两大对立阶级,一个是"管理社会财产、享用全社会财产的资产阶级",一个是"制造全社会财产的劳动阶级",劳动者做工时间内的价值,超过其所得工银,劳动者阶级所得并非生产劳动所创造的财产的全部,资本家付给工人的报酬只是劳动者的部分价值。②该文用现实生活中的案例揭示了资本家剥削工人的秘密,阐释了剩余价值的内涵。

《星期评论》社还积极开展《共产党宣言》的译介工作。1920年2月,从日本留学归来的陈望道经邵力子介绍,接受《星期评论》主编戴季陶的邀请,着手翻译《共产党宣言》。为了秘密从事这项重要的翻译工作,陈望道躲到浙江义乌老家的柴草屋里,"费了平常译书的五倍工夫,把彼全文译了出来"。③同年5月中旬,陈望道带着翻译完毕的《共产党宣言》,应邀到上海担任《星期评论》社编辑,后因《星期评论》停刊,该社未能出版这部译稿。陈望道随后又委托上海共产党早期组织成员俞秀松把《共产党宣言》中文译稿交给陈独秀。后陈独秀和李汉俊分别用日、英文本再次校阅中译稿,并设法把《共产党宣言》中文全译本付印出版。由此可见,《星期评论》为早期先进知识分子传播马克思主义学说,创造了良好的客观条件。

《星期评论》的订阅,可以直接向发行部订阅或邮购,定价本埠为每号铜元二枚,外埠大洋二分(含邮费)。从第10期起,增加长期订阅价目,半年五角,全年一元。海外定价:美洲,每年美金一元五毫(含邮费);南洋,每年三盾(含邮费)。后因邮资不够,海外订购价格从第22期起,改为:美洲,全年美金二元五毫;新加坡,全年四元;荷领群岛,五盾半。学校和各团体订阅给予一定优惠,每期订阅20份以上享受7折优惠(含邮资),从第31期起改为每期订阅10份以上享受7折优惠。另外,该刊还采取了与《民国日报》捆绑销售的办法,凡订阅上海《民国日报》的读者可免费获赠一份《星期评论》。

《星期评论》在上海、北京、杭州、天津、广州、长沙、开封、湖州、

---

① T. T. S.:《马克思逸话一节》,《星期评论》第31号,1920年1月1日。
② 李汉俊:《强盗阶级底成立》,《星期评论》劳动纪念号,1920年5月1日。
③ 沈玄庐:《答人问〈共产党宣言〉底发行所》,《民国日报》副刊《觉悟》,1920年9月30日。

绍兴等全国许多城市都设置了代派处，如，上海的四马路泰东图书馆、《民国日报》社，杭州的《教育潮》社，绍兴的《越铎日报》社等。此外，该刊在兰州、广州等城市也设置过代派所。为了拓展发行网点，方便读者订购，该刊还建立起个人代理发行渠道，例如，施存统就曾代理过《星期评论》在杭州的发行事宜。《星期评论》的发行数量，初时每期销售1000份左右，后来销量逐渐增加。李立三在一次讲话中，曾说该刊销路最广，"销到十几万份"[①]，这一数字可能有夸大。另据有关资料，《星期评论》每期的发行数为30000多份[②]。

1920年6月6日，《星期评论》因遭到上海军阀当局的查封而被迫停刊，该刊从创办到终刊，共出版54号。《星期评论》和《每周评论》并称为五四时期"舆论界中最亮的两颗明星"，二者南北呼应，互为奥援，共同推动了五四新文化运动的发展。《星期评论》社汇聚了一批先进知识分子，他们在介绍和研究马克思主义学说的过程中，不少人也接受了马克思主义，成长为早期共产主义知识分子。由于《星期评论》与中共的创建关系密切，中共早期领导人曾多次对该刊给予了高度评价。1946年9月，周恩来在接受美国《纽约时报》记者的采访时曾谈起过《星期评论》，认为该刊和《新青年》《每周评论》"都是进步读物，对我的思想都有许多影响"[③]。瞿秋白也曾高度评价《星期评论》，称该刊是孕育和产生中国共产党的"细胞"。

三、《湘江评论》的出版

《湘江评论》是五四时期创办的在全国范围内影响力较大的一份进步周刊。该刊创刊时间为1919年7月14日，出版地为湖南长沙，由湖南学生联合会主办，毛泽东担任该刊主编。

毛泽东在学生时代就萌生了创办报刊的想法，新文化运动中，陈独秀创办的《新青年》高举"民主""科学"大旗，指引着新文化运动的方向，对广大青年学生产生了巨大影响。毛泽东当时在湖南省立第一师范学校学习，酷爱阅读的他读到了这个杂志后深受鼓舞，他认识到报刊对于传播思想和理念的重要性。五四运动爆发后，毛泽东加入了湖南学生联合会，在开展革命运动的过程中，他深切感受到急需创办一份报刊，以向广大青年学生和群众宣传革命的主张。在毛泽东的提议下，湖南学生联合会于1919

---

① 黎洁华、虞苇：《戴季陶传》，广东人民出版社，2003年，第106页。
② 中共浙江省党史资料征集研究委员会：《衢前农民运动》，中共党史资料出版社，1987年，第162页。
③ 中共中央文献研究室第二编研部：《周恩来自述》，国际文化出版公司，2009年，第4页。

年7月14日正式创办了《湘江评论》，作为该团体的会刊。

关于《湘江评论》的创刊宗旨，毛泽东在《湘江评论》创刊号发表的《创刊宣言》中指出，"世界革命"和"人类解放"的潮流是历史发展的必然，是任凭什么力量都无法阻遏的。要改造旧世界，需要实行民众联合，这样才能拥有最强大的力量与官僚、军阀、资本家进行斗争。要改变世界，需要打倒强权。只有打倒强权，变各种强权主义为"平民主义"，民众才能获得自由。① 对于如何打倒强权，毛泽东当时提出了一条比较温和的革命路线，主张向强权者持续开展"忠告运动"，实行"呼声革命""无血革命"，因为这样不至于引起社会动荡。② 对于日本等帝国主义的侵略和压迫，他提出开展"罢课、罢市、罢工、排货"等各种运动，认为这是对抗国际强权的有效的方法。③

当时毛泽东之所以主张"呼声革命"，一方面"与他同时期对于近代中国落后症结的分析认识密切相关"，另一方面，也"与他当时理论和实践交互验证的过程尚未展开有重要联系"。④ 七年之后，当国民党反动派挥舞手中的屠刀大肆屠杀共产党员和革命群众时，毛泽东的思想发生了根本的转折，完成了从"呼声革命"到"武装革命"的跃升。他认识到，对于武装到牙齿的敌人，只有用革命的武装反抗反革命的武装，才能取得中国革命的胜利。他指出："历史上凡是专制主义者，或帝国主义者，或军国主义者，非等到人家来推倒，决没有自己肯收场的。"⑤ 这一认识在后来的革命和斗争实践中不断得到检验和发展。北伐战争时期，毛泽东创造性地提出了"农村包围城市、武装夺取政权"的重要思想。《湘江评论》创刊号共发行2000份，当天便售罄，后重印2000份，仍不能满足群众需求。从第2期起每期印制5000份。《湘江评论》除了在湖南全省发行外，还向全国其他城市拓展，在湖北、广东、四川、北京、上海等地都设置了代理发行处。

《湘江评论》的内容体裁与《每周评论》大致相似，侧重刊载时政评论文章。《湘江评论》所刊登的时政类文章大都议论犀利，文风活泼，极具战斗性，文字全用白话，通俗易懂，深受广大进步青年喜爱。为了增强刊物传播的有效性，《湘江评论》注意刊载一些与社会生活紧密关联的文

---

① 毛泽东：《创刊宣言》，《湘江评论》创刊号，1919年7月14日。
② 毛泽东：《创刊宣言》，《湘江评论》创刊号，1919年7月14日。
③ 毛泽东：《创刊宣言》，《湘江评论》创刊号，1919年7月14日。
④ 毕彩云：《〈湘江评论〉时期毛泽东力主"呼声革命"之原因》，《黑龙江社会科学》，2015年第3期。
⑤ 中共中央文献研究室：《毛泽东书信选集》，人民出版社，1983年，第5—6页。

章,"有目的、有针对性、有重点地启发和引导人民群众的政治觉悟"。①

《湘江评论》高举反对帝国主义和封建主义的大旗。毛泽东在该刊发表的《创刊宣言》中激励广大民众:"天不要怕,鬼不要怕,死人不要怕,资本家不要怕。"②他提出要打破各种强权,铲除各种封建专制统治和思想,他指出,封建统治阶级所鼓吹的"师严而后道尊"、"道统"和"宗派"等均为"思想界的强权,不可不竭力打破"。③为反对当时思想界中一些人提出的"复古尊孔"思想,他先后在《湘江评论》上发表了《各国没有明伦堂》《什么是民国所宜?》《走昆仑山到欧洲》等多篇文章,号召民众起来反对封建旧文化、旧礼教和复古尊孔的旧思想。

《湘江评论》关心时政,对各国工人运动给予了较大关注。如"西方大事述评"栏目先后发表了《各国的罢工风潮》《德意志人沉痛的签约》等反映国外工人罢工斗争的文章;"世界杂评"栏目先后发表了《证明协约国的平等正义》《来因共和国是丑国》《割地赔款不两全》等反映世界形势的文章;"东方大事述评"发表了《日本的平民运动》等众多关注国外大事的文章。

在《湘江评论》刊出的诸多文章中,影响力最大的是毛泽东撰写的《民众的大联合》一文。该文连载于《湘江评论》第2、3、4期,在这篇文章中,毛泽东深入详细地阐述了他在发刊词中提出的"民众联合的力量最强"这一重要观点。作者在文章中首先介绍了实施"民众的大联合"的必要性和可能性,之所以要实施大众联合,是因为"国家坏到了极处,人类苦到了极处,社会黑暗到了极处"④。补救的根本方法,就是实施"民众的大联合",民众的大联合之所以厉害,是因为一国中的民众总是比"贵族资本家及其他强权者要多"。⑤大众联合之所以可能,是因为不少国家已经给我们树立了榜样,法兰西、俄罗斯通过实施民众的大联合,取得了"政治改革"和"社会改革"的胜利,匈牙利、奥地利、捷克、德意志也随之而起进行了许多社会改革。作者认为,别国的同胞们通过实施民众的大联合求到了他们的利益,因此,我们也应该仿效他们,"进行我们的大联合!"⑥

其次,该文分析了"民众的大联合"的实施方法,就是以"小联合

---

① 王志蔚:《〈湘江评论〉创刊的文化资源》,《江汉大学学报(人文科学版)》,2011年第2期。
② 毛泽东:《创刊宣言》,《湘江评论》创刊号,1919年7月14日。
③ 毛泽东:《健学会之成立及进行》,《湘江评论》临时增刊第1号,1919年7月21日。
④ 毛泽东:《民众的大联合》(一),《湘江评论》第2号,1919年7月21日。
⑤ 毛泽东:《民众的大联合》(一),《湘江评论》第2号,1919年7月21日。
⑥ 毛泽东:《民众的大联合》(一),《湘江评论》第2号,1919年7月21日。

作基础",作者主张通过开展各行各业的小联合,如铁路工、矿工及电报、电话、造船、航运、五金、纺织、建筑等各行业工人的联合,在此基础上,"由许多小的联合,进为一个大的联合,由许多大的联合,进为一个最大的联合"。①最后,作者探讨了我国实施"民众的大联合"的社会背景、实施基础和实现可能。作者认为,中华民族所遭受的苦难和压迫最为深重,"压迫愈深,反抗愈大,蓄之既久,其发必速"。因此,将来中华民族的改革将比其他民族更为彻底,中华民族的前途也将更为光明。从这篇长文中,我们可以发现,青年时期的毛泽东就已经意识到了"民众"的伟大力量,要取得革命的成功,需要唤醒民众的觉悟,争取民众的支持,通过实施最广泛的民众的联合,争取革命斗争的胜利。毛泽东在后来的革命中也正是恪守和践行"群众路线",注意团结各种力量,结成"最广泛的统一战线",才最终取得了新民主主义革命的胜利,创建了社会主义的新中国。

《湘江评论》主张革命的言论引起了北洋军阀当局的恐慌。1919年8月中旬,《湘江评论》刚准备付印第5期时,湖南军阀当局以发表"邪说异端"等罪名查封了该刊,湖南学生联合会也遭取缔。

毛泽东创办的《湘江评论》虽只正式出版了4期,但它的影响力辐射至全国。该刊发表了众多富有思想性、革命性和战斗性的文章,获得了读者的高度赞扬。中共创始人之一的李大钊对该刊给予了极高评价,认为该刊是全国最有分量和见解最为深刻的刊物之一。胡适也称赞道:"武人统治之下,能产出我们这样的一个好兄弟,真是我们意外的欢喜。"②此外,近代出版史研究专家张静庐也认为,毛泽东创刊的《湘江评论》是五四时期创办的诸多刊物中革命性较强的一份,在思想和政治性上甚至比《每周评论》和《星期评论》更为突出。③

四、《星期日》的出版

《星期日》是五四时期四川创办的一份比较有影响力的进步周刊,1919年7月13日创刊于成都。《星期日》周刊的版式完全仿照《每周评论》,每期4开4版,逢周日出版。《星期日》创刊后,《每周评论》和《少年中国》等刊物积极为其宣传,《每周评论》介绍道:"我们特别介绍我们新添的两个小兄弟:一个是长沙的《湘江评论》,一个是成都的《星期

---

① 毛泽东:《民众的大联合》(二),《湘江评论》第3号,1919年7月28日。
② 金冲及:《毛泽东传(1893—1949)》,中央文献出版社,1996年,第51页。
③ 张静庐:《中国现代出版史料》(甲篇),中华书局,1954年,第32页。

日》。"①《少年中国》也对《星期日》进行了推介,指出该刊"是一种传播新思想的出版物"②。

《星期日》的编辑和撰稿人主要为少年中国学会成都分会的会员,李劼人、孙少荆、穆济波、周晓、李小舫、何鲁之、李思纯为该刊编辑和主要负责人。首任主编为李劼人。李劼人(1891—1962),原名李家祥,笔名劼人、老懒等,祖籍湖北黄陂,生于四川成都,著名文学家和文学翻译家。五四时期李劼人加入少年中国学会成都分会,并负责主编《星期日》。1919年李劼人赴法国留学后,《星期日》由孙少荆、穆济波先后担任主编。《星期日》的编辑和发行人员最多的时候曾达到40余人。

《星期日》的创刊宗旨是创造"光明的世界",希望"人人自觉去创造这光明的世界,迎受这光明的世界"。③它主张人人应该自觉摆脱束缚人的精神的各种制度和学说,推倒"人类过去生活、现在生活中,身体、精神所遭逢的痛苦"。《星期日》的创办,正是为了促进人的觉悟,帮助人们摆脱身体和精神上的一切束缚,"根据着人生的究竟,创作人类公同享受的最高幸福的世界"。④

从栏目设置来看,该刊设有言论、思潮、研究、读者言论、批评、什么话、学校调查、社会调查、文艺界、选载、通信、附录等众多栏目,另外还开设了"社会问题号""妇女问题号"等专栏。该刊所刊载的文章主要内容包括以下几个方面:

1. 主张反对封建专制统治

《星期日》刊载了许多揭露旧社会黑暗、反对封建礼教的文章。该刊的"社会问题号""妇女问题号"和"批评""什么话"等栏目,刊登的几乎都是这类文章。该刊对封建礼教所宣扬的"孝"展开了猛烈抨击。1920年1月4日的"社会问题号"发表了吴虞的《说孝》一文,该文用许多事实,驳斥了封建礼教所提倡的"不孝有三,无后为大""父母在不远游""三年无改于父道""居丧必哀"等荒谬说教。作者指出,封建统治者之所以鼓吹"孝",是因为他们看到了"孝"是束缚和压迫人民的最好工具,因为"孝悌的人,必然恭顺,犯上必少"。⑤所谓"教孝即所以教忠",统治者通过宣传"孝",要求广大民众对他们忠心,恭敬顺从他们。统治

---

① 胡适:《介绍新出版物》,《每周评论》第36号,1919年8月24日。
② 李劼人:《五四追忆王光祈》,《川西日报》1950年5月4日。
③ 李劼人:《本报的过去和将来》,《星期日》第26号,1920年1月4日。
④ 李劼人:《本报的过去和将来》,《星期日》第26号,1920年1月4日。
⑤ 中共中央编译局:《五四时期期刊介绍》(第一集,上册),生活·读书·新知三联书店,1978年,第282页。

者鼓吹"孝"的目的是要把全国变成一个"制造顺民的大工厂",以"遂他们专制的私心"。①这是一篇向封建礼教宣战的檄文。该文发表后,在社会上产生了巨大的反响,也引起了封建统治阶级的极大恐慌。

2. 提倡男女平等、妇女解放

该刊主张妇女经济独立、社交公开,女子享有和男子同等的受教育权和遗产继承权。刊物发表了许多揭露宗法社会对妇女的迫害和摧残罪行的文章,对封建礼教下妇女所遭受的缠足、穿耳等形体摧残行为进行了强烈的谴责,对封建礼教下妇女所遭受的种种不平等待遇和歧视,以及不公平的法律下女性权利所受到的各种限制表达了深切的同情。文章提出要尊重妇女的独立人格,打破"三从四德"的封建枷锁,取消男子纳妾的恶劣制度。

该刊还在"社会问题号"和"妇女问题号"上刊载了大量文章,对封建礼教极力鼓吹的妇女贞洁问题进行了有力的驳斥。该刊还揭露了旧社会封建礼教下不合理的婚姻制度,提出要废除买办婚姻,禁止早婚,反对父母主婚和一夫多妻制。该刊转载了陈独秀的《男系制与遗产制》一文,指出现在已不是宗法社会,男系制、女系制都是过去的历史。遗产制度也应该随着时代发展进行改革,女子和男子应该享有平等的遗产继承权利,"断乎没有嫡系的女子不能承袭遗产,旁系的男子反来可以独霸的道理"。②

3. 揭露帝国主义的侵略罪行以及北洋军阀政府的黑暗统治

《星期日》在"言论""批评"等栏目发表了众多痛斥反动统治者专制跋扈、横征暴敛、假公济私、媚日政策,以及压制人权、禁止言论出版自由等各种反动政策的文章,强烈谴责了日本等帝国主义在中国国土上趾高气扬、蛮横霸道的罪行。

4. 提出"劳工神圣"、劳动平等,主张实行社会主义制度

1920年3月21日,《星期日》出版的"劳动号"专号发表了众多倡导"劳工神圣"的文章,如《劳工神圣》一文号召"大家都起来互助、劳动……谋将来中华民国大众的幸福"③。该刊把工人受压迫的原因归结为智识缺乏和团结不足,强调通过加强劳工的教育和劳工团结来改变现状。《成都印刷界工人醒觉后的第一次临时集会》一文指出,正是因为劳工没

---

① 中共中央编译局:《五四时期期刊介绍》(第一集,上册),生活·读书·新知三联书店,1978年,第282页。
② 陈独秀:《独秀文存》,安徽人民出版社,1987年,第581页。
③ 静思:《劳工神圣》,《星期日》第35号,1920年3月21日。

有团结，才遭受"资本家的酷待、压迫"①。

《星期日》主张"精神劳动（劳心）"和"肉体劳动（劳力）"二者是平等的，没有高低贵贱之分。该刊对统治阶级压迫和剥削劳动人民，自己却不劳而获的行为进行了谴责，提出"有工大家做，有饭大家吃，这才算是人生的真正道理"。我们的社会之所以"麻木不仁、万恶丛生"，都是官僚贵族、纨绔子弟等一帮好吃懒做的强盗所造成的。②《星期日》第22号刊载的《社会主义的劳动问题》一文提出"人人劳动人人平等"的口号，主张废除"资本私有财产制度"，因为，不废除这一制度，"社会的生产形态和私人所有的形态的冲突，是不会停止的，那么劳动问题也不能有合理的解决"。③该文指出，要消灭私有制，需要对社会进行改造，铲除私有制产生的土壤，他们主张在中国实行社会主义制度，只有社会主义是"人类的福星"，中国实行社会主义"尤为剀切要紧"。因此，对于社会主义，"我们应当欢天喜地，争先恐后地欢迎"，只有推行社会主义，我们才能消除往日的"三灾八难"。④

为了做好刊物的编辑和发行工作，《星期日》成立了周报社，成员分为社员、劳工社员和赞助社员三类。⑤要取得社员的资格，一是经老社员的介绍，二是凡投稿经本报登载三次以上者，可成为本社社员。社员有筹划本社经费，担任本社事务之责任。成为劳工社员的条件是"愿以宝贵之劳力专助本社者"。劳工社员"不负本社经费及所劳力以外之责任"。取得赞助社员的条件是"凡社会先觉以撰述及劳力，或经济赞助本社者"。⑥

《星期日》周报社下设编辑部和发行部。编辑部设常任编辑1名，协任1名，书记1名，编辑人员若干名。常任编辑由社员推举产生，任期一个月。常任编辑的主要职责是"配置周报材料，审定稿件去取，及其他关于编辑事务"⑦。协任主要是协助常任编辑工作，主要负责"配置稿件，校刊印刷"，协任由社员轮流担任。书记主要担任"本部事务之记载，对外原件之往还，及其他与编辑相关之文件"⑧。编辑部编辑无定额，编辑部主

---

① 《成都印刷界工人醒觉后的第一次临时集会》，《星期日》第35号，1920年3月21日。
② 中共中央编译局：《五四时期期刊介绍》（第一集，上册），生活·读书·新知三联书店，1978年，第285页。
③ 《社会主义的劳动问题》，《星期日》第22号，1919年12月7日。
④ 中共中央编译局：《五四时期期刊介绍》（第一集，上册），生活·读书·新知三联书店，1978年，第285页。
⑤ 《〈星期日〉周报社规》，《星期日》第36号，1920年4月11日。
⑥ 《〈星期日〉周报社规》，《星期日》第36号，1920年4月11日。
⑦ 《〈星期日〉周报社规》，《星期日》第36号，1920年4月11日。
⑧ 《〈星期日〉周报社规》，《星期日》第36号，1920年4月11日。

要负责稿件的编译工作。发行部设置经理2名，会计1名，书记1名，庶务2名，发行社员若干名。发行部经理由全体社员共同推选产生。会计负责每月营业状况的报告，由社员推举选出。书记主要担任本社的事务记载，营业函件的来往和其他相关之文件的处理，也由社员共同推选。庶务掌管门市出纳工作，负责刊物在本省和外地的配送、交换等事宜。庶务由发行部雇用。发行部劳工社员主要负责书刊的配送和贩卖等工作。[①]

1920年7月，《星期日》在出版了52期后停刊，目前仅能见到第18至26期，第33、34期（该两期为"妇女问题号"）和第36期。

第五节 《劳动界》《劳动者》《劳动音》的出版

中国共产党建党时期，为了推动国内工人运动，鼓舞无产阶级的革命斗志，向工人阶级和劳苦大众传播马克思主义理论，各地创办了一批以工人读者为阅读对象的通俗报刊。其中，上海的《劳动界》、广州的《劳动者》和北京的《劳动音》是五四时期最具代表性的反映国内工人运动的三份兄弟刊物。

一、上海马克思主义研究会与《劳动界》

《劳动界》由新青年社编辑出版，1920年8月15日在上海创办，周刊，铅印，32开本，每期16页。《劳动界》是五四时期创办的工人阶级报刊中发刊最早、出版时间最长、影响最大的刊物，是我国先进知识分子向工人宣传马克思主义的最初尝试，是"国内第一个面向工人的通俗刊物"[②]。该刊由陈独秀、李汉俊主编，编辑部成员还有沈玄庐、郑佩刚等人。

李汉俊（1890—1927），原名书诗，笔名人杰、汉、漱石、海镜、先进，湖北潜江人，中国共产党早期报刊活动家。早年留学日本时开始接触马克思主义，与日本马克思主义经济学家河上肇往来密切。五四运动期间曾担任《星期评论》周刊编辑，并在该刊和《觉悟》等报刊上发表大量文章和译作，积极传播新文化和马克思主义。1920年5月，李汉俊与陈独秀等人发起成立马克思主义研究会。是年8月，李汉俊与陈独秀等人创办了《劳动界》。

关于该刊创办的原因，李汉俊在第一期发表的《为什么要印这个报？》的文章中写道："我们印这个报，就是要教我们中国工人晓得他们

---

① 中共四川省委党史工作委员会：《五四运动在四川》，四川大学出版社，1989年，第451—452页。
② 陈振新：《陈望道与建党初期的工人运动刊物〈劳动界〉》，《北京党史》2010年第5期。

应该晓得他们的事情。"①文章对工人阶级的苦难表示了深切的同情，认为工人是这个世界上最苦的，起早摸黑，吃不饱，穿不暖。相反，那些资本家、有钱人什么事情也不做，反而吃得好，穿得好，"不是逛窑子，就是抱小老婆"。②

《劳动界》的创办宗旨和任务，在于改善国内工人阶级的境遇，为工人阶级发声。该刊开辟了"国外劳动界""国内劳动界""演说""读者投稿""时事""小说""诗歌"等众多栏目，并用浅显的语言向工人阶级阐释了马克思主义的剩余价值学说，揭露了资本家压榨工人的罪恶。该刊还热情歌颂劳动者的伟大，指出劳动者谋求解放必须进行社会革命，中国劳动者应团结起来，效法俄国十月革命，铲除"资本家生产制"，为解放自己，为"改良劳动阶级的境遇而斗争"。

《劳动界》宣扬了工人阶级的苦难，有多篇文章描述了工人阶级的悲惨遭遇，如《学徒碰死》《工人做工跌死》《小工起货压死》《小工被电车碾毙》《洒水车夫堕车碾毙》等，反映了工人们在资本家压榨下的惨状，随时面临死亡的危险，生命得不到保障。为改善工人阶级的生活和境遇，《劳动界》同时号召广大工人起来，以"罢工"的方式与资本家展开斗争。每期《劳动界》几乎都有刊载国内各地工人罢工运动的文章，如《上海米贵罢工的情形》《南昌劳动界罢工运动》《香业工人要求增加工钱》《江西把夫要求增加工钱的风潮》《广东佛山铜匠罢工》《三新纱厂罢工风潮》《南北货业伙友要求加薪》《米行斛手订期罢工要求增加工钱底大胜利》《宁波一片伙友加薪声》等。在"国外劳动界"栏目中，还刊载了国外进行罢工斗争的消息，如《意大利工界大风潮——工人占领工厂了》《德国六十万工人罢工要求增加工钱》《澳洲商船工人罢工要求八小时工作》等。

《劳动界》宣扬了"劳工神圣"的主张，认为"世界上，第一桩神圣事业，劳动"③，"人的世界一天没劳动，一天就会消灭"④。为此，《劳动界》呼吁要"尊重劳动"，并提出"无工无食"的口号。他们认为，劳动是每个人应尽的义务，那些不做工者是阻碍社会进步的寄生虫。文章指出，社会要做到"无工无食"，就是要消灭"只有金钱的威光，没有人类的自由"的资本主义制度，"建设以平等、自由、互助为基础的新社会"。⑤《劳动

---

① 李汉俊：《为什么要印这个报？》，《劳动界》第1册，1920年8月15日。
② 李汉俊：《为什么要印这个报？》，《劳动界》第1册，1920年8月15日。
③ 佚名：《劳动歌》，《劳动界》第23册，1921年1月16日。
④ 张赤：《打破现状才有进步！》，《劳动界》第6册，1920年9月19日。
⑤ 季陶：《劳动者应该如何努力？》，《劳动界》第10册，1920年10月17日。

界》宣扬的这种新社会，实际上就是社会主义社会，因为只有在这样的新社会里，工人阶级才能免遭资本家的剥削和压迫，能够体面劳动，成为自食其力的劳动者，能够和其他一切阶层享有平等的权利和地位，才能够享受"人的生活"。①

《劳动界》所刊文章通俗易懂，作者大多以大众化的语言阐释高深的马克思主义基本原理。如，署名"季陶"的《劳动者应该如何努力？》一文用工人在工厂做工的事例形象地解析了剩余价值的生产过程，深刻地揭示了资本家剥削工人的秘密。②《劳动界》同时号召工人起来进行社会主义革命，李达（署名"立达"）在第16期发表的《劳动者与社会主义》一文中号召工人阶级"组织劳动者的团体（如工会之类）去和资本家对抗"③。作者同时认为工人阶级只有联合起来和资本家进行斗争，推翻资产阶级，才能摆脱被资本家剥削和压迫的命运。

《劳动界》用浅显易懂的语言向广大工人阶级传播了科学社会主义的基本原理。《劳动界》第12期刊载了沈玄庐的一篇文章，向读者解释了什么是"社会主义"，文章指出，社会主义是各人尽其所能，按各自需要均等地享用，多余的拿来供给老人、儿童和生病困难的人。在此基础上，作者进一步指出："社会主义正是做工不够饱，没钱养老小，出力不讨好的人底救星。"④只有社会主义才能让工人阶级享受到平等和自由的权利。

《劳动界》还大量报道了国内外工人运动和工会活动的情况，并重视与工人读者建立密切的联系，重视发表工人来稿，反映工人的生活和愿望。因而，该刊被读者誉为工人的"喉舌"和"明星"。⑤从《劳动界》中刊登的一些读者来信可以看出工人读者对于该刊的喜爱。第5期刊登了一位叫"文焕"的工人写给主编陈独秀的读者来信，信中说，工人们都十分喜欢阅读《劳动界》的文章。过去工人饱受资本家的欺凌却无处申冤，现在有了《劳动界》，我们工人终于"有话可以讲了，有冤可以申"，称赞该刊是穷人的大救星。⑥

《劳动界》因为宣扬社会主义，号召工人阶级起来反抗资本主义的压迫和剥削，推翻资本主义制度，因而遭到北洋军阀当局的仇视。1921年1月23日，北洋军阀政府以"煽惑劳工、主张过激"的罪名查禁该刊。《劳

---

① 潘阿芳：《现时中国的劳动运动与劳动者》，《劳动界》第24册，1921年1月23日。
② 季陶：《劳动者应该如何努力？》，《劳动界》第10册，1920年10月17日。
③ 立达：《劳动者与社会主义》，《劳动界》第16册，1920年11月28日。
④ 玄庐：《什么叫做"非社会主义"？》，《劳动界》第12册，1920年10月31日。
⑤ 文焕、朱信庸：《通信》，《劳动界》第5册，1920年9月12日。
⑥ 文焕、朱信庸：《通信》，《劳动界》第5册，1920年9月12日。

动界》从创刊至被迫停刊，共出版24期。

《劳动界》作为中共早期创办的第一份面向工人的通俗刊物，尽管发行时间不长，但却对无产阶级专政理论和社会主义制度做了初步探索。它的创办，对于推动国内工人运动的发展、宣扬无产阶级革命理论、促进马克思主义在中国的大众化传播起了积极作用。

二、广东共产党早期组织与《劳动者》

《劳动者》由广东共产党早期组织创办，1920年10月3日在广州出版，周刊，铅印，32开本。该刊由梁冰弦担任主编，刘石心、黄凌霜、区声白等人为主要撰稿人。该刊内容以向工人灌输马克思主义、推动工人阶级联合为宗旨，强调工人只有组织起来推翻现有制度，实现社会主义，才能得到解放。该刊广泛报道国内外工人运动和俄国十月革命经验，歌颂劳工神圣，揭示工人苦难的生活，分析广大工人受压迫、受剥削的根源，号召工人起来斗争。

《劳动者》创刊号刊发了署名为"我亦工人"写的《劳动者呵！》发刊词，发刊词首先对劳动者进行了热情讴歌，认为"劳动者"才是这个世界上最高贵和最有用之人。文章开篇指出："世界上什么人应该享有幸乐呢？是至高贵的人。什么人是至高贵的呢？是至有用的人。"[①]而这些至高贵和至有用之人就是我们广大的"劳动者"，而不是总统、军督、士绅和资本家。因为我们吃的东西，穿的衣服，住的房子，都是各行各业的劳动者做出来的。所以只有做工的人才是最有用和最高贵的人。接着，发刊词进一步指出了现实社会的不平等现象，例如，在现实社会中，那些"总统、官僚、绅士、头家、财主住的是高楼大厦，穿的是锦绣绫罗，食的是山珍海味"，而广大劳动者却是食不果腹、衣不蔽体、居无片瓦。这些本应是最高贵、最有用、最该享有幸福权利之人却是最卑贱和最苦难的。因此，广大劳动者应努力起来"自救"，"自救"的方法就是发动"劳动运动"，"劳动运动"可分为两个层次的运动，第一个层次是"改进生活景况的运动"，第二层次是"改革生产制度的运动"。发刊词最后阐明出版该刊的原因在于现在我们的工人"还没有组织团结，还没有言论机关"。[②]《劳动者》的创办，为广大工农阶级提供了一个言论表达的渠道。

《劳动者》第2期发表了一篇"列悲"译的《劳动歌》，歌词写道："起来，现在世上受了饥寒困苦的奴仆。管治将来世界的理性渐渐强起来

---

① 我亦工人：《劳动者呵！》，《劳动者》第1号，1920年10月3日。
② 我亦工人：《劳动者呵！》，《劳动者》第1号，1920年10月3日。

了。做奴仆的人呀！起来，快起来！不要固执古人的谬说！世界的基础快改变了；无产者将成为万有者！"①号召劳动者联合起来奋斗，以摆脱受压迫和被奴役的命运。列悲译的这首《劳动歌》，也被认为是《国际歌》在中国的最早译文。②

该刊对工人受剥削、受压迫的根源进行了剖析，同时指出，推翻资本主义制度是改变广大工人命运的正确方法。该刊认为，现在社会制度不好的原因在于"分配不得平均"，工人阶级创造的劳动产品不能为工人自由分配，却由不必劳动的"非生产阶级"来掌管消费的分配权，"我们相信这种制度，是生活问题的祸根"。③当然，出于时代的原因和认识的局限，他们还未能进一步揭示这种分配不公的根源在于资本主义生产资料私人占有制。该刊第2期发表的《广东的少年工社》一文指出，工人劳动所创造的剩余价值，大部分都被资本家掠去了，"难道要把我们终身做他的牛马奴隶吗？"④文章号召大家起来摆脱资本家的控制，至于脱离资本家统治的办法，就是建立"少年工社"。该刊还号召工人阶级联合起来，"推翻资本制度，建设共产主义的社会"⑤。

《劳动者》还对某些阶级调和论进行了批驳，该刊第7期发表的《劳资调和的疑问》一文指出：劳动者和资本家本来是势不两立的，但是有些"混蛋脚色"却主张劳动者和资本家调和，作者认为，劳动者和资本家之间是断然不可调和的，因为，"大凡两方面的势力要调和，最要是力量平均，可以对抗"，但是现在，金钱是完全掌握在资本家手中。他们饱食终日，养尊处优，把工人当做机器和牛马。资本家住的是高楼大厦，美华辉煌，吃的是膏粱文绣，食前方丈，穿的是绫罗丝锦，巧艳夺目；而工人们住的是破屋一间，不蔽风雨，吃的是粗饭菜羹，不能一饱，穿的是破衣败絮，仅可蔽体。因此，双方实力严重不对等，在这种情况下，要资本家"高抬贵手，施点仁惠"是绝对行不通的。⑥《劳动者》还驳斥了当时一些官绅政客们提出的以开办实业来达成"救国救民"目标的言行，认为只有根本改革当前的社会制度，社会上没有"安坐白吃的人"，大家"一起致力于生产劳动"，才能"振兴实业，普及教育，发达交通"，才是"真公

---

① 列悲：《劳动歌》，《劳动者》第2号，1920年10月10日。
② 邬国义：《〈国际歌〉最早的译者列悲考释》，《历史的碎片：国义文存》（第2集），上海人民出版社，2016年，第422页。
③ 我亦工人：《劳动者呵！》，《劳动者》第1号，1920年10月3日。
④ 《广东的少年工社》，《劳动者》第2号，1920年10月10日。
⑤ 《中秋节日的见闻》，《劳动者》第2号，1920年10月10日。
⑥ 无闷：《劳资调和的疑问》，《劳动者》第7号，1920年12月12日。

益"。①

《劳动者》还刊登了一系列关于工人生活现状的调查报告，揭露了工人阶级的悲惨遭遇和资本家剥削工人的罪行。《劳动者》第2号刊登了《广州机器工人概况》一文，分别从"作工时间""匀计工金""教育程度""学徒""厂主待遇"五个方面对广州地区的工人工作和待遇情况进行了调查，反映了工人繁重的工作任务、超长的工作时间和微薄的工资待遇以及生命权利得不到保障的境况。例如，在"作工时间"方面，工人夏天要工作11个小时，冬季工作10个小时，另外夜班工人要加班到凌晨3点或6点。一年除农历新年休息4天，端午、中秋各休息一天外，其他时间均无休息。在"匀计工金"方面，"上等工人每工一元，中等每工七毫，下等每工三毫"。在"厂主待遇"方面，调查发现"并无卫生及教育等设备。因工受伤或死亡，并无抚恤"。②

该刊也对农民问题给予了相当重视，该刊第6期发表的《和耕田朋友的谈话》一文，劝告农民千万不要看低自己的身份。文章指出："世界实在〈是〉农人最重要的，一日没有农人，就无粮食，世界立刻会乱的"③，农民现时所处的地位和遭受的苦难，"都〈是〉由于大商家、业主、官吏、军队所赐的"④，只有组织起来反抗，摆脱他们的统治，农民才有出路。《劳动者》每期最后都有一篇《劳动者》要告，指出该刊是由"劳动界同人组织的，专门发表劳动界的意见及状况的"⑤。要告鼓励读者来稿，有点类似现在的"征稿启事"。

《劳动者》是五四时期创办的一份向工农劳动者进行启蒙教育，宣传社会主义新思潮的刊物。由于当时广东共产党早期组织成员无政府主义者居多，因而该刊也刊登了一些宣传不要政党、不要无产阶级专政的无政府主义思想的文章。《劳动者》每星期出版一册，先后由广州《天民报》和《群报》负责总经销。1921年1月2日，《劳动者》在出版了第8期后宣告停刊。

三、北京共产党早期组织与《劳动音》

《劳动音》是北京共产党早期组织创办的一份工人刊物。该刊创办时

---

① 劳人：《最趋时的三件宝贝》，《劳动者》第8号，1921年1月2日。
② 江流：《广州机器工人概况》，《劳动者》第2号，1920年10月10日。
③ 笃：《和耕田朋友的谈话》，《劳动者》第6号，1920年12月5日。
④ 笃：《和耕田朋友的谈话》，《劳动者》第6号，1920年12月5日。
⑤ 《〈劳动者〉要告》，《劳动者》第1号，1920年10月3日。

间为1920年11月7日。刊物创办之初，由黄凌霜、陈德荣负责主编，后改由罗章龙、邓中夏主编。《劳动音》共出版了5期，目前所能见到的《劳动音》只有第1期和第5期。

第1期（1920年11月7日出版）共登载了8篇文章，分别为《我们为什么出版这个〈劳动音〉呢？》《劳动运动的新生命》《诗》《祝劳动音出世》《唐山煤矿葬送工人大惨剧》《劳动哀音》《国外劳动界消息》《英政府与矿工之磋商》。第五期（1920年12月5日出版）共刊登了9篇文章，分别是《南京机织工人大暴动》《我印这本小册子的意思》《南京机织工人听者！一般工人也听者！》《王桂林嗾使工人捣毁江苏省》《议会的黑幕》《纪南京机织工人暴动情形》《余墨》《外国劳动界之活动》《哈尔滨之劳工大学》。以上文章除了第一期《我们为什么出版这个〈劳动音〉呢？》（作者：心美）、《劳动运动的新生命》（作者：兼）和《祝劳动音出世》（作者：Y.C.）有作者署名外，其余文章均无作者署名。

《劳动音》的主编邓中夏和罗章龙都是中共早期杰出的工运领导人和著名报刊活动家。邓中夏（1894—1933）字仲澥，又名邓康，湖南省宜章县人。邓中夏早年就读于湖南高等师范学堂，后考入北京大学，主修国文。1920年3月，邓中夏与罗章龙、刘仁静、张国焘等人在北大秘密成立了马克思学说研究会。1920年11月7日，在李大钊和北京共产党早期组织的指导下，邓中夏与罗章龙等人一起接办了《劳动音》，向工人群众宣传马克思主义。罗章龙（1896—1995），原名罗璈阶，湖南浏阳人。罗章龙早年在长沙学习期间，就结识了毛泽东，两人成为好友，时人称他们为"管鲍之交"。后与毛泽东一起组建长沙新民学会。1918年，罗章龙考入北京大学，主修哲学。1920年3月，罗章龙与邓中夏等人一起秘密发起成立了马克思学说研究会，同年11月，与邓中夏等人共同负责《劳动音》的创办和编辑工作。[1]

《劳动音》创办的宗旨，在其创刊号上发表的邓中夏的《我们为什么出版这个〈劳动音〉呢？》[2]一文指出，出版这一刊物的主要目的是提倡神圣的"劳动主义"，谴责那些"不劳而食的人"，使从事正当劳动的同胞过上快乐幸福的生活。同时，通过报道各地工人阶级开展斗争的情况，以启发国内工人阶级的觉醒，号召工人阶级团结起来斗争。

《劳动音》报道了国内工人的工作和生活状况，包括工厂的组织、生产情况，工人待遇，工人的生活、感情、意见和家庭关系，罢工运动等。

---

[1] 钱承军：《建国前中国共产党报刊研究》，中国文联出版社，2009年，第27页。
[2] 心美：《我们为什么出版这个〈劳动音〉呢？》，《劳动音》第1号，1920年11月7日。

该刊尤其注意指导"实际的劳动运动",促进马克思主义同中国工人运动的结合,提倡知识分子从事工人运动,进行实际工作。第1期发表的署名"兼"的作者撰写的《劳动运动的新生命》一文指出:过去的工人运动的主要缺点是"只向智识阶级作学理的宣传,而不向无产阶级作实际的运动"。文章认为,只向工人阶级介绍自由分配制度的好处而不向其传达实现这一目标的方法,一味怀抱一种主义或学说,其结果只能是流于空谈。①

与《劳动界》《劳动者》一样,《劳动音》也提出"劳工神圣"的主张。《劳动音》认为,"劳动是进化的原动力,是世界文明的根源,所以应该提倡那神圣的'劳动主义',以促进世界文明的进步,增进人生的幸福"。②

《劳动音》以大量篇幅报道了南京、唐山等地工人的悲惨生活。该刊第1期刊发了《唐山煤矿葬送工人大惨剧》一文,报道了1920年10月唐山矿难事故,事故造成五六百工人死伤的大悲剧。该报道以"几十分钟内死工人五六百""比国矿师预知有险,然而只知要煤,不顾工人死活"等醒目文字作为开头按语,对资本家残酷剥削工人的罪行进行了声讨。

第5期刊登的《纪南京机织工人暴动情形》一文号召工人组织工人会,开展游行示威运动,为争取增加工资、减少工时而斗争。文章认为,只要工人队伍团结一致,结队游行或武力解决,看到你们人多,"就是军队和警察,也必定不敢和你们对抗的"③。《劳动音》还特别强调了工人争取自身解放的锐利武器,那就是开展阶级斗争。《纪南京机织工人暴动情形》一文指出:"议会有不好的地方,就应当捣毁,议员有过犯的时候,就应当打伤。就是中央政府、地方政府、国会等等,只有他有错,就可以放一把火烧掉他。他那里面办事的人不好,就可以杀掉他,这有什么叫不可呢?"④《南京机织工人听者!一般工人也听者!》一文也明确号召工人阶级必须起来反对政府、国会、议员、官吏、军队、警察和资本家,通过实施暴力斗争,推翻压迫和剥削人民的反动政权。

《劳动音》在当时北方工人运动活跃地区,如长辛店、南口等地有较大影响,每期销售约2000份。1920年12月5日,该刊出至第5期后,因北洋军阀查禁而停刊。

早期共产党组织创办的《劳动者》《劳动界》《劳动音》三份工人刊

---

① 兼:《劳动运动的新生命》,《劳动音》第1号,1920年11月7日。
② 心美:《我们为什么出版这个〈劳动音〉呢?》,《劳动者》第1号,1920年11月7日。
③ 《纪南京机织工人暴动情形》,《劳动音》第5号,1920年12月5日。
④ 《纪南京机织工人暴动情形》,《劳动音》第5号,1920年12月5日。

物，深刻揭示了旧社会工人阶级受苦难的根源，谴责了资本家剥削工人的罪恶。同时，号召工人阶级团结起来，开展罢工斗争，用武力推翻官僚资本家的反动统治，争取自身的自由和解放。三份工人刊物根据工人阶级的特点，均用通俗和朴素的语言，向工人阶级传播了马克思主义学说，揭示了无产阶级代替资产阶级的历史必然性，以及工人阶级争取自身的解放和自由的途径。正因为如此，三份刊物在当时都受到工人阶级的欢迎，被称为"工人的喉舌"。

第六节 五四时期进步出版机构的创建

五四新文化运动是一场轰轰烈烈的思想解放运动，在"民主"与"科学"两大旗帜的召唤下，各地进步知识分子纷纷成立社团，从事文化出版活动，积极传播新文化、新思潮、新理论。五四期间，全国各进步出版社团出版了大量书刊，为传播新文化新思想作出了贡献。其中，陈独秀等人创办的新青年社、毛泽东等人创办的长沙文化书社、恽代英等人创办的武汉利群书社和方志敏等人创办的南昌文化书社是当时具有较大影响力的进步书店。

一、新青年社的出版活动

新青年社是五四时期由陈独秀等早期共产党人创办的书刊出版和发行机构。关于新青年社成立的时间，有学者认为是成立于1918年1月[①]。笔者认为，"1918年1月"是《新青年》编辑部改组的时间，这时新青年社尚未建立。《新青年》编辑部设于上海环龙路老渔阳里2号（今南昌路100弄2号），即陈独秀寓所。新青年社成立的时间应为1920年8月，依据是1920年8月15日出版的《劳动界》创刊号，封面上明确标明"总经售处：上海法租界大自鸣钟（今金陵东路279号）对面新青年社"。这说明，这一时期新青年社已经正式建立。新青年社由陈独秀为总负责，分管发行工作的则是其皖籍同乡和好友苏新甫。

新青年社除出版发行《新青年》外，还出版发行了众多马克思主义经典著作。1922年7月，当《新青年》出版至第9卷第6号时，突然遭到上海法租界巡捕房人员的搜查，该刊被迫休刊。新青年社也被迫由上海迁往广州，社址设在广州昌兴马路28号。1923年6月，《新青年》改成季刊，

---

① 欧阳哲生：《〈新青年〉编辑演变之历史考辨：以1920—1921年同人书信为中心的探讨》，《历史研究》2009年第3期。

编辑和发行处移至广州司后街45号广州平民书社。《新青年》季刊在广州总共出版了9期,其中,瞿秋白担任主编的有7期,陈独秀主编了1期(第3期),彭述之主编了1期(第4期)。广州版各期《新青年》的内容,在宣传的意向、论题的选择、文章的组织等方面,都加大了对马克思主义的宣传力度,显示了党的理论刊物的特点。1923年10月,广州新青年社停办,其出版和发行业务归并到党在上海新设立的上海书店。

据统计,新青年社在成立的3年中共出版了28种图书,现将有关图书编辑出版情况列表如下(表2-3)。

表2-3 新青年社出版图书一览

书名	出版时间	著者(编、译者)	定价	备注
《社会主义史》	1920年10月	(英)克卡朴原著;李季译	精装:大洋1元;平装:大洋8角	新青年丛书第1种
《到自由之路》	1920年11月	(英)罗素著;李季、黄凌霜、雁冰译	大洋5角	新青年丛书第5种
《阶级争斗》	1921年1月	(德)柯祖基著;恽代英译	大洋5角	新青年丛书第8种
《劳动运动史》	1922年4月10日	施光亮(存统)编	大洋1角	新青年丛书之一
《社会主义讨论集》	1922年9月	《新青年》编辑部	大洋7角	新青年丛书第2种
《京汉工人流血记》	1923年3月	罗章龙	大洋2角	
《共产主义的ABC》	1926年1月	布哈林著	大洋2角	新青年丛书之一
《农民问题》	1926年11月	布哈林著	大洋1角	新青年丛书之一
《列宁主义概论》	1927年1月	斯大林著	大洋2角	新青年丛书之一
《马克思主义者的列宁》	1927年1月	布哈林著	大洋1角	新青年丛书之一
《经济科学大纲》(上、下册)	1927年1月	蒲格达诺夫著;施存统译	甲种:大洋一元四角;乙种:一元二角	新青年丛书之一
《资本主义稳定与无产阶级革命》	1927年2月	布哈林著;陆定一译	大洋2角5分	
《无产阶级之哲学——唯物论》	1927年3月	哥勒夫著;瞿秋白译注	大洋3角	新青年丛书之一
《世界劳工运动现状》	1927年4月	洛若夫斯基著;瞿秋白译	未标定价	新青年丛书之一

续表

书名	出版时间	著者（编、译者）	定价	备注
《马克思主义的民族革命论》	1927年4月	未署著译者	未标定价	
《俄国革命运动史》（共四册）	1927年7月	瞿秋白著	大洋4角	
《共产国际党纲草案》	1927年	王一飞译	未标定价	新青年丛书之一
《疯狂之心理》	未标时间	（英）哈谛著；汪敬熙译	未标定价	新青年丛书第2种（该书仅见书目）
《哲学问题》	未标时间	（英）罗素著；黄天俊译	大洋4角	新青年丛书第3种
《工业自治》	未标时间	（英）柯尔著；张慰慈、高一涵译	未标定价	新青年丛书第4种（该书仅见书目）
《欧洲和议后之经济》	未标时间	（英）坎斯著；陶孟和、沈性仁译	大洋5角	新青年丛书第6种
《工团主义》	未标时间	哈列著；李季译	大洋3角	新青年丛书第7种（该书仅见书目）
《俄罗斯研究》	未标时间	未署著译者	未标定价	该书仅见书目
《陈独秀先生演讲集》	未标时间	陈独秀著	大洋1角	
《两个工人谈话》	未标时间	安利科马赛特斯太原著；李少穆译	大洋1角	
《精神讲话一班》	未标时间	未署著译者	大洋1角	
《中国革命问题论文集》	未标时间	新青年社编	未标定价	新青年丛书之一
《无产阶级斗争的战术与策略》	未标时间	斯徒夸夫著；瞿秋白译	大洋6角	

以上各种图书中，《社会主义史》（克卡朴原著，李季翻译）为"新青年丛书"第1种。该书于1920年10月初版。本书分上、下两卷和附录，内有新式标点符号使用说明。蔡元培先生为该书作序。《新青年》曾在《工团主义》一书的封二为该书所做的广告宣传为：《社会主义史》定价，纸面8角，布面1元。

《社会主义讨论集》为"新青年丛书"第2种。该书出版时间为1922年9月，其主要章节内容包括：谈政治、讨论国家·政治·法律的信、关于社会主义的讨论、社会主义批评、马克思学说、马克思派社会主义等。

讨论集收录了陈独秀著的《谈政治》《关于社会主义的讨论》、李达著的《马克思派社会主义》《评第四国际》、周佛海著的《实行社会主义与发展实业》《进化与革命》、李季著的《社会主义与中国》、施存统著的《马克思底共产主义》等文章，共25篇。定价：大洋七角。目录页后面有为"新青年丛书"所做的营销广告，包含了本社所出的八种图书的书名和定价。图书宣传广告内容如下："新青年丛书有下列数种：《社会主义史》，定价大洋八角；《社会主义讨论集》，定价大洋七角；《哲学问题》，定价大洋四角；《俄罗斯研究》，在印刷中；《到自由之路》，定价大洋五角；《欧洲和议后之经济》，定价大洋五角；《工团主义》，定价大洋三角；《阶级争斗》，定价大洋五角。八种中第一种《社会主义史》已售罄，待续印；第四种《俄罗斯研究》在印刷中，其余的六种均尚有存；诸君如欲购买，请向本社或各埠新书店购阅，可也。"

《到自由之路》为"新青年丛书"第5种，1920年11月初版。英国罗素著；李季、黄凌霜、雁冰译。全书共八章内容，分为上下两编，上编为"历史的"，下编为"未来之问题"。该书有罗素为本书所作的自序。

《欧洲和议后之经济》（坎斯著，陶孟和、沈性仁译）为"新青年丛书"第6种。该书1919年初版于英国，是英国著名经济学家凯恩斯的成名之作。陈独秀和中共上海早期组织非常重视该书的编译出版，从译者陶孟和撰写的"序言"可知，陈独秀曾亲自校阅该书。《欧洲和议后之经济》一书出版后，新青年社还多次在《新青年》杂志上刊出广告，对该书进行宣传。

《阶级争斗》为"新青年丛书"第8种，1921年1月出版，1926年10月再版。柯祖基著、恽代英译；全书共包括"小生产制的经过""劳动阶级""资本阶级""未来的共同生活""阶级争斗"五章内容。

《劳动运动史》由施光亮（存统）编，1922年4月10日出版，劳动组合书记部总发行，32开本，102页。该书主要介绍欧美等资本主义国家和俄国社会主义国家的劳动运动历史和现状。是年4月18日的《民国日报》副刊《觉悟》曾刊文推荐本书，认为该书"内容十分充实""写得非常明白而且简要""恰合识字工人底要求"，阅读该书之后，不但能对世界各国的劳动运动有一个明确的概念，"而且可以知道我们中国劳动运动应当取的途径"。[1]

罗章龙编著的《京汉工人流血记》一书，主要记载了京汉铁路工人

---

[1] 施光亮：《劳动学校教科用书〈劳动运动史〉出版》，上海《民国日报》副刊《觉悟》，1922年4月18日。

"二七"大罢工的经过。全书共10章内容，后附"死伤表"和"第三共产国际拥护中国铁路工人宣言"。该书是研究早期工人运动的一本重要革命历史文献。本书初版共印5000册，先后在北京、上海、广州等地发行。该书前后共印十五次，发行量达十五万册，不仅畅销南北，还远及日本、南洋等地，影响力极大。中共中央机关刊物《新青年》季刊（一九二三年六月出版）曾为《京汉铁路工人流血记》刊登广告："二月七日，京汉铁路工人惨案不仅为中国劳动运动史上一件大事，而且是民权运动史上一件大事。发踪指示的不仅为直系军阀吴佩孚，而且有外国侵略者。他们意图遏制中国劳动界的新兴势力！"①

布哈林著的《共产主义的ABC》一书是学习共产主义的入门著作。新青年社出版列宁主义权威诠释本《列宁主义概论》时称，在读本书前，"必须读过《共产主义的ABC》懂得若干原则和术语之后""才能懂得这一部走遍全世界的著作"②。《共产主义的ABC》与《共产党宣言》是五四时期传播马克思主义的影响力最大的两部译著。中共老一辈无产阶级革命家刘少奇、朱德、任弼时、邓小平、陈云等人在接受马克思主义学说过程中，都曾受这两部译著的影响。邓小平在著名的南方谈话中曾回忆道："我的入门老师是《共产党宣言》和《共产主义ABC》。"③

《中国革命问题论文集》一书，收录了陈独秀的《统一与分立》、彭述之的《二七斗争之意义与教训》、蔡和森的《中国革命运动与国际之关系》、瞿秋白的《孙中山与中国革命运动》、双林的《上海日本纱厂之大罢工》以及署名为"前锋露布"的《中国的唯一出路——国民革命》、"一个日本人"的《日本帝国主义和中国工人》等39篇评论。

《经济科学大纲》一书，包括"自然自足社会""商业社会""社会化的有组织的社会"3篇，共10章内容。译者在序中谈及本书的优点，认为该书"是一部空前的世界名著""材料丰富、说理明晰、系统整齐、趣味浓厚"。

由新青年社出版发行的这些图书可以看出，其出版活动具有明确的目的性，就是向知识分子和广大工农群众积极宣传马克思主义，宣扬阶级斗争，反映世界劳工运动现状，鼓舞中国工人阶级的斗志。新青年社出版的图书定价走的是平民化的路线，大多数图书的定价在大洋5角以下，这使得普通工农大众读者也能购买得起，从而有利于马克思主义理论在工农大

---

① 罗章龙：《京汉铁路工人流血记》，河南人民出版社，1981年，第3页。
② 《〈列宁主义概论〉出版》，《向导》第201期，1927年7月18日。
③ 邓小平：《邓小平文选》（第3卷），人民出版社，1993年，第382页。

众中的传播。

二、毛泽东与长沙文化书社

长沙文化书社是毛泽东、易礼容、彭璜等在长沙创办的进步书店。毛泽东很早就有创办文化书社的想法,他曾在新民学会会务报告中多次谈到创办文化书社的问题,提出要努力"创办文化书社"[①],并通过书社发行进步出版物,进而唤醒和提高群众的觉悟。当时湖南的社会政治状况十分黑暗,帝国主义侵略和军阀混战造成人民生活困顿,流离失所。五四运动前,湖南处在军阀张敬尧的统治下,压制进步新生事物,大搞"扶乩""卜卦""算命"等封建迷信活动,到处修建庙宇,把整个湖南搞得一片乌烟瘴气。军阀还与当地土豪劣绅联合,大肆掠夺民众财物,奸淫妇女,搜刮民财,摧残教育,钳制舆论。当时,湖南人民对军阀张敬尧极为痛恨,时谚称:"堂堂乎张,尧舜禹汤,一二三四,虎豹豺狼,张毒不除,湖南无望。"五四运动爆发后,毛泽东等长沙新民学会骨干发动长沙学生开展了轰轰烈烈的"驱张运动"。在"驱张"的过程中,毛泽东等早期共产党人意识到要发动广大民众起来斗争,当务之急是要向他们宣传新思想、新文化以唤醒民众的觉悟,正是在这样的背景下,长沙文化书社应运而生。

1920年8月2日,在毛泽东等人的筹备下,长沙文化书社宣告成立。8月20日,他们租下长沙潮宗街56号(湘雅医学校房屋)店铺作为社址,9月9日,书社正式开业。关于创建文化书社的目的,毛泽东在其撰写的《发起文化书社》中写道:"愿以最迅速、最简便的方法,介绍中外各种最新书报杂志,以充青年及全体湖南人新研究的材料",并期望读者通过阅读各种新书报,进而产生"新思想、新文化"。[②]

1920年10月22日,长沙文化书社召开第一次议事会,参加本次会议的成员共有30多人。除毛泽东、何叔衡、彭璜等一批新民学会会员外,还有来自当地文化教育界的人士。第一次议事会通过了毛泽东起草的《文化书社组织大纲》,大纲规定了书社的宗旨为"运销中外各种有价值之书报杂志"[③]。本次会议推举易礼容为书社经理,毛泽东担任书社的"特别交涉员",主要负责与其他书社洽谈书刊的采购事宜。同时,文化书社还特设了"信用介绍"一职,陈独秀、李大钊、恽代英等社会知名人士都曾受

---

① 吕芳文:《五四运动在湖南》,岳麓书社,1997年,第252页。
② 中共中央文献研究室:《毛泽东早期文稿》,湖南出版社,1990年,第499页。
③ 中共中央文献研究室:《毛泽东早期文稿》,湖南出版社,1990年,第501页。

聘担任书社的"信用介绍"。有这些社会名人做信用担保，各店可以免去文化书社的押金并向书社优价供应书刊。这样，文化书社的流动资金短缺问题得以解决，经营成本和风险得以降低，书社的货源也得到充足的供应。营业部最初只有两名营业人员，后来高峰时期曾达七八个人。

开办书社，最难筹集的是资金，为了筹措办社资金，书社采用集资合股的办法，发动投资者投资，第一次议事会共有毛泽东、姜济寰、左学谦、周世钊等27人投资，共筹措资金519元。[①]后来，第二次议事会决定将办社资金扩大至1000元。同时规定，书社各合股人为"同患共同组织"，"不论谁投的本永远不得收回，亦永远不要利息。此书社但永远为投本的人所共有"。[②]由此可看出，长沙文化书社创办目的并非在于牟利，而是创办一个为大众服务的文化宣传机构。

长沙文化书社成立后，随即开展书刊营销活动。文化书社主要发行图书、杂志和报纸三类，根据书社发布的《文化书社第一次营业报告》，该社共发行图书160种，杂志45种，日报3种，现将其发行的部分重要图书、报刊列举如下（表2-4、表2-5）。

表2-4　长沙文化书社成立初期图书销售情况统计[③]

书名	销售数量（册）	著译者
《罗素政治理想》	30	罗素著，刘衡如、吴蔚人译
《罗素社会改造原理》	25	罗素著，余家菊译
《杜威五大讲演》	5	杜威著，胡适译
《赫克尔一元哲学》	20	赫克尔著，马君武译
《达尔文物种原始》	10	达尔文著，马君武译
《女性论》	20	冯飞编著
《旅俄六周见闻记》	10	兰姆塞著
《爱的成年》	5	卡本忒著，郭昭熙译
《科学方法论》	30	王星拱编
《迷信与心理》	20	陈大齐著
《哲学概论》	8	梁漱溟著
《新俄国之研究》	30	邵飘萍著
《胡适尝试集》	40	胡适著
《胡适短篇小说》	30	胡适著

① 湖南省新闻出版局出版志编写组：《文化书社——中国早期传播马克思主义的书刊发行机构》，湖南出版社，1991年，第6—7页。
② 中共中央文献研究室：《毛泽东早期文稿》，湖南出版社，1990年，第499页。
③ 《文化书社第一次营业报告》，《湖南通俗报》，1920年11月6日。表中统计的销售数据为该社1920年9月9日至1920年10月20日的图书销售数。

续表

书名	销售数量（册）	著译者
《劳农政府与中国》	30	张冥飞著
《新标点水浒》	30	施耐庵、罗贯中
《论（伦）理学之根本问题》	5	杨昌济译
《克鲁泡特金的思想》	30	克鲁泡特金著
《西洋论（伦）理学史》	5	杨昌济译

表2-5　长沙文化书社杂志和报纸销售[①]

杂志、报纸名称	销售数量（份）	主办/出版单位
《新青年》（八卷一号）	165	上海群益书社
《新青年》（八卷二号）	155	上海群益书社
《新潮》（二卷四号）	25	新潮社
《新教育》（三卷一号）	20	中华教育共进社
《改造》（三卷一号）	30	研究系
《民铎》（二卷一号）	35	学术研究会
《少年中国》（二卷一号）	10	少年中国社
《少年中国》（二卷二号）	20	少年中国社
《少年中国》（二卷三号）	20	少年中国社
《少年世界》（一卷七号）	15	少年中国社
《少年世界》（一卷八号）	15	少年中国社
《少年世界》（一卷九号）	15	少年中国社
《劳动界》（一号至九号）	130（每期）	上海共产党早期组织
《新生活》（三十九号至四十号）	150（每期）	北京大学出版部
《家庭研究》（第一号）	40	泰东书局
《时事新报》	12（最初）	上海时事新报馆
	42（现销）	
《晨报》	28（最初）	北京大学出版部
	65（现销）	

长沙文化书社推出的书刊很受当地教育界师生和工人读者欢迎，许多书刊都是一到货便销售一空，呈现出供不应求的状况。一些图书如《杜威五大讲演》《马克思资本论入门》《晨报小说第一辑》《克鲁泡特金的思想》《试验论（伦）理学》等，在当时都十分畅销，这些图书的销售数量都在

[①] 《文化书社第一次营业报告》，《湖南通俗报》，1920年11月6日。

200册以上。其中,《杜威五大讲演》一书最为畅销,销售数量达220部。①长沙文化书社曾在湖南《大公报》为该书刊登广告:"湘人渴望之杜威五大讲演已经到湘,此书为思想界之传观好学诸君不可不读,特照原定价格减少一角五分,只收七角。"②此外,还有如《社会主义史》《哲学史》《新俄国之研究》《劳农政府与中国》《蔡子民言行录》等,都是非常受读者欢迎的图书,其销售数量都在100册以上。

在杂志和报纸的经销方面,销售数量较大的杂志有《新青年》(月刊,每期发行2000份)、《劳动界》(周刊,每期发行5000份)、《新生活》(周刊,每期发行2400份)等。③以上杂志都是五四时期在全国具有影响力的刊物。其中,《新青年》是五四时期全国影响力最大的一份刊物,由中共早期领导人陈独秀亲自主编;《劳动界》是上海共产党早期组织创办的一份向工人进行马克思主义宣传的通俗期刊,颇受工人劳动者的欢迎;《新生活》也是五四时期创刊的一份畅销通俗期刊,李大钊曾在该刊发表过众多短小精悍的时评。在报纸的出版发行方面,当时销售数量较大的有《时事新报》和北京《晨报》,以上两报每日销售都在40份以上。④

为了拓展营销业务,长沙文化书社还与全国各地出版社、书店、杂志社、书报流通处、研究会等60多家单位建立起经销业务往来。如,长沙文化书社与"商务""中华""亚东""泰东""新青年社""北京大学出版部""学术讲演会""利群书社"等外埠书局均建立起了经销关系。长沙文化书社与恽代英主持的利群书社的联系尤为密切。利群书社不仅向文化书社供应书报,而且派出相关人员到湖南长沙帮助文化书社开办织布厂,恽代英本人后来还亲自来到长沙文化书社交流工作经验。⑤

随着长沙文化书社销售业务的进一步拓展,书社的发行数量大增。为了更好地方便广大读者订阅和购买书刊,书社决定在全省设立分社或贩卖处,通过增设书刊发行网点,进一步拓展图书销售渠道。从1920年末至1921年初,文化书社在平江、浏(阳)西、宝庆、衡阳、宁乡、武冈、溆浦7个县市设立了分社。之后,又在岳阳和嘉禾两处设立了分社。以下为长沙文化书社9个分社的设置简况(表2-6)。

---

① 李永春:《湖南新文化运动史料》(二),湖南人民出版社,2011年,第1382—1383页。
② 毛泽东:《文化书社通告好学诸君》,《大公报》,1920年11月10日。
③ 李永春:《湖南新文化运动史料》(二),湖南人民出版社,2011年,第1383页。
④ 李永春:《湖南新文化运动史料》(二),湖南人民出版社,2011年,第1383页。
⑤ 李锐:《毛泽东:峥嵘岁月》,北京联合出版公司,2014年,第368页。

表2-6　长沙文化书社各地分社一览

分社名称	成立时间	创办人	经理（主持）	社址
平江文化书社	1920年11月3日	张子谋、李六如、喻寄浑、吴大拙、方维夏等	陈显谟	平江救贫工厂内
浏西文化书社	1920年11月10日	宋先觉、陈章甫等	陈章甫	浏阳西乡金江高等小学
武冈文化书社	1920年12月22日	邓宗禹、夏大纶、戴华声、夏昌言、戴源漳、欧阳刚中等	不详	武冈中学
宝庆文化书社	1921年1月8日	匡日休、黄麟、贺民范等	黄麟	宝庆城内武庙区立第三国民学校
衡阳文化书社	1921年3月20日	屈子健、贺恕等	萧远纶	衡阳第三师范学校（后移至衡阳宝华书局内）
宁乡文化书社	1921年3月27日	萧淑汋、姜肖岩、何叔衡等	戴卓良	宁乡劝学所内
溆浦文化书社	1921年3月28日	邹士桢、蒋竹如、向湘权、周显槐、官堃、胡剑峰、吴家瑛、舒修序、易克樾、龚伯安等	不详	溆浦劝学所内
岳阳文化书社	1922年11月7日	施召南、张次良、刘光谦、彭德基等	不详	岳阳县立高等小学校
嘉禾文化书社	1923年6月	唐朝英、李祖莲、李厍等	李祖莲	嘉禾贫民工厂内

这些分社在此基础上又进一步设立分销网点，如衡阳文化书社在湖南省立第三中学、省立第三女子师范学校、成章中学、道南中学、新民中学、省立第三甲等工业学校、湘南学生联合会等处设立了书报贩卖部。[①] 通过设立分销网点，进一步拓展了书刊发行渠道。文化书社通过在省内各地设立分社和贩卖部，构建起一个覆盖湖南全省的图书发行网络。文化书社通过拓展书刊发行网点，不仅促进了书刊的流通和新思想、新文化的传播，还推动了湖南各地方党、团的建设工作。

对于从事书刊经销工作的贩卖部，文化书社给予其一定的批发折扣。书社规定"个人贩卖小册子于平民及劳动界的，仍让于优待"[②]，因此，许多人都愿意经销文化书社的书刊。据新民学会会员萧三的回忆，他曾经从

---

① 湖南省新闻出版局出版志编写组：《文化书社——中国早期传播马克思主义的书刊发行机构》，湖南出版社，1991年，第61页。

② 李永春：《湖南新文化运动史料》（二），湖南人民出版社，2011年，第1382—1383页。

毛泽东那里领了许多小册子,如《伙友们》《一个士兵的生活》等,拿到街上去卖。这些小册子所载文章多为反映社会各阶层人民生活的痛苦,号召民众团结起来进行革命斗争等内容,售价也非常便宜,颇受广大工农欢迎。①

长沙文化书社在书刊经营过程中,重视开展书业广告宣传工作。为了促进图书销售,1920年11月,文化书社在《大公报》《湖南通俗报》等报刊上刊登了《文化书社通告好学诸君》广告,告知读者在本社购书,能获得比较优惠的价格,"本社书报杂志售价至多比出版原店一样,有些比原店更便宜,仅以取到相当之手续费及邮汇费为限"②。文化书社还通过散发广告宣传单,向读者宣传本社书刊都是具有较高价值的出版物,阅读这些书刊对于思想的进步有很大促进作用。为了让读者放心购书,书社还进一步向读者保证,书社所有图书都是经严格挑选过的,"尽是较有价值的新出版物(思想陈旧的都不要)"③。

文化书社还注意做到竭诚为读者服务。为了方便读者购书,书社印制了大量书目广告宣传单分发给读者。读者如果在书目上发现有想购买的图书,可把书目寄回,向书店索要该书,书店免邮费寄发。同时,社内还安排有专人负责购书事宜,"本社经理员易礼容君,营业事项由他负责。他天天在社,无论哪位先生要书、要报、要杂志、要书目,以及其他事项,写信来问,都由他手复,绝不延搁"④。当时,广大工农群众生活都比较贫困,吃饱穿暖都很难做到,一般民众手头难以拿出余钱来购买书报杂志阅读,为了满足广大劳动者如饥似渴的读书愿望,文化书社还主动给读者提出好的建议,鼓励读者之间联合成立"读书会"。1920年11月,文化书社印刷了《读书会的商榷》的宣传广告,夹在出售的书报杂志中,向读者广泛宣传成立"读书会"的好处。首先,读者组织读书会买书看,"每人出一元钱便可以看得十元钱的书,经济上的支出很少,学问上的收入很多"。其次,通过组织读书会,读者可以一起"作共同的研究",可以避免关门研究的弊端。第三,读书会的组织有利于学校的青年学生了解国内国际大事,使广大读者做到即使不出门,也能成为知天下事的"秀才"。《读书会的商榷》一文最后还不忘向读者告知,"若要备新出版新思想的书、报、

---

① 萧三:《毛泽东同志在"五四"时期》,《中国青年报》,1979年5月5日。
② 毛泽东:《文化书社通告好学诸君》,《大公报》,1920年11月10日。
③ 中共中央文献研究室:《毛泽东早期文稿》,湖南出版社,1990年,第543页。
④ 中共中央文献研究室:《毛泽东早期文稿》,湖南出版社,1990年,第543页。

杂志，则敝社应有尽有，倘承采索，不胜欢迎"①。文化书社提出的这一建议，既解决了读者阅读的渴望和购书的困境，促进了图书的销售和新文化、新思想在广大底层劳动者中的传播，同时又起到了联络广大群众，加强民众团结和联合的作用。

1927年5月21日，长沙发生马日事变，国民党反动军官许克祥大肆捕杀中共党员，捣毁中共设立的各种机关。长沙文化书社也未能幸免，书刊遭查禁，人员被逮捕，被迫关门停业。7月初，长沙局势趋于缓和后，文化书社又重新开门营业。1927年7月15日，文化书社被国民党当局宣布为"共党机关"，遭彻底查封。长沙文化书社在存续的7年左右时间里，销售了大量马列经典著作和革命进步书刊，为宣传新思想、新文化，传播马克思主义，推动湖南新文化运动的发展作出了较大贡献。

长沙文化书社不仅是湖南的进步出版发行机构，而且是湖南共产党组织的秘密联络机关，当时，湖南革命进步团体新民学会的许多活动都在文化书社举办。文化书社在发行进步书刊的同时，还广泛团结和动员湖南各界进步人士和革命知识分子，加入共产党的各级组织队伍。因此，文化书社的建立，对于湖南党组织的建立和壮大，对于湖南革命运动的发展起到了积极的推动作用。

三、恽代英与武汉利群书社

"五四"新文化运动中，各地诞生了许多宣传新文化、新思潮的进步文化社团。其中，恽代英等人在武昌创办的利群书社是五四时期湖北乃至整个长江中下游地区具有影响力的传播马克思主义学说的进步书店。

恽代英（1895—1931），字子毅，祖籍江苏，生于湖北武昌。他是中共早期重要领导人和杰出的政治活动家，五四时期青年运动的领袖人物之一。1913年考入武昌中华大学（现华中师范大学），1917年10月，恽代英与黄负生、梁绍文等一批志同道合的学生在武昌发起成立了"互助社"，这既是恽代英将救国和革命抱负付诸实践的一次尝试，也为后面创建利群书社积累了宝贵经验。互助社社员强调个人品格修养，他为互助社制定了"戒约八则"，要求每个成员遵守。互助社成立后，吸引了很多追求真理的青年学生加入。

1918年6月，互助社创办了启智图书馆，并建立起书报代售部，为武汉地区的广大青年学生提供各种介绍新思潮的书刊。1918年5月，日本帝

---

① 中共中央文献研究室：《毛泽东早期文稿》，湖南出版社，1990年，第545页。

国主义开始侵略我国东北，听闻消息后，恽代英立即组织互助社社员发动学生，走上街头开展抗议活动。互助社在武汉地区的学校中产生了很大的影响力，在恽代英和互助社的影响与帮助下，武汉地区又先后成立了新声社、辅仁社、健学会、我社（后改名日新社）、仁社、黄社（后改名诚社）等许多小团体。这些社团的成员积极从事反帝爱国斗争，还出版过一些进步书刊，对推动武汉地区新文化运动和爱国运动的发展起了重要作用。

五四运动时期，在接受马克思主义思想之前，"工读主义"思潮在知识分子中广泛流行。北京、上海等地相继建立起一些工读互助团，工读互助团主张"劳工神圣"，所有学员都是自愿加入，学员之间互相帮助，共同生活、学习和劳动，过着半工半读的集体生活。1919年底，恽代英到北京参观访问北京工读互助团后颇受启发，回到湖北后，他"决定创办一个经销各种书报的社团，作为实现社会共同新生活的一个基地，'修养社会的结晶体'和'服务社会共同生活的雏形'"①，开始着手创办利群书社。

1919年12月，恽代英与互助社成员林育南、李伯刚、萧鸿举等12人联名发表了《共同生活的社会服务》宣言，作为利群书社的纲领。宣言规定了书店的创办宗旨、名称、股本来源、开业时间以及拟销售书刊品种。1920年2月，利群书社在武昌正式成立，社址设于武昌横街头18号。

恽代英等人创办书社的目的，在于"运售各种新书报以及西书国货"，同时，在城市中试验一种"财产公有的新生活"。而要做好这两件事，就需要有一个"独立的事业"、"生产的事业"和"合理的生活"，有一个"实验各尽所能、各取所需的生活和为社会兴办各项有益事业的大本营"。②由此可看出，恽代英等人创办利群书社是将"工读主义"思潮付诸实践的一次尝试，利群书社是他们试验"共同生活"的一个试验田。利群书社成立后，当时武汉的进步小团体如日新社、仁社、辅社、健学会的成员纷纷加入利群书社。

利群书社的宗旨是"利群助人，服务群众"，书社希望通过实施"半工半读"和开展独立自给的"共同生活"，为改造社会创造条件。社员们在社内开展半工半读的共同生活，卖书送报、做饭以及其他杂务，均由社员自己承担，生活极其简陋。③

利群书社经销的书刊大多为宣传新文化新思潮、传播马列主义的进步出版物，如《共产党宣言》《社会主义史》《资本论入门》等书和《新青

---

① 方振益：《恽代英和他创办的利群书社》，《出版史料》，1989第4期。
② 恽代英：《共同生活的社会服务》，《时事新报》副刊《学灯》，1920年1月22日。
③ 廖盖隆：《中国共产党历史大辞典》（创立时期分册），中共中央党校出版社，1989年，第153页。

年》《每周评论》《共产党》《湘江评论》等进步刊物。为了使社员便于交流思想、增进了解，并及时报道书社和各小团体活动的情况，利群书社于1920年10月出版了《互助》月刊，主要报道书社的成立及其开展社团活动的消息。《互助》虽只发行了1期，但通过创办刊物，扩大了利群书社的影响力。为了解决书社经营过程中资金的短缺问题，1920年秋，利群书社还创办了利群毛巾厂，该厂实行半工半读制度，作为书社成员实践活动的场所。

利群书社成立后，积极开展书刊订阅业务，为广大读者提供服务。针对一些贫苦的读者买不起书报的情况，利群书社还通过实施借阅的方式，让广大工农群众有机会阅读马克思主义出版物。恽代英认为，"假如一本书可以借给五个人读，就可以发挥五本书的作用，这当然是件大好事"[①]。

利群书社创办的消息很快在全国范围内传开，吸引了许多革命知识分子和进步人士前来参观访问。武汉马克思学说研究会成员、青年律师施洋称赞利群书社的开办是为武汉人民造福，他还主动提出担任书社的法律顾问。《大汉报》记者萧楚女决心加入利群书社，与社员们一起并肩战斗，共同宣传新思想、新文化。[②]陈独秀、李汉俊、董必武、陈潭秋等早期共产党的领导成员以及共产国际代表马马耶夫等人都曾先后造访书社，并与社员们交换意见。这对恽代英和利群书社社员向马克思主义者转化，起了重要的促进作用。[③]

利群书社还和毛泽东等人创办的长沙文化书社结成合作伙伴。1920年夏，长沙文化书社成立后，毛泽东还请恽代英担任书社的"信用介绍"，恽代英欣然接受了毛泽东的这一邀请。恽代英热情、豪爽的气质给毛泽东留下了十分深刻的印象，以至于多年以后，毛泽东在忆起这件事时，曾饱含深情地说道："恽代英同志是一个极重感情的人。在他身上有一股豪气，助人为乐，服务他人，这种品格十分高尚。"[④]恽代英、廖焕星等利群书社成员还应文化书社之邀，来到长沙、衡阳等城市开展文化宣讲活动，长沙文化书社经理易礼容也经常带领成员前来利群书社进行考察和业务交流。从此，两大书社互为奥援。此外，利群书社还同国内不少书报社和进步团体，如《新青年》杂志社、新潮社、少年中国学会等建立了密切的联系和往来。

---

① 何立波：《红色记忆：1921—1949 党史人物珍闻》，首都经济贸易大学出版社，2013年，第7页。
② 何立波：《红色记忆：1921—1949 党史人物珍闻》，首都经济贸易大学出版社，2013年，第7页。
③ 廖盖隆：《中国共产党历史大辞典》（创立时期分册），中共中央党校出版社，1989年，第153页。
④ 何立波：《红色记忆：1921—1949 党史人物珍闻》，首都经济贸易大学出版社，2013年，第8页。

1921年6月7日夜，湖北督军、北洋军阀王占元部下发动兵变，武昌城内"火光蔽天，弹声如雨"，利群书社在这次兵变中因店铺被焚毁，被迫停业。利群书社结束后，恽代英受王光祈、李大钊发起的少年中国学会的委托，来到"五四"新文化运动中心北京，继续从事反帝反封建的革命活动。

利群书社从创办到结束，虽然只有一年多时间，但为传播马克思主义学说作出了重要贡献，也为党培养了一大批优秀人才。利群书社的很多成员如林育英、林育南、萧楚女等人在恽代英等人的影响下，后来都加入了中国共产党并投身于反帝反封建的革命事业，成长为一代坚定的共产主义战士。

四、方志敏与南昌文化书社

20世纪20年代初，新文化运动在江西也得到广泛开展，江西各地也诞生了许多传播新思想、新文化的进步社团，他们在开展革命活动的同时，积极宣传和推销进步书刊，传播马克思主义学说。在这些进步社团中，由方志敏等人创办的"南昌文化书社"是当时比较有影响力的进步书店。

方志敏（1899—1935），原名远镇，乳名正鹄，号慧生。江西上饶市弋阳县人。他是我国杰出的无产阶级革命家和农民运动领袖。方志敏青年时代就关心国家大事，积极参与社会实践活动，很早就投身于反帝爱国斗争。1916年，方志敏还在弋阳县立高等小学校读书时，就组织学校学生成立了进步团体"九区青年社"。五四运动爆发后，方志敏在学校发起、组织学生上街游行示威，号召大家团结起来，外争国权，内惩国贼，抵制日货。

五四运动以后，全国各地出版了许多宣传新思想、新潮流的书刊，方志敏如饥似渴地阅读这些进步书刊，很快就接受了新文化、新思想。1920年，方志敏升入江西省立甲种工业学校学习，并成为该校学生自治会的负责人。1921年春，方志敏发动学生自治会的成员起来揭露甲种工业学校的腐败问题，揭发校长赵宝鸿的贪污劣行，最终遭到校方开除。这激起全校学生的愤怒，遂引发了一场"驱赵风潮"运动，由于江西军阀当局采取军警高压政策，这次学潮被平息下去了。

工校风潮后，方志敏于1921年6月加入了由进步青年袁玉冰、黄道发起成立的革命组织——"改造社"。改造社成立的目的，就是要对江西社会进行改造，"要变黑暗的旧江西为光明的新江西"。[①]1921年5月1日，改造社创办《新江西》，这是一份宣传马克思主义的进步期刊，"它以探讨社会政治问题为主，包括改造社会、妇女解放、教育问题、婚姻问题、人生观问题、主义问题、政治问题的讨论，工厂、农村、出版界的调查和评述以及改造社内的消息"[②]。《新江西》积极传播马克思主义学说，对引导江西青年走向革命道路起了很大作用。因而，该刊被广大读者誉为"江西思想界的一颗明星"。

方志敏参与了《新江西》的编务工作，并在该刊发表了《私塾》《哭声》《血肉》《快乐之神》等一系列文章。这些作品揭露了当时社会的黑暗，"表达了对帝国主义、北洋军阀、封建势力的无比仇恨和对劳动人民的无限同情"[③]。

1921年9月，方志敏考入九江南伟烈学校（同文书院），在此期间，他发起成立了读书会和马克思主义研究小组，开展对于社会主义问题的探讨。1922年7月，方志敏因贫退学，漂泊上海，后进入《民国日报》社负责编校工作。在上海期间，方志敏结识了陈独秀、瞿秋白、向警予等著名中共早期领导人和马克思主义宣传家，思想上受到很大教育和鼓舞。1922年8月，方志敏在江西籍共产党员赵醒侬的介绍下，正式加入了社会主义青年团。

1922年8月29日，方志敏受团中央委派，离开上海，返回南昌创办"文化书社"，"专贩卖马克思主义的和其他革命的书报"[④]，进行马克思主义宣传。1922年9月，方志敏与赵醒侬、袁玉冰等人，在南昌开办了文化书社，方志敏担任书社经理。

南昌文化书社创办的目的，正如方志敏起草的《南昌文化书社宣言》所言，是希望能给荒凉和"没有文化种子的江西长出'文化之芽'"，通过组织文化书社，"从别处运输一些哀其杜阿（H_2O水）"来浇灌"文化之芽"，使之能"开出几朵笑眯眯的文化之花来！"[⑤]方志敏希望通过开设文化书社，向江西青年宣扬马克思主义学说，提高广大青年的思想觉悟和文化水平。

文化书社主要经销国内外介绍马克思主义的书籍和社会科学、哲学、

---

① 袁玉冰：《我的希望——新江西》，《新江西》第1卷第1号，1921年5月1日。
② 江西省方志敏研究会：《方志敏研究文丛》，上海文化出版社，2011年，第82页。
③ 江西省方志敏研究会：《方志敏研究文丛》，上海文化出版社，2011年，第83页。
④ 方志敏：《我从事革命斗争的略述》（节选），中共江西省委党史资料征集委员会：《江西党史资料》（第29辑），中央文献出版社，1994年，第134页。
⑤ 方志敏：《南昌文化书社宣言》，《新江西》第1卷第3号，1923年1月15日。

历史、文学、艺术方面的书籍和报刊。其他书店不敢经销的进步书刊如《马克思全书》《康民尼斯特（共产主义）丛书》《共产党宣言》以及《向导》《新青年》等，在书社都能买到。为了安全起见，这些革命进步书刊不公开陈列，而是放在后厅秘密出售。每天来书社阅读和购书的读者大多为南昌各大中学的师生、社会青年、店员和学徒工。有些家境贫寒的青年甚至把书店当成了阅览室，常常在这里废寝忘食地学习，其中有些人就是因为在这里阅读了马克思主义书刊而走上革命道路的。

南昌文化书社不仅是销售革命进步书刊的书店，也是共产党在江西的秘密联络部门。1922年11月，赵醒侬奉团中央指示，从上海回到南昌，以文化书社为活动据点，着手创建社会主义青年团江西地方组织。他们经常邀请一些倾向革命的青年学生来书社参加座谈会，向他们宣扬马克思主义学说和革命思想，并从中发展团员。

南昌文化书社的进步书刊发行工作遭到江西当地反动军阀的忌恨。1923年3月北洋军阀江西当局以"鼓动学潮、宣传赤化、图谋不轨"的罪名，逮捕了共产党员袁玉冰，并查封了南昌文化书社。而被军阀称为"马克思经理"的方志敏当时因工作过于劳累病倒了，正在医院住院，因而得以幸免。他听闻消息后，连夜离开南昌，前往南京，继续从事无产阶级革命斗争。

南昌文化书社从建立到被查封，虽仅历时半年，但它为传播马克思主义思想，为江西革命运动点燃了火种，为五四时期的江西文化出版事业和革命进步事业作出了贡献。

第三章　中国共产党的创建和大革命时期的进步出版活动

五四运动唤起了民族的觉醒，促进了马克思主义在中国的传播。五四运动后，陈独秀、李大钊、毛泽东等早期共产党人相继成立了共产党早期组织，大力开展著述和翻译出版活动，积极宣传马克思主义理论和社会主义政党学说。1921年7月23日，全国各地共产党早期组织的代表在上海召开第一次全国代表大会，8月初，在嘉兴南湖的红船上，大会宣告中国共产党的诞生。中国共产党的诞生使中国革命从此有了坚强的领导核心，中共出版活动因有了坚强的领导核心而变得焕然一新。

中国共产党成立后，为了更好地指导国内工人运动，中央开始着手创建出版管理机构。中共成立之初，出版事业归由中央执行委员会领导。1923年中国共产党第三届第一次中央执行委员会决定成立中央教育宣传委员会，出版事业归属新成立的中央教育宣传委员会领导。随着中共出版活动的日益发展，中共出版管理机构的分工也更加具体和明确。1924年以后，中共先后成立了中共中央出版部、中央机关报编辑委员会、中央编译委员会、中央编辑委员会等新闻出版管理机构。1925年1月，中共在原中央出版部的基础上，成立了中央出版发行部。是年底，中央出版发行部改为中央出版科，负责领导和管理地方出版发行部门。

中共成立初期，在创建出版管理机构的同时，还创办了一些出版业务机构。1921年9月1日，中国共产党成立了第一个出版机构人民出版社，该社的主要任务是负责马列著作的出版和发行。1923年，人民出版社并入广州新青年社后，中共又先后创办了上海书店和武汉长江书店，公开从事革命出版活动。为了宣传党的理论路线和方针政策，中共还开始着手创办宣传马克思主义和党的方针政策的理论刊物。1922年9月13日，中共机关刊物《向导》在上海正式出版，由中共创始人之一的蔡和森担任主编，该刊是中共成立后公开发行的第一份机关刊物。

1923年7月1日，中共三大召开之后，中共中央又创办了另一份机关刊物《前锋》，该刊与《新青年》《向导》一起成为党的宣传喉舌。1924年1月20日，国民党一大在广州召开，本次会议讨论了共产党员以个人身份加入国民党的问题，并通过了《中国国民党第一次全国代表大会宣言》。

该宣言的通过，标志着第一次国共合作的形成。国共两党合作局面的实现，使革命和进步出版事业焕发出新的生机和活力。

第一节　中国共产党早期出版管理体系考察

五四运动后，陈独秀、李大钊等革命人士建立了一批共产党早期组织，并为着手创建全国统一的无产阶级革命政党进行准备。为了传播马克思主义，各地共产党早期组织纷纷办报办刊，从事翻译出版活动。中国共产党诞生后，为了加强对于出版业的管理，正式创办了一些出版发行管理和业务机构，中共对于出版事业的管理和指导开始得到加强。

一、各地共产党早期组织的建立及其出版活动

1920年3月，李大钊等人在北京组建了马克思学说研究会。该社团"以研究关于马克思派的著述为目的"。[1] 研究会成员的一大任务，是搜集关于马克思学说研究的书籍，为此，他们还发起了一个筹款运动，共有19名会员捐款，总计筹得120元，订购了《马克思全集》英、德、法三种文字的版本各一份。

到1922年2月，研究会已购得"社会主义丛书""劳动问题丛书""历史丛书""东方问题丛书""俄国问题丛书"共5类图书。以上图书有英文类书籍40余种，中文类书籍20余种[2]。此外，学会还订购了19种进步报刊，包括15种中文报刊和《苏维埃俄罗斯》《亚细亚》《米勒评论》《国际共产党》4种外文报刊[3]。

1920年5月，陈独秀等人在上海成立了马克思主义研究会，并在此基础上，开始进行建党筹备。1920年8月中旬，陈独秀、李达、李汉俊等人在上海创建了中国第一个共产党早期组织。同年10月，李大钊在北京成立了共产党早期组织。其他各地也纷纷发起成立共产党早期组织，如董必武、陈潭秋等在湖北创建了武汉共产党早期组织，毛泽东、何叔衡等在湖南成立长沙共产党早期组织，王尽美、邓恩铭等在山东成立了济南共产党早期组织，谭平山等在广东建立广州共产党早期组织。在国外，中国留法学生张申府、赵世炎、周恩来等成立巴黎旅法共产主义组织，中国留日学生周佛海等在东京建立旅日共产主义组织。

---

[1]《北京大学发起马克思学说研究会启事》，《北京大学日刊》，1921年11月17日。
[2]《北京大学马克思学说研究会通告（四）》，《北京大学日刊》，1922年2月6日。
[3]《北京大学马克思学说研究会通告（四）》，《北京大学日刊》，1922年2月6日。

为推动建党工作的进一步开展，共产党上海发起组决定加强出版工作。1920年8月，陈望道翻译的首部《共产党宣言》中文全译本在上海出版。11月，由李达主编的《共产党》月刊出版。该刊发表了大量介绍马克思主义学说的文章，对各种流派的社会主义，尤其是无政府主义等错误思潮进行了批判。1920年11月，上海共产党早期组织发布了《中国共产党宣言》，根据宣言要求积极出版一批有关马克思列宁主义著作的决定，新青年社出版了一批宣传共产主义的小册子。各地共产党早期组织成员在积极传播马克思主义学说和社会主义政党理论的同时，还积极投身到工人运动中去，从而促进了马克思主义同中国工人运动的结合。各地共产党早期组织的建立以及各种马列主义理论书刊的出版，为共产党的成立做了思想和组织上的准备。

二、中共成立初期的出版管理机构

1921年7月23日，中共一大在上海召开。大会讨论通过了党的纲领和决议，并宣告中国共产党正式成立。本次会议通过的决议中，对出版工作作出如下明确指示："每个地方组织均有权出版地方通报、日报、周刊、传单和通知。"① 决议反映了中共成立之初的出版工作方针和政策，也可看出中共对出版工作的高度重视。

中共一大召开之后不久，便开始着手人民出版社的创建工作。1921年9月1日，中共成立后创办的第一个出版机构——人民出版社在上海正式成立，由中央局负责宣传工作的李达主持。人民出版社的主要任务是从事马克思列宁主义著作的出版。人民出版社成立之初，在李达的主持下，制定了一套马列主义丛书出版计划，其中包括《马克思全书》《列宁全书》《康民尼斯特丛书》等。

1922年7月，中国共产党在上海召开第二次全国代表大会，大会决定创办一份理论报刊，作为中共中央的机关刊物。1922年9月13日，《向导》周报创刊于上海。该刊为16开本，由中共创始人和早期重要领导人蔡和森担任主编，主要刊载一些政论性文章和时事评论，积极宣传马克思主义，介绍俄国十月革命，倡导劳工运动，支持工人阶级斗争。《向导》成为中共成立后党的第一份公开出版的机关刊物。

1923年7月1日，中共三大召开之后，中共中央又创办了一份机关刊物《前锋》。该刊由瞿秋白担任主编。《前锋》以党的统一战线方针为指

---

① 中共中央党史研究室、中央档案馆：《中国共产党第一次全国代表大会档案文献选编》，中共党史出版社，2015年，第7页。

导,以宣传国民运动为主要任务。

1923年,人民出版社并入广州新青年社后,中共决定在上海创办一个新的出版发行机构,以加强党的宣传工作,并从事《向导》《前锋》《新青年》等刊物的发行。1923年11月1日,党在上海成立上海书店,除了公开发行上海各大官办和民营书店的书刊外,还秘密销售党的各类出版物,如《社会科学讲义》《社会科学概论》《唯物史观浅释》等。上海书店发行宣传马列主义进步出版物的行为,让当时的北洋军阀政府感到恐慌和忌恨。1926年,上海书店遭到北洋军阀政府的查封。上海书店被封后,1926年11月,中共在武汉又成立了武汉长江书店,后来又在上海成立了上海长江书店,继续从事革命书刊的发行工作。

中共成立之初,并没有设立专门的出版主管部门,出版工作由中央局领导和管理。1921年11月,中共中央发布通告,要求在1922年7月中国共产党成立一周年之际,"必须出书20种以上"[①]。

1923年11月,中国共产党第三届第一次中央执行委员会会议在上海召开,会议通过了《教育宣传问题议决案》,要求党员尽力推销《向导》《前锋》《工人周刊》《劳动周报》,会议还要求各宣传教育单位"尽力编著通俗的问答的歌谣的小册子"。[②]会议同时决定成立中央教育宣传委员会,下设编辑部、印行部、通讯部、函授部、图书馆5个部门。编辑部主要负责编辑《新青年》《向导》《前锋》等刊物和一些工农通俗小册子。印行部负责"经理印刷并发行刊物及讲义以至于党中团中其他出版品"[③]。编辑部设置编辑主任2名,分别负责"C.P.(C.P.指'中国共产党'——笔者注)刊物材料之分配"和"S.Y.(S.Y.指'中国社会主义青年团'——笔者注)刊物材料之分配"[④]。印行部设置主任1名。教育宣传委员会每月至少开会一次,主要内容是审查各部工作成绩并讨论进行方法。编辑部需要报告出版成绩,包括"某种刊物已出几期,此月中所注重之问题何在,何故注重于此数问题"[⑤]。印行部报告刊物发行成绩,统计各刊物的销售数量及收入。

1924年5月,中共中央召开了第三届第三次扩大执行委员会会议,通过了《党内组织及宣传教育问题决议案》,根据决议精神,中共在上海成立中共中央出版部,中央出版部首任书记为张伯简。中央出版部主要负责

---

① 中共中央宣传部办公厅:《中国共产党宣传工作文献选编》,学习出版社,1996年,第353页。
② 中共中央文献研究室、中央档案馆:《建党以来重要文献选编(一九二一——一九四九)》(第1册),中央文献出版社,2011年,第352页。
③ 中共中央宣传部办公厅:《中国共产党宣传工作文献选编》,学习出版社,1996年,第557页。
④ 中国社会科学院新闻研究所:《中国共产党新闻工作文件汇编》(上卷),新华出版社,1980年,第10页。
⑤ 中国社会科学院新闻研究所:《中国共产党新闻工作文件汇编》(上卷),新华出版社,1980年,第10页。

出版发行党中央和共青团中央的理论刊物如《向导》《前锋》等。中央出版部成立后，指导各地方党组织创办了武汉长江书店、南昌明星书店、广州国光书店、太原明星书店、重庆新曙书店、宁波书店、青岛书店、安庆新皖书店等。另外，该部还在香港和巴黎设立了书刊代售处。这些书店、代售处主要发行上海书店的出版物。

在与中央出版部成立的大致同一个时期，根据《教育宣传问题议决案》提出的"中央必须特别设一个编辑委员会"[①]的决议，中共在上海成立了中央机关报编辑委员会。中央机关报编辑委员会主要负责"指导并训练政治及策略问题的全党思想，同时指导各地参与国民党报纸的同志"。[②]中央机关报编辑委员会由蔡和森任主任。

中央机关报编辑委员会主要负责管理党报出版和发行工作，是中共成立后设立的第一个管理党报出版发行工作的专门机构。该机构的设立，标志着党的中央出版机构设置更趋细化和完善，反映了党的出版组织机构的逐步健全。

1925年1月11日至22日，中共四大在上海召开，大会通过了《对于宣传工作之议决案》，提出"中央宣传部下应有一真能负责做事的编译委员会"[③]。1925年9月，中共第四届第一次中央扩大执委会通过决议，要求设立相应机关，"负责收集整理材料，编辑通俗的小册子、歌曲等，翻译马克思主义的书籍"。[④]根据这一决议精神，中共成立了中央编译委员会，由彭述之任编译委员会主任。中央编译委员会主要负责"党内党外小册子之编译，尤其是关于列宁主义、国际政策、政治经济状况以及工人常识的材料之编辑"[⑤]。

1926年7月，中共第四届第三次中央扩大执行委员会会议在上海召开，会议通过了《关于宣传部工作议决案》，该议决案对编译工作作出明确指示，要求编译委员会编译一些介绍共产主义的理论译著如《共产主义ABC》之类的通俗理论读物、革命常识、党务常识、党员培训类的通俗读物和时政宣传类的通俗小册子等。[⑥]

为了提高中共所办刊物的质量，并加强对于党领导下的工会、农民协

---

① 中国社会科学院新闻研究所：《中国共产党新闻工作文件汇编》（上卷），新华出版社，1980年，第14页。
② 中国社会科学院新闻研究所：《中国共产党新闻工作文件汇编》（上卷），新华出版社，1980年，第14页。
③ 中国社会科学院新闻研究所：《中国共产党新闻工作文件汇编》（上卷），新华出版社，1980年，第20页。
④ 中央档案馆：《中共中央文件选集 第一册（一九二一——九二五）》，中共中央党校出版社，1989年，第481页。
⑤ 中国社会科学院新闻研究所：《中国共产党新闻工作文件汇编》（上卷），新华出版社，1980年，第20页。
⑥ 中国社会科学院新闻研究所：《中国共产党新闻工作文件汇编》（上卷），新华出版社，1980年，第31页。

会、妇女团体、青年团体所办机关刊物的指导工作，1926年7月，中共第三次中央扩大执行委员会会议后，设立了一个新的出版机构——中央编辑委员会。其主要任务：一是定期审查中央各类出版物；二是加强中央对于各地方出版物的指导；三是加强对于工会、农民协会、妇女团体、青年团体的机关报的指导和管理。中央编辑委员会的委员由《向导》《新青年》《劳工》《党报》《中国青年》《中国工人》《中国妇女》等报刊的编辑主任担任。根据决议，1926年秋，中共中央编辑委员会在上海成立，由彭述之兼任编辑委员会主任。

中央编译委员会和中央编辑委员会是不同职能的两个出版机构，前者的职能主要是编译出版共产主义通俗读物、讲义和传单、小册子，供党员培训和宣传、教育之用，后者担负的主要是出版审查、指导和对出版物的管理职能。

中共三大后成立的中央出版部到中共四大时有了新的调整。1925年1月，中共四大在上海召开，本次会议讨论通过了《对于组织问题之议决案》。该议决案要求加强党的组织工作，并要求"设立一能够普遍地传布党的印刷品之机关"[①]，通过出版各种印刷品并向机关、学校、农会、工商业组织进行传播，进而实现宣传党的方针政策，加强党和群众之间的联系的目的。根据中央决议精神，中共在原出版部的基础上，成立了中央出版发行部，由蔡和森担任出版发行部主任。[②]与此同时，各省市地方党组织相继成立了出版科（股）、分配科（股）。

1925年12月13日，中共中央发布关于出版工作的通告，要求："各省委的出版分配股，应与中央的出版科发生直接的关系，对于中央的刊物收发均须有系统的发行。"[③]从中央发布的这一通告中可以看出，最迟至1925年底，中央出版发行部的名称已更名为"中央出版科"，作为全国出版工作的统一管理机构，与各地方成立的出版分配股形成垂直管理的关系。由此表明，党在这一时期已经开始着手建立全国性的出版发行网络系统。

从中央机关报编辑委员会到中央编译委员会、中央编辑委员会的相继设立，以及中央出版部至中央出版发行部、中央出版科的先后成立，党的早期中央出版管理机构虽然变动频繁，但总的趋势是不断健全和完善，出版分工日益细化，机构职能体系渐趋完善（图3-1）。

---

① 中央档案馆：《中共中央文件选集 第一册（一九二一—一九二五）》，中共中央党校出版社，1989年，第382页。
② 中共中央组织部：《中国共产党组织史资料》（第1卷），中共党史出版社，2000年，第43页。
③ 中国社会科学院新闻研究所：《中国共产党新闻工作文件汇编》（上卷），新华出版社，1980年，第27页。

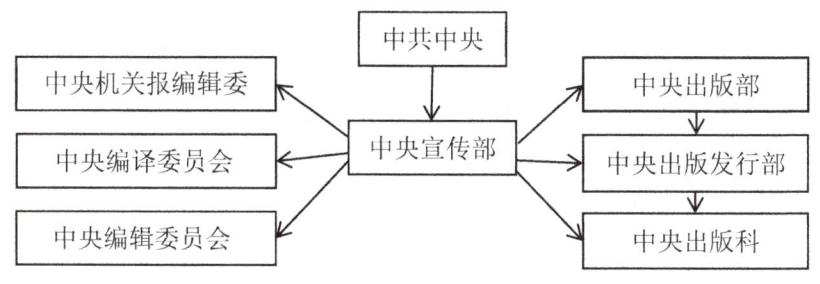

图3-1 中共成立初期的新闻出版管理机构

第二节　中共成立初期创办的出版发行机构

中国共产党一贯重视出版发行工作，把出版作为传播革命思想，宣传党的理论、路线、方针政策，团结和教育进步青年，打击敌人的重要手段。为了加强党的宣传工作，中共成立后，相继创办了一些出版、发行和印刷机构。

一、第一个"人民出版社"的诞生

1921年7月23日，中共一大在上海召开，会上通过决议，提出要加强党的宣传工作。根据决议精神，1921年9月1日，中共在上海成立了人民出版社，这是中国共产党成立后创办的第一个出版社。中国近现代出版机构多以"书局""书社""印书馆"等命名，人民出版社是我国首个使用"出版社"名称的出版机构。人民出版社设于上海成都路辅德里625号，即李达寓所。之所以将社址设于该处，主要考虑这里居住人口多，房屋比较密集，不易引起当局注意。人民出版社成立后，由在中共一大上当选为中共中央局宣传主任的李达主持社务工作，负责图书的编辑、校对和发行工作。

关于人民出版社创办的宗旨和任务，1921年9月1日出版的《新青年》发布的《人民出版社通告》指出，近年来全国各地学会不断涌现，各种新思潮、新主义、新学说日益盛行，鉴于此，本社"特刊行各种重要书籍，以资同志诸君之研究"。通告同时向读者宣告，本社所出版的书籍，"都经严加选择，内容务求确实，文章务求畅达"，一定能满足读者的需求。①

人民出版社成立后，随即开始着手马克思主义理论书籍的编译出版工作。1921年11月，中央局提出要在1922年7月之前"出书（关于纯粹的

---

① 《人民出版社通告》，《新青年》第9卷第5号，1921年9月1日。

共产主义者）20种以上"[①]。人民出版社接到指示后，在李达的筹划下，开列了一份图书出版目录，并告知读者邮购地址，"购读者请直接寄函本社接洽。寄售处全国各地各新书店（本社书报概无折扣，外埠购买寄费亦不另加，邮票代价不折不扣）"[②]。

人民出版社拟定的图书目录包括马克思全书、列宁全书、康民尼斯特丛书和其他读物等四类，共49种图书，其中：（1）"马克思全书"出版15种，其中有3种已经于1921年出版，分别为《资本论》（李漱石译，定价1角）、《工钱劳动与资本》（袁让译，定价1角8分）、《共产党宣言》（陈佛突译，定价1角）。拟出版的12种图书，包括《共产党宣言》《马克思传》《剩余价值论》《哲学之贫困》《共产主义ABC》《马克思〈资本论〉入门》等。（2）列宁全书，出版14种，其中已出版的有2种，分别是《劳农会之建设》（李立译，定价1角6分）、《讨论进行计划书》（成则人译，定价1角）。正在印刷制作中的图书有3种，分别为《列宁传》（张亮译）、《国家与革命》（康明烈译）、《共产党礼拜六》（王崇译）。拟出版的图书9种，其中有张空明译的《共产主义运动中的"左派"幼稚病》、成则人译的《现在的重要工作》、孔剑明译的《第二国际之崩坏》等。（3）康民尼斯特丛书，共11种，包括已出版的3种，分别为《共产党底计划》《俄国共产党党纲》《国际劳动运动中之重要时事问题》；拟出版的图书8种，其中有《共产主义与无政府主义》《共产主义入门》《第三国际议案及宣言》《世界革命计划》《创造的革命》等。（4）其他丛书，共9种，从所列的书单来看，有恩格斯著的《空想的与科学的社会主义》（今译：《社会主义从空想到科学的发展》）以及托洛兹基著的《多数党与世界和平》和《俄国革命纪实》等书。

当时，上海出版环境非常险恶，人民出版社经常遭到租界巡捕的搜查和骚扰。为安全起见，人民出版社把经销和发行处转移至广州昌兴街26号。现在，中共一大会址纪念馆等单位都保存着当年人民出版社的出版物，它们的封面上方标有丛书名，中间以醒目字体竖印书名，右面竖印著者、译者名，左下角印有"广州人民出版社"的版权标记。

由于时局动荡，再加之出版经费和编辑力量的不足，人民出版社计划出版的49种图书并未能全部出版。至于实际出版的图书种数，1922年6月，陈独秀在《给共产国际的报告》中提到人民出版社共出版了12种图书，

[①] 中共中央宣传部办公厅：《中国共产党宣传工作文献选编》，学习出版社，1996年，第353页。
[②] 《人民出版社通告》，《新青年》第9卷第5号，1921年9月1日。

各印3000册①。另据李达生前回忆,1921年,人民出版社实际出版了15种图书②,两人的说法不一。据中共党史学者陆米强考证,人民出版社实际出版各类图书为16种③。

在人民出版社存在的近两年时间里,主持社务工作的李达做了大量工作,他同时还担任《共产党》月刊的主编和《新青年》的编辑。人民出版社的图书出版费用也主要由李达负责筹措,他经常把给商务印书馆撰稿所得的稿费用来补贴图书出版。1922年11月,李达收到友人毛泽东寄来的邀请信,诚恳邀请他出任湖南自修大学校长一职。随后,李达离开上海前往长沙,人民出版社也随之停办,其出版业务并入广州新青年社。

人民出版社从创建到停办,虽然存在的时间不长,但是却出版了一系列马列主义理论著作,对于提高人们的马克思主义理论水平,推动党的思想理论建设和宣传党的政治主张发挥了重要作用。正如蔡和森所说:"人民出版社……为我党言论机关,出版了很多书籍,对思想上有很大的影响。"④

二、上海书店的成立

上海书店于1923年11月1日成立。人民出版社结束业务后,党中央为了加强宣传工作,中央局委派中央执委徐梅坤、瞿秋白主持创办了上海书店。因考虑到书店的安全性和隐蔽性,经江浙区委(后改为上海区委)领导成员徐梅坤提议,党中央调派徐白民赴上海主持书店的筹建和日常事务的管理工作。徐白民是中共地下党员,当时执教于浙江省立杭州女子师范学校。徐白民来到上海后,会见了瞿秋白同志,并接受其建议,在民国路振业里11号(今人民路1025号)租了一套临街的商铺,将楼下布置为书店,门口挂上"上海书店"的招牌,楼上作为宿舍和党内活动的秘密场所。经前期筹备后,1923年11月1日,书店正式对外营业。

上海书店成立后,为扩大书店的影响,曾先后在《新青年》和《前锋》上刊登"上海书店广告",阐明书店的服务宗旨和任务是"想要在中国文化运动史上尽一部分的责任""设法搜求出版界关于这个运动的各种

---

① T. S. Chen:《中共中央执委会书记陈独秀给共产国际的报告》(1922年6月30日),中央档案馆:《中共中央文件选集 第一册(一九二一——一九二五)》,中共中央党校出版社,1989年,第29页。
② 中国社会科学院现代史研究室:《"一大"前后》(第2册),人民出版社,1980年,第14页。
③ 陆米强:《建党时期人民出版社成立始末》,中共"一大"会址纪念馆:《上海革命史资料与研究》(第8辑),上海古籍出版社,2008年,第423页。
④ 中共上海市委党史研究室:《日出东方:中国共产党诞生地的红色记忆》(上),上海锦绣文章出版社,2014年,第75页。

出版物，以最廉价格供献于读者之前"。①

上海书店创办之初，业务较为清淡，经过半年多的努力经营，至1924年下半年后，书店业务逐渐好转，营业额不断增长。1925年，震惊中外的五卅惨案发生后，工农大众日益觉醒，全国的革命热情逐渐高涨，各地读者对于马列主义读物和各类进步书刊的需求更为迫切，上海书店的营业额大增。1925年12月，党中央派毛泽民前往上海出任中央出版发行部经理，并主持上海书店的工作。在他的领导下，上海书店迅速发展，经营范围也进一步扩大，先后在沪东、沪西、沪北开设了分销处。随后，上海书店出版发行网点进一步延伸到长沙、广州、南昌、宁波等大中城市，在香港和法国巴黎也设立了书报代售点。②

上海书店专门经销马克思主义著作等革命书刊，如陈望道译的《共产党宣言》，党的机关刊物《向导》等，均由上海书店代售。1925年3月，孙中山先生逝世的消息传出后，上海书店紧急编辑发行了《中山遗言》，开展反帝及废约宣传活动。

1923年，广州新青年社停办后，其出版业务归并到上海书店，许多马列主义书籍如《共产党宣言》、《资本论入门》和《列宁传》等均转移至上海书店出版。上海书店前期主要以翻印人民出版社和新青年社的图书为主。1924年后，上海书店也开始出版一些新书。上海书店出版的图书，大多为具有丰富马克思主义理论和革命斗争实践的党内同志所撰写，具有很强的现实指导性，同时，书店对于书籍的装帧和版式也非常重视。因而，书店出版的许多图书都深受读者欢迎，有的图书甚至多次重印，如《马克思主义浅说》一书，重印了8次。据上海书店经理徐白民回忆："《社会科学讲义》装帧印刷相当讲究，内容都是上海大学关于这方面的讲稿整理出来的。"③此外，瞿秋白的《新社会观》、施存统的《世界劳工运动史》、安体诚的《经济思想史》等书也十分畅销。上海书店成立初期，书籍的印刷工作由上海一家私营印刷机构明星印刷所承印。随着书店图书销售数量的迅速增长，上海明星印刷所已难以承接如此大的印刷量。为此，中共中央在闸北香山路（今象山路）开办了一家"国华印刷所"，作为党的地下印刷机构，对外则称"崇文堂印务局"。

---

① 曹予庭：《上海书店——党的早期出版发行机构》，上海市文史资料工作委员会：《文史资料选辑》（第2辑），上海人民出版社，1979年，第75页。
② 中共上海市委党史研究室：《中国共产党早期在上海史迹》，同济大学出版社，2013年，第101页。
③ 徐白民：《上海书店回忆录》，张静庐：《中国近现代出版史料》（现代甲编），上海书店出版社，2011年，第63页。

上海书店出版发行的书刊，积极传播马列主义思想，对唤醒工农群众，尤其是青年学生的觉悟起了积极的宣传鼓动作用。上海书店发行进步书刊，传播革命思想的活动，引起北洋军阀上海当局的仇视。1926年2月4日，军阀上海当局指示淞沪警察厅以"印刷过激书刊，词句不正，煽动工团，妨害治安"的罪名，对该店进行查封。上海书店经理徐白民在书店被查封前及时转移。上海书店被查封以后，中共中央决定派徐白民迁往武汉，筹备开设长江书店，继续从事党的出版发行工作。

上海书店从成立至被查封的两年多时间里，先后出版了30多种革命进步图书。许多早期党的革命领导人如邓中夏、瞿秋白、陈望道、蔡和森、恽代英、萧楚女等的著述都曾在上海书店出版。其中，有不少是配合当时革命形势出版的畅销书，如：柯柏年译的《哥达纲领批判》，首印2000册很快销售一空；该书店出版的《将来之妇女》一书，9个月之内印了8版。五卅运动爆发后，上海书店出版了《不平等条约》一书，该书发行量高达10万册。这些图书的出版和发行，对宣传马列主义思想理论，唤醒民众觉悟，鼓舞群众革命斗志，起到了重要的作用。

上海书店被查禁后，为了使党的宣传工作在上海不致中断，中共中央委派毛泽民在上海英租界宝山路上秘密开设了宝山书店，处理上海书店的后续事宜。之后，毛泽民前往武汉，领导长江书店的工作。1927年3月，北伐军进占上海后，中共中央决定在上海原宝山书店社址开办上海长江书店。4月1日，《民国日报》上发布了《上海长江书店正式开幕廉价启事》并刊登了几十种图书的书目广告，同时宣布书店于4月10日正式营业。然而，上海长江书店开业仅两天，国民党反动派就发动了"四一二"反革命政变，上海长江书店也遭到国民党反动当局的查封，中共在上海的出版工作随即转入地下秘密进行。

三、中共建党初期创办的地下印刷机构

中国共产党成立之初，还没有自己的印刷机构，公开发行的书刊都是由上海民营书局所办的印刷厂承印，当时承印中共宣传品数量较多的是上海明星印刷所。一些秘密书刊只能通过各种关系找一些中小型印刷厂印刷。从1924年开始，中共以"上海书店"为轴心，逐步建立起全国性的革命书刊发行网，先后在广州、武汉、北京、杭州、长沙、太原、济南等各大城市建立了党的出版发行机构，并委派专人负责党在地方的出版发行活动。随着党在全国革命书刊发行网的建立和革命形势的迅速发展，1925年五卅运动后，中共决定成立自己的印刷机构，先后在北京、上海等地创

办了昌华印刷局、国华印刷所、和记印刷所、文明印务局、中兴印刷所（表3-1），专门印刷秘密书刊和内部文件资料。

表3-1 中共早期建立的秘密印刷所

印刷厂名称	创办时间	创办地点	创办人（负责人）	厂址
昌华印刷局	1925年	北京	李大钊等	广安门大街广安西里
国华印刷所	1925年	上海	倪忧天、陈豪千	闸北香山路香兴里
会文堂印刷局	1925年	上海	倪忧天、毛齐华	中兴路西会文路
和记印刷所	1925年	上海	倪忧天、陈豪千	闸北青云路桥塅广益里
中兴印刷所	1926年	上海	倪忧天、陈豪千	新闸路鸿祥里
文明印务局	1926年	上海	倪忧天等	新闸路西新康里

（一）昌华印刷局

昌华印刷局由李大钊等人创办，于1925年2月11日正式成立，地址设在北京广安门大街广安西里。昌华印刷局由陈楚梗担任经理，刘明担任厂长。其他人员分工如下：马贵珍（马子明）任会计兼营业，刘抵如为排字部主任，何振芳为铅印部主任，马扶背为通讯员。昌华印刷局共有印刷工人35名，这些印刷工人大多是参加罢工运动而被开除的原报业印刷工人。

昌华印刷局建立后，采购了一批印刷设备，计有铅印机2部、二号脚踏机1部、二号铅字半副、三号铅字半副、四号铅字一副、五号铅字一副，各号空铅料字、各号字架全份并带字盘，铸字机1部、铡铅刀1架、浇铅条机1部，另购油墨、纸张及其他零星器材。

昌华印刷局主要印刷了《政治生活》《向导》等刊物以及一些传单等宣传材料。《向导》每期大概印制1500份。为作掩护，印刷厂也承接一些普通民众的稿件。昌华印刷局因印刷进步书刊，引起了北洋军阀的注意，军警、密探对该厂的盘查日益频繁。为安全起见，昌华印刷局将厂址迁往北城花枝胡同，并更名为明星印刷局。

1926年4月，军阀张作霖攻占北京后，对于进步力量的镇压更加残酷，为保存革命力量，印刷局决定停办，印刷工人撤离。尽管昌华印刷局存在时间较短，但仍出版了不少党的刊物、传单、标语等，使中共在北方地区的宣传工作得到加强。

（二）国华印刷所（崇文堂印务局）

国华印刷所是中共早期在上海成立的第一家印刷厂。五卅运动后，北洋军阀和上海租界当局对于进步出版印刷活动的查禁日益严厉，党的进步书刊和宣传品的出版十分困难，为此，中共决定在上海开办自己的印刷所。

1925年6月，中央出版发行部指派杭州印刷工人倪忧天等人，负责印刷厂的筹建事宜。倪忧天（1895—1978），浙江省鄞县（今宁波鄞州区）人。早年入浙江官纸印刷局当学徒，后进入《之江日报》当印刷工人。1917年，倪忧天进入浙江印刷公司工作，开始受到新文化思想的影响。五四运动爆发后，他联合浙江印刷公司的一批工友组成"救国十人团"，发起抵制日货运动。1920年夏，浙江印刷公司成立工作互助会，倪忧天任总干事；1921年10月，倪忧天作为杭州工人协会的代表，被党中央指派前往苏联出席会议和考察。1923年初，他正式加入中国共产党，并在杭州组建了"杭州印刷俱乐部"。

倪忧天接到中央委派他到上海筹建印刷厂的任务后，立即组织邀集了杭州一些进步的印刷工人陈豪千、孙伍梅、史唐、任春荣、徐元坤、徐慧英、斯施云、陈小康等人来到上海，在中华书局机器房工人、厂工会秘书长毛齐华协助下，很快地将厂建立了起来。

国华印刷所厂址设在上海闸北香山路（今象山路）香兴里，印刷所成立后，很快购置了一批机器设备，包括对开铅印机2台，脚踏圆盘机1台，36寸切纸机1台，手摇铸字机、铸版机、纸型机及老五号字模一副，铅字5000余磅。国华印刷所的排字工人中，孙伍梅、任春荣、陈小康、徐元坤负责印刷车间的工作，斯施云负责铸字房的工作，徐慧英负责账房兼校对工作。

当时上海正处于五卅运动的革命高潮之中，反动军阀对于进步书刊的搜查非常频繁，为了避免遭受反动军警的突击搜查，倪忧天和陈豪千等人商议后，决定在国华印刷所招牌上再挂一块"崇文堂印务局"的牌子，实际上是同一套人马。两家印刷所还签订了一个特约加工印刷合同，规定国华印刷所为崇文堂印务局的特约加工厂，负责为崇文堂承印书刊。双方账册分开，对外发票均由崇文堂开出，印刷加工费每月结算一次。陈豪千为国华印刷所的法人代表，倪忧天为崇文堂印务局法人代表。之所以采取一套人马挂两块厂牌的做法，是为了以防万一，一旦被军警搜查，"由崇文堂印务局出面承担责任，而国华印刷所可以推卸责任，从而争取保全印刷所财产，也不致连累职工。"[①] 国华印刷所主要刊印了一些中国共产党和共产主义青年团的机关刊物，如《向导》《中国青年》《中国工人》《新青年》

---

① 汪耀华：《1843年开始的上海出版故事》，上海人民出版社，2014年，第98页。

等，以及其他一些临时性的秘密文件。

（三）会文堂印刷局

国华印刷所存在的时间不长，1925年9月，由于反动军警的搜查频繁，国华印刷所的安全遭到严重威胁。为了安全起见，上级党组织决定暂停生产，另觅新址重新设厂。不久，他们在上海北站附近的中兴路西会文路找到一处店面，随即将国华印刷所的机器设备转移至新址。他们把这个新建的印刷厂定名为"会文堂印刷局"，这是中共在上海成立的第二家秘密印刷厂。会文堂印刷局规模比原来国华印刷所更大，不仅增添了一架对开印刷机，铸字房也新添了一副三号字头的铜模。同时，中央出版局又委派中华书局印刷工人毛齐华来担任倪忧天的助手，并派来了几个新的排字工。所以，印刷能力较前有了较大的提高。

会文堂印刷局承印了一批各大进步书店出版的马列主义书刊，如蔡和森的《社会进化史》、布哈林的《共产主义ABC》、瞿秋白的《社会科学概论》以及恽代英、蒋光慈、陈望道、施存统等人的著作。另外，该印刷所还为上海大学承印了一批马列主义讲义。

会文堂印刷局存在的时间很短。印刷局创办不到四个月，负责与该厂联络的上海总工会一名工作人员被捕，并被搜去了随身携带的印刷品。中共上海地下党组织得知消息后，立即将印刷局关停，设备和人员迅速转移。

（四）和记印刷所

1925年秋，原会文堂印刷局支部书记毛齐华在闸北青云路青云桥南端租赁了一间房屋，将会文堂印刷局的设备秘密转移至新的厂房，建立起和记印刷所。这是中共在上海创办的第三个地下印刷所。和记印刷所由倪忧天、陈豪千担任负责人。之所以在上海青云路选址，是因为这里离上海总工会和上海大学两个党的革命组织较近，便于联络，而且青云路一带比较热闹，环境复杂，易于掩护。出于安全和隐蔽考虑，和记印刷所在工作中采取了一些新的措施：（1）压低印刷机开动时的噪声，为了降低机器噪声，印刷厂将马达、皮带盘和地轴都安装在地下沟槽中；（2）为便于深夜秘密操作，在使用电动马达的同时，增设了手摇装置；（3）为减轻印刷所的印刷负担，经与上海书店商定，寄发外地的党团刊物，如《向导》《新青年》《中国青年》等，改由印刷所排版后，先用薄型纸印数份交发行机构邮发各地。为保证安全、加强保密措施与提高排印工效，印刷所还向上级请示增办一个地下印刷所并添置机器设备。[①]中央出版局批准了这一请

---

① 中共中央党史研究室：《中共党史资料（2007）》，中共党史出版社，2007年，第95页。

示，并指派毛齐华负责新印刷所的筹建任务，原机器房的工作改由徐元坤负责。新印刷所添置了浇铸铅版和烘打纸版的设备，由斯施云负责浇打印版的工作，陈祥生负责铸字房的工作。

（五）中兴印刷所

1925年冬，和记印刷所遭到反动军警的搜查，为了不暴露目标，和记印刷所只得停止印刷革命书刊和党的内部文件。经向上级组织请示，和记印刷所负责人决定利用租界的特殊条件，创办一所新的地下印刷所。这样两家印刷所可以互相掩护，万一有一家印刷所出事，另一家印刷所还能照常印刷。

1926年初，毛齐华遵照中央出版局指示，在租界闹市区泥城桥鸿祥里租赁了一间房屋，建立了"中兴印刷所"，这是中共在上海创办的第四个地下印刷所。负责人仍为倪忧天、陈豪千。这次之所以把厂房选在租界闹市区，是为了便于掩护，地方军警也不能随便进入租界搜查。为了安全起见，中兴印刷所采取了一些新的策略：（1）中兴印刷所与和记印刷所之间不进行公开业务往来，所有的业务联系均由毛齐华一人负责秘密交接；（2）中兴印刷所的印刷品均派专人负责护送到客户手中；（3）精简设备与人员，不设排字房，印件由和记印刷所排好版后制成纸版送来浇成铅版付印。中兴印刷所的成员，除毛齐华以外，组织上还从商务印书馆调配来徐鸿生、毛品章、施有章等印刷工人。

1927年1月，中兴印刷所迁至汉口，改为长江印刷厂。倪忧天也被调往汉口负责长江印刷厂的工作。

（六）文明印务局

1926年夏，党决定在中兴印刷所附近建一个新的印刷所。经过考察，最后在新闸路大统路口的西新康里（今新闸路638弄23号）租赁了一栋房子，成立了文明印务局。倪忧天担任厂长，陈豪千负责具体业务。他们陆续将和记印刷所的机器设备搬迁来此。这是党在上海创办的第五个地下印刷所。工作人员有20人左右，各种机器印刷设备也比较齐全，能独立进行排字、制版、印刷和装订。

文明印务局与中兴印刷所均由倪忧天为总负责人。这两个厂虽在同一条马路，相隔很近，但为了安全起见，业务方面只由毛齐华一人负责联系。中兴印刷所主要印刷以上海书店为轴心的各地发行的书籍，如布哈林的《共产主义ABC》、瞿秋白的《社会科学概论》以及当时的进步作家蒋光慈、陈望道、高语罕等人的著作。党的内部文件和公开查禁的书刊则由文明印务局负责印刷。

1926年底，中央调派倪忧天前往汉口筹办长江印刷厂，倪忧天奉命将鸿祥里的机器全部带走。文明印务局留存部分由毛泽民等负责，在经过多次搬迁后，于1933年结束营业。

中国共产党在城市里创建的秘密印刷所有如下几个明显的特点：（1）规模一般都比较小，从业人员数量不多，一般五六个人，最多的文明印务局也仅有20人左右。由于资金缺乏，印刷设备相当简陋，大多要靠脚踏手摇；（2）为了安全起见，多设置在闹市、居民楼、公馆、寓所中，而且经常变更地址；（3）以合法面目出现的印刷所，经常承印一些公开书刊作掩护；（4）职工多为中共党员和青年团员，在政治上可靠，组织精干，无闲散人员，业务上都是多面手，各成员之间分工组织严密，各工序之间的衔接均采用单线联络的方式进行。

中共早期创建的红色出版机构虽然各自存在的时间都比较短暂，而且常处于地下、隐蔽、动荡的境况，随时面临被查封的命运，但是，书店印刷人员不辞辛苦，冒着生命危险，努力从事革命书刊的印刷工作，为传播马克思主义和宣传党的方针政策作出了积极贡献。

四、汉口长江书店的成立

上海书店被军阀当局查封之后，中共亟待开办一家新的图书发行机构。1926年10月10日，北伐军胜利攻下武汉三镇后，中共中央随即决定在该城市创办一家新的出版发行机构。

1926年的10月、11月间，汉口长江书店开始营业。书店店址最初设在汉口后城马路（今汉口中山大道），后来随着业务的发展，搬迁至交通路，这时的店面与原来相比，营业面积有了很大的增加。书店的营业日益兴旺，一度成为全国进步书刊的出版发行中心。

汉口长江书店由中央主管宣传工作的瞿秋白负责领导，具体业务则由苏新甫主持。书店主要出版发行马列主义经典著作和革命进步书刊。汉口长江书店曾在《汉口民国日报》上刊登过发行启事，向读者声明，本店主要经销向导社、新青年社、中国青年社所出版的革命书刊，以供革命的民众研究高深的革命理论之所需，"凡我革命同志欲购阅革命的书报，请移玉至敝店可也"[①]。书店开业后，顾客盈门，开业仅三天，从上海、广州等地运来的革命书刊便全部售罄。为适应形势的发展，长江书店大量重印了

---

① 《启事》，《汉口民国日报》，1927年5月28日。

新青年社、上海书店的出版物，同时也出版了一部分新书，如瞿秋白译、斯大林著的《列宁主义概论》等。1926年12月，长江书店翻印出版了《向导汇刊》（第1集）、《中国青年汇刊》（第1—5集）、《共产党底计划》、《劳动运动史》等，但图书仍然供不应求。[①]毛泽东的《湖南农民运动考察报告》也在长江书店出版，瞿秋白将书名改为《湖南农民革命》并撰写序言。据统计，汉口长江书店自开业到结束，共出版新书和重印马列图书47种[②]（表3-2）。

表3-2 汉口长江书店出版和经销的主要图书

书名	作者（译者）	备注
《向导汇刊》（第1—4集）	《向导》社编	长江书店
《中国青年汇刊》（第1—6集）	《中国青年》社编	长江书店
《社会科学讲义》（全四册）	瞿秋白、安体诚等著	新青年社丛书
《社会进化简史》	张伯简编	上海书店
《共产党底计划》	布哈林著	上海书店
《唯物史观浅释》	刘宜之著	上海书店
《资本主义稳定与无产阶级革命》	布哈林著，陆定一译	上海书店
《无产阶级之哲学——唯物论》	哥勒夫著，瞿秋白译	新青年社丛书
《青年工人问题》	钟恭著	新青年社丛书
《劳动运动史》	施复亮编	长江书店
《世界劳工运动现状》	瞿秋白译	新青年社丛书
《共产国际党纲草案》	王伊维译	上海书店
《湖南农民革命》	毛泽东著	长江书店
《经济科学大纲》	蒲格达诺夫著，施存统译	新青年社丛书
《农民问题》	布哈林著	新青年社丛书
《马克思主义者列宁》	布哈林著	新青年社丛书
《列宁主义概论》	瞿秋白著	上海书店
《革命歌集》	《中国青年》社编	长江书店
《资本制度浅说》	施存统译	上海书店
《不平等条约》	《向导》周报社编	《向导》周报社
《中国共产党五年来的政治主张》	《向导》周报社编	《向导》周报社
《中国革命问题论文集》	《向导》周报社编	《向导》周报社
《共产主义ABC》	布哈林、普列奥布拉任斯基著	新青年社丛书
《马克思主义浅说》	《中国青年》社编	新青年社丛书
《这一年》	《中国青年》社编	上海书店

---

① 方振益：《武汉国民政府时期的汉口长江书店》，《编辑之友》1989年第5期。
② 叶再生：《中国近代现代出版通史》（第2卷），华文出版社，2002年，第692页。

续表

书名	作者（译者）	备注
《俄国革命运动史》（第一册）	瞿秋白著	新青年社丛书
《中国革命的根本问题》	彭述之著	新青年社丛书
《少年共产国际》	《中国青年》社编	上海书店
《第三国际决议案及宣言》	沈泽民译	人民出版社
《保护劳动法》	不详	长江书店
《现代的公民》	高语罕著	亚东图书馆
《中国民族革命运动史讲授大纲》	萧楚女编述	广州农民运动讲习所丛书
《哀中国》	钱杏邨著	长江书店
《马克思——其生平其著作及其学说》	李季著	长江书店

以上图书的出版，对于宣传党的路线和方针政策，促进马克思主义理论的传播，推动工农革命运动的发展，起了积极的作用。为了推动国共合作，建立广泛的革命统一战线，武汉长江书店还翻印出版了孙中山先生的许多著作，如《中山文集》《中山思想》《中山手札》《中山丛书》《中山讲演集》《中山遗言》《建国方略》《三民主义》《中山全集》等。孙中山先生逝世后，国民党右派一些人物企图破坏国共合作的局面。对此，中共早期许多领导人如陈独秀、瞿秋白、恽代英、毛泽东、萧楚女等纷纷撰文予以痛斥。汉口长江书店又及时翻印、发行了相关书刊，如瞿秋白的《反戴季陶的国民革命观》一书，批判了戴季陶主义，揭露了国民党右派试图破坏国共合作和统一战线的阴谋。

在武汉人民收回英租界的斗争中，武汉长江书店为了配合工人运动高涨的形势，发行了大量反映工人反帝斗争事迹的图书。如《省港中英谈判》《省港罢工概况》《帝国主义讲授大纲》《全国工人阶级目前行动纲领》《粤港罢工纠察队奋斗概况》《工会经济问题》《工会组织法》《工人导报》等。这些图书的发行，进一步促进了武汉工人运动的发展，为工人阶级反帝斗争进行了舆论准备。

除了出版图书外，汉口长江书店还经销了大量通俗的青少年读物、妇女读物、实用书籍和文艺读物，如《妇女生活》《赤女》《将来之妇女》《中国青年汇刊》《汉口青年》《少年先锋》《平民读本》《革命歌集》《革命日历》《白话书信》《恋爱与结婚》《科学与人生观》《新社会观》等。这些读物，语言形象生动，文字浅显易懂，故事性和实用性较强，很受读者欢迎。如长江书店出版的《革命日历》一书，上面印了一些同日发生的革命事件，它使人们在翻阅日历的同时，也获得了一些革命的知识和道理。这种形式多样和生动活泼的宣传方式，深受广大民众的喜爱。

汉口长江书店在经营过程中，非常重视对于图书的宣传。1927年1月6日出版的《汉口民国日报》刊登了该店的"新书出版广告"，推介了该店的新书，如在介绍《马克思——其生平其著作及其学说》一书时，广告中说该书"持论公平，内容丰富。书中直接征引德英俄法文著作至数百种之多"，并指出，该书的书名虽为马克思及其生平著作，但其所述内容丰富，"实系一部十九世纪社会主义学说及革命运动和工人运动的历史。凡和马克思有关系的党派及运动，如第一国际、德国社会民主党、1848年欧洲各国的革命、巴黎公社等的历史，都收罗在内，详尽无遗。至于马克思与昂格思（今译'恩格斯'）生平的经历，他们数十种著作的概要和他们的学说描写得至为详细"。新书广告还郑重提醒读者，此书在中国是关于马克思的"破天荒的大著作"，"凡关心马氏事业与学说及十九世纪社会运动的历史者不可不试购一部"。① 汉口长江书店将这则"新书出版广告"在《汉口民国日报》上进行了长达两个月的连续刊登。

汉口长江书店十分重视新书的预告工作，该店为不少早期革命领导人的著作如《俄国革命运动史》（瞿秋白著）、《中国民族革命运动史讲授大纲》（萧楚女编述）、《现代的公民》（高语罕著）等都发布过新书预告。如，1927年7月1日，《汉口民国日报》上刊登了一则新书预告，标题为"瞿秋白先生最近的大著作——俄国革命运动史出版预告"，预告中说该书"专叙述俄国革命历史的事实及阶级斗争中之各种形态，并对各种斗争方法详加批评，其中特别注意俄国的农民问题，以及这农民问题和一般革命思想革命形态变迁之关系，的确是中国革命的绝好参考材料"。② 这些新书预告的刊登，对于图书的促销起到了良好的宣传效果。

汉口长江书店还注意积极拓展经营业务，在全国多个城市建立了书刊发行网点。其代售处、代销点遍及大江南北，如武昌时中书社、广州国光书店、成都国民书店、重庆民星书店、长沙真理书店、长沙文化书社、南昌明星书店、安庆江淮书店、四川万县书店、江西九江书店等。③

随着业务的拓展和图书销量的迅速扩大，许多图书出现供不应求的状态。为提高书刊供应能力，1927年3月，长江书店开办了一家印刷厂——长江印刷厂，厂址设在汉口济生三马路福生里，负责人为苏新甫，具体印刷工作由倪忧天负责。长江印刷厂为半公开性质，主要为长江书店印刷进

---

① 《新书出版广告》，《汉口民国日报》，1927年1月6日。
② 《瞿秋白先生最近的大著作——俄国革命运动史出版预告》，《汉口民国日报》，1927年7月1日。
③ 方振益：《武汉国民政府时期的汉口长江书店》，《编辑之友》1989年第5期。

步书刊，同时，也承印国民党"左派"的书报。长江印刷厂的机器设备主要来自原中共在上海创办的地下印刷机构中兴印刷所，同时还新购置了一些印刷机器。因此，该厂印刷设备比较齐全，现代化程度较高。

1927年7月15日，汪精卫在武汉发动"七一五"反革命政变，公开叛变革命，大肆抓捕共产党人和革命群众，国共合作形势急转直下。1927年7月30日，汉口长江书店遭到军警查抄，书店被迫停业。书店下设的长江印刷厂也遭破坏，印刷设备被捣毁，纸张被抢，厂长倪忧天也被军警逮捕，后在组织的营救下被保释出来。8月4日，长江书店在《汉口民国日报》发布"停业启事"："敝店于上月三十日晚间给军事委员会派军官士兵检查后抄去书籍甚多，并禁止发售一切出版物，不得不停止，特此公告。"[1]

汉口长江书店虽然只存在了9个月左右，但它充分利用了国共合作这一有利时机，印制了大量革命进步书刊，广泛传播了马克思列宁主义学说，为新民主主义革命事业作出了积极贡献，在中国近现代出版史上写下了光辉的一页。

从人民出版社、上海书店到昌华印刷局、国华印刷所、会文堂印刷局、和记印刷所、中兴印刷所、文明印务局、长江书店，这些早期革命出版发行机构的相继创办，标志着中共出版印刷事业的全面推进。

第三节 陈望道和《共产党宣言》的翻译出版

1848年2月24日，马克思、恩格斯合作撰写的《共产党宣言》德文本在英国出版。该书一出版，便在思想界引起轩然大波。这本薄薄的读本在短时间内被陆续翻译成英、法、俄、西班牙、意大利等多国文字出版。1919年，中国爆发了伟大的反帝爱国运动——五四运动，这一运动的爆发促进了马克思主义在中国的广泛传播，中国先进的知识分子随即掀起了一股译介马克思主义经典著作的高潮。《共产党宣言》第一本中译本也就在这个时候诞生了。

一、《共产党宣言》的早期译介

《共产党宣言》最早在中国文献中出现是在1899年。当时，上海的《万国公报》上刊载了英国传教士李提摩太翻译的《大同学》一文，文中

---

[1] 宋原放：《中国出版史料（现代部分）》（第1卷），山东教育出版社，2001年，第160页。

介绍了马克思和《共产党宣言》中的一些片段。随后，《共产党宣言》被陆陆续续介绍到中国。据统计，"清末民初涉及《宣言》在中国翻译的有11处，五四时期大致有7处。也就是说在陈版之前共有18处文献介绍到了《宣言》"①。五四运动前后，中国兴起了一股译介和传播马克思主义理论的高潮，各种马克思主义研究团体不断涌现，大量著作被翻译过来。而《共产党宣言》的译介也只是其中的一部分。谭平山的《"德莫克拉西"之面面观》一文在考察"德莫克拉西"的发展历程时，介绍了马克思（Marx）与恩格斯（Engels）所共同发表的《共产党宣言》一书，并翻译了《共产党宣言》第二章中的十条"措施"。②1919年，《每周评论》第16期刊载了成舍我摘译的《共产党宣言》第2章《无产者与共产党人》，文章指出，《共产党宣言》的要旨是主张阶级斗争和各地劳工的联合，这是马克思和恩格斯的重大创见，是标示新时代的文书。1919年5月，刘秉麟在《新青年》发表《马克思传略》一文，对马克思所写的《共产党宣言》的成书背景、内容和要旨进行了介绍。同年5月，《晨报》连载了日本著名马克思主义研究者河上肇先生的专著《马克思的唯物史观》（渊泉译），该书较为详细地介绍了《共产党宣言》的部分内容。1919年9月，李大钊在《新青年》发表《我的马克思主义观》，该文摘译了《共产党宣言》的部分内容，介绍了该书写作的时代背景及重要思想。1920年初，蔡和森在法勤工俭学期间，翻译了《共产党宣言》中的部分重要段落，并在赴法勤工俭学的学生中传播。

五四时期，由于对共产主义的认识局限，当时对《共产党宣言》的翻译和介绍比较笼统，"还存在较大的主观选择性，大多是只言片语的摘录和应用，谈不上系统性和完整性，也不具备思想上的深刻性"③。

二、陈望道翻译《共产党宣言》

陈望道（1891—1977），原名参一，笔名陈佛突，浙江义乌人。中国现代著名的思想家、教育家、修辞学家、语言学家和马列主义翻译家。新中国成立后任复旦大学校长，著有《修辞学发凡》《文学简论》《美学概论》等学术著作。

陈望道幼时在浙江义乌分水塘村读私塾，后考入省立金华中学读书。15岁时，他怀着救国理想赴日本留学，并结识了日本早期的社会主义活

---

① 陈家新：《〈共产党宣言〉在中国的翻译和版本研究》，《中国国家博物馆馆刊》2012年第8期。
② 谭平山：《谭平山文集》，人民出版社，1986年，第41页。
③ 王新刚：《陈望道译本之前的〈共产党宣言〉译介及其政治目的分析》，《理论月刊》2018年第8期。

动家河上肇、山川均等人。河上肇是日本京都帝国大学和早稻田大学的教授，山川均先后担任《平民新闻》和《新社会》的编辑。陈望道非常喜欢阅读他们撰写的介绍马克思主义的书籍和文章，并和他们一起积极参加宣传十月革命和马克思主义的活动。1919年五四运动爆发后，陈望道从日本回国，应邀到浙江第一师范学校担任教员。"一师"是当时浙江的最高学府，校长经亨颐和众多教员也是从日本归国的留学生。陈望道进入"一师"后，积极传播新思想、新道德，与刘大白、夏丏尊和李次九一起，被称为"一师"传播新思想、新文化的"四大金刚"。1919年11月7日，当时还是"一师"学生的施存统在《浙江新潮》发表了《非孝》一文，作者在文章中对传统思想中"孝"的观念进行了猛烈抨击。此文一出，立即在社会上引起轩然大波，浙江军阀当局视此为"洪水猛兽"，立即派人到学校兴师问罪，将校长经亨颐免职。军阀当局的野蛮行径引起了全体师生的愤慨，他们发动罢课请愿运动，与军警发生对峙，最终爆发著名的"一师风潮"。在这场冲突事件中，陈望道作为此次事件的核心成员之一，成为当时全国文化教育界的风云人物。

"一师风潮"使陈望道的思想认识发生了极大转变，他意识到，要根本解决中国的问题，必须先从制度上着手，"应该学习从制度上去看问题"[①]，不彻底去改变中国的制度，只进行局部的改良将是徒劳无益的。而要从制度上进行根本的改革，就必须"有一个更高的判别准绳，这更高的辨别的准绳，便是马克思主义"[②]。

"一师风潮"后，陈望道在学校遭受排挤和打击，被迫从"一师"去职，于1920年初，返回家乡义乌分水塘。在家赋闲期间，他正好接到了上海《星期评论》编辑部发给他的约稿函，邀请他翻译《共产党宣言》。原来，《星期评论》的创办人戴季陶在日本留学期间，曾阅读过日文版的《共产党宣言》，回国后原想自己把它翻译成中文本。但是，《共产党宣言》是一本思想宏大、内容深奥的共产国际纲领性文件，要将它翻译成中文，译者不仅要谙熟马克思主义理论，而且要精通多种语言并具备较为深厚的文学功底。戴季陶最终放弃了自己翻译的打算，并找到《民国日报》的主编邵力子，请他帮忙物色人选，邵力子向他推荐说："能承担此重任者，

---

① 陈望道：《党成立时期的一些情况》，上海鲁迅纪念馆：《陈望道先生纪念集》，复旦大学出版社，2006年，第336页。

② 陈望道：《五四运动和文化运动》，上海鲁迅纪念馆：《陈望道先生纪念集》，复旦大学出版社，2006年，第336页。

非杭州陈望道莫属也！"①戴季陶对此深表赞同，认为陈望道的确是担此重任的不二人选，于是向陈望道写了封约稿函，并附上一本日文版的《共产党宣言》。陈望道早在日本留学期间就阅读过这本书，于是欣然接受了这一翻译任务。

为了避免外人打扰，他选择了家中的柴房作为编译室和卧室，开始了这一伟大而又神圣的翻译工作。他案头的文本资料只有英文和日文本的《共产党宣言》、《英汉词典》、《日汉词典》以及他在离开杭州时带回的一些资料。然而，要翻译这样一部外文著作实非易事，《共产党宣言》虽说只有薄薄的几十页，但它思想深刻，结构谨严，文字精深，而且新名词、新术语特别多。他只能借助工具书，对着文本字斟句酌，仔细推敲。《共产党宣言》第一句话他就推敲了好多次，最后将之译为："有一个怪物，在欧洲徘徊着，这怪物就是共产主义。"②这句话直到1943年才由博古最终敲定为："一个幽灵，共产主义的幽灵，在欧洲徘徊。"

陈望道在翻译《共产党宣言》期间，夜以继日、孜孜不倦地工作，有时甚至到了废寝忘食的地步。一次，母亲给他送来粽子和红糖，他因译书过于专注，结果拿粽子蘸着墨水吃得津津有味，留下了"真理的味道有点甜"的一段佳话。

经过两个月的日夜奋战，"费了平常译书五倍的功夫"③，陈望道最终将《共产党宣言》全部内容翻译成中文，这也是该书的第一个中文全译本。这是注定载入中国史册的一幕，卡尔·马克思去世37年后，在遥远的东方国度的一间柴房里，一个叫陈望道的青年将他撰写的《共产党宣言》译成了中文。

陈望道所译的《共产党宣言》中译本包括引文和正文四章。"引文"主要介绍该书诞生的时代背景和目的任务。第1章《资产者和无产者》主要阐释了马克思主义的阶级斗争学说。第2章《无产者和共产党人》，主要就无产阶级政党的性质、特点、目的、任务进行了阐释。第3章《社会主义和共产主义的文献》主要对形形色色的非马克思主义学说进行了驳斥。第4章《共产党人对各种反对党派的态度》主要探讨了共产党人在开展无产阶级革命的过程中应采取的斗争策略。

---

① 中共上海市委党史研究室：《日出东方：中国共产党诞生地的红色记忆》（上），上海锦绣文章出版社，2014年，第48页。
② 铁流、徐锦庚：《国家记忆：一本〈共产党宣言〉的中国传奇》，山东文艺出版社，2014年，第45页。
③ 邓明以：《陈望道传》，复旦大学出版社，2005年，第40页。

三、《共产党宣言》中译本的出版

1920年5月，陈望道带着《共产党宣言》的中文译稿来到上海，请李汉俊、陈独秀用英、日、俄三种文字校订，他们看到译稿后非常满意，原本准备由《星期评论》负责出版，结果该刊因刊登进步内容遭到上海军阀当局的查禁。他们只好另寻其他愿意出版该书的机构。

1920年8月，上海共产党早期组织成立后，陈独秀将陈望道翻译的《共产党宣言》交由上海社会主义研究社出版。为了筹措出版经费，陈独秀还找到当时来华的共产国际代表维经斯基商议此事，维经斯基很赞同出版《共产党宣言》，并当即资助了一笔出版经费。随后，陈独秀在上海拉斐德路租下一间房屋，办起了一家小型印刷厂——又新印刷所。历经波折，《共产党宣言》中译本最终由这家小印刷厂负责印制完成。1920年8月，该书与读者正式见面。首版《共产党宣言》中文译本为平装本，全书用5号字竖排，共56页。封面印刷及发行单位署名为"社会主义研究社"。

陈望道译的《共产党宣言》一出版，便受到先进知识分子和工人阶级的欢迎，首版1000册，很快被抢购一空。由于该书是借用了"社会主义研究社"的名义出版的，因为找不到该研究社的具体地址，许多欲购书的读者便写信给《星期评论》期刊主编沈玄庐，要求告知该书的具体发行地址。1920年9月30日，沈玄庐撰写了一封《答人问〈共产党宣言〉底发行所》的公开信并在《民国日报》副刊《觉悟》上登出，该信在答复读者询问的同时，也顺便介绍了《共产党宣言》的翻译出版情况以及本书的出版对于读者的重要意义，"凡研究《资本论》这个学说系统的人，不能不看《共产党宣言》"[1]。这就相当于为该书进行了一次广告宣传，更加激起了读者购书的浓厚兴趣。1920年9月，该书重版1000册，仍供不应求。陈望道译的《共产党宣言》一书以后曾多次再版，仅平民书社1926年1月到5月，就先后重印了10次[2]。

北伐战争时期，《共产党宣言》在国民革命军中广泛散发，成为当时最畅销的一部马克思主义经典著作。《共产党宣言》的翻译出版，对于促进马克思主义在中国的广泛传播，推动国内社会主义运动的蓬勃发展，起了相当重要的作用。在该书的影响下，许多进步知识分子和革命青年，逐步树立起马克思主义的理想和信念，并由激进的民主主义者转变成为坚定

---

[1] 玄庐：《答人问〈共产党宣言〉底发行所》，《民国日报》副刊《觉悟》，1920年9月30日。
[2] 中共上海市委党史研究室：《日出东方：中国共产党诞生地的红色记忆》（上），上海锦绣文章出版社，2014年，第49页。

的共产主义者。

《共产党宣言》中译本出版后，陈望道还把该书寄赠给了鲁迅，鲁迅对此书的翻译出版给予了高度评价，称陈望道"把这本书译出来，对中国做了一件好事"[①]。

《共产党宣言》中译本的出版，使国内反动统治阶级大为惊恐，他们把该书视作"洪水猛兽"，采取了严厉的查禁措施，想以此来扼杀马克思主义。尤其是"四一二"反革命政变之后，国民党统治当局给陈望道扣上"《共产党宣言》译者"的帽子，疯狂地查禁该书，并对译者陈望道本人进行迫害。但是，正如陈望道所说："马克思主义是真理，真理总是不胫而走的。"[②]《共产党宣言》出版后，在全国范围内广泛发行的事实恰好印证了陈望道所说的话。

陈望道翻译的《共产党宣言》，在以后漫长的革命岁月里，影响了包括毛泽东、刘少奇、朱德、周恩来、邓小平等在内的一大批开国元勋和无数革命志士。延安时期，毛泽东在接受美国记者斯诺的采访时曾说道："有三本书特别深刻地铭刻在我的心中，建立起我对马克思主义的信仰。"[③]他所说的三本书，其中一本即为《共产党宣言》，由此可见该书的巨大影响力。《共产党宣言》在中国的翻译出版，犹如一盏巨型的火把，烛照中国大地，为在黑暗中摸索前行的中国共产党人和革命群众带来了光明。

第四节　蔡和森与《向导》周报的出版

《向导》周报是中国共产党成立后创办的第一份中央机关报，也是国民革命时期国内最具影响力的刊物之一。《向导》周报不仅为党的宣传工作作出了历史性的贡献，而且在出版营销上也成效显著，其发行量从最初的千份左右达到最高峰时的"十万余份"[④]。《向导》能够在当时北洋军阀严酷统治的环境下取得良好的营销效果，得益于其成功的出版营销策略。

一、《向导》周报创刊的背景

中国共产党成立之前，党的早期领导人陈独秀、李大钊、毛泽东、李

---

① 邓明以：《"五四"时期的陈望道同志》，江苏省文史资料研究委员会：《文史资料选辑》（第61辑），中华书局，1979年，第140页。
② 陈望道：《陈望道文集》（第1卷），上海人民出版社，1979年，第282页。
③ [美]埃德加·斯诺：《西行漫记》，东方出版社，2005年，第147页。
④ 李立三：《纪念蔡和森同志》，李永春：《蔡和森年谱》，湘潭大学出版社，2008年，第113页。

达等曾创办了《新青年》《每周评论》《湘江评论》《共产党》等传播马克思主义理论的重要刊物。出于北洋军阀当局的查禁以及办刊经费紧张等原因，《每周评论》《湘江评论》相继停刊，《共产党》月刊于1921年7月停刊。《新青年》在1922年7月后也一度休刊，复刊后又改为季刊，在时效性方面已无法满足新形势下党对于宣传工作的紧迫需要。因此，中国共产党成立后，决定出版一种时效性强的周刊，以宣传党的政治主张。1922年8月，中共中央在杭州召开特别会议，会上根据共产国际代表马林的建议，"决定创办《向导》周报，作为中共中央的政治机关报"[1]。经过一番紧张的筹备，1922年9月13日，《向导》周报在上海正式与读者见面。

陈独秀为《向导》撰写了发刊词，发刊词阐明了该报的创刊宗旨，即是追求"统一、和平、自由、独立"[2]。作者认为，当前最大多数国人所渴求的就是"统一与和平"，作者在发刊词中详细阐释了国家统一与和平的重要性，号召广大民众起来反对帝国主义和封建军阀，开展民主革命，争取中华民族独立和人民自由。因此，《向导》的创办及时反映了广大民众的呼声和诉求。

二、《向导》周报的编辑特色

《向导》周报作为中共中央的机关刊物，其读者对象主要为党、团员，革命青年，进步知识分子和工农。这些受众群体一般都具有较高的思想政治觉悟，较为关注国内国际时政，也更能理解和接受新的思潮。为了满足以上读者群体的需求，《向导》周报开辟了众多的栏目，如"时事评论""中国一周""世界一周""什么话""肉麻世界""寸铁"等。

"时事评论"主要刊载时政类的评论文章，以引导社会的舆论导向。"中国一周""世界一周"主要刊载国内国际时政要闻，间杂简短的评论，以引导读者明辨是非。"什么话""肉麻世界"中的许多文章，驳斥了帝国主义、买办政客们的种种荒谬言行。

"寸铁"是《向导》中颇具特色的一个专栏，该栏所载文章大都为百字左右的时政类短评，篇幅虽短，但论述精辟，极具锋芒和战斗力。如《向导》第179期"寸铁"一栏发表的题为《花姑娘、大老板与反赤运动》的评论文章写道："张作霖做了反赤军的总司令，反赤的直鲁联军不日南下，上海反赤的朋友们当然要脱裤欢迎，……花姑娘们，大老板们，都准

---

[1] 马光仁：《有关党的早期报刊的一些史实——访郑超麟》，《新闻大学》1988年第1期。
[2] 陈独秀：《〈向导〉发刊词——本报宣言》，《向导》第1期，1922年9月13日。

备欢迎罢！欢迎国家主义派所谓爱国的军队！"①文章虽只有短短一百余字，但语言生动，作者用充满嘲讽的口吻揭示了军阀与地方士绅、资本家沆瀣一气的丑恶行径。这种风格鲜明的短评文章，深受读者喜爱。此外，《向导》还特设"外患日志"专栏，记录了中国人民遭受帝国主义侵略和奴役的事实。

《向导》周报在出版过程中，党中央曾作出明确指示，要求该刊在编写材料时，当以"极浅近的口号宣传"，尽力"使用口语，求其通俗化"。②《向导》周报根据这一指示，刊发了大量内容通俗，语言形象生动，贴近工农战斗和生活日常的文章。

《向导》周报的主要编撰者陈独秀、蔡和森、瞿秋白、彭述之等人都是中共早期的领导人和马克思主义理论家，具有极深的马克思主义理论素养，同时，他们又长期领导工农运动，理解和同情工农疾苦。因此，他们在编撰《向导》周报的过程中，注意为工农大众说话，所撰文章力求做到贴近民众、通俗易懂。陈独秀在《向导》周报上曾公开撰文称，共产党的"根本职任就是拥护工人贫农的利益"，推翻帝国主义和封建军阀，建设真正独立的民主的国家，共产党应"言天下人之所欲言，行天下人之所当行"，"别无阴谋异行有损于国家人民"③，体现出深沉的人民情怀。

《向导》周报的首任主编蔡和森早年曾赴法国勤工俭学，他在巴黎时就大量接触了《共产党宣言》等马克思主义著作，具有坚定的共产主义信仰和深厚的马克思主义理论功底。他主张写文章要首先深入到社会和群众中去调研，再以通俗的语言撰写成文，这样的文章才能让读者感到亲切。针对当时广大工农读者文化水平普遍较低的状况，他要求《向导》周报力戒八股文风，所刊文章力求浅显易懂。蔡和森本人所撰文章如《吴佩孚真会拣择便宜货》《何东的狐狸尾巴现出来了！》等，标题醒目新颖，文风泼辣，针砭时弊，极具感染力和战斗力，堪称集思想性、通俗性、艺术性与战斗性于一体的典范。他向读者坦言，《向导》的言辞并非"故为激烈"，它只不过是"常常本着忠实的科学的观察"④，揭露帝国主义侵略罪行和军阀依附列强丧权辱国的事实罢了。瞿秋白在主编《向导》周报期间，同样注重理论和实践的结合。他认为："只有实际生活中可以学习，只有

---

① 李振瀛：《花姑娘、大老板与反赤运动》，《向导》第179期，1926年10月25日。
② 中国社会科学院新闻研究所：《中国共产党新闻工作文件汇编》（上卷），新华出版社，1980年，第3页。
③ 陈独秀：《一封给章行严的信》，《向导》第102期，1925年2月14日。
④ 蔡和森：《单独侵略与协同侵略》，《向导》第45期，1923年11月7日。

实际生活能教训人，只有实际生活能产出社会思想。"[1]他自己经常深入工农群众中进行调研，倾听群众的意见。瞿秋白在《向导》周报上发表了大量政论文章，这些文章大多"密切依傍于实际"[2]，极具现实指导意义。例如，他在《中国之革命的五月与马克思主义》一文中，紧密联系五四运动、五卅运动等斗争实际，阐明了无产阶级运用马克思主义理论开展革命斗争的重要性。该文论据充分，说理透彻，展现出强大的说服力和号召力。

三、《向导》周报的发行和营销特色

《向导》周报的发行方式，一是通过邮局发行。《向导》周报从第4期起，在首页标注有"中华邮务管理局特准挂号认为新闻纸类"的字样。以此表明该刊是得到政府邮政部门批准发行的公开合法刊物。五卅运动后，邮政局禁止发行《向导》周报，该刊只得通过民办邮局民信局来发行。二是通过各地书店发行。在上海，《向导》周报主要由上海书店负责发行。《向导》周报在发行过程中，采取了灵活多样的折扣优惠策略（表3-3）。

表3-3 《向导》周报发行价及折扣优惠一览

刊期	零售价	半年价	全年价	折扣优惠	备注
第1—3期	3分	0.7元	1.3元		
第4—25期	铜元4枚	0.7元	1.3元		铜元4枚约为2.23分
第26—70期	3分	0.7元	1.3元		
第71—91期	3分	0.7元	1.3元	国内1元寄40期，国外25期；邮票代款享九五折优惠	
第92—116期	铜元4枚	未定价	未定价	国内1元寄60期，国外35期；邮票代款享九五折优惠	大洋涨价，铜元4枚约为1.94分
第117—141期	铜元4枚	未定价	未定价	国内1元寄50期，国外30期；邮票代款享九五折优惠	
第142—180期	铜元6枚	未定价	未定价	国内1元寄35期，国外25期；邮票代款享九五折优惠	
第181—201期	2.5分	未定价	未定价	国内1元寄35期，国外25期；邮票代款享九五折优惠	

---

[1] 瞿秋白：《多余的话》，贵州教育出版社，2005年，第169页。
[2] 郑保卫：《中国共产党新闻思想史》，福建人民出版社，2004年，第56页。

从表3-3中可看出，《向导》周报创办之初，发行价格相对较高，第1—3期零售价为每份大洋3分，半年价为大洋0.7元，全年价为大洋1.3元。至第4期起，价格略有下调，零售价降为每份铜元4枚（大约等于大洋2.23分）。从第26期至第70期，《向导》周报零售价格又调回至每份大洋3分。从第71期起，每份零售价保持不变，仍为大洋3分，但增加了订阅折扣优惠，国内一元可订购40期（含邮费），国外一元可订25期（含邮费），如用邮票代款，还可享九五折优惠。这一价格优惠措施的推出，有助于留住长期订阅本报的客户。

从第92期开始，《向导》周报发行价进行了大幅下调，零售价为每份铜元4枚，当时上海大洋一元折合铜元206.4枚[1]。铜元4枚约为大洋1.94分，这个售价比之前降了一分多。同时，订阅折扣优惠也有增加，国内一元可订购60期（含邮费），国外一元可订阅35期（含邮费）。这极大地降低了读者的货币支出成本，对广大读者来说显然是一大利好。

《向导》周报出版至第117期后，零售和代派价格未变，但订阅折扣优惠有所减少，国内一元只能寄50期，国外一元只寄30期。此时订阅折扣减少的原因，主要是办刊经费不足，加上北洋军阀政府对进步出版物管制趋严，经营上面临困难。因此，《向导》周报编辑部决定调整折扣优惠，以维持报刊正常运作。

自第142期起，《向导》周报进行了改版，页码从原来的8页增至12页，第144期起又增加至16页，比最初时多了一倍。因为页码增加，《向导》周报发行价也进行了上调，其中，零售价为每份铜元6枚，代派价格为每份大洋3分，订阅价为"国内一元寄足35期，国外一元寄足25期"[2]。此时，上海银圆与铜元的比价已有大幅度的上浮，两者比价为1∶270.6，6枚铜元约合大洋2.2分。但即使是改版后的这个定价，还是低于初创时期的零售价。这表明《向导》在定价过程中，注意考虑读者的接受心理，尽量保持价格的稳定，维护读者的利益。由于当时银圆与铜元比价不断浮动，换算困难，为方便读者订阅，自第181期起，《向导》周报价格统一按银圆计算，零售为每份大洋2.5分。

由于《向导》周报一直保持了发行价格的相对稳定，且不断推出各种折扣优惠，因而受到广大读者的欢迎。《向导》周报刚开始发行的时候，"一出即尽，供不应求"[3]。为满足读者需求，《向导》周报只好将各期进行

---

[1] 戴建兵：《白银与近代中国经济》，复旦大学出版社，2005年，第68页。
[2] 《本报价目》，《向导》第144期，1926年2月3日。
[3] 《读者之声》，《向导》第7期，1922年10月25日。

再版，出版至第 14 期时，《向导》周报已出至第三版。

此外，为了扩大本刊在读者中的影响力，《向导》周报还曾对工农、学生等相关团体实施过免费赠阅的办法。《向导》周报第 7 期登出过这样一则启事："凡工人团体、学生团体，各地公众图书馆、阅报室及一切政治团体要看本报者，望将地址开来，本报按期送阅一份。"[1] 通过免费赠阅，扩大了刊物的影响力，培养了更多忠实的读者。

《向导》周报在发行过程中，努力开拓发行渠道，不断增设发行营销网点。《向导》周报的发行渠道，除了采取邮局发行外，主要是通过各地书店发行。《向导》周报初创刊时，在全国只有四个分销处，分别为广州国光书店、上海亚东图书馆、国立北京大学出版部和长沙文化书社。为了方便读者购买，扩大发行量，《向导》不断开拓营销网点，在各地增设分销处。《向导》周报发行至第 4 期时，分销处增加至 10 家。至第 29 期时，《向导》分销处已增至 14 处。《向导》分售处最多时曾达 30 多个，发行网点遍及上海、广州、北京、南京、长沙、武汉、南昌、济南、西安、太原、成都、重庆、福州、昆明等 20 多个城市，在香港也设置有代销点。同时，《向导》还将分销处拓展至巴黎、柏林、东京等国外城市。[2]

《向导》周报的最初发行数为 1000 份左右，随着发行网点的不断拓展，其发行量也不断增加。至第 28 期时，每期平均印数"达五六千份"[3]。1924 年底，《向导》周报销售量已"达二万份以上"[4]。至 1926 年北伐前夕，《向导》周报的销售数已突破五万份，发行范围遍布全国。当时，就连江西赣州这样一座内地城市的书摊也能代售《向导》，而且"每期达七八十份"[5]。

《向导》周报在发行过程中，虽然经常遭到反动军阀和地方政府的查禁，但它通过不断地变换发行地址，巧妙地避开了反动军警的盘查，表现出顽强的生命力。《向导》第 8 期因发表蔡和森撰写的《国人应当共弃的陈炯明》一文，遭到军阀陈炯明的忌恨。《向导》周报寄到广州的当晚，便遭广东军阀陈炯明政府查禁。《向导》敢于刊发谴责当局统治者的文章，显示出该刊强烈的反帝和反封建军阀的战斗决心。

《向导》周报在出版营销过程中，通过设置读者专栏和发布宣传促销

---

[1] 《读者之声》，《向导》第 7 期，1922 年 10 月 25 日。
[2] 朱少伟：《烟雨斜阳》，上海三联书店，2012 年，第 81 页。
[3] 中国社会科学院近代史研究所现代史研究室：《"二大"和"三大"》，中国社会科学出版社，1985 年，第 169 页。
[4] 《新青年》编辑部：《国民必读之向导周报》，《新青年》季刊第 4 期，1924 年 12 月 20 日。
[5] 刘立丰：《论〈向导〉周报的宣传特色》，《哈尔滨学院学报》2008 年第 9 期。

广告等形式，加强与读者的沟通和互动，吸引广大读者的关注。《向导》周报编辑人员非常重视与读者的交流与沟通，双方建立了深厚的感情。编辑人员经常深入工农群众，征求广大工农读者对于刊物的意见和建议，只要是能办到的，他们都尽量满足读者的要求。主编蔡和森在《敬告本报读者》一文中曾公开表示，本报是中国民众的"喉舌"和"中国苦同胞的忠实好友"，是"真正代表中国民众利益的报纸"。

为了能及时获取读者的反馈信息，《向导》周报开辟了"读者之声""通信"等专栏，通过刊登读者来信，积极听取读者的批评和建议，反映读者的呼声和诉求。《向导》周报出版之初，并未设置目录，后来，他们接受读者建议，增加了这一项内容。对于报刊中出现的错误，《向导》也及时发布"更正声明"。《向导》创刊初期的定价，曾引起一些读者的不满，其中，一位署名"冬原"的读者来信说，现在的穷苦人民"买一块豆腐要吃惊，更说不到买《向导》了"[1]。当时，《向导》周报尽管面临经费困难的情况，但还是采纳了该读者的意见，将价格不断进行下调。特别是从第92期开始，《向导》定价做了较大幅度的下调，这一举措受到工农读者的普遍欢迎。此外，针对读者来信中提到的希望多登一些反映国内外工农运动现状的文章的意见，《向导》也予以采纳。

为扩大刊物在读者中的影响力，吸引更多读者的关注和兴趣，《向导》周报积极利用自身版面发布宣传促销广告。如《向导》第179期刊登了一则宣传广告，称该刊在全国"所受压迫最甚"，但仍然"本马克思主义的观点"，"毫无顾忌地批评中国的时局兼以指导中国民族革命运动的道路"。虽遭"最严密禁止"，但仍然继续出版发行，"且为广大民众所欢迎"。[2]同时还提醒读者，《向导汇刊》（第四集）已"订本无多，购请从速"[3]。类似的宣传广告在《向导》周报上随处可见。除了利用自身版面发布广告外，《向导》周报还在《新青年》《东方杂志》《政治生活》等刊物上刊登广告，进行宣传促销。如，《向导》周报曾在《新青年》上发布宣传广告，称《向导》周报是"中国革命理论和策略的向导！""全国最激进的刊物！""已有四年的生命！"[4]这些广告通过巧妙和富有感染力的文字宣传，加深了读者对于该刊的印象，起到了良好的宣传促销作用。

《向导》周报在办刊过程中，能够以丰富的文章内容和灵活的栏目编

---

[1] 冬原：《豆腐涨价与向导周报》，《向导》第166期，1926年8月6日。
[2] 《向导》编辑部：《向导汇刊（第四集）广告》，《向导》第179期，1926年10月25日。
[3] 《向导》编辑部：《向导汇刊（第四集）广告》，《向导》第179期，1926年10月25日。
[4] 《〈向导〉广告》，《新青年（月刊）》第5号，1926年7月25日。

排，满足读者多样化的需求；通过实施低价发行和折扣优惠策略，降低读者购买成本；通过拓宽发行渠道和增设发行网点以方便读者订购；通过开辟读者专栏和实施广告宣传，加强编辑与读者之间的互动和沟通，增进刊物在读者中的印象。正因为《向导》周报能坚持以读者为中心，始终为读者着想，为广大读者指明斗争的方向，因而被广大读者誉为"四百兆同胞的救命符"[①]，成为国民革命时期影响力巨大的一份进步刊物。

第五节　大革命时期的爱国进步出版活动

国民革命时期，国共两党团结合作，掀起了反对北洋军阀的反动统治的高潮。国民革命的兴起，既是国内形势发展的结果，也是国共两党合作的产物。这一时期，中国共产党人出版了大量反帝爱国的书刊，对于支持和推动国内工人运动，促进广大工人阶级的觉醒，起了重要作用。

一、第一次国共合作期间中共领导下的进步出版活动

1922年7月，中共二大在上海召开，大会通过了《关于"民主的联合战线"的议决案》。议决案提出了联合各革新党派建立民主的联合战线，打倒封建军阀统治，"建设真正民主政治的独立国家"的主张。[②]共产党认为在当时国内的各个政党派别中，只有孙中山领导的国民党算得上是革命的民主派。而且孙中山先生本人也是一位坚定的革命者，他很重视俄国十月革命胜利的经验。孙中山在多次革命后，也认识到依靠封建军阀是无法取得革命的成功的。因此，他本人也有与共产党合作的意愿。

1923年6月，中共三大在广州召开，本次会议确立了共产党员和共青团员以个人身份参加国民党的方针和政策。与此同时，经过一段时间的酝酿和筹备，1924年1月20日至30日，孙中山领导的国民党在广州召开了第一次全国代表大会。本次大会通过了宣言，确立了"联俄、联共、扶助农工."的三大政策。宣言的通过，标志着孙中山的旧三民主义已发展为新三民主义。新三民主义的政治原则与共产党在民主革命时期的纲领基本相同，因而成为国共合作的政治基础和革命统一战线的共同纲领。国民党一大的召开标志着第一次国共合作的正式形成。国共两党第一次合作的实现，使中共领导下的出版事业获得了进一步的发展。

---

① 《读者之声》，《向导》第7期，1922年10月25日。
② 《关于"民主的联合战线"的议决案》，中央档案馆：《中共中央文件选集 第一册（一九二一——一九二五）》中共中央党校出版社，1989年，第66页。

国共合作给革命的、进步的出版活动带来了新的生机。1924年1月国民党改组后，共产党人毛泽东担任国民党中央宣传部代理部长，后又当选为国民党中央候补执行委员，主持全面整顿国民党报刊宣传系统工作。据《政治周报》统计，1926年6月北伐前夕，全国14个省市（不包括北京、广东），国民党系统出版报刊有66种。[①]加上广东、北京两地总数近百种。其中，一批由共产党人主持出版的统一战线性质的报刊影响较大（表3-4）。

表3-4 国共合作时期中共领导下的进步刊物

刊物名称	创办时间	地点	主编（主要撰稿人）	停刊时间	出版期数
《新时代》	1923年4月10日	长沙	李达	1923年11月5日	4期
《妇女周报》	1923年8月23日	上海	陈望道、沈雁冰、邵力子、向警予	1925年11月	100期
《红灯》周报	1923年10月21日	南昌	袁玉冰	1927年7月16日	15期
《青年工人》	1923年10月31日	上海	邓中夏	不详	现存1~3期
《赤光》	1924年2月1日	巴黎	周恩来	1925年6月	33期
《政治生活》	1924年4月27日	北京	赵世炎	1926年7月	79期
《中国学生》	1924年5月	上海	王基永等	1926年11月6日	41期
《平民之友》	1924年6月	上海	恽代英等	不详	不详
《中国工人》	1924年10月	上海	邓中夏、罗章龙	1927年4月	不详
《劳动青年》	1925年初	上海	不详	不详	不详
《中国军人》	1925年2月20日	广州	王一飞	1926年3月	9期
《火曜》	1925年3月24日	宁波	华岗（华少峰）	1925年8月18日	15期
《工人之路》特刊	1925年6月24日	广州	邓中夏	1927年4月	616期
《湖北妇女》	1925年6月	武汉	亢文慧、赵君陶等	1927年7月	不详
《中洲评论》	1925年8月	开封	萧楚女	1926年1月	不详
《政治周报》	1925年12月5日	广州	毛泽东	1926年6月5日	14期
《中国农民》	1926年1月1日	广州	毛泽东	1927年6月	11期
《犁头》	1926年1月25日	广州	罗绮园、阮啸仙	1927年1月7日	23期
《战士》	1926年1月	长沙	夏曦	1927年4月	42期
《少年先锋》	1926年1月	广州	李求实	不详	不详

---

① 丁淦林、刘家林、孙文铄，等：《中国新闻事业史新编》，四川人民出版社，2008年，第222页。

续表

刊物名称	创办时间	地点	主编（主要撰稿人）	停刊时间	出版期数
《人民周刊》	1926年2月7日	广州	张太雷	1927年4月10日	50期
《汀雷》	1926年3月15日	广州	谢秉琼	1926年12月15日	9期
《妇女之友》	1926年9月	北京	郭隆真、张挹兰	1927年4月	12期
《群众》周报	1926年10月	汉口	罗章龙	1927年4月	14期
《青年工作》	1926年	广州	不详	不详	13期
《烈火》	1926年	北京	陈毅	不详	不详
《革命先锋》	1927年1月1日	福州	瞿秋白等人	不详	不详

从表3-4中可以看出，国共合作期间，中共领导和积极参与下的报刊出版既有党、团刊物，也有工农群众出版物。限于篇幅，这里仅对表中所列的部分刊物作一介绍：

1.《政治周报》

《政治周报》创刊时间为1925年12月5日，是国民革命时期共产党人在广州创办的一份影响力较大的时政刊物。该刊第一任主编由毛泽东担任，从第5期起，由共产党人沈雁冰、张秋人接任主编，萧楚女、杨开慧任助理编务。《政治周报》的创刊目的，在毛泽东撰写的发刊词《〈政治周报〉发刊理由》中提到，出版《政治周报》是"为了使中华民族得到解放，为了实现人民的统治，为了使人民得到经济的幸福"①。

《政治周报》主要发表国民政府的宣言、报告和决议，抨击国民党右派言论，向人民群众介绍广东革命政府的革命活动和工农群众运动情况，同时刊载政治论文和通讯，该刊设有"反攻"专栏，以刊载短小精悍的时评文章为主，重视用事实说话。毛泽东以"润""子任"等笔名在该刊发表政论、时评等各类体裁的文章共计20余篇。

该刊宣传报道了广东革命政府在发展政治、经济、文化和教育事业方面所取得的成绩，积极报道各地工农群众开展反帝爱国斗争的消息，揭露了"西山会议"派勾结帝国主义和军阀势力的阴谋。如该刊第4期刊载了毛泽东的《国民党右派分离的原因及其对革命前途的影响》一文，作者在文章中对国民党右派的产生背景及其阶级属性作了深刻分析，揭示了右派分裂革命阵营的原因，阐明了中国国民革命的目的是建立一个革命民众联合统治的国家，而不是建立一个纯粹资产阶级专政的国家。《政治周报》

---

① 毛泽东：《〈政治周报〉发刊理由》，《政治周报》第1期，1925年12月5日。

每期销售数量高达4万份，是国民革命时期创刊的一份畅销刊物。1926年6月5日，该刊出版至第14期后宣布停刊。《政治周报》是国共第一次合作下的产物，该刊在捍卫孙中山"联俄、联共、扶助农工。"三大政策，维护国共合作的统一战线，巩固广东革命根据地，为北伐战争做准备等方面，发挥了重要作用。

2.《中国农民》

《中国农民》创办于1926年1月1日。该刊初始为月刊，出至第4期后改为不定期出版。该刊最初在广州出版，1927年初迁至武汉出版。《中国农民》是国民革命时期中国共产党主导下创办的旨在指导国内农民运动的进步刊物。在栏目设置方面，该刊辟有"论文""报告""特载""来函"等栏目，每期还刊有多幅反映广东农民运动的插图。

《中国农民》发表了大量有关农民问题的报告和理论文章。共产党人毛泽东、谭平山、罗绮园、彭湃、李大钊、彭公达、阮啸仙等，都曾在该刊上发文，研讨中国农民运动的理论。该刊第1期登载了毛泽东撰写的《中国农民中各阶级的分析及其对于革命的态度》一文，该文对中国农村居民的阶级构成做了十分细致的划分，将农村人口划分为八个不同阶级，并指出，不同阶级因其所处的经济地位和生活状况不同，因而"对于革命的观念也各不同"。[1]文章指出，无产阶级斗争要依靠广大农民，要将"自耕农、半自耕农、半益农、贫农、雇农及手工业工人"五种成分的农民团结于一个组织之下，对于地主阶级"在原则上用争斗的方法"，对于土豪劣绅，"则须完全打倒他"。对于游民无产阶级"采取劝说的办法"，使他们站到农民一边。

该刊第2期转载了毛泽东的《中国社会各阶级的分析》，作者在该文中对中国社会各阶级的经济状况和社会地位、政治态度进行了详细的阐释，说明了中国革命的领导、动力和对象，精辟地论述了"谁是我们的敌人，谁是我们的朋友"这一革命的首要问题。[2]该文的发表，为中国新民主主义革命实践提供了思想上和理论上的指导。第3期发表的彭公达的《农民的敌人及敌人的基础》一文，把帝国主义、军阀、官僚、买办阶级、地主、劣绅6种人列为农民的敌人。第5期上转载了李大钊发表在《政治生活》上的《土地与农民》一文，明确指出农民在中国民主革命中的重要性，李大钊指出："中国的浩大的农民群众，如果能够组织起来，参加国

---

[1] 毛泽东：《中国农民中各阶级的分析及其对于革命的态度》，《中国农民》第1卷第1期，1926年1月1日。

[2] 毛泽东：《中国社会各阶级的分析》，《中国农民》第1卷第2期，1926年2月1日。

民革命,中国国民革命的成功就不远了。"[①]1926年7月出版的第6、7期合刊为"广东第二次全省农民代表大会特号",全部刊载了此次大会的宣言、各项报告、决议案和祝词。第2卷第1期是"土地问题专号",刊登了邓演达的《土地问题的各方面》、谭平山的《中国农村经济状况》、陈克文的《土地委员会开会经过》、邓文仪的《土地问题之研究》及鲍罗廷和陈独秀解决土地问题的意见。此外,该刊还介绍了湖北、湖南、河南、浙江、山东、四川、广西、广东等省农民运动的情况。

《中国农民》共出版11期,最后一期出版时间为1927年6月。该刊在上海、长沙、武汉、开封等全国多个城市均设置了代售处,每期发行数约为5000份。

3.《犁头》

该刊是大革命时期中国共产党领导下广东省农民协会主办的机关刊物,1926年1月25日创刊于广州。共产党人罗绮园、阮啸仙等为该刊主要撰稿人。该刊最初为旬刊,后改为周刊,现在能看到的最后一期是1927年1月7日出版的第23期。

该刊主要刊登农民协会的决议、通告、通令,报道各地农民运动的经验和情况,登载研究农民问题的文章。该刊还辟有"农民俱乐部"一栏,主要刊登一些诗歌、农谚、歌谣之类的通俗性文章。该刊形式生动活泼,文字通俗易懂。在宣传中国共产党的革命统一战线策略和指导农民运动的开展方面,起了重要作用。该刊还出过"农民协会扩大会议专刊"。

4.《战士》

该刊于1926年1月在长沙创刊。初为旬刊,自第14期起改为周刊。发行地址为长沙文化书社,从第28期改为汉口长江书店。该刊开辟"言论""短评""述评""各地通信""工人运动""游击""读者之声""杂评"等众多栏目。陈独秀、毛泽东、恽代英、李维汉、谭平山等人都曾在该刊上发表过文章。

《战士》积极报道各地农民运动的消息。第25期刊载的《反农民运动与反革命》一文明确指出:"中国国民革命便是一个农民革命,便是一伟大的农民解放运动","因此农民问题是国民革命中的中心问题"。第27期发表的《中国农民运动的趋势》一文,首先提出了"中国革命运动的重心将从城市的工人中移向广大农民群众"。李维汉在第41期上发表的《湖南革命的出路》一文中,强调湖南在"新时期的中心问题,便是土地问题。

---

① 守常:《土地与农民》,《政治生活》第62—67期,李大钊:《李大钊文集》(下),人民出版社,1984年,第834页。

解决了土地问题，便是解决了我们革命的出路问题"。《战士》自第35期至第39期连载了毛泽东的著名文章《湖南农民运动考察报告》，文章热情讴歌了蓬勃发展中的湖南以及全国农民革命运动。

《战士》还出版了不少专刊和纪念特刊，如，1926年5月30日第12期推出了"五卅特刊"以纪念五卅运动一周年。11月7日出版的第23期登载了介绍俄国十月革命和社会主义建设的文章。1926年6月，北伐开始后，该刊以北伐战争为中心，对北伐战争的意义、北伐胜利进军的情况进行了大量报道。这些报道，对于动员民众参加北伐战争，树立战胜北洋军阀反动政权的信心，发挥了重要作用。

5.《人民周刊》

该刊于1926年2月7日在广州创刊，是大革命时期中共广东区委员会的机关刊物。张太雷任主编，主要撰稿人有张太雷、邓中夏、罗绮园、阮啸仙、冯菊坡等人。陈独秀、周恩来、恽代英、彭湃等中共早期领导人也多次在该刊上发表著述。

该刊的办刊宗旨和任务，是为了"反帝国主义及其一切依附帝国主义或帝国主义所赖以生存的军阀、官僚、买办阶级、地主"[①]。为达成这一目标，须完成"三项使命"：一是给反帝国主义运动以理论上与策略上的指导；二是要唤起民众，特别是工农群众参加民族运动；三是要贡献出对巩固广东革命基础以及扩大革命基础的意见。

该刊以刊登指导工农运动及国民革命运动的文章为重点，辟有"社论""特载""专载""评述""一周述评""论文""名论""名著""报告""谈话""纪念""通讯""人民生活""宣传大纲""毛锥"等众多栏目。该刊在边缝上印有"一切革命分子在共同的革命政纲之下团结起来""一切革命分子联合起来打破帝国主义的分裂政策""团结一切革命势力反对帝国主义武装干涉中国""一切革命势力团结起来反对帝国主义与军阀到底"等革命口号。

该刊报道了全国各地开展工人罢工斗争的消息，分析了工人阶级开展罢工斗争的意义。这一方面的报道和文章，如邓中夏的《五卅后中国职工运动之新现象》《省港罢工的胜利》《上海总罢工的意义》、冯菊坡的《广东职工运动之进步》、黄平的《论广州工潮》等。《人民周刊》重点对广东地区开展工农运动的情况进行了报道和分析。如该刊第7期刊载了阮啸仙的《广东省农民协会扩大会议》，第23、24、25期连载了彭湃的《花县匪

---

① 张静如、梁志祥：《中国共产党通志》（第2卷），中央文献出版社，1997年，第392页。

团惨杀农民的经过》，第15期发表了罗绮园的《广东第二次全省农民代表大会之经过及结果》等。周恩来也曾在该刊上发表过《现时广东的政治斗争》（第35期）等重要政论文章。

该刊在重大纪念日和重大事件与活动的时候，还出版纪念专号，发表系列纪念文章。如，第5期出版了《纪念中山先生》专号，刊发了张太雷的《纪念中山先生》、邓中夏的《中山先生之工农政策》等纪念文章；第19期出版了"纪念廖仲恺先生"专号，发表了张太雷的《廖仲恺——国民党左派的模范》、冯菊坡的《廖仲恺与职工运动》、罗绮园的《廖仲恺与农民运动》等文章。

《人民周刊》主编为张太雷，他在负责主编该刊的过程中，还以"木""大""雷""人""春""太雷"等笔名在该刊发表文章70多篇。其中比较重要的文章有《二七之意义》（第1期）、《北方时局与国民会议运动》（第2期）、《武汉攻下以后》（第20、21期合刊）、《今年纪念双十节之意义》（第26期）、《这次国民党联席大会的中心问题》（第27期）等。

《人民周刊》在广州、北京、上海、长沙、武昌、重庆等全国多个省会城市都设立了分售处，每期发行量高达2万余份，备受读者欢迎。该刊于1927年4月10日出版至第50期后宣布停刊。《人民周刊》的出版，对于推动广东地区工农运动的发展和北伐胜利进军，起了重要作用。

6.《汀雷》

该刊于1926年3月15日在广州创刊，同年12月15日停刊，共出9期。该刊由当时求学于广州中山大学的闽籍青年、共产党员谢秉琼、胡轶寰、吴炳若等共同创办，谢秉琼任主编。本刊创办的宗旨，在于宣传革命主张，动员全汀州民众起来斗争，进而达到改造汀州社会的目标。该刊致力于宣传国民革命的意义，揭露帝国主义、军阀和土豪劣绅的罪行，号召汀州群众团结起来，支援北伐军，积极参加革命斗争，消灭军阀势力。

《汀雷》第1期发表的《告汀属民众》一文，指出，帝国主义和封建军阀"闹得整个汀属，乌烟瘴气，暗无天日"，汀属各地在封建军阀的统治下，"民不聊生，四民失业，壮的铤而走险，老的死于沟壑"。[①] 在《劣绅鱼肉平民的工具》一文中，揭露了保卫团、农会、商会、教育局、教育会、劝业局等官僚政府部门鱼肉平民的种种劣行。第3期刊登的《打倒上杭教育界的蟊贼傅丹初》一文中，揭露了上杭县教育局局长傅丹初为了个人发财致富，不管不顾学校教育，只顾自己中饱私囊的劣迹。在《伤心惨

---

① 中国革命博物馆党史研究室：《党史研究资料》（第6集），四川人民出版社，1985年，第110页。

目的汀州》一文中，作者更是悲愤地指出："在我们全福建中，汀州人所感受的痛苦，恐怕是站在第一位。"①文章同时分析了百姓所遭受巨大痛苦的原因：一是军阀跋扈，二是地痞专横，三是烟赌林立，四是土匪猖獗。文章指出："近年被那豺狼们的军阀，凭借他们的武力，横行不法地在那儿乱闹，不是捐军饷，就是勒种烟，不是拉夫索诈，就是掳人勒赎"②，地痞替军阀帮忙，为虎作伥，二者狼狈为奸，共同搜刮民脂民膏。

《汀雷》同时号召农民起来革命，在该刊第2期发表的《农民求解放应有组织的结合》一文，文章高度评价了农民在社会中的作用，同时以广东国民革命运动中农民奋起驱赶军阀陈炯明的事例，号召："亲爱的农民！你不要怀疑，赶快结合你的力量起来"③，驱赶一切封建军阀、官僚、地主、土豪劣绅，争取自身的解放和自由。

1926年10月，北伐军挺进福建的消息传来，《汀雷》发表了《国民政府出师援闽与汀州人》《革命军到汀后革命同志应做的实际工作》《农民要怎样去帮助革命军》等一系列文章，积极声援北伐战争。《汀雷》社成员也一致议决，除部分同志仍留在广州继续出版该刊外，大部分同志返回汀州家乡，积极投身实际革命斗争。1926年12月，《汀雷》在出版了第9期后宣布停刊。

国民革命时期，中国共产党主持下出版的进步工人运动刊物还有《革命工人》周报、《湖南工人》周刊等一批工人报刊。北伐战争期间，一些省市的工会组织也创办了一批工人报刊。如《上海总工会五日刊》《工人导报》《上海工人》《印刷工人》等。

从1926年下半年开始，在各地农民运动的浪潮中，各省农民协会也出版了一批进步刊物，如《农民运动》《农友》《江西农民》《湖北农民》《山东农民画报》《血潮画报》《耕牛》《锄头》等。其中，《农民运动》是一份通俗的农民报刊，1926年8月1日创刊于广州，后迁至武汉出版。该刊主要报道了各地农民运动开展斗争的情况，批驳了国内军阀反动统治者对于农民运动的诬蔑。④

国共合作时期，妇女报刊得到进一步发展。除了《中国妇女》之外，这一时期，中共领导下创办的妇女刊物还有上海妇女周报社出版的《妇女周报》，刘清扬、李峙山、邓颖超等人在天津创办的《妇女日报》，广东妇

---

① 陈资生：《伤心惨目的汀州》，《汀雷》第3期，1926年5月1日。
② 陈资生：《伤心惨目的汀州》，《汀雷》第3期，1926年5月1日。
③ 郭仲谟：《农民求解放应有组织的结合》，《汀雷》第2期，1926年4月1日。
④ 丁淦林、刘家林、孙文铄，等：《中国新闻事业史新编》，四川人民出版社，2008年，第223页。

女协会主办的《光明》，中共北方区委妇女部在北京创办的《妇女之友》等刊物。这些妇女刊物中有不少是共产党人参加编辑和撰稿的，如上海的《妇女周报》是当时全国唯一反映全国妇女运动全貌的刊物，中共中央妇女部领导人向警予为该刊主编之一，主要撰稿人有陈望道、沈雁冰、杨之华等人。

国民革命时期，随着各地学生联合会和全国学生联合总会的普遍恢复，学生报刊也得到发展。除了中华全国学生总会出版的《中国学生》外，这一时期的重要学生报刊还有《北京学生联合会日刊》《北京学生》《上海学生》《新学生》等。

国共合作后，于1924年6月在广州创办了国民党陆军军官学校（黄埔军校）。为了加强军队的思想政治工作，黄埔军校出版了一批报刊，其中不少负责军队政治工作的共产党人成为军队报刊的主要编撰人。当时，影响较大的军队报刊有《中国军人》《黄埔日刊》《军人日报》《黄埔潮》等。其中，《中国军人》创刊于1925年2月，由共产党人王一飞担任该刊主编。该刊宗旨是"鼓吹革命精神，团结革命军人，唤醒全国军人，促起全国军人的觉悟"[1]。《中国军人》以黄埔军校师生为主要读者，主要面向军队发行，每期发行量高达2万多份。这些军队报刊的创办，不仅对加强军队的思想政治建设起了积极作用，也对北伐战争的胜利进军起了重要的宣传和鼓动作用。

1924年1月，列宁逝世后，中国共产党发起了纪念列宁和宣传列宁革命精神的活动，在全国兴起了一个学习和介绍列宁主义学说的高潮，许多报刊大量发表追悼和介绍列宁的文章。1924年12月出版的《新青年》季刊第4期，发表了列宁的《革命后的中国》《亚洲的醒悟》《民族与殖民地问题》等一系列重要文章。1925年4月出版的《新青年》季刊，刊发了列宁的《专政问题的历史观》《第三国际及其在历史上的位置》等文章，此外，还转载了瞿秋白的《列宁主义与托洛茨基主义》、陈独秀的《列宁主义与中国民族运动》、任弼时的《列宁与青年》等中共领导人的文章。

与此同时，许多出版社和书店也加紧出版和发行列宁的著作。1926年，列宁的《国家与革命》、斯大林的《论列宁主义基础》的中译本首次在中国出版。此外，在国民革命时期，新青年社发行了《马克思全书》《列宁全书》等马列主义著作，上海书店发行了《马克思主义浅说》《社会科学概论》《唯物史观浅释》等社会科学新书。革命书刊的大量出版发行，

---

[1] 丁淦林、刘家林、孙文铄，等：《中国新闻事业史新编》，四川人民出版社，2008年，第232页。

使马克思列宁主义学说在中国得到进一步传播，有力地推动了国民革命的发展。

二、五卅运动中出版战线的反帝爱国斗争

1925年爆发的五卅运动，是中国人民在共产党领导下的反帝爱国斗争。在五卅反帝爱国运动中，中共领导人民群众充分利用"出版"这一武器，对帝国主义侵略暴行和军阀软弱妥协的行为进行了揭露，同时，鼓舞人民群众积极起来参加反帝爱国斗争。

（一）五卅运动中反帝爱国报刊的出版

1925年5月30日，英、日巡捕在上海租界枪杀手无寸铁的爱国学生，制造了震惊全国的"五卅惨案"。为了揭露英、日等帝国主义的暴行，新闻出版界在中国共产党领导下，创办刊物，撰写文章，发起了轰轰烈烈的反帝爱国运动。在当时反帝斗争的中心上海，涌现了一大批反帝爱国的报刊，如《公理日报》（上海学术界对外联合会主办）、《热血日报》、《血潮日刊》（上海学生联合会的机关报）、《上海总工会日刊》（后又改为《上海总工会三日刊》《上海总工会五日刊》）、《工商学联合会日刊》等。

《公理日报》是五卅运动时期上海出版的一份爱国进步报纸。该报创办时间为1925年6月3日，主要编撰人员有郑振铎、沈雁冰、叶圣陶、胡愈之、王伯祥等人。《公理日报》的创办初衷，据郑振铎在后来撰写的"停刊宣言"中所说，是因激愤于"五卅惨案"之后，上海众多报刊表现得十分无耻和懦弱，对于帝国主义残杀中国人民的暴行竟然集体噤声，"故不得不有本报的组织，以发表我们万忍不住的说话，以唤醒多数的在睡梦中的国人"[1]。《公理日报》揭露了帝国主义的血腥屠杀，报道了海内外支持五卅运动的消息、文告，抨击了有关方面的暧昧态度。该报登载了叶圣陶的《华队公会的供状》《不要遗漏了"收回租界"》《无耻的总商会》等9篇文章，号召人民起来开展反帝斗争。该报辟有"社会裁判所"一栏，以鼓励读者表达他们对社会的观点和看法。

《公理日报》创刊的次日，即1925年6月4日，上海地区又一份爱国进步报纸《热血日报》出版了。该报由瞿秋白任主编，主要编撰者有瞿秋白、郑超麟、沈泽民、何味辛等人。《热血日报》具有强烈的战斗性，它在发刊词中宣告："现世界强者占有冷的铁，而我们弱者只有热的血；然而我们心中果然有热的血，不愁将来手中没有冷的铁，热的血一旦得着冷

---

[1] 郑振铎：《〈公理日报〉停刊宣言》，《公理日报》，1926年6月24日。

的铁，便是强者之末运。"①《热血日报》的主要栏目有社论、国内要闻、本埠要闻和紧要消息等。这些栏目刊载了大量文章，揭露了帝国主义的罪恶，对国内一些关于帝国主义侵略的投降和错误言论进行了驳斥。主编瞿秋白以"热""血""沸""腾""了"等笔名，在该报发表了20多篇短评。如1925年6月8日，该报发表了瞿秋白撰写的《工商学联合会与上海市民》一文，向帝国主义列强和军阀当局提出"惩凶、赔偿、谢罪""撤退外国驻华的一切武装势力""租界上有集会结社出版言论绝对自由"等要求。这些要求的提出，使人民群众的反帝斗争有了明确的目标。

《热血日报》出版后深受读者欢迎，"出版10期，销数即达3万，投稿通信与亲来接洽者，日以万计"②。该报的出版，让帝国主义和封建军阀大为恐慌。1925年6月29日，上海军阀当局对该报进行了查封。《热血日报》从创办到被查禁，共出版了24期。

1925年6月4日，即与《热血日报》创办的同一天，中国共产党领导下的上海学生联合会主办的《血潮日刊》在上海出版，编辑人员有陆定一等。《血潮日刊》的创刊宗旨，在该刊创刊号发表的《本刊启事》中提到，五卅惨案发生后，"言论界或观望不前，或作隔靴搔痒之评语"，"深恐各界不明真相，本刊决用记载确定消息及主持公道为目的"。③

该刊政治观点鲜明，战斗性强，除设有新闻、言论、文电启事、记载等一般栏目外，还辟有"外人屠杀我国同胞之大惨剧烈士略史""歌曲""烈士遗书"等专栏。该刊揭露了帝国主义屠杀中国人民的罪行，歌颂了五卅惨案中的死难烈士。该刊还经常发表上海学联代表大会及其执委会的议决案，如《上海学生联合会罢课宣言》《上海学联代表大会议决案》《本会预备对英宣战宣言》等，以鼓舞上海人民起来同帝国主义斗争。此外，该刊还大量刊发了全国各地和日本、菲律宾、英国、波兰、美国、加拿大、墨西哥等国学生团体声援上海学生爱国斗争的来信和来电。该刊于1925年9月7日停刊，共出版94期。

1925年6月10日，爱国报纸《民族日报》在上海出版。该报由杨杏佛主编，该报以唤起中华民族之觉醒为创刊宗旨，在其发刊词中明确宣告："民族日报，何为而作也？将以唤醒中国民族之自觉也。"④杨杏佛在《民族日报》上发表了《八十五年来中国之大敌》等多篇社论，抨击英、日帝国

---

① 瞿秋白：《〈热血日报〉发刊辞》，《热血日报》第1号，1925年6月4日。
② 《〈热血日报〉启事》，《热血日报》，1925年6月16日。
③ 《本刊启事》，《血潮日刊》第1号，1925年6月4日。
④ 杨铨：《杨杏佛文存》，平凡书局，1929年，第189页。

主义侵略中国的罪行。他在《驳梁任公先生应付上海惨案态度》和《高等华人的高调与责任》等文章中,揭露了军阀官僚的媚外丑态。他呼吁"对虐我之英日,实行经济绝交,至死不懈"①,对误我之政府,"实行扩张民权,监督官吏",从而使中华民国于最短时期中,废除一切不平等条约。由于反动军阀和帝国主义的仇视和迫害,6月25日,《民族日报》被逼停刊。《民族日报》从创刊到终刊,仅仅存在了16天。

《上海总工会日刊》为上海总工会主办的一份工人刊物。该刊于1925年6月11日创刊,其发刊辞宣称:"《上海总工会日刊》的言论完全代表工界的利益的。"该刊主张反对外来侵略和压迫,废除一切不平等条约,收回租界,赶走外国军警。该刊主要任务为充分发表工界意见,向工界及社会报告总工会及工界的真实消息。②该刊设置有通告、启事、重要文件、经济报告、罢工报告、消息摘要、工友须知等栏目。

《上海总工会日刊》在创刊号的"重要文件"一栏中刊登了《上海总工会对外通电》一文,向各国工会和工人控诉了日、英帝国主义屠杀中国同胞的滔天罪行。该文指出,帝国主义是"全世界民众之共同敌人",呼吁"全世界工人一致援助中国民众,共同反对此种野蛮之屠杀"。③

五卅运动爆发后,为了支持上海市工人有组织地开展罢工斗争,该刊发布了《工会是工人生命权利的保护者》一文,号召工友们"赶快起来组织我们自己的工会",以便使工人的罢工斗争在党和工会的统筹之下进行。④该刊还报道了全国各地及英、美、德、法、日、苏联及西班牙各国人民声援慰问上海工人罢工的消息等,如第13期报道了安源路矿工人俱乐部代表萧劲光携带工人800元捐款来支援上海工人罢工的消息。这些消息报道,大大增强了上海工人开展罢工斗争的信心和决心。

1925年9月,《上海总工会日刊》编辑部遭到上海军阀当局查封。在中国共产党的指导下,上海总工会又创办了《上海总工会三日刊》,继续宣传和配合上海工人阶级的罢工斗争。为了激励工人的革命斗志,该刊登载了《李立三谈话》和《刘少奇的奋斗》两篇短文,分别报道了总工会委员长李立三与工人谈话的经过和总工会总务科主任刘少奇为工会工作日夜操劳的事迹,表明了总工会对于工人运动的坚定支持。1926年2月7日,《上海总工会三日刊》第109期登载了《列宁逝世二周年纪念》一文,报

---

① 杨铨:《杨杏佛文存》,平凡书局,1929年,第194页。
② 《发刊辞》,《上海总工会日刊》第1期,1925年6月11日。
③ 《上海总工会对外通电》,《上海总工会日刊》第1期,1925年6月11日。
④ 觉:《工会是工人生命权利的保护者》,《上海总工会日刊》第5期,1925年6月18日。

道了列宁领导俄国十月革命的事迹,向工人们宣传了马列主义的真理。该文指出,中国工人要翻身解放,就"应该遵从列宁的教训,联络全世界的无产阶级与被压迫民族,共同推翻帝国主义"。该期还报道了林祥谦、施洋、刘华、黄静源、顾正红、李慰农、高克谦等烈士的光辉事迹,号召大家要"踏着'二七'诸先烈的血迹奋发前进!"该刊还刊载了《反段市民大会专号》一文,详细报道了上海市民召开的反对段祺瑞军阀政府大会的盛况。文章号召人民起来推翻段祺瑞的军阀政府,"铲除军阀统治,建设国民的国民政府"[①]。该期还发表了总工会对时局的宣言,号召全体市民共同起来开展大规模的革命运动。

1926年1月,《上海总工会三日刊》改为《上海总工会五日刊》,继续宣传和号召工人阶级团结起来开展罢工斗争。该刊在1926年7月1日第120期刊登了《为什么要团结?》《不赤化也不过如此》两篇文章,说明工人只有组织好工会,团结一致才能取得罢工斗争的胜利。同期还发表了《吴张大卖国》一文,揭露了反动军阀吴佩孚、张作霖勾结帝国主义的卖国行径,并号召大家共同起来反对这种丧权辱国的行为。《上海总工会五日刊》还刊发了许多反映北伐胜利进军的宣传报道。1926年6月15日,该刊第119期刊登了《广州回来以后要和工友说的话》一文,赞颂了广东国民政府,并号召大家共同起来革命,"做一个北伐后援军,帮他们将军阀走狗一齐扫尽,帝国主义一齐打倒,建立人民自己的政府,这样大家才能过上幸福的生活"[②]。

《上海总工会日刊》《上海总工会三日刊》《上海总工会五日刊》在揭露帝国主义侵略中国的暴行,促进上海各业工人组织工会,鼓动上海工人阶级长期坚持罢工和反帝爱国斗争方面起了积极作用。

(二)五卅运动中反帝爱国书籍的出版

五卅运动期间,全国除创刊了大量的爱国进步报刊外,还出版了大量反帝爱国书籍,积极声援和支持工人开展罢工斗争。例如,著名工运领袖邓中夏在领导省港工人大罢工的过程中,还撰写了《省港罢工中之中英谈判》《工会组织法讲义》《罢工的政策》《省港罢工概观》等一系列反映省港工人罢工斗争的著作。其中,《省港罢工概观》一书介绍了省港工人大罢工的起因、经过和规模,并附了大量有关省港大罢工运动的照片,如省港罢工工人代表大会代表合影、省港罢工委员会委员合影、省港罢工委员

---

① 《反段市民大会专号》,《上海总工会三日刊》第102期,1925年12月11日。
② 赵子良:《广州回来以后要和工友说的话》,《上海总工会五日刊》第119期,1926年6月15日。

会全体职员合影、纠察委员会委员合影等，这些报道和照片，是了解研究省港罢工运动的珍贵一手资料。苏兆征为该书题词："省港罢工与出师北伐为国民革命的目前两大工作。"该书由中华全国总工会省港罢工委员会宣传部印行，国光书店负责发行。

五卅运动期间出版的图书还有恽代英著的《中国民族革命运动史》、中央军事政治学校编印的《拥护省港罢工》，以及《世界职工运动》《罢工纠察为国牺牲录》《罢工与东征》等。这些反帝爱国书籍的出版，形成了强大的反帝统一战线，它们通过发动声势浩大的宣传运动，唤醒了民众，鼓舞了中国人民与帝国主义斗争到底的信心和决心。

(三)《东方杂志》"临时增刊"的出版

《东方杂志》创办于1904年3月，是近代最大出版社商务印书馆出版的一份大型综合杂志。五卅运动期间，《东方杂志》也加入了反帝斗争的阵营。五卅惨案发生后，为了声讨帝国主义的罪行，该刊编辑胡愈之等人编辑出版了一册"五卅事件临时增刊"（以下简称"临时增刊"）。该"临时增刊"于1925年7月中旬出版，16开本，共193页。除了部分低价零售外，主要随《东方杂志》订户免费附赠。

"临时增刊"内容包括以下三部分：第一部分主要揭示"五卅"事件的真相，谴责帝国主义残杀中国工人的罪行。该刊登载了商务印书馆编译所所长王云五撰写的《五卅事件之责任与善后》和胡愈之撰写的近3万字的长篇通讯《五卅事件纪实》。王云五在文章中指出，"五卅"事件的责任完全在帝国主义，群众的游行是反抗帝国主义的正义和合法行动。因为"上海公共租界系中国领土，中国人民在本国领土之行为，当然受本国法律之保护及制裁"[1]。胡愈之的《五卅事件纪实》一文在记载五卅运动史实的同时，还分析了该事件对于整个中华民族的影响，文章指出："五卅事件而引起的全国民众运动，是中华民族要求独立与生存的大抗争的开始。"[2]作者在文中提出，不能把反帝斗争目标仅停留于惩凶、赔款、释放被捕工人学生等层次，而是应当"废除外人对我之种种不平等待遇"的条约，即以废除各种不平等条约为奋斗目标。

第二部分是《会审公堂记录摘要》，内容为法庭审讯记录原本的摘录。会审公堂是英美帝国主义在上海租界设立的特殊司法审判机关。文章通过摘录法庭审讯记录，揭示了帝国主义欺压中国百姓的罪行。

---

[1] 王云五：《五卅事件之责任与善后》，《东方杂志》第22卷，1925年7月15日。
[2] 胡愈之：《胡愈之文集》（第六卷），生活·读书·新知三联书店，1996年，第328页。

第三部分是《重要函电汇录》，主要收集了国内外各界人士和团体的通电、宣言、声明、抗议书共23份。通过刊登这些函电，以此表明"五卅"反帝爱国斗争得到全国人民乃至世界各国人民的支持，有助于鼓舞上海人民反帝斗争的信心和决心。

"临时增刊"共22万字，封面设计一反《东方杂志》色彩明丽的特点，采用单一黑色，看上去简洁凝重，给人以沉重、压抑的感觉，是对五卅惨案中帝国主义残杀无辜群众的无声控诉，体现了编辑人员的爱国立场。

"临时增刊"是在舆论环境十分困难的情况下出版的。"五卅"事件发生后，当时上海许多报刊慑于帝国主义的压力，不敢站出来表明立场。《东方杂志》敢于冲破重重阻力，挺身而出，出版"临时增刊"，揭示帝国主义暴行，表现出巨大的政治勇气、崇高的民族气节和强烈的爱国热忱。这在当时是十分难能可贵的，这也是"临时增刊"出版之历史意义所在。

《东方杂志》"五卅事件临时增刊"的出版，引起上海公共租界的恐惧和憎恨。工部局控告商务印书馆违反《出版法》，指责该馆"临时增刊"所载文字内容妨碍租界治安。对于工部局的控告和指责，被告律师在会审公廨开庭审讯的过程中据理驳斥，指出北洋军阀袁世凯政府所制定的《出版法》未经合法国会通过，属于非法之法，没有法律效力。因此，工部局强加的《东方杂志》"五卅临时增刊"的罪行，就事实与法律而言都不能成立，要求"将此案注销"。但是，秉承工部局旨意的会审公廨对此却不予理睬，并强行作出如下判决，"判被告交二百元保，于一年内勿发行同样书籍"。①

帝国主义援引《出版法》反过来加害中国新闻出版业的卑劣行径，激起了中国人民的极大愤慨。反对帝国主义和封建军阀，要求言论出版自由和废除《出版法》的呼声日益高涨。上海各公团联合会、上海日报公会、上海书业商会、上海书报联合会、上海书业公所等团体，纷纷上书北京军阀政府当局，强烈要求废止《出版法》。上海新闻出版界的斗争，得到全国人民的声援，北京、天津、武汉、广州、南京等地新闻出版界人士也纷纷发起"废止出版法"的斗争，有的还派出代表赴北京向段祺瑞政府请愿。在强大社会舆论压力下，1926年1月27日，北洋军阀政府不得不宣布废止《出版法》。

---

① 《东方杂志五卅特刊被控记》，张静庐：《中国近现代出版史料》（现代甲编），上海书店出版社，2011年，第231页。

（四）新闻出版界反对"印刷附律"的斗争

所谓"印刷附律",实际上是上海公共租界帝国主义制定的新闻出版管理法规。其目的旨在扼杀中国人民的革命宣传。五四运动期间,上海出版了大量进步爱国报刊,对帝国主义侵略进行了猛烈抨击,这让他们感到十分忧心。为巩固帝国主义在租界内的特权和利益,当时帝国主义控制下的行政管理机构上海工部局积极谋划通过"印刷附律"议案。

1919年6月26日,工部局在其控制的报刊上发布"印刷附律"议案。该议案规定:"凡人欲经营印刷、石印、雕刻、发行报纸、杂志或印刷品,关系公共新闻在此范围内者,必先向工部局领一执照。"[①]该议案还规定,凡是违反"印刷附律"者将处以三百元罚金,在印刷品上不署姓名、住址者将处以二十五元罚金。"印刷附律"议案的发布,遭到上海新闻出版界广大民众的反对,上海书业报界联合会发表了致纳税西人的公开信,指出该议案违背了言论和出版自由的原则。上海报纸印刷所联合会、上海日报公会等群众团体及各报刊也纷纷发表声明,坚决反对工部局炮制的"印刷附律"议案。1921年4月13日,上海书业商会、书业公所、日报公会、书报联合会联合致函工部局,反对该项议案。1922年4月17日,上海新闻出版界再次联合起来发表宣言,对"印刷附律"提出反对意见。[②]。1924年4月14日,上海新闻出版界第三次联合起来发表宣言,反对工部局提出的"印刷附律"议案。

但是,工部局对于新闻出版界的抗议置之不理。1925年4月,工部局再次谋求在西人纳税人年会上提议投票表决"印刷附律"议案。工部局这一倒行逆施的行径激起上海新闻出版界广大群众的强烈愤慨。1925年4月13日,上海书业商会、书报联合会、日报公会、书业公所四家团体在上海《申报》发表《抗议印刷物附律之宣言》,指出该附律严重侵犯中国人民的言论自由权,毫无存在之理由和依据,实属非法,应坚决不予通过。[③]宣言指出,从立法的角度而言,上海此前并无这样的先例。就事实而言,一旦这一议案获得通过,不仅出版业与印刷业将会受到种种束缚,文化教育、商业以及租界内市民的生活便利,都将受到极大的影响。

1925年5月,五卅反帝爱国运动爆发后,全国各地工农群众开展了轰轰烈烈的反帝运动,上海众多群众团体纷纷加入反对"印刷附律"的斗争

---

① 陈昌文:《都市化进程中的上海出版业(1843—1949)》,上海人民出版社,2012年,第181页。
② 中共上海市委党史资料征集委员会:《上海革命文化大事记(1919—1937)》,上海书店出版社,1995年,第99页。
③ 任建树:《现代上海大事记》,上海辞书出版社,1996年,第234—235页。

中。1925年6月1日,上海总商会等31个团体联合发表抗议"印刷附律"的宣言。尽管如此,工部局仍不死心,于1925年6月1日再次召开纳税西人特别会议,并将"印刷附律"议案提交会议讨论。由于与会人员未达到法定人数,工部局的企图再遭失败。

为了彻底打消工部局试图控制上海新闻出版业、钳制舆论自由的企图,上海的工农群众发起了更为彻底的斗争。随着五卅运动的影响不断扩大,1925年6月7日,上海工商学联合会提出关于五卅惨案的17条交涉条件,并组织召开市民大会,决定与英、日两国实行经济绝交等。其中一条就是反对纳税西人大会讨论"印刷附律"议案。在上海新闻出版界以及广大工农群众的压力下,北洋政府外交部致电领事团表示反对工部局增设"印刷附律"。工部局谋求"印刷附律"议案通过的企图最终以失败告终。

上海新闻出版界发起的坚持不懈的抗议,最终使帝国主义意图钳制人民进步出版活动的阴谋彻底失败,有力地维护了本国出版同业的利益和民众的出版自由权利。

第六节 大革命时期的新文学运动及其出版活动

国民革命的开展,推动了新文学运动的发展。据不完全统计,从1921年到1925年,全国先后成立的新文学团体达130多个,文学刊物也"不下一百余"[①],新文学著作和译著上千种。在这些文学团体中,成立较早、影响较大的是文学研究会、创造社以及语丝、未名等社团。

一、文学研究会的出版活动

文学研究会成立于1921年1月4日,发起人有茅盾、叶圣陶、郑振铎、王统照、周作人、耿济之、郭绍虞、孙伏园、许地山、朱希祖、瞿世英、蒋百里12人。文学研究会成立于北京,后来迁至上海。文学研究会的宗旨是:联络感情,增进知识,建立著作工会的基础。当时以茅盾为代表的文学研究会成员提出"为人生"的文学创作思想,认为文学应关注现实,应当反映时代、反映环境、反映人生,关心劳苦大众疾苦。文学研究会成立后,出版了一些刊物和丛书,如《小说月报》《文学周报》《诗》《文学旬刊》,以及"文学研究会丛书"等。

《小说月报》由上海商务印书馆负责印行。先后担任主编一职的有王

---
① 黄修荣:《国民革命史》,重庆出版社,1992年,第510页。

蕴章、恽铁樵、茅盾、郑振铎、叶圣陶、徐调孚。1921年茅盾任主编期间，对《小说月报》进行了革新，开辟了论评、研究、译丛、创作、特载、杂载等系列栏目。《小说月报》在革新之前，发行量只有2000册[1]，在茅盾接手主编，进行了革新之后，《小说月报》销量迅速上升，第1期印了5000册，第2期7000册，最高时销售量达上万册。

《小说月报》发表了沈雁冰第一次用"茅盾"作笔名创作的中篇小说《幻灭》《动摇》《追求》，此外，还发表了丁玲的处女作《梦珂》以及巴金创作的首部中篇小说《灭亡》。这些作品的发表，促进了20世纪二三十年代现实主义文学的发展。

《文学周报》前身为1921年5月创办于上海的《文学旬刊》，该刊出版至1925年5月第172期后改名为《文学周报》，作为文学研究会的机关刊物。《文学周报》由郑振铎担任首任主编。《文学周报》在五卅运动期间，刊载了大量反帝爱国文章，在社会上产生了广泛的影响。该刊所刊文章具有较强的战斗性，如沈雁冰撰写的著名文学长篇《论无产阶级艺术》在《文学周报》连载。作者大胆使用了"无产阶级"这一词语，鼓励无产阶级发扬战斗精神，积极倡导革命文学。五卅惨案发生后，《文学周报》开辟了"五卅运动"专栏，刊发了大量声讨帝国主义和哀悼死难同胞的文章。如沈雁冰的《五月三十日的下午》、朱自清的《给死者》、叶圣陶的《五月三十日》等一系列文章，对英、日帝国主义残杀中国工人的罪行进行了愤怒的声讨，对死难者表示了深切的哀悼。《文学周报》所表现出来的强烈战斗姿态，使其成为国民革命时期有全国影响力的新文学期刊之一。1929年12月，《文学周报》出至第9卷第5期后宣布停刊。该刊自1921年创刊至1929年底停刊，前后共出版380期。

《诗》月刊于1922年1月在上海创刊，该刊主要负责人为叶圣陶、刘延陵。《诗》月刊共刊载了78家420多首新诗[2]，其诗人群体大致可分为"文学研究会诗人群""晨光湖畔诗人群""自然投稿诗人群"三大作者群体。沈雁冰、胡适、周作人、叶圣陶、顾颉刚都是《诗》月刊的撰稿人[3]。其中，发表新诗较多的作者有徐玉诺、汪静之、俞平伯、王统照、郑振铎、刘延陵、朱自清、潘漠华、陈南士、陈斯白、冯西冷、何植三、冯文

---

[1] 茅盾：《商务印书馆编译所和革新〈小说月报〉的前后》，《商务印书馆九十年》，商务印书馆，1987年，第189页。
[2] 吉明学：《我国第一个新诗杂志——〈诗〉月刊》，《扬州师范学院学报》1990年第4期。
[3] 颜同林：《姿态与宿命——第一个新诗刊物〈诗〉月刊研究》，《宁夏大学学报（人文社会科学版）》，2009年第3期。

炳、郭绍虞等人。《诗》月刊中发表的一些诗篇，如郑振铎的《死者》、徐玉诺的《哀求》和《农村的歌》等，揭露了当时社会的黑暗，控诉了反动军阀和帝国主义欺压百姓的罪行，表达了对饱受苦难人民的深切同情和支持，具有鲜明的现实主义倾向。《诗》月刊还先后译载了外国诗歌120多首，这些译作分别来自英、美、法、德、爱尔兰、乌克兰、南斯拉夫、日本和印度等国，所涉及的创作者有惠特曼、雪莱、约翰保朗、泰戈尔、石川啄木等20多位诗人。

《诗》月刊由上海中华书局负责印行，每期发行数在1000册左右。该刊共出版了2卷7期，1923年5月终刊。

"文学研究会丛书"是中国出版最早、规模较大的文学丛书。由文学研究会编辑，上海商务印书馆出版。该丛书共125种，包括创作和翻译两部分，其中翻译71种，创作54种。"文学研究会丛书"重点是介绍外国文学，目的是打破"对于文学的谬误与轻视的因袭的见解"，"介绍世界的文学，创造中国的新文学"。[①]《"文学研究会丛书"目录》所列译著达80余种，后因人力、财力等诸多因素限制，未能按计划译出和出版。已译出的著名作品有武者小路实笃的《一个青年的梦》（鲁迅译）、泰戈尔的《飞鸟集》（郑振铎译）、王尔德的《狱中记》（张闻天等译）、萧伯纳的《华伦夫人之职业》、梅特林克的《青鸟》（傅东华译）、柴霍甫的《三姊妹》（曹靖华译）、弗罗贝尔的《波华荔夫人传》（李青崖译）、莫泊桑的《遗产》（耿济之译）等。"文学研究会丛书"的编辑、出版和发行，对于推动中国新文学运动的发展起了积极作用。

文学研究会阵容庞大，作家队伍最大的时候发展到170多人。1925年五卅运动后，文学研究会发生了分化，其中一部分成员坚持现实主义创作道路，走向革命文艺阵营。

二、创造社的出版活动

创造社是由郭沫若、郁达夫、成仿吾、张资平、何畏等一批留日学生酝酿发起的文学团体。该社成立于1921年6月，成立地点为日本东京。创造社重要成员还有田汉、郑伯奇、王独清、穆木天、周全平、李初梨、冯乃超、彭康等，他们中大多是留日学生。

创造社成立后，先后创办了《创造季刊》《创造周报》《创造日》《洪水》《创造月刊》等一系列刊物。创造社成立之初，具有明显的浪漫主义

---

① 《文学研究会丛书缘起》，《东方杂志》第18卷第11号，1921年6月10日。

倾向。他们接受了歌德、海涅、拜伦、雪莱等外国浪漫派思想的影响，崇拜自然，尊重自我，提倡灵感和天才。后来，他们日益强调文艺的社会作用。①

《创造季刊》创刊于1922年5月1日。主要编辑人员和撰稿者有郭沫若、郁达夫、张资平、成仿吾等人。该刊的办刊宗旨，在于破除文艺偶像的"垄断"，创造艺术的独立。《创造季刊》以小说、诗歌、散文、戏剧、译作和评论为主要内容。该刊发表过一系列著名作家的作品，如郭沫若创作的新诗《棠棣之花》、郁达夫创作的小说《圆明园之秋夜》《春潮》、成仿吾创作的戏剧《离婚》和小说《一个流浪人之新年》、张资平创作的小说《她怅望着祖国的天野》、田汉创作的戏剧《咖啡店之一夜》、郑伯奇创作的戏剧《最初之课》等。该刊每一期都重版至五六次之多，由此可见其受读者欢迎的程度。《创造季刊》还刊载译介了不少外国作家作品，如该刊第1卷第4期推出了"雪莱纪念号"。《创造季刊》于1924年2月28日终刊，共出版6期。

《创造周报》于1923年5月13日创刊，由上海泰东书局负责印行。该刊主编一职先后由郭沫若、郁达夫、成仿吾等人担任。《创作周报》以发表创造社同人的文学创作、评论与翻译作品为主。创刊号刊发了成仿吾的《诗之防御战》一文，作者在文中对文学家新诗创作中的不良倾向进行了猛烈抨击，激起了文学界的广泛论争。该刊刊载的重要文艺作品还有郭沫若的《我们的文学新运动》、闻一多的《〈女神〉之时代精神》、郁达夫的《文学上的阶级斗争》等。

《创造周报》还翻译了大量国外作家的文学作品。如尼采的《查拉图司屈拉钞》（第一部，郭沫若译），这是该作品在我国的第一次完整译介，在青年读者中产生了广泛的影响。重要的译介文章还有郭沫若的《未来派的诗约及其批评》、郁达夫的《THE YELLOW BOOK及其他》等。通过对外国文学作品和文艺思潮的译介，不仅让读者了解到西方最新的文艺思潮和文艺创作实践，也对中国文学的现代性转变起了引导和推动的作用。

该刊由于发表了不少富有战斗性的文艺批评和优秀作家作品，因而在读者中产生了很大的影响。1923年11月23日，《时事新报》刊登的关于《创造周报》汇刊本出版的一则广告中说，该刊"风行一世，尤为南北文人推重。尝有人评之曰：文学之鹄，评论之主。每期出版三万，顷刻已罄"②。《创作周报》于1924年5月19日出版至52期后宣告停刊。

---

① 黄修荣：《国民革命史》，重庆出版社，1992年，第511页。
② 唐沅、韩之友、封世辉：《中国现代文学期刊目录汇编》（第2卷），知识产权出版社，2010年，第766页。

1923年7月中旬，上海《中华新报》主编张季鸾提出与创造社合办一份文艺副刊，这就是《创造日》。1923年7月14日，创造社在《创造周报》上刊登了《创造日》出版预告："最近《中华新报》将扩张篇幅，愿辟一栏以登载我们的文字，我们是乐于应承了。我们定名为《创造日》。"①《创造日》曾发表过郭沫若的《歌德的诗》《无限的悲哀》《白玫瑰》、郁达夫的《诗人的末路》《艺术家的午睡》、成仿吾的《幻景》《少年与磨坊的小溪》、娄建南的《秋凉之夜》、穆木天的《心欲》等文学作品。《创造日》终刊时间为1923年11月2日，共出版101期。

　　《创造月刊》于1926年2月1日在上海创刊，由郭沫若、郁达夫、成仿吾、王独清等编辑。该刊大力倡导"革命文学"，1926年5月16日，郭沫若在《创造月刊》第1卷第3期上发表了《革命与文学》一文，提出了"革命文学"的口号。他认为：革命与文学是一致的，"文学是革命的前驱"，真正的革命文学是能够反映"无产阶级的理想"，能够写出"无产阶级苦闷"的。文章强调，革命的作者应深入生活，认清时代潮流，"到兵间去，民间去，工厂间去，革命的漩涡中去"。②"革命文学"口号的提出，是新文学发展史上的一个重要事件，在文学界发生了广泛的影响。

　　1928年间，在文艺界关于"革命文学"的论争中，《创造月刊》发表了一系列倡导"无产阶级革命文学"的文章，如《从文学革命到革命文学》《文艺战线上的封建余孽》《小资产阶级文艺理论之谬误》等，引起文坛的注意。该刊在第2卷第1期的《编辑后记》中说，刊物经过改革，从所谓"纯文艺刊物"转变为"战斗的阵营"，《创造月刊》由此成为倡导无产阶级革命文学的重要阵地。③

　　1928年11月10日，该刊第2卷第4期推出"创作号"，专门发表新诗新作，本期发表的作品有《国庆前一日》（王独清）、《轨道》（郑伯奇）、《县长》（冯乃超）等戏剧；《炭矿夫》（龚冰庐）、《趸船上的一夜》（华汉）等小说以及段可情的随笔《火山下的上海》、R.T.的通信《文化问题与月刊》等。此外，还发表了王独清的《Fête Nafionale》、宛尔的《从工厂里走出来的少年》、黄药眠《冬天的早晨》、少怀的《新时代的展望》、彭康《革命文艺与大众文艺》、文氓的《关于"看书自由"》等文艺作品。

　　《创造月刊》是在当时白色恐怖的环境下大力宣传革命文学主张，为马克思主义文艺理论建设作出贡献的一份期刊。由于国民党反动派的查

---

① 《特别启事》，《创造周报》，1923年7月14日。
② 郭沫若：《革命与文学》，《创造月刊》第1卷第3期，1926年5月16日。
③ 文艺部：《编辑后记》，《创造月刊》第2卷第1期，1928年8月10日。

封,《创造月刊》于1929年1月10日停刊,共出版18期。

创造社在出版以上刊物的同时,还出版了"创造丛书",该丛书共包括5套文学丛书,它们分别是:"创造社丛书"(约20种)、"辛夷小丛书"(4种)、"世界名家小说"(6种)、"世界儿童文学选集"(6种)、"名曲丛刊"(1种),总计达30多种。①

三、语丝社的进步出版活动

语丝社于1924年在北京成立。该文学社团因编辑出版《语丝》周刊得名,《语丝》创刊于1924年11月17日,由孙伏园、周作人先后主编。该刊先后由北京大学新潮社、北新书局发行。《语丝》周刊注重社会批评,发表了众多针砭时弊的杂感小品,是当时具有进步倾向的文艺性刊物。创刊号的《发刊辞》中谈到本刊的创办宗旨:"我们这个周刊的主张是提倡自由思想,独立判断,和美的生活。"②《语丝》提倡新文学、反对旧文学,对帝国主义、北洋军阀的反动统治进行了猛烈抨击,展现出强烈的战斗精神。《语丝》所刊文章,短小精悍,文风幽默泼辣,见解独到犀利,文风独特,形成了所谓的"语丝文体"。

《语丝》是在鲁迅的大力支持下编辑出版的,他个人不仅参与了刊物的发起、筹办和编辑工作,而且在上面发表作品40余篇③。1925年至1926年间,鲁迅发动的同反动军阀段祺瑞政府和"现代评论派"的斗争,就是以《语丝》为主要阵地进行的。1926年3月18日,北洋军阀段祺瑞政府镇压北京的爱国学生运动,制造了令全国震惊的"三一八"惨案。为了谴责当局的无耻暴行,鲁迅在《语丝》第72期发表《无花的蔷薇之二》,文章痛斥段祺瑞军阀政府惨无人道的罪恶,认为军阀政府的"残虐险狠"的行为与"禽兽"无异,并称3月18日是"民国以来最黑暗的一天"。④接着,4月12日,他又在该刊第74期上发表《记念刘和珍君》一文,对北洋军阀政府残杀青年学生和群众的暴行进行了强烈的控诉。1928年,鲁迅在该刊发表了《"醉眼"中的朦胧》等一系列文章,与创造社、太阳社展开了关于"革命文学"的论争。1930年3月10日,《语丝》宣布停刊,该刊共出版260期。

总体来说,在国民革命时期,新文学运动在各个方面均取得了较大的

---

① 张明平:《论郁达夫与创造社的出版活动》,《康定民族师范高等专科学校学报》2004年第3期。
② 《发刊辞》,《语丝》周刊第1期,1924年11月17日。
③ 薛绥之:《鲁迅杂文辞典》,山东教育出版社,1986年,第246页。
④ 鲁迅:《无花的蔷薇之二》,《语丝》周刊第72期,1926年3月29日。

成就，不仅出版了大量的进步期刊，在小说、诗歌、戏剧、散文的创作方面也取得了显著的成就。这一时期创作了大量反映工农斗争的现实主义题材作品，对国民革命的开展起了促进作用。国民革命期间开展的新文学运动，还培养了一大批文艺创作人才，催生了一批进步文学社团，促进了文艺创作队伍不断壮大。这些进步文学创作队伍中有不少人后来还亲自投身于实际革命斗争，为无产阶级革命事业作出了贡献。

第四章　土地革命战争时期中共领导下的出版业

国共两党合作后，北伐取得了顺利的进展，但在北伐途中，集党、政、军大权于一身的国民革命军总司令蒋介石，独裁野心日益膨胀。1927年4月12日，蒋介石在上海悍然发动了蓄谋已久的"四一二"反革命政变，大肆屠杀共产党员和革命群众。与此同时，广州、北京等地相继发生捕杀共产党员的事件。1927年4月，中共创始人之一的李大钊在北京遭奉系军阀当局逮捕，英勇就义。继蒋介石在上海发动"四一二"反革命政变后，以汪精卫为首的武汉国民政府也于1927年7月15日发动了"七一五"反革命政变。至此，轰轰烈烈的大革命宣告失败。

第一节　白色恐怖统治下中共出版工作的斗争策略

大革命失败后，蒋介石在其统治的范围内实行残酷的法西斯政策，到处制造白色恐怖。在舆论宣传方面，对进步言论进行大肆"围剿"。蒋介石建立南京国民党政权后，先后颁布了一系列新闻出版法令、条文，对舆论进行管控，对共产党的革命进步出版活动进行扼杀。

一、国民政府对革命进步出版活动的摧残

1928年2月，国民党二届四中全会在南京召开，全会通过了反共宣言和《制止共产党阴谋案》。1929年1月10日，国民党当局又出台了《宣传品审查条例》，该条例将有关涉及党政宣传的报纸、期刊、书籍等出版物和戏曲、电影等艺术作品，以及传单、标语、公函文件、通电等列入审查范围。这个审查条例实际上将一切党政宣传品和出版物，统统列入了国民党宣传部门的审查范围，人民的言论出版自由只剩一纸空文。不仅如此，该条例还把"宣传共产主义及阶级斗争"的书刊一律视为"反动宣传品"，属于重点查禁的对象。

1929年6月，国民党又出台了《查禁反动刊物令》和《取缔销售共产党书籍办法令》，并要求各地严密取缔"销售书店及印刷场所工人"。同年8月29日，国民党中央常务会议通过《全国重要都市邮件检查办法》；以

后又将邮件检查工作交由中央军统局办理，把意识形态的管理列为特务统治的一个部分。正如鲁迅在《黑暗中国的文艺界的现状》①一文中所说："禁期刊，查书籍，不但内容略有革命性的，而且连书面用红字的，作者是俄国的……也都在禁止之列。"②除了查禁报刊外，国民党反动当局还对进步书店进行查禁。如湖风书局发行的丁玲主编的《北斗》，被国民党反动当局认为是"助长赤焰、摇撼人心"，不仅期刊编辑被通缉，而且连发行该杂志的湖风书局也被当局查封。

1930年12月16日，国民政府制定了《出版法》。该法律对报纸、杂志、书籍等各种类型的出版物在内容登载中应注意的事项，违法后应受的处罚等作了详细的规定。该法第二章"新闻纸及杂志"第七条规定，杂志发行之前应向发行所在地相关部门申请登记，登记事项除杂志名称，刊期，发行时间、地点、发行人及编辑人姓名、年龄、住所外，还包括"有无关于党义党务或政治事项之登载"③。接着，1931年10月7日，国民党内政部又制定了《出版法施行细则》，对《出版法》中的各项法律条文进行了具体化和细化。例如，该施行细则将有关党义、党务事项之出版品，定得十分宽泛。细则第二条规定，凡是引用、阐发和记载有关中国国民党党义、党务或党史的文书、图画，均属有关党义、党务事项之出版品，即使是未涉及以上内容，但与中国国民党党义、党务、党史有理论或者实际关系的，也属于该类出版品。

《出版法施行细则》的出台，使得许多进步书刊都遭到无端审查，一些原本完整的书刊，一经所谓"检查"之后，内容被删改得面目全非，有的干脆被扣押。据统计，1931年，国民党出版审查机关共查禁各类出版物228种。其中，以"共党宣传刊物""宣传共产主义""鼓吹阶级斗争"等为由而被查禁的书刊有140多种④，占了该年度所查禁出版物的60%以上。

1931年1月30日，国民政府制定了《危害民国紧急治罪法》，进一步疯狂地镇压革命势力，摧残人民的言论、集会和出版自由。1932年11月，国民党中宣部发布了《宣传品审查标准》，以钳制人民抗日、停止内战的言论，进一步强化白色恐怖。

1934年5月25日，国民政府成立了一个专门负责书刊审查的机构——

---

① 本篇是鲁迅先生应美国友人史沫特莱之约，为美国《新群众》杂志而作，时间在1931年四五月间，后编入《二心集》。
② 鲁迅：《二心集·黑暗中国的文艺界的现状》，《鲁迅全集》（第4卷），人民文学出版社，1981年，第286页。
③ 刘哲民：《近现代出版新闻法规汇编》，学林出版社，1992年，第105页。
④ 宋应离：《中国期刊发展史》，河南大学出版社，2000年，第198页。

中央图书杂志审查委员会。同年6月，国民党中央宣传部制定了《图书杂志审查办法》。该办法规定，国内所有出版机构、社会团体和个人出版的文艺社科类书刊，在出版之前必须送图书杂志审查委员会审查。如在审查过程中发现该出版物内容"如有认为不妥之处，得发还原声请人，令饬依照官查意见删改"[①]。该审查条例还规定，对于触犯宣传品审查标准第3项[②]规定的书刊原稿，将直接予以扣押。书刊在出版之后，如果发现其内容与送审时的原稿内容不符，还要对出版者进行处罚。

除了全国性法规外，国民党统治下各地方还颁布了一系列新闻出版法规。以广东为例，1927年至1937年间，广东的出版管理法规里除了南京国民政府制定的《著作权法》（1928）、《出版法》（1930）、《修正出版法》（1937）、《出版法实施细则》（1937）等法令外，还制定了一系列地方性出版法律法规，如国民党广东宣传委员会发布的《检查出版品条例》（1927）、《检查印务局办法》（1927），国民党广东省党部颁布的《审查出版物办法》（1928），国民党广州市特别党部颁布的《取缔不良小报办法》（1928），广州市出版物审查委员会发布的《广州市出版物审查委员会审查规程》（1932）、《定期出版物保证法》（1932）、《取缔大小报刊登淫亵新闻办法》（1932），西南出版物审查会颁布的《审查出版物暂行条例》（1932）、《西南出版物审查标准》（1932）、《大检查各书店办法》（1933）、《关于书籍及其他出版品领证事项》（1933）、《定期出版物保证办法》（1933）、《各书摊报贩登记领证办法》（1933）、《广州市印务店登记领证办法》（1933）、《审查出版物条例》（时间不详）、《国民党西南各级党部审查出版物暂行条例》（时间不详）、《书店登记取缔规程》（1934）、《今后审查反动出版物意见办法》（1934）、《取缔业经发售出版品办法》（1934）、《西南出版物编审会规程》（1934）、《西南出版物编审会检查队检查规程》（1935）、《修正报馆及通讯社等登记出版改善办法》（1935）等。

1928年6月，国民党广东省党部公布《审查出版物办法》规定："各县市出版之日报，专送各该县市党部党务指导委员会审查。如认为有反动言论，或妨碍党务政治者，按其情节轻重，处以下列之处分：（1）警告；（2）禁止发售；（3）没收；（4）停版；（5）查封；（6）逮捕。"[③]

---

① 《图书杂志审查办法》，陈瘦竹：《左翼文艺运动史料》，南京大学学报编辑部，1980年，第340页。
② 《宣传品审查标准》第3项对"反动的宣传"做了规定，根据这一规定，"危害中华民国者""宣传共产主义及鼓吹阶级斗争者"等均被视为"反动的宣传"。
③ 《审查出版物办法》，《广州民国日报》1928年6月22日。广东省地方史志编纂委员会：《广东省志·新闻志》，广东人民出版社，2000年，第133页。

广东省西南出版物审查会成立后，还专设检查科，对市内书店、书摊、报贩进行定期检查。他们实行每月一次大检查，每周两次小检查。据记载，检查科仅仅成立三个月时间，就扣押违反出版法之书报5种，共105本。①

在国民党反动当局严厉的图书查禁法令和政策下，许多宣传马克思主义理论，宣传社会主义和阶级斗争的革命进步书刊遭到查禁。1931年1—9月，国民党反动当局先后查禁了华兴书局、无产阶级书店、北新书局、南强书局、光华书局等出版的《工人的政治运动》《唯物史观与社会学》《二月革命至十月革命》《社会主义的基础》《共产党国际月刊》《中国革命与共产党》《历史唯物论》《苏维埃宪法浅说》《俄国革命》《列宁论组织工作》等228种图书和报刊②。据统计，从1929年至1936年，国民党反动派查禁社会科学书刊（不包括文艺书刊）共676种。国民党当局把这些书刊分为"共产党书刊""无政府主义书刊""帝国主义刊物""其他反动刊物""社会民主党刊物"等类别。其中，1929—1931年间被查禁的共产党书刊就达265种之多；1932年被认定为共产党书刊而查禁的有40种；1933年遭查禁的共产党出版物有34种；1934年遭查禁的共产党出版物有64种。1935年，国民党查禁《中国大革命史》《世界危机的分析》《大道建国与实力御侮》《自然辩证法》等进步图书15种。查扣《路灯》半月刊、《救国》半月刊、《华北烽火》、《宇宙》、《前驱》、《大众生活》、《自由评论》等进步杂志共32种。③此外，从1929年到1936年，国民党中央宣传部门各处室查禁的所谓"普罗文艺"的书报达3000多种④。

国民党反动派在查禁进步书刊的过程中，列出的查禁理由也是五花八门，例如"共党宣传刊物""共党反动刊物""宣传共产主义""鼓吹阶级斗争及无产阶级专政""普罗文艺作品""介绍共产书籍""宣传共产主义与鼓吹阶级斗争""诋毁本党及政府""言论反动抨击中央""诋毁本党图谋破坏大局""诋毁中央及蒋主席""言论悖谬""言论反动""言论荒谬"等等，不一而足。由此可见，国民党反动当局对于共产党和革命进步书籍的查禁已到了几乎"禁绝"的地步。

国民党反动当局在查禁革命进步书刊的同时，还对从事进步书刊发行的出版发行机构实施了查封。1929年2月7日，国民党上海市党部派出军

---

① 刘永生：《南京国民政府前期新闻舆论管控机制研究》，中国言实出版社，2013年，第46页。
② 张静庐：《中国近现代出版史料》（现代乙编），上海书店出版社，2011年，第173—189页。
③ 张静庐：《中国近现代出版史料》（现代乙编），上海书店出版社，2011年，第205—254页。
④ 张静庐：《中国近现代出版史料》（现代丙编），上海书店出版社，2011年，第172页。

警查封了创造社出版部。该社随后又以江南书局的名义继续活动。1930年4月29日，国民政府查封了艺术剧社，并拘捕了多名社员。5月24日，国民政府又查封了中华艺术大学，与此同时，进步电影剧社南国社也遭强行封禁。1931年3月，国民党反动当局以"出售反动书籍"为由，先后查禁了北新书局、群众书店、江南书店、乐群书店等进步书店。1933年10月30日，国民党中央政府发出了查禁普罗文艺的密令。同年11月，国民党上海市党部查禁了涉嫌出售共产主义书籍和报刊的光华书局、良友图书公司、神州国光社等。

1934年2月，国民党上海特别市党部执行委员会接到了国民党中央宣传部密函，要求上海市党部对上海出版的"共产党及左倾作家之文艺作品"进行查禁，并勒令缴毁各刊物底版。上海市党部接电函后，派军警挨户搜查各书店，查禁了文艺和社会科学书籍达149种之多，牵涉的书店有25家。其中有些图书是已经上海市党部审查通过准予发行或经内政部登记取得著作权的。这一做法引起出版界的反抗，上海出版人、著作者联合起来进行请愿，抗议当局野蛮做法。在出版界的联合抗议下，上海市党部为"体恤商艰"，对这批图书重新审查后，对部分图书"从轻发落"，解禁了37种图书，要求删改后才准予发行的有22种，其余图书则仍然是"禁售"和"暂缓发售"[①]。

国民党反动派在对进步书刊实施查禁的同时，还设立特务机关和组织，对新闻出版界进步人士进行恐吓、逮捕、暗杀，实施残酷的法西斯统治。国民党中央先后设立了两大特务机关"中统"和"军统"，大肆镇压和捕杀共产党员和革命进步人士。1928年3月《大江报》主编向警予在武汉被国民党秘密逮捕，后被杀害。1931年2月，左翼作家联盟的五位青年编辑和作家李求实、柔石、胡也频、冯铿、殷夫惨遭国民党杀害。在此前后，在上海从事革命宣传活动的恽代英、林育南、何孟雄等也牺牲在国民党反动派的屠刀之下。1933年5月14日，进步作家丁玲、潘梓年等人被国民政府当局逮捕入狱，青年作家应修人惨遭当局杀害。7月26日，左联作家洪灵菲在北平被捕，后遭秘密杀害。9月，中共早期领导人、杰出工运领袖邓中夏在南京被逮捕杀害。1934年11月13日，近代著名报业家、《申报》创办人史量才遭国民党特务暗杀。但是，共产党人和进步人士并没有被国民党的白色恐怖统治吓倒，在他们的努力下，国统区的进步出版事业仍然在极其艰难险恶的环境下取得了发展。

---

① 张静庐：《中国近现代出版史料》（现代乙编），上海书店出版社，2011年，第195—196页。

二、中共出版业在白色恐怖统治下的斗争策略

在国民党的白色恐怖下，中共及其领导下的革命进步出版活动并没有停滞，他们通过采用灵活机动的斗争策略，勇敢地坚持着出版活动。20世纪20—30年代，革命进步编辑和作者在反对国民党反动当局的出版审查斗争中，采取了灵活多样的办法。

1.更改书名或刊名

通过更改书名或刊名，以躲避当局的检查。这种"改头换面"之法是20世纪30年代左翼文艺刊物出版过程中经常使用的方法。例如，《太阳》月刊被查禁之后，先后又以《时代文艺》《海风周报》等伪装刊名出版。郁达夫创作的小说《她是一个弱女子》由现代书局出版后，被国民党当局扣上宣传"普罗文艺"的罪名，遭到查禁。为了避开当局审查，现代书局将该书的封面名字改为《饶了她》后继续出版。同时，在扉页上声明："本书原名'她是一个弱女子'，奉内政部第433号批令修正改名，业经遵令删改，呈部注册，准予发行在案。"[1] 改换书名或刊名重新出版，是20世纪30年代白色恐怖统治下进步出版物变换方式继续存在发展的有效手段。

中国共产党出版的书籍和报刊，是国民党反动当局查禁的重点。为了使革命的出版活动得以继续进行，中共不得不采取地下秘密出版的方式。中共中央的机关刊物《布尔塞维克》，由于其刊名本身政治色彩太过明显，公开用"布尔塞维克"这一名字出版肯定要遭查禁。为了能瞒过国民党当局的检查，该刊曾先后使用了一系列伪装刊名出版，如《中国文化史》《小学高级用新时代国语教科书》《中央半月刊》《经济月刊》《中国古史考》等，甚至还使用了《少女怀春》这样极具文艺范的刊名出版。中共出版的另一重要刊物《红旗》周报也曾采用过《实业周报》《时事周报》《平民》《摩登周报》《真理》《出版界》《晨钟》《佛学研究》等伪装书名出版。

2.采用笔名，变换笔法

由于国民党反动当局在实施出版审查的过程中，对于革命和进步作家的审查尤为严格，经常抽毁、删改相关作品的内容，甚至禁发作者作品。如蒋光慈被国民党称为"宣传赤化的暴徒"，其所创作出版的作品遭到严厉查禁。为此，这些作者在创作过程中不得不采用笔名，以躲避检查官的审查。如，鲁迅先生仅在1933—1934年期间就用了60多个化名，发表了200多篇杂文。

为了对付敌人的审查，著述者采取了各种应对策略。如鲁迅在创作

---

[1] 李勇军：《老广告里的新文学版本》，上海远东出版社，2012年，第72页。

中，经常运用借古讽今的含蓄笔法，让审查当局难以抓到把柄。这样一方面可以躲避检查，另一方面又同样起到了揭露、打击敌人的作用。他通过改变论题和创作手法，使作品能钻过敌人严密的"文网"，通过对社会现象的深刻剖析来"照见时事"，通过漫谈风月和"南腔北调"的用语，进而反映"时代精神"，画出"时代的眉目"。

3.分批送审

这是一种将书籍化整为零进行出版的方法。如，1935年生活书店出版的《文艺日记》一书中，因有进步内容，直接送审要遭国民党市党部图书审查机构的检查，但若将这些内容抽去又会失去大批读者。为此，他们采取了将稿件"分批送审"的办法，最终在审查过程中得以通过。《文艺日记》出版后，审查当局看后大为震惊，不顾该书已获审查通过这一事实，强行将其查禁。但发行至外地的《文艺日记》大部分已寄出，有的早已到了读者手中，国民党图书审查当局对此也就无可奈何了。[①]

4.翻印革命书籍

由于国民党的严厉查禁，许多进步书刊都无法买到。在这种情况下，市场上出现了许多翻版、盗印的图书，其中有不少是被国民党当局查禁的图书。在这些被盗印的图书中，以鲁迅、茅盾、蒋光慈等人的文学著作数量最多。翻版、盗印原本是一种侵犯著作者权益的行为，但在20世纪30年代特殊的政治文化语境之下，翻印进步作家被查禁的书刊在某种程度上可被视作一种"善意"的行为。因为它在一定程度上满足了读者对于革命书籍的阅读渴求，这对于宣传左翼革命文学是有积极意义的。[②]当时，一些革命进步作家对这种翻版、盗印的行为不仅未表达谴责和抗议，而且还表示了默许的态度。例如，鲁迅在给友人的信中提及自己的作品被翻印时曾讲到，他发现自己的作品如《准风月谈》《南腔北调集》等在市场上都有翻版，但他认为这对于读者来说，是一件好事，"当此买书不易之时，对于读者也是一种功德，而且足见有些文字，是不能用强力遏止"[③]。茅盾的《子夜》遭国民党当局删削后，有出版社还特地搜求未遭删削的《子夜》原本进行翻印。与通常书籍的版权声明"版权所有，翻印必究"相反，一些进步作家和书店在书籍的版权页上还打出"有人翻印，功德无

---

① 许觉民：《新型出版家——徐伯昕同志传略（上）》，《出版史料》1990年第4期。
② 朱晓进：《政治文化心理与三十年代文学》，《文学评论》2000年第1期。
③ 鲁迅：《书信·致曹靖华》，《鲁迅文集全编》编委会：《鲁迅文集全编》，国际文化出版公司，1995年，第2376页。

量"的字眼,[①]以表达对国民党反动当局野蛮查禁书刊的不满和愤怒。

三、白色恐怖下中共地下党的出版活动

土地革命战争时期,尽管国民党反动派采取了文化专制的白色恐怖政策,但是在国民党严密控制的全国各大、中城市,仍然有一个与国民党出版系统完全对立的共产党地下出版阵地存在。这些中共地方组织和进步知识分子在险恶的环境下,敢于打破国民党反动派的出版禁锢,坚持办报办刊,对广大工农群众进行革命宣传,充分表现出中国共产党人的斗争精神和对革命出版事业的追求。

(一)白区中共地下书刊的出版

国民革命时期,上海是全国出版业的中心,中共领导下的革命进步出版活动非常活跃。但是,在蒋介石发动"四一二"反革命政变后,中共在上海的革命出版活动不得不转入地下。当时,中共在上海的地下出版工作者用浦江书店、华兴书局、中华书店、无产阶级书店等名义出版了一批马列著作和革命图书,如无产阶级书店出版了《列宁论组织工作》《中国革命和中国共产党》《国际青年运动的形势》等,华兴书局出版了《国家与革命》《革命与考茨基》等马列主义译著。华兴书局遭查封后,又以"春耕书店""上海启阳书店""春阳书店"等化名出版了一批革命图书。

与此同时,中共在北方的地下出版活动也得到开展。1931年9月,中共在河北保定成立北方人民出版社,从事秘密出版活动。北方人民出版社除发行广州人民出版社、新青年社、上海书店、华兴书局出版的书刊外,还出版了40多种新的书刊,其中包括"左翼文化丛书"、"人民文化丛书"和"大众文化丛书"。为避免遭国民党当局的查禁,出版社将名字先后更改为"北国书社""新生书社""人民书店""新光书店"等化名。有的图书则通过伪装书名或著译者名字的方式出版,如瞿秋白的《社会科学概论》一书,出版时将著作者名字改为"布浪得尔",将书名改为《社会科学研究初步》。

除了马列主义理论书籍的出版外,中共在白区各地的党组织还秘密编印和发行了一批革命进步报刊。在上海,大革命失败后,中共中央在《向导》停刊后接着创办了机关报《布尔塞维克》《红旗》《红旗日报》《红旗周报》,共青团中央创办了《无产青年》,中华全国总工会创办了《中国工人》,共产国际执委会创办了《共产国际月刊》等。除此之外,中共领导

---

① 唐弢:《晦庵书话》(第2版),生活·读书·新知三联书店,2007年,第83页。

下的白区各地市、县（区）委也秘密组织编印了大量革命进步刊物。现根据搜集到的资料，将中共在白区各地秘密出版的革命刊物列表如下（见表4-1至表4-4）。

表4-1　江、浙、沪地区编印的中共地下刊物

刊物名称	创办时间	主办（主编）	出版周期	终刊时间	发行期数（份数）
《平民日报》	1927年2月27日	中共上海区委	三日刊	1929年9月	不详
《每日通讯》	1927年上半年	中共江苏省委宣传部	日刊	1932年7月20日	不详
《上海工人》	1927年6月	中共上海区委	周刊	不详	每期1万份
《前锋》	1927年8月	中共江苏省委	周刊	1927年11月	每期5000份
《省委通讯》	1927年9月	中共浙江省委	不详	不详	不详
《江苏省委通讯》	1927年11月20日	中共江苏省委	不定期	1932年2月19日	14期
《每周通讯》	1928年3月4日	中共浙江省委	周刊	不详	不详
《新缙云》	1928年9月	中共缙云县委	不定期	1929年春	10期以上
《上海报》	1929年4月17日	中共江苏省委；李求实主编	日报	1930年8月14日	385期
《教育周报》	1929年6月12日	中共江苏省委	周刊	1929年12月5日	6期
《新思潮》	1929年11月15日	张闻天、王学文	不定期	1930年7月1日	7期
《红旗日报》	1930年8月15日	中国共产党中央委员会	日报	1931年3月8日	162期
《妇女生活》	1931年9月	中共江苏省委妇女部	月刊	1932年6月16日	7期
《列宁生活》	1932年1月1日	中共江苏省委	不定期	1934年10月18日	36期（另出副刊4期）
《少年真理报》	1932年1月25日	共青团江苏省委	周刊	1935年5月15日	49期
《真话报》	1932年5月	中共江苏省委	日报	1935年7月	不详
《救亡情报》	1936年5月6日	上海各界救国联合会	周刊（后不定期）	1936年12月25日	30期，号外4期

表4-2 两广地区编印的中共地下刊物

刊物名称	创办时间	主办（主编）	出版周期	终刊时间	发行期数（份数）
《省委通讯》	1927年9月	中共广东省委	月刊	不详	不详
《红旗》	1927年10月30日	中共广东省委；恽代英主编	半周刊	不详	不详
《红旗》周报	1927年10月30日	中共广东省委	周刊	1928年7月	12期
《教育杂志》	1929年1月	中共广东省委	不定期	不详	不详
《香港周报》	1929年9月	中共广东省委	周报	1930年1月18日	17期
《南方红旗》	1930年4月26日	中共广东省委	不定期	1930年6月28日	7期
《红五月》	1930年5月20日	中共广东省委秘书处	周刊	1930年5月26日	2期
《琼崖红旗》	1930年10月	中共琼崖特别委员会	月刊	1932年1月5日	15期
《东江红旗》	1931年5月	中共东江特委	旬刊	1932年9月25日	36期
《两广实话》	1931年9月23日	中共两广省委联合编印	月刊	1931年12月5日	3期
《我们的生活》	1932年4月	中共东江特委	旬刊	1932年8月25日	9期
《两广红旗》	1932年6月	中共两广省委	不定期	1932年12月11日	14期
《斗争》	1933年	中共闽粤边区特委	不定期	1933年11月12日	34期
《宵征》	1935年10月	中共广西省委	月刊	不详	不详
《战斗》	1935年10月30日	中共闽粤边区特委	不定期	1936年6月25日	6期

表4-3 山东、河北、天津地区编印的中共地下刊物

刊物名称	创办时间	主办（主编）	出版周期	终刊时间	发行期数（份数）
《政治通讯》	1927年7月6日	中共山东省委秘书处	不定期	1928年8月11日	不详
《省委通讯》	1927年11月6日	中共山东省委	不定期	1928年3月	不详
《红旗》	1928年10月25日	中共山东省委	不定期	1928年11月1日	2期
《出路》	1928年11月	中共顺直省委	不定期	1929年8月	13期

续表

刊物名称	创办时间	主办（主编）	出版周期	终刊时间	发行期数（份数）
《北方红旗》	1929年	中共河北省委	月刊	不详	不详
《无产青年》	1930年2月	共青团顺直省委	不定期	不详	不详
《灯塔》	1930年夏	中共直南特委	不定期	1930年	2期
《红旗周报》	1930年7月	中共直南特委	周报	1930年10月	7期
《我们的教训》	1930年11月	中共山东省委	不定期	不详	1930年12月出至第3期
《山东红旗》	1930年12月	中共山东省委	五日刊	1931年4月14日	22期
《大众》	1931年	中共青岛市委	不定期	1932年春	5期
《直南红旗》	1933年4月	中共直南特委	不详	不详	不详
《铁血报》	1933年5月	中共津南特委	不定期	不详	不详
《北方通讯》	1934年	中共北方局	不定期	不详	不详
《实话报》	1934年夏	中共北方局	不定期	1934年	不详
《津南真报》	1934年9月	中共津南工委	不定期	1935年9月	不详
《直南战斗》	1934年12月	中国冀南特委	不定期	1936年初	不详
《保属火线》	1937年春	中共保定市委	不定期	1937年9月	10期
《实际生活》	1937年5月	中共津南工委	不定期	不详	不详
《老百姓》	不详	中共山东省委	五日刊	不详	后改为《平民周报》继续发行

表4-4　其他地区编印的部分中共地下刊物

刊物名称	创办时间	主办（主编）	出版周期	终刊时间	发行期数（份数）
《萍乡声报》	1927年初	胡启图、邓贞谦	周报	1927年7月	不详
《红灯》	1927年2月13日	袁玉冰	不定期	1927年7月16日	15期
《新萍周报》	1927年11月	胡启图、邓贞谦	周报	1927年12月	不详
《满洲通讯》	1927年12月1日	中共满洲省委	月刊（后改为半月刊）	1928年11月	16期
《黑龙江民报》	1929年1月1日	王复生	不详	1936年6月	不详
《白话报》	1929年10月	中共满洲省委	不定期	不详	每期500份

续表

刊物名称	创办时间	主办（主编）	出版周期	终刊时间	发行期数（份数）
《满洲红旗》	1930年9月15日	中共满洲省委	旬刊	1932年9月	后改为《东北红旗》
《北满红旗》	1930年9月21日	中共北满特委	不定期	1931年4月24日	每期300份
《火车头》	1930年11月14日	中共满洲省委	周刊	1934年	不详
《哈尔滨新报》	1931年8月15日	中共北满特委	周刊	1932年2月5日	现仅存4期
《东北红旗》	1932年9月18日	中共满洲省委	不定期	1933年8月	不详
《东边道反日报》	1934年12月5日	中共南满特委	不定期	1936年7月	不详
《人民革命报》	1935年1月	东北人民革命军	十日刊	1936年初	不详
《列宁青年》	1935年1月	中共满洲省委	不定期	1939年	不详
《中外论坛》	1935年4月1日	杜任之	月刊	1936年5月	12期
《青年民众》	1935年8月20日	共青团南满特委	不定期	1936年5月1日	不详
《吉东青年救国画报》	1935年12月31日	中共满洲省委	不定期	不详	不详
《火山》	1936年7月	中共云南临时省工委	不定期	1937年6月	不详
《南满抗日联合报》	1936年7月	中共南满省委	不定期	1938年11月	不详
《牺牲救国》	1937年1月1日	山西牺牲救国会	周刊	1937年11月	43期（现仅存5期）
《救亡》	1937年2月	云南学生抗日救亡会	不定期	1937年10月	不详
《救国报》	1937年6月1日	中共吉东省委	不定期	1939年2月	不详

  中共在白区各地出版的革命进步报刊，向群众宣扬了党在新的革命历史时期的政治主张，揭露了国民党反动当局对内独裁、对外妥协投降的真相，对当时的国内外形势进行了广泛的分析，鼓舞了人民的革命斗志，为革命群众指明了今后斗争的方向和路径。

  （二）白区地下书刊的发行

  在白区，国民党反动派控制十分严密，革命书籍和报刊的发行十分困难。但是，中共各级党组织和进步分子充分利用各种渠道，突破敌人的重重封锁，将革命书刊及时送达读者手中。当时的主要发行渠道和方式有如下几种。

1. 通过中共设立的地下党组织内部发行渠道秘密发行

如，1932年，在上海中央局出版部工作的共产党员王均予，曾将马克思、恩格斯、列宁、斯大林著作等马列主义书籍，以及《红旗》《红军捷报》等革命杂志，秘密寄往北京、天津、广州、厦门、武汉、澳门，以及南洋等地。[1]

2. 委托代售

为了向社会群众发行，一些党组织将出版的进步刊物，委托当地书店、报贩、学校门房等代售。有些难以公开出售的革命书刊，就当作旧书报贱卖给旧书摊，让经营旧书摊的生意人向读者推销。

3. 秘密邮寄

出版发行人员为了避开国民党反动派邮检人员的眼线，对邮寄的书刊，一般要进行"改头换面"或是夹在公开出版的书刊当中。封面伪装是最常用的手法，将革命书刊的封面改换成不易引起邮检人员注意的自然科学书刊的封面，或是公开发行的大众书刊的封面。如《中国工人》在发行过程中，使用过《漫画集》《红拂夜奔》《爱的丛书》等封面名字；《上海工人》的伪装封面技巧更为微妙，先后使用过《劝世友》《时新毛毛雨》《春花秋月》《滑稽大王》《散花舞》《佛祖求道记》《苏东坡走马看花》《好妹妹》《观音得道》等书名。同时，邮寄人也都用假地址、假姓名，以避免特务分子的追查。

除了改换书名刊名外，有些刊物还故意写上印刷出版的假地址，用以迷惑敌人。如，1934年广州"左联"编印的《新路线》，就曾将印刷地址伪装为"香港威灵顿街印刷出版"，而其真实的编辑、印刷地址均在广州。这种虚实难辨的印刷发行地址，让敌人难以摸清规律和察觉疑迹，有利于保护自身的安全。

此外，一些打入白区邮局工作的地下党员和进步员工，更是为进步书报的发行出了大力。为了避免邮检人员的苛刻检查，他们在处理邮件包裹的过程中，当发现是进步书刊包裹时，就将其放到不引人注意的角落里，等邮检人员走后，再尽快把这些邮件送发走。

---

[1] 叶文益：《广东革命报刊史（1919—1949）》，中共党史出版社，2001年，第184页。

4. 秘密传阅散发

在国统区白色恐怖的出版环境下，地下党员或进步知识分子得到革命书刊后，就在自己所在的社团中进行传阅，或在同学、同事、亲戚、朋友间秘密传阅。有些地下党组织和进步社团编印出版的革命报刊，还自己组织人力散发。为避免特务们的突击检查，办刊者多是徒步携带到学校、工厂、码头、书店、图书馆、电影院、剧场、百货公司等场所秘密散发。

革命进步书刊在国统区的出版和发行，不仅揭露了国民党反动统治的黑暗和野蛮，也让白区的广大群众获得了进步的精神食粮，使更多处于彷徨和苦闷中的革命群众和青年学生受到思想启迪和精神鼓舞。他们从睡梦中觉醒，从沉沦中奋起，最终走上了革命的道路。

第二节 《布尔塞维克》的编辑与发行特色

1927年，国民党南京政府建立之后，为了控制全国的出版事业，巩固自己的独裁统治，不仅颁布了数量众多的出版法规，而且采取残酷手段，打击迫害进步出版业。为了打破国民党对出版业的垄断，传播革命思想，中国共产党在十分艰险的环境下着手创建自己的出版发行系统，秘密出版了一批地下刊物。其中，《布尔塞维克》是当时国统区创办的影响力最大的中共中央机关刊物。

一、《布尔塞维克》的创办

1922年9月，中共曾创办了第一份政治机关报《向导》。"四一二"和"七一五"反革命政变爆发后，大批共产党人和革命青年被屠杀，中共中央机关报《向导》也被迫停办。面对白色恐怖的环境，如何继续高举革命的旗帜，宣传和鼓舞群众继续从事革命斗争，成为摆在共产党人面前的紧迫任务。1927年8月7日，中共中央在武汉召开的八七会议上，瞿秋白等人建议创办一份新的中央机关刊物，以代替《向导》。10月22日，中共中央常委会讨论通过了出版《布尔塞维克》的决议。1927年10月24日，《布尔塞维克》在上海正式出版，瞿秋白担任该刊首任主编。

《布尔塞维克》创刊号发布了瞿秋白写的《发刊露布》，文章指出，当下中国社会斗争已经划分为两大营垒，即代表买办、军阀、豪绅、资产阶级的反革命营垒和代表工农、贫民的革命营垒。中国的革命只有在无产阶级政党的领导下，才能真正推翻帝国主义和封建军阀的统治，解放中国，

"使中国最大多数的工农自己得到政权,开辟真正社会主义建设的道路"①。

二、《布尔塞维克》的主要内容

《布尔维塞克》栏目设置十分丰富,辟有"社论""国内政治""外交问题""国际状况""职工运动""农民运动""中国革命问题""党内问题""经济与财政""寸铁""妇女问题""青年问题"等众多栏目。

《布尔塞维克》高举反帝反封建的大旗,对帝国主义的侵略本质进行了深刻的揭露。该报第2卷第9期发表了《中国共产党第二次中央全体会议的决议与精神》一文,深刻揭露了帝国主义侵略的本质,指出:"国际帝国主义是中国一切政治经济生活中的真实统治者。"虽然帝国主义之间在华有利益冲突,"但他们对华的侵略政策根本上都没有一点不同",那种幻想帝国主义可以帮助中国发展民族资本主义的思想是极端错误的。②李立三在该刊发表的《中国革命的根本问题》一文指出,帝国主义在华投资设厂,对华进行资本输出,其目的"决不是帮助中国资本主义的发展",而是为了"在政治经济上实现奴隶中国的任务"。③《布尔塞维克》还对帝国主义的走狗封建军阀进行了批判,认为封建军阀是中国人民的又一个敌人。该刊第1卷第2期上发表的《中国共产党反对军阀战争宣言》指出,无论是旧军阀还是新军阀,"都是祸国殃民,剥削和压迫工农贫民的",所以,"我们应当反对一切军阀的战争""我们应当推翻一切军阀"。④《布尔塞维克》刊载了众多文章,号召人民起来反对封建军阀。第2卷第6期发表的"反对军阀宣言"指出,当前,尤其要反对"国民党走狗的欺骗"⑤,文章号召广大工农群众、兵士联合起来一致行动,推翻军阀的统治。对于中国共产党领导下的工农群众开展的反帝反封建斗争,《布尔塞维克》进行了热情的歌颂。

为了帮助革命群众树立起坚定的马克思主义信仰,《布尔塞维克》发表了大量文章,宣传马克思主义理论,介绍和歌颂苏俄社会主义革命和建设。如,《十月革命对于中国革命之经验》一文总结了十月革命的经验,

---

① 《布尔塞维克发刊露布》,《布尔塞维克》创刊号,1927年10月24日。
② 中国共产党中央委员会:《中国共产党第二次中央全体会议的决议与精神》,《布尔塞维克》第2卷第9期,1929年8月1日。
③ 李立三:《中国革命的根本问题》,《布尔塞维克》第3卷第2、3期,1930年3月15日。
④ 中国共产党中央委员会:《中国共产党反对军阀战争宣言》,《布尔塞维克》第1卷第2期,1927年10月31日。
⑤ 《中共中央、共青团中央为反对军阀战争宣言》,《布尔塞维克》第2卷第6期,1929年4月1日。

认为工农群众"只有武装暴动起来，夺取政权，建设自己的政权"[①]，才能开始新的生活。《布尔塞维克》还介绍了苏维埃政权在经济社会发展上取得的巨大成就，并认为苏联经济社会建设的成功，正是马克思列宁主义指导的结果，"苏联社会主义建设的胜利，也就是列宁主义的胜利"[②]。不仅如此，为了传播马克思主义，该刊还刊登了大量推介马列主义出版物的广告。例如，第1卷第3期推介了《共产主义ABC》（布哈林著）、《列宁主义概论》（斯大林著）、《无产阶级阶级斗争的战术与策略》（斯徒夸夫著）等图书。

作为中共中央机关报，该刊发布了许多党的重要文件指示。首先，该刊转载了共产国际对于中国革命的一系列决议和指示。如《共产国际关于中国问题的决议案》（1928年2月25日）、《共产国际第六次大会对于中国革命宣言》、《共产国际第六次大会宣言》、《共产国际执行委员会与中国共产党书》（1929年2月8日）、《共产国际执委主席团关于立三路线的讨论》、《共产国际第十次全体执委会议特号》等。这些共产国际的指示和决议，对于推动低潮中的中国革命继续向前发展，起了方向指引和支持鼓舞的作用。其次，《布尔塞维克》还刊载了中共中央发布的许多重要文件，如《土地问题议决案》等。这些文件忠实记录了中国共产党在中国革命道路探索过程中正确和错误交织的曲折历程，以及各种错误倾向和错误路线对党和党领导下的革命事业造成的影响。此外，《布尔塞维克》还对中国革命的性质、道路、方针、策略等进行了探讨，尽管有些文章在今天看来观点并不成熟，但它真实地记录了党在革命年代对中国革命前途和命运的曲折探索过程。

三、《布尔塞维克》的编辑与发行

中国共产党一向重视宣传工作，在多次会议中均对《布尔塞维克》的出版工作作出明确的指示，如1929年6月，中共中央召开的六届二中全会上，讨论通过了宣传工作决议案，提出，"特别要注意使党的理论机关报《布尔塞维克》的内容充实起来"[③]。此外，中共中央还发布通知，规定中央各委员都有参加编辑和投稿的义务，并要求中共中央南方局、北方局和长江局以及各地省委宣传部门必须定期给《布尔塞维克》写稿。[④]

---

① 问友：《十月革命对于中国革命之经验》，《布尔塞维克》第2卷第2期，1928年12月1日。
② 《十月革命十四周年纪念提纲》，《布尔塞维克》第4卷第6期，1931年11月10日。
③ 中国社会科学院新闻研究所：《中国共产党新闻工作文件汇编》（上卷），新华出版社，1980年，第57页。
④ 中国社会科学院新闻研究所：《中国共产党新闻工作文件汇编》（上卷），新华出版社，1980年，第25页。

《布尔塞维克》创刊之初，便组建了编辑委员会，编委会成员有瞿秋白、罗亦农、王若飞、邓中夏和郑超麟等人，瞿秋白被推举为首任编辑委员会主任（表4-5）。后为加强该报的编辑工作，编委会成员不断增加，最多时达37人[①]。当时中共中央各部委主要领导人和各地方党的负责人都进入了编委会成员名单。为了不暴露真实身份，他们在发表文章时大多使用化名。

表4-5 《布尔塞维克》历任编委会主任

姓名	笔名	任职时间	主编期数	撰文篇数	时任党内职务
瞿秋白	秋白、何史文、范元、立夫	1927年10月—1928年6月	23期	50篇	中央政治局常委兼中央宣传部部长，主持党中央工作
蔡和森	和森	1928年7月—1928年10月	5期	4篇	中央政治局常委，中央宣传部部长兼中央党报主笔
李立三	立三	1928年11月—1930年6月	17期	8篇	中央政治局常委兼中央宣传部部长，中央党报委员会主任
沈泽民		1931年1月—1931年2月	1期	4篇	中共中央委员，中央宣传部部长
张闻天	思美	1931年3月—1932年7月	6期	2篇	中央政治局常委，中央宣传部部长兼中央党报委员会书记

注："撰文篇数"为有作者署名的文章，未署名或难以考证笔名的文章未统计在内。

在《布尔塞维克》的编辑出版过程中，首任主编瞿秋白发挥了重要的作用。他主持了中央机关报的出版筹备工作，并亲自为该刊题写了刊名并撰写发刊词。同时，他还积极为该刊撰稿，以本人真名和"秋白"等笔名在《布尔塞维克》上撰写了50篇稿件，其中，社论18篇，论文24篇，译作1篇，回复读者来信1篇。从第1卷第1期至19期的社论中，除第11期的社论为郑超麟所写外，其余均为瞿秋白撰写。1928年4月底他赴苏联参加共产国际代表大会后，还时刻关注刊物的发展，并以作者身份在该刊发表了6篇文章。

瞿秋白所写的文章有着很强的战斗性。他在创刊号发表的《民众的革命战争反对所谓北伐！》一文中，深刻地揭露了国民党新军阀的反动本

---

① 王健英：《中共中央机关历史演变考实（1921—1949）》，中共党史出版社，2005年，第128页。

质。文章指出，国民党各派只是代表各系的军阀，他们绝非革命的力量。[①]他在《中国革命中无产阶级的新策略》一文中更是鲜明地提出："中国革命到了现在的阶段，各种社会阶级的本性与作用，已经暴露得非常明显的了。"[②]同时，他还强调了工农联盟的重要思想，认为"中国工人阶级及其领导者——共产党，若不与农民缔结同盟便不能取得胜利"[③]。对于当时攸关革命成败的武装斗争和建立革命根据地问题，瞿秋白亦非常重视，他在《武装暴动的问题》一文中充分肯定了武装斗争、游击战争和创立革命根据地的重要意义。瞿秋白不仅对中国革命的重大问题作了深刻的论述，而且对党的建设问题也非常重视，他在《布尔塞维克》上发表了一系列文章，对党的思想理论建设、组织建设等问题进行了探讨。如他在《布尔塞维克党之民主集权制——答志益》（第1卷8期）一文中，对党的组织建设中的民主集中制问题作了精辟的阐述。

除了瞿秋白之外，经常为《布尔塞维克》写文章的还有陈独秀、郑超麟、李立三、蔡和森、罗绮园、曹典琦、华岗、潘东周、沈雁冰、王明、向忠发、谢觉哉、恽代英、李富春、杨之华以及共产国际代表布哈林等人。其中，陈独秀是在《布尔塞维克》上撰文最多的作者，据相关学者考证，陈独秀在该刊撰文153篇，其文章主要发表于该刊"寸铁"一栏。

为了传播马克思主义思想，加强党的宣传工作，中共中央非常重视《布尔塞维克》的发行工作，曾在多次重要会议上，就《布尔塞维克》的发行工作发布过重要指示。1927年10月22日，中共中央就如何做好《布尔塞维克》的发行工作作出指示，要求各地党的组织成员均应订阅和负责推销该报。"每一省委应于月底报告所销份数，并说明下月能推销的数目。"[④]1928年6月30日，中央发布通告，要求各级党组织"设法广泛的推销党的刊物，尤其是中央出版的《布尔塞维克》"[⑤]。

由于当时正处于国民党的白色恐怖统治下，《布尔塞维克》的发行活动只能在秘密的状态下进行。该报主要通过以下三种渠道发行：

1.将封面进行伪装后通过邮局发行

《布尔塞维克》刚发行的时候，由于没有改换刊名，结果被国民党当

---

① 瞿秋白：《民众的革命战争反对所谓北伐！》，《布尔塞维克》第1卷第1期，1927年10月24日。
② 瞿秋白：《中国革命中无产阶级的新策略》，《布尔塞维克》第1卷7期，1927年12月5日。
③ 瞿秋白：《中国革命与共产党的任务》，《布尔塞维克》第1卷2期，1927年10月31日。
④ 中国社会科学院新闻研究所编：《中国共产党新闻工作文件汇编》（上册），新华出版社，1980年，第26页。
⑤ 中国社会科学院新闻研究所编：《中国共产党新闻工作文件汇编》（上册），新华出版社，1980年，第40页。

局以"宣传共产主义,煽动阶级斗争,攻击本党"的罪名予以查禁。因此,为了应付国民党当局严格的邮政检查制度,从1929年1月第2卷第3期起,《布尔塞维克》开始使用伪装的封面出版,将该期刊名改为《少女怀春》,并在封面上印了一个少女画像;第2卷4至6期则将封面伪装为《中央半月刊》,并在封面上印上"中央执行委员会宣传部印行""中华邮政特准挂号认为新闻纸类"等字样;第2卷7期至11期则使用了《小学高级用新时代国语教科书》的伪装名字,并将出版机构署名为"商务印书馆"发行;第4卷第1期将刊物署名为《中国古史考》,作者署名为"钱玄同编著",并印上"历史研究学会丛书"的字样;第4卷2至4期则署名《金贵银贱之研究》,出版机构署名为"中国经济协会出版";第4卷第5期署名为《平民》,第6期则署名为《经济月刊》,并在封面上印上"上海经济月刊社出版"的字样。把革命书刊进行伪装出版,避免了国民党当局的严厉检查,有利于刊物的安全和发行,有助于革命思想的传播,也是白色恐怖环境下传播革命思想的特殊手段。

《布尔塞维克》采用封面伪装手法出版的策略不久就引起了国民党当局的注意。1929年,当《布尔塞维克》伪装为《中央半月刊》出版了3期后,被国民党当局发现。4月18日,国民党中央执行委员会致国民政府文官处函,称:"查该刊物内容,纯属共产党宣传文字,而封面及装订形式,则仿照本党中央月刊,惟无中国国民党字样,希图鱼目混珠,其用意至为狡险。"[①]

2.由各地代售处代销

主要通过各赤色工会分会、互济会分会和各地各部门设立的共产党支部代售《布尔塞维克》等革命刊物。如,1930年5月10日,中共另一机关刊物《红旗》刊登征求公开订阅《布尔塞维克》杂志的启事,告知读者订阅《布尔塞维克》的办法,"凡订有《上海报》及《海光报》的,都可以向原送报人或代售处订购《布尔塞维克》"。同时,还告知了订阅该报的价格,"布报(指《布尔塞维克》——笔者注)每册大洋一角"[②]。《布尔塞维克》通过刊登订阅启事,向读者告知了订购《布尔塞维克》的各类代销处,获取刊物最新出版信息的相关渠道,以及刊物的售价和订阅优惠措施。

3.通过党的地下发行系统秘密发行

《布尔塞维克》主要由毛泽民同志负责的地下印刷所秘密印刷发行。

---

① 谷长岭、俞家庆:《中国新闻事业参考资料》,中央广播电视大学出版社,1987年,第144页。
② 《征求公开订阅〈红旗〉〈布尔塞维克〉杂志启事》,《红旗》第100期,1930年5月10日。

大革命失败后，中共中央委派毛泽民同志来到上海，秘密从事党的出版发行工作。1928年夏，他受党中央委派，来到上海，创办了党的地下印刷机构——协盛印刷所，秘密印刷《布尔塞维克》等革命刊物。协盛印刷所存在了大约半年，后被上海特务盯上，毛泽民带着印刷所同志和部分机器及时转移。1931年，他再次回到上海，与瞿秋白同志接洽，重新开设了秘密印刷所，继续从事《布尔塞维克》等革命书刊的印制工作。1929年6月25日，中共中央发布《宣传工作的决议案》，提出要建立秘密发行路线，注意将党的机关报刊《布尔塞维克》《红旗》等扩大推销到广大群众中去，从而给予群众思想政治上的指导。根据这一指示，中共地方党组织在全国许多城市建立了地下秘密交通处，《布尔塞维克》由各地交通处的地下交通员将刊物秘密传递到读者手中。

四、《布尔塞维克》出版发行的历史意义

《布尔塞维克》通过采取多种渠道的发行措施，向读者传播了马列主义思想，使读者对于党的政治主张和国内国际共产主义运动形势有了更为深刻的了解，给处于革命低潮中的共产党员和工农革命群众以精神上的鼓舞。有读者谈及阅读到该刊之后的感受："昨在友人处得见《布尔塞维克》第1期，用三小时时间一口气读完，不禁雀跃三百！"[1]毛泽东是《布尔塞维克》的编委之一，也是该刊的忠实读者。他在领导工农革命的过程中，认识到加强工农教育的重要性，多次致函中央，要求寄送《布尔塞维克》等革命书刊，他本人也从阅读这些报刊和图书中获取了许多有益的知识和信息。

1932年7月，《布尔塞维克》出版至第5卷第1期后宣布停刊。该刊从创办至停刊，历时5年左右，共出刊52期。《布尔塞维克》高举反帝反封建的大旗，积极宣传党的政治主张，介绍国际共产主义运动和苏维埃社会主义建设成就，热情歌颂中国共产党及其领导下的工农革命，对中国革命性质、道路、方针、策略等问题进行了可贵的探索。尽管由于认识的局限性，《布尔塞维克》上有些文章宣传了一些"左"倾路线的错误观点，但瑕不掩瑜，《布尔塞维克》在血雨腥风中高擎党的革命旗帜的历史功绩是应被铭记的，它是白色恐怖年代里的一座灯塔，为革命低潮时期的共产党人和革命群众照亮了前行之路。

---

[1] 易囊萤：《欢送已脱离共产党的党员》，《布尔塞维克》第1卷第2期，1927年10月26日。

第三节　中共地下出版发行机构的创办

1927年，蒋介石、汪精卫集团先后发动反革命政变，轰轰烈烈的国民革命最终失败。在国民党反动派的白色恐怖统治下，众多革命书刊和进步书店被国民党反动派查封。为保存力量，中共领导下的革命出版事业只得转入地下。20世纪20年代末至30年代初，中共先后创办了无产阶级书店、华兴书局、北方人民出版社等一批进步的出版印刷机构，秘密从事地下出版发行活动。

一、无产阶级书店

无产阶级书店于1928年在上海创办，是大革命失败后中共在上海创办的地下出版机构。主要以出版马列主义和革命书籍为主。

无产阶级书店仅仅存在了不到一年，由于创办时间短，现有资料对于其出版活动和出书具体情况的记载较少。笔者根据张静庐《中国近现代出版史料》（现代乙编）所载"国民党反动政府查禁二百二十八种书刊目录"一文，统计出无产阶级书店共被查禁的书刊有24种，兹列举如下：《共产国际与中国革命》、《共产国际党纲与章程》、《什么是苏维埃》、《什么是赤色职工国际》、《中国苏维埃文集》（第一集）、《列宁论组织工作》、《党内斗争》、《支部工作》、《共产主义青年运动的理论与实际》、《组织的理论与实际》、《反对帝国主义大战斗争与共产党员的任务》、《中国革命与共产党》、《中国革命的争论问题》、《国际青年运动的形势》、《广州公社》、《共产党国际月刊》、《全总通讯》、《牺牲》（第一集、第二集）、《第六次大会后的中央政治工作》（第一集）、《过去一年来职工运动发展的形势和目前的总任务》、《第五次全国劳动代表大会决议案》、《全国总工会政治工作》、《俄国革命画史》（上、下册）、《工农读本》等书。[①]从以上被查禁的图书目录可看出，虽然书店存在的时间不长，但还是编译出版了不少介绍国际共产主义运动、苏俄社会主义革命以及中国革命运动形势和任务的书刊。

无产阶级书店出版的书刊，其内容都密切配合当时的政治斗争，如《广州公社》一书，扉页印有广州起义领导人苏兆征、张太雷的肖像，内容有瞿秋白用"维它"笔名撰写的《广州暴动与中国革命》，邓中夏撰写

---

① 《国民党反动政府查禁二百二十八种书刊目录》(1931)，张静庐：《中国近现代出版史料》（现代乙编），上海书店出版社，2011年，第173—189页。

的《广州暴动与中国共产党的策略》等文章，这些文章用文字和图片较完整地介绍了1927年12月11日中共领导下的广州起义轰轰烈烈开展的情景。由于国民党对革命进步出版物的查禁极为严厉，无产阶级书店出版的书刊不得不进行伪装出版。如，《全总通讯》曾用《前线》出版发行。《共产党国际月刊》为了躲过军警的检查，封面上印的是"国际月刊"，主办机构署的是"国际月刊社"，该刊还曾伪装化名为《少年朋友保罗》《到光明之路》《世界大事记》等。1929年，无产阶级书店因遭国民党反动派的查禁，被迫停业。

二、华兴书局

华兴书局于1929年在上海成立。该书局是中共中央出版发行部在上海创办的地下出版发行机构，社址设在上海康脑脱路（今康定路）762号。1927年，蒋介石集团发动"四一二"反革命政变后，上海笼罩在一片白色恐怖之中，中共创办的公开发行机构上海书店被迫转入地下。"七一五"反革命政变之后，中共在武汉创办的长江书店也被国民党当局封闭。1928年，中共中央出版发行部在上海秘密创办了无产阶级书店，秘密发行革命书刊。不久，无产阶级书店被国民当局查封。随后，1929年，中共又建立了一所新的出版发行机构——华兴书局，继续从事革命进步书籍的出版。

20世纪30年代，华兴书局面对险恶的生存环境，出版了大量马列经典著作和介绍苏联革命的书籍，通过私营书店、书摊等途径发行，使成千上万的读者接触到马克思主义。从国民政府记载的查封华兴书局经过的一系列文件中，我们可以看到该书局出版的书籍情况。

1931年1月6日，河南省开封市邮件检查员查出上海华兴书局寄往当地河南大学和济汴中学图书目录两本，认定"该书目所载，多系宣传共产主义，自应查禁以遏乱源"。遂以河南省政府主席刘峙的名义行文行政院，"拟请钧院俯赐通令各省市，一体查禁，以杜流传"。

1931年1月29日，国民党中央宣传部行文各处："该书局专发行此类（宣传共产主义之刊物）书籍，显系共党宣传机关。"[1] 随后，国民党中宣部致函上海市党部和上海地方法院，要求设法查封该书局。上海当局收到函件后，立即派出军警，对华兴书局进行搜查，并决定对以下11种革命图书进行查禁，其中包括"上海社会科学研究学会丛书"7种，分别是：《二月革命到十月革命》（列宁著）、《资本主义之解剖》（布哈林著）、《民族革

---

[1] 《国民党中央宣传部致行政院公函》（1月29日）、《中国国民党中央执行委员会宣传部公函第3162号》，参见张克明：《国民党政府查封上海华兴书局案》，《历史档案》1981年第1期。

命原理》（唐杰编）、《马克思主义之基础》（潘文鸿编）、《俄国党史》（上册，包泼夫著）、《苏维埃宪法浅说》（萨诺普夫著）、《三个国际》（列宁著）；"中外研究学会丛书"1种：《国家与革命》（列宁著）；"上海亚洲艺术学社"1种：《俄国革命史画册》（上下册）；另外，还包括两部单行本图书，分别为《马克斯和昂格斯［恩格斯］的农民问题》《中国职工运动概况》。

1931年2月5日，国民党中央宣传部呈报给中央常务委员会的密函中，称"上海康脑脱路（即现在康定路）东首华兴书局专发行共党书籍，显系共党宣传机关"，"请密函国府转令上海军警机关会同上海特别市党部宣传部及上海特区地方法院设法查封该书局，以遏反动"。[①]并抄送了上次已经查禁的11种图书目录。同时，本次还新列出了37种要查禁的"共党书籍"目录。兹将书目列举如下：

（1）"中外研究学会丛书"3种：《两个策略》（列宁著）、《世界经济地理纲要》（哈拉宾著）、《革命与考茨基》（列宁著）；（2）"上海社会科学研究学会丛书"5种：《社会科学研究初步》（布浪得尔著）、《左派幼稚病》（列宁著）、《战术与策略》（斯徒夸夫著）、《新社会观》（郭范仑科著）、《1905至1907年俄国革命史》（潘文鸿译）；（3）"尚武学会丛书"7种：《中国军队之研究》（哥列夫著）、《战术表解》（郭新译）、《苏联红军史》（李万里译）、《军事艺术学》（左治译）、《军事侦探学》、《苏联红军中政治工作》（连青选译）、《军事交通学》（吴常青著）；（4）单行本21种：《各时代社会经济结构元素表》（晓旭译制）、《世界大战与世界革命》（约瑟夫著）、《苏联党史》（亚洛斯拉夫斯基著）、《反布哈林》（景秋译）、《世界职工运动概况》（罗佐夫斯基著）、《工人的国家》（徐梦龙著）、《苏联游记》（柏明著）、《殖民地的革命运动》（库西宁著）、《印度的革命运动》（曾鼎编）、《满洲的农民经济》、《江苏的经济状况》、《无产者的哲学》、《列宁》、《论托洛茨基》、《高丽革命运动史》、《苏联发展之新阶段》、《苏联宗教问题与宗教政策》、《新俄宪法》、《苏联商业政策》、《世界职工运动》、《苏联国家的政治组织》；（5）代售图书1种：《瀛寰》半月刊。该书由瀛寰半月刊社发行，华兴书局代售。

国民党上海当局接到中央密函后，立即让上海淞沪警备司令部派人到康脑脱路一带查访，但中共地下党人早在他们行动之前，便已将书局设备

---

① 《中央执行委员会秘书处第1768号函》（1931年2月5日），《国民政府文官处致行政院公函（2月10日）国民政府文官处公函字第1162号》，中国第二历史档案馆：《中华民国史档案资料汇编》（第5辑，第1编文化），江苏古籍出版社，1994年，第301页。

和图书转移到别处。华兴书局结束后，1932年至1933年，上海的党组织又以启阳书店、春阳书店、浦江书店等名义出过一些革命进步图书。

华兴书局除出版以上图书外，还出版了一部重要著作，那就是华岗翻译的《共产党宣言》中文译本。《共产党宣言》的第一个中文译本是中共成立前夕，由陈望道在家乡义乌译出后，于1920年8月在上海出版。1930年，华兴书局出版的华岗的《共产党宣言》中文译本是第二个中文译本。

华岗（1903—1972），浙江龙游人，马克思主义理论家、翻译家和革命家，新中国成立后曾任山东大学校长。1928年6月，华岗受中央委派，赴莫斯科参加共产国际第六次代表大会及少年共产国际第五次代表大会。返回上海之后，他担任了共青团中央委员会宣传部部长、团中央机关刊物《列宁青年》的主编。在此期间，华岗开始了《共产党宣言》的翻译。

由于当时正处于白色恐怖的环境之下，为了躲避当局的审查，出版社在出版该书时对书名进行了伪装，将书名简化为《宣言》，封面出版社署名为"上海中外社会科学研究社"。该书内容包括《共产党宣言》以及三个序言分别是"1872年序言""1883年序言""1890年序言"，这三个序言是首次与我国读者见面。华岗本译本与第一个中文译本相比，不仅翻译质量有提高，文字表述也更为准确、流畅。[①]如初译本《宣言》最后一句为"万国劳动者团结起来啊！"，花岗本改译为"全世界无产者联合起来！"。[②]所以华岗本《共产党宣言》出版后，发行销路很好，华兴书局很快又重版两次。

华兴书局在白色恐怖统治的极端困难条件下，坚持出版革命读物，对传播马克思主义，鼓舞人民的革命斗志，发挥了很大的作用。

三、北方人民出版社

北方人民出版社成立于1931年9月，是中国共产党在保定设立的地下出版发行机构。20世纪30年代，在国民党白色恐怖统治下，北方白区人民的精神食粮极其匮乏。为了满足革命群众的阅读需求，中共北方局决定在保定设立一家出版发行机构，以出版革命人民所需要的书刊。

北方人民出版社由保定二师中共党员王禹夫负责。当时，王禹夫受党组织委派，在党的外围组织保定革命互济会，负责宣传工作。出版社成立后，当时保定还处于白色恐怖的恶劣环境下，为保障出版工作的安全，编校、发行和对外联络事宜均由王禹夫负责。为开展工作，他还结识了保定

---

① 《思想的历程》创作组：《思想的历程：马克思主义在中国的百年传播》，中央编译出版社，2011年，第61页。
② 华景杭：《父亲华岗与〈共产党宣言〉的翻译、出版》，《纵横》2009年第10期。

协生印书局经理张培植和编审赵云弩，二人慨然答应承担北方人民出版社的印刷业务。协生印书局为出版社首先试印了《各时代社会经济结构元素表》和瞿秋白著的《社会科学概论》①两部书。试印结果顺利，于是双方正式签署合作协议，经商定，每印出一本书随即交付一部分印费。②

该社的书稿来源主要有以下三方面：一是保定"群玉山房"和世界图书馆经理苏新甫（苏兰田）保存下来的书稿，以低价贱卖的形式卖给北方人民出版社；二是北平党组织搜集的一批进步书稿；三是通过秘密渠道从上海方面邮寄过来的书稿。③当时，为了安全起见，收件人用的都是化名，如：王光潜、王辛垦、王逸民、王晨晞、李达科、王达科等。为避免被敌人发现，书籍的印刷装订工作都在夜间进行，书籍印好后，秘密分散存放在保定二师、甲种工业学校、第二模范小学、铁路工人子弟学校及西门外洗衣房等地下党员联络处。

北方人民出版社的图书主要通过以下三种渠道发行：一是由组织系统发行下去；二是由各校门房和各书摊、各书店代售；三是通过邮寄的方式寄至外地，主要是寄往上海、北平和北方其他城市的学校。常用的通信地址有上海"东方青年社"，北平的"北方青年社"（地址在清华大学校园内）、"开拓社"（地址在北京大学校园内）；寄往北方其他城市学校的收件处有正定第八师范、邢台第四师范、大名第七师范、泊镇区第九师范等。北方人民出版社出版的图书在初期封面印有"人民出版社出版""北方人民出版社""新生书社发行"字样。后为避免遭国民党反动派的查扣，将封面改印别的名号，如"人民书店""北国书社"或"新光书店"等。

北方人民出版社在成立一年多的时间里，先后出版了20多种图书④。现将有关图书列举如下：（1）《各时代社会经济结构元素表》（张伯简译，照上海书店彩色石印版重排的铅印单色版）；（2）《社会科学概论》（瞿秋白著，出版时封面伪装为《社会科学研究初步》，作者署名为：布浪得尔著，杨霞青译）；（3）《土地农民问题指南》（包括中共六大决议和五次劳动大会决议案等）；（4）《苏维埃宪法浅说》；（5）《武装暴动》（封面伪装为《艺术论》）；（6）《政治问题讲话》[即联共（布）第十六次大会斯大林的政治报告]；（7）《马克思主义的基础》（包括《共产党宣言》及《雇佣劳动与资本》）；（8）《民众革命与民众政权》（出版时封面伪装为《孙文

---

① 出版时封面改印为《社会科学研究初步》，署名布浪得尔著，杨霞青译。
② 河北省出版史志编辑部：《河北出版史志资料选辑》（第4辑），1989年，第6—7页。
③ 河北省委党史资料征集编审委员会：《河北党史资料》（第6辑），1986年，第86页。
④ 朱赤：《中国共产党保定地方史》，中央文献出版社，2000年，第149页。

主义之理论与实际》);(9)《世界经济地理纲要》(哈拉宾著);(10)《资本主义之解剖》(即《共产主义ABC》);(11)《国际政治法典》;(12)《两个策略》(重印华兴书局1929年版);(13)《中国革命论》(即《共产国际对中国革命决议案》);(14)《中国革命与中共的任务》(国际代表在中共六大上的政治报告);(15)《共产国际纲领》;(16)《少共国际纲领》;(17)《国家与革命》(列宁著);(18)《左派幼稚病》(列宁著);(19)《论反对派》(斯大林著);(20)《政治问题讲话》[即联共(布)"十六大"上斯大林的政治报告];(21)《化学战争》;(22)《中国到哪里去》(问友著,初载于《布尔塞维克》第2卷第4期);(23)《苏联革命过程中的农业问题》(列宁著,陈晓光译,该书是王禹夫转至北平后出版的);(24)《二月革命到十月革命》(重印华兴书局1931年初版);(25)《革命与考茨基》(重印华兴书局版)。

北方人民出版社原计划出版五六十种图书。1932年7月,保定二师"七六"惨案后,国民党当局制造白色恐怖,大肆抓捕革命者,王禹夫被国民党当局通缉,被迫转移至北平,北方人民出版社不久也被迫停止出版活动。北方人民出版社从建立到结束,虽仅仅存在一年多时间,但它满足了广大革命群众对于精神食粮的需要,扩大了党在北方的影响力,为传播马克思主义和发展革命力量作出了积极贡献。

四、中共地方组织创办的进步书店

除以上出版发行机构外,土地革命时期,中共各地方组织的共产党员和进步人士还创办了不少进步书店。这些书店既发行革命书刊,同时也是中共地下秘密联络机构和革命活动场所。现将大革命失败至抗日战争全面爆发前,各地进步书店的创办情况列表如下(表4-6)。

表4-6　土地革命时期成立的进步书店

书店名称	创办时间	创办人（负责人）	创办地点	停业时间	经营业务
民智书局	1927年	梁佐厚	杭州	1928年	经营进步书籍,1928年被国民党浙江省党部查封
绿波书店	1927年	谭天度	广州	1928年	经营进步书刊,1928年谭天度因携带革命书刊到香港而被港英当局逮捕,书局停办

续表

书店名称	创办时间	创办人（负责人）	创办地点	停业时间	经营业务
春野书店	1927年12月	蒋光慈、钱杏邨、孟超	上海	1929年	经营文艺书籍；出版《太阳月刊》"太阳社丛书"《辘轳小刊》，以及刘一梦著《失业以后》、蒋光慈著《哭诉》、阿英著《革命故事》、孟超著《残梦》等
现代书局	1927年	洪雪帆、张静庐、卢芳、沈松泉	上海	1931年	主营新文艺作品和社会科学书刊
天马书店	1927年	楼适夷	上海	1938年	先后出版鲁迅、茅盾、丁玲、郁达夫等作家的自选集以及《茅盾散文集》、郁达夫著《忏余集》、王鲁彦著《小小的心》、鲁迅著《门外文谈》、周作人著《苦雨斋序跋文》、曹聚仁著《笔端》、适夷译《苏联短篇小说集》等
蠡吾书店	1927年	刘宪曾、杨登弟	蠡县	1938年	经营书刊、文具纸张，实为秘密联络站
光明书局	1927年	王子澄	上海	1955年	主营文艺书刊，出版关露著《新旧时代》、冰莹著《从军日记》、王独清著《暗云》、钱杏邨编《中国新文学运动史资料》等，出版《文学界》月刊和《知识》半月刊，1955年并入新文艺出版社
我等书店	1928年9月	崔晓立、陈庆亨、江闻道、沙孟海	杭州	1928年12月	经营进步书籍，组织读书会，同时，作为中共浙江省委联络机关，店名为沙孟海所题
大江书铺	1928年9月	陈望道、汪馥泉、施存统、冯三昧	上海	1933年	经营马列理论著作、苏联文学译著和左翼文学作品
百城书店	1928年	张伯能、余农治	内江	1929年10月	经营进步著作如郭沫若的《女神》《星空》《三个叛逆的女性》《中国古代社会研究》及译著《石炭王》《屠场》等
人间书店	1928年	胡也频、丁玲	上海	1929年	经营进步文学书刊，出版《人间》月刊

续表

书店名称	创办时间	创办人（负责人）	创办地点	停业时间	经营业务
晓东书店	1928年	傅冰洋、廖释惑（维华）	内江	1930年5月	中共内江县秘密联络点，后廖释惑被捕遇害，书店停业
绿野书店	1928年	刘丹岩	沈阳	1931年9月	主要经销进步文学作品，九一八事变后，被日军查封
青岛书店	1928年	邓恩铭	青岛	1931年	经营革命进步书刊和文学书刊，如《呐喊》《青潮月刊》《游崂随笔》等
水沫书店	1928年	戴望舒、施蛰存、杜衡、刘呐鸥	上海	1932年	原名第一线书店，因出版《无轨列车》杂志被国民党当局查封，改名水沫书店。先后出版胡也频著《往何处去》、柔石著《三姐妹》、戴望舒著《我的记忆》、施蛰存著《追》，以及"科学的艺术论丛书"等
秋阳书店	1929年春	胡允恭、王步文、王逸常	上海	1930年夏	发行革命书刊，同时作为党的国际联络机关，以订书财务往来名义，收发共产国际活动经费
北方书店	1929年	张友渔、李子昂、曹景周	天津	1930年8月	发行进步书刊，党的地下联络机关
江南书店	1929年	郑伯奇、朱镜我	上海	1931年	为创造社的发行部，主营创造社出版的书刊
华兴印刷公司	1929年	毛泽民、柳直荀	天津	1931年	主要印行党的书报刊，翻印发行《布尔塞维克》杂志
辛垦书店	1929年	叶青、任白戈、沙汀等	上海	1937年	出版"科学丛书""哲学丛书""历史丛书"等多种译文丛书
潼南书店	1930年1月	谭世良、龙俊阳、夏益寿、江涛、邱德茂	潼南（今重庆市潼南区）	1930年8月	秘密发行进步书刊，中共潼南特支秘密军事联络点，后因活动暴露，被国民党查封，谭世良被捕遇害
国民书店	1930年春	王临之、李景黄、李淑铭、刘炳文、马奉莪	滕县	1932年	秘密出售红色书籍和社会科学方面的进步书籍，同时作为中共滕县特支的地下联络站
王忠生书店	1930年	王忠生	哈尔滨	1940年6月	发行进步书刊，成为党在哈尔滨的进步文化阵地

续表

书店名称	创办时间	创办人（负责人）	创办地点	停业时间	经营业务
中共江苏省委发行部	1931年1月	中共江苏省委	上海	不详	经营革命书刊，设有南京、南通、无锡、徐州、东海5个发行总站
秋水书店	1931年	郭晓棠	开封	1932年秋	销售上海等地出版的进步书刊，党的秘密联络机关
湖风书局	1931年	宣侠父	上海	1933年	出版左联机关刊物《文学导报》及丁玲主编的《北斗》等
文劲书店	1932年	熊文和	墨江	1933	经销进步书刊，中共墨江地下联络站
北平发行部	1932年10月	中共北平地下市委	北平	1937年	1932年，发行部部长张景毅被捕，发行部撤销；1935年1月再次设立，秘密发行进步书刊
生活书店	1932年	邹韬奋、胡愈之、徐伯昕	上海	1945年	先后出版《生活月刊》《太白》《世界知识》《文学月刊》《妇女生活》等多种期刊
文成书局	1933年1月	王其人	莱芜	1935年	经营课本、笔墨纸砚及《呐喊》《彷徨》《母亲》《铁流》《拓荒者》等进步图书，同时作为中共莱芜的地下联络点
荒岛书店	1933年	孙乐文、张智忠	青岛	1937年	经营从上海购进的进步书籍和普罗文艺书籍，如《母亲》《避暑录话》《铁流》《烙印》等，同时作为党的秘密联络点
郁文阁	1933年	马郁文	定兴	1954年	书商马郁文创办，后成为中共地下组织的秘密联络站。抗战期间马郁文以书店作掩护向敌后根据地运输枪支、纸张等
上海杂志公司	1934年	张静庐	上海	1955年	经销全国各种杂志，先后出版《译文》《作家》《中流》《自修大学》等多种书刊。抗战全面爆发后迁汉口、广州、桂林、重庆等地。抗战胜利后迁回上海
知识书店	1936年9月	叶笃庄、吴砚农、易吉光	天津	1937年9月	经销进步书刊，出版《国际知识》杂志，党的地下联络机关

续表

书店名称	创办时间	创办人（负责人）	创办地点	停业时间	经营业务
苍梧书店	1936年	杨铁如	梧州	1940	1938年迁南宁营业，秘密发行延安进步书刊
读书生活出版社	1936年	李公朴、柳湜、艾思奇、黄洛峰	上海	1945年	抗战全面爆发后迁汉口、重庆等地。曾以辰光书店、鸡鸣书店、北极书店等名义出版书刊。1945年与生活书店、新知书店合并为三联书店
生存书店	1936年	武克仁	运城	不详	经销进步书刊，中共运城党组织的秘密联络机关

土地革命时期中共各级党委对于出版工作都非常重视，他们把出版工作当作动员群众、宣传革命的有力工具之一。如，1927年，中共广东省委常委会发布的《省委即须执行具体工作》的文件中，要求各地做好出版工作，"各刊物负责同志每星期应开编辑会议一次，省委派人出席报告及讨论"[①]。由于处在白色恐怖的环境下，这一时期各地党组织领导下的出版活动都在地下秘密进行，除了公开发行的书刊外，许多秘密发行的进步期刊和革命小册子都采用手工刻印，地方各级党委都设置有油印科，专门负责刻印党的文件、进步刊物、革命手册和传单。为了躲避国民党的检查迫害，很多进步期刊封面都进行伪装，署上与内容不相关的名字，出版社也署假名。如中共广东省委发行的《省委通讯》，封面署名《劝善宝鉴》，出版机构署名"同善社印"；《红旗》半周刊，封面署名《康南海遗著》，出版社伪称"香港中华圣教总会"；等等。各地进步书店书刊发行的内容和对象也十分广泛，除发行党内文件、进步书刊外，还向群众大量散发革命小册子、传单、宣言、画报及各种宣传品等，发行对象遍及城市到乡村的广大工农群众。

第四节　中共领导下的左翼文化出版事业

土地革命时期，国内成立了众多的进步文艺团体，在中国共产党的领导和指示下，这些进步文化团体，在20世纪20—30年代发起了一场声势浩大的左翼文化运动，各种进步文艺组织纷纷开展办报办刊和翻译出版活

---

① 出版史研究编辑部：《出版史研究》（第1辑），中国书籍出版社，1993年，第113页。

动，大力倡导无产阶级革命文学，为促进马克思主义文艺理论在中国的传播作出了贡献。

一、《文化批判》和《太阳月刊》的出版

《文化批判》是创造社主办的一份综合性理论期刊，1928年1月15日创刊于上海，月刊。编辑署名丁荻，实际由成仿吾编辑。撰稿人大都为创造社成员，主要有成仿吾（石厚生）、郭沫若（麦克昂）、冯乃超、彭康、朱镜我、李初梨、李铁声、龚冰庐等。该刊所载内容以批判资本主义文化、介绍马克思主义基本思想为主，也积极倡导无产阶级革命文学，创刊伊始就提倡"普罗文学"。

《文化批判》的创办目的是对资本主义社会进行"合理的批判"，并"描出近代帝国主义的行乐园"[①]。《文化批判》系统地介绍了马克思主义的文艺理论，阐明了无产阶级文学与无产阶级革命事业之间的关系。如，该刊第2期发表了李初梨的《怎样地建设革命文学》，文章对无产阶级革命文学的根本性质、产生的社会根源、服务对象和作用等问题进行了深入的探讨。该刊第4期发表了朱镜我的《关于精神的生产底考察》，文章着重阐释了文艺的阶级性，认为文学的阶级性是马克思主义文艺思想中的一项重要内容，作者在文中强调无产阶级文学必须为无产阶级革命和政治服务。《文化批判》于1928年5月停刊，共出5期。其中第5期为躲避国民党的文化查禁，将封面刊名伪装为《文化》。

《新思潮》是创造社继《文化批判》之后创刊的又一份文学期刊。该刊于1929年11月15日在上海出版，主编一职由朱镜我担任。《新思潮》积极宣传马克思主义文艺思想，对马克思主义的文艺理论进行了较为深入的探讨。该刊同时还对资产阶级文艺思潮进行了批评。《新思潮》还遵照中国共产党的指示，与国内托洛茨基派展开了关于中国社会性质的论战。当时，托派不认为中国社会经济是半封建半殖民地性质，而认为资本主义经济已占统治地位，封建经济已是残余力量。托派还把小生产阶级经济看成是资本主义经济，这就孤立了无产阶级，把作为革命的同盟军的广大小生产者和农民排除在革命队伍之外。托派的观点对中国革命是极为有害的。为此，朱镜我先后翻译、撰写了一系列文章如《革命的一个根本问题》《改组派在革命现阶段上的作用及其前途》等，对托派的错误观点进行了批驳，在社会上引起很大反响。[②]《新思潮》对马克思主义的宣传和介

---

① 成仿吾：《祝词》，《文化批判》创刊号，1928年1月15日。
② 史先民：《中国社会科学家联盟资料选编》，中国展望出版社，1986年，第164页。

绍，引起国民党反动派的警惕和仇视。1930年7月1日，该刊因遭到国民党上海当局查禁而被迫停刊。《新思潮》从创办至停刊，共出版7期。

《太阳月刊》是由太阳社创办的一份宣扬无产阶级革命文学的期刊。该刊于1928年1月在上海创办。太阳社是由知名作家蒋光慈、钱杏邨（阿英）、洪灵菲等人创办的革命文艺社团。

《太阳月刊》主要刊登小说、诗歌、散文等文学作品，也发表文学评论和翻译作品。撰稿人以太阳社成员为主。《太阳月刊》曾参与当时文艺界关于"革命文学"的论争，发表了大量探讨文学阶级性问题的文章，如蒋光慈的《关于革命文学》、钱杏邨的《死去了的阿Q时代》等。由于受到"左"倾思潮和教条主义的影响，该刊对鲁迅等进步作家及其作品进行了错误的批判。一些人甚至还对鲁迅发起了人身攻击，称鲁迅是一个"怀疑现实而又没有革命的勇气的人生咒诅者"[1]。鲁迅对此进行了反击，他曾撰写了《文艺与革命（并冬芬来信）》《文坛的掌故》等一系列文章，对该刊的错误倾向进行了批评。1928年7月1日，《太阳月刊》出至第7期被国民政府查禁。

与革命文学运动兴起的同时，文化界还兴起了一股宣传马列主义和学习社会科学的热潮。大革命失败后，为了总结经验教训，继续探索新的革命道路，广大革命群众迫切需要学习马列主义和社会科学知识。1929年，中共中央在关于宣传工作的决议案中指示，要求各级党组织参加帮助建立各种公开的书店、学校、通讯社以及各种科学研究会、文艺社团和编译新书刊物等工作。[2]

在中国共产党的领导下，社会科学读物的出版日益活跃。据《新思潮》刊载的《一九二九年中国关于社会科学的翻译界》一文统计，1929年全国出版的社会科学译著就达150种以上，其中包括马恩著作6种，列宁著作5种[3]。1929年9月，吴亮平在《世界文化》创刊号上发表的《中国社会科学运动的意义》一文也指出："马克思主义不但在世界上成为领导的思潮，而且就是在落后的中国，也已经成为领导的思潮。"[4]

以上各种进步文学期刊的创刊和社会科学译著的出版，对于宣传马克思主义，推动无产阶级文学运动的发展，作出了积极的贡献。但左翼文

---

[1] 钱杏邨：《死去了的阿Q时代》，《太阳月刊》三月号，1928年3月1日。
[2] 《中国共产党第六届中央执行委员会第二次全体会议宣传工作决议案》，中央档案馆：《中共中央文件选集 第五册（一九二九）》，中共中央党校出版社，1983年，第266页。
[3] 君素：《一九二九年中国关于社会科学的翻译界》，《新思潮》（第2、3期合刊），1930年1月15日。
[4] 饶良伦：《土地革命战争时期的左翼文化运动》，黑龙江人民出版社，1986年，第18页。

化运动发展过程中，也存在一些问题。主要表现为一些左翼文化工作者在文艺运动中还存在着较为严重的教条主义、宗派主义的倾向。此外，在左翼文艺运动中，各种文学团体之间因对于中国革命性质问题的意见不一而产生了广泛持久的论战。这一争论引起了党的重视，为了加强对于左翼文艺运动的领导，中共中央决定成立一个全国性的进步文艺组织，团结全国左翼文化界人士，开展对于国民党文化"围剿"的斗争。在这一背景下，"左联"这一全国性的统一的文化团体诞生了。

二、"左联"的成立及其革命文学出版活动

"左联"全称为"中国左翼作家联盟"，1930年3月2日在上海成立。"左联"成员多为来自原创造社、太阳社、艺术剧社等文化团体的成员。"左联"成立前夕及成立之后，相继创办了《萌芽》《拓荒者》《巴尔底山》《前哨》《十字街头》等10多种刊物。由于鲁迅等一批进步作家积极撰稿，精心编辑，这些刊物都办得很有特色，具有广泛的社会影响，在反击国民党文化"围剿"的斗争中发挥了巨大作用。

1. 《萌芽》

《萌芽》创刊于1930年1月1日，由鲁迅任主编，冯雪峰等人协助编辑。从3月1日第1卷第3期起为"左联"机关刊物，出至第5期被国民党当局查禁。

《萌芽》大力宣传马克思主义文艺理论，批判资产阶级文艺理论。该刊译载了恩格斯的《在马克思墓前的讲话》《巴黎公社论》《巴黎公社的艺术政策》《马克思论出版的自由与检阅》等。法捷耶夫的著名长篇小说《毁灭》也是由鲁迅翻译后在该刊进行连载的（初译为《溃灭》）。《萌芽》辟有"社会杂观"专栏，刊登了众多抨击社会现象的战斗杂文。

《萌芽》还对"新月派"进行了批判。"新月派"成员以胡适、梁实秋、徐志摩等人为代表，他们组织了文学团体新月社，并创办《新月》杂志。"新月派"大力宣扬文学没有阶级性，并攻击革命文学。对此，鲁迅先后发表了《"硬译"与"文学的阶级性"》《"丧家的""资本家的乏走狗"》等一系列文章，对"新月派"的错误论调发起了猛烈批判。

"左联"成立后，《萌芽》从第1卷第3期起改为"左联"的机关刊物之一。同时，新辟"国外文化事业研究""地方通信"专栏。"国外文化事业研究"专栏发表了众多介绍苏联的社会主义文化和教育事业的文章，如《苏联文化建设底五年计划》《苏联第一次马克思主义列宁主义的哲学家代表会》《苏联的群众教育和专门家教育》等。

《萌芽》宣扬无产阶级革命文学的行为和进步言论主张，触怒了国民党反动当局。1930年5月，该刊出版至第5期后被国民党反动派查禁。

2.《拓荒者》

《拓荒者》于1930年1月10日在上海创刊，蒋光慈担任该刊主编。从第1卷第3期起改为"左联"机关刊物，出至4、5期合刊后被国民党查禁。终刊号有《拓荒者》《海燕》两种封面。《拓荒者》不但辟有小说、诗歌、翻译、论文等专栏，还开设了"国内外文坛消息"一栏，及时报道国内外文化界的发展情况。

《拓荒者》第1卷第1期上发表了殷夫的《我们的诗》（六首）、洪灵菲的长篇小说《家信》、森堡（任钧）的中篇小说《爱与仇》、戴平万的小说《陆阿六》、冯乃超的《文艺理论讲座》以及冯宪章、沈端先（夏衍）等人的翻译小说；第2期上刊载了潘汉年的《新兴文学运动与自我批判》，建南（楼适夷）的小说《盐场》等；第3期刊载了蒋光慈的《咆哮了的土地》，华汉（阳翰笙）的《马桶间》等小说；第4、5期刊登了冯铿、建南、冯润章、孟超、殷夫、洪灵菲、马宁、戴平万等许多"左联"成员写的小说，以及郭沫若、钱杏邨、郑伯奇、华汉、沈端先等人的小说和杂文。

3.《前哨》

《前哨》创刊于1931年4月5日，第1卷第2期起改名《文学导报》。由鲁迅、冯雪峰编辑，撰稿人有瞿秋白、茅盾等人。该刊发表了当时中国左翼作家联盟的决议、宣言、通告等许多重要文献。它的创刊号即为"纪念战死者专号"，刊登了《为国民党屠杀大批革命作家宣言》以及署名为"L.S."（鲁迅）的《中国无产阶级革命文学和前驱的血》等文章，对国民党反动当局血腥屠杀同胞的罪行进行了愤怒的谴责。《为国民党屠杀大批革命作家宣言》揭露了国民党压迫左翼进步文化运动的卑劣手段和罪行，谴责了国民党反动政府在禁止书报、通缉作家、封闭书店等无效的情况下，虐杀进步作家的罪恶行径。宣言指出，国民党反动当局屠杀进步作家的行为，"不特现在世界各国所未有，亦是在旧军阀吴佩孚、孙传芳等的支配时代所不敢为"，但是无产阶级的文化运动是消灭不了的，因为它"是和劳苦群众的革命运动——苏维埃政权运动，联结在一起的"。[①] 该刊还刊载了鲁迅等人撰写的《被难同志传略》，介绍了"左联"五烈士柔石、胡也频、殷夫、冯铿、李伟森和左翼戏剧家宗晖的生平。

《前哨》创刊号还刊登了无产阶级革命作家国际协会主席团雅新斯基

---

① 刘长鼎、陈秀华：《中国现代文学运动史》，山东文艺出版社，2013年，第239页。

的来信，表示将发起反对国民党虐杀和白色恐怖的斗争。另外，该刊还刊出了美国《新群众》社负责人瓦特·卡尔门1930年12月17日的回信，表示将与左联合作。①《前哨》第1卷第2期改为《文学导报》后，仍然沿袭了其一贯的战斗风格，刊登了大量文艺理论文章，如瞿秋白的《屠夫文学》《青年的九月》、鲁迅的《"民族主义文学"的任务和运命》、茅盾的《"民族主义文艺"的现形》等，揭露了国民党反动派打着"民族主义文艺"的旗号攻击普罗文艺的实质。该刊第2期刊载了《世界无产阶级革命作家对于中国白色恐怖及帝国主义干涉的抗议》一文，列出了发表抗议的各国无产阶级革命作家的签名，其中有德国革命作家路特威锡·棱、美国无产阶级作家和诗人密凯尔·果尔德、奥地利革命诗人翰斯·迈伊尔、英国矿工作家哈罗·海斯洛普、日本无产阶级作家永田宽等。第3期刊载了《革命作家国际联盟为国民党屠杀中国革命作家宣言》，反映了国际无产阶级文学家和革命、进步作家队伍对于国民党反动政府迫害进步文学运动的强烈谴责。宣言最后还列出了28名国际无产阶级革命作家的联合签名。国际无产阶级文艺阵营的宣言与抗议，是对中国左翼文化运动的有力声援和支持。

4.《巴尔底山》②

《巴尔底山》创办时间为1930年4月11日。刊物主编李一氓，编辑和撰稿人员有鲁迅、李一氓、朱镜我、潘汉年、周全平、姚蓬子、殷夫、冯乃超等人。《巴尔底山》以刊登时评、短论、杂文为主，评论文化现象和社会思潮。该刊刊载了关于"左联"大会、艺术剧社被封、社联成立的消息和评论，记载了"左联"成立大会召开的详细情况。该刊第1卷第5期上发表了署名为"霆声"的《批评—谩骂，攻击—挑拨》一文，揭穿了敌对势力挑拨离间的阴谋，历数"左联"活动所遭受的各种攻击，"在拥护资产阶级的《新月》杂志上有梁实秋的温雅而浅薄的讽刺；在拥护封建势力的国家主义的《公民日报》上有清水的专事挑拨的《哀鲁迅》；在取消派的机关志《洛浦》上有阿Q等的挑拨和谩骂；在《民国日报》的《觉悟》上有似是而非的评论"③。文章指出，这些敌对势力的造谣和攻击，表明"左翼作家联盟的纲领和行动，已被一切反无产阶级的反动势力视为莫

---

① 王锡荣：《"左联"与左翼文学运动》，上海人民出版社，2016年，第325页。
② 关于《巴尔底山》是否为"左联"机关刊物部分文献表述不一，如《中国现代文学大辞典》（陆耀东等主编，北京，高等教育出版社，1998）认为该刊是机关刊物，但《左联词典》（姚辛编著，北京，光明日报出版社，1994）认为该刊不是左联机关刊物。冯雪峰也认为应算"文总"所办，见《新文学史料》，1979年第4期。
③ 霆声：《批评—谩骂，攻击—挑拨》，《巴尔底山》，第1卷第5期，1930年5月21日。

大的威胁"①，这些造谣和谩骂，其目的是"用卑污的手段来离间联盟来摧残联盟，以达到消灭联盟的目的"②。文章最后号召"左联"作者队伍联合起来向国民党反动当局及各种敌对势力发起反攻。

艺术剧社于1929年10月在上海成立，该社与"左联"联系密切，剧社部分成员如郑伯奇、沈端先（夏衍）、石凌鹤等后来都加入了"左联"。1930年4月28日，国民党上海当局查封了艺术剧社并逮捕了剧社部分成员。为了谴责国民党当局的野蛮行径，"左联"立即草拟了《反对查封艺术剧社宣言》，发表在5月11日出版的《巴尔底山》第1卷第4期上。宣言指出，艺术剧社是一个"有心于新兴戏剧运动"的团体，它在短短半年中已经成功地举办过两次规模空前的公演，获得广泛好评，"不料以摧残文化运动为能事的当局就于此下其毒手了"，对此，我们"绝对不应该坐视不理，我们要立刻奋起反抗这种无理的压迫，坚决地反抗当局摧残一切文化运动的手段，争取集会、言论、出版、演剧的自由！"③

《巴尔底山》因刊载了众多谴责国民政府扼杀进步文艺运动的报道和评论，1930年5月21日，该刊出至第1卷第5期后被国民党上海当局查禁。

5.《北斗》

《北斗》创办时间为1931年9月20日，由著名作家丁玲担任该刊主编，姚蓬子、沈起予任助理编辑。1932年7月出至2卷3、4期合刊后被查封。《北斗》所载内容十分丰富，该刊在创刊时编辑就申明："本刊欢迎一切关于文艺之外来稿件，不论小说、戏曲、诗歌、批评与介绍，及文艺随笔，均所欢迎。"该刊设有"小说""戏曲""诗""小品""世界名著选译""批评与介绍""文艺随笔"等栏目。该刊从第2卷起还设置了"国际文坛新讯"栏目，主要介绍美、日、法、德左翼文坛信息，尤其着重对苏联文学成就的介绍。

《北斗》在创刊过程中得到了鲁迅的大力支持。《北斗》第1卷第1期和第2期上发表的两幅著名外国版画作品《牺牲》和《贫人之夜》，均是由鲁迅先生推荐和撰写介绍文字的。鲁迅推荐这两幅画作表达了对牺牲的柔石等"左联"烈士们的深深怀念，并展示出《北斗》为平民发声的阶级立场。此外，鲁迅还以冬华、长庚、不堂等多个笔名在该刊发文。据统计，《北斗》从创刊号至第8期终刊，共刊载了鲁迅的14篇作品。鲁迅在半年左右的时间里在同一刊物上发表如此多的作品，由此可见他对于该刊

---

① 霆声：《批评—谩骂，攻击—挑拨》，《巴尔底山》，第1卷第5期，1930年5月21日。
② 霆声：《批评—谩骂，攻击—挑拨》，《巴尔底山》，第1卷第5期，1930年5月21日。
③ 《艺术剧社被封》（附：《反对查封艺术剧社宣言》），《巴尔底山》第1卷第4期，1930年5月11日。

的重视。①

《北斗》还发表了大量女性作家创作的作品。除了主编丁玲本人的作品外，该刊还发表了冰心、林徽因、白薇、莎菲等女性作家的作品。除了女性作者群引人注目之外，《北斗》还刊登了徐志摩、戴望舒、沈从文等非左翼作家的作品，《北斗》办刊理念的开放性和包容性，使其拥有了一支阵容极为豪华的创作队伍。

正是由于主编丁玲的努力，《北斗》不仅仅作为"左联"的机关刊物，它还成为广大知识分子发表言论的公共空间。《北斗》能在当时文艺派系众多，创作观点、意见不一的情况下将广大知识分子聚合起来，这在左翼刊物中是十分难能可贵的。这也使《北斗》成为当时文艺界的畅销期刊。《北斗》第1卷第3期发布的一则启事中说："发行未久，已被国内外读者所称许，公认为1931年我国文坛唯一的好刊物。最近，各埠读者来信补购一卷各期者，日必十数起。再版合订一千本。"②由此可见《北斗》在当时国内读者中受欢迎的程度。

1932年7月20日，《北斗》出版至第2卷第3、4期合刊后，遭国民党查禁，被迫停刊。该刊从创刊至终刊，共出版8期。终刊号上发表了周扬、郑伯奇等十多位作家的论文和谈话，并参与了中国左翼作家联盟发起的关于文艺大众化问题的讨论。《北斗》是20世纪30年代对革命文学的建设作出积极贡献的刊物之一。

在《北斗》被封前后，"左联"还出版了一份大型文学类刊物《文学月报》。该刊创刊于1932年6月10日，出至第5、6期合刊后被查禁。《文学月报》第1、2期由姚蓬子主编，第3期起由周扬担任主编。《文学月报》的作者队伍阵容强大，瞿秋白、鲁迅、茅盾、丁玲、夏衍、田汉、巴金等一大批有影响力的作家是该刊的主要撰稿人。《文学月报》发表了许多在中国现代史上有影响的作品，如茅盾的《子夜》《火山上》《骚动》、巴金的《马赛的夜》、丁玲的《某夜》《消息》、田汉的《战友》《母亲》等。《文学月报》还发表了一批有质量的文艺理论文章，论述大众文艺方面的文章有瞿秋白和茅盾的《大众文艺的问题》《问题中的大众文艺》《再论大众文艺答止敬》；介绍翻译理论方面的文章有瞿秋白与鲁迅的一组讨论文章。此外，该刊还发表了鲁迅、周扬、胡风等人批判"自由人"和"第三种人"的文章。

除上述刊物外，20世纪30年代，由"左联"创办的刊物还有《文学》

---

① 李晓红：《女性的声音：民国时期上海知识女性与大众传媒》，学林出版社，2008年，第108页。
② 李晓红：《女性的声音：民国时期上海知识女性与大众传媒》，学林出版社，2008年，第111页。

《十字街头》《文学新地》等。另外，还有些刊物虽非"左联"创办，但是与"左联"关联密切，如《文艺新闻》。该刊创刊于1931年3月16日，主编袁殊虽非"左联"成员，但其编辑成员中有部分是"左联"成员，如冯雪峰、楼适夷等。因此，该刊可看作左联的外围期刊。《文艺新闻》以新闻报道为主，该刊曾报道了"左联"五作家被害的消息，发表了大量介绍五位作家生平和悼念烈士的文章。1932年1月28日，上海"一·二八"淞沪抗战爆发后，《文艺新闻》从2月3日起按日发行《烽火》战时特刊，报道抗战消息，共出了13期。《文艺新闻》还刊发了一些杂文，如该刊第20、21期发表了鲁迅的杂文《上海文艺之一瞥》。1932年6月20日，该刊出版至第60期时被国民党上海当局查封。

三、"左联"的文艺翻译出版活动

"左联"时期，其成员除创办了大量文艺刊物外，还积极开展翻译文学出版活动。"左联"中的众多成员如鲁迅、瞿秋白、茅盾、冯雪峰、周扬、夏衍、柔石、曹靖华等人，翻译了大量介绍马克思主义文艺理论和思想的图书。据有关资料记载，"左联"时期，翻译出版文艺理论图书约为139种[1]，由此可看出，"左联"时期在翻译出版方面的成果是相当丰硕的。

"左联"时期，作为"左翼"革命文学的旗手的鲁迅，翻译介绍了苏联著名马克思主义思想家普列汉诺夫的《艺术论》，苏联著名社会活动家、文学理论家卢那察尔斯基的《文艺与批评》，以及日本文艺理论家藏原惟人、外村史郎等人的作品。1931年，"左联五烈士"事件后，鲁迅为了纪念牺牲的"左联"烈士，翻译了苏联法捷耶夫的长篇小说《毁灭》，并以"三味书屋"的名义出版。同年，他还翻译了苏联雅各武莱夫的《十月》；1933年，鲁迅陆续翻译了高尔基的《俄罗斯的童话》，班台莱耶夫的《表》、果戈理的长篇巨著《死魂灵》；1934年，他翻译发表了奥地利莉莉·珂贝的《赠〈新语林〉诗及致〈新语林〉读者辞》，又译介了奥地利作家迈耶尔的《中国起了火》。鲁迅还非常注意译介艺术作品。"左联"成立前后，他先后译介了德国梅斐尔德《士敏土之图》，比利时麦绥莱勒的《一个人的受难》《你的姊妹》，苏联木刻作品合集《引玉集》，德国《凯绥·珂勒惠支版画选集》，苏联版画合集《苏联版画集》，苏联阿庚的《死魂灵百图》等。[2]

---

[1] 林煌天：《中国翻译词典》，湖北教育出版社，1997年，第995页。
[2] 张鸿声，(韩)朴宰雨：《世界鲁迅与鲁迅世界：媒介、翻译与现代性书写》，中国传媒大学出版社，2014年，第281页。

除了鲁迅之外，"左联"时期，瞿秋白也译介了不少国外进步作家的作品。瞿秋白是20世纪30年代译介马克思主义文艺理论学说的重要代表，他在左翼文学理论界率先倡导马克思主义现实主义理论，最早将马克思主义基本艺术原理和中国艺术实践结合起来，"由于瞿秋白的努力，中国文学界对马列主义文艺思想了解与苏联同步开始了"[①]。瞿秋白译介的外国文学作品主要有普列汉诺夫的《论易卜生的成功》、高尔基的《二十六个和一个》《关于妇女》《海燕》《莫尔多姑娘》《市侩颂》、拉法格的《左拉的"金钱"》等众多苏联著名作家创作的文艺作品，为宣传马克思主义文艺思想和推动国内左翼文艺运动的发展作出了卓越贡献。

20世纪20至30年代，冯雪峰也译介了不少国外尤其是苏联的文艺作品。据统计，他这一时期出版的译著有12本，加上刊物发表的译文，共约70万字。其中仅在1929年这一年里，他出版的译著就有6种，翻译论文7篇。[②]1929年和1930年，上海水沫书店和光华书局陆续出版了一套译介图书"科学的艺术论丛书"，其中冯雪峰译介的有《艺术与社会生活》《艺术之社会的基础》《文学评论》《社会的作家论》等。[③]冯雪峰的译介活动传播了马克思主义文艺理论，推动了我国现代文学理论的发展。

"左联"时期，在文艺译介方面作出贡献的还有周扬、夏衍等多位成员。周扬在《现代》杂志第4卷第1期上发表的《关于"社会主义现实主义和革命浪漫主义""唯物辩证法的创作方法"之否定》，是我国最早介绍社会主义现实主义这一创作方法的文章。夏衍在这期间也译介了《伊里奇的艺术观》等论著。

"左联"时期，其成员除大量地翻译苏联作家作品外，也译介了不少美、英、法、德、匈牙利等欧美各国著名作家的作品。如莫泊桑、巴尔扎克、都德、纪德、大仲马、雨果、巴比塞、夏绿蒂·勃朗特、哈代、裴多菲、密茨凯维支、辛克莱、杰克·伦敦、马克·吐温、席勒、雷马克等作家的作品也先后被翻译介绍给中国读者。[④]

"左联"时期的文艺翻译出版活动，促进了马克思主义文艺理论在中国的传播，推动了国内文艺理论的发展。"左联"众多作家开展的文化翻译出版活动，为唤醒国人、振奋国人精神作出了积极贡献，他们犹如一个时代的普罗米修斯，从外国窃回火种，给国人带来光明。

---

① 艾晓明：《中国左翼文学思潮探源》，湖南文艺出版社，1991年，第173页。
② 鲁杭：《世界文学与浙江文学批评》，浙江大学出版社，2012年，第107页。
③ 汪介之：《回望与沉思——俄苏文论在20世纪中国文坛》，北京大学出版社，2005年，第57页。
④ 林煌天：《中国翻译词典》，湖北教育出版社，1997年，第996页。

四、鲁迅的革命办刊活动

鲁迅不仅是伟大文学家，也是著名的编辑出版家。他一生创办过许多报刊，并主编和参与编辑过众多刊物。鲁迅早年在赴日本留学期间，就曾参与编辑过《浙江潮》《新生》等杂志。回国后，他在老家绍兴创办了一份进步报刊——《越铎日报》，同时，还参与了《越社丛刊》的编辑工作。"五四"期间和国民革命时期，鲁迅先后参与了《新青年》《晨报》《京报》《莽原》《语丝》等近20种报刊的编辑和撰稿活动。[1] 1918年底，鲁迅加入《新青年》杂志的编辑队伍，成为该刊的编辑骨干和重要撰稿人。据统计，仅从1918年5月至1919年11月，鲁迅在《新青年》的"随感录"专栏撰文就达27篇。[2]

1924年，孙伏园主编的《语丝》出版，该刊从酝酿筹备、筹捐经费、组稿编排到印刷发行等多方面都得到鲁迅的指导和关心。与此同时，鲁迅还积极为该刊撰稿，据统计，仅在《语丝》创刊后的一年中，鲁迅就在该刊上发表作品43篇[3]。其中，许多文章，都是"别的刊物所不肯说，不敢说，不能说的"[4]。

1927年12月17日，《语丝》迁沪后，由鲁迅担任主编。当时上海已笼罩在白色恐怖统治下，革命进步刊物频遭打击和迫害，但鲁迅始终坚持刊物的战斗特色和革命方向，直至《语丝》被查禁。鲁迅为《语丝》的发展付出了巨大的心血，正如日本学者川岛所说，《语丝》是鲁迅先生自始至终领导的刊物，他"不但运筹帷幄，一直给予精神上和物质上的支持"，并且始终"站在《语丝》的最前线，以战斗的姿态，严肃地、不屈不挠地和黑暗作殊死的斗争"。[5]

在此期间，鲁迅又与郁达夫合作主编了《奔流》月刊。《奔流》于1928年6月5日在上海创刊，1929年5月终刊，共出2卷。该刊主要刊载翻译作品。鲁迅投入了很大精力编辑《奔流》月刊，他不仅为每期挑选精美的插图和撰写编校后记，而且还亲自动手校对和处理来稿。同时，他还以译介者的身份在《奔流》上发表了10多篇译作，其中包括《跋司珂族的人们》《托尔斯泰与马克思》《爱尔兰文学之回顾》等。[6]

---

[1] 方汉奇：《方汉奇文集》，汕头大学出版社，2003年，第388页。
[2] 崔文辉：《试论鲁迅报刊实践和新闻学说》，河北经贸大学硕士学位论文，2012年。
[3] 张永江：《鲁迅与编辑》，河南大学出版社，1993年，第46页。
[4] 鲁迅：《致章廷谦》（1927年8月17日），《鲁迅书信集》（上卷），人民文学出版社，1976年，第156页。
[5] 张永江：《鲁迅与编辑》，河南大学出版社，1993年，第46页。
[6] 马光仁：《上海新闻史（1850—1949）》，复旦大学出版社，2014年，第669页。

1928年12月6日，鲁迅又主编了文学团体朝花社的刊物《朝花》，柔石协助编辑。《朝花》初为周刊，至1929年5月16日止，共出版20期。1929年6月1日改出旬刊，至同年9月21日，出至第12期后终刊。周刊、旬刊共出版32期。

鲁迅是《朝花》周刊、旬刊的主持者。该刊从内容到形式，包括编排格式、报头画、插图等均由鲁迅亲自选定，他还在该刊发表了大量译介作品，如《往诊之夜》（［西］巴罗哈著）、《面包店时代》（［西］巴罗哈著）、《表现主义的诸相》（［日］山岸光宣著）等。

"左联"成立以后，出版了大量的文艺期刊。鲁迅作为"左联"的倡导者、发起者和核心成员，主编和参与编辑了不少文艺期刊，除前述的《萌芽》《前哨》《巴尔底山》《北斗》等外，他还主编了《文艺研究》《十字街头》《译文》等文艺期刊（表4-7）。

表4-7　"左联"时期鲁迅主编和指导编辑的杂志

刊物名称	创办时间	出版周期	主要编辑	鲁迅贡献
《萌芽》	1930年1月	月刊	鲁迅主编	发表《溃灭》（法捷耶夫著，鲁迅译），以及《流氓的变迁》《新月社批评家的任务》《我和语丝的始终》《书籍和财色》《现代电影与有产阶级》《"硬译"与文学的阶级性》《习惯与改革》《非革命的激进革命论者》《对于左翼作家联盟的意见》《我们要批评家》《好政府主义》《"丧家的""资本家的乏走狗"》《〈艺术论译〉序》
《文艺研究》	1930年2月15日	季刊	鲁迅主编	发表《车勒芮绥夫斯基的文学观》（俄国普列汉诺夫作，鲁迅译）、《〈文艺研究〉例言》
《巴尔底山》	1930年4月11日	旬刊	鲁迅、朱镜我、李一氓等	亲自选定刊名，亲笔题写刊头，捐款100元供作印刷费
《世界文化》	1930年9月10日	月刊	《世界文化》月刊社	鲁迅参与筹办和编辑，发表《无产阶级革命文学论》
《前哨》（《文学导报》）	1931年4月5日	不定期	鲁迅、冯雪峰等	题写刊名，参与起草中国左翼作家联盟《为国民党屠杀大批革命作家宣言》《为国民党屠杀同志致各国革命文学和文化团体及一切为人类进步而工作的著作家思想家书》；发表《中国无产阶级革命文学和前驱的血》《柔石小传》《"民族主义文学"的任务和运命》等
《北斗》	1931年9月20日	月刊	丁玲	发表《新的"女将"》《我们不再受骗了》《答北斗杂志社问》，译介《牺牲》《肥料》《被解放的堂·吉诃德》等

续表

刊物名称	创办时间	出版周期	主要编辑	鲁迅贡献
《十字街头》	1931年12月11日	半月刊	鲁迅	担任主编,题写刊头。发表《沉滓的泛起》《知难行难》《好东西歌》《公民科歌》《"友邦惊诧"论》《南京民谣》《关于小说的通信》《"言词争执歌"》《"智识劳动者"万岁》《"非所计也"》《水灾即"建国"》
《文学月报》	1932年6月	月刊	周起应、姚蓬子	发表《论翻译》《〈苏联见闻录〉序》《辱骂和恐吓决不是战斗》
《文学杂志》	1933年4月15日	月刊	周立波、王淑明	发表《听说梦》,为该刊捐款
《文学》	1933年7月	月刊	傅东华、郑振铎	发表《文人相轻》(一至七论)、《又论"第三种人"》、《辩"文人无行"》、《谈金圣叹》、《我的种痘》、《忆韦素园君》《病后杂谈》
《译文》	1934年9月16日	月刊	鲁迅、茅盾、黄源	译介《鼻子》《果戈理私观》《艺术都会的巴黎》《玛特渥·法尔哥勒》《名誉是保全了》《描写自己》《讲述自己的纪德》《〈山民牧唱〉序》《俄罗斯的童话》
《文学新地》	1934年9月	月刊	文学新地社	发表《1933年上海所感》
《杂文·质文》	1935年5月	月刊	谷万川	发表《从帮忙到扯淡》《什么是"讽刺"》《孔夫子在现代中国》
《每周文学》	1935年9月15日	周刊	不详	以"旅隼"笔名发表《杂谈小品文》《论新文字》

  鲁迅在主编《前哨》(《文学导报》)过程中,倾注了极大的心血。当时协助鲁迅编辑的冯雪峰曾多次造访鲁迅寓所,与他商议刊物的出版事宜。据许广平回忆,冯雪峰来了之后,鲁迅就十分忙碌,双方除了商讨刊物的封面设计和内容安排,"甚至题目也常是出好指定,非做不可的"[①]。鲁迅对《前哨》也给予了极大支持,他期望通过该刊物能培养和"造出大群的新的战士"[②]。《前哨》被禁之后,鲁迅与冯雪峰、茅盾等一起研究创办《文学导报》和《北斗》等文学刊物的事宜。《北斗》创办后,鲁迅还撰写了不少文章在《北斗》发表,以示支持。诚如丁玲在《编后》中说:"鲁迅先生在帝国主义进攻苏联的战争紧急的时候,投稿本刊表示他的态度,

---

① 许广平:《欣慰的纪念》,人民文学出版社,1981年,第66页。
② 鲁迅:《对于左翼作家联盟的意见》,《鲁迅全集》(第四卷),人民文学出版社,2005年,第241页。

我认为这是重要的表示。"①

《文艺研究》创刊于1930年2月15日，仅出1期。第1期发表了鲁迅译介的《车勒芮绥夫斯基的文学观》（普列汉诺夫著）等文章。《十字街头》创刊于1931年12月11日，是"左联"在"九一八"事变后创办的一份时政、文艺类综合刊物半月刊，鲁迅担任主编。1932年1月5日，该刊出版3期后，被国民党上海当局查封。该刊刊载了鲁迅创作的《沉滓的泛起》《知难行难》《"友邦惊诧"论》等多篇文章。

《译文》月刊创刊于1934年9月16日，该刊是鲁迅和茅盾等文艺界人士共同发起的一份翻译和介绍外国文艺作品的杂志。该刊于1935年9月曾一度停刊，1936年又重新复刊。鲁迅主编了第1—3期，从第4期起交由黄源主编，直至1937年6月停刊。该刊以"创作与评论并重"为办刊宗旨，刊载了许多有影响力的外国文艺作品，如恩格斯《给考茨基的信》、别林斯基《论自然派》、爱伦堡的《论超现实主义》等。②

鲁迅在《译文》的编辑工作方面付出了大量时间和精力。从稿件的编排、插图、木刻作品的配置，到字体、插图缩放比例等，他都一一注明。鲁迅在他的日记里曾写道："自晨至晚编《译文》""夜编《译文》第一期稿讫""夜编第三期《译文》讫"。③由此可见其对《译文》的编辑所付出的努力。

除了主持编辑工作外，鲁迅还以译者的身份译介了不少国外文艺作品。如高尔基的《俄罗斯的童话》、果戈理的《鼻子》、格罗斯的《艺术都会的巴黎》、巴罗哈的《会友》、纪德的《描写自己》、萨尔蒂珂夫的《饥馑》等。据统计，前3期总共发表了10篇鲁迅的译作④。

自第4期后，鲁迅虽不担任主编一职，但依旧十分关心《译文》的工作，对于《译文》的约稿，他从不拒绝。在1935年9月《译文》终刊号上，鲁迅还发表了《〈译文〉终刊号前记》，"以尽贡献的微意，也作为告别的纪念"。后在鲁迅的多方努力下，该刊在停刊近半年之后，终得以在1936年复刊。鲁迅对《译文》的关心，一直持续到他1936年10月逝世。

五、文化出版战线上的"围剿"与反"围剿"斗争

十年内战时期，国民政府为建立起专制独裁统治，不仅对中国共产党

---

① 《编后》，《北斗》第2卷第2期，1932年5月20日。
② 陈勤、徐东波：《绍兴鲁迅研究》，上海文艺出版社，2009年，第184页。
③ 鲁迅：《日记》，《鲁迅全集》（第16卷），人民文学出版社，2005年，第467、473、479页。
④ 陈勤、徐东波：《绍兴鲁迅研究》，上海文艺出版社，2009年，第186—187页。

及其建立的红色政权开展大规模的"军事围剿",还大力实施"文化围剿"政策,试图通过文武两手,绞杀中国共产党及其领导的革命事业。中国共产党及其领导下的左翼文化战线,与国民党的"文化围剿"政策进行了坚决斗争。

1929年6月,中共中央成立了统一领导进步文艺事业的机构——文化工作委员会(简称"文委")。"文委"第一任书记为潘汉年,吴黎平、李一氓、朱镜我、王学文、冯乃超、杜国庠、彭康、杨贤江、彭芮生、孟超等为委员。[1]"文委"直接领导了"我们社""太阳社""创造社""艺术剧社""南国社"等文艺社团的工作,同时,又通过这些团体与鲁迅建立了联系。[2]

1929年的2月7日,国民政府查禁了创造社出版部,接着,"太阳社""我们社""引擎社"等文学团体也纷纷解散。"文委"书记潘汉年派冯雪峰与鲁迅商讨,拟筹建一个全国性的革命文学团体,名称拟定为"中国左翼作家联盟"。经过一段时间的酝酿筹备,1930年3月2日,中国左翼作家联盟(简称"左联")在上海正式宣告成立。当时的发起人也即最初的联盟成员有50多人,出于安全,会员名单只列了30多人。[3]"左联"成立大会推举了主席团成员,选出了常务委员和候补委员,通过了理论纲领和行动纲领。大会还通过了成立"马克思主义文艺理论研究会"和创办联盟机关刊物《世界文化》等多项决议。

在"左联"酝酿期间,为了反击国民政府的"围剿",争取言论出版等自由,1930年2月12日,在中国共产党的领导下,鲁迅、柔石、郁达夫、田汉、潘汉年、沈端先(夏衍)、画室(冯雪峰)等人在上海秘密召开了中国自由运动大同盟会议。大会通过了宣言,同时通过了出版机关刊物《自由运动》的议案。中国自由运动大同盟的成立,在社会上引起了较大的反响。这引起国民党反动当局的恐慌,国民党上海当局对该组织进行围攻。由于国民党当局的迫害,中国自由运动大同盟不久便停止了活动。其机关刊物《自由运动》也只出版了2期,便不得不停刊。

1930年5月20日,中共指导成立了社会科学界的统一战线组织——中国社会科学家联盟(简称"社联")。出席成立大会的有邓初民、吴黎平、林伯修、朱镜我、蔡咏裳、王学文等40余人。大会通过的联盟纲领指出:社联的任务就是宣传马克思主义,批判机会主义,努力参加无产阶级解放

---

[1] 刘长鼎、陈秀华:《中国现代文学运动史料编年》(中编),山西高校联合出版社,1993年,第80页。
[2] 李维汉:《回忆与研究》(上),中共党史出版社,2013年,第293页。
[3] 夏衍:《懒寻旧梦录》,生活·读书·新知三联书店,1985年,第154—155页。

运动的实际斗争，促进中国工农革命的胜利。①"社联"在白色恐怖的环境下，克服各种困难，创办了大量刊物，虽然不少刊物只出版了几期就被国民党查封，但其出版活动却从未停止。"社联"先后出版了《社会科学讲座》《新思想》《社会科学战线》《新文化》《社会现象》《社会生活》等一系列刊物，它们积极传播马克思主义，同各种错误思想进行论战。其中一些成员还积极从事马列著作的译介活动，如吴黎平翻译了恩格斯的《反杜林论》和《社会主义史》，杨贤江翻译了《家族、私有财产和国家的起源》，李一氓翻译了列宁的《土地问题材料》，柳岛生翻译了《新兴教育的产生》等著作。②"社联"的成立，对促进左翼文化运动的发展，产生了积极的影响。

在"左联""社联"成立的基础上，1930年7月，中国左翼文化界总同盟在上海成立（简称"文总"）。③"文总"由中共中央文委直接领导，是"左联""社联"等的总机关。"文总"在北平、广州等地及日本设有分支机构，先后出版有机关刊物《文化斗争》、《文化月报》和《文报》等。"文总"的成立，对协调左翼各团体间的步伐，进一步开展反"围剿"斗争有积极作用。

当中共正在团结队伍，扩大统一战线，开展进步文化事业的同时，国民党也在多方谋划，部署力量，对进步文化出版事业进行"围剿"。1930年4月29日，国民党反动派查封了艺术剧社，社员多人被捕。针对国民党迫害进步人士的暴行，艺术剧社、上海剧联、"左联"纷纷发表宣言，抗议和抵制国民党反动当局的文化"围剿"政策。④

为配合国民党反革命文化"围剿"的需要，1930年国民党上海市党部还纠集了一批政客如傅彦长、朱应鹏、范争波、王平陵等，提倡"民族主义文学"。他们还发表宣言，攻击左翼文艺。他们先后创办了《前锋周报》《前锋月刊》《现代文学评论》等刊物，大肆鼓吹法西斯主义，赤裸裸地反对革命。

1930年8月5日，国民政府在南京创办《文艺月刊》，猖狂攻击无产阶级革命文学，反对马克思主义阶级论，起劲宣传地主资产阶级的人性论。该刊第2期以"通讯"形式发表来信，大肆攻击共产党及其领导下的文艺运动，诬蔑左翼文艺运动"把文艺也变成杀人的刀了，把美好的文艺界，

---

① 马良春、张大明：《三十年代左翼文艺资料选编》，四川人民出版社，1980年，第46页。
② 由英：《"中国社会科学家联盟"简介》，《学术月刊》1985年第4期。
③ 关于"文总"成立的时间有数种说法，除7月成立说外，有说是10月，如《辞海》、李维汉在《回忆与研究》一书中说是6月，夏衍回忆是5月（见《懒寻旧梦录》第176页）。
④ 马良春、张大明：《三十年代左翼文艺资料选编》，四川人民出版社，1980年，第45页。

也变成修罗场了",还胡说:"什么〔都〕可以用卢布来收买,难道文艺就是例外吗?"①

针对国民党流氓政客和反动文人鼓吹"民族主义文学"和恶毒攻击革命文艺运动的行径,左翼文艺战线队伍中的许多作家对此展开了坚决的反击。1931年9月,瞿秋白以"史铁儿"署名发表《青年的九月》,茅盾以"石萌"署名发表《"民族主义文艺"的现形》,批判"民族主义文学"。茅盾以中外艺术史上的事例,逐一批驳《民族主义文艺运动宣言》中的观点,雄辩地阐明了文学的阶级性,保卫了马克思主义文艺理论。②

国民党的"文化围剿"政策,并不是仅仅在文字上造声势,他们还通过出台各种书报刊检查法令,查封革命、进步书刊和进步书店,"围剿"左翼革命文艺事业。1931年9月,国民党反动派在一个月内先后查禁228种书刊。1933年10月30日,国民政府颁布查禁普罗文艺的《第四八四一号密令》,严禁左翼文艺,密令要求"内政部审查此项刊物时,须更严密,毋使漏网"③。上海地方当局接到密令后,大肆查封进步书店。1933年11月13日,上海进步书店良友图书公司被当局查封;14日,《中国论坛》印刷所被捣毁;30日,上海地方军警突袭神州国光社总发行所,并威胁书店不准刊行、登载、发行鲁迅等人的作品;同年12月,《生活》周刊被查封。

1934年2月,国民党上海当局查禁各类进步文艺和社科类书刊149种,当局对这些书刊所罗织的罪名有"共党宣传品""普罗文艺""言论反动""鼓吹阶级斗争"等④。1934年5月4日,杜重远在上海创办的《新生》周刊因刊发了易水(艾寒松)撰写的《闲话皇帝》一文,日本帝国主义认为该文是在含沙射影地攻击日本帝国,对此提出严重"抗议",国民党反动当局竟然无耻媚外,下令查禁《新生》周刊并逮捕主编杜重远,制造了"新生事件"。⑤1934年6月1日,国民党上海当局设立图书杂志审查处,制订《图书杂志审查办法》十条。上海图审处在审查书刊过程中,对书刊中所涉进步言论采取或禁或删,或暗中"拔去其骨格"⑥的做法,一番删削下来后,一些书刊被糟蹋得面目全非。

国民政府在对进步出版事业进行严厉查禁的同时,还加紧破坏中共地

---

① 马良春、张大明:《三十年代左翼文艺资料选编》,四川人民出版社,1980年,第50页。
② 马良春、张大明:《三十年代左翼文艺资料选编》,四川人民出版社,1980年,第58—59页。
③ 陈瘦竹:《左翼文艺运动史料》,南京大学学报编辑部,1980年,第311页。
④ 《国民党中央宣传委员会密函第30号》,张静庐:《中国近现代出版史料(现代乙编)》,上海书店出版社,2011年,第201—202页。
⑤ 马良春、张大明:《三十年代左翼文艺资料选编》,四川人民出版社,1980年,第94页。
⑥ 鲁迅:《致姚克》,《鲁迅全集》(第12卷),人民文学出版社,2005年,第477页。

下组织机关。1930年9月30日，南京国民党中央政府下达"取缔"左翼作家联盟等进步文艺组织和通缉鲁迅等革命进步人士的密令。1930年10月9日，中国左翼戏剧家联盟会员宗晖在南京被国民党反动派逮捕杀害。1931年2月7日，"左联"作家李伟森、柔石、胡也频、冯铿、殷夫等5人和林育南、何孟雄等18名革命人士被国民党上海当局逮捕和秘密杀害。当时，正在避难途中的鲁迅闻此噩耗，悲愤地写下《无题》一诗，表达了对"左联"五烈士的沉痛哀悼和对国民党血腥屠杀暴行的强烈控诉。同年3月4日，进步书店北新书局、群众图书公司、江南书店、乐群书店遭国民党上海当局查封。

1933年5月14日，丁玲、潘梓年遭国民党上海当局逮捕，应修人当场牺牲。6月10日，文化界发表营救丁、潘的宣言，展开系列抗议、营救活动。[①]7月26日，左联作家、常委洪灵菲在北平被捕，后遭秘密杀害。1935年2月19日，中共宣传、文艺、社科界领导人和骨干成员朱镜我、阳翰笙、许涤新、杜国庠、田汉等36名党员干部遭国民党上海当局逮捕入狱，左翼领导人夏衍等纷纷隐蔽。[②]1935年7月底，中共上海临时中央局被国民政府大肆破坏，39名党员被捕入狱。[③]1935年6月18日，中共早期领导人之一、杰出的宣传教育工作者、左翼革命文艺事业的重要领导人瞿秋白在福建长汀被国民党反动派杀害。

在镇压和屠杀文化界进步人士的同时，为从精神上强化对于人民的控制，蒋介石还发起了"新生活运动"，在全国范围内掀起了一股尊孔读经的复古逆流。这一文化上的倒行逆施行为，遭到了进步文化界的谴责和声讨。1935年4月29日，鲁迅在《改造》杂志发表《在现代中国的孔夫子》一文，深刻揭露了国民党反动派掀起的"尊孔读经""尊孔祀圣"反动逆流的实质。文章一针见血地指出，尽管历来反动统治者都在用"尊孔"这块"敲门砖"，"然而幸福之门，却仍然对谁也没有开"，以此宣告国民党反动派在文化上的倒行逆施行为，仍然挽救不了其败亡的命运。

第五节　中央苏区时期的出版活动

中央苏区时期，根据地各级党政部门、红军部队和群众团体，高度重视出版工作，将出版作为重要的精神食粮和对敌斗争的重要精神武器。在

---

① 马良春、张大明：《三十年代左翼文艺资料选编》，四川人民出版社，1980年，第81页。
② 夏衍：《懒寻旧梦录》，生活·读书·新知三联书店，1985年，第277页。
③ 王锡荣：《"左联"与左翼文学运动》，上海人民出版社，2016年，第150页。

开创中央苏区的过程中，各地方和红军部队因陋就简，出版发行了大量革命书刊，为根据地军民提供了丰富的精神食粮。

1931年11月，中华苏维埃临时中央政府在瑞金成立后，便着手创办和恢复党的新闻出版机构，以适应革命战争和苏维埃政权建设的需要。这一时期中央苏区先后创办了中央出版局、中央局党报委员会等十多个新闻、出版、发行、印刷机构。

中央苏区时期，各级党政军领导机关和群团组织创办了大量刊物。据中共党史研究学者严帆统计，中央革命根据地目前已发现的刊物有130余种，其中，中央一级党政部门创办的报刊有19种，群团组织创办的刊物有11种，省一级部门创办的报刊有27种，地区一级部门创办的刊物有23种，市县一级部门创办的刊物有20种，中国工农红军各级部队创办的刊物为28种。[①]在中央苏区创办的诸多刊物中，影响力最大的是中华苏维埃共和国临时中央政府的机关报《红色中华》。此外，《青年实话》《红星》《斗争》等也是中央苏区影响力较大的刊物。这些红色报刊，在创建和保卫中央苏区的斗争中发挥了重要的宣传鼓动作用。

中央苏区时期，各级党政军领导机关和群团组织还编辑出版了大量的时政类书籍以及军事、文艺、教育和通俗读本。据统计，1931年至1936年间，中央苏区总计出版图书350多种[②]。其出版时间主要集中于1931年至1934年间。从出版图书的种类来看，主要有政治理论著作、法律书籍、军事书籍、社会科学书籍、文艺书籍、苏区教材读本、医药卫生书籍。书籍的印刷有油印、石印和铅印三种方式，以铅印居多。

一、马列主义经典著作的出版

在政治理论书籍中，以马克思列宁主义经典著作的出版数量最多。中国共产党建立苏维埃政权后，为了加强党的领导和政权建设，迫切需要有马克思主义理论的指导。因而，翻译出版马列主义经典著作便成为苏区出版工作的一项重要任务。中央苏区时期，中央出版局、中央苏区马克思主义研究会编译部等中央一级的出版和编译机构以及红军部队相继翻译出版了《共产党宣言》《国家与革命》《三个国际》《两个策略》《共产主义运动中的"左派"幼稚病》《无产阶级革命与叛徒考茨基》《列宁主义概论》等数十种著作；还有《马克思传略》《列宁传略》《列宁故事》《第一国际到第三国际》《马克思主义浅说》等一大批马列主义经典著作（表4-8）。

---

① 严帆：《中央革命根据地新闻出版史》，江西高校出版社，1991年，第79—80页。
② 《中国共产党江西出版史》编写组：《中国共产党江西出版史》，江西人民出版社，1994年，第108页。

表4-8 中央苏区翻印出版的马克思主义经典著作

著作名称	著者	翻印（译）部门	出版时间	印刷方式及开本	内容简介
《列宁主义概论》	斯大林	红军第十二军政治部	1931年11月	铅印，32开	阐释了列宁主义的基本理论
《共产党宣言》	马克思、恩格斯	中国工农红军第十二军政治部	1932年2月	石印，32开	该书是科学共产主义的第一个纲领性文件，系统、完整地阐述了马克思主义重要思想，揭示了资本主义剩余价值规律
《国家与革命》	列宁	中央苏区宣传部	1932年5月	铅印，32开	论述了马克思主义的国家学说
《社会民主党在民主革命中的两个策略》	列宁	中央出版局	1932年6月	铅印，32开	批判了孟什维克和国际机会主义策略，提出了无产阶级领导权学说和工农联盟学说
《为列宁主义化而斗争》	斯大林	中央出版局	1932年6月	铅印，32开	阐释了俄国布尔什维克党应为列宁主义化而斗争的基本理论
《三个国际》	列宁	中央出版局	1932年7月	铅印，32开	介绍了第一、二、三国际的发展历史，论证了共产主义最后必然胜利的规律
《无产阶级革命与叛徒考茨基》	列宁	中央局发行部	1932年7月	铅印，32开	进一步论证了马克思主义国家学说，捍卫和发展了马克思无产阶级专政理论
《第一国际到第三国际》	列宁	中央出版局	1932年7月	铅印，32开	该书是列宁关于三个国际有关论述的汇集
《共产主义运动中的"左派"幼稚病》	列宁	中央出版局	1932年11月	铅印，32开	总结了俄国革命和苏维埃政权建设经验教训，发展了无产阶级学说
《二月革命至十月革命》	列宁	中共苏区中央局	1933年9月	铅印，32开	总结了俄国二月革命至十月革命的经验教训
《斯大林论列宁》	斯大林	青年实话编辑委员会	1933年12月	石印，32开	收录了斯大林论列宁的系列讲话
《列宁主义问题》	斯大林	中共苏区中央局	1934年1月	铅印，32开	阐述了列宁主义的基本原理和无产阶级专政学说

续表

著作名称	著者	翻印（译）部门	出版时间	印刷方式及开本	内容简介
《共产党宣言（附：雇佣劳动与资本）》	马克思、恩格斯	中央苏区马克思主义研究会	1934年2月	铅印，32开	内容同上，增加马克思《雇佣劳动与资本》一文，以通俗语言阐明了资本主义生产关系的实质
《关于我们的组织任务》	列宁	中央局宣传部	1934年（月份不详）	铅印，32开	不详（仅发现书目，未见实物）

中央苏区选择出版的马列著作，均是关于马列主义基本理论的经典作品，内容相对通俗易懂且有较强的实用性。这些马列主义经典著作的出版，对于提高中央苏区干部、军队、群众的马克思主义理论觉悟和水平具有极大的帮助作用。

除了出版马克思主义经典著作外，这一时期，中央苏区还出版了一批苏维埃中央政府领导人的著作，其中以毛泽东的著作最多（表4-9）。

表4-9 中华苏维埃党政领导人的著作

著作名称	著者	编印部门	出版时间	印刷方式及开本	内容简介
《毛泽东同志给林彪的信》	毛泽东	中共闽西特委	1930年春	石印，32开	批判"城市中心论"，提出"以乡村为中心"的思想，形成农村包围城市、武装夺取政权的初步理论
《调查工作》	毛泽东	中共闽西特委	1930年8月	油印，32开	提出"没有调查就没有发言权"的著名论断
《才溪乡调查》	毛泽东	中央苏维埃政府编印	1934年1月	油印，32开	对才溪乡的调查报告，推广才溪乡的建设经验
《乡苏工作的模范——长冈乡》	毛泽东	中央苏维埃政府编印	1934年3月	石印，32开	对兴国长冈乡的调查报告，推广该乡建设经验
《乡苏维埃怎样工作》	毛泽东	中华苏维埃中央政府	1934年4月	铅印，32开	收录了毛泽东对才溪乡、长冈乡和瑞金调查等农村调查资料
《区乡苏维埃怎样工作》	毛泽东、张闻天	中华苏维埃中央政府	1934年4月	铅印，32开	论述区、乡苏维埃怎样工作的问题

续表

著作名称	著者	编印部门	出版时间	印刷方式及开本	内容简介
《中国经济之性质问题的研究》	张闻天	马克思主义研究会	1934年7月	铅印，32开	分析了中国经济的性质和社会性质，批驳了托派理论

《毛泽东同志给林彪的信》中，作者针对红军个别高级干部和党内一些人对于中国革命前途的悲观情绪进行了批评，批驳了"城市中心论"的错误思想，提出了中国革命道路要以"乡村为中心"，在农村建立巩固的革命根据地，进而采取农村包围城市的策略。毛泽东本人一向重视调查研究，他在《调查工作》（后改名为《反对本本主义》）一文中，提出了"没有调查就没有发言权"的重要论断。他在中央苏区时期撰写的《才溪乡调查》《乡苏工作的模范——长冈乡》等调查报告，都是深入基层进行大量调查，总结基层工作经验而写成的调研报告。这些著作的出版，对于指导苏区革命斗争和基层苏维埃政权建设，起了重要作用。

除了马克思主义经典著作和中华苏维埃党政领导人的作品外，中央苏区还出版了大量通俗的政治性读物（表4-10）。

表4-10　中央苏区出版的通俗政治性读物

著作名称	编印部门	出版时间	印刷方式及开本	内容简介
《共产主义与共产党》	中共兴国县东北特区委	1929年11月	油印，32开	介绍共产主义基本原理和共产党基本知识
《阶级斗争》	中共兴国县总工会总务部	1930年6月	石印，64开	本书为介绍马克思主义阶级斗争学说的通俗读物
《帝国主义与中国》	中国工农红军总政治部	1932年2月	铅印，32开	介绍帝国主义侵略中国的历史，揭示帝国主义侵略本质
《阶级与阶级斗争》	中国工农红军总政治部	1932年3月	铅印，32开	介绍阶级与阶级斗争基本理论
《怎样做宣传鼓动工作》	中共苏区中央局宣传部	1932年4月	铅印，32开	介绍宣传工作方法的通俗读物
《殖民地与半殖民地运动大纲》	中央出版局	1932年5月	铅印，32开	讲述帝国主义侵略下殖民地与半殖民地革命运动的历史
《共产主义ABC》	中央出版局	1932年6月	铅印，32开	为布哈林（著）的介绍共产主义和共产党基本知识的通俗小册子

续表

著作名称	编印部门	出版时间	印刷方式及开本	内容简介
《社会进化简史》	中央出版局	1932年7月	铅印，32开	阐释了人类社会进化历史，指出共产主义代替资本主义的必然规律
《国际纲领》	中央出版局	1932年7月	铅印，32开	共产国际第六次代表大会纲领
《政治问答》	中央出版局	1932年10月	铅印，32开	全书以问答形式，介绍了马克思主义基本常识
《少共国际纲领》	中央出版局	1932年11月	铅印，32开	介绍少共国际发展历史，为供少共国际干部学习的读物
《世界革命史》	中国工农红军总政治部	1932年	铅印，32开	介绍世界革命历史的通俗读物
《红色中华主要名词说明》	红色中华报社	1932年	石印，32开	对《红色中华》报上的常见名词的注释
《俄国革命与俄国共产党简史》	中共苏区中央局	1933年6月	铅印，32开	介绍俄国革命与俄国共产党的历史
《共产党·共产青年团》	中央教育人民委员部	1933年8月	油印，32开	介绍共产党和共青团基本知识
《马克思主义政治经济学》	中国工农红军学校	1933年9月	铅印，32开	（俄）瓦尔夫松著，论述马克思主义政治经济学知识
《中国革命基本问题》	马克思共产主义学校	1934年3月	铅印，32开	系统介绍了中国革命的社会经济基础知识
《政治经济学》	中央出版局	1934年3月	铅印，32开	论述政治经济学基本知识
《政治常识讲义》	马克思共产主义学校	1934年5月	铅印，32开	本书以讲义形式，介绍了马克思主义基本常识
《关于阶级与阶级斗争问题的参考》	中国工农红军总政治部	1934年9月	铅印，32开	介绍阶级与阶级斗争基本知识的参考手册

中央苏区出版的政治类书籍，包括综合性的政治常识问答和讲义，介绍国际共产主义运动、俄国革命、中国革命历史的图书，介绍共产主义和共产党的基本知识，阐释阶级和阶级斗争理论的通俗读物，还有介绍马克思主义政治经济学理论的图书。这些图书内容浅显、文字通俗易懂，是学习马克思主义的入门性读物。以上政治类图书的出版，对于提高广大苏区干部的思想政治素质、政治理论水平和工作能力具有极大的帮助。

二、党、政、群团建设类书籍的出版

除了以上马克思主义理论书籍、中央苏区领导人著作和政治类书籍外，中央苏区时期，还出版了数量众多的党、政、群团建设书籍。中央革命根据地为了搞好苏区党、政和群众团体建设，做了大量的工作，其中就包括各部门和各团体的书刊出版工作。他们在极其简陋的条件下，出版了一批政策性、理论性和通俗性兼具的读物（表4-11）。

表4-11 中央苏区出版的党、政、群团建设读物

著作名称	编印部门	出版时间	印刷方式及开本	内容简介
《什么是机会主义与怎样铲除机会主义》	中共江西省委	1927年12月	油印，32开	介绍了八七会议精神，阐释了机会主义及其表现，以及纠正方法
《中共闽西第一次代表大会及政治决议案》	中共闽西特委	1929年7月	油印，32开	介绍了闽西革命斗争经验、闽西斗争前途及闽西当前党的任务
《土地问题决议案》	中共闽西特委	1929年7月	油印，32开	介绍中共闽西第一次代表大会决议案之土地问题的决议案，主张没收地主豪绅土地，实现"土地国有"
《农民协会章程》	中国工农红军第四军	1929年9月	石印，32开	为根据地早期革命政权农民协会的重要章程
《宣传须知》	中国工农红军第四军宣传科	1929年10月	油印，32开	革命宣传的材料，主要供红军宣传员宣传学习
《中国工农红军第四军告国民党士兵书》	工农红军第四军政治部	1929年	铅印，64开	阐释红军宗旨、中国共产党的方针政策
《中国共产党第六次代表大会决议案》	工农红军第四军政治部	1930年初	石印，32开	收录中共六大的9个决议案
《全闽西工人斗争纲领》	闽西总工会	1930年初	石印，32开	为指导闽西工人运动的纲领性文件
《中国共产党红军第四军第九次代表大会决议案——纠正党内非无产阶级意识的不正确倾向问题》	不详	1930年4月	铅印，32开	收录红军第四军在古田会议上通过的决议案
《调查工作》	工农红军第20军第2纵队第2支队	1930年5月	油印，32开	收录毛泽东寻乌调查的内容

续表

著作名称	编印部门	出版时间	印刷方式及开本	内容简介
《南阳会议决议》	未署出版单位	1930年6月	石印，32开	收录该会议通过的《富农问题》《流氓问题》等文件
《反对本本主义》	中共闽西特委	1930年8月	油印，32开	是1930年5月毛泽东在寻乌调查期间写的关于调查研究问题的重要著作，提出"没有调查就没有发言权"的科学论断
《训练材料》（第一集）	南路行委宣传部	1930年10月	有石印、油印版，32开	介绍关于共产党的组织、精神以及如何做个好党员等内容
《中国苏维埃的政权》	兴国县行委	1930年10月	石印，32开	论述了中国苏维埃政权兴起、发展的历史，揭示了苏维埃的光明前景
《宣传大纲》	中共粤赣省委	1930年	油印，32开	介绍如何开展"扩红"运动，是支援前线红军的宣传材料
《党的组织问题》	中共兴国县委	1930年	石印，32开	介绍党的历史、组织原则，党与团及群众组织关系等内容
《革命法庭》	闽西工农政府文化部	1931年3月	石印，32开	介绍苏维埃法律知识和闽西苏区肃反斗争开展情况
《革命标语集》	中国工农红军第14军政治部	1931年春	油印，32开	主要收集了常用的革命标语，供各地宣传部门使用
《全苏大会的总结与苏维埃政府的成立》	中华苏维埃共和国临时中央政府	1931年底	铅印，32开	介绍了第一次全苏大会的召开情况及苏维埃政府成立后颁布的各种法令
《中国工农红军士兵会章程》	中华苏维埃中央军事政治学校	1932年1月	油印，32开	收录了红一方面军政治部颁布的《红军士兵会章程》，规定了"三大纪律八项注意"
《闽赣两省工人代表大会工作指南与问答》	中华全国总工会苏区中央执行局	1932年1月	铅印，32开	为江西、福建两省工人代表大会编纂的会议材料
《列宁在第一次革命时代怎样为"转变"反对帝国主义而斗争》	中共苏区中央局	1932年初	铅印，32开	主要收录列宁关于反帝国主义斗争的言论

续表

著作名称	编印部门	出版时间	印刷方式及开本	内容简介
《土地问题》	中共苏区中央局宣传部	1932年3月	石印，32开	收录了关于土地问题的各种决议文件
《新党员训练大纲》	中革军委总政治部	1932年3月	油印，32开	介绍新党员训练的原则、经验、方法及注意事项
《怎样做宣传鼓动工作》	中共苏区中央局宣传部	1932年4月	铅印，32开	介绍做宣传鼓动工作的方法、经验及应注意的问题
《中国共产青年团章程·少共国际纲领》	中国共产青年团苏区中央局	1932年5月	不详	介绍少共国际纲领相关内容
《中国的革命的职工运动的任务》	中华全国总工会苏区中央执行局	1932年5月	铅印，32开	介绍职工运动任务，是国际工运部门为中国革命工人运动制定的文件
《江西反帝大同盟章程》	中国工农红军江西军区政治部	1932年6月	不详	介绍中共江西临时省委发布《反帝大同盟章程》的主要内容
《红军中共产青年团教育纲要》	中国工农红军总政治部	1932年6月	铅印，32开	介绍共产青年团教育纲要内容
《殖民地与半殖民地革命运动大纲》	中央出版局	1932年6月	铅印，32开	介绍殖民地与半殖民地国家的革命运动与共产党策略
《为列宁主义化而斗争》	中央印刷局	1932年6月	铅印，32开	收录了斯大林《为列宁主义化而斗争》等文章，还有苏区党政军领导人的论著10余篇
《中国工农红军》	中国工农红军总政治部	1932年7月	铅印，32开	介绍了中国工农红军的创立和发展的全过程
《为列宁主义的胜利与党的布尔什维克化而斗争》	中央出版局	1932年7月	不详	收录了斯大林《为列宁主义化而斗争》以及苏区党的领导人的报告、讲话内容
《为实现一省与数省革命首先胜利》	中央出版局	1932年7月	铅印，32开	该书收录党中央的有关文件5篇，包括中共中央关于争取和完成江西及邻近数省革命首先胜利的决议的讨论提纲等
《苏维埃政权》	中国工农红军总政治部	1932年9月	石印，32开	全书共分7部分，介绍苏维埃政权产生的原因、特征、政策、前途等内容

续表

著作名称	编印部门	出版时间	印刷方式及开本	内容简介
《政治工作与政治部》	福建军区随营学校	1932年9月	铅印，32开	介绍党的政治工作等内容
《武装保护秋收》	中国工农红军总政治部	1932年10月	油印，32开	介绍中华苏维埃共和国临时中央政府人民委员会和中革军委联合作出的武装保护秋收的决议内容
《工农兵三字经》	中华苏维埃共和国临时中央政府	1932年10月	石印，32开	中华苏维埃临时中央政府编印的工农兵"三字经"读本
《政治问答》	中央出版局	1932年10月	不详	仅见书目广告，未见实物
《新的革命标语集》	中央出版局	1932年10月	不详	仅见书目广告，未见实物
《殖民地革命》	中央出版局	1932年10月	不详	仅见书目广告，未见实物
《筹款问题训练问题大纲》	中国工农红军总政治部	1932年10月	石印，64开	关于红军筹款问题和训练问题相关内容
《紧急动员令、关于战争紧急动员、关于战争动员与后方工作、关于扩大红军问题》	中央出版局	1932年11月	铅印，32开	收录了关于战争紧急动员、战争动员令、战争动员与后方工作以及扩大红军的四个中央文件
《党的建设》	中共河西区委	1932年	油印，32开	全书共8部分，介绍党的各项建设工作任务及内容
《职工运动指南针》	中央出版局	1932年	不详	仅见书目广告，未见实物
《共产国际执委第十二次全会总结》	中央出版局	1932年	铅印，32开	介绍共产国际执委第十二次全会相关内容
《党员须知》	中共苏区中央局宣传部	1932年	石印，32开	介绍党员准则、义务与任务等知识的手册
《国际雇农委关于中国雇农工会决议案》	中华全国总工会苏区中央执行局	1932年	铅印，32开	介绍国际雇农委关于中国雇农工会决议案内容
《查田运动指南》	中华苏维埃共和国临时中央政府	1933年6月	铅印，32开	共收录中央关于查田运动的9个文件
《苏区团的组织状况与我们目前的任务》	中国共产青年团苏区中央局	1933年8月	铅印，32开	介绍苏区共产青年团的工作的方针、政策
《白区团的任务》	中国共产青年团苏区中央局	1933年8月	铅印，32开	介绍白区共产青年团的工作任务

续表

著作名称	编印部门	出版时间	印刷方式及开本	内容简介
《苏维埃中央政府成立两周年纪念》	中共中央局宣传部	1933年10月	铅印，32开	全书共4部分，主要介绍苏维埃中央政府成立两周年来的工作成就
《苏维埃政权》	中央教育人民委员部	1933年11月	铅印，32开	全书共4章，主要介绍苏维埃政权组织
《苏维埃中国》	中华苏维埃共和国临时中央政府	1933年12月	铅印，32开	主要收集了中华苏维埃共和国成立两年来的有关重要文件和历史综述
《党的建设讨论提纲》	不详	1933年	石印，32开	介绍什么是共产党，共产党的产生、组织及历史，党的发展阶段及各阶段建设任务等
《论清党》	中央出版局	1933年	铅印，32开	卡冈诺维茨著，介绍苏联清党决议相关内容
《我们的组织任务》	不详	1934年3月	不详	此书在《红色中华》刊登书目广告，未见实物
《红军中团与青年工作》	青年实话丛书编辑部	1934年3月	铅印，32开	介绍红军中团与青年工作相关决议内容
《青年团员读本》	少共中央局宣传部	1934年4月	铅印，32开	该书是一部关于青年团员的通俗读本
《反对帝国主义瓜分中国》	中国工农红军总政治部	1934年5月	不详	此书在《红色中华》刊登书目广告，未见实物
《武装上前线》	不详	1934年6月	不详	此书在《红色中华》刊登书目广告，未见实物
《无情地对付阶级敌人和正确进行党内斗争》	中共苏区中央局	1934年6月	铅印，32开	收集了张闻天、李维汉等中央领导人的文章
《新的领导方式》	中共苏区中央局	1934年6月	不详	此书在《红色中华》刊登书目广告，未见实物
《经济建设》	中央教育人民委员部	1934年7月	不详	此书在《红色中华》刊登"教育部秘书处启事"，未见实物
《红色名词》	中央教育人民委员部	1934年7月	不详	此书在《红色中华》刊登"教育部秘书处启事"，未见实物
《土地问题》	中央教育人民委员部	1934年7月	不详	此书在《红色中华》刊登"教育部秘书处启事"，未见实物
《工农专政》	红一军团政治部	1934年	不详	介绍工农专政学说

续表

著作名称	编印部门	出版时间	印刷方式及开本	内容简介
《苏联社会主义建设的近况》	中华苏维埃共和国临时中央政府	1934年	铅印，64开	介绍苏联社会主义建设成就和经验
《共产党、共产青年团讲授大纲》	中央教育人民委员部	1934年	铅印，32开	主要内容为共产党组织关于干部学习教育的有关文件资料
《白区宣传工作须知》	中国工农红军总政治部	不详	油印，32开	介绍党的白区宣传工作经验

1929年7月，中共闽西特委先后出版了《中共闽西第一次代表大会及政治决议案》（以下简称《政治决议案》）和《土地问题决议案》。其中，《政治决议案》介绍了闽西革命斗争经验、闽西斗争前途及闽西当前党的任务。决议案指出，闽西工农武装割据的前途是具备了客观条件的，因为闽西地区的"民众百分之八十是贫苦工农"[1]，农民得到了土地后，革命积极性十分高涨。闽西工农武装不断扩大而且"有比较丰富的斗争经验"[2]，再加上有红军第四军的帮助，反动武装不断削弱。因此，闽西工农武装割据的前途一定是光明的。

《土地问题决议案》提出农村土地革命的主要目标是"发展农村经济，解放困苦的农民"[3]。要达到这一目标，"只有用革命的方法，没收一切地主阶级的土地"[4]，归农民生产者，舍此别无其他道路可走。决议案主张没收地主豪绅土地，实现"土地国有"。[5]

1930年，红军第四军政治部出版了《中国共产党第六次代表大会决议案》，该决议案共收录了中共六大的9个决议案，包括政治问题、土地问题、农民问题、职工运动、妇女运动、共产青年运动、宣传工作的目前任务、苏维埃政权的组织问题及中国共产党组织决议案。

三、法律、军事类书籍的出版

中央苏区时期，还编辑出版了《苏维埃法典》《土地法》《苏维埃组织法》《卫生法规》《劳动法》《婚姻条例》《选举条例》《暂行税则》等数十

---

[1] 中央档案馆：《中共中央文件选集 第五册（一九二九）》，中共中央党校出版社，1990年，第706页。
[2] 中央档案馆：《中共中央文件选集 第五册（一九二九）》，中共中央党校出版社，1990年，第706页。
[3] 蒋伯英：《邓子恢闽西文稿（1916—1956）》，中共党史出版社，2016年，第82页。
[4] 蒋伯英：《邓子恢闽西文稿（1916—1956）》，中共党史出版社，2016年，第82页。
[5] 蒋伯英：《邓子恢闽西文稿（1916—1956）》，中共党史出版社，2016年，第82页。

种法律图书（表4-12）。

表4-12 中央苏区出版的法律图书

著作名称	编印部门	出版时间	印刷方式及开本	内容简介
《兴国土地法》	中共兴国县委	1929年4月	石印，64开	是继《井冈山土地法》之后又一个关于土地分配及征收的法令
《苏维埃组织法》	中共闽西特委	1929年8月	石印，32开	包括总纲，乡、区、县苏维埃组织等8部分内容，是闽西根据地政权建设的早期法规
《苏维埃组织法》	工农红军第四军政治部	1929年9月	石印，32开	内容同上，并增加"各县联合高级苏维埃"一节内容
《土地法》	工农红军第四军政治部	1930年2月	铅印，32开	包括土地之没收及分配、废除债券、土地税、工资四章内容
《闽西第一次工农兵代表大会宣言及决议案》	闽西苏维埃政府	1930年3月	铅印，32开	闽西第一次工农兵代表大会通过的宣言、提案及决议案共22件
《兴国苏维埃政府土地法》	工农红军第四军政治部	1930年3月	油印，32开	根据工农红军第四军政治部所颁《土地法》拟定
《苏维埃组织法》	兴国革命委员会	1931年3月	石印，64开	规定建立乡（市）红色政权的基层组织原则、方式等内容
《中华苏维埃共和国选举细则》	中华苏维埃共和国临时中央政府	1931年11月	铅印，64开	包括总则、选举权和被选举权、办理选举的机关、选举的手续、各级工农兵苏维埃代表产生的手续及代表与居民的人数的比例、基本（城乡）选举之承认取消及代表之召回、选举的经费、附则等8章55条细则
《中国工农红军优待条例》	中华苏维埃共和国临时中央政府	1931年11月	铅印，32开	共有18条条例，是人民军队制订的第一个优待条例和抚恤条例
《中华苏维埃共和国暂行税则》	中华苏维埃共和国临时中央政府	1931年12月	铅印，64开	收录了《中华苏维埃共和国中央执行委员会第一次会议关于颁布暂行税则的决议》，该暂行税则共规定了商业税、农业税、工业税等3大类的税收标准和原则
《婚姻条例》	中华苏维埃共和国临时中央政府	1931年12月	铅印，32开	全文共7章20条，是我国红色政权颁布的第一个婚姻条例

续表

著作名称	编印部门	出版时间	印刷方式及开本	内容简介
《劳动法》	中华苏维埃共和国临时中央政府	1931年12月	铅印，32开	全文共12章75条，用法律的形式来保障群众的利益
《中华苏维埃共和国经济政策》	中华苏维埃共和国临时中央政府	1931年12月	铅印，32开	全文共4节，包括工业方面、商业方面、财政与税则、市政方面
《苏维埃地方政府的暂行组织条例》	中华苏维埃共和国临时中央政府	1931年12月	铅印，32开	共10章73条，规定了各级苏维埃地方政府的基本组织原则、各级苏维埃的工作方法等
《劳动法·土地法》	中革军委总政治部	1931年	铅印，64开	收集了1931年全苏"一大"上通过的《劳动法》和1930年中革军委颁布的《土地法》
《全国苏维埃代表大会选举条例》	中华苏维埃共和国临时中央政府	1931年	铅印，32开	规定了苏维埃代表大会的选举办法，对选举的代表名额、选区划分、程序等作出具体规定
《福建省第一次工农兵代表大会决议案》	福建省苏维埃政府	1932年3月	石印，32开	收集有该次大会的主要决议文件10余种
《中华苏维埃共和国邮政暂行章程》	中央出版局	1932年5月	铅印，32开	章程对苏区邮政的行政管理和原则做了规定，它是苏区最早的邮政法规
《经济政策、暂行税则、借贷条例、投资条例、财政条例、统一财政训令》	中华苏维埃共和国临时中央政府	1932年6月	铅印，32开	收入了经济政策、修正暂行税则等6项法令
《中华苏维埃共和国土地法》	中华苏维埃共和国临时中央政府	1932年	石印，32开	中华工农兵苏维埃第一次全国代表大会通过的土地法令，包括没收封建地主豪绅、军阀官僚地主土地等内容
《修正暂行税则、住房没收和分配条例、借贷条例、投资条例、财政条例、统一财政训令》	中央政府财政部	1932年	铅印，32开	该汇编本共收入修正暂行税则等6个法令文件，并附有工商业登记表
《卫生法规》	工农红军学校	1933年6月	不详	共收入1931年至1933年间的重要卫生法规文件十余篇

续表

著作名称	编印部门	出版时间	印刷方式及开本	内容简介
《修正暂行税则、店房没收条例、矿山开采出租办法、工商业登记规则、商业所得税征收细则、统一税收训令》	中华苏维埃共和国临时中央政府	1933年	铅印，32开	收入了修正暂行税则、店房没收条例、矿山开采出租办法、工商业登记规则、商业所得税征收细则、统一税收训令6个经济法规
《二苏大会文献》	中华苏维埃共和国中央人民委员会	1934年3月	铅印，32开	收集了1934年1月召开的第二次全国苏维埃代表大会上通过的文件
《江西省第一次教育会议决议案》	江西省教育部	1934年3月	铅印，32开	收入了《关于省教育部报告的决议》《关于最近突击任务的决定》《社会教育、普通教育问题的决议案》等文件
《苏维埃教育法规》	中央教育人民委员部	1934年6月	石印，32开	收集了《教育行政纲要》等苏维埃颁布的有关教育法规文件10余份
《肃反令文汇集》	中华苏维埃共和国国家政治保卫局	1934年6月	铅印，32开	全书共收入1931年以来有关肃反工作的重要法令文件10余篇
《中央教育人民委员部重要文件汇集》	湘赣省苏教育部	1934年10月	油印，32开	收入1931年教育人民委员部成立以后历次颁发的重要文件法规
《土地税税收细则》	中华苏维埃共和国临时中央政府	1934年	铅印，64开	具体规定了田亩税的折算办法和税收标准，对免税、减税作了严格规定
《苏维埃法典》（第一、二集）	中华苏维埃共和国中央人民委员会	1934年	铅印，32开	该书为苏区法规文献汇编本，共收入了中华苏维埃共和国劳动法、土地法、婚姻法、司法程序、惩治反革命条例以及中央执行委员会第25号训令、第26号训令等7项文件

1929年，中共闽西特委编印出版了《苏维埃组织法》一书，内容包括总纲，乡、区、县苏维埃组织等8部分内容。根据总纲规定，凡年满十六周岁的公民，均有选举权和被选举权。[1]《苏维埃组织法》还规定了乡、区、县苏维埃组织系统架构，各级代表成员构成、委员任期、委员职

---

[1] 肖邮华：《井冈山革命斗争史选编》，中央文献出版社，2010年，第135页。

业成分，各级代表会及会员任期等。该法案是中共闽西革命根据地政权建设的早期法规。

中共兴国县委颁布的《兴国土地法》，是中央苏区时期由毛泽东亲自主持制定的一部关于土地问题的法案。1929年4月中旬，毛泽东率红四军抵达兴国县城后，在对兴国县的政治、经济等情况进行深入的调查后，主持制定了《兴国土地法》。《兴国土地法》提出要"没收一切公共土地及地主阶级的土地"[①]，归工农兵政府所有，由政府分配给无地或少地农民耕种使用。法案还对土地分配的标准作出了具体规定：一是以人口为标准，实行平均分配；二是以劳动力为标准，能劳动的比不能劳动的多分配一倍土地。《兴国土地法》是继《井冈山土地法》之后又一部关于农民土地分配问题的法案。该法案的颁布，对于推动赣南、闽西土地革命的发展起了重要作用。

军队工作是中央苏维埃政权的一项重要任务。中央苏区成立后，出版了大量军事书籍，如《三十条作战注意》《野战筑城学概要》《中国工农红军政治委员工作须知》《游击队怎样动作》《红四军各级政治工作纲要》《中国工农红军军用号谱》等（表4-13）。这些书涉及的内容广泛，包括军事理论、军事斗争、军事训练、战略战术、部队政治工作、军需供应、军事法规、军事知识等各个方面。

表4-13 中央苏区出版的军事图书

著作名称	编印部门	出版时间	印刷方式及开本	内容简介
《三十条作战注意》	兴国县赤色总工会	1930年12月	油印，32开	这是红军总部为粉碎敌人第一次"围剿"而制定的30条作战原则，它至今对于我们研究红军战术和战史有着重要的价值
《红军号谱》	红军某部门	1930年	石印，32开	全书用五线谱标明了当时有关苏维埃机关和武装部队的联络讯号
《野战筑城学概要》	中华苏维埃中央军事政治学校	1931年10月	铅印，32开	根据苏联同名著作摘译而成，是中央军事政治学校的教材之一
《红四军各级政治工作纲要》	中国工农红军某军区政治部	1931年10月	石印，32开	该文件规定了红军政治工作的主要纲领
《中国工农红军政治委员工作须知》	中国工农红军总政治部	1932年1月	铅印，32开	该书是红军政治干部的重要工作手册

---

① 张树军：《图文中国共产党纪事（1919—1931）》，河北人民出版社，2011年，第373页。

续表

著作名称	编印部门	出版时间	印刷方式及开本	内容简介
《游击队怎样动作》	中华苏维埃共和国中央革命军事委员会出版局	1932年1月	铅印，32开	全书共分8部分内容，阐释如何开展游击队动作，刘伯承为该书写了绪言，肯定该书的军事价值
《野战筑城教程》	工农红军学校	1932年1月	不详	1932年11月7日，《红色中华》"收到赠书"启事中有此书目，不见实物
《粮秣经理教程》	工农红军学校	1932年1月	不详	同上
《红军问题决议案》	中央出版局	1932年春	铅印，32开	介绍中华工农兵苏维埃第一次全国代表大会通过的红军问题决议案
《中国工农红军第四军暂时应用号谱》	红四军司令部	1932年7月	石印，32开	该书为红四军使用的号谱
《中国工农红军政治工作暂行条例》	红军学校政治部	1932年8月	铅印，64开	介绍古田会议决议通过的中国工农红军政治工作暂行条例
《游击队怎样动作》	中华苏维埃共和国中央革命军事委员会出版局	1932年9月	铅印，32开	根据1932年1月版本增编重印
《笔记学》	红军第一军团	1932年10月	不详	该书是红军学校教材，现仅存书目
《中国工农红军军用号谱》	中华苏维埃中央军事政治学校	1932年12月	石印，32开	该书为当时红军通用的公开号谱
《步兵是主要兵种》	中革军委参谋部	1932年	铅印，32开	苏联黎卧夫原著。该书共分为"步兵的防守进攻战术"等20节，论述了步兵作战的历史、步兵的战斗编组、武器装备等问题，阐明了"步兵是主要兵种"的重要主题。
《战术讲授录》	中革军委编译委员会	1933年8月	铅印，16开	讲授红军战术思想
《列宁室工作》	中国工农红军总政治部	1933年9月	铅印，32开	介绍红军时期列宁室的工作开展原则和方法
《对于防御飞机与毒气的简明知识》	中国工农红军总卫生部	1933年10月	铅印，64开	书中对于氯气、芥子气和催泪剂的性能识别与防护办法做了详细介绍

续表

著作名称	编印部门	出版时间	印刷方式及开本	内容简介
《军事知识问答》	中国工农红军学校	1933年冬	油印，32开	该书以问答式的形式，讲述了红军作战常识，是红军学校学员和红军部队官兵学习使用的重要教材之一
《作战知识手册》	中国工农红军学校	1933年	油印，32开	介绍红军作战知识
《军队的参谋工作》	中革军委编译委员会	1933年	铅印，32开	介绍军队的参谋工作
《德国联合兵种之指挥及战斗》	中革军委编译委员会	1933年	铅印，32开	根据原国民党南京政府译本翻印
《红军哨音、灯号、旗语通讯》	中华苏维埃共和国中央军事政治学校	1933年	石印，32开	该书介绍了旗语、灯号、哨音的历史来源，对红军中的哨号、旗语、灯号作了规定
《巷战战术草案》	中国工农红军学校	1933年	铅印，32开	介绍巷战作战知识
《政治工作讲授提纲》	中国工农红军总政治部	1933年	铅印，32开	全书共5篇38节，主要讲授红军怎样做好政治工作，内容为马克思列宁主义与军事问题，中国工农红军目前建设等问题等
《政治工作的基本原则》	中革军委编译委员会	1933年	铅印，16开	该书讲授做好政治工作的原则，内容包括战斗情况中的政治工作、宿营时的政治工作、军队战斗活动的政治工作、政治部的职责等
《政治问答》（第一册）	中国工农红军学校政治部	1933年	铅印，32开	供红军指战员政治学习的教材，今仅存书目，未见实物
《政治问答·各种纪念日》	中国工农红军学校政治部	1933年	铅印，32开	书中详细介绍了各种革命纪念活动的历史由来
《政治问答·苏维埃基本知识》	中国工农红军学校政治部	1933年	油印，32开	介绍苏维埃基本知识，供红军政治学习读物
《实兵指挥》	中国工农红军学校	1933年	油印，32开	该书是红军学校根据苏区实际情况编撰的一本军事指挥教材
《政治工作讲义》	中国工农红军特科学校	1933年	石印，32开	介绍红军政治工作内容
《红军马克思主义研究会高级班研究提纲》	中国工农红军马克思主义研究会	1934年1月	铅印，64开	该书是苏区研究马克思主义的教材

续表

著作名称	编印部门	出版时间	印刷方式及开本	内容简介
《红军中党的工作》	中国工农红军总政治部	1934年5月	不详	《红星》报第51期刊登有此书目介绍，未见实物
《赤卫军政治教材》	中国工农红军总政治部	1934年5月	不详	《红星》报第51期刊登有此书目介绍，未见实物
《红军读本》	中国工农红军总政治部	1934年5月	不详	《红星》报第51期刊登有此书目介绍，未见实物
《中国的军队》	中华苏维埃共和国中央革命军事委员会出版局	1934年5月	铅印，32开	论述中国武装力量的产生、发展的历史，研究了中国军队的素质和存在的弱点，对中国军队的各种战术进行了剖析
《中央革命军事委员会关于保管武器的指示》	中华苏维埃共和国中央革命军事委员会出版局	1934年5月	铅印，32开	全文共分4章21条，强调武器保管实行各级首长责任制
《步兵、侦探、传令、联络兵勤务之参考》	中华苏维埃共和国中央革命军事委员会出版局	1934年5月	铅印，32开	该书分"步兵勤务、侦察勤务、传令勤务、联络勤务"4编，介绍对空督视、瓦斯哨及其侦察的主要方式方法并有防备知识
《赤卫军政治教材》	不详	1934年6月	不详	《红星》报第51期刊登有此书目介绍，未见实物
《红军中党的工作》	不详	1934年6月	不详	《红星》报第51期刊登有此书目介绍，未见实物
《武装上前线》	不详	1934年6月	不详	《红色中华》第197期发表的《中央印刷厂努力增加生产》一文中有此书目，今未见实物
《联合兵种》	不详	1934年6月	不详	《红色中华》第197期发表的《中央印刷厂努力增加生产》一文中有此书目，今未见实物
《新的领导方式》	不详	1934年6月	不详	《红色中华》第197期发表的《中央印刷厂努力增加生产》一文中有此书目，今未见实物
《旧式武器使用法》	中革军委会总动员武装部	1934年7月	铅印，32开	主要介绍各种旧式武器使用方法
《战争毒气防御常识》	红军卫生学校	1934年7月	石印，32开	介绍战争中防御各种毒气的基本知识

续表

著作名称	编印部门	出版时间	印刷方式及开本	内容简介
《架桥教范草案》	中华苏维埃共和国中央革命军事委员会出版局	1934年8月	铅印，32开	为红军架桥知识手册
《论战术战略的时代性与我们红军目前对于战术战略的认识问题》	中国工农红军大学印行	1934年9月	油印，32开	系统地阐述了战术战略概念的历史发展，介绍了苏联红军关于战术战略的理论，提出红军各级干部应加强战术战略的学习与修养
《战术与战略》	中华苏维埃共和国中央革命军事委员会	1934年	铅印，32开	该书系苏联军事家施都夸夫1932年的著作
《红军军事概要》	闽西列宁书局	1934年	不详	介绍红军军事斗争知识

由红军学校政治部出版的《中国工农红军政治工作暂行条例》一书，介绍了古田会议决议通过的中国工农红军政治工作暂行条例。该暂行条例对红军部队中政治机关的性质、任务作了明确规定。条例指出，政治机关是苏维埃政权的一部分，是所属各部队党和政治工作的指导机关。政治机关的主要任务是指导所属部队的党的工作和青年团工作，组织党务委员办理接收党员、维护党的纪律等工作。

中华苏维埃共和国中央革命军事委员会出版局成立后，先后出版了一批军事、政治和理论书，如《游击队怎样动作》《架桥教范草案》等书。《游击队怎样动作》一书是中革军委出版局成立后出版的最早的一部军事教材。该书主要介绍了红军游击队怎样开展游击战的知识。全书共分8部分内容，阐释如何开展游击队动作。该书提到，游击队动作包括政治和军事动作，"政治动作要公开，要明确，军事动作要秘密，要灵活机动"；游击队在动作中"要明确阶级路线，爱憎分明"；游击队的动作"要游、要击，游而不击，击而硬拼不行"；游击队动作"必须与工农群众发生密切联系，得到群众支持与帮助"。[1] 刘伯承为该书写了绪言，肯定该书的军事学术价值。该书于1932年1月出版，共印10000册，9月又重印再版，由此可见其影响力之大。

---

[1] 严帆：《中央革命根据地新闻出版史》，江西高校出版社，1991年，第191页。

四、文教、卫生类书籍的出版

发展苏区文化教育事业，大力提高苏区人民的知识文化水平和思想政治觉悟，是苏维埃政府的一项重要工作。1927年9月，中共江西省委颁布《行动政纲》，提出要"实行普及教育，提高革命文化"[1]。1930年3月，中共闽西第一次工农兵代表大会在福建龙岩正式召开。本次会议讨论通过了《文化问题决议案》，提出要大力发展闽西苏区的文教事业，并制定了一系列措施，如废止国民政府发行的旧教材、编制新教材、开设书店、开展识字运动等。[2]

为了发展苏区文化教育事业，中央苏区各级文化和教育部门出版了大批学校教科书、常识读本、儿童读本、工农识字课本、士兵识字课本、夜校课本和供红军学校使用的课本，如《国语课本》《算术常识》《工农学校读本》《士兵识字课本》《理化学教程》《共产儿童读本》《初级用课本》《夜校算术课本》《工农兵三字经》等（表4-14）。

表4-14　中央苏区出版的教育类图书

著作名称	编印部门	出版时间	印刷方式及开本	备注
《红色小学校儿童读本》（初级用）	不详	1930年9月	油印，32开	根据地早期出版的儿童教科书
《算术常识》	中央教育人民委员部	1930年12月	油印，32开	主要供短期训练班、失学青年和成年人使用
《国语课本》	瑞金县苏维埃政府文化科	1931年9月	油印，32开	学校教科书
《工农学校读本》	不详	1931年	石印，32开	工农识字读本
《士兵识字课本》	中国工农红军第三军团总政治部	1931年	石印，32开	主要供红军随营学校和红军夜校、俱乐部教学使用
《理化学教程》	中央教育人民委员部编审局	1932年7月	油印，32开	介绍理化学知识，是列宁小学教材之一
《学生识字课本》	不详	1932年	石印，32开	主要介绍苏维埃政权知识
《看图识字》	不详	1932年	石印，32开	主要讲普通的革命道理
《地理纲要》	中央教育人民委员部	1932年	石印，32开	主要介绍地理知识

---

[1] 余伯流、凌步机：《中央苏区史》（下），江西人民出版社，2017年，第936页。
[2] 江西省档案馆：《中央革命根据地史料选编》（下），江西人民出版社，1982年，第451—453页。

续表

著作名称	编印部门	出版时间	印刷方式及开本	备注
《各种赤色体育规则、田径赛训练法体操》	不详	1933年7月	雕版印刷，32开	供学校和单位团体使用
《中国地理常识》	中国工农红军总政治部	1933年8月	石印，32开	全书分为"各省分课""自然地理分课""苏区区域"等40课
《共产儿童读本》（第二册）	中央教育人民委员部	1933年8月	石印，32开	
《地理常识》	瑞金教育干部学校	1933年9月	油印，32开	
《理化常识》	中央教育人民委员部编审局	1933年11月	油印，32开	
《地理常识》	中央教育人民委员部编审局	1933年11月	油印，32开	
《共产儿童读本》（第三册）	中央教育人民委员部	1933年11月	石印，32开	
《工农兵三字经》	不详	1933年11月	石印，大64开	工农兵通俗读本
《初级用课本》	江西省兴国县苏维埃政府文化部	1933年	石印，32开	小学教材
《夜校算术课本》	不详	1933年	油印，32开	夜校算术教材
《群众课本》	闽西列宁书局	1933年	不详	群众识字读本
《记字课本》	中国工农红军总政治部	1933年	石印，32开	供红色战斗员用
《国语教科书》	中央教育人民委员部	1934年1月	石印，32开	适用各类地方学校
《心算教授书》（第一册）	中央教育人民委员部	1934年1月	铅印，32开	供教员使用
《生物常识》	沈泽民苏维埃大学	1934年4月	油印，32开	
《算术教学法》（第一册）	中央教育人民委员部	1934年6月	铅印，32开	供列宁小学第一学年第一学期使用
《农业常识》（上、下）	中央教育人民委员部	1934年6月	油印，32开	徐特立编
《工人千字课本》	中央出版局	1934年6月	石印，32开	全书共一千字，供工人识字用

续表

著作名称	编印部门	出版时间	印刷方式及开本	备注
《体育规则》	不详	1934年7月	不详	1934年7月《红色中华》上有书目介绍，未见实物
《自然常识》	中央教育人民委员部	1934年	油印，32开	徐特立、刘函玉主编
《科学常识》	中央教育人民委员部编审局	1934年	不详	未见实物
《卫生常识》	闽西工农政府	1934年	石印，32开	
《医学识字课本》	不详	1934年	石印，32开	供各地苏维埃学校使用
《看图识字卡》	中央教育人民委员部	1934年	石印，开本不详	主要为常用识字，配有图片

中央苏区政权建立后，为了革命斗争的需要和满足苏区人民对于精神文化生活的需要，对文艺工作也给予了相当的重视。青年实话报社、工农剧社、中央出版局、工农美术社等部门出版了一批文艺读物（表4-15），其中以红色歌谣居多。如青年实话报社出版了《革命歌谣集》《革命山歌小调集》等图书。

表4-15 中央苏区出版的文艺类图书

著作名称	编印部门	出版时间	印刷方式及开本	内容简介
《苏联社会主义建设画集》	工农美术社	1931年12月	石印，大32开	主要介绍苏联社会主义建设伟大成就的画集
《世界革命导师马克思像》	中国工农红军第四军政治部	1931年	石印，4开	无产阶级革命导师马克思的画像
《世界革命领袖列宁之像》	中国工农红军第四军政治部	1931年	石印，4开	无产阶级革命导师列宁的画像
《红军优待条例画集》	中国工农红军总政治部	1932年2月	石印，16开	该画集用130多幅图画宣传了红军优待条例的内容，并配有文字说明
《我——红军》	工农剧社	1932年4月	油印，32开	该剧是《红色中华》主编、中央教育人民委员部副部长兼工农剧社编审委员会主任沙可夫创作的七场话剧

续表

著作名称	编印部门	出版时间	印刷方式及开本	内容简介
《歌集》	不详	1932年	石印，32开	现存有《少年先锋歌》《工农暴动歌》《工农联合歌》《红军歌》等17首歌曲，是中央苏区出版较早的一本歌集
《李卜克内西之像》	青年实话报社	1932年	石印，8开	德国工人运动和国际工人运动的著名活动家李卜克内西的画像
《三期革命战争胜利歌》	中国工农红军第一方面军第三军团总政治部	1932年	铅印，64开本	又叫《第三次革命战争胜利歌》，歌中热情讴歌了中央苏区军民粉碎国民党军队第三次"围剿"的胜利
《儿童唱歌集》	中央教育人民委员部	1933年5月	石印，32开	书中收入儿歌13首，是供列宁小学学生和苏区儿童团学唱的歌集
《革命画集》	工农美术社	1933年10月	石印，大32开	该画集介绍红色战士、革命群众开展革命斗争事迹
《松鼠》（又名《红色间谍》）	高尔基戏剧学校	1933年11月	不详	该剧是高尔基戏剧学校教员胡底创作的多幕滑稽戏
《战斗的夏天》	工农剧社	1933年12月	油印，32开	该剧为蓝衫剧团团长和蓝衫剧学校校长李伯钊根据苏区查田运动的材料创作，描写查田运动中被打倒的地主、富农所进行的破坏活动
《革命歌集》	青年实话编辑委员会	1933年	铅印，32开	"青年实话丛书"之一，全书收入《国际歌》《少年先锋队歌》等歌曲34首
《革命歌集》	青年实话编辑委员会	1933年	石印，32开	"青年实话丛书"之一，书中收入《哥哥寄信来》等革命歌曲39首
《革命诗集》	红色中华报社	1933年	铅印，32开	主要选录了苏区各种报刊上刊登的诗作，是现存唯一一本中央苏区出版的新诗集
《恩格斯及其事业》	中央出版局	1933年	铅印，32开	介绍恩格斯的生平事迹
《革命歌谣集》	青年实话编辑委员会	1934年1月	铅印，32开	"青年实话丛书"之一，全书收入《十送郎当红军歌》等歌谣65首
《苏联的青年画集》	工农美术社	1934年5月	石印，32开	为苏联青年的绘画集
《苏联青年欧洲旅游记》	青年实话报社	1934年5月	铅印，32开	收录散文游记，是苏联青年至欧洲各国旅游的记录
《史达林与红军》	青年实话报社	1934年6月	铅印，32开	介绍斯大林领导苏联红军的革命事迹

续表

著作名称	编印部门	出版时间	印刷方式及开本	内容简介
《革命纪念节故事》	青年实话报社	1934年6月	铅印，32开	该书是以纪念节日为题编写的故事集，共介绍了25个纪念节的故事
《列宁传略》	中央出版局	1934年7月	铅印，32开	介绍列宁的革命生平事迹
《革命山歌小调集》	青年实话编辑委员会	1934年	铅印，32开	书中收入革命山歌《欢送兴国师出发》《送郎打南昌》《竹片歌》《十八十九正当青》《妇女慰劳红军歌》等革命歌曲55首
《号炮集》	工农剧社总社	1934年	油印，32开	该书由瞿秋白选编并写序言，这是中央苏区编印的唯一一本戏剧集
《父与子》	工农剧社	1934年	不详	该剧反映了父与子两代人对革命的不同态度和归宿
《马克思的事迹》	青年实话报社	1934年	铅印，32开	介绍马克思生平事迹的文艺性读物
《列宁革命事迹简介》	青年实话报社	1934年	铅印，32开	介绍列宁的革命事迹
《列宁故事》	青年实话报社	1934年	铅印，32开	介绍列宁的故事
《列宁与共产主义运动》	青年实话报社	1934年	铅印，32开	介绍列宁从事共产主义运动的革命事迹
《四川新调》	不详	不详	铅印，32开	歌词用四川调作词谱曲，故取名《四川新调》
《红光在前》	工农剧社	不详	油印，32开	剧本揭露了日本帝国主义侵略中国的罪行，也歌颂了中日两国人民之间的友谊

中央苏区创作出版的这些红色歌谣图书，是苏区人民群众战斗和生活的生动记录，具有极强的革命性和战斗性，深受苏区人民喜爱，在苏区群众中广为流传。如《革命山歌小调集》中收入的一首革命歌谣《妇女慰劳红军歌》，歌词中写道："消灭团匪与白军，第一要紧探敌情，妇女们帮探敌情，哎哟，哎哟，妇女们帮探敌情。"[1] 这些朗朗上口的歌词，反映了苏区红军与老百姓之间的鱼水情深。这些扎根于群众、扎根于军民斗争生活土壤的红色歌谣，真实地反映了党领导下的人民军队开展革命斗争和生产建设的情况，表达了人民翻身得解放、当家做主人后的喜悦之情，揭露了

---

[1] 江西省妇联赣州地区办事处：《赣南妇女运动史料选编》，1997年，第348页。

军阀蒋介石的黑暗统治，讴歌了中共领导下的人民革命政权。

除革命歌谣书籍外，中央苏区还出版了不少革命故事、人物传记和美术作品、领袖人物传记等图书和小册子。例如，中央出版局出版的《恩格斯及其事业》《列宁传略》，青年实话报社出版的《马克思的事迹》《列宁故事》等。这些文艺读物通俗易懂，深受苏区群众的欢迎。

中央苏区时期，戏剧创作呈现出一派勃勃生机，戏剧作品形式多样，例如，《我——红军》是工农剧社编审委员会主任沙可夫创作的大型话剧，描写第四次反"围剿"过程中，苏区红军和地方革命武装消灭国民党军队并活捉国民党师长的故事。话剧演出获得极大成功。苏区报纸纷纷赞扬这个戏"是苏维埃文化与工农大众艺术的开端"。《松鼠》（该剧又名《红色间谍》）是高尔基戏剧学校教员创作的多幕滑稽戏，该剧主要讲述了红军侦察员打入国民党军队，策反国民党士兵并戏弄国民党军官的故事。剧本在严肃的斗争中引入滑稽的场景和语言，剧情引人入胜，妙趣横生。

这一时期创作的文艺作品，题材内容也十分广泛。有反映地主豪绅压迫剥削农民和破坏苏维埃政权建设的作品，如《战斗的夏天》《收谷》《阶级》《农民自叹》《土地还家》《谁给我的痛苦》《几家欢乐几家愁》《新十八扯》《揭破鬼脸》《提高警惕》等；有歌颂红军打胜仗消息的作品，如《龙冈擒瓒》（京剧）、《活捉张辉瓒》（东河戏）、《活捉张辉瓒》（活报剧），以及《粉碎敌人的乌龟壳》《夺枪》《打宁都》《攻打广昌》《打到漳州去》《游击队反击伪军》《无论如何要胜利》《最后胜利归我们》《东方战线》《红军战斗史》等；有反映根据地人民踊跃参军，拥护、支援红军和讴歌红军英勇杀敌事迹的作品，如《当红军光荣》《志愿当红军》《快快归队当红军》《送郎当红军》《拥军优属》《庆祝红军胜利》《拉尾巴》《反对开小差》《位置在前线》《你是哪个部队》等。此外，还有反映中国人民英勇抗日，揭露日本帝国主义侵略罪行和国民党蒋介石不抵抗政策的文艺作品，如《红光在前》《抗日喜剧》《一起抗日去》《义勇军》《热河血》《北宁路上的退兵》《沈阳号炮》《粉碎帝国主义》《蒋介石出卖华北》等。①

为保障苏区军民的身体健康，中华苏维埃共和国临时中央政府十分重视发展公共医疗卫生事业。苏维埃中央政府设有内务委员会，医疗卫生工作归内务委员会分管。内务委员会下设卫生管理局，其主要职责为管理医院、防控瘟疫和其他传染病，指导和发展公共卫生事业。乡区一级的政府，也建立了卫生委员会，村级设有卫生小组。除了政府管理机构外，中

---

① 《中国共产党江西出版史》编写组：《中国共产党江西出版史》，江西人民出版社，1994年，第149页。

央苏区红军部队也设置有医疗卫生机构。1931年春，中央苏区红军部队设立了军委总军医处，并创办了《健康报》。1932年，总军医处改为红军总卫生部后，又创办了《红色卫生》，同时还出版了一些医疗卫生的通俗读物。

随着战争的扩大，红军伤病人员不断增多，为了解决苏区医务人员严重不足的问题，1932年2月，中革军委在江西于都创办了苏区红军军医学校（后改为红军卫生学校）。红军卫生学校在创办两年多的时间里，出版了大量的医疗卫生图书，如《生理学》《解剖生理》《解剖生理卫生学》《生理解剖图》《卫生学》《诊断学》《处方学》《简明细菌学》《简单绷带学》等（表4-16），同时，还培养了大批医疗护理人员。

表4-16 中央苏区出版的医药卫生图书

著作名称	编印部门	出版时间	印刷方式及开本	内容简介
《体功学问答》	中央红色医务学校	1932年1月	石印，32开	论述人体功能方面的理论，供培训医务人员之用
《医学常识》	中国工农红军总卫生部	1932年春	油印，32开	供红军医务工作者学习的医学通俗读物
《简明药物学》	中国工农红军卫生学校	1932年5月	油印，32开	介绍各类药物的药性、用途、用量和用法
《病理学》	中国工农红军学校	1932年	油印，32开	主要介绍各种常见疾病如心血管病、寄生虫病的诊断、预防和治疗
《卫生员工作大纲》（《连一级卫生勤务》）	中革军委总卫生部	1933年1月	油印，32开	介绍了个人卫生、驻军卫生、行军卫生、战场救护等方面的知识，供红军卫生员使用
《卫生运动纲要》	中央内务人民委员部	1933年3月	石印，32开	主要介绍苏维埃政权的卫生运动情况和知识
《医学摘要》（卷一）	中国工农红军卫生学校	1933年3月	石印，32开	该书为医学基础理论汇编读物
《实用内科学》（上册）	中国工农红军卫生学校	1933年3月	石印，32开	介绍传染病、呼吸道病和消化系统疾病的病因、症状、诊断和治疗方法
《简单绷带学》	中国工农红军卫生学校	1933年6月	石印，32开	介绍使用绷带的知识，图文结合
《内科看护学》	中国工农红军卫生学校	1933年6月	石印，64开	介绍内科疾病的看护方法
《解剖生理卫生学》	中国工农红军卫生学校	1933年7月	油印，32开	介绍解剖生理卫生知识

续表

著作名称	编印部门	出版时间	印刷方式及开本	内容简介
《简明细菌学》	中国工农红军卫生学校	1933年7月	油印，32开	介绍细菌学方面的理论知识
《常见病的治疗法》	中国工农红军卫生学校	1933年7月	石印，32开	论述各种常见病的病因、症状、诊断和治疗方法
《中药之研究》	中国工农红军卫生学校	1933年7月	油印，32开	介绍了14类中药的药名、药性、作用和用法，以及7种中成药制剂的制作方法
《内科学》（下卷）	中国工农红军卫生学校	1933年8月	铅印，32开	阐释循环系统、泌尿系统、内分泌系统等内科疾病的病因、症状、诊断和治疗方法
《传染病预防法》	中国工农红军卫生学校	1933年10月	油印，32开	介绍了常见传染病的传染、防治知识，是中央苏区发行的普及卫生知识读物
《卫生学》	中国工农红军卫生学校	1933年10月	油印，32开	阐释卫生学理论知识
《药物学》	中国工农红军卫生学校	1933年10月	铅印，32开	介绍各类药物的药性、用途、用量和用法
《眼科》	中国工农红军卫生学校	1933年10月	铅印，16开	介绍眼科常见病病因、症状、防止和治疗知识
《耳科》	中国工农红军卫生学校	1933年10月	铅印，16开	介绍耳科常见病病因、症状、防止和治疗知识
《妇科》	中国工农红军卫生学校	1933年11月	油印，32开	主要介绍女性生理知识及各种妇科疾病的治疗方法
《药物学补录》	中国工农红军卫生学校	1933年12月	铅印，32开	本书为《药物学》出版后遗漏药物的补充
《生理学常识》	中国工农红军学校医院	1933年	油印，64开	供红军初级卫生人员和苏区群众学习生理常识的读物
《生理卫生常识》	中国工农红军卫生学校	1933年	油印，32开	红军卫生学校学生学习用书
《关于卫生工作的决议案》	中国工农红军总卫生部	1933年	油印，32开	该书包括普通卫生、防病方法、卫生宣传等4部分，是红一方面军第三次卫生会议通过的决议
《生理学》	中国工农红军卫生学校	1933年	油印，32开	介绍生理学理论知识

续表

著作名称	编印部门	出版时间	印刷方式及开本	内容简介
《解剖生理》	中国工农红军卫生学校	1933年	铅印，32开	介绍解剖生理知识
《诊断学》	中国工农红军卫生学校	1933年	铅印，32开	介绍疾病诊断的理论和经验
《处方学》	中国工农红军卫生学校	1933年	铅印，32开	介绍处方学的理论和经验
《内科消化病学》	中国工农红军卫生学校	1933年	石印，32开	阐释口腔、食道、胃肠、肝胆、胰脏等消化系统疾病的病因、症状、诊断和治疗方法
《研究学》（卷12）	中国工农红军卫生学校	1933年	不详	《红色中华》第101期上的书刊"发行启事"有载本书目，未见实物
《内科》（下卷）	中国工农红军卫生学校	1933年	不详	《红色中华》第101期上的书刊"发行启事"有载本书目，未见实物
《药物学》（1）	中国工农红军卫生学校	1933年	不详	《红色中华》第101期上的书刊"发行启事"有载本书目，未见实物
《诊断学》	中国工农红军卫生学校	1933年	不详	《红色中华》第101期上的书刊"发行启事"有载本书目，未见实物
《外科总论》	中国工农红军卫生学校	1933年	不详	《红色中华》第101期上的书刊"发行启事"有载本书目，未见实物
《实用外科手术》	中国工农红军卫生学校	1933年	不详	《红色中华》第101期上的书刊"发行启事"有载本书目，未见实物
《耳鼻喉科》	中国工农红军卫生学校	1933年	不详	《红色中华》第101期上的书刊"发行启事"有载本书目，未见实物
《皮肤花柳病》	中国工农红军卫生学校	1933年	不详	《红色中华》第101期上的书刊"发行启事"有载本书目，未见实物
《卫生常识》	中央内务人民委员部卫生管理局、中央革命军事委员会总卫生部	1934年1月	油印，64开	该书是1934年1月全国第二次苏维埃代表大会期间发给与会代表的普及卫生常识用书
《产科》	中国工农红军卫生学校	1934年1月	油印，32开	介绍产科知识
《临症便览》	中国工农红军卫生学校	1934年7月	石印，16开	红军医生医务技术书

续表

著作名称	编印部门	出版时间	印刷方式及开本	内容简介
《卫生常识》	闽西苏维埃政府	1934年	石印，32开	供苏区群众学习卫生知识的通俗读物
《冻疮的预防和治疗》	中国工农红军学校	1934年	油印，32开	介绍冻疮的预防和治疗知识
《四种病》	中革军委总卫生部	1934年	铅印，32开	介绍了苏区较流行的赤痢、溃疡、疟疾、疥疮等4种常见病的预防和治疗方法
《生理解剖图》	中国工农红军卫生学校	1934年	石印，16开	全套共70幅图例，每幅图例均配文字说明
《西药学》	中国工农红军卫生学校	1934年	铅印，64开	为介绍各种西药的药性、用途、用量和用法的西药学专著
《看护教程》	中国工农红军卫生学校	1934年	铅印，32开	介绍看护知识和经验
《实用外科药物学》	中国工农红军卫生学校	不详	石印，32开	论述了各种外科药物的药性、作用、用量和用法

由以上中华苏维埃各级政府和红军部队出版的图书可以看出，苏区时期，中央革命根据地出版的书籍带有鲜明的政治色彩和意识形态倾向性。当时，中央苏区政权在国民政府的打击和包围下，面临着艰巨的革命和建设任务。为了巩固革命政权，中国共产党迫切需要从马克思主义完整的科学体系中得到启示与指导，因此，这一时期，中央革命根据地出版发行了大量的马列主义理论图书，为马克思主义大众化的传播起了重要作用。为巩固苏维埃红色政权，发展苏区的各项建设事业，中华苏维埃共和国临时中央政府各级部门和组织出版了大量通俗的政治、经济、法律、军事、文化、医药卫生类图书。为了提高苏区广大军民的文化知识水平，中央苏区各级教育部门和学校还出版了大量的教材以及识字课本和常识读本。

中央革命根据地的图书出版工作是苏维埃革命政权建设和文化建设的重要组成部分，它成为传播马列主义、宣传革命理论、传播科学文化知识的重要载体，对苏区革命和建设事业的发展起了推进作用。中央苏区时期，尽管条件十分艰苦，但苏维埃各级党、政、军、群组织，都十分重视新闻出版工作，把出版工作视为党的喉舌。他们在极其艰苦的环境下，发扬了战斗精神，编印出版了大量红色书刊，为苏区广大军民提供了十分宝贵的精神食粮。

第六节 《红色中华》《青年实话》《斗争》《红星》出版

1931年，中央苏区政权成立后，出版事业进入了一个蓬勃发展的时期。苏区各级党政部门对文化出版事业高度重视。1931年11月，中央苏区党的第一次代表大会在江西瑞金召开，会议强调要加强苏区的出版工作，并把建立健全党报作为加强党的建设的一项重要任务。本次会议讨论通过了《党的建设问题决议案》，提出要"出版各种问题简明的小册子"，并把建立健全、完善的党报作为党建工作的重要组成部分。决议案还要求"苏区各级党部应当集中力量组织一个党报"，与此同时，"每个党员尤其是干部，应当负责供给党报的材料与文章，并且要努力负起发行的责任"。[1]

为推动中央苏区出版事业的发展，苏区中央政府确立了苏区出版工作的具体任务，要求苏区出版部门要"供给文化教育上的材料"，并规定地方教育部门主要负责编辑地方性的书刊和教科书的补充材料。中央政府还要求出版部门所出版的各类图书要简明通俗，具有实用性、地方性和时代性。[2]

一、中央机关报《红色中华》的出版

（一）《红色中华》的创办

《红色中华》创办于1931年12月11日，由红色中华报社编辑出版，编辑部设在瑞金城北的叶坪，由周以栗担任首任主编。该报初创时为周报，第50期起改为三日刊，第148期后改为双日刊，后刊期不定。

《红色中华》的办报宗旨在于发挥中央政府对苏维埃运动的领导作用，巩固和扩大革命根据地，宣传苏维埃政权建设和红军开展军事斗争的成就。[3]《红色中华》的栏目设置十分丰富，辟有社论、要闻、时评、中央革命根据地消息、党的生活、红色区域建设、工农通讯、突击队等10多个栏目。第72期起，根据读者的建议，还开辟了副刊"赤焰"。[4] "红色区域建设"栏目主要报道苏区政权建设、经济建设和文化建设的成就。"突击

---

[1] 中共中央文献研究室、中央档案馆：《建党以来重要文献选编（一九二一——一九四九）》（第8册），中央文献出版社，2011年，第634—636页。

[2] 赣南师范学院苏区教育研究室：《江西苏区教育资料汇编（1927—1937）》，江西高校出版社，2017年，第85页。

[3] 《〈红色中华〉发刊词》，《红色中华》第1期，1931年12月11日。

[4] 王文彬编：《中国现代报史资料汇辑》，重庆出版社，1996年，第699页。

队"栏目主要刊登群众对党政机关或个人中的不良倾向进行批评的文章，以及改进机关干部作风建设的文章。该栏目后改为"铁棍""铁锤""无产阶级铁锤"。

(二)《红色中华》的主要内容

1.积极传播马克思列宁主义学说和思想

《红色中华》刊发了大量纪念马克思和介绍马列主义理论的文章。如，1933年3月12日，该报发表署名为"昆"的《纪念马克思与学习马克思列宁主义》，文章指出马克思主义是无产阶级战胜资产阶级的最有力武器和创造新社会的最有用的工具。列宁主义是"无产阶级革命的理论和策略"，是"无产阶级革命时代、帝国主义时代的马克思主义"。[①]1934年4月19日，该报发表了《五五节报告大纲——马克思诞生纪念》一文，文章指出，马克思主义理论是"有系统有方法的革命的理论"和"一切过去的最好的知识的总结合"。[②]

《红色中华》开辟了多个专栏，用来传播马克思、列宁关于无产阶级专政学说理论。如，该报第44期发布"本报一周年、广暴五周年、宁暴一周年纪念特刊"，在该栏发表的《马克思列宁论武装暴动》一文，文章阐述了马克思、列宁在武装暴动问题上的观点，即"武装暴动是阶级斗争的一种最高的形式，是推翻剥削阶级政权所必须采取的斗争方法"。文章认为，"暴动是一种艺术，与战争及其他的艺术一样，他要受某种规律的裁制，若是忽略了这一规律，那么犯忽略之罪的政党，必致毁灭"[③]。

2.宣传报道苏维埃政权建设的内容和成就

中华苏维埃政府是在极其艰险的环境下成立的，苏维埃政府成立后，如何探索一条新的苏维埃政权建设道路，成为当时苏维埃各级党和政府领导面临的紧迫任务。《红色中华》作为中央苏区党和政府的"喉舌"，肩负着宣传报道苏维埃政权建设内容和成就的重要使命，对苏区政权建设的报道成为该报最重要的任务。据统计，在苏区红色政权中心瑞金出版的240期报纸中，《红色中华》共刊载各类文章6612篇，其中关于苏区的各类宣传报道的文章为3135篇，占发文总数的47.4%。[④]

首先，《红色中华》对苏区的经济建设成就进行了报道。中央苏区政权的建立和蓬勃发展，使民党反动政府大为恐慌。为扼杀新生的苏维埃

---

① 昆:《纪念马克思与学习马克思列宁主义》,《红色中华》第60期,1933年3月12日。
② 《五五节报告大纲——马克思诞生纪念》,《红色中华》,1934年4月19日。
③ 《马克思列宁论武装暴动》,《红色中华》第44期,1932年12月11日。
④ 韩云:《中央苏区时期〈红色中华〉报研究》,硕士学位论文,陕西师范大学,2011年,第29页。

政权，1933年2月，蒋介石指挥40万军队，对中央革命根据地发动第四次"围剿"。为了保卫苏维埃政权，《红色中华》广泛动员群众开展反"围剿"斗争，宣传募集革命战争公债、整顿财政工作、开展节约运动的重要意义，发起"节省开支、认购公债、筹措战争经费、支援红军"的群众运动，并提出"节省30万元，认购公债80万元"的奋斗目标。经过该报的大力宣传，到1933年9月，"节省开支30万元"和"认购公债80万元"的奋斗目标全部实现。[1]

由于国民党的严密封锁，1933年8月后，从白区输入苏区食盐越来越困难，为此，苏区党和政府领导群众开展熬盐运动。《红色中华》对此进行了宣传报道，1934年7月21日，《红色中华》刊发了《急速开展群众的熬盐运动，回答敌人的加紧封锁》一文，文章着重强调了开展熬盐运动的意义，要求各地苏维埃政府必须切实担负起领导、督促、检查熬盐工作的责任。[2]《红色中华》还积极推广和介绍中央苏区各县开展熬盐运动的先进经验。

其次，配合苏区政府搞好廉政建设。《红色中华》充分发挥新闻舆论工具在反腐败中的监督作用，对苏区各级机关中出现的贪污腐败、违法乱纪行为进行曝光和揭露。1932年3月9日，该报第13期登载了项英的《好个石城县主席的迁家大喜》，披露了石城县革委会主席在乔迁新居过程中贪污腐化、收受群众贺礼的问题。[3]该报第14期还登载《好阔气的江西政治保卫分局》一文，对江西政治保卫分局在工作中出现的铺张浪费的现象进行了曝光，指出该单位仅购买日历一次就采购了10本，花费了3块大洋，"一个月点洋烛就点了30包"[4]。

该报第25期登载了《官僚腐化的永丰县财政部长》一文，该文曝光了永丰县财政部长陈鸿烈的官僚主义作风问题，说他"每天带着老婆，背着驳壳枪，在街上闲玩"[5]。第161期登载了《中央组织局给邓湘君同志的警告》一文，该文披露了邓湘君在担任秘书长期间，"将借给私人的款作为党的开支报销"[6]。类似的反腐倡廉文章还有《检举于都县营私贪污官

---

[1] 梁家禄、钟紫、赵玉明等：《中国新闻业史》，广西人民出版社，1984年，第321页。
[2] 吴亮平：《急速开展群众的熬盐运动，回答敌人的加紧封锁》，《红色中华》第217期，1934年7月21日。
[3] 项英：《好个石城县主席的迁家大喜》，《红色中华》第13期，1932年3月9日。
[4] 《好阔气的江西政治保卫分局》，《红色中华》第14期，1932年3月16日。
[5] 《官僚腐化的永丰县财政部长》，《红色中华》第25期，1932年6月30日。
[6] 《中央组织局给邓湘君同志的警告》，《红色中华》第161期，1934年3月13日。

僚》①《关于中央一级反贪污斗争的总结》②等等。《红色中华》对苏维埃党和政府工作中的贪污腐败、铺张浪费、以权谋私等行为的公开报道，对苏区的政权建设起到了良好的舆论监督作用。

再次，对苏区红军的军事斗争进行了报道。《红色中华》对国民党军队烧杀抢掠的暴行予以揭露，对苏区红军与国民党反动军队展开顽强斗争的情况进行了广泛宣传。例如，针对国民党的侵略暴行，《红色中华》发布了《惊人！揭露敌方暴行》《惊人！广昌的白色恐怖》等系列报道，真实地反映和揭露了国民党军队占领下民众的悲惨命运。为了报道红军的英勇斗争事迹，该刊辟有"赤色战士通讯""革命的捷报""前方通讯""战地通讯"等专栏，刊登了许多红军重大战斗经过的通讯。因为很多通讯报道的作者既是前线的战士，又是战地记者，他们在持枪杀敌之余，还挥笔写稿，正因为如此，这些战地通讯报道读起来特别真实，尤其对战斗细节的描写十分形象生动。如"赤色战士通讯"一栏发表的一篇名为《占领湖子里的经过》的文章写道："次日午时，张贞残部一团配合着大地、张芬、堂堡、砲山等处团匪（千余人）又分四五路来增援了。""鬼！这不还是来让我们打靶的！我军首先以一排兵力击溃敬之一方，然后，又以五排的兵力击溃张贞的那一团，结果，敌人被我们活捉了连长一只，打死了营长、连长各一只，死伤四五十名。"③这些带有口语化描述的通讯报道深受苏区广大红军官兵和革命群众的欢迎。

该报还经常以专电的形式对红军打胜仗的消息进行大量报道，如《会昌攻下，活捉县长史承汉》《红军攻下龙岩城》《鄂豫皖红军大获胜利》《闽北红军占领崇安县城》等，每篇报道均配以醒目的大字标题。苏区军民读到这些富有战斗气息的报道，精神上受到强烈鼓舞。

在中央苏区开展的扩大红军运动的过程中，《红色中华》也进行了热情的宣传和报道。1934年5月，临时中央政府决定在三个月内扩大红军五万名，《红色中华》为配合临时中央政府开展的"扩红"运动，对多地发展壮大红军队伍的消息进行了报道，如该报陆续报道了广东海丰、惠来等地和四川一些地方红军发展壮大的情况，以及红二十三军、独立第七师、粤赣军区等成立和发展壮大的消息。

3. 发布苏维埃党政部门制定的各项方针政策和法令法规

《红色中华》作为苏维埃临时中央政府的机关报，在传播党的声音，

---

① 《检举于都县营私贪污官僚》，《红色中华》第159期，1934年3月8日。
② 《关于中央一级反贪污斗争的总结》，《红色中华》第167期，1934年3月27日。
③ 《占领湖子里的经过》，《红色中华》第95期，1933年7月23日。

宣传党的方针政策，发布党和政府的决议、法令、法规条例方面起着重要的作用。该报大量刊载了苏维埃党和政府制定的政策和法令条文，如《中华苏维埃共和国宪法大纲》（第149期）、《中央人民委员会关于选举运动的指示》（第106期）、《中央执行委员会关于扩大红军问题训令》（第34期）、《合作社暂行组织条例》（第17期）、《中央土地人民委员部训令（第一号）》（第47期）、《中央局关于查田运动的决议》（第87期）、《关于查田运动中宣传材料几个严重的错误》（第118、119、120期）、《关于继续开展查田运动的问题》（第164期）等。

（三）《红色中华》的编辑和发行

《红色中华》创办初期，先后担任主编一职的有周以栗、王观澜、李一氓等人。除主编外，报社的专职人员很少，编辑力量比较薄弱。1933年2月4日，中共苏区中央局等部门在《红色中华》第49期联合发布了《特别通知——关于〈红色中华〉的通讯员问题》，提出要健全和加强该报的编辑和发行工作，要提高办报质量，改善内容和形式，加强通信和发行网络的建设。[①]

为实现以上任务，中央组织部陆续抽调了沙可夫、谢然之、任质斌等人来报社工作，以充实报社的编辑力量。1933年1月，《红色中华》主编李一氓调往他处任职后，该报改由沙可夫任主编；后沙可夫又调往其他部门任职，该报改由谢然之负责主编。1934年1月，谢然之改任中央政府人民委员会秘书长后，又由中央教育部长瞿秋白兼任报社社长。

瞿秋白是中共早期杰出的党报工作者，他从《红色中华》创办之初就一直关注该报的出版，并对该报的宣传和新闻业务进行了系统的研究。在此基础上，他撰写了《关于〈红色中华〉报的意见》一文，文章高度赞扬了《红色中华》所作出的成绩，同时，针对报纸存在的一些问题，提出了一些改进意见。例如，他认为该报对于苏区一般的社会改革只有笼统的叙述，缺乏具体描写，"对优点和胜利的记载还不够具体"[②]。因此，报纸应增添这一部分内容，使读者了解苏区政治、经济、军事动态及苏区的风土人情，从而增加报纸的可读性。此外，作者认为，《红色中华》在消息的编辑方面也存在不足。主要体现在对各种主要的事实和运动的叙述还不够明晰。作者在文中还对加强通讯员队伍建设提出了相关建议。这些意见和建议，对于办好《红色中华》具有十分重要的指导意义。

---

① 《特别通知——关于〈红色中华〉的通讯员问题》，《红色中华》第49期，1933年2月4日。
② 狄康：《关于〈红色中华〉报的意见》，《斗争》第50期，1933年8月7日。

瞿秋白在主编该报的过程中，尤为重视内容的通俗性。他提出要多刊登一些具有苏区地方特色的山歌、民歌等。他认为山歌和民歌不仅在内容方面通俗易懂，而且是发自群众内心的创作。因此，此类作品更受群众欢迎，对群众的教育作用更大。他说，通俗的歌词既好听又好唱，"比有些创作的曲子还好些"[1]。

由于《红色中华》与"红色中华报社"是一套机构、一套班子和人员，编辑人员要担负起新闻通讯和编辑的双重任务，日常工作十分繁重。当时报刊编辑部编辑人员除了瞿秋白之外，只有谢然之、任质斌、徐名正、贺坚等十几个人。瞿秋白白天大部分时间在教育部工作，晚上要为报纸写稿、审稿、规划版面等，常常加班至深夜。红军长征后，《红色中华》的编辑出版工作，是由留在中央苏区坚持游击战争的编委负责的。红色中华报社原有5位主要成员，留在中央苏区的编委仅剩瞿秋白、韩进、谢然之3人，主要由瞿秋白负责《红色中华》的编辑出版工作。他身患肺病，为了使该报能按时出版，几乎每天工作到深夜。由于这时中央苏区已被敌人分割占领，《红色中华》的出版工作只能转入地下状态。

1935年2月22日，遵义会议后，根据中央部署，红色中华报社工作人员开始从中央苏区突围，《红色中华》宣告休刊。瞿秋白在突围过程中不幸被俘，英勇就义，年仅36岁。他不仅是中国共产党早期的杰出领袖之一，而且是中国革命文学事业的奠基人和杰出的新闻出版工作者，为中央苏区的文化教育和出版事业的发展建立了卓著的功勋。

《红色中华》的发行工作，由报社的发行科负责。该报除通过各地赤色邮政系统发行外，还采取了以下两种发行方式。

一是赠送和单位订购。《红色中华》每一期出版后，一部分赠送给中央各机关和地方各级政府部门，赠送最初并无定额。1933年7月后，中央局发行部规定了赠送数额：苏维埃省委和省政府20份，县委和县政府10份，区委和区政府4份。[2]另一部分采用零售或实行订购办法，订阅价位每份大洋3厘。

二是代售处代销和零售发行。为了扩大《红色中华》的发行，1932年4月，中央局发行部还实行书报推销代派的方法，各推销代派处推销《红色中华》给予一定的折扣优惠（表4-17），并规定卖不完的报纸可在两星期内付邮费从邮局寄回发行部。

---

[1] 宋致新：《瞿秋白在中央苏区对文艺大众化的实践》，江苏省瞿秋白研究会：《瞿秋白的历史功绩》，中国文联出版社，2005年，第214页。
[2] 《中央局发行部启事》，《红色中华》第92期，1933年7月8日。

表4-17 《红色中华》代售折扣优惠措施

销售份数	50份	51—100份	105—200份	210—300份	310—500份	500份以上
折扣比例	8折	7.5折	7折	6.5折	6折	5折

这一折扣比例以后又做了多次调整。1932年7月3日，苏区中央局发行部发布《关于发行书报推销代派处的报酬问题》，规定从8月1日起，《红色中华》的零售价为每期铜圆1枚，推销五百份以上七折，一千份以上六折半。[1]后因邮费涨价，从第19期起，《红色中华》零售价格改为每期铜圆2枚。

1933年，《红色中华》提出了要将该报发行量提升至4万份的目标。为了达成这一目标，该报编委会决定组织各地开展发行工作竞赛活动。[2]这一竞赛活动得到各地积极响应。1933年8月6日，中共江西省委和共青团江西省委的发行部发出通知，要求各级发行部发动党团员、群众团体及个人开展订阅《红色中华》的竞赛，推销得越多越好，并提出要通过树立模范和典型，来推动该刊的发行工作。江西省在发行工作中的出色表现，获得了《红色中华》的表扬。该报在第191期刊发了《江西省的发行工作》一文，对江西省各级发行部门在推销报刊方面的先进经验进行了推广介绍。除了表彰先进发行部门外，《红色中华》还出台了奖励措施，对发行工作中表现优异的个人进行奖励。该报在第93期刊登启事，启事说，一个读者介绍5人订阅，将赠送本报1份，另送信封、信纸各5个，介绍10人则赠品加倍，10人以上还会有特别奖励。对于发行成绩优良的个人或团体，除了赠报、送奖外，还会用红榜的形式将其名字刊于本报。

《红色中华》拥有一支庞大通讯员队伍，通讯员多从农村基层群众队伍中选派。通讯员除了负责采访和撰写通讯稿外，还担负着在基层群众中发展通讯网、协助推销报刊、建立代派处、组织成立读报小组等任务。[3]

由于苏区各级党和政府的重视，以及通过以上各种发行渠道的开拓，《红色中华》在发行方面取得了显著的成效。该报发行量由创刊初期的三千份逐渐增加至四五万份，一举超越了当时行销全国的《大公报》的发行量。[4]《红色中华》出色的发行工作，得到时任中华苏维埃共和国临时中央政府主席毛泽东的高度评价，他说："《红色中华》从三千份增到

---

[1] 严帆：《中央苏区报刊与书籍的发行机构考述》，林星：《中央苏区文艺研究论集》，长江文艺出版社，2017年，第191页。
[2] 程沄：《江西苏区新闻史》，江西人民出版社，1994年，第160页。
[3] 《特别通知——关于〈红色中华〉的通讯员问题》，《红色中华》第49期，1933年2月4日。
[4] 《中国共产党江西出版史》编写组：《中国共产党江西出版史》，江西人民出版社，1994年，第86页。

四五万份……证明群众文化水平是迅速提高了。"①

(四)《红色中华》的终刊

1935年10月,中央红军到陕北后,中央各级机关在长征途中中断的工作得以重新开展,《红色中华》也于当年11月25日复刊。复刊之初,主编一职由任质斌兼任,并由白彦博协助编辑。1936年春,任质斌改调他职后,该报主编一职改由向仲华担任。当时,陕北地区没有铅印设备,报纸的印刷发行工作由中央政府西北办事处的油印科、发行科负责。

1936年12月,西安事变之后,党中央为在全国范围内建立抗日民族统一战线,决定停办《红色中华》,改出一份新的报纸——《新中华报》。1937年1月25日,《红色中华》出至324期后宣布终刊。至此,该报结束了自身的历史使命。《红色中华》是第二次国内革命战争时期在根据地创办的众多报刊中,坚持时间最长、发行量最大、最具影响力的一份革命报刊,它真实地记载了苏维埃政权建设的情况以及中央革命根据地军民开展武装斗争的历史,为后人留下了极为珍贵的文献资料。

二、少共中央机关刊物《青年实话》的出版

(一)《青年实话》的创刊

《青年实话》创刊于江西永丰县龙冈,出版时间为1931年7月1日。该刊初为中国共产主义青年团苏区中央局的机关报,后改为少共中央机关报。该刊主编先后由陆定一、魏挺群(阿伪)担任,参与编辑和撰稿工作的还有少共苏区中央局书记顾作霖、何凯丰,少共秘书长张爱萍等人。

《青年实话》第1、2期采取传单方式出版。在第三次反"围剿"期间曾一度休刊,1931年12月1日在瑞金复刊。该刊初为半月刊,后改旬刊,1932年底从第2卷第1号开始改为周刊。从1934年5月20日第3卷第24号起,又由周刊改为5日刊。

《青年实话》创刊之初,由于印刷条件限制,采用油印方式出版。1932年2月,该刊改为铅印后,改在闽西长汀县城印刷和发行。1933年8月1日,《青年实话》印刷所和总发行所又从长汀县城迁至瑞金县(今江西省瑞金市)下肖村。

《青年实话》内容丰富多彩,版面活泼。在栏目设置上,该刊辟有代论、大事评述、前线后方、团的建设、轻骑队、苏维埃教育、红色儿童、

---

① 《中华苏维埃共和国中央执行委员会与人民委员会对第二次全国苏维埃代表大会的报告》,赣南师范学院苏区教育研究室:《江西苏区教育资料汇编(1927—1937)》,江西高校出版社,2017年,第13页。

军事知识、农业知识、赤色体育、破除迷信、识字游戏、红军家属访问、悬赏征答、问题解答、读者意见、故事讲座、每期一歌等20多个栏目。另外,《青年实话》编辑部还编印出版了"青年实话丛书"之《革命歌曲集》等书,在苏区畅销一时。

(二)《青年实话》的主要内容

《青年实话》积极传播马克思主义理论、介绍苏区政权建设的成就,报道苏区红军的战斗和生活。

1.传播马克思列宁主义理论学说

该刊登载了不少介绍马克思、恩格斯、列宁等领导人的革命事迹的文章,以及苏维埃党政领导人的理论文章。当时,团苏区中央局书记顾作霖要求县级以上的团干部,认真学习马克思的文章,运用马列主义观点解释苏区革命斗争实际中的问题。根据这一指示,《青年实话》编委会组织编写了《马克思的事迹》《列宁的故事》等通俗性的文章,并出版了"马克思纪念专号"和"列、李、卢纪念专号"①。另外,还设置了"问题解答"专栏,主要对苏区干部群众在学习马列主义理论中遇到的一些问题进行解答。以上措施促进了马列主义理论在苏区青年干部和群众中的传播,掀起了苏区青年学习马列主义的热潮,提高了苏区干部的马列主义理论水平。

2.报道各根据地红军的生活、战斗状况及苏区群众支援红军的事迹

《青年实话》积极宣传苏区红军保卫红色政权,各地青年生活以及参加苏维埃政权建设,拥护红军、慰劳红军的典型事例。如《二方面军在湘西的大胜利》一文,详细介绍了"二方面军第二次占领桑植,万余群众热烈欢迎贺龙同志,青年工农纷纷组织起少年先锋队,帮助红军捉土豪劣绅,实行土地革命,群众的热烈的革命精神极度地燃烧起来了。"②1931年12月22日,《青年实话》刊登了《宁都暴动纪实》一文,详细报道了宁都暴动的经过及胜利消息,并指出,"宁都暴动是中国革命史上空前的事件,两万士兵莫不喜气洋洋,扛起红旗,打开城门迎接红军,二十六路军的士兵,个个自愿加入红军"③。在红军胜利消息的鼓舞下,苏区群众迅速掀起踊跃报名参加红军和支前慰劳红军的热潮,到处都呈现出一派父母送儿、妻送郎、兄弟相争当红军的情景。《青年实话》还开辟了"体育专栏",主要报道各地开展的运动会和体育比赛的消息,倡导青年群众开展体育运

---

① 政协长汀县委员会文史资料委员会:《长汀文史资料》(第20辑),1991年,第13页。
② 《二方面军在湘西的大胜利》,《青年实话》1933年2月15日,王其森:《苏区散论》,鹭江出版社,1993年,第164页。
③ 《宁都暴动纪实》,《青年实话》第1卷第6期,1931年12月22日。

动。1933年4月9日,《青年实话》发表了《本报发起赤色体育组织》一文,发起在苏区组织成立"中华苏维埃共和国赤色体育会",各区成立"赤色体育组织"的倡议。①同时,该刊还发起组织了"通过障碍物""田赛"等体育比赛,以此来推动苏区的体育运动,丰富苏区青年群众的文化生活。②

3.揭露帝国主义瓜分中国的阴谋

该刊对帝国主义强占我国领土,屠杀我国人民的罪行进行了强烈谴责。1931年,日本侵略者发动九一八事变,侵占我国东三省。对此,《青年实话》刊文对日本帝国主义的侵略行径进行了强烈谴责,并大声疾呼:"东三省的重要城市,除了锦州以外,全被日本帝国主义占领了!""帝国主义者们在国际联盟决定派'考察团'到中国来,想把锦州一带,划作国际帝国主义共管的区域。"③

4.宣传苏区儿童团的工作和先进事迹

《青年实话》对苏区儿童局开展工作的情况以及苏区儿童团的活动进行了广泛报道。该刊辟有"红色儿童""儿童栏"等专栏,主要介绍儿童新闻和指导儿童工作的言论。如《江西各县儿童局书记联席会议的总结》(1932年22期)、《闽粤赣省各县儿童工作的第二次竞赛》(1932年25期)、《我们这里的情形(闽赣通讯)》(1932年25期)、《儿童团应积极起来反对童养媳制度》(1932年30期)、《我们的节日》(1932年第2卷第4号)、《学习湘赣苏区儿童团的榜样》(1933年24期)等。常为儿童栏目撰文的作者有陈丕显、胡耀邦、刘志坚、曾镜冰、张爱萍等人,他们写的儿童新闻,非常具有号召力。如,时任共青团江西省委常委和宣传部长的曾镜冰发表的《江西各县儿童局书记联席会议的总结》一文,讨论了目前怎样去做儿童工作的问题,提出要特别领导儿童积极参加革命战争的后方工作。《青年实话》还号召苏区儿童团"做好两件事":一是"每人亲手种两棵南瓜,每棵结60个南瓜,收了慰劳红军",二是"每个小队建立一个'肥料所',每个团员每天拣肥料粪草,供给红军公田用"。④

(三)《青年实话》的编辑和发行

《青年实话》重视办刊质量,为做好编辑工作,编委会对文章题材的选用、语言文字、写作风格、插图的配置以及编辑与读者的沟通等方面作出以下要求:(1)在题材上,应围绕着当时党、团的政治任务做中心,不

---

① 《筹建中华苏维埃共和国赤色体育会》,《青年实话》第2卷第11期,1933年4月9日。
② 《本报发起赤色体育组织》,《青年实话》第2卷第11期,1933年4月9日。
③ 洪荣华:《红色号角:中央苏区新闻出版印刷发行工作》,福建人民出版社,1993年,第249页。
④ 王文彬:《中国现代报史资料汇辑》,重庆出版社,1996年,第708页。

要机械的分栏；（2）文章要通俗、短悍、敏锐，语言应生动形象，要采取活泼动人有战斗精神的标语、口号，创造出新的文风；（3）插画要配合文章题材，封面画要适合于当前的政治任务；（4）每期刊登一首歌曲，并搜集与登载群众中流行的歌谣小调；（5）为加强与读者沟通，增设"问题解答"一栏，征求读者对本刊的意见；（6）对特别需要的题材，举行悬赏征文。

根据这一编辑工作指导原则，《青年实话》刊载的许多文章，紧密结合苏区各项工作，文字浅显易懂，形式活泼多样，每期均有通俗的鼓动性文章。如，《青年实话》第2卷第8期刊登的《飞机，高射炮！》一诗这样写道："福建儿童呱呱叫，决定赠送一架高射炮……江西儿童不落后，商议集钱买架飞机'红色儿童号'。他们说：一面庆祝红军打胜仗，一面帮助红军把蒋介石捉到。"[1]《温坊战斗胜利歌》一文更是采用了赣南客家山歌的创作手法，歌谣这样写道："哎呀哩！工农红军英勇哩！个个争先打冲锋，九月一日打一仗，心肝妹！温坊敌旅消灭光。"[2]这样的革命歌谣在《青年实话》上随处可见，如《十劝郎当红军》《共产青年团礼拜六歌》《打倒日本帝国主义歌》等，歌谱文字简单易唱，朗朗上口，便于在群众中推广。

在通讯网的建设方面，《青年实话》设立特约通讯员制度，在红军与游击队以及模范县、区、支部设立特约通讯员。在地方上，每区选派1名人员为通讯员。通讯员的职责，一是写稿和经常向本刊投稿；二是征求读者对于本刊的意见，"并在读者中发展读报运动和推广本刊分销与发行"[3]。《青年实话》规定，通讯员要在少先队和儿童团的大队中开展读报运动，在各级团部及其他青年团体中组织读报组。该刊还规定，对于成绩优良的通讯员，给予相应的物质和名誉奖励。

在发行工作方面，为了拓展刊物的发行渠道，扩大刊物在青年红军和广大群众中的影响力，1933年3月，少共苏区中央局秘书长张爱萍对该刊的通讯和发行工作作出相关指示，要求各级团干部"要很好地，经常性地为《青年实话》投稿与通讯"，要"普遍的建立通讯网，在各省各县各区各乡设立分发行所或分销处"，设法将该刊发行到白区去。他同时要求各级团组织要对这项工作进行经常的指示与检查。[4]

---

[1] 《飞机，高射炮！》，《青年实话》第2卷第8期，1933年3月19日。
[2] 洪荣华：《红色号角：中央苏区新闻出版印刷发行工作》，福建人民出版社，1993年，第250页。
[3] 《〈青年实话〉通讯员条例》，《青年实话》第2卷第5期，1933年2月20日。
[4] 张爱萍：《纪念马克思，拥护〈青年实话〉》，《青年实话》第2卷第6期，1933年3月5日。

《青年实话》在发行策略方面，采用了多渠道、立体式的发行营销方法。该刊不仅在瑞金成立了总发行所，还在长汀等地设立了分发行所，除经销本刊外，还负责《红色中华》、"青年实话丛书"等书刊的发行。该刊还规定批发的优待方法，委托各合作社及各商店设立代售处代售，对长期订户给予优待。另外，《青年实话》还成立了少年儿童卖报队，通过少年儿童走乡串户推销报纸。通过采取以上措施，《青年实话》的发行量迅速上升，最高时每期销售2.8万份，在中央苏区所有报刊中名列第二，仅次于《红色中华》的发行量。[1]

1934年10月，红军主力撤离苏区后，《青年实话》宣布停刊。该刊从创刊至终刊，共出版113期。

三、《斗争》周刊的出版

《斗争》创刊于1933年2月4日。该刊的前身为《实话》和《党的建设》。《实话》于1932年2月14日在瑞金创刊。该刊主要刊发苏区中央局的文件和中央领导人的文章，并转载共产国际杂志、中共中央、中共各省委报刊上的重要文章。《党的建设》为中共苏区中央局组织部出版的一份刊物，1932年6月5日在瑞金创刊。该刊的主要任务是探讨如何做好苏区党建工作问题，介绍党的理论和党建知识，开展党内生活讨论，帮助改进党的各项工作。[2]《党的建设》刊登了大量关于党的组织建设、思想建设、领导方法、作风建设方面的文章，积极宣传介绍苏区"扩红"运动和红军生活、战斗事迹。中共苏区中央局的领导人任弼时、顾作霖、邓颖超、昌生、黄火青、余泽鸿、严仲、葛耀山等都是该刊的经常撰稿人。其中邓颖超写的文章较多，共刊登了《新的领导方式与彻底改变》等7篇文章。她撰写的《新的领导方式与彻底改变》一文，对领导机关和一些干部中的形式主义、官僚主义、包办主义的作风进行了揭露和批评，同时对如何转变领导作风提出了相关意见和建议。1933年2月，中共苏区中央局决定将该刊与《实话》合并，改名《斗争》，并于同年2月4日正式出版。

《斗争》积极宣传马克思主义学说，发布中央各种决议和指示，报道苏区党的建设和政治、经济、文化等各项建设成就。据相关资料统计，《斗争》从创办至停刊，发表了党的文献和署名文章300多篇。

---

[1] 余伯流、凌步机：《中央苏区史》（下），江西人民出版社，2017年，第988页。
[2] 傅柒生：《红色记忆：中央苏区报刊图史》，解放军出版社，2011年，第29—31页。

1. 宣传马列主义理论，介绍马克思、恩格斯、列宁、斯大林的生平事迹及其学说和思想的文章

如，1933年3月5日，《斗争》第4期发表了署名为"尚昆"（杨尚昆）的《马克思逝世五十周年纪念》一文，介绍了马克思、列宁生平事迹及其思想理论。作者在文中指出："《共产党宣言》是马克思主义主要原则第一次有系统的叙述，是第一个共产党的党纲。"文章号召所有党员都必须认真加紧对于马列主义的学习，要以马列主义"这一锐利的武器去粉碎敌人，粉碎一切对马克思列宁主义的修改和曲解，高举着我们马克思列宁主义的旗帜，为着苏维埃的中国奋斗到底！"[1]。1933年9月5日，《斗争》第25期摘录了斯大林"对理论和实践关系"进行精辟阐述的一句话，即"理论活动不仅仅是跟着实际活动跑，更应该超过实际活动，并且利用理论使为社会主义建设的我们的实践武装起来"。文章指出，斯大林的这句话指出了理论与实践之间的关系，即理论来源于实践，是对实践的总结和升华，对实践具有指导作用。[2]同期，还刊载了列宁的《革命军队与革命政府》一文中关于"革命军队任务"的观点，文章指出："革命军队的任务，便是宣布武装暴动，给群众以军事上的领导（这种领导是进行国内战争以及其他战争所必须的）。""只有觉悟到了这些新任务，将他们很勇敢地广阔地提出来——只有如此，革命军的队伍才能取得很完满的胜利，成为革命政府的柱石。"[3]列宁的这段话揭示了革命军队与人民群众之间的关系，对于当时中国革命具有重要指导意义。

除此之外，该刊还刊载了马克思、恩格斯、列宁、斯大林等革命领袖对于中国革命和国际共产主义运动的指示和论述的文章，包括论党内派别斗争、土地革命、工人运动、民众运动、党的组织建设、革命军队、武装斗争、共产青年团任务、共产主义任务、共产主义道德、科学社会主义理论、红军胜利的条件、扩大红军力量、粮食问题、苏维埃法律与法令、苏维埃政权建设、争取农民群众、游击战争、革命战争方式、革命复杂性、中国革命与欧洲革命的关系等问题。[4]1933年12月19日，《斗争》第39期还刊载了《列宁论人民委员会与劳动委员会的工作》一文，介绍了列宁关于苏维埃工作建设的思想。

---

[1] 尚昆：《马克思逝世五十周年纪念》，《斗争》第4期，1933年3月5日。
[2] 斯大林：《史（斯）大林在马克思主义农业学院演说》，《斗争》第25期，1933年9月5日。
[3] 列宁：《革命军队与革命政府》，《斗争》第25期，1933年9月5日。
[4] 杨永兴：《张闻天的新闻实践研究》，光明日报出版社，2017年，第87页。

2.发布中共中央和中共苏区中央局等中央各级部门的重要决议、指示、政策条例以及苏区中央领导人的报告

如，该刊第2期曾刊载了《关于在粉碎敌人四次"围剿"的决战前面党的紧急任务的决议》，决议提出，为了粉碎国民党蒋介石的第四次"围剿"，当前必须最大限度地扩大红军，将红军队伍扩充至100万人。同时要动员劳苦大众，将他们赤化并武装起来，配合主力红军打击敌人。[1]此类决议、指示、通告类文章还有《关于帝国主义国民党五次"围剿"与我党的任务的决议》(第21期)、《目前的形势与党的任务决议》(第47期)等。这些文章在指导苏区政权建设，动员苏区群众参加红军队伍，增强苏区军民反抗帝国主义和国民党反动派的斗争决心方面发挥了重要作用。

3.发表关于党的建设和党内斗争方面的文章

该刊第2期发表了"尚昆"（杨尚昆）的《转变我们的宣传鼓动工作》一文，作者在文中首先阐述了宣传工作对于党的重要性，认为没有深入和普遍的群众宣传，要完成党所提出的任务是不可能的。文章指出，苏区在宣传鼓动工作方面存在的一些问题，具体表现为宣传文章千篇一律，"刻板式""说教式"严重，缺少"活泼而有生气的实际内容"。文章提出了转变宣传工作的一些方法，如，宣传文章必须做到"简单、明了，为广大群众所了解"，要广泛地采用"口头的、活动的宣传鼓动方式"等。[2]另外，文章还提出要充分发挥宣传鼓动队的作用，对于宣传鼓动员应该加以经常的训练，通过宣传鼓动员把党的决议深入贯彻到广大群众中去。

《斗争》第5期发表了任弼时的《目前党组织上的中心工作》一文，该文探讨了党组织如何更好地完善自我、指导地方支部工作与群众工作的问题，强调了加强党的支部建设和建立党的巡视制度的重要性。[3]这方面的文章还有张闻天的《关于新的领导方式》(第2期)、陈云的《这个巡视员的领导方式好不好》(第18期)等。这些文章的发表，对于改进苏区党的工作和政权建设，都有重要意义。

4.探讨苏区土地改革、经济建设、文化建设、政权建设问题

《斗争》第1期刊载了邓颖超的《实际为巩固与加强无产阶级领导权而斗争的检讨》一文，阐述了中共应该如何巩固无产阶级领导权这一问题。文章认为，要巩固与加强无产阶级领导权，首先要"肃清忽视无产阶

---

[1] 中共苏区中央局：《关于在粉碎敌人四次"围剿"的决战前面党的紧急任务的决议》，《斗争》第2期，1933年2月8日。
[2] 尚昆：《转变我们的宣传鼓动工作》，《斗争》第2期，1933年2月8日。
[3] 任弼时：《目前党组织上的中心工作》，《斗争》第5期，1933年3月15日。

级领导权的观念",要教育广大工农群众认识到,只有实行无产阶级的领导,才能取得苏维埃革命的彻底胜利,"才能保障农民的彻底解放与已得土地革命的利益"。文章还提出要提高工人群众的斗争性、积极性,将工人中的积极分子吸收到党内和苏维埃政府中来。①

1933年10月28日,《斗争》刊发了毛泽东的《查田运动的群众工作》一文,该文阐明了查田运动的步骤和党的土地政策。文章指出,"查田运动是一个剧烈的残酷的阶级斗争"②,查田的实质是查阶级,在查田运动中要紧紧依靠群众,要充分发动广大群众起来斗争,只有形成广泛的群众运动,才能取得无产阶级反对地主、富农阶级的胜利。该文的发表,为苏区如何正确开展查田运动提供了富有指导性和策略性的意见。除该文外,毛泽东在该刊还发表了《查田运动的初步总结》《兴国长冈乡调查》《上杭才溪乡调查》等文章,这些文章的刊载,对根据地土地改革和政权建设具有重要的指导意义。

该刊还登载了中共领导人论述苏区经济建设问题的文章。如,1934年3月,刘少奇在该刊发表《论国家工厂的管理》一文,探讨了如何加强苏区工业管理的问题。作者在文中提出要在工厂中建立"个人负责制",提高工人的"劳动生产热忱",建立严格的"核算制""分工制"等。③该文是中共领导人对于开展工厂民主管理的早期探讨,它的发表,对于苏区的工业建设和管理工作具有积极指导意义。此外,该刊第9期还刊载了陈云的《关于苏区工人的经济斗争》一文,该文提出要通过采取改善工人待遇、提高工人的经济地位等措施来提高苏区工人的革命积极性。④另外,该刊第11期刊登了张闻天的《论苏维埃经济发展前途》一文,对苏区经济发展前途问题进行了深入探讨。

《斗争》在传播马克思主义理论,推动苏区党的建设、土地改革、经济、文化、教育和政权建设方面发挥了积极作用。1934年10月,中国工农红军长征后,《斗争》宣布暂时停刊。该刊在中央苏区期间共出版73期。

四、《斗争》西北版和上海版的出版

1935年10月,红军长征到达陕北后,重新恢复了《斗争》的出版。

---

① 邓颖超:《实际为巩固与加强无产阶级领导权而斗争的检讨》,《斗争》第1期,1933年2月4日。
② 毛泽东:《查田运动的群众工作》,《斗争》第22期,1933年10月28日。
③ 刘少奇:《论国家工厂的管理》,《斗争》第53期,1934年3月31日。
④ 陈云:《关于苏区工人的经济斗争》,《斗争》第9期,1933年4月25日。

1935年11月21日,《斗争》在瓦窑堡出版了续刊第74期。《斗争》(西北版)初为中共中央西北局的机关刊物,出至第103期后,调整为中共中央机关刊物。《斗争》(西北版)所刊文章大致包括以下几类:(1)中共中央的决定、通告、宣言、通电等;(2)反对日本帝国主义侵略中国;(3)关于统一战线;(4)介绍苏联情况;(5)有关党群工作、红军工作、保卫工作、地方工作;(6)揭露国民党统治区及资本主义社会黑暗。该时期为《斗争》撰稿的作者主要有张闻天、凯丰(何克全)、吴亮平、博古、罗迈(李维汉)等人,刘少奇也曾在该刊发表了《抗日反蒋与广泛的统一战线》。1937年3月19日,《斗争》(西北版)出版至第127期后正式宣告终刊。

土地革命时期,上海也出版了一份《斗争》。上海版的《斗争》创刊时间为1932年1月21日,它是在原《红旗周报附刊》的基础上创办的。《斗争》(上海版)的主要撰稿人有毛泽东、张闻天、李维汉、博古等中共领导人。《斗争》(上海版)的主要内容包括以下几方面。

1. 反对帝国主义侵略和国民党蒋介石的军事"围剿"

《斗争》(上海版)积极报道了中国共产党领导军民冲破国民党军事"围剿"的消息。如,1933年11月5日,该刊第57期刊载了《立即把反对五次"围剿"的运动开展起来》一文,指出要执行好反对第五次"围剿"的任务,首先要把中央各项决议和指示贯彻到支部和群众中去。要动员一切党团和群众组织起来,反对国民党对根据地的军事"围剿"行动。文章还指出,要想完成这些任务,必须同时反对"右倾"机会主义和"左倾"空谈主义。[①]

2. 刊载中央苏区发布的命令、决议、通知等文件和中央领导人的指示、讲话等内容

《斗争》(上海版)积极发布中共中央和苏维埃中央政府发布的命令、决议、法令、条例等重要文件,如《中国工农红军优待条例》(第18期)、《中华苏维埃共和国中央政府革命战争竞赛公债的应募者》(第28期)、《十月革命节的口号》(第29期)、《怎样去组织十月革命的示威?》(第30期)、《告全民众书》(第30期)、《共产国际执委第十二次全会总结》(第30期)、《为十月革命十六周年纪念宣言》(第57期)等。该刊还刊载了中央领导人的重要言论。如,第66期转载了毛泽东在中华苏维埃第一次全国代表大会上发表的《庄严的开幕词》,作者在开幕词中号召广大民众起来,粉碎国民党蒋介石对中央苏区的军事"围剿",并在全国范围内广泛

---

① 《立即把反对五次"围剿"的运动开展起来》,《斗争》(上海版)第57期,1933年11月5日。

发起苏维埃运动，支持和踊跃参加工农红军，最终夺取中国革命的胜利。[1]

3.报道中国共产党领导工农群众开展革命斗争的消息

《斗争》（上海版）刊载了众多共产党组织领导和发动工人、群众开展罢工运动的消息。如第10期刊载的《沪西工人英勇的斗争与我们的任务》一文，介绍了沪西工人开展罢工斗争的情况。此类文章还有《上海罢工潮与我们的领导》《怎样去组织与领导工人斗争？》《经济罢工与失业工人斗争的教训》等。这些文章的刊载，对于广大读者了解全国罢工斗争的形势，鼓舞工人斗志，增强工人开展罢工斗争胜利的信心具有重要意义。

1935年7月5日，《斗争》（上海版）宣布停刊。该刊从创办到停刊，共出版了79期。

五、《红星》报的出版

《红星》报是土地革命时期由中华苏维埃共和国中央革命军事委员会（简称"中革军委"）主办的一份机关报，1931年12月11日创办于瑞金。该报初为5日刊，实际为不定期出版。先后担任《红星》报主编的有张如心、邓小平和陆定一。1935年8月3日，《红星》报出版至第150期后宣布停刊。[2]

《红星》报的宗旨和任务，在创刊号上的《见面话》中称：《红星》报要成为"一面大镜子""一架大无线电台""一个政治工作指导员"和"红军党的工作指导员"，另外，它还要成为红军的"政治工作讨论会""俱乐部"和"裁判员"[3]。其主要任务是为了加强军队的政治工作，提高红军的思想政治理论水平和文化水平。

《红星》报的版面编排生动活泼，设置了社论、消息、论文、要闻、专电、前线通讯、支部通讯、扩大红军等20多个栏目。《红星》报刊载的主要内容有以下几个方面。

1.对中共中央及中革军委关于军队命令、决议、指示以及红军军事作战行动的报道

《红星》报作为中革军委的政治机关报，在传达中共中央机关、中革军委对于军队工作的指示和决议，以及对红军重要军事作战行动的宣传报道方面发挥了重要作用。《红星》报发表了大量报道我军英勇战斗事迹的

---

[1] 毛泽东：《庄严的开幕词》，《斗争》（上海版）第66期，1934年6月30日。

[2] 孙萍、赵云：《邓小平曾主编的〈红星〉报》，《新闻前哨》，2011年第12期。

[3] 《红星》之《见面话》，张之华：《中国新闻事业史文选（公元724年—1995年）》，中国人民大学出版社，1999年，第395—396页。

文章。如1934年3月4日,《红星》报发表了彭加伦的《三岬嶂上的英雄》一文,报道了第五次反"围剿"战斗中,红军浴血三岬嶂,与敌人展开顽强的拉锯战的事迹。该报第55期刊发了《把发展游击战争提到政治的最高点》的社论,向苏区广大军民宣传开展游击战争的重要性。文章指出,发展游击战争"是彻底粉碎敌人五次'围剿'的重要条件"①。

红军长征途中,1935年1月发动的乌江战斗是一次重要的军事作战。《红星》报对红军突破乌江天险的战斗进行了详细报道。该报第9期登载了《伟大的开始——1935年的第一个战斗》一文,详细讲述了红军强渡乌江的作战经过,并全面总结了乌江战斗取得胜利的经验。②1935年1月,中共中央召开遵义会议后,为了传达本次会议的指示和精神,该报刊发了《军委纵队党的干部会议决议案》③一文,表示对中央政治局的决议和以毛泽东为代表的正确军事路线的坚定支持。《红星》报通过刊出该文,不仅传达了遵义会议的有关精神指示,也体现了本报拥护和支持本次会议的坚定立场。

此外,《红星》报还刊发了众多的简讯,及时传播了红军长征中的胜利喜讯,如《红军占领桐梓城》《我们已经胜利的渡过了大渡河》等,此类宣传报道,给战斗在前线的广大红军指战员以强大的精神鼓舞。

2.对红军长征中开展群众工作的报道

群众工作是红军长征中开展的一项重要工作,红军在开展长征,实施战略转移的过程中,面临着许多新的形势和新的问题:一是长征所经过的不少地方群众受革命思想的影响较少,他们对红军缺乏认识和了解;二是在国民党的欺骗宣传下,不少白区的群众对红军有着错误的认识。正如该报登载的《在新的环境下的政治工作》一文所指出的,红军在白区的主要困难是得不到群众的热烈拥护和支持,甚至有时还会遭受到部分被欺骗群众的敌视。④面对这些新的问题,中国工农红军迫切需要采取措施来做好群众工作。对此,《红星》报作为红军中的"政治工作指导员"和"党的工作指导员",积极宣传和报道了我军开展群众工作的内容。

在红军开展"扩红"运动中,《红星》报积极向群众宣传"扩红",号召群众拥护红军,积极支援和参加红军。该刊发表了众多有关"扩红"运动的文章,如《加紧扩大红军的工作》(第4期)、《在很短时间内扩大了

---

① 《把发展游击战争提到政治的最高点》,《红星》报第55期,1934年7月25日。
② 廷梁:《伟大的开始——1935年的第一个战斗》,《红星》报"长征专号"第9期,1935年1月15日。
③ 《军委纵队党的干部会议决议案》,《红星》报"长征专号"第10期,1935年2月19日。
④ 《在新的环境下的政治工作》,《红星》"长征专号"第2期,1934年10月25日。

一个新兵连》(第5期)、《两个扩红的模范连队》(第6期)、《扩红成绩的总检查和今后的工作》(第13期)、《山东军团在开展着扩红热潮》(第13期)、《加紧扩大与巩固新战士的工作》(第19期)、《他们永远是扩红的模范英雄》(第68期)等。

3.对红军思想政治建设工作的宣传报道

为服务和指导中国工农红军的思想政治建设，《红星》报专门开辟了思想政治理论学习专栏"列宁室"，以指导党和红军指战员学习革命理论。① 红军开始长征后，党的思想政治工作建设面临着新的形势和任务。为做好红军长征过程中军队的思想政治工作，1934年10月20日，《红星》报特地开辟了长征专栏。长征专栏曾刊发过《当前进攻战斗中的政治工作》②《消灭一切脱离群众破坏红军纪律的行为》③等一系列社论文章。这些文章对红军长征途中政治工作的基本任务，红军在实行战略转移过程中开展思想政治工作的原则和方法等问题进行了详细的阐释。

在《红星》报的三任主编中，邓小平是任职时间最长，也是主编该报期数最多的人。《红星》报共出版150期，其中，邓小平共主编该报75期，占《红星》报出版期数的一半。他为办好《红星》报倾注了巨大的精力。据邓榕在《我的父亲邓小平》一书中的回忆，邓小平接手《红星》报时，由于编辑人手少，"从选稿、编辑、印刷到各种新闻、文章的撰写，都要他自己亲力亲为"④。虽然编辑人员少，但在邓小平主持下，《红星》报却办得很有特色。

邓小平在主编《红星》报的过程中，尤为重视社论在引导舆论方面的重要作用。他本人也为该刊撰写了《猛烈扩大红军》《向着游击赤卫军突击》《把游击战争提到政治的最高点》等多篇社论。⑤

邓小平还十分注意报纸的版面编排，他力求把报刊办得生动活泼。⑥针对当时苏区广大红军指战员和地方干部群众文化水平普遍不高的实际情况，邓小平要求尽量把报纸办得通俗易懂。他主编《红星》报期间，开辟了"红板""铁锤"等栏目，"红板"主要用来表扬红军部队中的英雄人物事迹，"铁锤"主要用来批评红军部队中的一些不良现象，对一些违反军纪、破坏军民关系的人在报纸上进行公开点名批评。《红星》报还开设了

---

① 张颖：《试述中革军委创办最早的军报〈红星〉报》，《福建党史月刊》2010年第4期。
② 《当前进攻战斗中的政治工作》，《红星》报"长征专号"第1期，1934年10月20日。
③ 《消灭一切脱离群众破坏红军纪律的行为》，《红星》报"长征专号"第2期，1934年10月25日。
④ 邓榕：《我的父亲邓小平：战争年代》，生活·读书·新知三联书店，2013年，第322页。
⑤ 邓榕：《我的父亲邓小平：战争年代》，生活·读书·新知三联书店，2013年，第323页。
⑥ 余伯流、凌步机：《中央苏区史》，江西人民出版社，2001年，第819页。

"卫生常识""军事常识""军事测验"等深受红军战士喜爱的栏目。"卫生常识"主要介绍防病治病、火线救伤等知识,"军事常识"和"军事测验"等栏目主要介绍各种战略战术的常识,以及各种作战方法如堡垒战、游击战、运动战等。为了丰富红军部队广大官兵的精神生活,《红星》报还开设了"猜谜""问题征答""诗歌"等文艺娱乐性栏目,这些栏目主要发表红军歌曲和当地歌谣等。以上栏目的设置,使《红星》报不仅内容丰富,而且生动活泼,既具备丰富的理论性又具备较强的实用性和趣味性。

《红星》报虽然编辑部人员数量不多,但是却拥有一支超过500人的庞大的通讯员队伍。他们既是前线战士,又是战地记者。[1]《红星》报非常重视通讯员队伍的建设,为培养和提高通讯员的写作水平,该报还特地开设了"通讯员"一栏,对通讯员开展定期指导和培训。1934年8月1日,该报登出了一封《致通讯员信》,信中要求每一位通讯员每个月至少给编辑部寄送两次通信材料;通讯员要组织各地群众开展读报工作,并将群众对于本报的意见及时向编辑部反馈;通讯员如调到新的部门工作,要及时将新的工作地址告知编辑部。[2]以上措施对于《红星》报的通讯员队伍建设发挥了积极的作用。

第七节　土地革命战争时期各革命根据地的出版活动

1927年,以蒋介石和汪精卫为首的国民党右翼势力先后发动了"四一二"反革命政变和"七一五"反革命政变,大肆屠杀共产党员和革命群众。但是,共产党人并没有被国民党反动派的白色恐怖统治吓倒,他们奋起反抗,先后组织了南昌起义、秋收起义、广州起义等一系列武装暴动。1927年10月,毛泽东等率领秋收起义部队来到井冈山,开辟了中国共产党领导下的第一个农村革命根据地。随后,各地共产党员和革命群众纷纷创建农村革命根据地。

中国共产党在各革命根据地领导人民开展武装斗争的同时,还积极从事宣传工作和教育文化建设。各革命根据地相继设立了一些出版印刷发行机构,出版发行了大量革命报刊、政治军事图书、社会科学图书、革命文艺作品、医疗卫生图书、识字课本、儿童读物、红军读本、工农读本等(表4—18)。

---

[1] 曹爱群:《邓小平编辑〈红星〉报的缘由、特点及启示》,《新闻知识》2015年第7期。
[2] 胡国铤、陈晓春、凌步机:《共和国之根:中华苏维埃共和国中央领导机构概览》(下册),中共党史出版社,2009年,第487页。

表4-18　土地革命时期各根据地的出版印刷发行机构及主要出版物

根据地名称	创建人	创建时间	出版印刷机构	主要出版物
井冈山	毛泽东 朱德 彭德怀 陈毅	1927年10月	主要以油印出版为主	《中国的红色政权为什么能够存在？》《井冈山的斗争》《星星之火，可以燎原》《井冈山土地法》《教练官之教练士兵注意》《红军第四军各级政治纲领》《共产党宣言》《军队中的支部工作》《三大纪律六项注意》
闽浙赣	方志敏 邵式平 黄道	1928年1月	中共信江特委党报委员会、铅印局、石印局、造纸厂	《红旗周报》、《工农报》、《红军报》、《前线》、《支部生活》、《突击》、《红色赣东北》、《国际青年节事略》、《红军与白军》、《什么是共产主义》、《学习马克思列宁主义的行径》、《秘密工作须知》、《关于二、三、四、五四个月内扩大红军一万人的决议》、《革命常识》、《工农读本》（一至四册）、《革命读本》、《护理》、《青年实话》、《青年生活》、《列宁青年报》、《团的建设》、《劳动妇女》、《互济生活》
湘鄂西	贺龙 周逸群	1928年初	湘鄂西省苏维埃政府文化部编辑委员会、列宁文化书局、逸群书店、沔阳县（今湖北省仙桃市）列宁书局、湘鄂西省苏维埃石印局、新鄂西社	《湘鄂西苏维埃》《红旗日报》《苏维埃三日刊》《反帝周报》《组织通讯》《鄂西通讯》《布尔什维克周刊》《工农日报》《红星报》《列宁青年》《现在的中国国民党政权——买办地主资本家的政权》《我们要求的专政——工农专政》《革命的根本问题——夺取政权》《工农专政——劳动群众的民权主义》《实现工农专政的方法——武装暴动组织苏维埃》《党内教育训练》《红孩儿读本》《洪湖日报》《红潮日报》《萌芽》《新沔阳报》《群众报》《斗争》《赤卫队》《前哨》《赤色洪湖》
湘鄂赣	彭德怀 黄公略 滕代远	1928年7月	红旗报社、省立赤色石印局、大冶县（今湖北省大冶市）苏维埃印刷厂、列宁图书馆、平江赤色石印生产合作社、万载县苏维埃政府石印局	《红旗》、《红旗报》、《斗争》、《工人生活》、《工农兵》、《新浏阳》、《战斗报》、《列宁青年》、《暴动》、《万载红旗》、《党的工作》、《革命常识》、《苏联十月社会主义革命的胜利》、《党的生活纲领》、《"八一"以前的文化工作计划提纲》、《反帝国主义莲花闹》、《工作在箱子里》、《送夫当红军》、《十恨民团》、《罗伟就义》、《工农专政》、《党的策略问题》、《红军与苏维埃》、《红孩儿读本》（第一册）、《列宁学校教科书》、《赤色国语教科书》、《列宁国语读本》、《列宁读本》、《平民读本》、《工农夜校读本》、《工农兵三字经读本》、《红色初级小学国语课本》、《新闻壁报》、《工农战斗画报》、《少年先锋》、《儿童实话》、《无情斧》、《布尔什维克之路》、《特委通讯》、《晨钟》、《赤潮》、《修江潮》、《赤光壁报》

续表

根据地名称	创建人	创建时间	出版印刷机构	主要出版物
左右江	邓小平 张云逸 韦拔群 雷经天	1929年12月	百色苏维埃石印局、百色时中印书社	《右江日报》《工农兵》《红旗周报》《广西东兰革命委员会最低纲领》《左江红旗》
湘赣	王首道 任弼时 袁德生 谭余保 王震	1930年2月	湘赣省石印局、宁冈石印厂	《湘赣简报》、《政治简报》、《湘赣红旗》、《茶陵实话报》、《红报》、《列宁青年》、《反帝拥苏联刊》、《湘赣斗争》、《红色湘赣》、《湘赣红星》、《团的建设》、《团的生活》、《革命法庭》、《特别通讯》、《省委通讯》、《宣传通讯》、《红孩儿报》、《耒阳农民》、《马克思主义浅说》、《文化问题决议案》、《父与子》（剧本）、《热河血》（剧本）、《相声双簧》、《义勇军》（剧本）、《党的建设讲授纲领》、《阶级与阶级斗争与工人阶级讲授大纲》、《反军国主义问答》、《初级列宁读本》、《国语》、《常识课本》、《医院小报》、《红色儿童》、《红色江西》
鄂豫皖	徐向前 陈昌浩 张国焘 潘忠汝	1930年4月	鄂豫皖苏区石印科、红日印刷厂、皖西北特区苏维埃石印局、鄂豫皖特区印刷公司	《列宁周报》《列宁报》《党的生活》《红旗报》《苏维埃周报》《少年先锋报》《童子团歌》《土地革命歌曲集》《儿童读物》《工农识字课本》《农民识字课本》《火花》《艰苦斗争》《群众》《战斗》《火线》《咆哮》《红日》《红光日报》《消息汇报》《红色战士》《红军生活》《共产主义ABC》《卢森堡》《红旗》《赤色先锋》《红军报》《每周通讯》《布报红旗》《赤光报》《无为周报》《新闻周报》《安徽红旗》《皖北红星》《皖北布尔什维克》《赤色先锋》《鄂豫皖日报》《皖江日报》《皖北真理报》《沙漠周刊》《宿县日报》
川陕	王维舟	1932年12月	川陕省委油印科、川陕省苏维埃石印局	《川北穷人》（后更名为《苏维埃》）《共产党》《干部必读》《战场日报》《小日报》《红军》《红星》《少年先锋报》《赤色儿童》《斧头》《经济建设》《血花》《红军画报》《与川军作战要诀》《与"剿赤军"作战要诀》《中国共产党十大纲领》《土地法令》《怎样分配土地》《劳动法令》《童子团站岗读本》《赤化全川》《红光》《红色战士读本》《红色战士丛书》《第一国际第二国际》《共产主义ABC》《列宁学校读本》《捷报》《胜利》《战士小报》《不胜不休》《红军歌集》《一般卫生常识》《五言杂字》《四言杂字》

续表

根据地名称	创建人	创建时间	出版印刷机构	主要出版物
陕甘边	刘志丹 谢子长 习仲勋	1934年1月	油印书刊为主	《布尔什维克的生活》《红色西北》《陕甘宁省委通讯》

资料来源：张静庐《中国近现代出版史料》（现代乙编）；叶再生《中国近代现代出版通史》（第2卷）；《中国共产党江西出版史》；《红色号角：川陕苏区的出版业》、《中国红色报刊图史》；刘家林《中国新闻史》；江西、福建、湖南、安徽、陕西、湖北、浙江、广西、河南等省出版志、出版史资料、回忆录。

一、井冈山革命根据地的出版活动

井冈山革命根据地建立后，为了巩固红色政权，毛泽东等领导人十分重视文化建设工作。在大革命失败后，革命形势处于低潮的情况下，要发动群众起来参加革命斗争，是一项意义重大而又艰巨的任务。针对这一情形，我们党采用了歌谣、标语、小型演唱活动等群众喜闻乐见的形式，开展革命宣传活动。

井冈山时期编印了大量革命歌谣，如反映三湾改编的《三湾降了北斗星》（由当地民间小调、山歌腔调编唱）；反映劳动人民痛苦生活的《雇农苦》《倒苦水》《诉苦情》《新十杯酒》等；反映打土豪、分田地后农民喜悦心情的《无钱人享太平》（用民间小调填词编唱）、《过新年》（毛泽覃、何长工诗，遂川民间歌舞灯曲调）等；庆祝红军会师的《朱德来会毛泽东》；歌颂反"围剿"战斗胜利的歌曲《七溪岭战斗歌》《打垮江西两只羊》等。这些革命歌谣，歌词简单易记，读起来朗朗上口，如毛泽覃、何长工创作的《过新年》，歌词写道："过新年，过新年，今年不比往常年。共产党军来到了，又分谷子又分田。过新年，过新年，今年不比往常年。打倒肖家壁，活捉罗普权。过新年，过新年，你拿斧子我拿镰。高举红旗开大会，工农翻身掌政权。"[1]歌词表达了民众对中国共产党帮助农民打倒地主豪绅，分到米谷和田地，翻身做主人的喜悦心情。

在井冈山开展革命斗争的过程中，毛泽东先后撰写了《中国的红色政权为什么能够存在？》（原题为《政治问题和边界党的任务》）、《井冈山的斗争》等光辉著作，从理论上阐释了中国革命的一系列问题，尤其是中国革命的道路问题。《中国的红色政权为什么能够存在？》一文针对红军队伍中一些人提出的"红旗到底能打多久"的问题，进行了有力的回应。文

---

[1] 张万禄：《毛泽东的道路（1893—1949）》（上），陕西人民出版社，2017年，第570页。

章对中国社会的性质和特点进行了深入分析,并在此基础上阐明了中国红色政权之所以能够长期存在和发展的原因,提出了"工农武装割据"的重要思想和建立农村革命根据地的主张。《井冈山的斗争》提出把土地革命、武装斗争、根据地建设三者紧密结合起来的"工农武装割据"思想。

井冈山革命根据地时期,出版印刷条件十分艰苦,根据地没有石印和铅印设备,这些革命歌谣和革命理论图书只能通过油印的方式出版,分发到红军部队和群众中去。这些红色歌谣和理论图书的出版,为传播马克思主义理论,宣传党的方针政策,巩固和加强根据地政权建设,增强根据地广大军民的革命斗争信心起了重要的作用。

二、湘赣革命根据地的出版活动

1930年,王首道、任弼时、袁德生、谭余保、王震等开辟了湘赣革命根据地。1931年8月,成立了中共湘赣苏维埃临时省委和湘赣省苏维埃政府。王首道任临时省委书记(后改由任弼时担任),袁德生任苏维埃政府主席。

湘赣苏维埃政权成立后,为扩大党在群众中的影响,动员和组织群众参加革命,创办了一批宣传革命斗争的刊物。中共湘赣省委成立不久,就创办了机关刊物《湘赣红旗》,随后,各级苏维埃部门纷纷创设各种报刊,主要有《列宁青年》《红报》《湘赣斗争》《红孩儿报》《红色湘赣》《革命法庭》《湘赣红星》《特别通讯》《宣传通讯》等。当时,湘赣省委要求区委以下经常出版一些农村小报,各群团组织也要出版一些刊物。

《湘赣红旗》是中共湘赣苏区省委机关报,创办于1930年底。负责该报编辑工作的主要成员有甘泗淇、王首道、林瑞笙、张启龙、易心平等人。该报设有"时事简讯""工农词典""启事"等栏目,刚创办时,稿源数量较少。为了办好本报,中共湘赣省委党报委员会作出如下规定:(1)关于《湘赣红旗》刊发的一切指示,各级党部应详细讨论执行,并且作为党支部与小组会讨论的材料;(2)各县每月至少写稿1篇,并把通讯工作列入竞赛项目;(3)鼓励个人投稿,个人每投稿1篇,赠送《湘赣红旗》一本,投稿三次以上者,赠送歌本或剧本、小说两册。通过这些措施,《湘赣红旗》有了较为稳定的稿源,刊物内容也越来越丰富,报刊发行数量也不断增加,"每期发行5000份"[①]。

《列宁青年》创办时间为1932年1月。该报由少共湘赣省委主办。《列

---

① 马洪武:《中国革命根据地史研究》,南京大学出版社,1992年,第145页。

宁青年》所载文章除政论文章外，多为扩大红军、支红等内容。此外该刊还辟有"山歌""歌""自我批评""轻骑队""儿童栏""少队栏"等专栏，该报每期发行数量约为3000份。

1933年7月1日，中共湘赣省委党报委员会将《湘赣红旗》和《列宁青年》合并为《湘赣斗争》。《湘赣斗争》所刊内容主要为省委、省苏维埃政府决议、会议消息和政论文章。如《湘赣斗争》第1期刊载了《永新最近推销公债票所得的经验》一文，报道了永新县苏区群众踊跃认购公债票的先进事迹。文章称："永新苏区实行个人与个人，村与村，支部与支部竞赛。里田区的里田、枧田、汪家三个支部，召开的党团联席会议，到会人数仅193名，就推销了公债606元，最多的购到51元。"[1]充分展示了苏区群众热情支援苏维埃政权建设的革命精神。

《红色湘赣》创刊于1933年6月，由湘赣省苏维埃政府主办。该报辟有社论、政论、省苏文件、特载、要闻、扩大红军等专栏。《红色湘赣》除发布湘赣苏维埃各级党政部门发布的重要指示、决议和通知外，还积极围绕党的中心工作开展宣传报道。如中共湘赣省第三次代表大会召开期间，该报及时宣传会议精神，对大会讨论通过的"扩红"、肃反、发展经济、加强党的组织建设等决议案进行了及时宣传和报道。[2]

《红色湘赣》还刊登了大量红军在前线作战的捷报和反映苏区各项建设成就的消息。如该报第8期报道了中央红军在乐安县击溃国民党军队，活捉敌人团长、营长的大喜讯；第9期报道了中央红军在黎川县歼灭国民党军队，缴获大量枪支的消息；第12期报道了湘赣红军在攸县打了大胜仗的消息。该报还对当地群众踊跃报名参加红军的消息进行了报道，如《红色湘赣》副刊第4期刊发了《父子三人都去当红军》《妇女领导男子当红军》等相关报道。此外，该报还对湘赣苏维埃各县开展生产建设、查田运动、"扩红"运动、支前参战以及经济和文化建设的情况进行了报道，反映了湘赣苏区军民饱满的革命精神和高昂的革命斗志。《红色湘赣》还刊登了一些商品买卖广告，以方便群众了解相关商品信息。

湘赣革命根据地在办好本地报刊的同时，还发行中央革命根据地出版的报刊，如《红色中华》《斗争》《红星》报和《青年实话》等。

1932年，湘赣军区卫生部在江西永新县成立了红军卫生学校，用于培养医疗护理人员。湘赣红军卫生学校油印了中央红军卫生学校和总卫生部编制的教材，如《医院识字课本》《卫生常识》《解剖生理学》《战伤救

---

[1] 万立明：《中国共产党公债政策的历史考察及经验研究》，上海人民出版社，2015年，第64页。
[2] 《中国共产党江西出版史》编写组：《中国共产党江西出版史》，江西人民出版社，1994年，第155页。

护》《内科学》《外科学》等，供学校师生阅读使用。

三、闽浙赣革命根据地的出版活动

闽浙赣革命根据地也称赣东北革命根据地。1928年1月，方志敏等人在江西弋阳、横峰等地发动农民起义，开辟了赣东北革命根据地。1932年底，闽浙赣苏维埃政府成立。为了巩固根据地革命政权，宣传党的革命理论，提高根据地民众的政治文化水平，闽浙赣革命根据地各级苏维埃政权纷纷办报办刊，发展文化出版事业。其中，省一级苏维埃政府就创办了《红色赣东北》《工农报》《前线》《红旗周报》《突击》等10多种报刊。

《红色赣东北》创刊于1933年6月，该报由中共闽浙赣省委、省苏维埃政府、省军区政治部、省总工会共同主办。从目前仅发现的第6期和第18期报刊内容来看，该报的栏目设置主要有社论、消息、通讯、特载等。该报大量报道红军、地方游击队斗争的消息和根据地群众热情支援革命战争的感人事迹。此外，还报道了各地工人开展罢工斗争的消息，如，第18期刊登了"西班牙革命形势猛烈开展""五个月有四百次大罢工"等消息，对国际工人运动进行了详细的报道。《红色赣东北》还设置了"红板""铁拳"等专栏，主要刊发表扬好人好事和批评坏人坏事的文章。《红色赣东北》主要在闽浙赣苏区发行，"每期发行五六千份，通讯员遍布全省各地和各单位"[①]。

《工农报》创办于1930年8月，由中共闽浙赣省委书记方志敏于江西弋阳县方家墩创办。报头由方志敏亲自题写。该报栏目设置丰富，辟有"专电""国内要闻""苏区要闻""红军捷报""工农通讯""省会新闻""社论""读者言论""突击队""红板""苏维埃文件""苏维埃法庭"等十多个栏目。

《工农报》大量报道了工农红军在前线英勇杀敌，不断取得战斗胜利的消息。如，1933年1月18日，该报第16期刊登的《活跃的闽东北工农游击队》一文，分别报道了"连江游击队收缴反动武装"和"福安游击队攻打溪柄"的消息。文章写道，连江的游击队和当地群众配合，"占领了罗源县属四个乡村，收缴反动民团枪支14杆，罗源城里的豪绅吓得心惊胆战"。福安游击队领导农民群众攻打溪柄，"给海军一个严重的打击"[②]。

方志敏不仅是《工农报》的创刊人，也是主要撰稿作者，堪称"时评

---

① 傅柒生：《红色记忆：中央苏区报刊图史》，解放军出版社，2011年，第59页。
② 《活跃的闽东北工农游击队》，《工农报》第16期，1933年1月18日。

写手"①。该报刊发了方志敏撰写的大量社论和评论文章。如1932年11月30日，该报发表了方志敏撰写的《加紧一切斗争迎接中央红军》社论，要求苏区广大军民以光荣的业绩和饱满的革命热情迎接中央红军参观团的到来。

《工农报》是各革命根据地所出版的报刊中办报质量较高的一份报纸，在当时得到了较高的评价。中央巡视员振农曾称赞《工农报》和《列宁青年》不仅能经常出版，报纸编得也很好，印得也很漂亮。②《工农报》发行遍及整个闽浙赣省，每期发行数量为4000至5000份。为争取更多的读者，该报还曾制订过一个更加宏大的发行计划，即力争使报纸的发行量达10000份，固定读者达10万人。后由于国民党反动派发动了对闽浙赣革命根据地的"围剿"，这一计划未能实现。该报约于1933年底停刊。《工农报》是中共闽浙赣省苏区出版时间最长、发行数量最多和影响力最大的一份报纸。

四、湘鄂赣革命根据地的出版活动

1928年7月，彭德怀、滕代远、黄公略等人发动了平江起义，并在此基础上开辟了湘鄂赣革命根据地。10月，中共湘赣特委成立，滕代远任书记。11月，彭德怀、滕代远率领红五军上井冈山后，王首道、黄公略坚持在湘鄂赣地区斗争。1931年7月，成立中共湘鄂赣苏维埃省委，9月，成立湘鄂赣苏维埃政府。

为巩固苏维埃政权，发展文化事业，中共湘鄂赣省苏维埃政府先后出版发行了《红旗》《红旗报》《斗争》《红色真理》《战斗报》《工农战斗画报》《列宁青年》《儿童实话》《工人生活》等10多种报刊。1929年底至1930年，湘鄂赣边区特委出版了《工农兵》《布尔什维克之路》《特委通讯》等刊物，发行到湘鄂赣边区各县、乡机关和群众团体。各县苏维埃也出版了一批革命刊物，如平江的《苏维埃》、浏阳的《新浏阳》、万载的《晨钟》、铜鼓的《赤潮》、修水的《修江潮》、通山的《赤光壁报》等。这些刊物在宣传党的革命主张，揭露国民党军阀、地主和土豪劣绅压迫剥削人民的罪行，发动和组织广大群众起来参加革命等方面起了重要作用。

《斗争》是中共湘鄂赣省委创办的重要理论刊物，创刊于1933年10月。《斗争》刊发了中共湘鄂赣苏维埃领导人发布的重要指示，以及撰写

---

① 邓涛：《方志敏与〈工农报〉》，江西省方志敏研究会：《方志敏研究文丛》，上海文化出版社，2013年，第230页。

② 福建省地方志编纂委员会：《福建省志·新闻志》，方志出版社，2002年，第62页。

的社论和文章。如《罗明路线在湘鄂赣》（陈寿昌，第4期）、《加强团的支部改造运动的领导工作》（刘玉堂，第5期）等。1936年11月26日，该刊第32期发表了《目前华中形势与湘鄂赣党的任务》《省委给西北代表团的一封指示信》以及省军区政委傅秋涛写的《给各级军事干部与动员干部的一封信》等。《斗争》于1937年7月底出至第39期后，因抗日战争全面爆发而停刊。

在图书出版方面，湘鄂赣苏维埃政府出版了一批政治理论图书，如《列宁主义浅说》《苏联十月社会主义革命的胜利》《国际路线》《政治常识》《革命纪念事略》《列宁主义概论》《社会科学概论》《俄国革命史略》《工农专政》《国民党与共产党》《革命常识》等；法律、法规、章程类图书，如《中华苏维埃共和国宪法》《中华苏维埃共和国选举细则》《中华苏维埃共和国暂行税则》《土地法》《婚姻条例》《财务规则》《工会章程》等。各地苏维埃政府和群团组织还编写了一些革命歌谣，此外还自编自导了一些戏剧，编写了一批质量较好的革命剧本，如《送夫当红军》《十恨民团》《罗伟就义》等，根据这些剧本改编的戏剧节目上演后，深受当地群众欢迎。

为了发展苏区教育事业，湘鄂赣苏维埃政府还编印了《红孩儿读本》《工农夜校读本》《平民读本》《列宁读本》《工农兵三字经读本》等识字课本，这些课本文字浅显，语言生动，通俗易懂。如1930年湘鄂赣边境工农兵暴动委员会出版的《红孩儿读本》（第一册）中的第7课写道："梭镖磨得光，捉贼先捉王，肃清反革命，打倒国民党。"第12课写道："国民党，真是恶，见了工农就要捉，捉了又要拷，拷了又要杀；只有工农兵士一齐来，消灭国民匪党，才得见快乐！"[①]这些识字课本的编印出版，不仅有助于提高根据地民众的文化知识水平，而且有助于提高他们的思想政治觉悟。为了提高军队的战斗素质和发展苏区医疗卫生事业，湘鄂赣苏区还出版了一些军事、医学类教材，如《地方武装政治训练大纲》《防御飞机毒瓦斯的法子》《外科学讲义》《野外笔记》《红军步兵战术讲义》等。

五、湘鄂西革命根据地的出版活动

1928年初，贺龙、周逸群率领一部分红军队伍，在湘鄂西发动武装起义，开辟了湘鄂西革命根据地。

湘鄂西革命根据地建立后，积极开展宣传出版活动。1930年11月，

[①] 赣南师范学院苏区教育研究室：《江西苏区教育资料汇编（1927—1937）》，江西高校出版社，2017年，第56页。

湘鄂西苏维埃政府秘书处创办了《湘鄂西苏维埃》，该报创刊号上发表了中共湘鄂西特委代理书记、湘鄂西苏维埃政府主席周逸群为该报撰写的发刊词，发刊词指出："反动敌人尚未完全消灭，非赤色区域的劳苦群众还在呻吟与挣扎当中；因此，《湘鄂西苏维埃》有出版的必要。本报是在全国总暴动的前夕出版，要号召全湘鄂西的革命群众，更加雄壮革命勇气，以斩断敌人苟延残喘的生命。"[1]《湘鄂西苏维埃》刊发了大量社论，如《苏维埃区域的经济问题》《优待红军与扩大红军》《苏维埃区域的守备问题》《冲破敌人的经济封锁》等。

1931年4月，中共湘鄂西中央分局、湘鄂西省委出版了机关报《红旗日报》。该报辟有"时事要闻""党内生活""乐园"等栏目。《红旗日报》刊发了大量关于当地开展武装斗争的消息，还登载了《国际歌》《十大政纲歌》《少年先锋队歌》等革命歌谣。该报初为油印，发行量只有1000多份，后改为石印，发行量增加至3500份左右。该报主要面向湘鄂西各级苏维埃党政机关红军指战员发行。1932年9月，由于国民党反动军队对湘鄂西根据地进行"围剿"，《红旗日报》被迫停刊。该报从创刊到停刊，共出版200多期。

1931年夏，湘鄂西苏维埃政府创办了《工农日报》。该报由谢觉哉担任主编，由于编辑人员少，他除了负责审稿工作外，还承担了该报的采访、写稿、编排、校对等一系列工作。《工农日报》主要刊载湘鄂西苏维埃党政军群等各方面消息。该刊还设置有"列宁室""政策时事问答"等专栏。

1931年6月，中共湘鄂西省委宣传部创办了《洪湖日报》。该报主要内容为报道国内时政、土地革命和生产救灾消息，还刊发了大量歌谣和民间故事等。《洪湖日报》所刊文章内容观点鲜明，结合实际，语言通俗，篇幅简短，颇受当地群众欢迎。该报为油印，"每期印刷数量为1200份"[2]。

1931年7月，湘鄂西少共省委创办了《列宁青年》。该报创办宗旨，在其发刊词中指出："要把湘鄂西少共工作转变到党的六届四中全会的正确路线上来。"[3]该报设有评论、要闻、青年讲台、青年纪事、青年文苑等栏目，内容多为转载《红旗日报》等报刊的文章。

---

[1] 《湘鄂西苏维埃发刊露布》（1930年11月10日），中共铜仁市委党史研究室：《周逸群文集》，中共党史出版社，2006年，第374页。
[2] 洪湖市地方志编纂委员会：《洪湖县志》，武汉大学出版社，1992年，第498页。
[3] 洪湖市地方志编纂委员会：《洪湖县志》，武汉大学出版社，1992年，第498页。

1931年10月，湘鄂西省反帝大同盟出版了《反帝周报》（也称《反帝三日报》《反帝三日刊》），由李培芝和柳直荀先后担任主编。该报设有社论、文艺等栏目。该报印刷数量约为每期700份。

除了省苏一级报刊外，湘鄂西根据地各县和党政军群机关也创办了一批报刊，如《红潮日报》《萌芽》《新沔阳报》《群众报》《红星报》《斗争》《赤卫队》《前哨》《赤色洪湖》等。这些报刊的出版，为湘鄂西苏区军民提供了丰富的精神食粮。

六、鄂豫皖革命根据地的出版活动

鄂豫皖革命根据地以大别山为中心，包括了鄂豫边、豫东南、皖西三块革命根据地。1930年6月，鄂豫皖苏维埃政府成立，1931年5月中共鄂豫皖革命根据地中央分局成立。1932年1月成立中共鄂豫皖省委。

鄂豫皖革命根据地十分重视文化建设。1931年7月，鄂豫皖苏区召开了第二次苏维埃代表大会，大会通过了发展文化、教育等各项工作的决议，提出要"审查各种教材""编订各种模范课本""奖励书籍著作"。决议还提出，对于"非苏维埃公民有价值的著作，通过苏维埃文化教育机关审查许可发行者，苏维埃予以独立发行出版的便利"。[1]根据大会指示精神，鄂豫皖根据地出版了大量革命报刊和图书。省苏一级的报刊有《红旗报》《列宁报》《苏维埃报》等。县苏一级的党政群机关创办的报纸和期刊有《列宁周报》、《苏维埃周报》、《红旗》（三日刊）、《党的生活》、《红军生活》、《红色战士》、《红日》、《少年先锋报》、《赤色先锋》等。

鄂豫皖革命根据地所创办的报刊，其所报道的内容能紧密结合鄂豫皖革命根据地的实际，积极宣传马克思列宁主义，宣传党在土地革命战争时期的纲领路线、方针政策，传播经验指导革命实践。如，中共中央鄂豫皖分局机关报《列宁报》，该报设有社论、时事新闻等栏目。其中，社论一栏每期都会发布针对性极强的社论，时事新闻主要报道鄂豫皖苏维埃各项建设成就、土改运动和红军作战的胜利消息。1930年，河南商城县苏维埃文化委员会创办《红日》报，该报除积极宣传党的方针政策，揭露敌人残杀群众等罪行外，还大量报道了鄂豫皖根据地红军战斗的英雄事迹，以及当地群众积极参加红军和支援前线的感人事迹。此外，《红日》报还设有文艺副刊，主要登载小品文、诗歌、漫画、歌曲等。1931年4月，中共皖西北特委成立党报委员会，特委常委、宣传部长薛英兼任书记，先后出版

---

[1] 《鄂豫皖革命根据地》编委会：《鄂豫皖革命根据地》（第2册），河南人民出版社，1990年，第435页。

《火花》半月刊（后改为小册子）、《红旗报》三日刊、《党的建设初步》半月刊。

除出版报刊外，鄂豫皖革命根据地也出版了一些革命图书，如《什么是共产主义》《唯物史观浅说》等。为了发展根据地教育事业，鄂豫皖根据地还编印了一批学校课本和工农识字课本。为了丰富根据地军民的文艺生活，鼓舞民众的革命斗志，鄂豫皖苏区还编印出版了大量的革命歌集，如《鄂豫皖革命歌曲集》《加入红军歌集》《打倒国民党》《大别山上红旗飘》等。鄂豫皖根据地的红四方面军总政治部还编印了《反动派与白军士兵吵嘴》《劝五更》《新葡萄仙子》《可怜的秋香》等歌曲，散发给红军和群众传唱。

鄂豫皖革命根据地各级党政军群部门在办报办刊和编印出版书籍的过程中，十分重视出版物的质量。1931年4月，中共皖西北特委创办的《火花》，因办得较好，被"作以后编辑党报的榜样"[①]；鄂豫边特委主办的《我们的路线》，因为办得不好而遭停刊[②]；黄安县委主办的《群众》，因采用"民众化的方式编辑，效力很大"[③]，颇受群众欢迎。中共皖西北特委创办的《红旗报》，被称赞为"与中央的《红旗》差不多，少而精致，很能得群众信仰"[④]。为提升报刊质量，鄂豫皖根据地领导人还亲自参与报刊编辑工作，如，中共鄂豫皖中央分局常委、鄂豫皖省委书记沈泽民亲自指导并参与了《火花》创刊号的编辑工作。

为了加强根据地报刊、革命书籍和学校课本的出版发行，根据地还成立了编辑出版管理机构和印刷机构。中共鄂豫皖分局专门设立了党报委员会，鄂豫皖苏维埃政府设立了文化委员会，文化委员会下设出版科，这些出版管理机构分别负责各级党政部门出版物的编审工作。此外，鄂豫皖各级基层党委设有党报编辑部，县一级苏维埃政府内设有发行科。

为了加强根据地的印刷力量，鄂豫皖根据地相继创办了一些印刷机构。1930年初，商城县委创办了红日印刷厂，该厂原是红军解放商城时从国民党县党部缴获的一个小型印刷厂，后在此基础上建立起来红日印刷

---

① 《沈泽民给中央政治局的报告》（1931年5月23日），陈忠贞：《鄂豫皖革命根据地史》，安徽人民出版社，1998年，第469页。

② 《中共鄂豫边特委综合报告》（1930年11月），陈忠贞：《鄂豫皖革命根据地史》，安徽人民出版社，1998年，第469页。

③ 《中共鄂东特委给中央的报告》（1929年3月12日），陈忠贞：《鄂豫皖革命根据地史》，安徽人民出版社，1998年，第470页。

④ 方英：《关于红四军和苏维埃政权建设问题给中央的报告》（1931年7月1日），中央档案馆：《鄂豫皖苏区革命历史文件汇集》（第4册），1985年，第137页。

厂。红日印刷厂除负责印刷商城县委机关报《红日报》外，还承担了商城县及豫东南各县列宁小学课本、儿童读本、工农识字课本以及政府文件、布告、传单、标语、红军战报的印刷任务。此外该厂还印刷过一些文艺读物，如《七夕泪》《工农兵痛苦歌》等。除红日印刷厂外，鄂豫皖根据地的印刷机构还有在皖西金家寨开办的文明印刷社，在麻埠创办的皖西北印刷厂等。

七、左右江革命根据地的出版活动

1929年底和1930年春，邓小平、张云逸、韦拔群等人在广西发动了百色起义、龙州起义，开辟了左右江革命根据地。为了发展根据地的文化教育事业，左右江苏维埃政府编印了《工农兵识字课本》，课本以通俗、简明的形式，宣传了中国共产党的方针政策、苏维埃的施政纲领以及基本的革命理论知识。因此，它既是识字课本，同时又是政治课本，是对左右江根据地军民进行马列主义教育的好教材。

左右江革命根据地创建后，为开展宣传文化活动，宣传我党的政治主张，鼓舞根据地军民的革命热情，纷纷开展了办报办刊活动，在百色地区创办了《右江日报》，在龙州地区创办了《工农兵》和《左江红旗》。

《右江日报》创办于1929年秋，编辑部设在广西百色城内。1929年12月，百色起义后，《右江日报》成为红七军的机关报。由佘惠任报社负责人，编辑部成员还有赵秉寿等人。从现存的1929年12月18日出版的一期《右江日报》来看，《右江日报》的栏目设置是丰富多彩的，除设置有评论、时事评述栏目外，还设有国内新闻、国际新闻、省内新闻等栏目，并辟有工农兵俱乐部、本报专电等小专栏。该期发表的《目前主要的任务（一）》一文提出："深入土地革命，彻底的没收豪绅地主土地交苏维埃政府，分配与农民。"[1]这期的"本报专电"一栏发表了《桂军损失过巨》《南京震动之桂讯》《南宁之空虚》《北洋舰亦图异动》等电讯稿；"时事评述"一栏刊发了《帝国主义为巩固在华特权之太平洋会议》；"省内新闻"一栏登载了《宣传队下乡情况》《恩奉群众欢迎张军长》《平马工会已腾然实现》等消息和通讯《赤色的平马》。《赤色的平马》生动地反映了平马镇群众为庆祝工农民主政府成立，争购红纸和红布前往庆祝的盛况；"工农兵俱乐部"一栏刊载了一篇《滑稽专电》，该文尖锐地讽刺了广西军阀"恐红戒红"，对红色政权的成立极度恐惧的丑闻。[2]

---

[1] 李常应：《守望红土地》，广西师范大学出版社，2015年，第81—82页。
[2] 右江日报编辑部：《右江日报》（第4集），1990年，第147页。

当时红七军的领导人都十分关心《右江日报》。红七军军长张云逸亲自为该报题写报头。红七军政治委员、前委书记邓小平为该报撰写过社论、评论文章。

1930年2月1日，邓小平等领导红八军发动龙州起义，创建左江苏维埃政权后，为了宣传党的政治主张，创办了机关报刊《工农兵》报，成为红八军机关报。工农兵报社由林礼担任社长兼总编辑，编辑部成员还有李耿昭、涂育之等人；负责排版校对和印刷的人员有黄瑞麟、胡孝恭、李清雄、黄锦标、张廷春、吕庆等人。该报办报的宗旨是：坚持共产党的领导，走群众路线。主张坚决打倒帝国主义、打倒封建地主阶级、打倒土豪劣绅、打倒贪官污吏。[1]1930年2月12日，该报刊载了《中国红军第八军政治部为法帝国主义驻龙州领事馆无理照会告全国民众书》，文章揭露了法帝国主义诽谤、破坏左江人民革命的罪行，同时提出"收回海关""收回领（事）馆，驱逐领事出境""没收法在龙（州）资本企业"等一系列严正声明。[2]《工农兵》报一共出版了5期。第5期刊登了《驳斥法帝干涉我国内政的无理照会》《红八军士兵代表会议盛况》《中国红军第八军目前实施纲领》《龙州城镇工人第三次代表大会宣言》等文章。《工农兵》报主要在广西龙州一带发行。

《左江红旗》于1929年10月由中共左江特委创办，何世昌任主编。该刊宣传了党的工农武装割据、建立根据地、武装推翻国民党反动统治的思想。刊物内容丰富，文字通俗易懂，深受根据地群众欢迎。[3]

左右江革命根据地这些报纸的创办，在宣传革命理论、团结和教育人民、打击敌人方面发挥了重要作用。

八、川陕革命根据地的出版活动

1932年10月，中国工农红军第四方面军从鄂豫皖革命根据地出发，先后转战陕西、四川一带。12月，在川北和陕南地区创建了川陕革命根据地。

川陕苏区革命根据地高度重视出版发行工作。1933年8月，川陕省苏维埃政府发布《组织问题决议案》，要求："宣传部要多编印各种由浅入深的理论小书""省委要有发行部，定出发行部工作计划，建立灵活发行网"[4]。8月12日，川陕省第二次工农兵代表大会通过决议，再次要求各级

---

[1] 何卫存、赵忠国：《龙州旧事续编》，广西人民出版社，2014年，第91页。
[2] 黄德俊：《桂西文史录》（第2辑），广西人民出版社，1996年，第131页。
[3] 蒋文华：《广西左右江革命根据地概况》，广西师范大学出版社，1987年，第193页。
[4] 林超：《川陕革命根据地历史长编》，四川人民出版社，1982年，第508页。

党政宣传部门要"建立出版工作，大批的出版共产主义书籍"[①]。根据决议精神，成立了川陕省文化教育委员会，由向思爵任文化教育委员会主席。为管理出版工作，文化教育委员会还专门成立了出版局，主要负责领导和管理川陕苏区的文化出版工作。

由于各级党政部门的重视，川陕苏区的出版工作取得了较大发展。各级苏维埃党政群机关出版了一批红色报刊。如《共产党》、《川北穷人》（后改为《苏维埃》）、《赤化全川》等。川陕边区红军部队也编印出版了一批革命报刊，如红四方面军政治部编印了《干部必读》《红军》《红军画报》《红旗》，红十三军政治部编印了《红星》，红军部队创办的报刊还有《捷报》《胜利》《战士小报》《不胜不休》等。

川陕革命根据地创办的《川北穷人》创刊于四川通江县。1933年2月7日，红四方面军在通江召开了第一次党代会，中共川陕省委成立，选举袁克服为第一任书记，创办了《川北穷人》，作为川陕省委、省苏维埃机关报。《川北穷人》共出版30多期，目前仅发现第9期和第25期。第25期及时报道了中共川陕省委第二次代表大会召开的情况，其中，第1版报道了大会开幕的消息，大会提出了"在胜利的局面下，要苏维埃政权巩固，必须在共产党的正确领导之下，去动员千百万群众为革命斗争，争取更大的胜利"的庄严号召。[②]第2版为提交代表大会讨论的《斗争纲领》（共20条）。这一期还刊发了《全国红军大活跃》一文，主要报道了中央苏区和鄂豫皖、鄂南、湘鄂等地红军的胜利消息。

《川北穷人》除报道川陕苏区的消息外，还转载红色中华电讯社的电讯稿，报道中央苏区斗争喜讯和国际国内重要消息，如，该报第25期刊登了《世界经济会议开幕》《中央苏区地方武装配合红军行动》等来自红色中华社的电讯稿。

从1933年8月起，《川北穷人》更名为《苏维埃》，作为省苏维埃的机关报。《苏维埃》设有"中央苏区""苏维埃建设""红军动态"等栏目。该报除报道川陕苏区政治、经济、文化、军事等消息外，每期还刊载来自"红色中华社"的电讯消息，有时还摘编北京、上海等地报纸的重大新闻。1933年10月20日，该报第11期刊发了《赤江县扩大红军战绩》一文，该文分别以"工人师首先成立了一班人""宣传队扩大了十余名红军""青年先锋团已成立一连""庆祝红军胜利大会，自动报名入红军的二十四名"四个小标题，报道了赤江县"扩红"运动的成绩。从这种"同题集纳，组

---

① 川陕革命根据地博物馆：《川陕苏区教育史文献资料选编》，1985年，第42页。
② 四川省地方志编纂委员会：《四川省志·出版志》，四川人民出版社，2001年，第177页。

成专栏"的编撰手法中,我们可窥见该报编辑的匠心独运。

《苏维埃》还对川陕苏区各级苏维埃政府开展政权建设、经济建设、查田运动、扩大红军等情况进行了大量报道。在报道根据地各项建设成绩的同时,《苏维埃》还敢于揭露和批评政府部门中存在的问题和工作人员的不良作风。如1933年10月3日,该报第8期刊发了《苏维埃主席是富农,就乱没收中农,拴打工作人员》,第14期刊登了《麻杂石区工作缺点多,要子孙永远不受吊打,就要现在非拼命不可》《南江县取消青年工作》两篇批评稿,第9期刊发了《彻底检查工作,赤江赤北两县各级苏维埃不健全》。这些批评文章,揭发了苏维埃政府部门中某些工作人员不深入群众、怕困难、不作为、乱作为的现象。《苏维埃》刊载批评报道,有助于川陕苏区各级党员干部提高警惕,不断改进工作作风。

土地革命时期,川陕苏区的出版活动有力地配合和促进了川陕革命根据地的政治、经济、军事、文教、卫生等各项事业的开展。这些革命报刊和图书的出版,为宣传马列主义、宣传共产党和苏维埃及红军的性质、启发人们思想觉悟、打击敌人起了重要的作用。

九、陕甘边革命根据地的出版活动

陕甘边革命根据地是20世纪30年代在刘志丹、谢子长、习仲勋、唐澍等领导的清涧起义、渭华起义、两当起义等基础上开辟的。从1932年到1934年,陕北先后建立了照金革命根据地、南梁革命根据地和陕北革命根据地。1933年4月5日,陕甘边革命委员会在陕西照金正式宣告成立。

为了巩固革命根据地,陕甘边苏区党委和政府对于文化宣传工作非常重视。陕甘边苏区的宣传出版工作,一方面是翻印红色书刊,另一方面是坚持办好《布尔什维克的生活》《红色西北》《陕甘宁省委通讯》等刊物。

1934年,《红色西北》出版。该刊由陕甘边区苏维埃政府主办,蔡子伟任主编,编辑部成员还有王子宜等人。刘志丹、习仲勋、蔡子伟等人经常为该刊撰稿。该刊大量刊发了陕甘边革命根据地在发展经济、开展军事斗争、加强政权建设等方面的消息,以及苏维埃党、政、军机关的决议和宣传号召性文件。1935年4月,因国民党反动军队对陕甘边革命根据地进行"围剿",该刊被迫暂停出版。1935年6月,《红色西北》在陕西甘泉下寺湾重新恢复出版,由时任陕甘边区苏维埃政府教育部部长的冯玺玉负责编辑,编辑部成员还有席德仁、李郁等人。1935年10月,由于受王明"左"倾错误路线的影响,冯玺玉等人在陕甘边"肃反"运动中遭诬陷迫害,该刊被迫停刊。

《布尔什维克的生活》创办于1935年1月，是陕甘边特委主办的一份党内刊物。龚逢春任该刊主编。该报的创办宗旨在于促进党群团结，提高党员的思想政治理论水平，交流党的工作经验和方法，调动党员积极性，增强党的战斗力，通过发动广大群众起来斗争，进而"争取西北以至全中国苏维埃革命的最后胜利"[①]。该报主要刊登陕甘边区党的工作方针、时事论文。1935年4月，《布尔什维克的生活》因国民党军马鸿宾部侵占南梁革命根据地而被迫停办，该报从创办到停刊，共出版2期。陕甘边革命根据地创办的刊物，虽然出版时间都不太长，但是有力地配合和推动了陕甘边根据地的各项建设。

土地革命时期，各革命根据地的出版活动，是在极其艰苦的条件下开展的，各根据地各级苏维埃党政军群部门出版的报刊和图书，在巩固根据地政权建设，团结和教育党员干部和群众，打击敌人方面发挥了积极作用。各革命根据地在出版条件极其困难，各种印刷物资设备奇缺的情况下开展出版活动，并且取得了显著的成绩，这充分体现了共产党领导下的出版工作队伍的高尚品格和无私奉献精神。

第八节　东北抗联的成立及其出版活动

1931年9月18日，日本军国主义发动了蓄谋已久的侵华战争，悍然出兵侵占我国东北。九一八事变后，日本侵略者在我国东北建立起伪满洲国傀儡政权。日本帝国主义在对我国东北进行经济掠夺和军事侵占的同时，还实行法西斯的文化专制。为了反抗日本帝国主义的侵略，中共领导下的东北抗日联军与日本侵略者展开了艰苦卓绝的斗争。

一、东北抗日联军的成立及其抗日宣传活动的开展

东北抗日联军是中国共产党领导下的东北人民抗日武装组织。1932年，根据中共中央提出的建立党领导下的抗日武装的方针，中共满洲省委在南满、东满、吉东、北满地区创建了多支抗日游击队。1933年5月，中共满洲省委以反日游击队为主干，组建了"东北人民革命军"。[②]1936年2月20日，中国共产党发表《东北抗日联军统一建制宣言》，宣布将东北人民革命军改组为"东北抗日联军"。东北抗日联军（以下简称"东北抗联"）在与日本侵略者开展军事斗争的同时，还十分重视利用革命报刊开

---

① 《写在本刊的前面》，王来才：《华池县志》，甘肃人民出版社，2004年，第847页。
② 张建军：《日本侵华史研究》（第3卷），南京出版社，2017年，第118页。

展抗日宣传工作。

1933年5月15日，中共满洲省委发布《关于执行反帝统一战线与争取无产阶级领导权的决议》，决议中写道："各级组织必须立刻出版群众的反日反帝的报纸、画报、墙报，系统的进行反日反帝的宣传鼓动工作，广泛地成立反日反帝的群众组织，适时的进行反日反帝的群众的游行示威。"[①] 5月31日，南满游击队政治委员杨靖宇给中共满洲省委的报告中，谈到东北抗日游击队在南满开展宣传鼓动工作的情况，"对外文字上除翻印中央苏区党的上级党部公开文字（对日宣战通电等等）经常散发外，政治部领导下的《红军消息》《革命画报》照常印发"[②]。

1933年11月24日，中共满洲省委组织部部长何成湘在《关于最近满洲工作的报告》中谈到中共满洲省委创办了两种报刊——《东北红旗》和《战斗》。其中，《东北红旗》是对外的群众刊物，《战斗》是对内的教育刊物。何成湘在报告中写道："中央来信后，根据新的路线，把《东北红旗》改变成更群众化的刊物，因此把《东北红旗》改成《东北民众报》。"[③]《东北民众报》主要在哈尔滨发行，发行数目"每期四五百份不等"。《战斗》出到第7期后，因编辑人员工作变动而不得不停刊。除了自己创办革命刊物外，中共满洲省委还翻印中央革命根据地出版的《斗争》等报刊。除省委创办的革命报刊外，东北地方各级党组织还秘密出版了一些地方党报党刊。如磐石县（今吉林省磐石市）委出了一个《红军消息》小报，东北人民革命军成立后，该报又改名为《人民小报》。[④]

二、中共满洲省委机关刊物《满洲红旗》的创办

《满洲红旗》是中国共产党领导下在东北秘密发行的一份报刊。在当时严酷的政治斗争环境下，中共满洲省委曾遭受过多次破坏，该报中途曾一度停刊。因长期秘密发行，该报所留存的文字记录和原件比较少，这也是东北地区许多党报党刊的共同特点。因文献资料的缺失和搜集困难，《中国新闻事业通史》对该报刊的介绍只有寥寥数字："辽宁曾出版《满洲红旗》。"叶再生先生的《中国近代现代出版通史》对该报也仅有约200字的简单介绍。

《满洲红旗》创办于1930年9月15日，是中共满洲省委创办的机关刊

---

① 《东北抗日联军史料》编写组：《东北抗日联军史料》（上），中共党史资料出版社，1987年，第67页。
② 《东北抗日联军史料》编写组：《东北抗日联军史料》（上），中共党史资料出版社，1987年，第81页。
③ 《东北抗日联军史料》编写组：《东北抗日联军史料》（上），中共党史资料出版社，1987年，第118页。
④ 《东北抗日联军史料》编写组：《东北抗日联军史料》（上），中共党史资料出版社，1987年，第118页。

物，也是中国共产党在东北地区创办最早的革命刊物之一。《满洲红旗》是一份"面向满洲劳苦群众"的报刊，时任中共满洲省委书记陈潭秋和省委宣传部部长赵毅敏（赵一民）担任该报的主编。陈潭秋是中国共产党的创始人之一，也是一位有着丰富办报实践经历的领导人。他早年在武汉领导工农运动期间，曾担任过《武汉星期评论》《楚光日报》的编辑。1928年，他在中共北方局工作时，与刘少奇等人编辑出版了《出路》等报刊。[1]1930年12月7日，陈潭秋在哈尔滨参加北满特委会议时被敌伪逮捕。《满洲红旗》的主编工作由赵毅敏接任。赵毅敏早年曾赴法国勤工俭学，土地革命战争时期担任中央宣传部编审科科长，后被派往莫斯科东方大学深造。1930年，他被派往沈阳，任中共满洲省委宣传部部长。

《满洲红旗》为油印报纸，初为旬刊，1931年2月后，改为三日刊。第一期创刊号载有"发刊辞"，文章宣称"要将全国各地以及国际的革命斗争，介绍给满洲劳苦群众，做劳苦群众的喉舌，更要给满洲的革命群众指出明确的出路和正确的策略，要指示给满洲的劳苦群众，怎样夺取土地、自由、面包和政权"[2]。发刊辞为油印刻写的竖排繁体字，字体工整秀丽。创刊号现藏于辽宁省档案馆。

1931年九一八事变爆发后，日军侵占沈阳，11月，赵毅敏被日本军警逮捕，《满洲红旗》被迫停刊。1931年12月，中共满洲省委从沈阳迁往哈尔滨。中共中央委派罗登贤担任中共满洲省委书记。新组建的中共满洲省委决定恢复出版《满洲红旗》。1932年1月1日，中共满洲省委在《两月工作计划》中提出："党报《满洲红旗》在十五号以前出版第一期，以后每星期经常出版，真正使它成为省委策略路线指导的报纸，由书记[3]编辑。"[4]1932年1月30日，《满洲红旗》在哈尔滨复刊，这是中共满洲省委在哈尔滨秘密出版的第一份机关报。《满洲红旗》在复刊的同时，还出版了《满洲红旗》副刊。哈尔滨复刊的《满洲红旗》目前仅发现副刊第一、第二两期和正刊第三期，出刊日期分别为1932年1月30日、1932年2月14日、1932年3月14日，正、副刊均为油墨印刷。

《满洲红旗》作为中共满洲省委的机关刊物，其刊载的主要内容为介绍党的方针政策、国内外最新消息、各地工农兵斗争的消息、劳苦大众的

---

[1] 马艺：《天津新闻史》，天津人民出版社，2015年，第355页。
[2] 陈潭秋：《满洲红旗》，《红藏：进步期刊总汇（1915—1949）》，湘潭大学出版社，2014年，第31页。
[3] 据中共满洲省委秘书长冯仲云同年5月13日的巡视报告说，实际由"中央来的聂负责宣传兼党报编辑"；"聂"即时任省委秘书长的聂树先，新中国成立后著名历史学家尚钺。
[4] 《两月工作计划》，《满洲红旗》1932年1月1日。

生活状况，此外该报还刊登了一些诗歌、评论、短篇小说、政治漫画等。为了便于广大工农革命群众阅读，该报所登载的文章多采用通俗浅近的文字。

《满洲红旗》第1号刊登了《中国共产党对时局的宣言》的社论，社论指出"这一列宁主义的布尔塞维克文件，无疑问的也必然要在目前整个中国革命中，发生伟大的领导作用，在将来中国革命的历史上，都要起着非常重要的地位"。社论号召"将这个宣言深入到广大群众中去"。社论后面还附了一段"编者的话"，认为这一政治宣言"内容非常丰富，非常重要"，编辑号召读者认真阅读本社论，"最好是采用多数人共同讨论的方式，必能获得很大的利处"。①

1930年10月10日，《满洲红旗》出版了第3期"双十节"特号，刊登了《双十节与拥护苏维埃政权运动》、陈潭秋（笔名为"秋"）的《纪念双十节与建立苏维埃政权》、笔名为"可明"的《纪念双十节与消灭军阀战争》和"竹心"的《双十节与国民会议》4篇文章，宣传中国共产党的政治主张以及对于当前时局的看法。

1932年1月28日，上海淞沪抗战全面爆发后，《满洲红旗》复刊第3号刊发了《论上海事变》的长篇社论，社论对十九路军的奋起抵抗进行了热情歌颂，对日本帝国主义的侵华野心和罪行进行了深刻揭露和愤怒声讨，对国民政府的"不抵抗"政策进行了严厉批评。②《满洲红旗》复刊第3号共刊发了17则文章，其中多数为黑龙江和东北军民抗击日本侵略军、反对建立伪满洲国傀儡政府的消息，如《哈尔滨反日情绪高涨》《黑河大暴动》《中东路东线到处兵变》《义勇军袭击奉天》等，这些新闻报道对东北军民的抗日斗争产生了积极的影响。

《满洲红旗》是一份秘密发行的报刊，每期发行数量为400～500份③。为了能够在白色恐怖的环境下顺利发行，刊物采用了封面伪装的方式。如创刊号伪装成《国民必读》，出版机构署名为"上海大东书局印行"，第3期报纸伪装为《工商周刊》，封面上还特别印了"中华民国邮政特准挂号立卷认为新闻纸类"的字样。为了便于普通民众订购，《满洲红旗》发行价格较为低廉，读者每月订购费用为大洋一角，半年订购费为大洋五角，全年订阅费用为一元，外埠读者订阅每月另加邮费一角。

---

① 陈潭秋：《满洲红旗》，《红藏：进步期刊总汇（1915—1949）》，湘潭大学出版社，2014年，第35页。
② 黑龙江省地方志编纂委员会：《黑龙江省志 第五十卷 报业志》，黑龙江人民出版社，1993年，第74—75页。
③ 叶再生：《中国近代现代出版通史》（第3卷），华文出版社，2002年，第766页。

1932年9月18日，在九一八事变爆发一周年之际，《满洲红旗》改名为《东北红旗》，继续号召民众起来开展反日斗争。为了扩大统一战线，1933年6月，该刊又更名为《东北民众报》。该报主要内容为"解说革命的策略问题和党目前的中心口号，登载群众革命斗争消息（主要关于满洲的）"[1]。该报由中共满洲省委宣传部部长姜椿芳主持，中共地下党员、著名诗人、作家、画家金剑啸担任该报的编辑，他曾为该报刊刻刊头和绘制插图。《东北民众报》主要在哈尔滨市发行，由于所刊发的文章内容通俗易懂，因而深受群众喜爱，在当地有着很大的影响力。许多读者争相传阅，甚至出现将报纸抢破了的场景。[2]1935年4月，随着中共满洲省委工作的逐渐停止，该报也宣告终刊。

《满洲红旗》是中共开拓东北地区新闻出版事业的先驱，在它的影响下，东北各地各级党组织相继创办了一批机关报刊（表4-19）。

表4-19 抗战时期中共在东北地区创办的革命报刊

报刊名称	创办（复刊）时间、地点	领导机构	负责人	出版周期	终刊时间	发行数量
《满洲红旗》	1932年1月复刊，哈尔滨	中共满洲省委	罗登贤	不定期	1932年9月	每期400~500份
《民众报》	1932年1月，哈尔滨	哈尔滨反日总会	不详	不定期	不详	不详
《青年小报》	1932年6月，哈尔滨	共青团满洲省委	不详	不定期	不详	不详
《满洲青年》	1932年7月，哈尔滨	共青团满洲省委	姜椿芳	不定期	不详	不详
《绥宁报》	1932年7月，绥宁县	中共绥宁县委	李春根	不详	1932年11月	每期80份
《东北红旗》	1932年9月18日，哈尔滨	共青团满洲省委	老朱（真名不详）、何耿先、朴英赫	不定期	1933年6月	不详
《战斗》	1932年9月20日，哈尔滨	中共满洲省委	不详	不定期	1935年4月	不详
《东北青年》	1932年9月，哈尔滨	共青团满洲省委	不详	不定期	1935年3月	不详

---

[1] 哈尔滨市文化局：《东北革命文化史料选编》（第3辑），内部资料，1993年，第293页。
[2] 《中共满洲省委宣传部关于进行反日自卫运动工作的通讯（1934年10月25日）》，中央档案馆、辽宁省档案馆、吉林省档案馆、黑龙江省档案馆：《东北地区革命历史文件汇集》（甲20册），内部资料，1989年，第86页。

续表

报刊名称	创办（复刊）时间、地点	领导机构	负责人	出版周期	终刊时间	发行数量
《两条战线》	1933年1月，汪清县	中共东满特委	童长荣	不定期	1934年3月	以汉文、朝鲜文两种文字出版
《红军消息》	1933年3月，磐石县	南满游击队、中共磐石县委	马连元	旬刊	1933年10月改名为《人民小报》	不详
《东北民众报》	1933年6月，哈尔滨	中共满洲省委	不详	不定期	1935年4月	不详
《东北列宁青年报》	1933年8月，哈尔滨	共青团满洲省委	不详	不定期	1935年4月	不详
《反日民众报》	1933年8月，哈尔滨	哈尔滨反日总会	不详	不定期	1935年4月	不详
《反日青年》	1933年9月，哈尔滨	哈尔滨团市委	不详	不定期	1935年4月	不详
《人民革命报》	1933年9月，磐石县	南满游击队、东北人民革命军第一军独立师	纪儒林	旬刊	1936年初	不详
《青年义勇军报》	1933年9月，磐石县	磐石红军报社	不详	不定期	1935年8月	不详
《吉海工人报》	1933年9月，磐石县	吉海铁路工人总工会	陈质生	不定期	不详	不详
《人民小报》	1933年10月，磐石县	中共磐石县委	纪儒林	不详	不详	不详
《人民革命画报》	1933年，磐石县	南满游击队、东北人民革命军第一军独立师	赵杰	不详	不详	共发行近百期，每期发行数不详
《反日报》	1934年2月，穆棱县（今黑龙江省穆棱市）	中共吉东局	赵志刚、黄秀珍	不定期	1934年4月改名为《吉东战报》	每期80~100份
《革命青年画报》	1934年春，磐石县	共青团磐石县委	不详	旬刊	不详	不详
《反日青年》	1934年4月，磐石县	共青团磐石县委	不详	不定期	不详	不详
《吉东战报》	1934年4月，穆棱县	中共吉东局	不详	不定期	1934年6月	每期80~100份

续表

报刊名称	创办（复刊）时间、地点	领导机构	负责人	出版周期	终刊时间	发行数量
《珠河群众小报》	1934年10月，哈尔滨	哈尔滨反日总会	黄铁城	仅出一期	1934年10月	30余份
《东边道反日报》	1934年12月5日，金川县河里	南满特委	全光	不详	1936年7月	不详
《东边道反日画报》	1934年12月5日，金川县河里	南满特委	全光	不详	1936年7月	不详
《列宁旗》	1935年1月，金川县	中共南满省委、第一路军政治部	魏拯民	不详	1939年	不详
《反日民众报》	1935年3月7日，磐石县	中共磐石县委	不详	不定期	不详	不详
《东边道青年先锋报》	1935年4月10日，磐石县	共青团南满特委	不详	不定期	不详	不详
《（哈东）人民革命报》	1935年4月，珠河县（今黑龙江省尚志市）	中共珠河县委	不详	原为月刊，后不定期	1935年9月	不详
《东满民众报》	1935年7月，汪清县	中共东满特委	魏拯民	不详	不详	不详
《青年民众》	1935年8月20日，磐石县	共青团南满特委	不详	不定期	1936年5月	不详
《吉东青年救国画报》	1935年12月31日，依兰县	吉东青年反日救国会	不详	不详	不详	不详
《战旗》	1935年，汪清县	中共东满特委	不详	不详	不详	不详
《救国青年》	1936年5月25日，磐石县	共青团南满特委	不详	不定期	不详	不详
《救国报》	1937年6月1日，依兰县四道河子	中共吉东省委秘书处	姚新一	原定半月刊，1937年11月改月刊，后改周刊	1939年2月	不详
《南满抗日联合报》	1936年7月，金川县	中共南满省委秘书处、第一路军政治部	傅世昌、李永浩	不定期	1938年11月	不详

续表

报刊名称	创办（复刊）时间、地点	领导机构	负责人	出版周期	终刊时间	发行数量
《中华画报》	1936年7月，金川县	中共南满省委秘书处、第一路军政治部	不详	不定期	1937年8月20日出版至第9期，停刊时间不详	不详
《前哨》	1938年2月7日，依兰县四道河子	中共吉东省委机关处、秘书处	姚新一	月刊	不详	每期200份
《中国报》	1938年12月，金川县	中共南满省委秘书处、第一路军政治部	全光	周刊	1939年底	不详
《新战线》	1939年1月，海伦县（今黑龙江省海伦市）八道林子	北满联合军政治部	不详	不详	不详	不详
《统一》	1939年7月15日，海伦县	中共北满省委	冯仲云	半月刊	不详（1940年6月13日出至第7期）	不详
《北满救国报》	1940年2月7日，海伦县	第三路军总指挥部、北满抗日救国社	不详	半月刊，后不定期	1940年9月复刊，终刊时间不详	不详
《东北红星壁报》	1940年5月，宝清县	第二路军总部壁报社	金京石、李俊、王春发	月刊	1940年9月10日	不详

《满洲红旗》是在20世纪30年代中华民族危机日益深重的时刻创刊的一份革命报刊，它的出版，为中共领导东北广大群众开展反日斗争起到了积极的引导作用。《满洲红旗》从创刊到更名为《东北红旗》和《东北民众报》，直至最后停刊，前后持续了约五年时间。它"记录了老一辈共产党人英勇奋斗的革命精神和不屈不挠的革命业绩"[1]。《满洲红旗》促进了马

---

[1] 何骞：《"日伪"钳制下的沈阳新闻业衰亡史》，傅波：《辽东抗战研究》，辽宁民族出版社，2008年，第510页。

克思主义在日伪统治区的传播，为党的宣传事业作出了较为突出的贡献。《满洲红旗》以及随后出版的一些革命报刊，极大地鼓舞了东北人民的抗日斗志，为反抗日本帝国主义的殖民侵略和伪满洲国傀儡政权起了重要的作用。

三、《人民革命画报》的出版

在东北抗联时期出版的革命报刊中，《人民革命画报》是东北沦陷区出版的一份比较有特色的刊物。《人民革命画报》创刊于1933年4月，刊物初创时名为《革命画报》，由中共磐石县委宣传部部长纪儒林主持。《革命画报》初定为旬刊，每月出版3期。1933年9月东北人民革命军成立后，该报也改名为《人民革命画报》。

《人民革命画报》以宣传画、漫画的形式宣传抗日斗争，图画旁边配有寥寥数语的说明，以帮助读者加深对于图画的理解。当时东北人民革命军队中战士识字水平普遍不高，因此，对于这种内容直观、形象生动的画报读物尤其感兴趣。

《人民革命画报》所报道的内容大多为东北人民革命军抗击日伪的消息。据当年曾参与编辑画报工作的许春芳和翟久富回忆，1933年6月25日，该报对红军南满游击队联合赵旅、马团等攻打驻伊通大兴川伪军的场面进行了报道。7月，该报报道了红军南满游击队联合毛团、马团、赵旅、傅殿臣等部队攻打吉林七区的场面；8月，该报报道了南满游击队联合宋国荣、傅殿臣、赵旅、马团、毛团等攻打呼兰的场面等。[①]

《人民革命画报》第65期报道了抗日英雄杨靖宇战胜伪军邵本良的新闻，所画内容为抗联部队活捉伪军，缴获大量战利品，抗联战士和现场围观的群众欢欣鼓舞的胜利场景。作品所传递的"画外音"是：咱们都是中国人，都应拿起枪杆，打击日本强盗，不当日本奴隶！第67期刊登了3幅钢笔画，报道了1935年10月4日人民革命军第一军和第二军胜利会师的场面。

《人民革命画报》主要发行于东北地区的磐石、桦甸、伊通、海龙、柳河、东丰、金川、辉南、通化、濛江（今吉林省靖宇县）、抚松、清源、新宾、桓仁、宽甸一带。1936年7月，东北人民革命军第一军和第二军进行了合并，改编为东北抗日联军第一路军，《人民革命画报》也改名为《南满救国画报》。[②]

---

① 全国政协文史资料委员会：《文史资料存稿选编》（6），中国文史出版社，2002年，第179页。
② 耿孝文：《吉林省志·文化艺术志》，吉林人民出版社，1993年，第55页。

四、东北抗联出版活动的特点和历史意义

东北抗联作为中国共产党领导下的抗日武装组织，在开展抗日斗争的同时，也积极利用报刊开展宣传工作。东北抗联出版活动体现出以下一些特点。

（一）报刊发行规模小，多为油印和不定期出版

东北沦陷后，由于日伪对东北地区的残酷统治，东北抗日联军开展出版活动的环境十分险恶，所发行的报刊生存状况十分艰难。受制于出版环境和经济条件，东北抗联出版的报刊从整体上呈现出规模小、发行时间短的特点。东北抗联时期出版的报刊，以《满洲红旗》的发行量最大，但每期的发行量也只有400～500份，发行数量较大的还有《前哨》，每期发行数量约为200份。除以上两份刊物外，其他刊物每期发行数大多在100份以下，如：1932年7月，中共绥宁县委出版的《绥宁报》每期发行80份；中共吉东局出版的《反日报》《吉东战报》的发行数量均为每期80～100份；哈尔滨反日总会出版的《珠河群众小报》仅出版了一期，发行数量约为30份。

东北抗联出版的报刊大多为八开二版，头版一般刊载社论和重要新闻，二版为消息、通讯、公告，报刊还经常刊载一些宣传画。每逢重大纪念日或前方部队打仗取得重大胜利时，报刊还会增出一些"纪念号"或"号外"。由于缺乏铅印设备，再加之纸张和油墨供应紧张，东北抗联时期的报刊多为油印出版，印刷质量不高。报刊多为蜡纸刻写，单面油印，大小从四开到三十二开不等，以八开报刊居多。这与当时艰苦的办刊条件有关，由于日伪的严密封锁，白报纸、油墨以及其他各种印刷物资奇缺。再加之日伪经常进行搜捕和扫荡，编印工作不得不躲在山洞里进行，晚上用松柴照明，将捣碎的蓟草挤汁当印油。由于军事斗争频繁，报刊出版活动不得不随军流动出版，出版的连续性无法保证。因此，从出版周期看，东北地区的报刊多为不定期出刊。

（二）部队领导干部亲自参与编辑和写作

东北抗联出版物虽然采用蜡纸刻印而在印刷质量方面显得比较粗糙，但是在文章内容的写作和编辑质量上却达到比较高的水准。东北抗联部队把报刊出版作为部队政治工作的一项重要任务，充分发挥报刊在巩固部队团结、提升部队政治觉悟和宣传反日反满方面的作用。当时，东北抗联的领导人杨靖宇、赵尚志、周保中、李兆麟等在指挥部队打仗的过程中，主抓报刊的编撰工作，有的还亲自撰写社论或文章并在报刊上发表。

1936年7月，中共南满省委秘书处、第一路军政治部联合创办了一份抗日报刊——《南满抗日联合报》。东北抗联名将、第一路军总司令杨靖宇亲自为该报题词"南满抗日联合报万岁！"。负责该报编辑工作的人员为中共南满省委秘书处编辑部主任、第一路军政治部宣传科科长傅世昌和中共南满省委宣传部印刷主任李永浩。

1940年5月，东北抗联第二路军创办了《东北红星壁报》，"这是抗联处于最困难时期出版的一份小报"[①]。为加强该报的编辑工作，东北抗联名将赵尚志亲自担任该报的主编。在他的主编下，《东北红星壁报》办得生动活泼，深受部队广大指战员喜爱。在主编该报的过程中，赵尚志还担任该报的主笔，以"向之"的笔名亲自撰写了一系列社论，如《关于东北抗日游击队的过去与现在的略述》《关于布置和建立东北游击队的报告》等。他在社论中，深刻分析了游击战在东北抗战中的重要地位，系统总结了东北抗日游击战争的组织原则、发展的必要条件和战略战术。这些社论的发表，为东北抗日联军开展对日斗争指明了方向。

中共吉东省委书记兼抗联第五军军长、抗联第二路军总指挥周保中曾先后指导了《救国报》《前哨》《东北红星壁报》的出版工作，他还在《东北红星壁报》发表《宣传问题概论》和《日寇近卫内阁的悲运》的理论文章和社论。此外，中共北满省委兼抗联第三路军领导人李兆麟和冯仲云等人，也曾指导过《新战线》《统一》和《北满救国报》的创刊工作。李兆麟还在《北满救国报》上发表了《北满党的统一与小资产阶级反党分子的蜕化堕落》等文章。

（三）刊载内容丰富，题材多样

东北抗联出版的报刊既有长篇社论，也有篇幅较短的即时性新闻报道；既有严肃、深刻的理论性文章，也有轻松活泼的抗战宣传画、抗战漫画、抗战歌词等。1938年2月7日，中共吉东省委机关处、秘书处创办了《前哨》，创刊号发表了署名"白景三"的《论东北民族反日游击运动》一文。由于文章篇幅很长，"只得分期刊载"，在第1期中刊载了"导言""东北民族反日游击运动在整个世界社会主义革命过程中的伟大意义和作用""东北民族反日游击运动的辩证律的发展及其不同的阶段"三部分。因报刊版面所限，第三部分内容也未能在第1期上全部刊载。作者在"导言"部分综述了20世纪30年代殖民地和半殖民地革命的兴起背景和原因，介绍了东北民族反日游击运动的现状；第二部分从经济、政治、地理

---

① 宁树藩：《中国地区比较新闻史》（上），复旦大学出版社，2018年，第302页。

等角度阐释了东北反日游击运动的"特殊伟大的意义和作用"。该文第三部分,作者以辩证唯物主义的眼光分析了东北民族反日游击运动,认为:"东北民族反日游击运动本身,就是一个'肯定''否定''否定的否定'的公式的继续,所以他发展过程,也是一个'运动''变化''进展'相继不断的现象的连续。"①

1940年5月,《东北红星壁报》刊发了抗联将领周保中的《宣传问题概论》一文。这也是一篇篇幅较长的理论性文章,全文共2100多字。作者结合抗联斗争的实际情况,从阶级斗争的角度阐释了革命的宣传工作的性质、宣传的目的、宣传工作的方式方法和开展宣传工作的意义等。作者指出"革命的宣传是含有进步性的","革命的宣传是依据群众的客观的实际的,提高和迎合群众的进步要求,启发群众的愚昧和消除其落后性"。作者认为,"在目前我们斗争环境转特殊困难,而又转特别吃紧的状态,宣传工作更其重要"。抗战宣传工作要"切合于东北长期抗战游击运动现实环境,针对日寇的弱点,披露出被压迫广大群众的要求与愿望",在开展宣传工作中,要"搜集具体材料,用口头的、文字书报与实际斗争工作相配合"。②

除了长篇的理论性文章外,东北抗联报刊还发表了不少语言通俗的短篇文章。如,1940年6月2日,《东北红星壁报》第2期刊发了抗联名将赵尚志以"向之"为笔名撰写的短篇社论《纪念红色的五月》。该文历数五月各纪念日的沉痛历史,指出"五月乃是我中国人民,曾遭受了极端惨痛的国耻月","悲愤惨痛的五月,是唤醒我国人民起来进行伟大斗争的日子"③。文章号召人们起来斗争,要用"血命的力争"消灭敌寇,来纪念红色的五月。文章虽只有短短的几百字,但读之令人精神振奋,让人增添对敌斗争的勇气和力量。在该报的"革命文艺"一栏,还有"向之"(赵尚志)手笔的通俗诗歌《土野的诗歌》《将就一些儿》和《春日卡击》(春之花调),这些诗歌语言浅显,直白易懂。兹将《春日卡击》(春之花调)的文字内容誊录如下④:

---

① 白景三:《论东北民族反日游击运动》,《前哨》第1期,1938年2月7日,中央档案馆、辽宁省档案馆、吉林省档案馆、黑龙江省档案馆:《东北地区革命历史文件汇集》(甲28册),内部资料,1989年,第375—391页。
② 周保中:《宣传问题概论》,《东北红星壁报》,1940年5月,《东北地区革命历史文件汇集》(甲57册),内部资料,1992年,第287—292页。
③ 尚之:《纪念红色的五月》,《东北红星壁报》第2期,1940年6月2日。
④ 尚之:《春日卡击》(春之花调),《东北红星壁报》第2期,1940年6月2日。

(一)

看春色可人真奇妙，青山秀水环绕。
笑那脆柳腰乱摆，爱这银杏刚放瓣。
钻入池塘蟹逃虾跳，草甸蛙声叫闹。

(二)

眼巴巴盼待贼兵到，打死活捉不少。
挎上战刀军服换，背得枪支和子弹。
转了个弯攀登山岳，罐头饼干吃饱。

《春日卡击》小诗语言清新直白，风格轻松活泼。上一段内容中，作者以视觉、听觉所感，描绘了一幅"奇妙""可人"的春日图景。下一段内容中，作者写出了将士们盼望杀敌的急切心情与战斗获胜、活捉敌寇、缴获战利品的喜悦之情。"转了个弯攀登山岳"表明我军善于打游击战，在运动中歼敌的战斗风格。"罐头饼干吃饱"说明我军平时生活艰苦，难以吃上罐头和饼干之类的食品。战斗胜利后，我军终于饱餐了一顿从敌寇手中缴获的罐头饼干。两段诗虽然描写的对象不同，但内在关联紧密，完整地展示出一幅春天的战斗图景。全诗格调清新自然，诙谐风趣，用质朴的语言描写了东北抗日联军将士的战斗豪情和革命乐观主义精神。

为了提升传播效果，东北抗联出版的报刊重视"用口头宣传（个别谈话、开群众大会或与敌作战时讲话、唱歌等）、文字宣传、娱乐会、演剧等"[1]方式开展抗日宣传工作，取得了良好的传播效果。如，1940年4月9日，中共北满省委主办的《统一》出版了一期"红五月专号"，专号刊发了《上前线歌》和《国共合作纪念歌》等抗日歌谣。《上前线歌》中写道："炮火连天响，战号频吹，决战在今朝，我们抗日先锋军英勇的武装上前线，用我们的刺刀枪炮头颅和热血！哎！用我们的刺刀枪炮头颅和热血——坚决与敌决死战。"[2]《国共合作纪念歌》中写道："全国分统一，各界分动员，陆海空军貔貅勇，抗日先锋壮志坚，精诚团结救神州，领导民众争自由，争自由，争自由，杀敌雪耻复国仇。"[3]歌谣的特点是便于传唱，

---

[1] 金日成、安吉、徐哲：《关于抗联第一路军情况和对问题的答复（1941年1月1日）》，中央档案馆、辽宁省档案馆、吉林省档案馆、黑龙江省档案馆：《东北地区革命历史文件汇集》（甲60册），内部资料，1992年，第101页。

[2] 《上前线歌》（1940年4月9日），中央档案馆、辽宁省档案馆、吉林省档案馆、黑龙江省档案馆：《东北地区革命历史文件汇集》（甲26册），内部资料，1989年，第353—354页。

[3] 《国共合作纪念歌》（1940年4月9日），中央档案馆、辽宁省档案馆、吉林省档案馆、黑龙江省档案馆：《东北地区革命历史文件汇集》（甲26册），内部资料，1989年，第355页。

虽然篇幅短小，但是简单易记，对识字水平有限的士兵和民众传播效果明显。

东北抗联报刊出版值得一提的还有《救国报》，该报于1937年8月1日起，连载著名美国新闻记者埃德加·斯诺的《红星照耀中国》的译文。当时东北抗联与党中央已失去联系，该报主编姚新一辗转获得上海英文《密勒氏评论报》后，将埃德加·斯诺赴延安的采访记录翻译成中文，使东北抗日联军对延安中央革命根据地开展抗日斗争和根据地建设的事迹有了更多的了解。

（四）多采用伪装的形式秘密发行

由于东北沦陷区处在日伪的严酷统治下，革命出版物的发行多采用地下发行的方式。东北抗联时期的革命出版物，有不少是一刊多名或用伪装封面。例如，《满洲通讯》曾分别使用过《四书注解》《上帝之言》《卫生规律》《国文讲义》等伪装封面；《斗争》第一期的封面伪装成《民间歌谣》；《满洲红旗》发行过程中，也曾分别使用过《国民必读》《工商周刊》等伪装封面，发行地址署为"上海大东书局印行"。通过对刊物的封面进行伪装，可以在一定程度上起到迷惑敌人的作用，从而有助于刊物的顺利发行和扩大刊物在群众中的影响力。①

除了对封面进行伪装外，刊物的编印者和作者也多采用化名或不署名。如，中共满洲省委书记陈潭秋曾化名"孙杰"在《斗争》上发表题为《〈斗争〉的任务》一文。1940年6月2日出版的《东北红星壁报》第三版"民族英雄传记"一栏刊载了周保中化名为"K"的《现任东北抗日联军第二路军总指挥周保中简传》一文。"K"是周保中在苏联学习时的俄文名字关特拉雪夫的第一个字母，在这里他用"K"的化名发表了这篇自传文章。采用化名，可以起到掩护作者身份的作用，有助于中国共产党人和进步工作者更好地开展革命宣传工作。

由于日伪对东北地区实施的长期而残酷的殖民统治，东北沦陷区的媒介生态环境十分险恶，东北抗联报刊在日伪的新闻统制下发展空间极为狭小，所印行的出版物多为油印，有的还直接采用手写的方式出版发行。虽然东北抗联出版物印刷质量一般，但是，东北抗联的革命出版工作者不畏艰险的精神值得称道。他们在与日伪开展军事斗争同时，坚持创办革命报刊，积极宣传抗日主张。为了出版报刊，一些报刊编辑人员还为此献出了宝贵的生命。如，《救国报》和《前哨》主编姚新一（唐瑶圃）和编辑胥

---

① 丁宗皓：《中国东北角之文化抗战》（1895—1945），辽宁人民出版社，2015年，第200页。

杰（孙礼），在转移印刷设备和中共满洲省委文件资料的途中突遭日伪袭击，英勇牺牲。《东北红星壁报》的编辑王春发，为了掩护部队突围，拿起枪上前线与敌人战斗，最终壮烈牺牲。东北抗联出版人的这种坚韧不拔、舍生忘死，哪怕是吃不上饭也要搞宣传的革命办刊精神，是值得今天的新闻出版工作者铭记和发扬的。

第九节　土地革命战争时期中共出版发行管理体系的建立

中国共产党成立初期，先后设立了中共中央出版部、中央机关报编辑委员会、中央出版科、中央编辑委员会、中央编译委员会等出版管理机构，同时还创办了人民出版社、上海书店、武汉长江书店等出版发行机构以及中兴印刷所、文明印务局等地下印刷机构，为党的出版发行事业奠定了基础。"四一二"反革命政变后，上海书店、文明印务局等许多进步出版机构被国民政府查封。土地革命时期，为了发展党的新闻出版事业，中国共产党在白区和苏区，相继创建了一些出版管理机构和印刷发行机构。

一、中共在国统区成立的出版管理机构

土地革命时期，中共中央在国统区成立的主要出版管理机构有在汉口设立的中央出版局（后迁沪）和在上海设立的中央出版部等。

（一）中央出版局

1927年4月，中共五大在汉口召开，大会选出了新的中央委员会，新的中央委员会决议在武汉成立中央出版局，作为领导全党出版工作的机构，同时，负责管理长江书店、长江印刷厂和宏源纸行的工作。5月，中共中央出版局正式成立，首任局长为张太雷，不久由汪原放接任。武汉"七一五"反革命政变发生后，汪原放因工作调动，中央出版局局长一职改由毛泽民担任。

国民革命失败后，全国白色恐怖日趋严重。1927年8月7日，中共中央在汉口召开临时政治局紧急会议。会议除要求中共临时中央政治局按期出版秘密的党报之外，政治局还"应设一特别的出版委员会，专掌传播党的机关报及中央一切宣传品的责任"[1]。8月9日，中央决定由瞿秋白兼任中央党报总编辑。[2] 8月15日，中共临时中央政治局常委会讨论决定由郑超

---

[1] 《中共中央紧急会议关于党的组织问题议决案》（1927年8月7日），中央档案馆：《中共中央文件选集第三册（一九二七）》，中共中央党校出版社，1989年，第303页。

[2] 李维汉：《回忆与研究》（上），中共党史资料出版社，1986年，第70页。

麟、彭礼和、毛泽民、倪忧天等人组成出版委员会。8月21日，中共中央发布通告，要求加强党的政治宣传和鼓动工作。10月22日，中共中央发布了关于停办《向导》，改出《布尔塞维克》的通告。[①] 11月9日，中共临时中央政治局扩大会议决定，在中共临时中央政治局常委之下设中央党报编辑委员会和组织局，组织局下设出版分配科、宣传科。八七会议以后，中共中央机关由汉口迁到上海，迁沪后的中央出版局仍由郑超麟负责，发行工作由毛泽民负责，印刷厂经理为彭礼和。1928年初，郑超麟赴福建任职，中央出版局随后撤销，出版管理工作归中共中央宣传部负责。

（二）中央宣传部出版科、中央组织部发行科

1929年6月，中共六届二中全会在上海召开，本次会议讨论通过了《宣传工作决议案》，决定进一步改进和加强党的宣传工作，在中央宣传部下设以下各科（委）：1.审查科（审查全国各级党报的宣传材料）；2.翻译科（翻译各种马列主义著作，国际政治、经济和革命运动以及苏联社会主义建设材料）；3.材料科（收集整理各种材料、宣传品）；4.统计科（统计全国各种性质的宣传材料及发行数）；5.出版科；6.编辑委员会（负责编辑宣传教育丛书、小册子等）；7.文化工作委员会。[②] 根据这一决议案，中央宣传部下的出版科、编辑委员会和文化工作委员会负责各种书刊的编辑、出版、发行和管理事务，承担了原中央出版局的职能。

在中央宣传部设立出版科的同时，中共中央组织部下也设立了发行科。其中，中宣部出版科主要负责公开出版物的发行工作，并承担编辑各种宣传教育用的丛书和小册子等事务，中央组织部下设的发行科主要负责党内的文件、材料、通知以及内部刊物、秘密刊物的发行。

（三）中央出版部

中央出版部是中共在上海成立的一家秘密出版发行管理和业务机构。该机构成立的时间大约在1930年9月[③]。中央出版部主要负责印刷和发行书刊，同时兼具出版管理的双重职能。其业务部门包括以下几个：一是印刷厂，主要负责编印各种书刊，印刷厂下设编辑部，负责人毛远耀。二是内部发行科，主要负责为各地党组织秘密供应书刊。三是公开发行科，公开或半公开地向群众推销各种书刊，负责人王平。当时，中央出版部发行的

---

① 中国出版科研所：《近现代中国出版优良传统研究》，中国书籍出版社，1994年，第57页。
② 《中共六届二中全会宣传工作决议案》（1929年6月25日），中国社会科学院新闻研究所：《中国共产党新闻工作文件汇编》（上），新华出版社，1980年，第59—61页。
③ 刘苏华：《中共六大至中央撤离上海前中央出版组织机构考释》，《出版科学》2014年第5期。

书刊有《红军捷报》、《红旗》、《时代文化》、《中国论坛》、《论反对派》、《社会民主党在民主革命的两个策略》、《共产主义运动中的"左派"幼稚病》、《新中国》（苏维埃中央政府主编）等。[①]

四一二反革命政变后，由于上海白色恐怖严重，中央机关屡遭破坏。1933年1月，中共临时中央撤离上海，转移至瑞金。1935年7月，中央出版部在上海的公开出版活动随即转入地下秘密进行。

二、中央苏区成立的出版管理机构

1931年11月，中华苏维埃共和国临时中央政府成立后，为了保卫红色苏维埃政权，发动群众参加革命，中央决定加强宣传工作。出版工作作为党的宣传工作的重要组成部分，被提到重要的议事日程。苏区广大干部和群众为响应党和苏维埃政府的号召，在艰苦的环境下，因地制宜、因陋就简，克服各种困难，从党政军组织系统到各群众团体都高度重视出版发行工作。党和苏维埃政府先后创办了层级分明的出版发行传播网络系统，编译出版了大量马克思主义著作和政治、经济、文化教育、医疗卫生、社会生活等方面的书刊，为宣传党的方针政策，巩固苏维埃政权，传播马克思主义理论作出了巨大贡献。

（一）苏区中央出版管理机构——中央出版局的成立

1931年12月，中央出版局在瑞金叶坪正式成立，首任局长由朱荣生担任。中央出版局是中央苏区成立的管理出版事业的领导机构，主要负责审查苏区书报刊的出版和发行事宜。中央出版局下设出版科、编审科、总发行部、财务室等机构，另外还设有附属机构中央印刷厂。1933年后，"总发行部"从中央出版局分离出来，由中共中央局直接管理，改称为"中央局发行部"。

朱荣生担任局长后，为了摸清中央苏区出版情况，进行了大量调查，在此基础上出台了一些出版管理条例，杜绝了过去乱出版、低质量出版等一些混乱现象。1932年上半年，中央革命根据地党、政、军及群众团体的中央机关以及省县级机关均创办了自己的报刊，设立了各种新闻出版、印刷、发行机构和其他配套措施，为苏区文化事业的发展奠定了基础。

1932年7月14日，朱荣生受中央调派赴其他部门任职，出版局局长一职改由张人亚继任。中央出版局发表启事称："中央出版局兼总发行部部长朱荣生同志已调换工作，以后中央出版局及总发行部均由张人亚同志负

[①] 王均予：《忆我在中央出版部的工作》，《上海党史资料通讯》1985年第11期。

责。"①

张人亚（1898—1932），又名张静泉，浙江镇海县霞浦乡（现属北仑区管辖）人，早年曾是金银工人，1921年加入中国共产主义青年团，随后加入共产党。1921年在上海从事工会运动，主持上海金银业工人俱乐部，并领导上海金银业工人罢工斗争。在前往中央苏区之前，张人亚先后担任过中共上海浦东部委书记、中共中央秘书处内部交通科科长、中国革命互济会全国总会主任等职务。1931年11月，张人亚被派往中央苏区工作，担任中央工农检察委员会委员。1932年7月14日，张人亚出任中央出版局局长兼总发行部部长，并代理中央印刷局局长一职，成为总管苏区出版、印刷、发行工作的掌门人。

张人亚为做好苏区的出版工作倾注了大量心血，他领导中央出版局出版了大量革命书刊。当时，中央出版局既是临时中央政府新闻出版发行事业的管理机构，又承担了中央一级出版社的功能。中央出版局自身也开展出版业务，编撰出版了不少书刊，如《共产主义运动中的"左派"幼稚病》《社会民主党在民主革命中的两个策略》《国际纲领》《第一国际到第三国际》《职工运动指南针》《少共国际纲领》《布尔什维克的三十年》《论清党》等。这些书刊的出版发行，激发了苏区工农群众组织起来参加红军，保卫苏维埃红色政权的热情。

张人亚负责中央出版局期间，中央出版局还出版发行了《无产阶级革命和叛徒考茨基》《三个国际》《国家与革命》《为列宁主义化而斗争》《为列宁主义的胜利与党的布尔什维克化而斗争》《为实现一省与数省革命首先胜利》《政治问答》《紧急动员令》《关于战争紧急动员》《关于战争动员与后方工作》《关于扩大红军问题》等一系列马克思主义理论书籍和革命书籍。②

1932年12月23日，张人亚在福建汀州（今福建省长汀县）视察工作期间，因操劳过度不幸患病去世。为纪念这位苏区出版界的模范干部，《红色中华》第46期发表了《追悼张人亚同志》一文，称赞他"对于革命工作是坚决努力，刻苦耐劳"，张人亚的去世使我们的革命出版事业失去了一个"最勇敢、最坚决的革命战士"。③

张人亚在主管苏区出版工作期间，认真贯彻执行党的文化教育方针和各项政策，紧紧依靠苏区广大干部和工人，在文化落后、条件艰苦的中

---

① 张人亚革命事迹调研组：《张人亚传》，学林出版社，2011年，第74页。
② 张人亚革命事迹调研组：《张人亚传》，学林出版社，2011年，第76—77页。
③ 《追悼张人亚同志》，《红色中华》第46期，1933年1月7日。

央革命根据地，组织出版了一大批政治理论和文化教育类书刊，推动了苏区出版事业的蓬勃发展。这些革命书刊以及专业书刊的出版，宣传了马克思主义，激发了苏区青年参加革命的热情，为巩固苏维埃政权起了重要作用。毛泽东曾在"二苏大会"上对出版事业促进苏区群众文化运动的迅速发展进行了高度评价。他指出，中央苏区现已有各种大小报纸34种，《红色中华》《青年实话》《斗争》《红星》报的发行量都有很大增长，这证明苏区群众文化水平已得到了迅速提高。中央出版局的工作为巩固苏维埃政权，促进苏区政治、经济、文化、教育等各项事业的发展作出了不可磨灭的贡献。

（二）中央苏区其他出版机构

1. 中央教育人民委员部编审委员会

该机构成立时间为1932年6月13日，是中央教育人民委员部设立的编审机构。徐特立任编审委员会主任，编委会组成人员有关蕴秋、施红光、蔡乾等人，办事机构与教育部合署办公。办公地址先设于瑞金叶坪，1933年后迁往瑞金沙洲坝村。

编审委员会主要负责苏区文化教育类图书的编纂、审定与出版工作。编审委员会成立之初，由于人力紧张，为集中更多的时间来审定书稿，除重要图书的编撰外，相当一部分图书的编写任务便分配到各省、县苏维埃政府，编审委员会则负责对编写的各种书稿进行审查。

中央教育人民委员部下设教育部印刷所，归编审委员会领导，印刷所主要承担一般学校教材与苏维埃法规文件的印制工作。

中央教育人民委员部编审委员会设立之后，苏区各省也相继设立了编审出版委员会。各省教育部编审出版委员会设主任1名、委员3至7名。各省编审出版委员会主要负责本省各类教材的审查和编辑工作，同时对地市一级编辑的教材进行审查。但各地出版的与中央苏区有直接联系的重要文教类材料的审查权仍归中央教育人民委员部。1933年12月后，苏区各省教育部编审出版委员会改为编审出版科。1934年4月，中央教育人民委员部编审委员会改称为中央教育部编审局，其职责仍为"领导编审教材事宜"，负责管理苏区教材和文化书籍的编审和检查工作。[①]

2. 工农剧社编审委员会

工农剧社编审委员会是苏区专门负责剧本、歌曲编写审定的机构，也是苏区戏曲艺术的专门研究部门。1933年3月5日，工农剧社编审委员会

---

① 《中国共产党江西出版史》编写组：《中国共产党江西出版史》，江西人民出版社，1994年，第173页。

正式成立，社址初设于瑞金叶坪，后迁至沙洲坝。《红色中华》报主笔沙可夫兼任编委会主任。1933年3月12日，工农剧社在《红色中华》报第60期发布启事称，本社编审委员会除了"编著剧本、歌曲、朗诵诗外"，还负责审查各地工农俱乐部编印出版的剧本、歌曲等材料，"以便甄别好坏，决定取舍"。[①]

工农剧社编审委员会成立后，紧密配合苏区党和政府的文艺方针政策，编写和审定出版了一大批剧本，如《武装保护秋收》《我——红军》《东洋人照相》《战斗的夏天》《谁之罪》《滚出去》《胜利》《工作在箱子里》等，其中有话剧、喜剧、哑剧等形式。不少剧本还印刷发行供各地演出。工农剧社编审委员会编撰出版的剧本、歌曲等读物，为苏区马克思主义大众化文艺传播，丰富苏区军民的文艺生活提供了宝贵资源。

3. 工农美术社

中央苏区工农美术社既是中央苏区的美术创作、研究机构，也是中央苏区美术编辑出版机构。该社成立时间为1933年12月11日，社址设在瑞金县城的天后宫，由蔡乾任负责人。工农美术社是中央教育人民委员部的直属机构之一。

工农美术社成立前夕，设立了筹备委员会。筹备委员会在1933年10月12日召开的第四次筹备会上，确定在"广州暴动"六周年纪念日（1933年12月11日）举行工农美术社成立大会，同时举办首届工农美术展览会。为了将美术创作活动推向全苏区，工农美术社筹备委员会于1933年11月26日在《红色中华》报上发布启事，欢迎各位美术爱好者将自己创作的"图画、雕刻、相片、艺术化的墙报"等革命美术作品寄往工农美术社[②]，启事还刊出了作品寄发的地址和收信人。

工农美术社成立后，创作出版了《革命画集》《苏联社会主义建设画集》《苏联的青年画集》等一系列革命画集。这些画集不仅画面精美、内容丰富，装帧设计也高端大气，深得苏区群众的喜爱。《红色中华》报曾刊文称赞工农美术社出版的《革命画集》"有红色战士的英勇姿态，有革命群众奋斗的实像，是革命与战争的轮廓画"[③]。随着苏区美术创作活动的蓬勃开展，广大工农兵群众中，涌现了一支由专业美术工作者和业余美术爱好者组成的美术创作队伍。其中，黄亚光是当时最为突出的代表人物，他除了经常为《红色中华》《青年实话》等报刊创作绘画作品外，还画过

---

① 洪荣华：《红色号角：中央苏区新闻出版印刷发行工作》，福建人民出版社，1993年，第325页。
② 《征求革命美术作品启事》，《红色中华》第17期，1933年11月26日。
③ 《江西省文化艺术志》编纂委员会：《江西省文化艺术志》，新华出版社，1999年，第553页。

无产阶级革命领袖的头像，设计和绘制过苏区的钞票、邮票等。①中央苏区工农美术社的成立为苏区美术事业的发展起了重要的领导组织与推动作用。中央苏区创作的美术作品内容丰富、形式多样，具有鲜明的革命性和强烈的战斗特色。这些美术作品的出版，起到了鼓舞革命根据地军民斗志的作用。

4. 马克思共产主义学校编审处和马克思主义研究会编译部

马克思共产主义学校是为纪念马克思逝世五十周年而创办的，是今天中共中央党校的前身。马克思共产主义学校创办时间为1933年3月13日，校址设在瑞金叶坪洋溪，由任弼时担任首任校长。马克思共产主义学校设有编审处，主要负责该校教材课本的编辑出版。编审处成立不久，即编辑出版了《列宁主义问题》《共产党宣言》《论清党》《中国革命基本问题》等系列政治理论著作。

为加强对马克思主义理论的研究，1933年4月9日，马克思共产主义学校成立了马克思主义研究会，由张闻天担任研究会书记。马克思主义研究会是苏区设立的第一个马克思主义理论研究机构。该研究会的宗旨是"研究马克思列宁主义，在思想上为共产国际与中共中央的总路线而斗争"②。随后，中央各机关及地方各省也纷纷成立了马克思主义研究分会。

马克思主义研究会设有编译部，其工作职责主要是"编辑总会《通讯》"和"编纂和出版总会各项材料"③。在编译部全体成员的努力下，马克思主义研究会出版了一批马克思共产主义理论书籍，如《共产党宣言》（附《雇佣劳动与资本》），封面上署有"中央苏区马克思主义研究会出版，1934年2月印行"字样。此外，还有《中国经济之性质问题的研究》一书，该书收录了洛甫（张闻天）的《中国经济性质问题的研究》一文以及其他作者的研究文章10余篇。该书"序言"介绍道："这本书的出版，对于各地研究马克思主义的同志，特别是对于各地研究中国经济问题的同志，有极大的贡献。"④

马克思主义研究会编撰出版的各种马克思主义理论书籍，对于促进马克思主义理论在中国的传播，提高苏区广大干部的马克思主义理论水平起了重要作用。

---

① 《江西省文化艺术志》编纂委员会：《江西省文化艺术志》，新华出版社，1999年，第551页。
② 严帆：《中央革命根据地新闻出版史》，江西高校出版社，1991年，第53页。
③ 《马克思主义研究会的组织和工作大纲》，《红色中华》第216、217期，1934年7月19日。
④ 《〈中国经济性质问题的研究〉出版启事》，《红色中华》第150期，1934年2月16日。

（三）工农红军创办的出版机构

中央苏区时期，中国工农红军中央革命军事委员会（简称"中革军委"）下设立了一些编辑出版机构，如中央革命军事委员会出版局、中央革命军事委员会编译委员会，另外，中央苏区创办的工农红军学校中也设立了出版科室，主要有工农红军中央军事政治学校编审出版科、工农红军卫生学校出版科、工农红军大学出版科等（表4-20）。

表4-20　中国工农红军创办的出版编译机构

机构名称	成立时间	成立地点	出版书刊	备注
工农红军中央军事政治学校编审出版科	1931年11月	瑞金	《中国工农红军军用号谱》、《红军哨音、灯号、旗语通讯》	主要负责该校各项教材课本的编辑出版
中央革命军事委员会出版局	1932年1月	瑞金	《游击队怎样动作》《中国的军队》《战术讲授录》《步兵、侦探、传令、联络兵勤务之参考》《红军中党的工作》《赤卫军事训练教材》《架桥教范草案》	附设有印刷所
工农红军卫生学校出版科	1932年2月	瑞金	《简明药物学》《实用内科学》《医学摘要》（卷一、卷二）、《实用外科药物学》《医学知识课本》《简单绷带学》《中药之研究》《药物学》	工农红军卫生学校（原称中国工农红军军医学校）
工农红军学校出版科	1932年夏	瑞金	《步兵教程》《政治问答》《政治纪念日》《政治问答、苏维埃基本知识》《政治工作讲授提纲》《马克思主义政治经济学》《世界革命简史》《列宁室工作》《革命领袖传略》	原工农红军中央军事政治学校改称为工农红军学校
中央革命军事委员会编译委员会	1932年底	瑞金	《战术讲授录》《德国联合兵种之指挥及战斗》《军队的参谋工作》《中国的军队》《战术与战略》	与中革军委出版局合署办公
工农红军大学出版科	1933年10月	瑞金	《红军军事摘要》《论战术战略的时代性与我们红军目前对于战术战略的认识问题》	该机构出版的图书多以军委、中革军委出版局名义出版

以上工农红军建立的出版机构中，中革军委编译委员会是专事翻译出版的机构，其成员由中革军委从苏区各单位抽调懂外语（主要是俄语）的

干部组成，专门从事外文的翻译工作。主要翻译苏联版的军事、政治类图书及外国军事资料情报，翻译完毕的书稿交中革军委出版局出版，在图书封面或封底上署名为"中革军委编译委员会译、中革军委出版局出版"[①]。苏区中央革命军事委员会出版局坚持出版时间最长，直至1934年8月5日，还出版了《架桥教范草案》一书。两个月后，中央主力红军便开始了长征大转移。

1931年10月，红一方面军所辖之第一、三军团的随营学校与闽西彭杨军校合并，组建了中央军事政治学校，萧劲光任校长。学校政治部下设编审出版科，负责学校教材课本的编辑出版工作。临时中央政府成立后，该校又改称"中华苏维埃共和国中央军事政治学校"，为解决学校的教材出版供应问题，该校设立了编审出版科，并出版了《中国工农红军军用号谱》《红军哨音、灯号、旗语通讯》等一批军事教材。

中国工农红军学校成立于1932年5月，学校政治部下设了出版科，出版科内设有编辑、印刷和发行三所，主要负责学校教材和政治类读物的出版。中国工农红军学校图书选题广泛，包括政治、法律、经济、军事、历史、文化、教育、文学、卫生等类。这些图书除供本校使用外，还在苏区广大军民中发行。

1933年10月，中央革命军事委员会将中国工农红军学校等单位分编为中国工农红军大学、红军第一步兵学校、红军第二步兵学校等军事院校，并在工农红军大学内设置了出版科，由该校校长何长工亲自主抓出版工作。工农红军大学出版的图书存世稀少，主要原因是当时出版的图书多以军委或中革军委出版局的名义出版。目前仅见《红军军事摘要》和《论战术战略的时代性与我们红军目前对于战术战略的认识问题》两本书，署名"工农红军大学出版"。

1932年春，中国工农红军卫生学校在瑞金成立，直属红军总卫生部领导，贺诚兼任该校校长。中国工农红军卫生学校设有出版科，主要负责红军医药卫生图书的编辑出版工作。中国工农红军卫生学校编辑出版了《简明药物学》《实用内科学》《医学摘要》《医学知识课本》《药物学》《实用外科药物学》《中药之研究》《简单绷带学》等众多医药卫生图书。

中国工农红军各类编译出版机构的设立，以及各类军事、政治、医疗卫生等图书的出版，为在工农红军中传播马克思主义学说，提高广大红军指战员的思想政治理论素养和军事理论水平，培养红军过硬的军事作风，

[①]《江西省出版志》编纂委员会：《江西省出版志》，江西人民出版社，1998年，第7页。

取得反击国民党军事"围剿"的胜利发挥了重要的作用。

三、中央苏区印刷机构的创办

中央苏区创办的印刷机构，隶属中央政府部门的有中央印刷局、中央印刷厂、青年实话印刷所、中央教育人民委员部印刷所、中央财政人民委员部印刷所、中革军委印刷所。除中央各部成立的印刷机构外，苏区各省、市也建立了一些印刷厂。

1.中央印刷局和中央印刷厂

中央印刷局是主管苏区印刷事业的管理机构，1931年底成立于瑞金。中央印刷局局长一职由时任中央出版局局长的张人亚兼任。

中央印刷局负责管辖下设的中央印刷厂。该厂于1931年9月在瑞金叶坪创办，由陈祥生任厂长，杨其鑫任副厂长，杨尚奎为共青团书记，曾庆锡为工会主任。同年底，陈祥生调派他处任职，杨其鑫、古运来先后接任印刷厂厂长一职，副厂长是祝志澄。中央印刷厂是土地革命战争时期中央革命根据地创办的规模最大的印刷企业，"全厂工人最多时达200余人"[1]。每月的营业收入有"7000元以上"[2]。

中央印刷厂下设编辑、铅印、石印、排字等多个业务部门。其中，编辑部负责书稿的编辑和校对工作，负责人丘金山；铅印部主要负责印刷《红色中华》《斗争》《苏区工人》等刊物，以及中央苏区出版的各类书籍、文件和宣传小册子等，负责人吴厚生。

中央印刷厂设有严格的规章制度，工人实行8小时工作制度，一日两班或三班，印刷厂实行工资制度，工人享有社会保险优待和免费医疗。中央印刷厂为了提高印刷质量和效率，经常举办各种劳动竞赛，评选"模范工人"，以此激发员工的工作积极性。1933年5月17日，《红色中华》刊登了《中央印刷厂工友提高生产来回答敌人的飞机炸弹》一文，称印刷厂工人为了回答敌人飞机的轰炸，"各工友同志并自愿每天多做一点钟工提高生产（做一个月）来回答敌人"。[3]1934年10月，中国工农红军开始长征后，中央印刷厂印刷业务结束。

2.青年实话印刷所

青年实话印刷所是中央机关报《青年实话》报社的附属印刷机构，受共青团中央领导。该印刷所是由闽西列宁书局和毛铭新印刷所合并组成

---

[1]《中国共产党江西出版史》编写组：《中国共产党江西出版史》，江西人民出版社，1994年，第177页。
[2]《中央审计委员会审查国家企业会计的初步结论》，《红色中华》第169期，1934年3月16日。
[3]《中央印刷厂工友提高生产来回答敌人的飞机炸弹》，《红色中华》第80期，1933年5月17日。

的。原印刷所设在长汀县城，1934年春迁到瑞金城郊下坝子村。青年实话印刷所下设铅印、石印、排字、切纸装订部，并配有排字、刻字、印刷等专门技术人员。青年实话印刷所除印刷"青年实话丛书"外，还承印一些苏区教材课本以及共青团内文件等。

3. 中央教育人民委员部印刷所

该所于1933年春在瑞金成立，隶属中央教育人民委员部领导。该所主要负责承印中央苏区的教育类图书、教育法规和文件。由于该所出版的书刊大多未署印刷单位，因而其到底出版了哪些书籍，现已难以查考。据学者严帆考证，目前仅发现一本1933年11月出版的《共产儿童读本》（第二册），封面上印有"中央教育部印刷所印刷"字样。[1]

4. 中央财政人民委员部印刷所

中央财政人民委员部印刷所创办于1933年10月。该所是在中央印刷厂的石印部票币印刷股与国家银行印刷科合并的基础上成立的中央一级印刷机构。财政部印刷所有石印机12部，据原中央印刷厂工人钟明星回忆："石印部票币股有五台石印机合并到了财政部印刷所"。该所主要负责中央苏区的纸币、公债券、借谷证、米票、合作社股票等有价证券的印制。[2]

5. 中革军委印刷所

该所约成立于1933年5、6月间，厂址设于瑞金县沙洲坝乌石垅村中革军委办公处后院，直属中革军委领导。该所设备比较齐全，以铅印为主，下设有石印、铅印（又称机器部）、排字、刻字等部，全所共有工作人员70余人。该所主要负责承印《红星》《革命与战争》等报刊以及中革军委文件等。在图书出版方面，除出版红军教材外，还印刷过《红军中的政治工作》《列宁室工作》《斯大林与红军》等众多革命图书。为了提高印刷所的生产效率，印刷所工人们经常开展印刷竞赛活动。印刷所工人还积极响应苏区政府的号召，支援苏区经济建设和拥军活动。如中央政府发行"经济建设公债"后，该所工人积极响应党的号召，"每人以半个月的工资来买经济建设的公债"[3]。党中央发出"节省运动"的通知后，该所"在6、7月份仅机器部即增加158.5时的工作，在6月同时节省18元多，在慰劳红军方面除了三块两块地交出现洋外，并各买草鞋1双"[4]。

---

[1] 严帆：《中央革命根据地新闻出版史》，江西高校出版社，1991年，第65页。
[2] 范慕韩：《中国印刷近代史初稿》，印刷工业出版社，1995年，第337页。
[3] 江西省档案局编：《回望中央苏区反腐倡廉岁月》（下），江西人民出版社，2013年，第654页。
[4] 江西省档案局编：《回望中央苏区反腐倡廉岁月》（下），江西人民出版社，2013年，第654页。

6. 毛铭新印刷所

该所成立于1921年，厂址设在福建长汀。该所创办人为毛焕章。其弟毛钟鸣、毛如山、毛旭初，均为毛铭新印刷所的印刷工人。他们在学艺期间，接受了进步思想。1926年10月，国民革命军第十七军挺进汀州（即今福建长汀）时，毛钟鸣加入了革命队伍，参加了北伐战争。国民革命失败后，毛钟鸣返回长汀继续经营印刷所。

1927年9月6日，南昌起义部队转往汀州，毛钟鸣加入了南昌起义部队，后担任革命委员会秘书厅总务科长。起义军南下广东之后，毛钟鸣遵照上级指示，留在长汀继续从事革命印刷工作。1928年4月，毛钟鸣正式加入中国共产党，后又担任中共长汀县委书记。1929年3月14日，红四军攻占长汀县城后，毛泽东接见了毛钟鸣等人，并指示他们要利用长汀较好的印刷条件大量印刷党的宣传品，"广泛宣传党的革命方针，发动群众，造成更大的政治影响"①。毛钟鸣接到中央委派的任务后，立即率领印刷所全体员工赶印了一批中央命令、指示、宣言、布告和传单、宣传手册等。这些宣传品的印发和传播，成为射向敌人的一发发"精神炮弹"，起到了宣传革命，动摇瓦解敌人的作用。

1931年春，闽西苏维埃政府在毛铭新印刷所的基础上创办了闽西列宁书局。毛铭新印刷所的出版印刷活动，不仅为宣传革命起到了巨大作用，而且为中央苏区出版印刷事业的发展起了奠基作用。毛钟鸣为苏区出版印刷事业的发展作出了突出贡献，无愧为中央苏区印刷事业的开拓者。

除以上印刷机构外，中央苏区时期，各地方创办的印刷机构还有永定县（今福建省龙岩市永定区）印刷厂、东固瑶下红军印刷厂、闽北分区印刷厂等。永定县印刷厂除印刷永定县委创办的《红报》外，还为各区学校印制学生课本和妇女夜校读本等。此外，该厂还为信用合作社承印小面额钞票。东固瑶下红军印刷厂成立于1930年11月，是苏区第一家以石印为主的红军印刷厂。该厂除印红色纸币邮票外，还印刷红军课本、红色宣传品，以及赣西南特委、苏维埃政府的宣传资料、文件等。该厂于1932年初迁至瑞金，并入中央印刷厂。闽北分区印刷厂成立于1931年。该厂主要印刷各种红色报刊，如《红旗》《工农报》《红色闽北》《列宁青年报》《红色射手》《党的建设》《青年与战争》等。

苏区时期中央及地方各种印刷机构的创办，为推动苏区印刷事业的发展作出了积极贡献。

---

① 政协长汀县委员会文史资料委员会：《长汀文史资料》（第44辑），2013年，第166页。

四、中央苏区发行机构的创办

中央苏区政权建立后，为了加强中央苏区的书刊发行工作，先后设立了中央出版局总发行部、中央局发行部、闽西列宁书局、青年实话发行所等发行机构，苏区中国工农红军及其下设的红军学校中也设立了一些发行机构，如工农红军总政治部出版发行科、工农红军学校发行所等。

1. 中央出版局总发行部

中央出版局总发行部成立时间为1932年4月。该发行机构是在红色中华报社发行科的基础上建立起来的。1932年4月6日，《红色中华》刊登启事："近来的革命胜利，苏区不断扩展到新的城市，政治上、经济上、文化上，一天天巩固发展起来，所有报纸书籍刊物等，因环境的关系，大都供不应求，因此特将《红色中华》发行科扩大为中央出版局总发行部，并拟即须在省、县、区、乡建立分部，用最迅速的方法来满足阅者同志的要求。"[1]中央出版局首任局长朱荣生兼任总发行部部长。总发行部既是管理苏区书报刊发行工作的主管机构，也是中央一级报刊的发行机构。苏区时期，中央出版局总发行部发行了《国家与革命》《社会民主党在民主革命的两个策略》《共产主义ABC》《国际纲领》《殖民地革命》《农民问题》《三个目标》《土地问题》《红军问题》《劳动法》《土地法》《为领导民众革命建立民众的苏维埃政权而斗争》《帝国主义与中国》《毒瓦斯防御法》《邮政章程》《中国地图》《世界地图》《发展革命战争的指针》《为实现一省数省革命首先胜利》《社会进化简史》等众多图书。上述图书是由多个编印出版部门出版，而由中央出版局总发行部统一发行的。[2]

为了扩大书刊发行，中央出版局总发行部推行了发行折扣优惠制度。1932年7月21日，该部在《红色中华》发布启事，规定从8月1日起，推销代派《红色中华》及其他书报折扣优惠如下："五百份以上七折，一千份以上六折半。"[3]1932年11月14日，又再次整顿发行工作，规定各级部门向发行部寄来的书报费应凭发行部的收据为结账依据，收据上要盖有私章，否则概不承认。由于中央出版局总发行部建立了各级发行网络，并且不断完善体制，使苏区发行工作顺利开展，有力地促进了苏区出版事业的发展。

---

[1] 《中央出版局总发行部启事》，《红色中华》第16期，1932年4月6日。
[2] 《最近出版新书》，《红色中华》第27期，1932年7月14日。
[3] 郑士德：《中国图书发行史》，高等教育出版社，2000年，第640页。

2. 中央局发行部

1933年1月，中央出版局总发行部从中央出版局分离出来，由中共中央局管理，改称为中央局发行部（简称为"中央发行部"）。中央局发行部负责党报党刊的发行。中央局发行部设在瑞金县沙洲坝下肖村。

中央局发行部主要负责党的机关刊物《斗争》《红色中华》的发行工作。由于过去向中央苏区各级机关赠送报纸数量没有规定额度，造成很大浪费，为此，1933年7月8日，中央局发行部在《红色中华》刊登启事，对《斗争》《红色中华》的赠送额度作出如下规定："《斗争》报省委和省政府10份，县委县政府5份，区委和区政府2份；《红色中华》报加倍。"[①] 除了报刊的发行外，中央局发行部也发行了一些书，如《二月革命至十月革命》《列宁主义问题》《中国革命基本问题》《二苏大会文献》《革命画集》《革命诗集》等，这些书封面均署有"中央局发行部发行"字样。

中央局发行部很重视建立和健全发行网络。它曾在《红色中华》刊登启事，要求各级组织"建立并健全发行网组织，保证在任何情况下仍能使我们的报纸依然能够正常发行"[②]。当时，中央苏区所处环境险恶，发行任务重，发行条件差，书刊发行工作全靠发行人员手提肩挑，翻山越岭，风雨无阻，有时还要冒着生命危险将书刊送到苏区广大军民手中。正是他们的艰辛劳动和革命奉献精神，推动了中央苏区出版发行事业的发展。

3. 工农红军总政治部出版发行科（简称"总政治部发行科"）

该部门成立于1933年5、6月间，专门负责发行红军总政治部出版的图书。总政治部发行科所发行的书，在封面上一般都署"红军总政治部出版发行科发行"或"总政治部发行科"。

总政治部发行科面向部队发行的书，凡红军战士购买，一般可以享受五折优待。如，1934年6月《红星》报第51期刊登新书出版发行启事："总政治部五种新书出版了——《政治工作的基本原则》《红军中党的工作》《斯大林与红军》《赤卫军政治课教材》《红军宣传课本》（第2册）。以上各书，红军战士购买，均照定价减半。另买或代售，请直接写信到本部发行科来。快要出书的有：《红军中政治处工作》《红军读本第一册》，发行处：总政治部发行科。"[③]

---

① 郑士德：《中国图书发行史》，高等教育出版社，2000年，第641页。
② 《中央发行部启事》，《红色中华》第194期，1934年5月28日。
③ 《总政治部五本新书出版发行的启事》，《红星》第51期，1934年6月初，叶再生：《中国近代现代出版通史》（第2卷），华文出版社，2002年，第897页。

4. 工农红军学校发行所

工农红军学校发行所成立于1932年夏，主要担负红军学校出版的各种书刊的对外发行任务，同时也代售一些校外出版的图书。1932年11月7日，工农红军学校发行所在《红色中华》报刊登启事，称："本发行所为普通供给各军区的红军、地方武装，以及一切革命战士的军事政治书籍，特印行许多军事（书）籍和革命理论的书籍，以供同志们工作上的参考，零售和批发，无任欢迎。"[①] 同时，该发行所还刊登广告，发布图书推销优惠折扣办法，凡批发5册以上享受9折优惠，10册以上8.5折，50册以上8折，100册以上7.5折，500册以上7折，1000册以上6.5折。凡红军购书，一律享受半价优惠，代派10册以上，享受4.5折优惠。购书者只要将书目及款项寄至发行所，款到后即将新书寄出。

5. 工农红军卫生学校发行部

该部成立于1932年2月，附属该校政治部，是专门负责该校图书发行的机构。红军卫生学校出版的众多医药书，如《内科学》《诊断学》《药物学》《解剖生理》等，均由该发行部负责发行。1933年6月17日，《红星》报刊登了《红军卫生学校发行部启事》，规定校内教职员工订阅书刊由校发行部负责；前方红军购买红军卫生学校出版书刊由第三兵站医院代售；后方工作人员购买红军卫生学校出版书刊由总卫生部收发处代售。

6. 中国工农红军书局

工农红军书局于1932年在瑞金成立，该书局由中革军委出版局、红军总政治部发行科、工农红军学校发行所、红军卫生学校发行部四家出版发行机构联合创办。书局下设经理部、营业部、财务部、推销代派部等业务部门，共有员工10余人。书局主要负责上述几个单位出版的书报刊批发和零售业务，同时也销售根据地其他出版部门出版的书刊。

工农红军书局曾发行过《战术讲授录》《中国军队》等书。1933年7月29日，该书局在《红色中华》刊登启事，称本局"特采集中共、少共中央局、中央出版局、工农红军学校……出版的各种政治军事书籍、画报、刊物（均为图书目录）等发售，欢迎来购买"[②]。

7. 青年实话总发行所和青年实话书店

青年实话总发行所是《青年实话》报社的发行部门，最初设于福建汀州府城，1933年8月迁往江西瑞金。1933年8月1日，该所在《青年实话》和《红色中华》同时刊登启事："我们已于8月1日由汀州迁来瑞金下肖区

---

① 《工农红军学校出版科发行所启事》，《红色中华》第39期，1932年11月7日。
② 《中国共产党江西出版史》编写组：《中国共产党江西出版史》，江西人民出版社，1994年，第181页。

办公，凡各级团体及个人，关于《青年实话》发行事宜的洽谈，请见报后向瑞金青年实话总发行所接洽。在福建的代售处、叫卖队及订阅户，直接向汀州分发行所办理"。青年实话书店是青年实话总发行所下设的书刊零售部门。青年实话总发行所和青年实话书店主要负责经销青年实话报社出版的各种书刊，如"青年实话丛书"（《革命歌谣选集》《革命纪念节故事》《革命山歌小调集》《革命歌集》）等。这些书刊，有的署名"青年实话发行所发行"，有的则署"青年实话书店发行"。

8. 闽西列宁书局

闽西列宁书局是土地革命时期中央苏区创办的一家集编辑、印刷、发行于一体的综合性红色出版机构。闽西苏维埃政府成立后，为了向闽西广大群众宣传革命思想，发展闽西文化教育事业，政府决定"开设书店，采办各种革命书籍"[①]。1931年春，闽西列宁书局在汀州正式成立，它是中央革命根据地成立最早的一家红色出版机构。书局最初设在汀州城区毛铭新印刷所内，后迁至水东街。书局下设编辑室、发行部、会计科、事务股、印刷所等业务部门。闽西列宁书局主要负责人有詹孝光、雷元等。

闽西列宁书局创办之初，因资金困难、设备缺乏，一度影响经营业务。为了筹措资金，扩大书局的经营规模和实力，1931年8月22日，闽西列宁书局实行增资扩股，公开发行股票，向社会募集资金。随后，毛铭新印刷所的资产也折股加入，这使得书局的印刷技术实力获得很大的提升。闽西列宁书局采用招股扩大经营的做法，可称得上是中国共产党创办公私合营企业的最早尝试。[②]闽西列宁书局资本扩张后，又在闽西永定县（今福建龙岩市永定区）创办了分局。

闽西列宁书局为中央苏区各级党政部门和工农红军部队承印和发行了大量革命书刊和宣言、布告、通知等文件。据统计，闽西列宁书局自成立至停办，先后为中央苏区各级部门翻印出版了300多种图书。除出版发行图书外，该书局还发行过《红旗》《战线》《闽西红旗》《苏区工人》等多种革命报刊。[③]为推动中央苏区革命运动和文化教育事业的发展作出了重要贡献。

1934年10月，红军主力长征后，闽西列宁书局还一度坚持出版发行了一些党的文件和报刊，11月，国民党反动军队攻占福建长汀，出版环境恶化，闽西列宁书局宣告停业。

---

① 严帆：《中央苏区第一个出版发行机构——闽西列宁书局》，《新文化史料》1991年第1期。
② 叶再生：《出版史研究》（第二辑），中国书籍出版社，1994年，第40页。
③ 毛伟先：《长汀地下支部和红色印刷史迹》，中共长汀县委党史研究室，2012年，第124页。

除以上专业发行机构外，土地革命时期，中央苏区各地方政府还设立了众多的红色书店、赤色书局以及推销代派处、叫卖队等。红色书店是各省苏维埃文化部（有的中央直属县亦有）领导的书刊经销机构。另外，苏区各省地方县区还有数量众多的推销代派处和叫卖队。书刊代派处是各出版发行机构设置的发行网点，大多由地方机关团体或个人兼营；叫卖队类似现在的流动书报摊。

中央苏区时期的图书发行渠道，除了上述专业发行渠道外，还有邮政发行渠道。第二次国内革命战争时期，中央革命根据地除设立了中央一级的邮政总局外，各省市、县、乡都建有苏维埃邮政局（所），各地苏维埃邮局除邮递信件外，还开展了书报刊的订阅和邮递业务。中央苏区通过设立各种类型的专业书刊发行渠道和邮政发行渠道，建立起了覆盖广泛的书刊发行网络，解决了苏区军民购书难的问题。

五、中央苏区出版发行事业的特征

中央苏区出版发行事业是党在特殊环境下建立起来的，它呈现出以下特征。

（一）建立了完整、综合的出版发行体系

中央苏区出版发行体系呈现出多层次、多部门、多渠道立体交叉的格局。首先，从发行层次来看，既有中央一级的出版发行机构，同时，各省、市、县，以及较大的乡等也都设有发行部（所）。其次，从发行部门来看，既有各级党、政部门领导的发行机构，如中央局发行部、中央出版局总发行部等，也有工农红军创办的出版发行机构，如工农红军学校发行所等。最后，从发行渠道上看，有专门的发行渠道，如各级政府部门创办的发行部（所），有综合发行渠道，如各地邮政发行部（所），还有民间发行渠道，如各地成立的数量众多的推销代派处、叫卖队等。

（二）重视书刊广告宣传

中央苏区出版业重视书刊广告在宣传促销方面的作用，为了扩大书刊的发行，苏区出版发行机构纷纷利用各种刊物，刊登出版启事或新书出版广告。中央苏区出版的一些有影响力、发行量大的报刊，如《红色中华》《青年实话》《斗争》《红星》报等，成为各大书刊发行机构发布广告的重要媒介。如，1934年6月25日，《青年实话》第95期刊登新书出版启事，称《各个纪念节的故事》一书，"有25个纪念节的详细故事，有与纪念节有关系的革命领袖的传略""本集初版仅五千本，除预订者外，所剩有限，欲购从速"[①]。中央局发行部、工农红军总政治部出版发行科、中国工农红军学校发行所等出版发行部门都曾在以上刊物发布过书刊发行启事。例如，1934年6月，《红星》报刊发了《总政治部五本新书出版发行的启事》。这些书刊发行广告，成为苏区出版发行部门与读者沟通的桥梁和纽带，有利于促进革命书刊的销售，提升书刊发行效率，推动苏区文化运动的发展。

（三）出版发行为政治服务

首先，从书刊出版发行部门的性质来看，中央苏区创办的出版发行机构多为官方性质，主要为党、政、军各部门创办，其创办目的主要是加强党的宣传和党对苏区各方面的领导，以及提高广大红军指战员思想政治觉悟和战斗水平。其次，从各级出版发行部门发行的图书内容来看，苏区各级出版发行部门主要出版发行有关马克思主义理论著作，思想政治和军事方面书刊，以及宣传党的政治主张的各种决议、指示、通知、通告等文件，另外还有各种传单和小册子。最后，从服务对象来看，苏区书刊发行的主要对象为各级党政机关领导干部和广大红军指战员，具有较强的针对性。

土地革命时期，中央苏区的出版事业是在极其险恶的环境下发展起来的。当时，中央苏区遭到国民党反动军队多次军事"围剿"，物资供应十分困难，印刷设备相当简陋，再加上时局动荡，工作、生活条件也是极为艰苦。在这种形势下，要赶印出种类繁杂、数量庞大的印刷品，其困难程度令人难以想象。但是，苏区广大出版工作者，在艰苦卓绝的环境下，积极响应苏区各级党委、政府和军队的号召，以顽强的革命斗志和饱满的工作热情，因地制宜、因陋就简，编印出版了大量革命书刊，为苏区各级领导干部、红军战士和广大群众提供了丰富的精神食粮。土地革命时期苏区出版印刷发行机构的创办及出版工作的开展，为抗击国民党反动派的军事、文化"围剿"，为促进苏区文化教育等各项事业的发展，为保卫苏维埃红色政权作出了重要贡献。

---

① 《大家所盼望的〈各个纪念节的故事〉出版了》，《青年实话》第95期，1934年6月25日。

第五章　全民族抗日战争时期中共领导下的出版活动

第一部分　全民族抗日战争时期中共在国统区和沦陷区的出版活动

1931年9月18日，日寇发动侵略中国的九一八事变后，以蒋介石为首的国民政府却奉行"先安内、后攘外"的方针，对日寇的野蛮侵略采取"不抵抗"政策，致使东北三省很快沦陷。日本帝国主义的侵略行径和国民党当局的不抵抗政策，激起全国人民的怒火。上海、北京、广州、香港等全国许多城市的工人、学生纷纷起来罢工、罢课，进行反日游行示威、赴南京请愿等活动。各地学生、工人在开展反日游行的同时，也以"出版"为武器，纷纷建立各种进步社团，创办爱国进步刊物，动员全国人民起来反击日寇的侵略。

1935年12月9日，北平大、中学生纷纷走上街头，发起了声势浩大的一二·九爱国运动。接着，天津、上海等全国多个城市也发起了抗日救国游行示威活动。1935年12月18日，上海各界救国会宣告成立，接着，文化界、教育界、妇女界等纷纷成立各种救国团体，发表抗战救国宣言。1936年5月31日，全国各界救国联合会在上海召开成立大会，大会讨论通过了宣言和《抗日救国初步政治纲领》。各地抗日救亡运动的兴起，推动了抗日民族统一战线的形成。

1936年12月12日，爱国将领张学良等人发动了震惊中外的"西安事变"，采取了逼蒋抗日的措施。这一事件为国共两党再次合作创造了条件。1937年7月7日，日本侵略者发动蓄谋已久的卢沟桥事变，开始全面侵华。在民族生死存亡之际，国共两党实现了第二次合作，宣布共同抗日。

1937年8月13日，日寇进犯上海，在侵略者的炮火轰炸下，以上海为中心的我国近现代出版业遭受惨重损失。商务印书馆总管理处被迫内迁，各地分支机构遭日寇破坏，出版发行业务急剧萎缩。至1937年底，上海、南京相继失守，北平、天津沦陷，华北告急。

1937年12月13日，南京失守后，国民政府抗战指挥中枢暂驻于武汉，国民政府的军政机关大部分西迁至武汉，中共代表团和八路军办事处亦移至武汉。政治中心的转移，使出版文化中心也随之迁徙，中国的多数出版机构纷纷从上海迁往武汉，一些著名的新闻出版人士如邹韬奋、胡愈之、沈钧儒、钱俊瑞、李公朴、郭沫若、杜重远、柳亚子、胡绳等人也相继来到武汉。武汉已成为抗战初期的政治、经济、文化中心和出版中心。中国共产党及其领导和影响下的革命进步出版事业，在抗战的炮火声中逐渐恢复发展和壮大起来。

第一节　上海"孤岛"时期《西行漫记》的翻译出版

上海"孤岛"时期，是指1937年11月上海失守至1941年12月太平洋战争爆发这一段时间。1937年11月12日，日本侵略军大举进驻上海，除苏州河以南的英、美公共租界和法租界的小部分地块外，上海城区及近郊的绝大部分地块被日寇侵占。至此，这个中国最繁华的大都市和出版中心沦为了一座"孤岛"。上海"孤岛"时期，各种政治力量错综复杂，中国共产党及其领导下的进步出版界利用上海租界这一特殊的地位，积极开展出版活动。

一、《西行漫记》出版的历史背景

《西行漫记》原名《红星照耀中国》（Red Star Over China），该书是美国著名新闻记者埃德加·斯诺（Edgar Snow）于20世纪30年代赴陕甘宁革命根据地考察采访后所写的报告文学作品。斯诺早年曾在美国密苏里大学新闻学院学习，毕业后在美国堪萨斯城的《星报》（Star）担任新闻记者。1928年，斯诺来到中国上海，在《密勒氏评论报》（The China Weekly Review）担任助理编辑，并兼任纽约《太阳报》（Sun）和伦敦《每日先驱报》（Daily Herald）的特约通讯员。[1]在此期间，斯诺遍访了中国的主要城市。1933年，斯诺来到北平居住，在他眼中，北平是一座"亚洲无与伦比的、最雄伟、最吸引人的都市"和"历史文明古国的中心"[2]。在北平，斯诺在燕京大学新闻系做了两年时间的客座教授。在此期间，他接触了宋庆龄、鲁迅等进步文化界人士和中共地下党员，耳闻了中国共产党领导下的工农红军进行长征和在陕北苏区开展政权建设的事迹。出于对中国革命的同情和中共领导下的"红色中国"的好奇，他产生了前往考察采访的愿

---

[1] 胡愈之：《胡愈之文集》（第4卷），生活·读书·新知三联书店，1996年，第8页。
[2] 埃德加·斯诺：《斯诺文集》（1），宋久、柯南、克雄译，新华出版社，1984年，第141页。

望。在赴苏区采访之前，他还列出了一份采访的问题单子，总共开列了11个问题，其中包括苏维埃政府对帝国主义国家的总方针，对不平等条约、外债、外国人投资和外国传教士的政策，对日本侵略者以及英、美等国的态度等。[①]

1936年5月，中共中央联络局局长李克农接到美国新闻记者斯诺请求赴陕北苏区采访的信后，立即向毛泽东、周恩来汇报。毛泽东和周恩来十分重视，当即批准了斯诺来苏区考察和采访的请求。为迎接斯诺的到来，1936年5月，中央召开政治局扩大会议，专门研究接待和答复问题。会议由张闻天主持，出席本次会议的成员还有博古、王稼祥、凯丰、罗迈（李维汉）、林伯渠、杨尚昆、吴亮平、陆定一等人。本次会议以"对外邦如何态度——外国新闻记者之答复"为中心议题，[②]就斯诺提出的11个问题进行了讨论。

1936年6月，斯诺在宋庆龄、张学良等人的帮助下，突破国民党军队的封锁，秘密进入他所说的"红色中国"——陕甘宁革命根据地。毛泽东热情地接见了斯诺，并在他考察期间，用了十几个晚上与他谈了自己的"个人历史"和红军长征。

中共中央和毛泽东之所以如此重视一位外国记者的来访，是因为希望通过斯诺的采访和报道，外界能够了解中共及其领导下的工农红军的真实情况，以获得国内外广大民众的理解和支持。

为了打破国民党的新闻封锁，让国内外人士了解中国共产党领导人民开展苏区政权建设和抗日斗争的真实情况，戳穿国民党对中共及其领导下的工农红军的种种污蔑不实之词，中共中央和中共地下党组织为此作出了大量的努力。1933年初，正在上海住院治病的红四方面军将领陈赓受中央委派，拜晤了著名作家鲁迅，他向鲁迅先生介绍了苏区和红军的情况，并绘制了一张红军活动的区域图，希望鲁迅先生能将此写成作品。鲁迅对陈赓将军所谈苏区军民英勇战斗的情况十分感兴趣，愉快地表示愿意将红军英勇斗争的事迹写成作品，后因条件的限制而未实现。1936年1月27日，中共中央发布《为转变目前宣传工作给各级党部的信》，信中检讨了过去宣传工作中的不足和弱点，提出了目前宣传工作的策略路线，指出："一切文学的口头的宣传都应该以反对目前最主要的敌人——日本强盗及其走狗蒋介石而出发。"[③]该指示信还提出"要大大的宣传抗日联军、抗日救国

---

① 程中原：《在斯诺"西行"之前》，《党的文献》1992年第1期。
② 张培森：《张闻天年谱》，中共党史出版社，2000年，第321页。
③ 中国社会科学院新闻研究所：《中国共产党新闻工作文件汇编》（上），新华出版社，1980年，第82页。

政府及其纲领",要转变宣传工作的方式和方法,"一切的宣传必须普遍深入,通俗简明","要多多利用一切活动的宣传方式,利用一切的机会"开展宣传鼓动工作,要"采用一切可能的办法深入到白区"。①

为宣传红军长征的英勇事迹,1936年8月,毛泽东和时任军委总政治部主任的杨尚昆联署发出信函,发起集体创作《长征记》的倡议,要求参加长征的同志积极撰写关于长征回忆录的文章,并明确指示是为了"进行国际宣传的需要"和"扩大红军的国际影响"。毛泽东还向各部队发出电报,要求"各首长并动员与组织师团干部,就自己在长征中所经历的战斗、民情风俗、奇闻轶事,写成许多片断",并指出此项工作"事关重要,切勿忽视"。②

斯诺的到来,正好为中国共产党和工农红军加强国际宣传,扩大国际影响开辟了一条很好的宣传渠道。由于中央对于斯诺到来的重视,他的采访过程十分顺利。在陕北苏区,斯诺进行了为期4个多月的考察,不仅拍摄了大量关于红军和边区政权建设样貌的照片,还深入采访了毛泽东、周恩来、朱德、彭德怀、林伯渠、徐特立、贺龙、徐海东等中共领导人和红军高级将领。回北平后,斯诺将考察、采访所得的材料进行整理,撰写出了一部纪实文学作品,并将稿件寄往英国伦敦格兰茨(Gollancz)出版公司。1937年10月,《红星照耀中国》(Red Star Over China)③在伦敦正式与读者见面。该书出版后,立即引起轰动,读者纷纷抢购该书,以致格兰茨公司在短短两个多月时间里就将该书印至第5版,总计售出10万多册。④

二、复社的成立和《西行漫记》的翻译出版

1937年11月,因北平已经沦陷,寓居北平的斯诺搬到上海租界,时任上海文化界救亡协会国际宣传委员会主任的胡愈之前往斯诺的寓所探望。斯诺把刚刚收到的从伦敦寄来的样书向胡愈之介绍,胡愈之翻阅后,立刻敏锐地意识到,这部报告文学作品是宣传中国共产党人及其领导下的边区政权建设的绝好材料,而且它还是出自外国记者之手,因而更具说服力,于是萌生了翻译出版该书的想法。他通过地下党组织了解了斯诺写作该书的来龙去脉后,决定立即组织力量翻译出版这部著作。

---

① 中国社会科学院新闻研究所:《中国共产党新闻工作文件汇编》(上),新华出版社,1980年,第83页。
② 丁晓平:《长征叙述史(1934.10—1936.10)》,中国青年出版社,2016年,第148页。
③ 斯诺最初寄往格兰茨公司的作品,书名为 Red Star in China,出版时改为 Red Star Over China。
④ 邹振环:《影响中国近代社会的一百种译作》,中国对外翻译出版公司,1996年,第399页。

他很快组建起一支翻译出版队伍，这些人大多为"星一聚餐会"[①]的成员。"星一聚餐会"是上海各界爱国人士组成的抗日救国社团，参加社团活动的成员有来自文化界、新闻出版界、工商界、教育界、金融界、海关等各界知名人士。

当时参与《西行漫记》翻译的有王厂青、林淡秋、陈仲逸、章育武、吴景崧、胡仲持、许达、傅东华、邵宗汉、倪文宙、梅益、冯宾符等12名成员。以上人员都有丰富的编辑经验和较高的英文水平，其中，"陈仲逸"是胡愈之本人的笔名，他在主持《东方杂志》期间曾用"陈仲逸"这一名字发表过多篇颇具战斗风格的文章。胡愈之早年在商务印书馆编译所当练习生的时候，一有空就到涵芬楼拼命读书，此后的三四年间，他较熟练地掌握了英语、日语。此外，他还参加了世界语的函授培训。胡仲持是胡愈之的二弟，他早年曾担任《申报》的新闻记者和编辑，主要负责该报"国际版块"的编辑工作，是当年的"申报四进士"之一。[②]胡仲持跟其兄长胡愈之一样，也是一个自学成才的典范，一生掌握了英、俄、日、德、印度梵文和世界语等多种语言文字。傅东华在1912年考进中华书局做编译员，从此走上翻译道路，20世纪20年代，他进入商务印书馆担任国文教科书的编撰工作。20世纪20年代，他先后担任《文学》《译文》《太白》《文学季刊》《救亡日报》的编委，翻译了一批有影响力的外国文学作品。倪文宙、吴景崧、冯宾符是胡愈之在商务印书馆工作期间的同事。梅益、林淡秋和邵宗汉是胡愈之在创办《译报》和《集纳》时的同事。章育武是胡愈之的同乡，早年曾留学日本，回国后主要从事教育和翻译工作。许达又名郭达，是斯诺在中国时的秘书和助手。有学者认为"王厂青"是翻译家蒯斯曛的笔名[③]，蒯斯曛除了参加《西行漫记》的翻译工作外，还参加了复社出版的《鲁迅全集》的编校工作。但据唐弢的回忆，王厂青原名蔡志清，是他在上海邮局工作时的同事，胡愈之在物色《西行漫记》的翻译人员时，唐弢把王厂青推荐给了他。[④]

《西行漫记》共有12章，以上12人每人负责翻译一章，经过一个多月的努力，该书12章全部翻译完成。从第1至第12章的标题分别为"探寻红色的中国""到红色首都去的路上""在保安""一个共产党员的来

[①] 胡愈之在《一次冒险而成功的试验——1938年"复社"版〈西行漫记〉翻译出版纪事》中记为"星二座谈会"。根据卢广绵《星一聚餐会和胡愈之先生》(《文史资料选辑》第89辑，文史资料出版社，1983年，第111页)一文的记述，应为"星一聚餐会"。这里从卢广绵的口述资料。
[②] 上虞县志编纂委员会：《上虞县志》，浙江人民出版社，1990年，第816页。
[③] 于友：《〈西行漫记〉与胡愈之》，《国际新闻界》1989年第1期。
[④] 唐弢：《唐弢文集》(10)，社会科学文献出版社，1995年，第508页。

历""长征""西北的红星""到前线去的路上""在红军中（上）""在红军中（下）""战争与和平""回到保安去""回到白色区域"。因为《红星照耀中国》这一名字过于敏感，为了顺利通过图书检查，翻译组成员决定"以笔记游记的轻松意味掩护着内容"[1]，将中译本书名改为较为隐晦的名字——《西行漫记》。

翻译完成后，出版是个极大的难题。当时上海租界奉行所谓的"中立"路线，对具有革命和抗日倾向的著作采取管制的政策，再加上这一时期上海的大多数出版机构已经内迁，因而，要出版这样一部介绍中国革命和中国工农红军的著作是极其困难的。但是，胡愈之决心进行一次"冒险的试验"[2]。1938年初，胡愈之在他和二弟胡仲持合租的寓所（上海市黄浦区巨鹿路174号）成立了一家名为"复社"的秘密出版机构。

复社是上海"孤岛"时期由中共地下党秘密创办的一家翻译出版机构。创立时间为1938年初。复社的发起人和主要创办者是中共上海地下党组织的负责人胡愈之。[3]上海失守后，胡愈之奉命继续留在上海，他以法国哈瓦斯通讯社编辑的身份作为掩护，组织地下党员和广大爱国进步人士开展抗日救亡斗争。在上海复社成立之前，明朝末年江南文士组建了一个名为"复社"的政治、文化社团。复社中的大多数成员后来在反抗清军入侵中"以身殉国"，表现出"杀身成仁"的民族精神和气节。[4]

当时，上海出版环境险恶，因为是秘密出版机构，复社的社址对外公布为"香港皇后大道"，其真正的办公地点是在胡愈之和其弟弟胡仲持所租的寓所，该寓所位于上海市黄浦区巨鹿路（原巨籁达路）174号。[5]

复社因其秘密性质，关于其出版事迹仅散见于当时参与复社翻译出版活动的成员的回忆录中。由于时间久远，一些当事人之间的说法也有出入，所幸上海市档案馆还保存了复社活动的两份原始档案记录，其中一份为《复社社约》，另一份为《复社第一届年会记录》（记录时间为1939年4月1日）。[6]因这两则史料是关于复社的为数不多的文字记载，因而具有十分珍贵的史料价值，兹将之完整迻录于下：

---

[1] 李娜、邢建榕：《复社：孤岛时期的秘密出版机构》，《都会遗踪》2011第2期。
[2] 《一次冒险而成功的试验——1938年"复社"版〈西行漫记〉翻译出版纪事》，载刘力群：《纪念埃德加·斯诺》，新华出版社，1984年，第161页。
[3] 郑振铎：《蛰居散记》，三晋出版社，2015年，第88页。
[4] 丁国祥：《复社研究》，凤凰出版社，2011年，第241页。
[5] 上海市文物保护研究中心、上海市测绘院、上海淞沪抗战纪念馆：《上海抗战史迹图集——纪念抗日战争胜利70周年》，中华地图学社，2015年，第118页。
[6] 冯绍霆：《有关复社的两件史料》，《历史档案》1983年第4期。

1. 复社社约

第一条　本社本促进文化、复兴民族之宗旨，在抗战时期特殊环境之下举办下列各项事业：

（一）编印各项图书；

（二）发行定期刊物；

（三）搜集抗战史料并整理保存之。

第二条　本社由社员与社友组成之。经本社创立会或社员会议推选、负本社完全责任者为社员；凡购买本社出版物之读者，以及参加本社工作之作者、编者、印刷发行者为本社社友。

第三条　本社社员额定三十人，由本社创立会推选之。社员有缺额时，由社员会议补选之。

第四条　社员入社时一次缴纳社费五十元，合计一千五百元，作为本社流动金。

第五条　社员出社之规定如下：

（一）社员自愿出社者，须由社员会议过半数通过，于缺额社员入补后发还其社费。

（二）社员遭开除出社者，须经社员会议一致通过，其社费没收之。

第六条　本社社友得享受购买本社出版物之便利，并得提供意见于本社。惟社友不纳社费，对于本社业务不负责任。

第七条　本社社员会议至少每三个月开会一次，由常务委员会召集之；但经社员五人之要求亦得召集之。社员会议以至少须有总社所在地社员三分之二以上之出席，社长或其代表人任主席。社员如因故不能出席，可请其他社员为代表。社员会议职权如下：

（一）决定本社之改组、扩充或解散；

（二）通过预算、决算；

（三）选举常务委员；

（四）决定社员之入社、出社；

（五）通过本社计划大纲；

（六）修改社约；

（七）其他由本社约规定之事项。

第八条　社员会议选出常务委员五人，其中社长一人、秘书一人、编辑主任一人、出版主任一人、发行主任一人，组织常务委员会向社员会议负责，掌管本社一切事务。常务委员任期一年，连选得连任。

第九条　社员会议选举监察委员二人，负监察本社会计账目之责。

监察委员任期一年，连选得连任；并得列席常务委员会议，但无表决权。

第十条　本社基金来源如下：

（一）每月月底结账时抽提本月营业额十分之一；

（二）每年年底结账时抽提本年所获净利之全部。

第十一条　本社解散时，财产分配办法由最后一次社员会议决定之。

第十二条　本社暂设总社于上海，经社员会议之通过，得在其他各地设立分社。

第十三条　本社约于本社成立之日起实施，并得于社员会议修正之。

《复社社约》共13条，其内容主要规定了复社的创办宗旨、出版工作内容，成员入社、退社办法和要求，会费缴纳，社务活动基金，社员会议召集及职权等。根据社约规定，复社的主要宗旨为"促进文化，复兴民族"。复社的出版活动主要为"编印各项图书""发行定期刊物""搜集抗战史料并整理保存之"。[1]

2.复社第一届年会记录

日期：二十八年四月一日

地点：上海银行俱乐部

出席者：郑振铎、胡咏骐、胡仲持、黄幼雄、张宗麟、倪文宙、卢广绵（卢广绵夫人代）、王任叔、冯仲足、沈体兰（沈体兰夫人代）、吴耀宗（胡代[2]）、胡愈之（胡仲持代）、黄定慧、萧宗俊、姚惠泉、严景耀。

列席者：陈明、施从祥

主席：张宗麟　　记录：施从祥

甲、报告事项：

（一）主席报告（略）。

（二）事业报告，另附书面报告。

（三）账目报告，另附书面报告。

（四）社员消息报告：

（1）张宗麟社员报告：王纪元、金仲华、吴涵真、林旭如诸社员在香港，胡愈之社员在桂林之消息。

---

[1] 冯绍霆：《有关复社的两件史料》，《历史档案》1983年第4期。

[2] 指胡仲持代。

（2）沈体兰夫人报告：体兰社员在欧洲之消息。

（3）卢广绵夫人报告：广绵社员在西北办工业合作社消息。

（4）严景耀社员报告：士纯社员在国外之消息。

（5）冯仲足社员报告：宗汉社员在桂林办新闻记者协会之消息。

（五）郑振铎社员报告：

（1）本社主要工作为推动文化界在抗建期[①]内对出版等事业做些有力的工作，如出版《鲁迅全集》、筹备出版百科全书等。

（2）因上项原因，所以本社所主持的出版事业决不与他家竞争。

（3）过去一年即本上述主张进行，今后仍本着原来主张进行。

乙、讨论事项

（一）本社下年度工作计划案（常务委员会提）。

议决：根据常委会提出之计划修正通过如下，并交下届常委会执行之。

一、属于行政的

（1）组织出版公司应注意下列二点：一、接洽洋商进行；二、如另行招股，本社社员认股应占百分之五十一以上。

（2）组织编辑参考室（如别处已发动，本社可以合作进行）。

（3）约定总代售处（如生活书店不愿为本社总代售，可以向别家进行）。

（4）建立会计制度。

（5）编制预算，原则如下：（A）全年营业至少三万元。（B）全年开支不得超过三万元。

（6）确定在营业盈余项内提成给工作人员酬劳金数目。

（7）继续与文化部门各项事业合作。

二、属于编辑出版的

（1）筹备出版百科全书。本社对此计划负推动及促成之任务。

（2）译《高尔基全集》。采取每月出书方法，预计一年内出齐。

（3）继续出版《列宁选集》。在可能范围内，在今年全部出齐。

（4）继续印行正续《西行漫记》。

（5）《鲁迅全集》再版。

（6）世界侵略地图（帝国主义殖民地的再分割）。

（7）其他有关于政治、经济、文学的巨著至少五部。

---

① 抗建期指抗战建国时期。

三、属于经济的

（1）营业收入，预算三万元。

（2）代售的押柜。

（3）基金，社费及第一年盈余（毛利约一万七千元）。

（4）借款，预算或须五千元。

（5）成本及日常开支，另造预算表。

（6）文化事业合作费，或规定金额或规定占营业的百分数。

（二）介绍新社员案（常务委员会提）。议决：通过陈志皋、周予同、李健吾、吴承禧、孙礼榆五位先生为本社社员。

（三）致送秘书张宗麟酬报案（监察黄定慧代社长胡愈之提）。议决：1.每月薪给照常委会议决，与出版部主任同等待遇。2.如张秘书不受上项薪给，又因事而须离沪他去时，致送总酬劳金一千元。3.上项议决交常委会执行之。

（四）在社长离沪期内，其机务交秘书及编辑部主任代理案。

议决：通过。

丙、选举社长、秘书及各部主任案。

议决：上届职员全体连任。

散会。

主席：张宗麟（代）

复社设有社长1名，秘书1名，编辑、出版、发行主任各1名。社长由胡愈之担任，秘书由中共地下党员张宗麟担任，负责主持社里的日常事务。以上5名成员共同组成常务委员会，为复社的最高管理机构，负责掌管社里的一切事务。

复社初创时期，社员数量共有20人。据郑振铎在《蛰居散记》中《记复社》一文的回忆，复社"社员凡20人"，这20名社员代表了"'自由上海'的各阶层'开明'的与'正直'的力量"。[1]至于是哪20名成员，郑振铎先生在文章中没有列出详细的社员名单，他在文章中只提到"景宋夫人"（许广平）、冯宾符、胡咏骐等复社成员。

张静庐先生在《中国近现代出版史料》（现代丙编）中，提到复社社员有"胡愈之、许广平、周建人、吴耀宗、沈体兰、张宗麟、郑振铎、孙瑞璜、胡咏骐、胡仲持、黄幼雄、冯仲足等20人"[2]。另，据胡愈之弟弟胡

---

[1] 郑振铎：《蛰居散记》，三晋出版社，2015年，第90页。
[2] 张静庐：《中国近现代出版史料》（现代丙编），上海书店出版社，2011年，第270页。

仲持回忆："上海沦陷后，在胡愈之先生的倡议和发动下，由郑振铎、王任叔、许广平、周建人、张宗麟、冯仲足（宾符）、胡仲持、吴耀宗、沈体兰、陈鹤琴、孙瑞璜、黄幼雄等人组织了个具有社会主义萌芽性质的合作社——复社。社员20人。"[①]与张静庐先生的名单相比，胡仲持在所列的13名成员中没有提及胡咏骐，但在名单中新出现了王任叔、陈鹤琴两名社员的名字。

随着出版业务的不断发展，复社成员数量也有相应增加。1939年4月1日，复社召开了第一届年会，当时出席年会的有如下人员。

郑振铎、胡咏骐、胡仲持、黄幼雄、张宗麟、倪文宙、卢广绵（卢广绵夫人代）、王任叔、冯仲足、沈体兰（沈体兰夫人代）、吴耀宗（胡代）、胡愈之（胡仲持代）、黄定慧、萧宗俊、姚惠泉、严景耀。

以上名单列出了16名社员的名字。根据年会记录资料，有一些社员因为在外地从事革命活动不能来参加会议，如胡愈之当时在桂林，卢广绵赴西北办合作社，王纪元、金仲华、吴涵真、林旭如等人在香港，沈体兰、梁士纯等人还在国外。另外，会议记录中还提到"宗汉社员在桂林办新闻记者协会"，这里的"宗汉"，即指邵宗汉，他当时和胡愈之、范长江等人受中共中央委派前往桂林创办国际新闻社，邵宗汉还担任国际新闻社秘书长。[②]在复社召开的第一次年会上，还增补了陈志皋、周予同、李健吾、吴承禧、孙礼榆等5人为社员。

为了解决印刷资金问题，《西行漫记》的翻译人员一致商定不领取翻译稿酬。但是，出版资金还是面临较大缺口，胡愈之和复社同人于是决定多方筹措资金，他们一方面积极动员"星一聚餐会"的成员捐款，另一方面采取向读者预约征订的办法筹集出版费用。该书定价为每册1.5元，预约的读者每人只需缴纳预付款1元，就可以获得一张代金券，图书出版后凭券领书。通过打折预售的办法，复社在短时间内就筹集到了1500多元预付款。与此同时，上海的印刷工人对《西行漫记》的出版给予了热烈的支持，这些印刷工人大都是商务印书馆内迁后留在上海的失业人员。胡愈之曾在商务印书馆工作，与这些印刷工人熟识，他们很乐意承印这部书，并同意出书后再支付工资。

在《西行漫记》中译本的翻译出版过程中，作者斯诺本人也给予了极大的支持。他不仅将该书的中文译本版权无偿赠予复社，还对原著进行了增删修改，并提供了许多英文版所不曾发表过的珍贵照片。在该书中译本

---

① 胡仲持：《回忆一九三八年》，《人民日报》1956年10月11日。
② 叶再生：《中国近代现代出版通史》（第3卷），华文出版社，2002年，第180页。

即将付梓之际，他还亲自为中译本写了一篇序言。他在《序言》中写道："从字面上说，这一本书是我写的……可是从最实际主义的意义来讲，这些故事却是中国革命青年所创造，所写下的。"从与他们的对话中，读者可以感受到中国的红色战士身上所体现的那种不可征服的精神、力量、欲望和热情。"凡是这些，断不是一个作家所能创造出来的。这些是人类历史本身的丰富而灿烂的精华。"[①]

1938年2月，《西行漫记》中译本正式与读者见面，第1版印刷了2000册，很快就销售一空。此后，该书又不断进行加印，至1938年11月，该书已印刷至第4版，一年之内该书发行约50000册。[②]此外，该书在香港和海外东南亚华人华侨聚集地区也十分畅销。

三、《西行漫记》翻译出版的价值探析

《西行漫记》的翻译出版，对于打破国民党的新闻封锁，宣传中国共产党的抗日民族统一战线政策，激励中国人民的抗敌斗志，坚定中国人民和世界人民抗击德、意、日法西斯侵略的信心，均具有重要作用。

首先，《西行漫记》的出版打破了国民党的新闻封锁。

自1927年国民党蒋介石发动反革命政变至全国性抗日战争爆发的10年间，国民政府不仅在军事上对中国共产党及其领导的工农红军进行疯狂的"围剿"，还牢牢地把控着全国的舆论。他们一方面通过实施严格的新闻检查制度，对中国共产党领导人民英勇抗日的消息进行严密的封锁；另一方面，通过官方控制的新闻机构，或是通过贿赂收买外国通讯社和新闻记者，长期歪曲中共和工农红军的形象。一些国外的新闻机构和记者，在国民党当局的收买下，甘愿充当传播不实消息的传声筒。与此同时，少数正直的记者发布的真实消息，反而"被湮没在歪曲报道和纯粹谎言的洪流中"[③]。这些歪曲和不实报道，极大地影响着国外舆论。如，1934年美国《太平洋事务》杂志的一篇新闻报道称"中国共产党可能是由东方农民组成的，它肯定不是按照马克思主义无产阶级政策建立起来的真正工人阶级政党"[④]。

《西行漫记》出版后，在国统区形成一股巨大的正义冲击波。此前，

---

① [美]埃德加·斯诺：《西行漫记》(上)，胡仲持、冯宾符等译，生活·读书·新知三联书店，2012年，第1页。
② 武际良：《报春燕——埃德加·斯诺》，解放军出版社，2015年，第315页。
③ 宋庆龄：《宋庆龄选集》(下卷)，人民出版社，1992年，第376页。
④ 尹均生：《国际报告文学的源起与发展》，华中师范大学出版社，2009年，第307页。

由于国民党的残酷军事"围剿"和新闻封锁,中国共产党和工农红军几乎处于与外界隔绝的状态,国统区的人民很难获得关于苏区真实情况的报道。而《西行漫记》的翻译出版及其在国统区的发行,使很多青年通过该书了解中国共产党和工农红军的真实面貌,看到了一个与白区黑暗社会不一样的光明社会的真实景象。正如宋庆龄所说,斯诺的《西行漫记》"为中国人民带来了新的希望,给他们指出了一条通过集体努力和斗争而前进的新路"[①]。

其次,《西行漫记》使中国和世界人民认识到中国共产党和工农红军的力量。

《西行漫记》的出版,揭开了红色中国的帷幕,向西方读者展示了一个前所未闻的中国共产党人和中国工农红军的形象。正如美国历史学家拉铁摩尔曾说:"在人们政治上陷入苦闷的情况下,斯诺的《西行漫记》就像烟火一样,腾空而起,划破了苍茫的暮色。"[②]世界人民通过读《西行漫记》,第一次了解到中国共产党和工农红军的真实情况,使当时"基本上不了解情况的外界大为惊讶"[③],该书作者对中国工农红军长征途中的许多事迹进行了客观和生动形象的报道,使人们认识到工农红军是一支意志顽强、不怕牺牲、作战英勇的队伍。如,斯诺在书中对红军飞夺泸定桥的惊世之举进行了生动的描述,他写道,泸定桥对岸敌军的狙击手"向着在河流上空摇晃地向他们慢慢爬行前进的红军射击。第一个战士中了弹,掉到了下面的急流中,接着又有第二个,第三个",国民党驻扎在四川的军队"大概从来没有见过这样的战士——这些人当兵不只是为了有个饭碗,这些青年为了胜利而甘于送命。他们是人,是疯子,还是神?"。[④]

斯诺在书中还用数字列举了红军长征令人震撼的一面,他写道:"红军在总长5000英里的路上只休息了44天,平均每走114英里休息一次。平均每天行军71华里,即近24英里,一支大军和它的辎重要在一个地球上最险峻的地带保持这样的平均速度,可说近乎奇迹。"[⑤]在长征途中,"红军一共爬过18条山脉,其中5条是终年盖雪的,渡过24条河流,经过12

---

① 宋庆龄:《纪念埃德加·斯诺》,裘克安:《斯诺在中国》,生活·读书·新知三联书店,1982年,第321页。
② 刘力群:《纪念埃德加·斯诺》,新华出版社,1984年,第28页。
③ 谢伟思:《关于埃德加·斯诺的一些个人回忆》,裘克安:《斯诺在中国》,生活·读书·新知三联书店,1982年,第348页。
④ [美]埃德加·斯诺:《西行漫记》,东方出版社,2005年,第193页。
⑤ [美]埃德加·斯诺:《西行漫记》,东方出版社,2005年,第200页。

个省份，占领过62座大小城市，突破10个地方军阀军队的包围"①。斯诺还把红军长征与北非古国迦太基军事统帅汉尼拔率军翻越阿尔卑斯山重创罗马军队的军事远征行动进行了对比，他认为，与红军长征相比，"汉尼拔经过阿尔卑斯山的行军看上去像一场假日远足"②。

《西行漫记》使世界人民看到了共产党和红军的真实样貌，推动了世界舆论重视中国共产党的力量，愿意接纳它为盟友，共同开展反抗德、意、日法西斯侵略的斗争。当时的美国总统罗斯福阅读此书后，也对书中所记述的内容产生了浓厚的兴趣，他为此曾"三次召见斯诺询问中共的情况"③。

《西行漫记》的出版还使中国和世界人民了解了中国共产党的抗日民族统一战线政策。在斯诺赴苏区采访之前，中国共产党提出的关于建立抗日民族统一战线的宣言多遭封锁，也遭到一些人的怀疑。但在一个外国记者采访中国共产党最高领导人的谈话内容公开发表后，外界更加相信共产党的诚意了，还有不少人开始拥护两党"复婚"的要求。④

再次，《西行漫记》激发了一批青年走上抗日救国的道路，增强了中国人民抗战救国的坚定信念。

《西行漫记》中译本出版后，很快通过各种渠道在全国范围内传播开来，各地读者奔走相告，争相传阅。广大读者从中看到了一个与国民党专制统治下的"白色中国"完全不一样的"红色中国"的景象。很多青年在阅读了《西行漫记》后大受鼓舞，产生了奔赴革命圣地延安，实践自己革命理想的强烈愿望。上海一位叫陈一鸣的大学生读者说："我们拿到这本书，争相阅读，心情振奋。在上海的一百多所大、中学校里，特别是学生组织的读书会里，普遍传阅或讨论。"⑤武汉一位叫沈鸿的青年技师阅读了《西行漫记》后在日记中写道："一线希望的曙光照亮了我的心扉。我了解到，以延安为中心的陕甘宁边区正汇聚了中华民族的优秀儿女，他们正在与日寇进行浴血奋战。于是，我决心到延安去。"⑥

爱国将领何基沣在大名保卫战中与日本侵略军英勇战斗，后因弹尽粮绝，大名失守。他自觉抗日救国无望，拔枪自杀，后为下属所救。在迷

---

① [美] 埃德加·斯诺：《西行漫记》，东方出版社，2005年，第200页。
② [美] 埃德加·斯诺：《西行漫记》，东方出版社，2005年，第200页。
③ 刘国华、张青枝：《〈西行漫记〉——中国共产党对外宣传的一个典范》，《党的文献》2011年第3期。
④ [美] 埃德加·斯诺：《西行漫记》，东方出版社，2005年，第402页。
⑤ 《二十世纪中国实录》编委会：《二十世纪中国实录》（3），光明日报出版社，1997年，第2675页。
⑥ 中共上海市委党史研究室、上海市档案局（馆）：《日出东方——中国共产党诞生地的红色记忆》（下），上海画报出版社，2014年，第58页。

茫期间，他经人推荐阅读了《西行漫记》，内心重新燃起救国的热情。他随后辗转来到延安，会晤了毛泽东、刘少奇、朱德等人，在与中共领导人的多次交谈后，他深受鼓舞，认识到共产党才是中华民族的希望。何基沣后来加入中国共产党，并在人民解放军渡江作战、解放南京的战斗中立下战功。

著名漫画家华君武后来也曾回忆道，上海沦陷后，他内心时常处于痛苦和迷茫之中，"斯诺的《西行漫记》真可以说是黑暗中的火把，我瞒着家庭、亲戚、朋友和同事，秘密地离开上海……最后到达了陕北，这都是《西行漫记》给了我力量"[1]。

随着《西行漫记》的发行范围不断扩大，该书的影响力逐渐增强，不仅在国内大受欢迎，也对欧美国家的一些读者产生了积极影响。斯诺曾回忆说："战争开始以后，我走到一处地方，哪怕是最料不到的地方，总有那腋下夹着一本《西行漫记》的青年，问我怎样去进延安的大学。……在香港，一个发达的银行家也使我吃惊地做了同样的请求。"[2]著名国际友人，加拿大的白求恩大夫和印度的柯棣华大夫，在阅读了《西行漫记》后也深受鼓舞，他们不远万里奔赴陕北延安，支援中国的抗日战争。

最后，《西行漫记》促进了报告文学作品的翻译出版。

美国著名新闻记者白修德（Theodore H.White）认为："《西行漫记》是经典报告文学的样板，斯诺对中国共产党的发现和描述，与哥伦布对美洲大陆的发现一样，是震撼世界的成就。"[3]《西行漫记》对"孤岛"时期上海报告文学的翻译出版起到了良好的示范效应。继《西行漫记》之后，一大批采访中共领导人，记述苏区红色政权建设、红军长征以及中国和世界人民反法西斯战争的译作相继出版，形成了报告文学作品翻译出版的热潮。这些报告文学译作大致可分为如下四类：（1）反映中共领导下红色政权建设情况的作品，如：尼姆·威尔斯（Nym Wales）著《续西行漫记》（胡仲持、蒯斯曛、梅益等译，复社，1939年）、勃托兰（James Bertram）著《中国的新生》（林淡秋译，上海文缘出版社，1939年）、弗来敏等著《红色的延安》（哲非译，上海言行社，1938年）、E.A.麦雷著《新中国印象记》（梅蔼、步溪、哲非、满红译，上海群社，1939年）。（2）记述中国工农红军长征的作品，如：史诺（斯诺）著《二万五千里长征》（汪衡译，上海文摘社，1938年）、史沫特莱著《中国红军行进》（美懿译，载《文汇

---

[1] 《二十世纪中国实录》编委会：《二十世纪中国实录》（3），光明日报出版社，1997年，第2675页。
[2] ［美］埃德加·斯诺：《斯诺文集2》，宋久、柯南、克雄译，新华出版社，1984年，第214—216页。
[3] 贺海轮、刘杰：《延安时期著名人物》，陕西人民出版社，2015年，第352页。

报·世纪风》1938年2月11日—3月21日）。（3）反映中国人民开展抗日斗争的作品，如：勃托兰著《华北前线》[①]。（4）报道世界人民开展反法西斯战争的作品，如：1941年9月，Vera Brittain著《在英伦前线》（云玖译，亢德书屋，1941年）、I.爱泼斯坦著《人民之战》（刘涟、思汗、岸舟等译，新人出版社，1940年）。

以上译作中，最值得一提的是斯诺的夫人尼姆·威尔斯女士著的《续西行漫记》。尼姆·威尔斯又名海伦·斯诺，她于1931年来到上海，担任伦敦《每日先驱报》的特邀记者，次年，她与埃德加·斯诺喜结连理。埃德加·斯诺从延安采访回来后，威尔斯女士投入了大量的精力为斯诺整理采访材料，成为斯诺写作《西行漫记》的得力助手。在帮助斯诺整理材料的过程中，海伦·斯诺跟她丈夫一样，对于中国苏区红色政权充满了好奇，产生了前去采访的强烈愿望。她后来曾回忆道："当我阅读这些材料的时候，我认识到自己必须不惜任何代价，进行一次类似的旅行，收集其他的传记性材料。"[②]

1937年4月，尼姆·威尔斯冲破重重阻碍，从北平出发，前往陕甘宁边区，开始了长达5个多月的采访。在延安，她先后采访了近30名中共领导人和红军将士，收集了大量的第一手资料。10月，她从延安返回北平，开始撰写《红色中国的内幕》（The Inside of the Red China）。1939年初，《红色中国的内幕》在英国刚达勃戴公司出版。1939年4月，复社将该书翻译成中文版，考虑到抗日统一大业，复社在出版该书时将书名改为《续西行漫记》。全书附图64幅，内容包括"到苏区去""苏区之夏""妇女与革命""中国苏维埃之过程""中日战争""八十六人经历"等6部分。之前埃德加·斯诺前往延安采访时，因朱德总司令正在前线指挥战斗，未能亲自接受采访，《西行漫记》中对朱德的记述也比较简略，《续西行漫记》则弥补了这一缺陷。[③]威尔斯在《续西行漫记》中，对"红军之父"朱德的个人形象、人生经历进行了较为详细的记述。她赞扬朱德"天性非常善良"，他"与其说是个有权威的指挥官还不如说是个受群众爱戴的领袖"，"他的天性和习惯都是民主的"。[④]

《西行漫记》及《续西行漫记》等一系列报告文学译作的出版，使上

[①] 该书有两个译本，一本是由林淙、蒯斯曛等人翻译，上海文缘出版社出版；另一本是任叔民翻译，上海棠棣出版社出版，以上两个中译本皆为1939年出版。
[②] ［美］海伦·斯诺：《我在中国的岁月——海伦·斯诺回忆录》，安危、杜夏译，中国新闻出版社，1986年，第220页。
[③] 张注洪：《中国现代史论稿》，北京图书馆出版社，1997年，第261页。
[④] ［美］尼姆·威尔斯：《续西行漫记》，陶宜、徐复译，生活·读书·新知三联书店，1991年，第106页。

海"孤岛"一时成为传播进步文化的中心。

四、结语

《西行漫记》的翻译出版是中国共产党人忠于信仰、敢于斗争、善于斗争的集中体现。自第一次国共合作破裂之后，国民党大肆屠杀共产党人和革命群众，上海乃至全国都笼罩在白色恐怖的环境中。与此同时，国民党为了控制全国舆论，对革命和进步书刊进行大肆查禁。据统计，仅1929年至1941年间，国民政府在全国范围内就查禁书刊2781种。[①]而反映中国红色苏区建设和红军长征情况的《红星照耀中国》自然也在国民政府的查禁书目名单中。面对严酷的出版形势，胡愈之等共产党人却丝毫没有退却，他们秉承了中国共产党不畏艰难的品质，仅用了两个多月的时间，就完成了《红星照耀中国》的翻译出版工作，并迅速在全国范围内以及东南亚等海外国家和地区发行，创造了翻译出版史上的一个奇迹。马克思曾经说过："理论在一个国家的实现程度，总是取决于理论满足这个国家的需要的程度。"[②]《西行漫记》之所以能够成功出版和广泛发行，最根本的原因是它传播了中国共产党的红色文化，而红色文化所宣扬的价值理念符合时代发展趋势，满足了革命战争年代广大读者的精神生活需求。

第二节　进步出版界的"空前巨业"
——《鲁迅全集》出版考略

鲁迅是我国伟大的文学家、思想家和革命家，一生著述颇丰，他的作品，无论小说还是杂文，均有着深刻的思想性、高度的艺术性，饱含独特的时代精神和现实意义。鲁迅生前曾有把自己的作品进行汇集、整理和出版的想法，还亲自草拟了两种著述编目：第一种是分为"人海杂言""荆天丛草""说林偶得"3部分框架的目录；第二种是先把作品按文体和创作类型进行分类，然后按照年代先后，分作10册出版。[③]但这些著述来不及整理和出版，鲁迅先生就因病逝世了。

---

① 王双梅：《历史的洪流——抗战时期中共与民主运动》，广西师范大学出版社，1994年，第16页。
② 中共中央马克思恩格斯列宁斯大林著作编译局：《马克思恩格斯选集》（第1卷），人民出版社，2012年，第11页。
③ 鲁迅：《"三十年集"编目二种》，鲁迅：《鲁迅全集》（第8卷），人民文学出版社，2005年，第519页。

一、《鲁迅全集》出版缘起

鲁迅先生逝世后，举国哀悼，其生前好友以及众多文化界同人倡议将鲁迅作品结集出版。广大读者之所以急切地盼望《鲁迅全集》能早日出版，是因为"他的笔下并无空文的缘故"，鲁迅作品里的"一字一句，也即一功一绩，言行相通，力透纸背，他是蘸着自己的血来写的"[1]。鲁迅先生毕生致力于民族解放事业，其作品的出版，对于振奋民族精神，激发广大民众的抗日斗志，具有十分重要的意义。由于抗战全面爆发以来，"国内文化机关，图籍古物，被毁灭者，不知凡几"，因此，"出版先生全集，保卫祖国文化，实为急不容缓之事"[2]。

鲁迅先生逝世后，其生前挚友许寿裳曾多次致函许广平女士，商讨《鲁迅全集》的出版事宜。许寿裳认为，尽快出版《鲁迅全集》，一是可以防止坊间盗印。许寿裳在与许广平的多次通信中，都谈到鲁迅著作被奸商盗印的事情。1936年10月28日，许寿裳写信给许广平，信中写道："近来偷印豫兄书层出不穷，可痛可恨。"[3]许寿裳在信中指出，鲁迅遗著必须"克期付印"，尽快结集出版，如此，不仅有助于鲁迅精神的传播，而且有利于保护鲁迅著作的版权，减少奸商盗印。二是获得版税收入。许寿裳在信中还写道："豫兄为民族解放始终奋斗，三十年如一日，生平不事积蓄，上有老母在平，向由豫兄一人奉养，在沪则有寡妇孤孩，其创作杂文达二百万言，翻译不计内，如能刊印全集，则版税一项，可为家族生活及遗孤教育之资。"[4]1936年11月10日，许寿裳在致许广平的信中写道："遗著除翻版偷印之外，为奸商乱选而出版者，北平方面有《鲁迅杂感集》《鲁迅讽刺文学》等层出不穷。"[5]1936年12月1日，许寿裳在复许广平的信中对坊间私自翻版盗印鲁迅遗著的行为表示了极大的愤慨，"坊间翻版偷印及乱编之书，层出不穷，真可恨"[6]。1936年12月7日，许寿裳在致许广平的信中再次谈道："近来偷印豫兄书层出不穷，可痛可恨。"[7]他在信中说看到市场上有上海联华书局翻印的《南腔北调集》、生活文化社翻印的《中国人与中国》、上海时代文化社印行的《二心集》，有的作品如《故事

---

[1] 唐弢：《短长书》，南国书局，1947年，第108页。
[2] 许广平：《〈鲁迅全集〉编校后记》，许广平：《马蹄疾辑录——许广平忆鲁迅》，广东人民出版社，1979年，第82页。
[3] 《许寿裳致许广平信二十七封》，《鲁迅研究月刊》1983年第2期。
[4] 《许寿裳致许广平信二十七封》，《鲁迅研究月刊》1983年第2期。
[5] 《许寿裳致许广平信二十七封》，《鲁迅研究月刊》1983年第2期。
[6] 《许寿裳致许广平信二十七封》，《鲁迅研究月刊》1983年第2期。
[7] 《许寿裳致许广平信二十七封》，《鲁迅研究月刊》1983年第2期。

新编》，甚至连假托的印行机构都没有写。他还在北平东安市场的书店看到摆有鲁迅著《活力》和《归家》两本书，封面印着"上海永生"字样，一看就是伪作，发行机构名字也是完全捏造的。由此可看出，当时北平出版市场上鲁迅著作被盗版的现象已经是较为严重了。

1936年12月23日，许寿裳在致许广平的信中说："上海联华印行《不三不四集》[①]贴有版税印花，想非假冒。又上海时代文化社翻印之《二心集》，不贴印花，北平北新书局有寄售。"[②]

此则材料说明，上海联华书局出版的《伪自由书》改为《不三不四集》后，已经获得当局的审查通过，准予出版，因而图书印有版权标记。而上海时代文化社出版的《二心集》无版权标记，当为翻印盗版图书无疑。考虑到当时的出版环境，蔡元培、宋庆龄、胡愈之等人决定筹建"鲁迅纪念委员会"，以开展对于鲁迅的纪念活动并筹划鲁迅遗著的出版事宜。

二、"鲁迅纪念委员会"及其成立时间考辨

1972年12月25日，著名出版家胡愈之在北京鲁迅博物馆召开的纪念鲁迅座谈会上曾回忆道："我的印象，没有正式成立过'鲁迅纪念委员会'，鲁迅去世时成立过治丧委员会。至于'鲁迅纪念委员会'是后来为了出版《鲁迅全集》才用上这个名称的。"[③]在这次座谈会上，他还谈到，由于国民党当局禁止发行鲁迅的著作，一般出版社不敢承印，再用"复社"的名字出版也不行了，于是就用了"鲁迅纪念委员会"这一名称，目的是应付国民党的审查政策。[④]而1976年胡风在狱中写的回忆录《关于鲁迅丧事情况——我所经历的》谈到，鲁迅逝世后，成立了鲁迅纪念委员会，它可能是由鲁迅治丧委员会改名而来，或者以治丧委员会为基础调整的。鲁迅纪念委员会在鲁迅丧事结束后不久召开了一次会议，决定了筹备纪念基金的办法和出版全集等。胡风在回忆录中还提到，他在开会的时候还看到过一份与会人员名单，其中有鲁迅亲属和生前老友、外国友人等，但具体名字记不完全了，只记得名单上有蔡元培、宋庆龄、沈钧儒、内山完造、史沫特莱、许寿裳、许广平、周建人、曹靖华、胡愈之、郭沫若、郑振铎、茅盾、巴金等人。由于当时环境，与会人员只有在上海的十余名

---

① 应为《伪自由书》。
② 许寿裳：《亡友鲁迅印象记：许寿裳回忆鲁迅全编》，上海文化出版社，2006年，第237页。
③ 《鲁迅研究资料》编辑部：《鲁迅研究资料》（1），文物出版社，1976年，第84页。
④ 《鲁迅研究资料》编辑部：《鲁迅研究资料》（1），文物出版社，1976年，第85页。

人士。[①]

由此看出，以上两人的回忆说法不一。那么，鲁迅逝世后，到底有没有正式成立鲁迅纪念委员会？鲁迅纪念委员会成立的确切时间又是在哪一天？鲁迅纪念委员会成员又有哪些人？根据笔者所查阅的文献资料，首先可以确定的是，鲁迅逝世后成立了鲁迅纪念委员会。上海鲁迅纪念馆馆藏文件中，保存有两份《鲁迅纪念委员会筹备会公告》的原始文件，这是关于成立鲁迅纪念委员会的重要佐证材料。以上两份公告落款的署名日期均为1936年11月4日，这是筹备会召开之后发布公告的时间。筹备会召开的时间先于公告发布时间，在筹备会公开发布之前已经召开了两次鲁迅纪念委员会筹备会，其中第一次筹备会召开的时间是1936年11月1日下午三点，第二次筹备会召开的时间为次日下午三点。1936年10月19日鲁迅先生逝世当日，中共中央指示冯雪峰主持鲁迅的治丧工作，担任治丧委员会主任，冯雪峰立即起草了《鲁迅先生讣告》，讣告中列出了"鲁迅治丧委员会"名单。名单列入了蔡元培、宋庆龄、内山完造、沈钧儒、萧参、曹靖华、史沫特莱、茅盾、胡愈之、胡风、许季茀、周作人、周建人共13名成员。[②]根据筹备会公告，鲁迅丧事结束后，治丧委员会的工作也就宣告结束了。但是，为了弘扬鲁迅精神，永久纪念这位文化界的斗士，会议讨论成立"鲁迅纪念委员会"的事宜。在委员会正式成立之前，先行设立筹备会，筹备会下设秘书处，分文书、庶务两个股室。第一次会议推举蔡元培、宋庆龄、沈钧儒、内山完造、茅盾、许广平（景宋）、周建人等7人为筹备委员。筹备委员会负责联络和接洽鲁迅亲友、各国各界与鲁迅有个人交谊和敬仰鲁迅的知名人士。会议还讨论了鲁迅坟墓的设计、选址，征求各界对于鲁迅纪念事业的意见以及讨论鲁迅纪念基金的募集等事项。从两份文件来看，胡风在狱中写的回忆文章与公告中的内容大致一致，由此可以初步断定，鲁迅逝世后确有成立"鲁迅纪念委员会"的动议。

除了以上两份公告外，笔者还从鲁迅生前好友内山完造和许寿裳的书信中发掘出了更多关于鲁迅纪念委员会的佐证材料。

鲁迅生前是内山书店的常客，与书店老板内山完造关系十分密切。鲁

[①] 胡风：《关于鲁迅丧事情况——我所经历的》，西北大学鲁迅研究室：《鲁迅研究年刊》，陕西人民出版社，1982年，第20页。
[②] 上海鲁迅纪念馆目前保存有三个版本的鲁迅治丧委员会名单，第一份名单是本文采用的名单，另一份是8人名单，名单所列人物有：马相伯、宋庆龄、蔡元培、内山完造、沈钧儒、茅盾、史沫特莱、萧参。还有一份是9人名单，名单所列人物为：蔡元培、马相伯、宋庆龄、毛泽东、内山完造、史沫特莱、沈钧儒、茅盾、萧参。这里采用了鲁迅逝世当日发布的公告中的治丧委员会名单，这份附有治丧委员会名单的讣告刊登于当日的《大晚报》第二版上。

迅逝世后，内山完造曾给日本国内的增田涉寄了两封信，告知鲁迅逝世和举办葬礼的事情。在1936年11月4日写的一封信中，内山完造也提到了上海已成立鲁迅纪念委员会（筹备会）并向世界募集委员的事情。他在信中写道："治丧委员会组成后，我成为其中的一员；以后的葬仪是按部就班地结束的。后来，进行了种种讨论，结果，议定必须成立纪念委员会，并产生了筹备会。筹备会决定向国外邀集纪念委员会的委员，我被委派来邀集日本方面的委员。"①

在信中，内山完造还让增田涉列出一个日本方面的委员名单来。由此可看出，内山完造不仅是鲁迅治丧委员会的一员，也受邀为鲁迅纪念委员会的委员，他的职责之一是负责联络日本方面的人士。

鲁迅先生性格倔强、耿直、语言犀利，一生挚友不多，在其所交往的朋友圈中，许寿裳是罕见的被鲁迅称为35年的挚友。鲁迅先生逝世后，许寿裳不仅对鲁迅的家属十分关照，对鲁迅先生的纪念活动和鲁迅著述的整理出版事宜也尽力张罗。笔者从许寿裳写给鲁迅遗孀许广平的五十多封信件中发现，有多封信件都谈及了关于成立鲁迅纪念委员会的事项。现按时间顺序整理如下。

1936年12月1日，许寿裳在致许广平的信中写道："纪念委员会筹备会通告早看到。平中马幼渔、沈兼士、曹靖华、周岂明处均已征求得同意，裳当然愿附骥尾。"②许寿裳在信中除表示自己乐意参加纪念委员会外，还负责联络了在北平的马裕藻（字幼渔）、沈兼士、曹靖华和周作人（岂明），他们都表示同意参加鲁迅纪念委员会。

1936年12月18日，许寿裳在给许广平的复信中说道："寿山先生在平，请其任纪念委员，已得同意，特奉闻。"③这里的寿山先生即指齐宗颐，齐宗颐字寿山，他是鲁迅在教育部任事时的同事，与鲁迅私交甚密。鲁迅逝世后，作为老同事和关系密切的朋友，请其担任纪念委员会的成员也是顺理成章的事情。

1937年2月20日，许寿裳在给许广平的去信中谈及："纪念委员会添员一节已与幼渔谈过，因时局尚未明朗，只好稍缓进行。"④

1937年4月29日，许寿裳复信给许广平，信中再次谈到成立鲁迅纪念

---

① 内山完造：《写给增田涉的两封信》，王锡荣：《内山完造纪念集》，上海文化出版社，2009年，第236页。
② 《许寿裳致许广平信二十七封》，《鲁迅研究月刊》1983年第2期。
③ 李卉：《许寿裳讲鲁迅》，新华出版社，2005年，第177页。
④ 许寿裳：《亡友鲁迅印象记：许寿裳回忆鲁迅全编》，上海文化出版社，2006年，第242页。

委员会的事情："纪念会确非从速成立不可，示中魏建功、汤尔和、沈士远、尹默、朱逖先五处当由裳去接洽。美人施诺[①]因其夫妇均对大先生有好感，不妨请其一同加入，裳已托余坤珊先生去面询矣。此外陈公洽似可加入，弟意以为何如？望示知，以便去函征求同意。"[②]

这封复信表明许广平的去信中谈及邀请魏建功、汤尔和、沈士远、沈尹默、朱逖先[③]加入纪念委员会的事宜，许寿裳表示同意并答应亲自去与以上五人接洽。他还建议邀请国际友人——美国新闻记者埃德加·斯诺夫妇加入纪念委员会。此外，许寿裳还建议邀请当时在国民政府任军政要职的陈仪加入纪念委员会，陈仪（字公洽）是鲁迅的绍兴同乡。据曹聚仁的《我与我的世界》一书中回忆，鲁迅与陈公洽将军是至交。[④]

给美国新闻记者斯诺夫妇的邀请信是由许寿裳寄出的，信中以鲁迅遗孀许广平的名义邀请斯诺夫妇参加鲁迅纪念委员会。斯诺收到来信后，给许广平女士写了一封回信，对她的邀请表示感谢，并表示自己和妻子都很愿意加入鲁迅纪念委员会。

1937年5月3日，许寿裳去信许广平，信中写道："裳已驰函蔡先生及中央党部方希孔（治），请其设法，予以通过，陈大齐、沈士远二兄处亦同样函托，并征求其加入为纪念会委员，昨与幼渔兄谈及，渠谓大先生与胡适之并无恶感，胡此番表示极愿帮忙，似可请其为委员，未知弟意以为何如？希示及。"[⑤]

许寿裳这封信中，谈到了《鲁迅全集》的注册事宜，他不但请蔡元培、陈大齐、沈士远予以协助，同时还给国民党中央宣传部副部长方治（希孔）写信，请求予以通过《鲁迅全集》的出版审查。另外，许寿裳还在信中提到鲁迅虽然对于胡适有过讥讽和批评，但对他并无恶感。因此，他在信中建议邀请胡适加入纪念委员会。

1937年5月17日，许寿裳致信许广平，信中说："胡适之为委员事已得其同意。拟请弟直接致胡一函（其地址为北平后门内米粮库四号），说明得马幼渔、许季茀信，知先生已允为'鲁迅纪念委员会'委员，表示谢意，并请其鼎力帮忙。"[⑥]

由此封信可以看出，胡适已同意成为鲁迅纪念委员会的委员，许寿裳

---

① 施诺即斯诺。
② 李卉：《许寿裳讲鲁迅》，新华出版社，2005年，第178页。
③ 朱逖先指朱希祖。
④ 曹聚仁：《我与我的世界》，人民文学出版社，1983年，第395页。
⑤ 《许寿裳致许广平信二十七封》，《鲁迅研究月刊》1983年第2期。
⑥ 《许寿裳致许广平信二十七封》，《鲁迅研究月刊》1983年第2期。

建议许广平亲自给胡适写一封信，对其加入纪念委员会表示感谢，同时请胡适帮忙与商务印书馆接洽《鲁迅全集》的出版事宜。商务印书馆的总经理王云五与胡适之间过从甚密，当年王云五进入商务印书馆编译所工作，也是得益于胡适推荐之功。

许广平收到许寿裳的来信后，根据其建议，给胡适写了一封感谢信，信中也提到了成立鲁迅纪念委员会的事情。许广平在给胡适的信中写道："鲁迅先生逝后，亲友故交和文坛先进思有以纪念光大先生的战斗精神与学术成绩，故有'鲁迅纪念会筹备会'之设，拟广请海内外硕德成立正式纪念委员会。"[1]

许广平在信中谈及成立鲁迅纪念委员会的宗旨在于光大鲁迅先生的"战斗精神"和"学术成绩"。她对胡适加入纪念委员会一事表示感谢，认为"将来会务进行得先生领导指引，俾收良效，盍胜感幸！"[2] 许广平在信中还提到，商务印书馆是全国出版能力最强的出版机构，《鲁迅全集》由商务印书馆出版，是"最为适当"的。此外，她还请胡适鼎力设法与商务印书馆联络并及时将接洽情形予以告知。

1937年5月17日，许寿裳致信许广平，信中说："魏建功、汤尔和、胡适、沈尹默四君为委员，均允为委员，请查照。"[3]表明魏建功、汤尔和、胡适和沈尹默四人已成为鲁迅纪念委员会的委员。1937年5月27日，许寿裳在致蔡元培的信中说："鲁迅纪念委员会宜正式成立，此间委员已征得汤尔和、胡适之、马幼渔、沈尹默、兼士、齐寿山、周启孟[4]诸君之同意。"[5] 这是许寿裳去信与蔡元培商讨成立鲁迅纪念委员会的事宜以及与汤尔和、胡适、马幼渔、沈尹默、兼士（沈兼士）、齐宗颐（寿山）、周作人（启孟）等进行接洽的情况。

1937年6月7日，许寿裳在致许广平的信中写道："正式委员会，可以用在报端发表成立，沪上委员已得若干人？何香凝诸位已接洽过否？"[6] 由此可知，许寿裳建议在报纸上刊登成立"鲁迅纪念委员会"的消息，以扩大其影响力。他在信中还询问了上海这边委员的联络情况，以及与何香凝女士接洽的情况。

1937年7月5日，许寿裳致许广平的信中谈到纪念委员会成立一事，

---

[1] 《许寿裳致许广平信二十七封》，《鲁迅研究月刊》1983年第2期。
[2] 《许寿裳致许广平信二十七封》，《鲁迅研究月刊》1983年第2期。
[3] 《许寿裳致许广平信二十七封》，《鲁迅研究月刊》1983年第2期。
[4] 启明、岂明、启孟、起孟均为周作人的别号。
[5] 倪墨炎、陈九英：《许寿裳文集》（下），百家出版社，2003年，第765页。
[6] 《许寿裳致许广平信二十七封》，《鲁迅研究月刊》1983年第2期。

信中写道："纪念会能开会成立，自较只登报为佳，裳日内将挈眷游庐山，恐届时未能出席也。如在禾，必到。"① 此信说明，鲁迅纪念委员会成立的时机已经完全成熟，至于是召开成立大会还是登报宣传，许寿裳认为前者为佳，只是表明自己因携眷出游，恐不能出席成立大会。至于他信中所说的"如在禾，必到"中的"禾"，具体是指何地，据许寿裳女儿许世瑮的说法，"禾"应指浙江嘉兴。

1937年7月11日，茅盾致函许广平，函件中说："铅印之启事上仅列沈、周、马、许、曹各位姓名，静农及霁野暂不列入，但拟函请为纪念会委员，将来正式会成立，静霁之名愿否宣布，问过他们再定罢。齐寿山先生请许季茀先生酌定要不要请。"② 茅盾在信中向许广平建议将台静农、李霁野列入鲁迅纪念委员会，同时，请许寿裳考虑要不要聘请齐宗颐（寿山）为纪念委员会委员。

综上所述，从上海鲁迅纪念馆的两份《鲁迅纪念委员会筹备会公告》以及鲁迅友人内山完造、许寿裳、茅盾等人的诸多信件中，我们可以确定：鲁迅逝世后，上海成立了"鲁迅纪念委员会"；在正式成立纪念委员会之前，先成立了筹备会；纪念委员会筹备的时间较长，时间跨度长达9个月以上。从许寿裳等人的书信来看，纪念委员会委员的名单在不断地增加。

然而，许寿裳在1937年7月5日写给许广平的信中并没有提及鲁迅纪念委员会成立大会召开的具体时间。继1937年7月5日后，他再次写给许广平的信中提及鲁迅纪念委员会的事项的信件已是差不多三年后的1940年了。1940年3月23日，许寿裳致信许广平，问起鲁迅纪念委员会的近况，他在信中写道："自三周年纪念会后，有否新出版？纪念委员会近况如何，均希示及。"③

那么，鲁迅纪念委员会正式成立的具体时间又是在哪一天呢？最终的正式委员名单又有哪些成员？笔者在整理史料过程中，发现关于鲁迅纪念委员会成立时间说法不一，综合起来，目前的说法主要有如下三种。

（1）鲁迅纪念委员会正式成立于1937年6月间。持这种说法的人士主要依据的是鲁迅纪念委员会筹备会发布的聘书。《鲁迅纪念委员会筹备会聘书》中提及"'鲁迅纪念委员会'定于六月内正式成立"。

（2）鲁迅纪念委员会成立时间为1937年7月17日。持这一说法的主

---

① 许寿裳：《亡友鲁迅印象记：许寿裳回忆鲁迅全编》，上海文化出版社，2006年，第261页。
② 北京鲁迅博物馆鲁迅研究室：《鲁迅研究资料》（16），天津人民出版社，1987年，第24页。
③ 北京鲁迅博物馆鲁迅研究室：《鲁迅研究资料》（16），天津人民出版社，1987年，第61页。

要是作家萧军先生。萧军是受过鲁迅先生指导的青年作家,他对于鲁迅先生始终怀有感恩之心。鲁迅逝世后,他不仅为鲁迅的丧事操办积极奔走,而且还与胡风等人负责编撰《鲁迅先生纪念集》,在该纪念集的后记中,他谈到了鲁迅纪念委员会成立大会的情形:"1937年7月17日,第一次在华安大厦开'鲁迅纪念委员会成立大会'时,曾议决于10月19日先生逝世的周年以前,将这'纪念集'与另外一本侧重于研究性质的'纪念册'一同出版。"①此外,萧军在其回忆录《人与人间》中也再一次提到他本人参加纪念大会的事情,他写道:"1937年7月17日在上海华安大厦成立鲁迅纪念委员会的大会我也去参加了。这时《鲁迅先生纪念集》正在排印过程中,当时我似乎曾向委员会汇报了它的工作进度情况,因此委员会才决定在先生周年祭以前必须把它出版。"②

持这一说法的还有学者倪墨炎,他在其所著的《鲁迅与书》中也谈到1937年7月17日鲁迅纪念委员会在上海华安大厦召开成立大会的事情。③

(3)鲁迅纪念委员会成立于1937年7月18日。学者王锡荣在他的《内山完造纪念集》一书中写道:"1937年7月18日下午三时,上海华安大厦(今华侨饭店)召开了'鲁迅纪念委员会'的成立大会,到会共四十余人"。④

以上三种说法中,笔者认为前两种说法都是不准确的。第一种说法中,所依据的佐证材料是鲁迅纪念委员会筹备会发布的聘书内容。发聘书主要是为了与相关人员接洽,告知他们已被正式聘为纪念委员会委员。聘书于1937年5月4日发出,聘书中只是确定了纪念委员会成立的大致时间。这表明,筹备会此时还未确定成立的具体时间。因此,把聘书中的时间作为纪念委员会成立的时间显然是不准确的。第二种说法"鲁迅纪念委员会成立时间为1937年7月17日",主要来源于作者萧军先生的回忆。笔者认为,萧军先生可能是把日期记错了,他在"《鲁迅先生纪念集》后记"中标的落款时间为"1937年10月14日夜",这时距鲁迅纪念委员会成立大会召开的时间已过去近3个月了。时过境迁,笔者认为当事人在回忆中把日期记错也在所难免。

根据笔者所发掘的相关资料,可以证实第三种说法是准确的,即鲁迅纪念委员会正式成立时间应为"1937年7月18日"。其主要依据如下:

---

① 萧军:《萧军全集》(第11卷),华夏出版社,2008年,第212页。
② 萧军:《人与人间——萧军回忆录》,中国文联出版社,2006年,第277页。
③ 倪墨炎:《鲁迅与书》,天津人民出版社,1984年,第258页。
④ 王锡荣:《内山完造纪念集》,上海文化出版社,2009年,第134页。

首先，鲁迅纪念委员会委员之间的往来信函中明确提到鲁迅纪念委员会成立大会召开的具体时间为"1937年7月18日"。1937年7月15日，鲁迅先生的学生宋琳致信许广平，信中说："迅师纪念会，列入贱名，深为荣幸，但恐无甚贡献，未免抱愧耳！十八日成立大会，即请先生代表出席，为盼。"① 宋琳（紫佩）女士对自己忝列鲁迅纪念委员会委员感到十分荣幸，同时表示自己无法前来参加成立大会，委托许广平女士代她参会。1937年7月16日，蔡元培在致周建人的信中，称自己因身体原因，不能前来参加7月18日的成立大会。他在信中写道："弟身体又不大好，十八日不能到会，谨援外埠委员不能来沪之例，请先生代表。"② 同时，他在信中还提议推举宋庆龄为纪念委员会"永久委员长"。

蔡元培在信中谈到他已从许寿裳的来信中详细了解了关于鲁迅先生纪念活动的事宜，并告知周建人自己已与宋庆龄、孙科（哲生）、顾孟余、于右任、张继（溥泉）、朱家骅（骝先）等人进行过接洽。蔡元培在信中还表示自己因身体原因，无法前来参加7月18日的成立大会。

其次，鲁迅之子周海婴在怀念胡风的文章中提到鲁迅纪念委员会成立大会的具体时间。周海婴在文章中说，自己在整理母亲的旧存资料的过程中发现了一套父亲丧葬的原始账目，账目共有三页，第一页是鲁迅纪念委员会筹备会发出的参会通知，通知写道："鲁迅纪念委员会，兹订于七月十八日下午二时在上海静安寺路（跑马厅对过）华安大厦八楼开成立大会。"③

这份印刷通知单末尚有许寿裳先生于7月12日用钢笔写的两行附言："寿裳因事不能到会，敬托乔峰兄为代表。"由此可知，这份通知单是许寿裳收到后寄回来的，他因不能到会，委托周建人（乔峰）代为行使委员权利。与1937年5月4日发出的聘书不同，通知已明确了召开鲁迅纪念委员会成立大会的确切时间和地点。

当时的媒体对鲁迅纪念委员会成立大会进行了报道。鲁迅纪念委员会成立大会召开前后，上海的一些报纸如《申报》《大晚报》《救国日报》对此进行过报道。如，鲁迅纪念委员会召开的前一天，即1937年7月17日，上海最有影响力的报纸《申报》刊发了《纪念新文学作家，鲁迅纪念会明成立》的新闻报道。报道中说："该会已决定于明（十八）日下午二时，在静安寺路华安大厦举行鲁迅纪念委员会成立大会，讨论将来进行事

---

① 周海婴：《鲁迅、许广平所藏书信选》，湖南文艺出版社，1987年，第384页。
② 高平叔、王世儒：《蔡元培书信集》（下），浙江教育出版社，2000年，第2047页。
③ 周海婴：《胡风为鲁迅治丧操劳》，《鲁迅世界》2003年第3期。

宜。"①上海《大晚报》在鲁迅纪念委员会成立大会召开的当天即7月18日发布了《纪念鲁迅会今日成立》的新闻报道，文中说："顷该会筹备告竣，将定今日下午二时，在华安大厦举行成立大会。"此外，1937年8月15日，《救国日报》刊发了《在沪成立鲁迅先生纪念委员会》的报道，文中说："鲁迅先生纪念委员会于十八日下午三时假座华安大楼举行成立会议，是由筹备委员会召集的。"②

除上海的报纸对鲁迅纪念委员会成立大会的事项有报道外，其他城市的一些媒体对此事也进行过报道。如1937年7月18日，《北平新报》刊发了本报上海航信"鲁迅纪念委员会今在沪开成立大会——中日苏美法等国籍委员七十二人，《二心集》等被禁疏解中"的新闻报道。这则通讯不仅报道了鲁迅纪念委员会召开成立大会的时间和地点，还列出了72名全体委员名单。这份名单成为我们今天了解当年鲁迅纪念委员会的一份重要原始资料。

从名单所列的72名委员名单来看，大部分是当时文化界的知名人士，其中又以鲁迅的亲戚和故旧门生居多。从这份委员名单中可以看出，大部分委员为民主党派人士，但也有国民党人士如蔡元培、陈仪等人。此外，名单中还有一些人员的身份是中共地下党员，如胡愈之、冯雪峰（画室）、王任叔。名单中还有一些与鲁迅有私交的国际友人，如法国著名作家伐扬·古久烈，苏联著名作家法捷耶夫、绥拉菲摩维支，美国著名新闻记者史沫特莱和埃德加·斯诺，日本友人秋田雨雀、佐藤春夫、藤森成吉、内山完造、山本实彦、增田涉、鹿地亘等。

从这份名单来看，蔡元培于1937年7月16日致周建人的信中提到的孙科（哲生）、顾孟余、于右任、张继（溥泉）、朱家骅（骝先）等国民党元老并未列入纪念委员会委员名单中，这主要是因为以上人员信息反馈较迟。筹备会发出通知的时间是7月9日，而委员名单应是在此之前就确定下来了。以上人士是由蔡元培负责接洽的。根据1937年7月2日许寿裳致许广平的复信："元老名单系本年一月间，与幼渔、兼士诸公所酌定，上次裳回南时，因蔡先生抱恙未痊，故直至此次始得面交，纪念会成立公布，稍候或不候均可。"③由此可知，从1937年初开始，许寿裳就开始与马裕藻、沈兼士等人商讨纪念委员会的"元老名单"了，由于蔡元培先生生病，许寿裳直到6月下旬才将以上拟聘为纪念委员会委员的国民党元老名

---

① 《纪念新文学作家，鲁迅纪念会明成立》，《申报》1937年7月17日。
② 《在沪成立鲁迅纪念委员会》，《救国日报》1937年8月15日。
③ 许寿裳：《亡友鲁迅印象记：许寿裳回忆鲁迅全编》，上海文化出版社，2006年，第259页。

单交给蔡元培,这时距7月9日正式公布委员名单的时间已经很近了,要在这么短的时间内跟以上人员逐一接洽并得到他们的反馈信息,在时间上显然已是十分局促。因此,鲁迅纪念委员会筹备会7月9日公布的委员名单中未列入上述几位元老的名字也就情有可原了。

三、《鲁迅全集》出版波折

鲁迅纪念委员会成立后,应社会各界要求,决定尽快出版《鲁迅全集》。为了做好该书的编撰工作,鲁迅纪念委员会组建了《鲁迅全集》编辑委员会,编辑委员会由蔡元培、马裕藻(幼渔)、许寿裳(季茀)、沈兼士、茅盾、周作人、许广平七人组成。

(一)稿件送审的波折

20世纪30年代,国民党对书刊的审查极为严格,根据国民党《图书杂志审查办法》规定,图书杂志出版之前须将稿本呈送中央宣传部图书杂志审查委员会申请审查。"经本会审查核准之图书杂志稿件,由本会发给审查证。"[1]作品只有在审查合格,获得了审查证后才能正式出版。当时国民党对于图书杂志的审查极为严格,许多进步图书杂志都被查禁。以上海为例,1934年国民党上海特别市党部执行委员会收到中央宣传委员会查禁"反动刊物令"的密函后,一次就查处各书局出版的共产党及左翼作家之文艺作品149种。[2]在国民党严格的图书审查制度下,进步作家鲁迅的作品自然也受到当局严厉的审核。鲁迅生前就对国民党当局的图书审查制度深感无奈和痛恨,他曾在回复《木刻界》主编唐英伟的一封信中写道:"官老爷痛恨我的一切"[3]"遇见我的文字,就删削一通,使你不成样子""最近我的一切作品,不问新旧全被秘密禁止,在邮局里没收了""我有生以来,从未见过近来这样的黑暗"。他戏称这种环境下的创作是"戴着枷锁的跳舞"。[4]

鲁迅先生逝世后,许广平为早日出版全集,听从许寿裳等人的建议,将全集编好目后,将大部分作品呈送内政部审核登记。1937年5月,许广平委托许寿裳给蔡元培写了一封信,希望蔡元培与国民党中央政府部门就鲁迅著作出版一事进行疏通。许寿裳在信中写道:"鲁迅遗著事,承先生亲与力子部长一谈,部中必能知所注意,免除误解,使一代文豪,荣于身

---

[1] 张静庐:《中国近现代出版史料》(现代乙编),上海书店出版社,2011年,第525页。
[2] 张静庐:《中国近现代出版史料》(现代乙编),上海书店出版社,2011年,第201—202页。
[3] 李允经、马蹄疾:《鲁迅木刻活动年谱》,上海人民美术出版社,1986年,第178页。
[4] 林贤治:《纸上的声音》,漓江出版社,2015年,第199页。

后，亦全国文化之幸也。"[1]蔡元培收到信后，当即给时任国民党中央宣传部部长的邵力子写了一封信，邵力子与鲁迅都是浙江绍兴人，他对鲁迅一向尊崇。邵力子收到蔡元培的信后，亲自作出批示："对此一代文豪，决不能有丝毫之摧残。"[2]1937年5月25日，许寿裳致信许广平，告知关于《鲁迅全集》审核登记一事蔡元培已收到国民党中央宣传部的反馈消息，"力子来谈，称内政部已转来呈文，当催促部员提前检查"。[3]

通过多方努力，1937年6月8日，内政部的批文终于下来。虽然报送的大部分作品都审核登记通过了，但是有4部作品被禁止发行，分别是：《二心集》《伪自由书》《南腔北调集》和译作《毁灭》（法捷耶夫著、鲁迅译，三闲书屋印行）。另外有两部作品需要改名，《准风月谈》改为《短评七集》，《花边文学》改为《短评八集》。其余作品虽准予登记出版，但是被删改处甚多。如：《三闲集》和《华盖集》中的部分文章被删去；《坏孩子》（译本）和《小小十年》中的部分段落被删。删改最大的是《壁下译丛》，该部作品被删改之处达全篇的1/3。拿去送审的作品，有的被禁，有的被删改得面目全非，这还能叫《鲁迅全集》吗？许广平和众多文化界人士对当局任意删削鲁迅作品的行为极为愤慨。

由此也可看出，在国民党当局的黑暗统治之下，革命进步作品的出版是一件多么困难的事情，哪怕像鲁迅这样一代文豪的作品也不例外。但许广平及鲁迅纪念委员会的诸多成员并没有就此放弃努力。他们一边与国民党当局继续抗争，一边积极开展《鲁迅全集》的编校和出版工作。

全民族抗战全面爆发后，由于上海沦陷，国民政府各级政府机关纷纷内迁，国民党中央党部的审查意见随之沦为废纸一张，《鲁迅全集》编辑委员会反而可以放开手脚，把之前被国民党当局禁止发行的作品也收入全集出版了。正如许广平在鲁迅逝世周年祭所说："幸而两三月前没有付印。否则以前经中央党部删去一部或全部的，如果现在都不成问题了，不是要重新排过吗？"[4]

（二）与商务印书馆接洽

在《鲁迅全集》申请登记注册的同时，许广平等编委会成员也在联络出版机构。考虑到《鲁迅全集》是一套大部头的著作，一般的中小型出版机构实力不济，难以承担这一大规模的出版任务，许广平和鲁迅纪念委员

---

[1] 倪墨炎、陈九英：《许寿裳文集》（下），百家出版社，2003年，第764页。
[2] 北京鲁迅博物馆鲁迅研究室：《鲁迅研究资料》（16），天津人民出版社，1987年，第19页。
[3] 倪墨炎、陈九英：《许寿裳文集》（下），百家出版社，2003年，第794页。
[4] 许广平：《许广平文集》（第1卷），江苏文艺出版社，1998年，第422页。

会的人商议后，决定选择当时全国出版规模最大、资金实力最雄厚、印刷精良、发行通畅的商务印书馆。为此，许广平转托许寿裳，托他寻找合适人士与商务印书馆进行沟通。许寿裳想到胡适与商务印书馆总经理王云五之间交情甚厚，于是给胡适在北大任教时的同事和好友马幼渔写了信，请他出面与胡适接洽。胡适得知《鲁迅全集》出版一事后，当即表示愿意与商务印书馆沟通。1937年3月30日许寿裳致信许广平，信中说："与商务馆商印全集事，马幼渔兄已与胡适之面洽，胡适表示愿意帮忙。惟问及其中有无版权曾经售出事，马一时不便作肯定语，裳告马决无此事，想马已转告胡矣。商务回音，俟后再告。"①

为了促成《鲁迅全集》的早日出版，许寿裳和马幼渔向许广平建议增补胡适为鲁迅纪念委员会委员，许广平对二人的建议表示同意，请他们出面征询胡适个人意见。许、马二人征询胡适意见后，胡适对此表示感谢并欣然同意成为委员。1937年5月21日，许广平亲自致函胡适，对胡适同意加入纪念委员会并积极推进《鲁迅全集》出版一事表示感谢，信中说："环顾国内，以绍介全国文化最早，能力最大的商务印书馆，最为适当。闻马、许两先生，曾请先生鼎力设法，已蒙先生慨予俯允，如能有成，受赐者当非一人。"②从许广平写给胡适的信中可以看出，她本人对商务印书馆的出版能力和口碑是高度认可的，她在信中还盼胡适能将与商务印书馆接洽的结果早日告知。1937年6月7日，许广平收到许寿裳寄来的信函，信中说胡适已经与商务印书馆进行了接洽，商务印书馆同意出版《鲁迅全集》，信中还附了一封胡适致商务印书馆总经理王云五的介绍信。6月9日，许广平持介绍信赴商务印书馆与王云五面谈《鲁迅全集》出版事宜。现北京鲁迅博物馆还保存了一份许广平与商务印书馆总经理王云五会谈《鲁迅全集》出版一事的备忘录，详细记录了此次会谈的内容。从备忘录来看，双方谈到了《鲁迅全集》的注册审查登记、字数、册数、开本、印张、版税、出版时间、推销、版权收回、装帧、合同签订等一系列事宜。从这份备忘录来看，会谈过程十分顺利，王云五在会谈中表示商务印书馆"极愿尽力""并允极力推销"，他还当场承诺，"稿件交齐后，当赶出，四个月或六个月内可出全集"，王云五在会谈中，还希望许广平协助商务印书馆从北新等书局收回鲁迅著作的版权。③从许广平随后致胡适的感谢信中，

---

① 许寿裳：《亡友鲁迅印象记：许寿裳回忆鲁迅全编》，上海文化出版社，2006年，第245页。
② 许广平：《许广平文集》（第3卷），江苏文艺出版社，1998年，329页。
③ 余越人：《胡适与〈鲁迅全集〉的出版》，宋应离、袁喜生、刘小敏：《20世纪中国著名编辑出版家研究资料汇辑》（第3辑），河南大学出版社，2005年，第40页。

也可看出她本人对此次会谈的结果是相当满意的。她在信中写道："以商务出书之迅速完备，规模之宏大，推销之普遍，得先生鼎力促成，将使全集能得早日呈献于读者之前，嘉惠士林，裨益文化，真所谓功德无量。"① 会谈结束后不久，许广平就与商务印书馆签订了《鲁迅全集》的出版合同。

然而，事与愿违，卢沟桥事变爆发后，日本侵略者很快进攻上海。1937年11月，上海沦陷，商务印书馆被迫内迁，再加之许广平与北新等书局的版权收回谈判尚未妥洽，商务印书馆不得不暂时搁置《鲁迅全集》出版一事。

四、复社决定自行出版《鲁迅全集》

1938年初，许广平与商务印书馆解除了出版合同，随后，鲁迅纪念委员会决定自行出版《鲁迅全集》。其时，上海的进步文化界人士，在中共地下党员胡愈之的倡议下，成立了一家名为"复社"的出版机构。复社原本是"一群不甘寂寞的知识分子因偶然的机会组织起来的一个具有社会主义萌芽性质的合作社"②。当初设立复社是为了翻译出版美国新闻记者埃德加·斯诺的《西行漫记》。许广平本人也是复社的会员。许广平将《鲁迅全集》出版遇阻一事与胡愈之商量后，胡愈之当即决定由复社来负责全集的出版。复社之前为了出版《西行漫记》，曾经组织过一次筹款行动，由于《西行漫记》出版后，在市场上十分畅销，复社在资金上有较大的盈余，这为《鲁迅全集》的梓印工作提供了必要的启动资金。

出版《鲁迅全集》是一项系统性的工程，为了做到全集出版的有条不紊，复社成员之间进行了分工。"总揽其成者，为胡愈之、张宗麟两先生"③，以上二人是《鲁迅全集》出版工作中的总负责人，主要负责对外联络和组织工作。总负责人之下，分设了编校部、出版部、发行部三个部门。编校工作是《鲁迅全集》出版中的核心工作，该部门的人数最多，编校阵容也非常强大。编校部由许广平、王任叔二人负责，编校工作分为集稿、抄稿、编辑和校对四个环节，每个环节都分派了若干成员。各流程具体人员设置如下。

---

① 余越人：《胡适与〈鲁迅全集〉的出版》，宋应离、袁喜生、刘小敏：《20世纪中国著名编辑出版家研究资料汇辑》（第3辑），河南大学出版社，2005年，第41页。
② 北京鲁迅博物馆鲁迅研究室：《鲁迅研究资料》（15），天津人民出版社，1986年，第39页。
③ 许广平：《〈鲁迅全集〉编校后记》，许广平：《马蹄疾辑录——许广平忆鲁迅》，广东人民出版社，1979年，第88页。

（1）集稿：集稿部分主要由许广平负责，参与成员有柳亚子、蒯斯曛、阿英、徐川、唐弢、席涤尘等鲁迅生前好友和文化界人士，此外还有众多推崇和热爱鲁迅作品的读者。

（2）抄稿：抄稿工作人员主要有王贤桢、邵文镕及其四个子女、单亚庐、周玉兰、吴观周、王厂青等，标点工作则由郑振铎、吴文祺、冯都良三位古典文学功底比较深厚的文化人士负责。

（3）编辑：这是一项十分复杂的工作，正如许广平在《鲁迅全集》编校后记中所说："此项工作最为繁难，既须顾及作者年代，又须适合每册字数。过厚则装订为难，过薄则书式不一。"[1]在编辑过程中，既要考虑到编排体例，还要考虑创作年代的先后，另外还应注意每册字数大体一致，不至于厚薄悬殊。据茅盾回忆，《鲁迅全集》的编辑工作虽然是由鲁迅纪念委员会来负责，"但实际上编辑工作只有许广平、郑振铎、王任叔等少数几个人在做"[2]。王任叔当时还担任《译报》和《大家谈》两家刊物的编辑，是个大忙人，但是对于鲁迅全集的编辑工作仍是十分尽心尽责，他是随身带着清样，有空就看。郑振铎除了要负责日常的编辑工作外，还承担了鲁迅作品的标点任务，全集的"总说明"和"发刊缘起"也是由他负责撰写的。[3]

（4）校对：从事校对工作的人员大致有10名。其中初校任务主要由林珏及其妻子周玉兰、金性尧、王厂青4人承担。吴观周同时还负责校样收发、分配工作，"几等于我们的校对部主任"[4]。二校工作由唐弢、柯灵、许广平、吴观周担任；三校和清样阅读由王任叔、蒯斯曛担任。

与编辑工作一样，校对也是《鲁迅全集》出版中一项极为困难的工作。"先生著译，发行者不止一家，且以时间先后，格式颇不一律。"[5]当时出版市场上关于鲁迅作品的版本众多，体例格式不统一，这给版式校对工作人员带来一定的困难。为了解决这一问题，出版部的黄幼雄拟定了《鲁迅全集》的排式，这样就使校对人员在校对版式时有了统一的参照依据。

在文字校对方面，由于鲁迅古文字功底深厚，其作品用字也十分严谨，校对人员在校对《鲁迅全集》的工作中，对于字体格式，"是颇费一

---

[1] 许广平：《马蹄疾辑录——许广平忆鲁迅》，广东人民出版社，1979年，第85页。
[2] 北京鲁迅博物馆鲁迅研究室：《鲁迅研究资料》（15），天津人民出版社，1986年，第56页。
[3] 郑源：《郑振铎画传》，福建人民出版社，2018年，第151页。
[4] 许广平：《〈鲁迅全集〉编校后记》，许广平：《马蹄疾辑录——许广平忆鲁迅》，广东人民出版社，1979年，第87页。
[5] 许广平：《马蹄疾辑录——许广平忆鲁迅》，广东人民出版社，1979年，第85页。

番斟酌的"①。为了尊重鲁迅先生的用字习惯，他们分别采用了不同的处理办法，"有完全依照先生的意志而斟定的字""有本有正俗两写，而先生平日多用正写，因而决定取舍者""有为先生所并用，一仍其旧者"②。另外，鲁迅作品中还使用了许多绍兴方言和日本语汇等，这都增加了校对的难度。例如，鲁迅作品中，"和平"常作"平和"，"介绍"常作"绍介"，如果对鲁迅用语习惯不去仔细斟酌，在校对过程中是很容易认作错误的。

对于之前已经出版过的鲁迅著作单行本，在编校整理过程中，还相对较为容易，最为困难和棘手的是一些尚未印行的作品如《六朝造像目录》《六朝墓志目录》《汉碑帖》《汉画像》等，涉及的内容十分专业，如果对汉魏六朝的墓志、画像、碑帖没有一定的了解，整理和编校起来是相当困难的。蒯斯曛在校对工作中甚至"因肺病吐了血"③，但他仍然照常工作。

《鲁迅全集》共分20册，总计600余万字，要在短短两个月的时间里校完一部长达600余万字的鸿篇巨制，其困难程度可想而知。但是这些校对工作者，生怕做下"对不住鲁迅先生的事"，因此，每个人在校对工作中，"实在已经尽了最大的努力"。④当年主动请缨加入《鲁迅全集》校对工作的唐弢曾回忆，在校对全集的过程中，各校次之间密切合作，大家"一字一字的校，一句一句的读"，六七个人聚集在许广平家小小的亭子楼里，"忽而鸦雀无声，忽而唾沫四溅"⑤。

五、《鲁迅全集》的印刷与发行

在出版《鲁迅全集》的过程中，除了编校工作者付出极大的心血外，出版部和发行部的工作人员也付出了巨大的努力。出版部的工作由黄幼雄和胡仲持主持，发行部的工作由陈明主持。出版部主要负责全集的印刷、装订工作，发行部主要负责《鲁迅全集》的宣传推广、图书预约征订、读者服务等工作。

淞沪会战开始后，各类出版机构纷纷内迁，上海的印刷事业也受到战争的影响，许多印刷厂被迫关门，印刷工人纷纷失业，大批印刷机器处于

---

① 唐弢：《关于〈鲁迅全集〉的校对》，北京鲁迅博物馆鲁迅研究室：《鲁迅研究资料》(15)，天津人民出版社，1986年，第32页。
② 唐弢：《关于〈鲁迅全集〉的校对》，北京鲁迅博物馆鲁迅研究室：《鲁迅研究资料》(15)，天津人民出版社，1986年，第32页。
③ 北京鲁迅博物馆鲁迅研究室：《鲁迅研究资料》(15)，天津人民出版社，1986年，第54页。
④ 唐弢：《关于〈鲁迅全集〉的校对》，北京鲁迅博物馆鲁迅研究室：《鲁迅研究资料》(15)，天津人民出版社，1986年，第32页。
⑤ 傅小北、杨幼生：《唐弢研究资料》，知识产权出版社，2010年，第160页。

闲置状态。"纸张虽没有新货进口，也是价格停滞着"①，这种人力物力过剩的现象自然造成印刷工价的下降，"排印和装订的工价都跌到最低的纪录"②。印刷成本的降低在一定程度上为《鲁迅全集》的出版带来一定的便利条件，这使得全集的印刷成本低廉，能够以较低的价格发行。当时承担《鲁迅全集》排版印刷任务的是大丰制版所和作者出版事务所，承担制图任务的是科学照相制版公司。③

为了把《鲁迅全集》的出版工作做得尽善尽美，黄幼雄、胡仲持等人不仅和"印刷厂、装订作、纸号的营业员讨价还价"④，还亲自赴印刷厂，监督和指导印刷工人的实际工作。"如果在细节方面看到有些不妥当，就要工人们照我们的意思改一改。"⑤受鲁迅精神的感召，印刷厂的工人们对于全集的印刷工作也是十分尽心尽责。当时分别负责排版、印刷、装订工作的徐鹤、吴阿盛、陈鳌生三位管理人员，均为印刷界有着10年以上工作经历的老技师，有着丰富的印刷经验。他们对于《鲁迅全集》的出版工作，"显然都尽了最大的努力了"⑥。

虽然复社在出版《西行漫记》的时候积累了一笔资金，但远不足以刊印一部600余万字的《鲁迅全集》。为了筹措资金，鲁迅纪念委员会采取了以下办法。

（1）先排印后付款。复社的主持人胡愈之早年曾在商务印书馆工作，与大丰制版所、科学照相制版公司以及上海一些印刷厂的工人都熟识，加之受鲁迅精神的感染，这些印刷工人都同意先排印后付款或边排印边付款的方式。另据茅盾回忆，当时上海进步文化界人士，《每日译报》的发行人黄定慧女士了解到《鲁迅全集》的出版在经费上遇到困难后，主动提出由她出面担保向银行开设了一个支付账户，这样就解决了全集排印付款的问题。

（2）出版普及本和精装纪念本。为了筹措《鲁迅全集》的出版资金，

---

① 宜闲：《文艺丛刊》（第2辑），1946年香港刊，张静庐辑注《中国近现代出版史料》（5），上海书店出版社，2003年，第269页。
② 宜闲：《〈鲁迅全集〉出世的回忆》，北京鲁迅博物馆鲁迅研究室：《鲁迅研究资料》（15），天津人民出版社，1986年，第37页。
③ 许广平：《马蹄疾辑录——许广平忆鲁迅》，广东人民出版社，1979年，第88页。
④ 宜闲：《〈鲁迅全集〉出世的回忆》，北京鲁迅博物馆鲁迅研究室：《鲁迅研究资料》（15），天津人民出版社，1986年，第37页。
⑤ 宜闲：《〈鲁迅全集〉出世的回忆》，北京鲁迅博物馆鲁迅研究室：《鲁迅研究资料》（15），天津人民出版社，1986年，第37页。
⑥ 宜闲：《〈鲁迅全集〉出世的回忆》，北京鲁迅博物馆鲁迅研究室：《鲁迅研究资料》（15），天津人民出版社，1986年，第37页。

鲁迅纪念委员会决定出版普及本和精装纪念本，以满足不同读者的需求。普及本和精装纪念本在内容和开本上完全一样，均为20册，32开本，但在纸张和装帧上不同。普及本采用白报纸印刷，封面为红纸布脊。精装纪念本出版了甲、乙两种版本，乙种纪念本采用重磅道林纸印刷，封面为皮脊烫金，全套书装于一个精致的楠木箱内，正面箱盖上刻有蔡元培书"鲁迅全集纪念本蔡元培"字样；甲种纪念本也是采用重磅道林纸印，封面采用的是红布烫金，不装楠木箱。

（3）发售读者预约券。为解决全集印刷的资金问题，鲁迅纪念委员会决定发售读者预约券。普及本每部定价为25元，预约出售价仅为14元，后在实际出售时又降至8元一部。精装纪念本甲、乙两种版本的预约价格分别为50元和100元。① 与此同时，鲁迅纪念委员会还以蔡元培、宋庆龄的名义发布了《鲁迅全集募集纪念本定户启事》。启事说："本会编印《鲁迅全集》，目的在扩大鲁迅精神的影响，以唤醒国魂，争取光明。所以定价力求低廉，只够作纸张印费。但为纪念鲁迅先生不朽功业起见，特另印纪念本，以备各界人士珍藏。"②

为了扩大宣传，扩大预售数量，从1938年5月起，鲁迅纪念委员会陆续在《文艺阵地》《烽火》《大公报》（汉口版）等报刊上刊登《鲁迅全集》出版预约广告。1938年5月16日，《文艺阵地》刊载了一则《鲁迅全集》的出版预告，预告对鲁迅及其作品给予了高度的评价，预告写道："鲁迅先生对于现代中国发生怎样重大的影响，是谁都知道的。他的作品是中华民族的大火炬，领导着我们向光明的大道前进。只是他的著译极多，未刊者固尚不少，易刊者亦不易搜罗完全，定价且甚高昂。鲁迅先生纪念委员会为使人人均得读到先生全部著作，特编印鲁迅全集，以最低之定价（每一巨册预约价不及一元）呈现于读者。"③

预告不仅指出鲁迅对现代中国所产生的重大影响，称鲁迅作品是"中华民族的大火炬"，《鲁迅全集》的出版是"文化界伟大成就，新文学最大宝库，出版界空前巨业"，还提到，为了使读者都能买得起鲁迅的著作，特将定价降至最低，以此表明《鲁迅全集》定价低的目的是使广大读者都能够买得起《鲁迅全集》。

为了吸引更多的读者征订，鲁迅纪念委员会中的委员和一些文化界名人还赴各地开展全集的预约和宣传推广活动。总负责人胡愈之不辞辛

---

① 郑振铎：《郑振铎文集》（第三卷），人民文学出版社，1983年，第150、163页。
② 郑振铎：《郑振铎文集》（第三卷），人民文学出版社，1983年，第150、163页。
③ 彭林祥：《中国20世纪30年代新文学广告研究》，湖北人民出版社，2017年，第271—272页。

劳，亲赴香港、广州、汉口等地，邀请当地开明人士甚至部分国民党要员参加茶话会，请他们出资订购《鲁迅全集》。茅盾、巴金、邵力子、沈钧儒等人则在华南和汉口等地开展宣传推介活动。在他们的热心号召下，读者订购十分踊跃，远在美国的陶行知也在当地华人华侨中积极推动全集的预售工作。尤为值得一提的是，1938年上半年，中共领导人周恩来正在武汉，他对于《鲁迅全集》出版一事也极为关心，在听取胡愈之关于全集出版一事的汇报后，当即指示驻武汉的八路军办事处预订了二三百部《鲁迅全集》。通过以上措施，复社"在很短时间内就筹集到三四万元的出版资金"[①]。

经过各方面的努力，从1938年6月至8月，《鲁迅全集》一套20册开始陆续出版。按照原定计划，《鲁迅全集》分三批出版，第一批出版时间为6月15日，共出5册；第二批出版时间为7月5日；共出7册，第三批出版时间为8月1日，共出8册。由于当时的外部出版环境较为险恶，为了安全起见，《鲁迅全集》在出版时，封面和版权页所标注的出版机构没有印"复社"二字，而是使用了"鲁迅全集出版社"这一名称。

第一版《鲁迅全集》的初版数量为普及本1500部，甲、乙两种纪念本共出版200部。由于供不应求，1938年8月15日，普及本又进行了再版，印制了1000部。[②]至此，《鲁迅全集》共出版普及本2500部，纪念本200部。从预约发售情况来看，据复社主持人胡愈之回忆，《鲁迅全集》普及本共预售约2300部，其中上海地区预售数量约为1000部，纪念本共售出约150部。[③]《鲁迅全集》的发行工作取得了显著成效。

六、结语

上海"孤岛"时期出版《鲁迅全集》是抗战时期文化出版业中值得大书特书的一件事。《鲁迅全集》是在"最艰难的日子"和"最艰难的地方"出世的[④]，在胡愈之等中共地下党人的主持和精心策划下，这部长达600多万字的不朽巨著，仅用了三个多月时间就印制完成，这不能不说是抗日战争时期进步出版界所取得的一项巨大成就。正如许广平在《〈鲁迅全集〉编校后记》中所说："六百余万言之全集，竟得于三个月中短期完成，实

---

① 朱顺佐、金普森：《胡愈之传》，杭州大学出版社，1991年，第169页。
② 周国伟：《鲁迅著译版本书编目》，上海文艺出版社，1996年，第31页。
③ 复生：《〈鲁迅全集〉刊行的经过》，北京鲁迅博物馆鲁迅研究室：《鲁迅研究资料》（15），天津人民出版社，1986年，第27页。
④ 复生：《〈鲁迅全集〉刊行的经过》，北京鲁迅博物馆鲁迅研究室：《鲁迅研究资料》（15），天津人民出版社，1986年，第27页。

开中国出版界之奇迹。"①

《鲁迅全集》出版后，鲁迅纪念委员会给延安的毛泽东赠送了一套精装本的《鲁迅全集》②，他一直视之如珍宝，将之置于案头，以便随时翻阅。解放战争时期，在实施战略转移的途中，毛泽东一直将这套《鲁迅全集》带在身边。1949年12月，毛泽东在首次出访苏联期间，还不忘挑几册《鲁迅全集》带上。

《鲁迅全集》是在进步出版机构复社的主持下出版的。但正如当年参与全集编辑工作的郑振铎所说，该书"虽为复社所主持，而其成功，复社实不敢独居。这是联合了各阶层的'开明'的'正直'的力量才能完成之的"③。

《鲁迅全集》的出版，对于国民党的文化专制政策不啻是一记重击，但对于"孤岛"时期的上海人民来说，却犹如"沙漠上涌现了水源"④。它不仅丰富了抗战时期上海人民的精神生活，也给全国的进步人士送上了一份极其宝贵的精神食粮。

第三节 中共领导下国统区抗日救亡刊物的兴起

全面抗战初期，由于国共合作局面的形成，国内宣传舆论环境有所改善。全面抗战爆发后，国民政府对《出版法》《出版法施行细则》《新闻检查标准》等法律法规作了部分修正，一些地方政府部门也采取了"开放民众运动，促进御侮抗敌读物出版的措施"⑤。由于国内舆论环境的相对宽松，中共领导下的进步出版业获得了一定的发展空间。

一、全面抗战初期国统区进步刊物出版概况

全面抗战初期，在国共合作抗日的旗帜下，一批宣传抗日救亡的书刊、传单、小册子，如雨后春笋般地破土而出（表5-1）。

---

① 北京鲁迅博物馆鲁迅研究室：《鲁迅研究资料》（15），天津人民出版社，1986年，第16页。
② 《毛泽东喜获〈鲁迅全集〉》，孙国林：《延安文艺大事编年》，陕西师范大学出版社，2016年，第110页。
③ 郑振铎：《郑振铎文集》（第三卷），人民文学出版社，1983年，第150、163页。
④ 北京鲁迅博物馆鲁迅研究室：《鲁迅研究资料》（15），天津人民出版社，1986年，第40页。
⑤ 叶再生：《中国近代现代出版通史》（第3卷），华文出版社，2002年，第38页。

表5-1　全面抗战初期中共领导下国统区创办的进步刊物（1937.7—1938.10）

刊名	创办时间及地点	停刊时间	负责人（主编）	刊期	刊物性质	主办单位	备注
《新学识》	1937年2月5日，上海	1938年7月15日	徐步、史枚	半月刊	综合	生活书店	
《新演剧》	1937年5月5日，上海	1940年	章泯、葛一虹	半月刊	戏剧	海燕出版社	1937年7月迁汉口出版
《新闻记者》	1937年6月，上海	1941年4月	范长江	月刊	新闻	生活书店	
《抗战》	1937年8月19日，上海	1938年7月	邹韬奋	三日刊	政治		1938年7月与《全民周刊》合并后改名《全民抗战》
《救亡日报》	1937年8月24日，上海	1937年11月23日	郭沫若、潘汉年、胡愈之、夏衍等	日刊	时政	上海文化界救亡协会	该报名义上为国共两党合办，实际由共产党控制
《七月》	1937年9月11日，上海	1941年9月	胡风	半月刊	文艺	生活书店	1937年10月迁汉口，1938年7月后迁重庆
《战斗旬刊》	1937年9月18日，汉口	1938年5月	孔罗荪、冯乃超等	旬刊	时政		
《前进》	1937年9月18日，长沙	1937年12月24日	曹国枢、萧敏颂	周刊	时政		1937年12月24日，与《民族呼声》合并成《民族呼声·前进联合周刊》
《民族呼声》	1937年10月，长沙	1937年12月24日	罗滨荪、杨荣国等	十日刊	时政		1937年12月24日，与《前进》合并成《民族呼声·前进联合周刊》
《抗战大学》	1937年11月1日，广州	1938年10月	温京	半月刊	时政		在广州共出了13期，后在香港复刊，出了3期后停刊
《火线下》	1937年11月12日，长沙	1938年1月	黎澍、杨隆誉、唐文燮	三日刊	时政		1938年3月6日与《民族呼声》合并，出《民族呼声·火线下联合旬刊》，1938年5月停刊
《抗战戏剧》	1937年11月16日，汉口	1938年10月	田汉、马彦祥、洪深	半月刊	戏剧	汉口华中图书公司	

续表

刊名	创办时间及地点	停刊时间	负责人（主编）	刊期	刊物性质	主办单位	备注
《群众》	1937年12月11日，汉口	1949年10月20日	社长潘梓年，主编华岗、章汉夫、许涤新、乔冠华、戈宝权	周刊	时政	中共南方局	1938年底迁重庆，1946年6月迁上海。1947年1月，创办香港版，1949年10月20日终刊
《新华日报》	1938年1月11日，武汉	1947年3月1日	潘梓年、熊瑾玎、吴克坚、华岗、章汉夫、夏衍等	日刊	综合		该报是中国共产党在国统区第一个向全国公开发行的机关报。1938年10月25日迁往重庆出版
《大众的文学》	1938年1月20日，武汉	不详	叶籁士、林曦	半月刊	文艺	生活书店	
《抗战日报》	1938年1月28日，长沙	1939年6月15日	田汉、廖沫沙	日刊	时政		
《战时青年》	1938年1月，武汉	1940年12月	何仲觉	半月刊	文艺	生活书店	自第2卷第1期迁重庆后改为月刊，1940年9月恢复为半月刊
《武装》	1938年3月	1938年5月	不详	月刊	时政		共出3期
《劳动周报》	1938年3月	1938年10月	不详	周刊	综合		
《战地》	1938年4月1日，汉口	1940年3月	丁玲、舒群	半月刊	文艺	上海杂志公司	
《文艺战地》	1938年4月16日，汉口	1942年11月	茅盾	半月刊	文艺	生活书店	
《自由中国》	1938年4月，汉口	1942年5月	臧云远、孙陵	月刊	综合	新知书店	
《全民抗战》	1938年7月7日，武汉	1941年2月22日	邹韬奋、柳湜	三日刊	时政		1938年10月15日迁往重庆出版

续表

刊名	创办时间及地点	停刊时间	负责人（主编）	刊期	刊物性质	主办单位	备注
《十日文萃》	1938年9月22日，广州	1940年12月	萧聪、林仰山	十日刊	综合	救亡日报社	在广州出3期后迁桂林。1940年1月后曾休刊，1940年7月复刊。1940年12月出了新的2卷3期停刊

抗战全面爆发初期，除省会大城市出版的进步刊物外，各地中小城市的抗日救亡团体也纷纷办报办刊。这些遍及全国各地的进步刊物，掀起了一股抗日救亡图存的浩大声势，极大地激发了全民族的抗战热情。在抗战时期创办的诸多报刊中，中国共产党在国统区公开出版的《新华日报》和《群众》周刊是抗战时期影响力最大的进步刊物。除此之外，这一时期，在全国范围内有较大影响力的进步刊物还有《抗战》三日刊和《全民抗战》。

二、《抗战》三日刊的出版

《抗战》三日刊是由著名爱国人士和出版家邹韬奋主编的一份进步刊物，该刊于1937年8月19日在上海正式创刊。当时，全国文化界、出版界和学术界的诸多名人如胡愈之、金仲华、潘汉年、胡绳、艾思奇、张仲实、钱俊瑞、柳湜、沈志远等都经常为该刊写稿。1937年9月9日，该刊出版至第7期后更名为《抵抗》三日刊，第29期后又重新改回《抗战》三日刊。

《抗战》三日刊诞生在八一三上海抗战的炮火声中。该刊的任务在于报道和分析国内外形势，"反映大众在抗战期间的迫切要求"[1]。其栏目设置也十分丰富，开设了社论、时评、社评、战局一览等多个栏目。

《抗战》三日刊积极宣传抗战的意义，号召全体人民起来抗战，驱逐日本侵略者。该刊创刊号上发表了邹韬奋的《上海抗战的重要意义》一文，文章指出："抗战的最重要的意义，是在事实上表现中国的确能够抵抗侵略。"[2] 作者对上海守军的顽强抵抗给予了高度评价，称其"巩固了中华民族的自信力"。文章同时提醒，上海的抗战只是全面抗战的一个组成

---

[1] 《〈抗战〉创刊号发刊词》，《抗战》第1号，1937年8月19日。
[2] 《上海抗战的重要意义》，《抗战》第1号，1937年8月19日。

部分，只有实施全民族的抗战，才能取得战争的最后胜利。该刊第2期发表了郭沫若的《我们为什么抗战》一文，在大标题后面冠以三个副标题，明确指出抗战之意义在于"保卫自己的祖国""保卫世界的文化""保卫全人类的福祉"。文章指出，日本侵略者是"东方的一群疯狗"，面对日寇的野蛮侵略，我们要为争取我们的生存权，为保卫祖国、保卫世界文化和全人类的福祉而战。文章最后号召全世界一切爱好和平的朋友携起手来，共同"歼灭这东方的一大群疯狗"。①

《抗战》三日刊积极宣传中国共产党的抗日救亡主张。1937年9月17日，该刊第10号发表了潘汉年的《群众动员的基本问题》一文，批评国民政府"忽视在下层群众中艰苦的动员"，文章指出："仅仅依靠军事动员，没有具体的群众动员方案，要实现军民一致的持久战，实际上是不可能！"②作者认为"民族利益不能与广大劳苦群众自身利益分开"③，只有将民族利益与广大劳苦群众追求自身政治、经济利益的诉求相结合，才能充分发动广大民众起来拥护抗战到底。1937年10月13日，《抗战》三日刊第18号刊登了潘汉年的《全面抗战释》一文，作者指出，所谓全面抗战，不只是政府实行军事上的抵抗，而是指"抗战的政治决心"。文章提出了"彻底开放群众运动""广泛的武装人民""没收日帝国主义在华财产""减租减税，优待抗日军人家属""确立自动自主的外交路线""准许一切抗日救国言论出版的自由"等动员全面抗战的一些切实可行的办法。④

《抗战》三日刊同汉奸卖国思想和行为进行了坚决的斗争。抗战全面爆发后，随着战局的恶化，国内一些汉奸、亲日派和日本特务分子乘机兴风作浪，散布妥协议和的言论，动摇中国人民抗战的信心。对此，该刊发表了一系列文章，如张天翼的《真假汉奸》、孙冶方的《从汉奸之多谈到乡村工作》、胡子婴的《防止汉奸与组织民众》、范长江的《严重的汉奸问题》、邹韬奋的《防家贼与民众运动》、李侠公的《肃清汉奸的根治办法》等，分析了汉奸的危害、国内汉奸问题产生的原因和解决汉奸问题的办法。范长江在《严重的汉奸问题》一文中指出，汉奸问题是抗战过程中遇到的严重困难，因为"大炮和飞机等兵器问题我们慢慢有解决方法，然而抗敌工作一再感受不利的是汉奸问题的存在"⑤。作者把国内汉奸分成

---

① 郭沫若：《我们为什么抗战》，《抗战》第2号，1937年8月23日。
② 潘汉年：《群众动员的基本问题》，《抵抗》第10号，1937年9月17日。
③ 潘汉年：《群众动员的基本问题》，《抵抗》第10号，1937年9月17日。
④ 潘汉年：《全面抗战释》，《抵抗》第18号，1937年10月13日。
⑤ 范长江：《严重的汉奸问题》，《抵抗》第12号，1937年9月26日。

"自觉的汉奸"和"盲目的汉奸"两种,认为前者是思想问题,后者则是生活问题。作者指出,"自觉的汉奸"是"最可耻的,最可杀的汉奸",对于一般的小汉奸,因生活所迫走上汉奸歧途的人,是"最可怜的",要进行宣传教育。文章同时呼吁,政府要重视失业问题,要注意安置失业群众,以减少汉奸问题。

李侠公的《肃清汉奸的根治办法》一文,深入剖析了汉奸问题产生的根源。文章认为,汉奸问题的产生,主要在于中国广大农村遭受的超经济的剥削,农村过剩人口不断地涌向城市,离村人口和城市失业人口的交流,形成泛滥于城市、农村的广大的流氓无产者群。他们日益离开生产,逐渐丧失阶级的觉悟,民族国家的观念也日趋淡漠。这些人群为了生计,很容易受到金钱的利诱,被日寇收买作为爪牙和帮凶。因此,"改革现有的农村政权,清除那些阻碍农业生产力自由发展的封建剥削,使农村的过剩人口得以减少,使流氓无产者群的数量得以减少到不致成为汉奸的后备源泉:这是肃清汉奸的拔本塞源的必由之道"①。

《抗战》三日刊每期都设有"战局一览"栏目,主要对抗战形势进行分析和报道。该栏目由金仲华负责,金仲华发表了大量分析国内外抗战形势的文章,一些文章后面还附有抗战形势图。《抗战》三日刊还积极报道了中国共产党和八路军开展敌后游击战的情况,如舒湮的《边区实录》一文,从政治、经济、文化、教育等方面对陕甘宁边区进行了报道,热情称颂了中国共产党在开展敌后抗日根据地建设上所取得的巨大成绩。此外,该刊还发表了不少抗战文艺作品,如沈钧儒的《敌与友》、冯玉祥的《八百好同胞》、关露的《女国民》、劳荣的《黄浦江开始了咆哮》、郭沫若的《抗战颂》、钱亦石的《保卫上海》、何香凝的《赠前线将士》等,这些文艺作品,叙事生动、语言通俗,深受读者喜爱。

上海失陷后,《抗战》三日刊迁往武汉继续出版。1938年7月3日,该刊出至第86期宣布休刊。随后,该刊与柳湜主编的《全民周刊》宣布合并,改出《全民抗战》。

三、《全民抗战》的出版

1938年7月7日,《全民抗战》三日刊在武汉正式与读者见面。该刊由邹韬奋、柳湜共同主编,编委会组成人员除以上两人外,还有沈钧儒、张仲实、艾寒松、胡绳等人。该刊创办的任务,在于"巩固全国团结,提高

---

① 李侠公:《肃清汉奸的根治办法》,《抵抗》第21号,1937年9月23日。

民族意识，灌输抗战知识，传达、解释政府的国策，剖析国内政治、军事、经济、文化以及国际之情势"[1]，同时，为政府领导和实施抗战提供参考。

《全民抗战》创刊之时，正值武汉保卫战全面发动之际。为动员各界民众团结起来抗日，共同保卫大武汉，该刊发表了大量关于武汉保卫战的文章，如"韬奋"（即邹韬奋）的《关于保卫大武汉》（第2号）、史良的《对于动员妇女保卫大武汉的意见》（第3号）、钱俊瑞的《关于组训民众保卫武汉的意见》（第4、5号）、《动员民众保卫武汉》（第9、10号）、《我空军英勇出动保卫大武汉》（第9号）、《武装起来保卫武汉》（第12号）等。邹韬奋的《关于保卫大武汉》一文号召全体国人要全力去保卫武汉，不仅要动员武汉人民起来抗日，还要把与大武汉相毗连的各战区、各条战线的力量整个动员起来，"把敌人的后方（即沦陷区域）变为前线"[2]。

《全民抗战》尤为重视对民主政治的追求。1938年7月6日，第一届国民参政会第一次会议在武汉召开，《全民抗战》发表了大量文章报道此次会议。该刊第2期报道了国民参政会开幕的情况，第2、3期刊载了邹韬奋的《在参政会中》。该刊第4号刊登了邹韬奋撰写的《参政会有了什么收获》一文，肯定了国民参政会召开的意义。作者指出，此次大会"表现了全国团结的精神，对于未来设施有了相当的规划，对于已往施政有了相当的检讨"[3]。1938年10月28日，国民参政会第二届大会在重庆召开，该刊也刊发了系列文章，如《参政会第二届大会的重大使命》（韬奋，第32号）、《关于参政会第二届大会》（韬奋，第33、34、35号）、《参政会第二届大会的检讨》（韬奋，第35号）、《参政会第二届大会的特点》（韬奋，第36号）等，对大会的召开给予了极大的关注。邹韬奋在《参政会第二届大会的重大使命》一文中指出，第二届参政会的重大使命，"一方面在检讨十五个月以来的抗战建国中的各方面的重要工作；一方面在力谋展开此后抗战建国的更进步的局面"[4]。文章指出，全国抗战虽然取得了较大的进步，但是这种进步仍然还是赶不上抗战的实际需要，其主要症结在于，我们"只注视到军事的胜败消息，而忽略了和军事相配合的各部门的重要工作"[5]。

---

[1] 本社同人：《全民抗战的使命》，《全民抗战》第1号，1938年7月7日。
[2] 韬奋：《关于保卫大武汉》，《全民抗战》第2号，1938年7月9日。
[3] 韬奋：《参政会有了什么收获》，《全民抗战》第4号，1938年7月16日。
[4] 韬奋：《参政会第二届大会的重大使命》，《全民抗战》第32号，1938年10月25日。
[5] 韬奋：《参政会第二届大会的重大使命》，《全民抗战》第32号，1938年10月25日。

《全民抗战》极力反对国民党的文化专制统治，强烈呼吁言论出版自由。抗战初期，在国共合作的形势下，国内舆论环境有所改善。抗战进入相持阶段后，国民党对于言论出版自由的限制日趋严格。国民党为了管控舆论，维护其专制统治，制定了《战时图书杂志原稿审查办法》等一系列压制进步文化出版活动的法律文件。对于国民党的倒行逆施行为，《全民抗战》发表了大量文章，坚决反对国民党当局限制言论出版自由的政策。邹韬奋在该刊连续发文，强烈呼吁国民政府废除各种限制言论出版自由的法规。他指出，抗战全面爆发以来，出版业处境已然十分艰难，由于印刷业的萎缩，书刊须"赶付印刷"，越来越难以做到按时出版。[1]在这种处境下，如果政府对出版活动的限制和束缚过于严苛，"对于舆论的反映及文化的开展实有莫大的妨碍"[2]，尤其是在抗战建国及民主政治刚奠基的时期，显得尤其严重。同时，对思想自由的限制过于严苛，"将使学术的研究与进步受到很大的障碍"。因此，图书杂志原稿审查制度的推出，"不仅是书业的苦难，不仅是抗战期间文化界的苦难，也是国力的一部分的损失"[3]。

1938年10月，武汉失守，《全民抗战》被迫迁往重庆出版。出版周期由三日刊改为五日刊，1939年5月改为周刊。1941年2月，《全民抗战》遭国民政府查禁。《全民抗战》在出版过程中，因能做到"在时事方面力求新鲜趣味"，同时，又以"系统的供给新闻为原则"[4]，兼顾了新闻报道的时效性和系统性原则，因而深受读者欢迎。该刊发行量最高时曾达30万份，成为抗战时期的畅销刊物之一。《全民抗战》在报道抗战消息，动员全民抗战，保障民主政治，呼吁言论出版自由方面发挥了积极作用。

第四节 《新华日报》和《群众》周刊的出版

抗战全面爆发后，由于中日民族矛盾上升为主要矛盾，宣传抗日救亡成为形势所迫。因此，国统区的书刊出版出现新的演变趋势，具体表现为"共产党的书刊第一次在国统区公开出版发行；各进步出版社和书店，都公开接受共产党的领导，在抗日宣传上趋向联合作战"[5]。国共第二次合作实现后，中共领导下的出版业获得了一个相对宽松的发展空间，在这一背

---

[1] 韬奋：《审查书报原稿的严重性》，《全民抗战》第9号，1938年8月3日。
[2] 韬奋：《再论审查书报原稿的严重性》，《全民抗战》第10号，1938年8月6日。
[3] 韬奋：《再论审查书报原稿的严重性》，《全民抗战》第10号，1938年8月6日。
[4] 本社同人：《全民抗战的使命》，《全民抗战》第1号，1938年7月7日。
[5] 张召奎：《中国出版史概要》，山西人民出版社，1985年，第374页。

景下，中共创办了大量的革命报刊。其中，《新华日报》和《群众》周刊是中共在国统区出版的影响力最大的报刊。

一、《新华日报》的出版

（一）《新华日报》的创刊

《新华日报》是中共在国统区公开创办的第一份机关报。该报创办时间为1938年1月11日，报馆地址设在汉口府西一路（今民意一路）149号，潘梓年任新华日报社社长，熊瑾玎任总经理，先后担任该报总编一职的有吴克坚、华岗、章汉夫和夏衍。1938年10月25日，武汉沦陷后，该报西迁重庆出版。新华日报社是国统区公开合法的新闻出版机构，不仅编印报纸，同时还出版书刊。新华日报营业部内专门设置了图书科，负责图书和期刊的经营。新华日报社出版发行了一批马列主义著作、毛泽东等中共中央领导人著作，如《列宁选集》《中国革命的理论与实践》《斯大林在联共（布）第十八次大会上关于联共（布）党中央工作的总结报告》《论持久战》《抗日游击战争的战略问题》《辩证唯物论与历史唯物论》等，同时，还出版了不少党的政策、言论和文件。

《新华日报》的创刊宗旨和任务，在于争取民族的生存独立和人民之自由幸福，忠实报道前方战士与日寇浴血战斗的英雄事迹。[1]该报在创刊号发表的发刊词中指出，民族独立、民权自由和民生幸福是中华民族共同追求的理想，我们愿意在为实现这一崇高理想的斗争中尽自己的职责。[2]

《新华日报》的栏目设置分国内新闻版和国际新闻版，国内新闻版开设了"前线战报""政治要闻""敌寇暴行""救亡消息"等栏目，各栏下面又分设了若干子栏目；国际新闻版设置了"国际要闻""国际述评""世界援华运动""世界一日"等栏目。[3]

（二）《新华日报》的主要内容

1.揭露日军的野蛮残暴和侵略罪行

《新华日报》刊登了大量的消息和通讯，对日本侵略者侵略中国的罪行进行了详细报道。"南京大屠杀"惨案发生之后，该报仅在1938年的头三个月中，就刊发了10余篇关于南京大屠杀暴行事件的报道。1938年1月23日，《新华日报》刊登《恐怖的南京城，大火卅九日未熄》一文，报

---

[1] 《新华日报发刊词》，《新华日报》创刊号，1938年1月11日。
[2] 《新华日报发刊词》，《新华日报》创刊号，1938年1月11日。
[3] 石西民、范剑涯：《〈新华日报〉的回忆》（续集），四川人民出版社，1983年，第473页。

道了日本侵略者惨绝人寰的侵略暴行，文章写道："所有商业区均成废墟，除野犬纷出觅食外，绝无人迹，现除难民区外，全城已成空城。"①

抗战进入相持阶段后，日寇对敌后抗日根据地开始进行野蛮的"大扫荡"。对此，《新华日报》刊发了《中国人民的控诉——揭露日寇在华施毒罪行》一文，该文指出，日寇的侵华罪行，是人神共愤的。"除奸淫屠杀及所谓'三光政策'，唆使汉奸到处施放毒菌，是司空见惯的事。"②文章最后号召人民团结起来与日寇展开殊死的搏斗，直至抗战的最后胜利。1943年12月7日，《新华日报》发表短评《沦陷区的饥荒》，揭露了日寇对沦陷区惨无人道的统治。该文指出，在日寇的野蛮统治下，沦陷区发生大饥荒，已出现"炊骨易子而食"的惨状。③《新华日报》关于日本侵华罪行的报道，对唤醒广大民众的爱国热情，坚定抗战必胜的信心起了积极作用。

2. 积极开展抗战动员，报道各地军民英勇抗敌的消息

全面抗战爆发后，面对日寇的野蛮侵略，动员广大民众团结起来共同抗敌已成为这一时期的第一要务。为此，《新华日报》刊发了大量文章，报道全国各地军民团结抗战的消息。1938年4月8日，《新华日报》刊发了《庆祝台儿庄胜利》一文，以表彰抗日英雄。该文报道了中国军队在台儿庄战斗中取得巨大胜利的消息。④1939年1月8日，该报发表了彭德怀的《华北抗战概况与今后形势估计》一文，文章介绍了中共领导下的八路军在敌后抗击日寇的情况及其取得的辉煌战果。抗战期间，针对日军对敌后抗日根据地的"扫荡"，中共领导下的八路军开展了"反扫荡"斗争。1940年8月，中共组织大规模兵力对日寇展开进攻，发起了著名的"百团大战"。百团大战发生后，《新华日报》以最快的时间对这场大规模战役进行了浓墨重彩的报道。这些胜利消息的报道，极大地振奋了国人，提升了中国抗日部队尤其是八路军和新四军的威望，挫伤了日本侵略者的嚣张气焰。

3. 大量宣传党的理论路线、方针政策

《新华日报》作为中国共产党的机关报刊，积极宣传马列主义理论和中国共产党的方针政策。该报发表了一系列介绍马列主义理论的文章，如列宁的《论民族战争》、斯大林的《关于苏联新宪法草案的报告》等，对于促进马列主义在国统区和敌后抗日根据地的传播起了积极作用。

《新华日报》作为中共在国统区的重要"喉舌"，坚决地执行了党的

---

① 《恐怖的南京城，大火卅九日未熄》，《新华日报》1938年1月23日。
② 《中国人民的控诉——揭露日寇在华施毒罪行》，《新华日报》1943年7月21日。
③ 《沦陷区的饥荒》，《新华日报》1943年12月7日。
④ 《庆祝台儿庄胜利》，《新华日报》1938年4月8日。

正确路线,大力宣传党的方针、政策。在抗战初期,针对国民党片面抗战的政策,《新华日报》提出"动员全体人民参加抗战"的方针。1938年10月19日,凯丰在《动员全体人民参加抗战》的代论中,更是明确地指出:"目前文化运动的中心应当为着抗战服务,为着民众服务。"①

1942年5月,毛泽东发表《在延安文艺座谈会上的讲话》后,《新华日报》积极介绍"讲话"的基本内容,为学习和宣传"讲话"做舆论上的准备。1943年3月15日,《新华日报》刊发了《中共中央召开文艺工作会议》一文,正式公开报道了毛泽东在座谈会上发表讲话的消息。《新华日报》作为党的重要舆论宣传工具,通过刊登中共党、政、军重要领导人关于抗战的言论和文章,宣传党的抗日纲领和政治主张,为国统区广大民众指明了前进的方向。

(三)《新华日报》的发行工作

《新华日报》重视报刊的发行工作,该报一创刊,就开始着手建立报刊通讯和发行网络。为了让更多地区的群众了解和订阅该报,新华日报馆在广州、重庆、西安等大城市设立了分馆。其中广州和重庆两地还建有印刷厂,负责印刷该报。此外,该报还在长沙、郑州、南昌等全国多个城市设立了分销处。

《新华日报》重视与读者交流和沟通,该报开辟有"读者园地""青年生活""读者信箱"等专栏,注重发表读者意见,加强与读者的联系。该报还鼓励普通民众向本报投稿。该报编委曾在《我们的信箱》中写道:"出名的作家可以把各方面的经验综合起来写出有系统的文章,这是普通的民众所不能的;但每一个普通民众可以写出他自己那小范围内的具体生活与工作经验,这又是一个著名作家所不能的。"②《新华日报》鼓励普通民众投稿的做法,调动了人民群众对抗战的关心和热情。此后,工人、农民、战士、学生、教师、医生、机关干部和职员等来自各个行业的读者都纷纷给该报写信和投稿,倾吐他们的心声。对于读者反映的意见,该报编辑也能够虚心接受,"读者诸君所指出的优点,我们当更加努力以求其发扬光大"。③《新华日报》还经常邀请读者来报社参加座谈会,以征求他们的意见和建议。此外,该报还通过读报会的形式组织读者交流读报心得,并积极开展社会公益活动。《新华日报》还专门设置了读者服务部,帮助读者办理报纸和书刊的代购事宜。《新华日报》以读者为中心,竭诚

---

① 凯丰:《凯丰文集》,江西人民出版社,2008年,第247页。
② 吴敏:《我们的信箱》,《新华日报》1938年1月11日。
③ 《新华日报》编辑部:《答复读者意见的一封公开信》,《新华日报》1938年4月5日。

为读者服务的做法，赢得了读者的信任，也使中国共产党的形象更加深入人心。

1947年3月1日，《新华日报》被国民党反动派封禁。《新华日报》的出版意义重大，"它使中国共产党在中断了十年后重新有了一块宣传其主义和政策，争取群众的阵地"[1]。《新华日报》在中国革命斗争中发挥了重要的积极作用，国统区的许多爱国进步人士正是在《新华日报》的指引下走上了革命道路，他们将《新华日报》誉为"灯塔""北斗"。[2]毛泽东称《新华日报》是如同"八路军""新四军"一样的"新华军"。[3]

二、《群众》周刊的出版

（一）《群众》周刊的创刊

《群众》是中共在国统区公开创办的重要理论刊物。该刊创办时间为1937年12月11日，由中共中央长江局（1938年9月26日，中共中央决定撤销长江局，改为南方局）主办，编辑部地址设在武汉新华日报总馆内。潘梓年担任群众周刊社社长，华岗、章汉夫、许涤新、乔冠华、戈宝权等人先后担任刊物主编一职。1938年底，群众周刊社随新华日报总馆一道迁往重庆。群众周刊社与新华日报社同为中共中央南方局领导下的对外公开新闻出版机构。1946年6月，《群众》周刊由重庆移至上海出版。1947年3月2日国民党上海当局派出军警查封了群众周刊社，该刊被迫停刊。在此之前的1947年1月，中共中央委派章汉夫前往香港，在香港创办了《群众》周刊。新中国成立后，《群众》周刊香港版完成历史使命，于1949年10月20日宣布终刊。

关于《群众》周刊的创刊宗旨，在创刊号的"启事"中提到，出版本刊，除了报道各地抗日救亡运动的消息外，"更大希望是在于搜集一些各地救亡的实际情形，供给全国救亡工作人员做参考与研究的资料"[4]。启事中还提到了本刊的征稿原则，如要求来稿须是对于"事实的描述与分析，不是空论或感想"，稿件务求做到详尽切实，"以一篇一事为原则"，来稿文字务求通俗，内容对于抗日救亡工作者有参考价值等。[5]

该刊内容栏目设置丰富，开辟了社论、短评、抗战言论、民主动员问

---

[1] 叶再生：《中国近代现代出版通史》（第3卷），华文出版社，2002年，第43页。
[2] 中共中央宣传部新闻局：《红色记忆：永远的丰碑》，学习出版社，2007年，第137页。
[3] 唐惠虎、朱英：《武汉近代新闻史》（下），武汉出版社，2012年，第405页。
[4] 《群众》周刊启事，《群众》周刊创刊号，1937年12月11日。
[5] 《群众》周刊启事，《群众》周刊创刊号，1937年12月11日。

题、经济与民生、文化与教育、军事、国际等10多个栏目。此外，该刊还辟有"问答"一栏，为读者解疑释惑。《群众》周刊配合《新华日报》的舆论宣传，积极宣传马克思列宁主义和中国共产党的路线、方针和政策，批判国民党的法西斯主义，揭露国民党顽固派"消极抗日，积极反共"的罪行。

(二)《群众》周刊的主要内容

1. 积极宣传马克思主义理论和党的方针政策

《群众》周刊积极传播马克思主义理论学说，大力译介马克思、恩格斯、列宁、斯大林等无产阶级革命导师的著作。如吴敏译《马克思列宁的理论不是教条而是行动的指南》、戈宝权译《关于列宁著〈俄国资本主义的发展〉一书》等。此外，该刊还刊发了大量介绍如何学习马克思主义理论的文章。1939年4月1日，《群众》周刊刊发了潘梓年的《学习，学习，再学习》的社论，指出学习马克思主义理论的重要性。文章指出，无产阶级革命者要在当前民族解放运动的巨浪中立稳脚跟，需要不断地学习革命理论，要认真学习马列主义理论并将其应用到实践斗争中。[1]这一方面的文章还有陈云的《到什么地方学习》、吴亮平的《两种学习方法》等。

《群众》周刊介绍了马克思列宁主义中关于统一战线的论述。该刊第3卷第2期刊载了《共产国际五一宣言》一文，阐述了国际共产主义关于统一战线的思想。文章指出，统一战线犹如面包、空气和水，都是我们生活中不可或缺的要素。只有坚持统一战线的思想，发动全劳动人类的力量，才能战胜残暴的法西斯分子。[2]

2. 大力宣传抗日救亡，报道各地抗战的消息

《群众》周刊对各地抗战消息进行了大量报道，如，该刊创刊号发表了《七亘村战斗的胜利——西战场上的一幕》，报道了刘伯承、陈赓领导的八路军在七亘村战斗中提前设伏，奇袭鬼子，歼敌400多人的战斗事迹。[3]《群众》在第6、7期连载了《平型关战斗前后的日记》的长篇通讯，详细报道了平型关大捷的全过程，反映了八路军严明的战斗纪律和顽强的战斗精神，文章指出，八路军指战员在此次战斗中，坚决服从命令和战斗任务，并充分发扬了我军的战术特长"猛打、猛冲、猛追，重伤不哭，轻伤不下火线"，真正做到了模范表率作用。[4]

---

[1]《学习，学习，再学习》，《群众》周刊第2卷第20期，1939年4月1日。
[2]《共产国际五一宣言》，《群众》周刊第3卷第2期，1938年5月28日。
[3] 刘志坚：《七亘村战斗的胜利——西战场上的一幕》，《群众》第1卷第1期，1937年12月11日。
[4] 萧向荣：《平型关战斗前后的日记》，《群众》第1卷第6期，1938年1月15日。

3.揭露日寇的侵略暴行以及汉奸的卖国投降行径

抗战期间，日寇到处烧杀抢掠，残杀无辜百姓，甚至连儿童、妇女和老人也不放过。《群众》周刊发表了多篇消息和通讯，对日寇的残暴行径进行了报道和揭露。该刊第1卷第12期刊登的《在敌人践踏下的女同胞（淇县通讯）》一文写道："这封信是刘溶池君自舞阳寄来的一篇赤裸裸的报告，从此中我们可以想象出在敌人铁蹄之下千千万万的女同胞实在过着什么生活了。"①《群众》第1卷第14期刊载的《一个陷落了的乡村》一文，详细描述了当时日军到处杀人放火，屠戮百姓，侮辱迫害妇女的过程。文章写道："接着来了一群疯悍的日本强盗，他们把留着的居民打死，把房屋架起火烧毁……火差不多燃烧了三天三夜没有停。"②第15期刊登的《西线见闻琐记》一文，报道了日寇攻占阳武村后的残暴行径，他们"将全村房屋一火烧光！""一些残废走不动的还有舍不得家产的老人，一共有几十个，日寇到后，杀得一个不留。有一个姓张的，叫根银子，他母亲患风瘫症，根银子舍不得母亲，守在家里，日寇到后，母子二人痛哭求饶，日寇把他母子乱刀刺死，又用铡刀剁成碎块，家人回来，连他母子二人的尸首也分不出来了。""凡是能吃有用的东西一律装到汽车上运走，有些用不着的衣服家具就堆到一块儿一把火烧掉了！最可恨的，全村十三以上，三十以下的妇女全被抢走，有哭喊抵抗的，就被杀死。"③日本侵略者的残暴兽行，由此可见一斑。

《群众》周刊在报道日寇侵略暴行的同时，也对国内汉奸投敌卖国的阴谋进行了揭露。该刊第2期发表了潘梓年的《投降主义及其各式各样的表现》一文，分析了抗战中投降主义者的种种表现。作者在文中提出要加强对民众的政治动员，因为"政治抗战的力量比单纯的军事抗战是伟大得多"，要"把我们已经采取的和平阵线的外交路线，更加坚定与明确"，因为，这是"争取外力，得到好朋友的唯一路径"。④同期还转载了周恩来的《目前抗战危机与坚持华北抗战的任务》一文，文中明确指出，"抗战的危机不在部分军事实力与领土丧失，而在于汉奸亲日派的活跃"，要取得战争的胜利，先决条件是要反对投降主义。⑤《群众》周刊对日本侵略罪行的报道和汉奸卖国投降阴谋的揭露，对于唤醒国统区民众对日寇的仇恨，激

---

① 《在敌人践踏下的女同胞（淇县通讯）》，《群众》第1卷第12期，1938年3月5日。
② 朱学信：《一个陷落了的乡村》，《群众》第1卷第14期，1938年3月19日。
③ 柳林：《西线见闻琐记》，《群众》第1卷第15期，1938年3月26日。
④ 潘梓年：《投降主义及其各式各样的表现》，《群众》第1卷第2期，1937年12月18日。
⑤ 周恩来：《目前抗战危机与坚持华北抗战的任务》，《群众》第1卷第2期，1937年12月18日。

发广大民众的抗日热情，逐步树立和坚定抗战胜利信心，肃清汉奸卖国和妥协投降主张的影响起了重要的作用。

4.积极宣传抗日民族统一战线，强调国共合作

《群众》周刊发表了大量抗战时期中共领导人毛泽东、周恩来、王明、博古、董必武等人论抗日民族统一战线的文章、谈话和演讲。如第3期刊登了周恩来的《目前抗战形势与坚持长期抗战的任务》一文，文中特别强调了国共合作的重要性，提出要"在国民政府基础上，加强统一的国防政府"[①]；此外，文章还呼吁反对关门主义和吞并主义，坚决肃清汉奸、敌探、托派，以巩固抗日民族统一战线。同期，还转载了毛泽东在延安接受记者采访时的谈话内容。毛泽东在采访中谈到，要想扭转当前抗战不利的局势，取得抗战的最终胜利，必须在政治上和军事上进行改革。[②]《群众》第1卷第3期刊载的博古的《抗战形势与抗战前途》一文，提出要动员全中国的力量，去进行守土卫国长期抗战，要"巩固和扩大全中国的统一的国民革命军""实行国防经济政策""扩大国际宣传和增加国际援助"等。[③]

此外，《群众》周刊还发表了众多指导抗战动员工作的文章，如，章汉夫的《敌占领区中的救亡工作》[④]，董必武的《怎样动员民众积极参加抗战》[⑤]《武汉民众的动员和组织》[⑥]等，对动员国统区广大民众参加抗日救亡运动起了重要推动作用。

（三）《群众》周刊的发行工作

《群众》周刊除香港版外，其印刷、发行和经营管理都由新华日报馆负责。新华日报馆的发行工作始终坚持以读者为本，便利读者的发行理念。据当时报馆工作人员回忆，《群众》周刊的重点发行对象为厂矿工人、青年学生和知识分子。报馆发行人员经常深入抗战大后方各个城市的学校、机关、厂矿中开展调查研究，以便了解他们的需求，为他们提供便利的服务。[⑦]在刊物的定价上，《群众》周刊在创刊初期采用的是特价优待以争取更多用户订阅的政策。考虑到国民党统治区工人和学生的生活艰苦，该刊采取五折优惠。为了扩大报刊的销售，对于热心的读者，报馆还会请

---

① 周恩来：《目前抗战形势与坚持长期抗战的任务》，《群众》第1卷第3期，1937年12月25日。
② 马俊：《毛泽东会见记》，《群众》第1卷第3期，1937年12月25日。
③ 博古：《抗战形势与抗战前途》，《群众》第1卷第3期，1937年12月25日。
④ 章汉夫：《敌占领区中的救亡工作》，《群众》第1卷第3期，1937年12月25日。
⑤ 董必武：《怎样动员民众积极参加抗战》，《群众》第1卷第4期，1938年1月1日。
⑥ 董必武：《武汉民众的动员和组织》，《群众》第1卷第8期，1938年1月29日。
⑦ 罗戈东：《〈新华日报〉、〈群众〉周刊发行工作的历史经验》，群众杂志社：《〈群众〉周刊回忆录》，群众杂志社，1989年，第71页。

他们帮助发展订户。此外，报馆的发行人员不仅为读者送报刊，而且还经常为交通不便利地方的读者代购日常生活用品和药品等。在订阅方法上，《群众》周刊采用按月、按季订阅的方式，读者可以随时订阅。

《群众》周刊非常重视与读者的沟通。该刊辟有"读者问答"专栏，来信的读者大多是青年知识分子和爱国学生，来信所涉及的问题广泛，如"为什么壮丁不肯上火线？""办妇女夜校的困难""如何解决生活问题""关于汉奸、托派分子问题"等，问题内容涉及军事、学校、生活、政府、工作、宣传以及妇女问题等诸多方面。《群众》周刊迁重庆后，将"读者问答"一栏改为了"群众信箱"，专门收集读者来信，然后由编辑负责解答读者在阅读刊物中遇到的各种问题。

除了通过开辟读者专栏外，《群众》周刊还通过在本刊发布广告的方式公开征集读者意见。如《群众》周刊在武汉创刊的第1期上即发布启事，指出"本刊筹备期间短促，同人力量单薄，匆匆出版，不周到不充实之处，深望宏达进而匡正与指示"[①]。像这样的读者广告，在《群众》周刊上随处可见，如《启事——敬向读者要求指示》《致读者（征求意见）》《敬答读者》《征求意见启事》《请告诉我们对于本刊的意见》等。如此众多读者征求意见的发布，表明办刊者对读者认真负责的态度。

抗战胜利后，国民政府中央各机关又迁回南京，随着政治中心的东移，新闻出版活动又恢复为以上海、南京为主要中心的格局。1946年6月3日，《群众》周刊由重庆迁往上海出版。上海《群众》周刊由章汉夫任编委会主任，主要编辑人员有李龙牧、陈昌谦、顾家熙、米谷等人，从事发行工作的人员有徐君曼、徐征程、孙群、叶贤友、蒋伟、叶锋、余韦等人。

全面内战爆发后，为了揭露蒋介石发动内战的阴谋，《群众》周刊上海版刊发了众多中共代表团及领导人有关时局谈话的文章。如，《中共中央负责人评马歇尔之"调解"态度》《中共代表团书面谈话对国民党单方发布停战令发表意见》《中共代表团发言人对国民党片面召开国大发表声明》《周恩来将军答记者问》《新华社记者评蒋介石的军事危机》《蒋军必败》《回顾十五年》等。在国民党军机轰炸延安之后，《群众》周刊发表了《周恩来将军抗议国民党轰炸延安》《历史新事件》《抗议蒋机袭延》等文章。《抗议蒋机袭延》一文指出，"凭着美国的军事援助，国民党当局发出了全面内战的信号！""如果国民党当局要否认这一点，那么就请蒋介石先

---

① 《〈群众〉周刊启事》，《群众》第1卷第1期，1937年12月11日。

生以国民政府主席和国民党军最高统帅的资格，立即下令责办轰炸延安的祸首，下令将一切军用飞机置放调处执行部管理监督之下，下令全面长期停战！"①

《群众》周刊上海版辟有"国际一周""南京一周""延安通讯""解放区通讯""长沙通讯""河南通讯""南昌通讯""苏北印象记""哈尔滨通讯""苏鲁纪行"等栏目，主要报道解放区军民英勇抗敌斗争，揭露蒋介石反动独裁统治，以及介绍国际上发生的大事。此外，该刊还辟有"时评"专栏，主要是时政类的文章，内容短小精悍。如第12卷第1期分别发表了《孙夫人对时局的意见》《陈立夫先生的谈话》《闻美方停运军火来华》《抗议取缔报摊》《东京台胞怎样被杀的？》《谈爱国四志士被判》《从苏北内战看全国危机》《苏北问题答客问》等一系列时评。其中，《孙夫人对时局的意见》一文，主要叙述了宋庆龄女士发表的对时局的意见，文章指出，国民党"并不懂得孙中山先生的三民主义是什么"，"今天国民党当局所实行的，并不是孙中山先生的三民主义！"②《陈立夫先生的谈话》则是揭露国民党CC派头子陈立夫制造昆明"李闻惨案"的罪行。文章指出："李、闻二先生究竟是谁杀死的，人人心里都明白雪亮。千夫所指，抵赖不了，声明来、声明去，无非是'隔壁王二不曾偷'的愚蠢手法。"③《闻美方停运军火来华》一文，则是"正告美国政府，立即考虑并实行停止军火运华"④。《抗议取缔报摊》揭露了国民党上海当局取缔进步报刊，摧残文化出版事业的罪行。文章指出："当局取缔报摊的措施，显然是他们整个的摧残进步文化出版事业政策的一部分，是'文汇'被罚停刊，'华夏'被抄查事件的继续，是表示他们根本不要文化，打定主意要消灭文化了。""对于本市当局这种消灭文化的措施，我们坚决的（地）抗议。"⑤

《群众》周刊上海版同样重视与读者的沟通和联系，该刊辟有"读者来信"与"信箱"等栏目。对于读者的各种问题，编辑人员都给予及时的回应和解答。"信箱"一栏里还开设了一个"代邮"小专栏，主要帮助读者解决各种实际困难。由于《群众》周刊重视与群众的联系，乐于为读者服务，切实解决他们在思想、生活中的遇到的问题和困难，因而获得了广大读者的欢迎。

---

① 《抗议蒋机袭延》（延安《解放日报》社论），《群众》周刊第12卷第3期，1946年8月10日。
② 汉：《孙夫人对时局的意见》，《群众》周刊第12卷第1期，1946年7月28日。
③ 默：《陈立夫先生的谈话》，《群众》周刊第12卷第1期，1946年7月28日。
④ 贻：《闻美方停运军火来华》，《群众》周刊第12卷第1期，1946年7月28日。
⑤ 涵：《抗议取缔报摊》，《群众》周刊第12卷第1期，1946年7月28日。

全面内战爆发后，国民党蒋介石加紧了反共活动，对共产党出版的各种刊物进行严厉的查禁。1946年9月4日，群众周刊社，被国民党当局军警搜查，消息传出后，便收到众多读者的慰问信，鼓励编辑在血雨腥风中再接再厉，坚持正义，直至人民翻身，同时，对国民党反动派的可耻行径表示了强烈的愤慨。1947年2月，国民党查封了在重庆出版的《新华日报》，接着，强迫中共代表董必武和其他工作人员离开南京和上海，在上海出版的《群众》周刊也被迫停刊。

与此同时，中国共产党为了向海外和国统区人民继续宣传政治主张，又在香港出版《群众》周刊。《群众》周刊在香港出版的时间为1947年1月30日，编辑部地址设在香港皇后大道。章汉夫担任编委会主任，编辑人员有林默涵、廖沫沙、范朝新（范剑涯）、卢杰、方岩、黎澍等人。

《群众》周刊香港版开辟了社论、专论、中共重要文告、解放区报道等栏目。该刊高举中国共产党机关刊物的旗帜，积极报道了解放战争中，中共领导下的人民解放军的胜利消息。每期都有战争进程、战场形势的分析。如，1948年7月，该刊报道了刘邓大军跃进中原的消息，还配有珍贵的照片，生动形象地再现了我军在前线奋勇杀敌的战斗场景。[1]该刊还报道了中共在解放区实施的统一战线、土地革命和工商业的各项政策。通过这些报道，非解放区的民众得以了解我党的方针政策，从而消除心中的疑虑。

《群众》周刊揭露和批判了国民党蒋介石坚持内战，实行法西斯独裁统治的反动政策，号召人民团结起来向反动派进行斗争。《群众》周刊还批判了那种主张在中国实行"第三种道路"的错误言论。解放战争初期，民主党派中的一些右翼势力主张走"第三种道路"，即所谓的"中间路线"，他们幻想依靠美国等资本主义国家的援助，用改良主义的办法，把中国引向资本主义道路。《群众》周刊对此进行了坚决的批驳。1948年1月29日，该刊刊发了署名"卓芸"（章汉夫）的《大公报的"中间路线"》一文，文章认为，"第三种道路"在中国根本行不通，反而可能成为国民党反动势力发动"假和平、真内战"的烟幕。[2]国民党蒋介石撕毁和平协定，发动全面内战以及残杀共产党和进步人士的一系列行为，也从事实上证明了"中间路线"的破产。国民党蒋介石集团的倒行逆施也使民主党派

---

[1] 林默涵：《〈群众〉周刊在香港的奋斗》，全国政协文史资料委员会：《中华文史资料文库》（第16卷），中国文史出版社，1996年，第425页。

[2] 卓芸：《大公报的"中间路线"》，《群众》周刊（香港版），1948年1月29日，袁小伦：《战后初期中共与香港进步文化》，广东教育出版社，1999年，第249页。

人士认清了其独裁统治的真面目，他们毅然抛弃"第三种道路"，坚定地走上了与中国共产党合作的道路。

《群众》周刊香港版除了向内地的省会大城市发行外，其发行范围还扩展到海南岛、东江、西江、粤北、南路等游击区，以及闽粤赣边区、粤赣湘边区和桂滇黔等地游击区。除了面向国内发行外，该刊还发行到印度、缅甸、暹罗（今泰国）、印度尼西亚、菲律宾、新加坡、越南、马来西亚、文莱等南亚、东南亚国家。此外，该刊还远销美、英、法等欧美国家，在纽约、旧金山、伦敦、巴黎等城市设有代销处。

1948年12月26日，章汉夫陪同在港的李济深、沈钧儒、马叙伦、彭泽民、章乃器、朱蕴山、邓初民、梅龚彬等离港北上，赴解放区参加新的工作。章汉夫离港后，编辑工作由许涤新负责。1949年10月20日，《群众》周刊香港版出版至143期后宣布终刊。

第五节　中共领导下的进步出版机构及其出版活动

抗日战争时期，由共产党员和进步文化人士共同创办的生活书店、读书生活出版社（后改名为读书出版社）、新知书店的总店，在上海沦陷后迁到了武汉。同时，中国共产党还在国统区公开创办了一些进步书店，如中国书店、海燕书店、北门书屋、北门出版社、峨嵋出版社等，这些出版社和书店，出版发行了大量抗战进步书刊，积极传播马列主义，宣传中国共产党的抗日主张，揭露日本帝国主义侵略罪行，为抗战胜利和民族解放发挥了巨大的作用。

一、生活书店的出版活动

生活书店是由著名出版家邹韬奋先生等人创办的一家进步出版机构，创办时间为1932年7月1日，社址初设于上海陶尔斐司路（今南昌路），后迁福州路378号，抗战胜利后在重庆南路6号（淮海中路口）复业。

生活书店前身为《生活》周刊社，《生活》周刊创办于1925年10月，初由王志莘主编，后改由邹韬奋主编。1931年九一八事变后，中国面临的民族危机日益严重，《生活》周刊因积极宣传抗日救国，成为当时十分畅销的抗日救亡刊物，销售量最高时达15万份[1]，在国内声名大噪。由于《生活》周刊鲜明的政治倾向，遭到国民党当局的仇恨和打击。1933年12

---

[1] 姚一鸣：《中国旧书局》，金城出版社，2014年，第232页。

月16日，该刊出至第50期时被国民党上海当局查封。

1932年7月，邹韬奋与胡愈之、徐伯昕、艾寒松、张仲实等人以《生活》周刊书报代办部为基础，联合一批进步人士共同集资，创办了生活书店。邹韬奋任书店理事长，徐伯昕任总经理。

生活书店成立以后，分别创办了《大众生活》《新生》周刊、《妇女生活》《文学》月刊、《世界知识》《译文》等，在当时的社会上产生了较大的影响。生活书店在成立到抗战全面爆发前的短短五年中，出版了图书近400种[1]，如吴黎平译的《反杜林论》、胡绳的《新哲学的人生观》、沈志远的《新经济学大纲》、黄炎培的《黄海环游记》、邹韬奋的《事业与修养》，这些书刊以其鲜明的政治进步性和学术性，在读者中获得很高声誉。

生活书店也出版了不少文艺类图书，如鲁迅译《桃色的云》（爱罗先珂著）、黎烈文译《红萝卜须》（赖纳著）、臧克家著《罪恶的黑手》、叶圣陶著《三种船》、郁达夫著《达夫所译短篇集》、陈望道著《小品文和漫画》、茅盾主编《中国的一日》、宋春舫著《宋春舫论剧二集》、陶行知著《行知诗歌集》、关露著《太平洋上的歌声》、夏衍著《赛金花》等。

全面抗战爆发后，生活书店被迫由上海迁往武汉，随后，又西迁至重庆。在武汉时期，生活书店成立了一个由11人组成的编审委员会，编委会成员中胡愈之、范长江、柳湜、张仲实、钱亦石等人都是共产党员。编审委员会成立后，根据形势的需要和读者需求，制定了如下编辑出版方针：（1）出版学术研究参考用书（偏重救亡理论读物的出版），包括"新中国学术丛书"（沈志远主编）、"中国文化丛书"（艾思奇、周扬主编）、"救亡文丛""战时社会科学丛书"（柳湜主编）；（2）出版大众读物，如"通俗读物丛刊""战时读本""问题与答案丛刊"等；（3）出版战时读物，如"黑白丛书战时特刊""大众军事丛书""抗战中的中国丛刊""世界知识战时特刊"等。1939年1月，生活书店改组了编审委员会，由胡愈之任编委会主席，沈志远、金仲华任副主席。

随着生活书店业务的不断拓展，为了加强管理，1938年6月，徐伯昕经理提出建立分区管理办法，将各地的生活书店分成四个大区，分别为西北区，以西安为中心，包括兰州、南郑、天水等；华西区，以重庆为中心，包括成都、贵阳、万县（今重庆市万州区）、宜昌；西南区，以桂林为中心，包括梧州、长沙、南昌、衡阳；华南区，以香港为中心，包括昆明、上海、广州，以及新加坡。此后，生活书店在各区继续发展分支

---

[1] 姚一鸣：《中国旧书局》，金城出版社，2014年，第233页。

机构，至1938年底，生活书店已陆续在重庆、西安、长沙、昆明、梧州、桂林、成都、贵阳、南昌、兰州、南宁、宜昌、万县、衡阳、金华、丽水、柳州、常德、南郑、遂川和香港等地建立了30多处分店。这一时期生活书店出版了大量马列主义类著作和抗日救亡读物，如李富春等著《抗战与军队政治工作》、凯丰著《抗日民族统一战线教程》、邹韬奋著《激流》《再厉集》《奔流》《萍踪寄语全集》、张仲实译《费尔巴哈论》，以及《恩格斯及其事业》《马克思及其学说》《共产党宣言》《马恩论中国》《国家与革命》《列宁主义初步》《左派幼稚病》《陕北公学一年》等，总计多达500余种。[1]此后不到一年，生活书店继续扩充到55处分店，遍及14省，出版杂志8种，图书近千种，出版发行了抗日通俗读物500余万册。[2]

生活书店的发展过程中，有一些附属于生活书店的二、三线书店，如华夏书店、韬奋出版社、骆驼书店、文学出版社、峨嵋出版社、知识出版社、兄弟图书公司等，也出版了不少进步书刊，如胡绳的《理性与自由》（华夏书店）、邹韬奋的《经历》（韬奋出版社）、傅雷译罗曼·罗兰的《贝多芬传》（骆驼书店）、鲁迅的《花边文学》（峨嵋出版社）、曹靖华译俄国拉甫列涅夫的《第四十一》（文学出版社）、丁玲的《一颗未出膛的枪弹》（知识出版社）等，充实了战时生活书店的出版业务。

抗战时期，生活书店的进步出版活动使国民政府感到恐慌和嫉恨。1938年8月9日，国民党当局以所谓"内容叙述失实，须删改发行"为由，查禁了生活书店发行的《近六十年来的中日关系》和《抗战一周年》。1939年1月，在国民党召开的五届五中全会上，一些顽固分子公开叫嚣要消灭生活书店，他们哀叹："生活书店的书籍，虽在穷乡僻壤，随处可见，可谓无孔不入，其势力实在可怕，而本党（指国民党）的文化事业却等于零，不能和它竞争，所以非根本消灭它不可！"[3]此后，国民党各地政府和军警便加紧了对生活书店的迫害。1939年3月，生活书店浙江天目山临时营业处被国民党反动派封闭，该处财产和私人行李全被没收，工作人员袁润、胡苏被拘捕。4月21日，生活书店西安分店被国民党反动派封闭，经理周名寰被捕，店内全部财产和私人行李被没收，全店工作人员被驱逐。继浙江天目山和西安分店两处被封之后，陕西南郑分店（经理贺承先被捕，店内财产被没收）、甘肃天水支店（经理薛天鹏、工作人员阎振业被

---

[1] 生活书店史稿编辑委员会：《生活书店史稿》，生活书店出版有限公司，2013年，第361页。
[2] 宋应离、袁喜生、刘小敏：《20世纪中国著名编辑出版家研究资料汇辑》（第6辑），河南大学出版社，2005年，第52页。
[3] 生活书店史稿编辑委员会：《生活书店史稿》，生活书店出版有限公司，2013年，第164页。

捕）、福建南平分店（经理顾一凡被捕）、湖南沅陵支店、湖北宜昌分店、江西吉安分店、江西赣州分店、浙江丽水支店、安徽屯溪支店、浙江金华分店、四川万县分店、陕西曲江分店等，先后遭国民党当局查封，生活书店遭到全面的迫害。

1939年2月26日，国民党中央宣传部向各省市县党部下达密令，禁止共产党书籍邮运，并传达取缔生活、新知、互助等书店的办法，要求各地党部会同当地军警、宪兵和特务去书店任意搜查。这些地方军警在搜查过程中态度蛮横，敲诈勒索，任意拿走各种书刊。国民党特务还到邮局检查邮件，看到是生活、读书、新知等书店发出的包裹便随意扣留没收。当局这种野蛮的做法引起书店和邮局工作人员的强烈不满，他们与国民党当局展开了坚决的斗争。

1939年3月27日，生活书店总管理处向国民政府提交《为申请经内政部注册之著作物未能依法发行请求保障事》的呈文，指出：国家政令既属统一，审查标准自无二致。著作物既受法律保障，自不能任意查禁。要求行政院予以纠正，以利普及文化，增强抗战力量。[①]1939年4月15日，总管理处又致函国民党中央宣传部、中央图书杂志审查委员会和国民政府内政部，再次就书店图书被无理查扣一事提出抗议，要求立即纠正。1940年1月，总管理处特致函军委会办公厅特检处，对各地邮局任意检扣书店邮包一事提出交涉。但国民政府当局顽固坚持进步书刊的查禁政策，对生活书店的抗议置之不理。

据统计，1937—1940年生活书店出版的图书，被国民党中央或地方的图书杂志审查委员会查禁的图书，有目录可稽的达203种，占这个时期生活书店出版物总数的40%。其中，马列主义著作13种，其中包括马克思著《法兰西内战》、恩格斯著《社会主义从空想到科学的发展》《德国的革命与反革命》《费尔巴哈论》、毛泽东著《论持久战》《论新阶段》等马列经典著作；哲学社会科学类著作53种；抗战救亡读物55种；国际问题20种；文艺作品31种；通俗文艺读物13种；邹韬奋著作12种。[②]

1939年起，国民党反动当局加紧了对进步书刊的审查，各地生活书店纷纷被查封。针对国民党破坏抗战团结，摧残进步出版事业的行为，1940年夏，中共在重庆谈判中向国民党递交了一份加强团结抗战的提案。在提案中正式要求国民党停止查禁各地书报杂志和封门捕人。中共还帮助书店去延安等敌后抗日根据地开设书店。1939年初夏，周恩来电邀邹韬奋

---

① 生活书店史稿编辑委员会：《生活书店史稿》，生活书店出版有限公司，2013年，第165页。
② 生活书店史稿编辑委员会：《生活书店史稿》，生活书店出版有限公司，2013年，第167页。

和徐伯昕到延安讨论如何保持生活书店和在敌后抗日根据地设店的问题。1940年夏，周恩来又约三家书店负责人徐伯昕、黄洛峰、徐雪寒到延安，对书店工作向敌后发展做了指示。在周恩来的指示下，三家书店在延安设立了华北书店。

皖南事变以后，国民党掀起第二次反共高潮，对于进步书刊的查禁更加严厉。1941年1月17日，国民政府教育部致函中央图书杂志审查委员会（以下简称"中央图审会"），称"生活书店出版的中学生补充读物，完全根据马列主义的社会科学观点立论，企图借此麻痹青年思想，扩大反动宣传"，要求中央图审会下令查禁。中央图审会接到函件后，在发给教育部的复函中称："将尽量予该书店此项编辑计划以种种困难与打击，使其不能顺利出版。"[①]2月7日，国民党中央秘书处向各省国民党党部发出查封生活书店的加急密电。密电发出后，生活书店在各地设立的分店在不到半个月的时间内几乎被全部查封，最后仅剩重庆一家分店。

为了挽救生活书店，邹韬奋、徐伯昕、沈钧儒等书店负责人，向国民政府当局进行了严正交涉。生活书店理事会主席邹韬奋亲自到国民党中央宣传部找王世杰部长、潘公展副部长等人进行交涉，沈钧儒以参政员身份向国民参政会提出了保障文化事业的提案，并亲笔致函蒋介石，请求纠正随意查封书店的行为。1941年2月15日，生活书店总经理徐伯昕致函国民政府行政院，呈请函中说："窃该店等并未发售任何违禁书刊，又无其他任何违法情事，今兹特遭无故查封或勒令限期停业，似与中央保障正当商业之原旨显有不合。"呈文呼吁国民政府当局"迅予撤销查封及限期停业之命令，准予该店继续营业"，以保障书店正当的书业经营活动。[②]2月28日，徐伯昕再次致函国民政府行政院，指出当局随意查封书店的做法与政府"保障正当商业、维护文化事业之原旨显有不合"。呈文再次呼吁国民政府当局"迅赐转饬成都、桂林、贵阳、昆明四地有关机关立予撤销查封及限期停业之命令，准予各该店继续营业"。[③]

但是，对于生活书店的呼吁和请求，国民政府要么置之不理，要么在各部门之间推诿扯皮。1941年2月24日，邹韬奋宣布辞去国民参政员一职，并向参政会发了一封辞职电，在电文中，他无比悲愤地指出，生活书店一直努力于抗战建国文化，所出书刊均经过政府审查通过，无任何违法

---

① 《国民党中央图书杂志审查委员会档案》（60-1-5278号），生活书店史稿编辑委员会：《生活书店史稿》，生活书店出版有限公司，2013年，第200页。
② 四川省档案局：《抗战时期的四川：档案史料汇编》（上），重庆大学出版社，2014年，第400页。
③ 四川省档案局：《抗战时期的四川：档案史料汇编》（上），重庆大学出版社，2014年，第400页。

行为，然而，不到半个月，全国各处分店无故被查封，"16年之惨淡经营，50余处分店，至此已全部被毁"①。邹韬奋辞去国民参政员一职后，为避免遭当局迫害，被迫离开重庆前往香港。

生活书店在经营过程中，中国共产党对书店的工作给予了大力支持，除了向书店提供延安解放社等根据地出版的样书、向书店提供和推荐稿件外，还直接领导了生活书店同国民党迫害进步出版事业的行为做斗争。邹韬奋赴港避难后，中共南方局指定徐冰为生活、读书、新知三书店工作的具体领导人，负责指导书店的业务和革命斗争工作。

中共南方局的领导人还经常来生活书店做报告。如，1939年6月9日，周恩来针对汉口、广州失陷后的形势，在重庆生活书店总管理处做了"抗战第二期的文化工作"的报告。此外，董必武、叶剑英、博古、凯丰等中共南方局领导人都曾来书店做过报告或讲话。②这些报告和讲话使书店同人及时听到党的声音，受到党的教育，从而提高了政治觉悟，增强了为革命做好本职工作的精神动力。③除了重庆、延安等地生活书店外，西安、兰州、长沙、桂林、成都、昆明等地中共党组织和八路军办事处都和当地生活书店建立了联系，对生活书店给予指导和帮助。

1940年后，生活书店由胡绳主持编审工作，张友渔担任总编辑。二人都是中共南方局文委的成员，他们除了主持编审工作外，还负责书店的人事、干部教育和党支部工作。党对生活书店的领导进一步得到加强。1941年3月，生活书店接到周恩来指示，重庆生活书店仍要坚持开下去，除非国民党来封，不要自动停业。1942年8月，周恩来再次对生活书店作出指示，要求生活书店在国民党统治区内部署新机构时，必须分设三条战线，并指示书店总的领导机构迁往香港。抗日战争胜利后，生活书店在重庆重新开设了门市部，于1945年10月正式开业。

生活书店重视对书刊的宣传推广，书店针对不同作者及不同类型的图书，采用不同的广告宣传方式。如在《文学》创刊的过程中，生活书店在该刊出版前一个多月就在《生活》周刊上发布"出版预告"，对新刊物的编辑方针、刊期、定价、预订优待办法等进行介绍。出版前一周，又刊出创刊号"要目预告"，预告中将鲁迅、茅盾、郁达夫、叶圣陶、巴金等一批著名作家的名字都列了出来，以此夺人眼球。至刊物出版之日，该书店又刊出"今日出版"的预告。以上广告宣传策略获得了良好的效果，创刊

---

① 生活书店史稿编辑委员会：《生活书店史稿》，生活书店出版有限公司，2013年，第370页。
② 邹嘉骊：《忆韬奋》，生活·读书·新知三联书店，2015年，第553页。
③ 生活书店史稿编辑委员会：《生活书店史稿》，生活书店出版有限公司，2013年，第195页。

号出版后,很快便售罄,以致不得不多次重印。[①]

生活书店在创刊新杂志和出版新书的过程中,均会先在自己出版的刊物上刊出广告。对于出版的丛书,还在刊物上连续刊登广告。除了利用刊物进行宣传外,生活书店也会利用本店书籍的封底、封腰、勒口等处刊登广告,以介绍新书作者和内容。为了扩大影响,争取更多的读者,生活书店也经常在报纸上登广告。生活书店首创的"全国出版物联合广告"推广方法,是当时影响最大也是最受读者欢迎的推广方式。[②]这种联合广告包定全国著名大型日报,如上海《申报》的某一版面,经精心设计,将版面分为大小若干块,一部分用来刊登本版书的广告,剩余版面用来刊登同行业的书刊广告。生活书店根据各书店广告所占版面大小收取相应的广告费用,各书店还可将书交给生活书店代为经售。这种联合广告的方式,不仅解决了中小出版社因财力所限而没有能力在报纸上单独刊登广告的困难,而且所刊广告效果显著,因而深受中小出版社的欢迎。抗战初期,汉口成为全国的文化中心,报纸种类繁多,这种联合广告也经常刊发。

生活书店书刊广告的内容,语言简洁、凝练而又生动,富有吸引力。如该书店在出版《世界文库》时,刊出了如下一则广告:本文库把世界文学名著,起自埃及、希伯来、印度、中国、希腊、罗马,迄于现代的欧美、日本。凡第一流的作品,都将包罗在内。中国部分尤多罕见的孤本。以最精美的印刷装订,最低廉的售价,来呈献于一般读者之前。[③]广告简洁明了,介绍了文库所包含内容的广泛性、独特性,以及外观包装的精美和价格的实惠,对读者有着很强的吸引力。

在宣传推广过程中,生活书店采用了丰富多样的方法:(1)滚雪球推广法。这种办法是通过老订户介绍新订户的办法,不断扩大订阅人数。(2)跟踪推广法。书店通过跟踪老订阅户的订阅数据和情况,与订阅人建立起长期的联系。(3)捆绑销售法。在对书刊进行分类的基础上,将同类书刊放在一起捆绑销售。如《世界知识》杂志与"世界知识丛书"结合销售,《文学》杂志与《创作文库》《世界文库》捆绑在一起销售。《妇女生活》杂志与"妇女生活丛书"结合销售等。(4)赠阅推广法。读者订阅某一杂志,可免费获得一定的赠送读物。如书店规定,订阅《文学》一年,可赠送一册《文学百题》或《中国的一日》,订阅《太白》一年,可赠送《小品文与漫画》一册。(5)明示暗示推广法。生活书店中有不少被国民

---

① 范用:《爱看书的广告》,生活·读书·新知三联书店,2015年,第200页。
② 钱小柏、雷群明:《韬奋与出版》,学林出版社,1983年,第147页。
③ 范用:《爱看书的广告》,生活·读书·新知三联书店,2015年,第198页。

政府禁止出版的书刊，但书店照样登出书日广告，并在书名下加"禁售"二字，以此激起读者的好奇心。对于有意渴求者，生活书店可通过秘密渠道将书刊供给读者。（6）推荐引导法。生活书店通过编印《读书与出版》《读书服务》等宣传小册子，向读者推荐图书并指导其购买。①

生活书店始终坚持"努力为社会服务，竭诚谋读者便利"的宗旨，积极帮助读者解决各种困难，因而得到了广大读者的爱护和支持，信誉与日俱增。许多读者都把生活书店当作自己的家，"每到一个地方，只需知道那个地方有'生活分店'，他们往往总要想到'生活'，往那里跑"②。读者出门在外遇到各种困难，都喜欢往生活书店跑，书店工作人员也乐于帮忙。

生活书店是抗战时期国统区文化界、出版界的一道亮丽风景。它在国民党白色恐怖统治的艰难环境下，积极宣传抗日救亡运动，反对国民党法西斯文化专制统治，争取人民民主和自由权利。生活书店之所以能在出版上获得巨大成功，正如它的创办者邹韬奋所说，是因为书店秉持了"坚定、虚心、公正、负责、刻苦、耐劳，服务精神和同志爱"这八种最可贵的精神。这些宝贵的精神品格，对于当下我们做好出版工作仍具有现实指导意义。

二、读书出版社的出版活动

读书出版社初名为"读书生活出版社"，1936年2月创建于上海，全面抗战爆发后，被迫西迁武汉，并改为"读书出版社"。

读书出版社由著名爱国民主人士李公朴和共产党人柳湜、艾思奇、黄洛峰、夏征农等人在《读书生活》杂志的基础上共同创立。《读书生活》的创刊宗旨，是"为了要有更好的生活，使我们的生活向上"，"使大家在读书之余，用自己生活的语言，本自己人生的经验，写出自己的感想和意见"。③基于这一目的，《读书生活》从创刊起就以大众化、通俗化的面貌呈现给广大读者。

《读书生活》出版后，陆续发表了一些介绍马列主义学说的文章和社会常识读本，如《哲学讲话》《中国历史》《国际关系》等，这些文章，均以浅近的文字，讲解社会、政治常识，宣传革命思想，非常适合店员、学徒、工人自学。这些哲学普及读本以及社会常识读本，后来成为许多读书班、读书会、工人夜校的读本。

---

① 范用：《爱看书的广告》，生活·读书·新知三联书店，2015年，第204页。
② 邹韬奋：《韬奋全集》（第10卷），上海人民出版社，2015年，第347页。
③ 范用：《战斗在白区：读书出版社（1934—1948）》，生活·读书·新知三联书店，2001年，第12页。

1935年12月,《读书生活》半月刊出至第3卷第1期时,开始自办发行。随着出版业务的拓展和发行经验的积累,李公朴、柳湜、艾思奇等人提议,仿照生活书店也办一个出版社。上海良友图书公司负责人赵家璧得知这一消息后,特地委派职员汪仑去协助他们筹建出版社。经过一段时间的筹备,1936年2月,读书生活出版社在上海正式宣布开业。该社由李公朴担任社长,柳湜任经理,编辑部成员有艾思奇、柳湜、陈楚云、高士其、郑易里、胡绳、曹伯韩、廖庶谦等人;出版部成员有周巍峙、徐逸等人,发行部成员有万国钧、张季良、李自强、赵子诚、洪涛、沈淦三等人,由万国钧任发行部主任。

读书出版社成立后,首先出版了艾思奇著的著名通俗哲学读本《哲学讲话》。新书出版后,很快就销售一空。该书后改名为《大众哲学》,再版后,依旧十分畅销。在此后的10多年时间里,该书曾多次再版,到1948年时已发行了32版,一直成为支撑读书出版社的畅销读本。读书出版社创办初期,还组织出版了一套"角半小丛书",如《如何研究哲学》《实践论》《联合战线论》《国防总动员》《救亡的基本知识》《世界人民阵线》等,这些书由于内容通俗且售价便宜,深受广大读者喜爱。该社还翻译出版了一批苏联文艺理论和文学作品,如《苏联文学讲话》(以群译)、《苏联艺术讲话》(葛一虹编译)、《世界文学史纲》(杨心秋、雷鸣蛰译)。此外,还出版了高尔基的《在人间》《给文学青年的信》等文艺作品和《近代哲学批判》(沈志远著)等哲学、社会科学著译。

1936年11月,李公朴等7名爱国人士遭国民党逮捕入狱。"七君子事件"发生后,读书出版社改由黄洛峰担任总经理。黄洛峰(1909—1980),云南鹤庆人,中国现代著名出版家,新中国出版事业的开拓者和奠基者之一,三联书店的主要创办人。

黄洛峰出任总经理后,对出版计划进行了调整,决定先翻译出版马克思撰写的《资本论》,同时编印出版一批政治理论刊物和社会科学通俗读物。根据拟定的出版计划,读书出版社决定全力支持郭大力、王亚南合译马克思主义经典著作《资本论》。《资本论》是一部200多万字的鸿篇巨制,被誉为"工人阶级的百科全书"[①]。由于该书理论深邃,卷帙浩繁,过去国内虽有人试图翻译、出版全译本,但均因工程浩大等而未能如愿。黄洛峰刚上任不久便毅然决定翻译出版此部巨著,当时,上海已经沦陷,为让郭大力安心译稿,黄洛峰安排郭回老家去从事翻译工作。1938年9月,

---

① 范用:《战斗在白区:读书出版社(1934—1948)》,生活·读书·新知三联书店,2001年,第42页。

《资本论》全译本终于在上海面世。为了使《资本论》出版后能很快运送到内地，1938年4月，读书出版社在广州建立分社，通过增加发行网点，以便利书刊的发行。《资本论》在上海首印3000部（每部3卷，共9000册），其中，1000部留沪分发预定订户外，另外2000部主要发往广州、桂林、重庆、延安等地。1938年10月底，由于广州沦陷，读书出版社在广州的业务随即结束。

在刊物的出版方面，该社在抗战期间相继创办了《读书》《生活学校》《战线》《认识月刊》《大家看》等一批理论刊物。《战线》主要对国内战局和国内外形势、民众的动员与组织、战时教育等群众关心的问题进行分析和论述。《认识月刊》是一份大型的理论杂志，由艾思奇担任主编，在创刊号的"编辑室告白"里写道，本刊的目的是"给破坏抗日民族统一战线的言论和行为以打击"[1]。《认识月刊》第1期为"思想文化问题特辑"，刊载了艾思奇、胡绳、何干之等人论思想文化运动以及分析现阶段思想文化战线动向等方面的理论文章；第2期为"中国经济性质特辑"，刊发了薛暮桥、孙冶方、沈志远、骆耕漠等人探讨中国社会经济性质和经济结构方面的文章。全国性抗战爆发后，艾思奇被派往延安任教，《认识月刊》出版了两期后宣布停刊。

这一阶段，读书出版社还出版了一批社会科学通俗读物，如艾思奇著《哲学与生活》，焦敏之译《原始人的文化》，高尔基著、以群译《怎样写作》，以群译《新文学教程》，刘惠之、刘希宁译《中国历史教程》，罗稷南译《铁甲列车》，高士其著《抗敌与防疫》，廖庶谦著《数学讲话》等。

1937年11月，上海沦陷后，读书出版社迁往武汉，在书店比较集中的汉口交通路租下一套门面房继续营业。在武汉期间，上级党组织把中共机关刊物《群众》周刊的发行任务交由读书出版社负责。后来，又陆续有多种刊物交由读书出版社发行，如《抗战文艺》《新演剧》《战时青年》等。

1937年7月，李公朴出狱后，撰写了多篇论述抗战动员的文章，后结集成《抗战动员论》。1938年3月，李公朴赴陕甘宁边区参观访问，并将访问所得写成《抗战教育的理论与实践》一书。同时，他还与沈钧儒、柳湜等人共同创办了《全民周刊》，以上书刊均交由读书出版社印行。

除了刊物的出版外，武汉期间，读书出版社还出版了20多种新书，其中有周恩来、叶剑英著《怎样进行持久抗战》，彭雪枫著《游击队政治

---

[1] 范用：《战斗在白区：读书出版社（1934—1948）》，生活・读书・新知三联书店，2001年，第32页。

工作概论》、白桃、杭苇著《抗战小学教育》，周立波著《晋察冀边区印象记》等抗战书籍。此外，该社还出版了"抗敌救国丛书"和"战时戏剧丛书"等一批抗战小丛书。①

1938年10月，读书出版社迁往重庆，社址初设于武库街100号，1939年迁民生路188号。读书出版社西迁重庆后，先后在桂林、贵阳、昆明、成都开设了一些分社，同时在上海仍保留了一个分社，香港也设了一个分社。上海"孤岛"时期，读书出版社上海分社主要担负书籍印刷任务。主持社务的是郑易里，负责编辑工作的有罗稷南、郑效洵等人。这一时期，上海分社出版了《资本论》《社会主义与战争》《民族问题大纲》《科学艺术论》《科学文学论》《卡尔·马克思》《列宁传》《斯大林传》《实践与理论》《论中国的特殊性及其他》《延安访问记》《苏联内战史》等。

抗战期间，读书出版社还前往敌后抗日根据地开辟分社。1940年初夏，周恩来在重庆先后约请邹韬奋、徐伯昕、黄洛峰商量，商讨三家书店去延安和华北敌后开展出版发行工作的事宜。根据毛泽东和周恩来的指示，1940年8月，读书出版社与生活、新知书店冲破国民党军警的阻挠和日寇的封锁线，从重庆抵达晋察冀边区的晋东南八路军野战总部所在地，办起了华北书店，店设辽县（今山西省晋中市左权县）麻田镇，为敌后军民输送精神食粮。华北书店先后出版了鲁迅的《阿Q正传》和《狂人日记》、法捷耶夫的《毁灭》、高尔基的《鹰之歌》、绥拉菲莫维奇的《铁流》等文艺作品，深受根据地广大读者的喜爱。1942年5月，延安文艺座谈会召开后，读书出版社又出版了《兄妹开荒》《血泪仇》《白毛女》等一批通俗文艺作品。

1940年3月后，国民党蒋介石接连掀起反共高潮，除了军事上向抗日根据地大举进攻外，在国统区更加严厉地推行图书杂志审查政策，以钳制进步舆论。1940年9月9日，国民党向各省市图书审查部门和地方军警部门发出"密件"，要求对共产党书店，"派人以群众面目大批收买而后焚之，或冲进该店捣毁之"②。随后不到一年，读书出版社在各地开设的分店几乎全部被查封。1941年皖南事变后，除重庆一地外，读书出版社所有分支机构都被国民党当局查封或勒令停业。该社负责人黄洛峰于1941年3月奉命离开重庆撤往香港。是年底，日本侵略者发动太平洋战争，香港沦陷。黄洛峰于1942年4月从香港返渝，着手恢复读书出版社的工作。

---

① 张育仁、张夷弛：《论抗战时期文化普及读物的出版与新启蒙运动的兴起》，《重庆师范大学学报（哲学社会科学版）》，2010年第4期。
② 叶再生：《中国近代现代出版通史》（第3卷），华文出版社，2002年，第447页。

1942年，读书出版社总社在重庆恢复，由黄洛峰、万国钧主持出版社业务。随着反法西斯战争进入反攻阶段，为了帮助广大群众认识国际形势，读书出版社组织出版了一批反法西斯著作，如《欧洲反法西斯的民主运动》（石啸冲著）、《东京的统治者》（张友渔著）、《日本民权运动史》（韩幽桐译），以及《南洋各国论》《伟大的苏联》《今日之美国》《新南斯拉夫》等书，此外，还出版和翻译了一批文艺作品。

读书出版社在重庆恢复后，为贯彻周恩来提出的在国统区建立一、二、三线三条战线的指示，读书出版社曾以北极书店、高山书店、鸡鸣书店、新光书店等名义出版图书。为同国民党压制进步文化出版事业的行径做斗争，中共南方局指示生活书店、读书出版社和新知书店三家机构要积极开展出版统战工作。为贯彻党的指示精神，黄洛峰与生活、新知书店的负责人着手商讨建立出版界的统一战线工作问题。1943年12月19日，读书出版社、生活书店、新知书店等13家出版单位联合成立了"新出版业联合总处"[1]。1944年4月，共54家出版单位在重庆成立联营书店总店，黄洛峰被推举为董事长，张静庐任总经理。同年9月，新出版业联合总处改组为新出版业联营书店股份有限公司，并在重庆成立了总管理处。抗战胜利后，读书出版社总社迁回上海，继续开展进步出版活动。

三、新知书店的出版活动

新知书店是由钱俊瑞、薛暮桥、徐雪寒、姜君辰、华应申等以集资合股形式开办的出版机构。该店于1935年8月在上海正式成立，钱俊瑞被推举担任理事长，徐雪寒任总经理，姜君辰、华应申负责书店的编辑、发行等事务。新知书店成立初期，先后出版了一批政治、经济类图书，如《大众政治经济学》《中国货币制度往哪里去》《中国农村性质论战》《通俗经济学讲话》《农村经济底基础知识》《中国农村经济常识》等。[2]

新知书店成立之初，出版物全部交由生活书店总经销。1938年初，新知书店迁至武汉后，随着出版业务的拓展，书店开始独立开展发行业务。为了拓展发行网点，新知书店陆续在全国各地开设了20多家分支店，并在香港、上海设立了办事处。

武汉时期，新知书店为了满足广大革命群众的需求，分别以新知书店和中国出版社的名义出版了一批马列主义和抗日救国图书，如《辩证法唯物论入门》《历史哲学教程》《列宁的故事》《中国现代革命运动史》等。

---

[1] 生活书店史稿编辑委员会：《生活书店史稿》，生活书店出版有限公司，2013年，第282页。
[2] 新华书店总店：《书店工作史料》（第2辑），新华书店总店，1982年，第235页。

此外，还出版了一些宣传抗战的小册子。

1938年8月，新知书店总店迁往桂林，由华应申主持总店工作。华应申在姜君辰、邵荃麟等帮助下，在桂林团结进步作家，出版了一批文艺新书，如冯雪峰著《鲁迅论及其他》、夏衍著《心防》《小市民》、薛暮桥著《经济学》、梅雨（梅益）译《对马》、林淡秋译《巧克力》等书。当时中共南方局在桂林设有办事处，由李克农等人负责。李克农对新知书店非常关心，经常查问书店党组织的活动情况，并亲自给书店职工做政治形势报告。1939年，中共湖南省委在邵阳办的《观察日报》编辑部被国民党当局查封，而该报附设的印刷厂也随时有被没收的危险。为此，李克农指示徐雪寒设法将该厂抢救迁到桂林。接到上级指示后，徐雪寒与文化供应社、生活书店桂林分店、新知书店总店共同出资把这个印刷厂盘下来，并立刻将印刷设备和工人一起转移至桂林，成立秦记西南印刷厂。当地爱国民主人士陈劭先被推举为董事长，陈此生、邵公文、华应申、沈静芷等为董事，沈静芷担任经理。

1940年，国民党蒋介石掀起反共高潮后，新知书店遭到国民党当局的查禁。到1940年冬，新知书店在金华、丽水、常德、宜山、衡阳、柳州、辰溪、襄阳等地的分店陆续被查封，只剩下桂林、贵阳、昆明、重庆四家分店。

1941年，皖南事变发生后，国民政府对于进步出版业的摧残变本加厉，新知书店在敌后抗日根据地开设的随军分店也被破坏了，负责人朱晓光被俘。桂林、昆明分店被迫停业，贵阳分店被查封，经理孙家林被捕。新知书店在国统区仅剩下重庆一家分店。徐雪寒、华应申奉命转移到"孤岛"上海，由沈静芷接任经理。根据上级党组织要求书店分散、转移、隐蔽的指示，新知书店决定在桂林留一个办事处，以便陆续筹设第二、第三线的书店，并将门市部盘给文化供应社，朱执诚、欧阳文彬等转入该社工作。同时，在香港，新知书店与广西文化供应社合作成立了南洋图书公司，继续从事进步书刊的出版和海外发行业务。

抗战胜利后，新知书店总店迁回上海。1945年11月，留在重庆的新知、生活、读书三家分店宣布合并为重庆生活·读书·新知三联书店。

四、中国出版社的出版活动

中国出版社于1938年春在武汉创办，社址设在汉口江汉路联保里。这是中共中央长江局领导下的一家以民间企业面貌出现的出版社。中国出版社先后由陈柱天、吴克坚负责。中国出版社和新知书店实际上是一套人马，两块牌子，该社的印刷、发行等具体事务均由新知书店负责办理。

抗战时期，中国出版社成立后，先后出版了一批马克思主义著作和抗战图书，如《共产党党章》、《论反对派》、《国家与革命》、《斯大林文集》（12分册）、《列宁主义问题》（上下册），以及《毛泽东救国言论选集》《关于团结救国问题》《吴玉章抗战言论集》等。

皖南事变后，国民政府对进步出版事业摧残日益严重，国内出版形势日益严峻，中国出版社在艰险的环境下仍然坚持出版了一些图书，如《中国工业化的轮廓》《女优泰绮思》《重庆七女性》等。[1]抗战胜利后，中国出版社停办，所有出版发行业务并入新知书店。

五、海燕出版社和海燕书店

海燕出版社于1938年初在汉口成立，创办人为俞鸿模。"海燕"二字的来历，系取自高尔基的著名诗篇《海燕之歌》。在武汉期间，海燕出版社出版了张执一的《抗战中的政党和派别》（1938）、胡风的《密云期风习小纪》（1939）等。1938年5月5日，该出版社还创刊了《新演剧》杂志。1938年9月中旬，海燕出版社迁往桂林，后改为海燕书店。1939年底，海燕书店迁往"孤岛"上海。1940—1941年，海燕书店先后出版了27种新书、5种《译文丛刊》和3种重版书。[2]

在上海期间，海燕书店还用"香港海燕出版社"的名义出版了一批进步书刊。1940年5月4日出版的第1卷第26期《上海周报》刊出了海燕出版社发布的新书预告，向读者告知："海燕书店即前香港海燕出版社"，之所以将出版地址写为香港，是为了对付国民党上海当局的审查。在海燕书店发布的图书广告中，常常可见"海燕书店到沪新书""香港海燕书店出版"等字样，以资掩护。[3]

抗战胜利后，该出版社曾出版过巴尔扎克著《葛兰德·欧琴妮》（高名凯译）、胡风著《论民族形式问题》、郭沫若著《少年时代》《历史人物》《今昔蒲剑》《革命春秋》、雪苇著《论文学的工农兵方向》等文学类图书。[4]新中国成立后，海燕书店与群益出版社、大孚出版公司进行了合并，改组为新文艺出版社。

---

[1] 重庆市新闻出版局：《重庆市志·出版志（1840—1987）》，重庆出版社，2007年，第80页。

[2] 俞鸿模：《海燕十三年》（选载），宋原放：《中国出版史料》（现代部分补卷），山东教育出版社，2006年，第507页。

[3] 俞鸿模：《海燕十三年》（选载），宋原放：《中国出版史料》（现代部分补卷），山东教育出版社，2006年，第508页。

[4] 朱联保：《近现代上海出版业印象记》，学林出版社，1993年，第317—318页。

第六节　国统区进步出版界的反查禁斗争

全面抗战的爆发和国共第二次合作的实现给中共领导下的进步出版事业创造了一定的发展空间。然而为时不久，国民党当局便加强了对进步出版活动的压制，先后出台多项新闻出版法令、法规，限制言论自由，查禁革命进步书刊。面对国民党当局的倒行逆施，中共及其指导和影响下的进步出版界奋起抗争，与国民党当局迫害进步出版事业的暴行展开了坚决斗争。

一、抗战时期国民政府对进步出版业的迫害

国民党对进步出版事业的防范和压制是一贯的。抗战期间，国民党为巩固其一党专制统治，控制宣传舆论，钳制言论出版自由，出台了一系列反动出版法令、法规，对进步出版活动进行严厉的查禁。

（一）颁布反动出版法令、法规

1937年7月8日，国民政府颁布《修正出版法》，其主要目的在于钳制言论出版自由。该法案规定，所有宣传出版品都必须经当地主管部门审查通过后才能印行，违反规定者须受到处罚。接着，1938年7月21日，国民政府制定了《修正抗战期间图书杂志审查标准》，审查标准规定，送检的书籍中如发现有"曲解、误解、割裂本党主义者"，将以"谬误言论"论处，对于"恶意抨击本党，诋毁政府，诬蔑领袖"者，按"反动言论"论罪。[①]

1939年3月，国民党中央图书杂志审查委员会秘密制定了《图书杂志原稿审查工作纲要》，该纲要共分"目标"、"方略"（包括：甲、调查；乙、宣传联络；丙、审查；丁、处理；戊、检查）、"审查之态度与修养"三部分，总计87条条款。在"调查方法"条款中，纲要提出，除了采用"直接调查"外，还可通过"秘密调查"的方法，例如通过调查"各书店、出版社、杂志社负责人之背景"[②]的方法搜集相关证据，从而达到迫害进步出版事业的目的。

1941年至1942年间，国民政府又相继颁布了《杂志送审须知》《统一书刊审检法》《图书送审须知》《审查处理已出版书刊细则》等一系列出版法规，以此限制进步书刊的出版。除了从编辑出版环节控制进步书刊出版

---

① 张静庐：《中国近现代出版史料》（现代丙编），上海书店出版社，2011年，第497页。
② 南方局党史资料编辑小组：《南方局党史资料》（第6辑），重庆出版社，1990年，第410页。

外，国民党还加强了对书刊印刷和发行环节的监管。1942年5月5日，国民政府在重庆成立中央出版事业管理委员会，并颁布《书店、印刷厂管理规则》，该管理规则要求书店发行或代理发行的书刊或其他出版物，应"分送地方主管官署及当地图书杂志审查处或分处"。同时，该管理规则还明确规定："书店不得发行或代售曾经法令禁止之图书杂志或其他出版品。"[①]如发现书店有发售违禁图书、杂志将予以没收。

1944年6月20日，国民政府颁布了旨在控制战时舆论宣传的《战时书刊审查规则》。该审查规则规定，战时书刊之审查，由中央图书杂志审查委员会及其所属各省、市图书杂志审查处负责审查。"发行人或著作人印行图书、杂志，除各种教科书应依法呈送教育部审定，各种地图应依法呈送内政部审定外，其余概应送请所在地审查处审查。"审查程序分"原稿送审"和"自愿送审"两类。实行"原稿送审"的主要为涉及军事、政治及外交方面内容的杂志，对于非军事、政治、外交类书刊，可不执行"原稿送审"，而是由著作人或发行人"自愿送审"。"自愿送审"的规定看似给了著作者和发行人一定的出版自由空间，但是，国民党并未放松对这些作品的检查。该审查条例第十二条又规定，"得不以原稿送审之书刊出版后，如发现其内容抵触禁载标准者，中央审查委员会得禁止其发行"[②]。同时，还将视情节轻重处罚发行人或著作人。该审查条例还规定，不论是"原稿送审"还是"自愿送审"，发行人和著作者应在图书印制完成后发行前四天内，呈送两份样书到所在地审查处，其未呈送者一概不得发行。

国民党当局统治者通过制定上述各种出版法令、法规，编织起一张张密不透风的新闻出版审查网络，通过实施严密的出版审查制度，进而达到控制社会舆论，钳制言论出版自由的目的。

（二）查禁进步出版活动

国民政府在颁布各种出版法令，钳制言论出版自由的同时，还开展了对出版物市场和出版发行机构的检查活动。从1938年初开始，国民政府就对兰州、郑州、开封、杞县、随县、长沙、常德、衡阳、贵阳、福州、南昌、广西、武汉、昆明等全国多个城市的抗日救亡书刊展开了查禁。1938年3月，国民党中宣部对武汉出版发行的图书杂志予以详细审查后，写成《审查书籍刊物总报告》，报告认为："无论书籍与刊物，皆共党及'左倾'色彩占极大多数，类多诋毁本党之词，尤以书籍为最。"所审

---

① 倪延年：《中国新闻法制通史》（第5卷），南京师范大学出版社，2015年，第285—287页。
② 倪延年：《中国新闻法制通史》（第5卷），南京师范大学出版社，2015年，第306页。

查的258册图书，"有关共党者111册，若将'左倾'及人民阵线者加在一起，则有161册，已超过总出版量1/2以上，影响亦殊为骇人"。[1] 1938年底，国民党江西省党部以"纵容共产党分子猖狂活动"等罪名，强令解散了江西乡村抗战宣传工作团和江西青年服务团。与此同时，该省图书杂志审查委员会也加紧查禁进步书刊。据该会《江西省图书杂志审查工作述要》披露：在两年多的时间里，除中央明令查禁的书刊外，该省自行查禁的抗日进步书刊就达104种以上。仅生活书店南昌分店发行的书刊中，就以"宣传共产主义""鼓吹阶级斗争""鼓吹抗日民族统一战线""以马列主义为依据分划经济基础""立论'左倾'""歌颂十月革命""诋毁政府"等罪名，查禁了洛甫、邹韬奋、何干之、茅盾等人撰写的抗日书刊20余种。[2] 1939年6月17日，国民党湖北省党部会同警备司令部、警察局、图书杂志审查委员会到宜昌分店搜查，收缴书刊1432册。[3]

抗战期间，国民政府到底查禁了多少进步书刊？笔者通过对各种资料数据的参详比对，粗略统计出1937—1945年的8年间，被国民政府查禁的进步书刊总数约为1890种（表5-2）。

表5-2　1937—1945年国民政府查禁进步书刊统计[4]

时间/年	1937—1938	1939	1940	1941	1942	1943	1944	1945
数量/种	185	271	315	415	353	157	173	21
查禁总数/种	1890							

表5-2反映出，1940—1942年这3年是国民党当局查禁进步书刊的高峰期，年均查禁书刊在300种以上。其中，1941年是查禁书刊数量最多的一年，被查禁书刊达415种之多。这一年，也恰恰是国民党发动皖南事变，掀起反共高潮最为猛烈的时期。

抗战时期，国民党的出版审查机构主要是中央图书杂志审查委员会（以下简称"中央图审会"）。中央图审会在全国各省、市设置了众多的分支机构。[5] 各地图审机构的主要工作是对所管辖范围内出版的图书、杂志、戏剧等宣传出版品进行审查，并作出相应的处理。中央图审会将《审

---

[1] 国民政府军令部战史会档案：《1938年3月审查书籍刊物总报告》，载中国第二历史档案馆：《中华民国史档案资料汇编》（第五辑），江苏古籍出版社，1998年，第644—645页。
[2] 《中国共产党江西出版史》编写组：《中国共产党江西出版史》，江西人民出版社，1994年，第222页。
[3] 生活书店史稿编辑委员会：《生活书店史稿》，生活书店出版有限公司，2013年，第172页。
[4] 以上数据不包括各地图书杂志审查部门自行查禁的进步书刊。另：张克明《抗战时期国民党政府查禁书刊目录》（1938.3—1945.8），《出版史料》总第4、5、6、7、8辑，所列查禁书目有2000多种，这一数据包括了"敌伪书刊"在内。
[5] 张钊：《抗战期间国民党政府图书审查机关简介》，《出版史料》1985年第4期。

查标准》《战时图书杂志原稿审查办法》《戏剧演出审查办法》等各种审查法规，以及《图书杂志剧本送审须知》《图书扣押办法》《违禁书刊处理程序》《抗战时期宣传名词正误表》等审查标准、操作流程秘密寄往各地方图书杂志审查部门，作为审查时的依据和参考。根据《战时图书杂志原稿审查办法》，各地书店及出版单位出版的图书杂志，除自然科学、应用科学、教材（送教育部审查）等书刊外，要送往所在地审查机关审查。审查认为触犯审查标准而全部不合的不予出版，有部分不合或欠妥的，则采取对文句进行删改的办法加以修正。"修正文字"的主要依据是《抗战时期宣传名词正误表》。该正误表规定，凡书刊中出现"阶级斗争""阶级革命""内战""边区政府""救亡运动""救亡团体""劳苦大众"等词，一律视为用词不妥，须进行修改，例如，"阶级"改为"阶层"，"救亡"改为"抗战"或"救国"，"劳苦大众"改为"民众"等。有些章句、文字被删改后，原文变得支离破碎，以致面目全非。①

中央图审会的书刊审查工作具有明显反共倾向，偏重于对中国共产党的抗日救国主张和左派进步言论的审查。他们不准宣传抗日，禁止刊登八路军、新四军的抗日战斗消息，甚至连"百团大战""延安边区"等字样都"绝对禁止登载"。②1939年1月，中央图审会编发了一份"书刊查禁理由提要"，从该份提要所列的被查禁的23种书目来看，绝大部分是宣传中共抗日主张，抨击国民党反动独裁统治的书，毛泽东、徐特立、刘清扬、薛暮桥、丁玲、浩然、杨博民、俞希平、章汉夫等人的著作均在被查禁之列。③

国民党中央及地方各级图书审查委员会对查禁的各类进步书刊大肆撕毁和焚烧。如1940年5月，云南图书杂志审查委员会从21家书店书摊查禁59种政治、文艺书刊，共464册，均予以焚毁。④1942年9月19日，重庆市图书杂志审查机关查封并撕毁各类进步书刊127种，1242册。1943年3月12日，陕西省图书杂志审查机构将查禁的41种进步书刊，共计322册，全部拿去焚毁，其中有李富春的《抗战与军队工作》，孙冶方的《全

---

① 中国人民政治协商会议四川省重庆市委员会文史资料研究委员会编《重庆文史资料》（第二十七辑），1986年，第180页。
② 《国民政府军委会战时新闻局档案》，军事科学院军事历史研究部：《中国抗日战争史》（下卷），解放军出版社，2015年，第391页。
③ 《国民党中央图书杂志审查委员会书刊查禁理由提要》，中国第二历史档案馆：《中华民国史档案资料汇编》（第5辑），江苏古籍出版社，1998年，第586—596页。
④ 中国人民政治协商会议云南省昆明市委员会：《昆明文史资料集萃》（第六卷），云南科技出版社，2009年，第3158页。

面抗战的理论基础》等。[1]国民党当局在查禁书刊的同时，还查封书店、印刷厂，并拘留逮捕出版发行机构的负责人。1938年10月，生活书店西安分店经理张锡荣以"售卖禁书"的罪名被国民党西安当局拘捕关押。1939年1月，国民党五届五中全会后，国民党蒋介石掀起反共高潮，公开破坏国共合作和抗战团结，不仅在各地频频制造围攻新四军和杀害中共党员的惨案，而且对进步文化实施猖狂的摧残和迫害。1939年2月26日，国民党中宣部发布《禁止或减少共产党书籍邮运办法及取缔生活书店、新知、互助等书店办法》，除了扩大查禁范围、随意查禁扣留书刊外，还开始对各地的生活、新知、互助等进步书店下毒手。1939年3月3日，中央图审会派员搜查重庆生活书店，查抄封存进步书刊7000余册。1939年3月8日，浙江天目山生活书店临时营业处被国民党浙江地方当局无故勒令停业，将工作人员袁润、胡苏强行拘捕，所有私人行李及书店财产都被侵占。4月21日，生活书店西安分店被国民党陕西省军警查封，强行收缴进步书刊共1860册，逮捕书店经理周名寰。27日，当地军警又将书店全体工作人员驱逐，书店财物被全部没收，西安生活书店被迫停业。[2]

1941年，皖南事变后，国民党再掀反共狂潮，对进步书刊和书店展开更大范围的查封。据统计，1941年2月8日至21日，国民党反动当局在不到一个月的时间里，就接连把生活、读书、新知三家出版单位在成都、昆明、桂林、贵阳设立的所有分店，全部进行查封或勒令限期停业，40多名工作人员被捕。[3]至2月底，生活、读书、新知三家出版单位在外地设立的分店全部被查封或勒令停业，各自只剩下一家重庆分店。[4]

二、中共领导下进步出版界的反查禁斗争

国民党规定和实施的各项出版法规、法令及其政策，以及对于进步书刊和出版发行机构的查禁，始终遭到进步文化出版界的抵制。

1938年初，国民党中央宣传部及有关部门开始查禁革命进步书刊后，中共机关刊物《新华日报》和《群众》周刊等连续发表社论文章，谴责国民党在文化上的倒行逆施行为。1938年5月14日，《新华日报》发表社论

---

[1] 中国人民政治协商会议四川省重庆市委员会文史资料研究委员会：《重庆文史资料》（第二十七辑），1986年，第179页。
[2] 生活书店史稿编辑委员会：《生活书店史稿》，生活书店出版有限公司，2013年，第171页。
[3] 徐伯昕：《国统区革命出版工作》，宋应离、袁喜生、刘小敏：《20世纪中国著名编辑出版家研究资料汇编》（第6辑），河南大学出版社，2007年，第218页。
[4] 徐伯昕：《在艰苦战斗中建立的团结》，上海市出版工作者协会《出版史料》编辑组：《出版史料》（第1辑），学林出版社，1982年，第9页。

《查禁书报问题》，社论指出，当前国民党的书报查禁政策存在着功过不分的问题，一些"于抗战有帮助，对统一战线有功绩的书报"①也遭查禁。社论认为，这种书报的横受查禁，对于动员民众参加抗战，对于民众的了解抗日民族统一战线，对于动员民众更加积极帮助军队和拥护政府所发生的影响是很大的。社论呼吁政府尽快消除这种现象，保障《抗战建国纲领》的贯彻，畅通无阻。5月22日，该报又发表《抗战期中言论与出版的自由》的社论，指出言论出版自由是"增进民权"和"发展民力的第一步"②，社论强烈呼吁国民党当局保障民众的抗战言论自由，立即废止查禁书报的制度。

1938年5月14日，中共出版的另一份重要刊物《群众》周刊发表题为《宣传的扩大与书报的查禁》的社论，社论指出，对于那些破坏统一战线、散布谣言、混淆视听、宣扬汉奸卖国行为的反动书刊，查禁是绝对必要的，但是现在情形却恰恰相反，被查禁的都是一些主张抗战和建立抗日民族统一战线的进步书刊，如《抗战》三日刊、《群众》周刊等。"而且，在查禁中，人员十分复杂，情况非常混乱，人们感到莫大的惶惑与愤懑。"③这种现象应当迅速制止和结束。

1938年7月29日，《新华日报》刊登了《反对查禁救亡书报》一文，直指国民党查禁救亡书刊问题的严重性。该文指出，如果让这种现象继续存在发展下去，它将是动员全国民众力量的最大障碍，抗战前途的莫大损失。文章分析了查禁书刊对于抗战的不良影响，认为它"束缚人民言论出版的自由""破坏全国的团结""违反了政府的法令"④。文章最后呼吁全国军民起来反对这种破坏团结、破坏抗战的企图，停止无理查禁救亡书报的行为。同日，《新华日报》还登载了《书报的厄运》(璐君)、《查禁书报之一幕》(江涛)、《抗议没收〈新华日报〉》(史杰)等读者的来信，揭发了国民党地方当局在书刊查禁过程中的横行霸道、非法收书和抓人的罪行。

1938年9月10日，《群众》周刊发表了潘梓年的《战时图书杂志原稿审查问题》，文章指出，书报检查制度的制定和实施，应当从抗战的利益出发，以巩固全国的团结为要旨。而现今所公布的审查办法与标准，显然不符合抗战的利益。⑤

---

① 锡荣：《查禁书报问题》，《新华日报》1938年5月14日。
② 《抗战期中言论与出版的自由》，《新华日报》1938年5月22日。
③ 《宣传的扩大与书报的查禁》，《群众》周刊第1卷第22期，1938年5月14日。
④ 吴敏：《反对查禁救亡书报》，《新华日报》1938年7月29日。
⑤ 潘梓年：《战时图书杂志原稿审查问题》，《群众》周刊第2卷第10期，1938年9月10日。

除了《新华日报》和《群众》周刊外，抗战时期，国内其他进步报刊也纷纷起来抵制书刊查禁政策，呼吁国民政府保障人民的言论出版自由。1938年7月14日，重庆《新蜀报》发表社论，提出应当"于最短期间规定出一定的对人民言论、出版、集会、结社等自由的保障条例"①。1938年8月3日，《全民抗战》刊发了邹韬奋撰写的《论审查书报原稿的严重性》社论，文章指出，在国家民族处于生死存亡的时刻，政府采取审查原稿的办法，将对舆论反映和抗战建国文化的发展造成极大妨碍。作者认为，当此抗战建国的时期，宜让全国"有稍稍自由反映舆论的机会，而不可有过于严苛的限制与束缚"②。接着，8月6日，邹韬奋再次就国民党当局的书报审查政策表达反对意见。他指出，抗战时期，因印刷设备和材料的缺乏，书刊校样不得不分做多次送去印刷厂校对，"每次清样送审查（即等于原稿）虽只延搁数天，合起来就是一二十天"③，这种时间上的延搁又会影响到后面书刊的排印，进而影响出版效率，造成出版业的损失。邹韬奋指出，这种损失不仅是书业和整个文化界的苦难，也是抗战期间国力的损失。

在抵制国民党当局出台的各项图书审查法令的同时，为了应对国民党当局的各种"检查"，新闻出版界还采取了一些巧妙的"反检查"斗争方法：一是"据理力争"，抓住检查人员在检查过程中的不当行为，与之进行据理力争。二是"阳奉阴违"，即表面接受当局的检查，承诺将"内容谬误"部分进行删改后出版，实际上依然按原内容出版。三是"钻空子"，利用检查法规、流程中的漏洞，打"擦边球"出版。四是"派出卧底"，派人打入检查机关内部，掌握当局检查动向。五是"开天窗"，即通过"暴检"的方式，将国民党新闻出版审查机关删掉的部分内容，或是被扣押的稿件，在原决定刊载该稿的版面上，留下空白并在旁边加说明，以此揭露国民党当局压制言论出版自由的罪行。④抗战期间中共出版的《新华日报》和《群众》周刊送审的稿件，经常遭到国民党当局的扣押和删改。为同国民党当局任意删削书稿的行为做斗争，《新华日报》和《群众》

---

① 苏朝纲：《抗战时期出版界反查禁纪年》，中国近代现代出版史编纂组：《中国近代现代出版史学术讨论会文集》，中国书籍出版社，1990年，第331页。
② 韬奋：《论审查书报原稿的严重性》，《全民抗战》第9号，1938年8月3日，上海韬奋纪念馆：《韬奋全集》（增补本），上海人民出版社，2015年，第181页。
③ 韬奋：《再论审查书报原稿的严重性》，《全民抗战》第10号，1938年8月6日，上海韬奋纪念馆：《韬奋全集》（增补本），上海人民出版社，2015年，第184页。
④ 姜平：《国统区出版界的反检查斗争和"拒检运动"》，宋原放：《中国出版史料》（现代部分第2卷），山东教育出版社，2001年，第89—93页。

周刊采取了"开天窗"的"暴检"策略。如，1940年1月6日，《新华日报》送交国民党新闻出版审查机关审查的两篇社论稿《论冬季出击的胜利》和《扑灭汉奸》被当局扣押。于是，本日出版的《新华日报》在社论位置只排印了"抗战第一！胜利第一！"八个大字，并在旁边加了一行说明文字：两次送审社论均奉命免登，来不及写第三次稿。1940年2月10日，《群众》周刊刊载《本刊启事》："本期社论《揭发'日汪密约'的意义是什么》、《共产主义青年国际执委会宣言》及洛甫同志《论抗战相持阶段的形势与任务》三篇奉命免登，特此奉告读者，并致歉意。"《新华日报》和《群众》周刊通过"开天窗"的方式，表达了对国民党出台书刊审查制度的不满和抗议，揭露了当局压制进步言论出版活动的罪行。

1941年到1943年，是抗战时期国民党掀起反共高潮最猛烈的时期，也是进步出版活动遭受打压最严重的阶段。但是全国人民对这种黑暗的统治还是进行了坚决的斗争。1941年5月29日，茅盾、邹韬奋、范长江、金仲华等9名文化界知名人士在《大众生活》上联名发表《我们对于国是的态度和主张》，痛斥国民党对日妥协投降行径及其对文化事业的残酷迫害政策，提出"解除抗战文化的压迫与封锁，应即启封无故被封的书店、报馆、通讯社等文化团体"等9项改革主张。[1]1941年11月25日，著名爱国人士沈钧儒向国民参政会提交提案，要求"切实保障人民言论、出版、集会、结社之自由"，并提出修正限制言论出版自由的相关建议。[2]1943年11月18日，茅盾、夏衍、丁玲、胡风等53名文化界人士，联名向重庆国民党中央政府上书，要求当局废止阻碍抗战文化发展的图书审查制度。

为了加强出版界的团结，反抗国民党当局的压迫，争取更大的言论出版自由，1943年12月，生活、读书、新知、峨嵋出版社、上海杂志公司、群益出版社等13家出版机构，在新出版业联谊会的基础上，成立"新出版业联合总处"。[3]该机构后来又改组为"新出版业联营书店股份有限公司"，成为中共领导下出版界的抗日民族统一战线组织。

新出版业联合总处成立后，联合广大文化界进步人士，与国民党钳制言论出版自由，迫害进步出版业的行为展开了广泛的斗争。1944年5月3日，重庆文化界50多名人士举行集会，抗议国民党当局限制言论出版自由的做法，要求废除书稿审查制度。黄洛峰、张静庐代表新出版业联合总

---

[1] 熊复：《中国抗日战争时期大后方出版史》，重庆出版社，1999年，第222页。
[2] 《国民参政会第二届第二次大会纪录》（1942年9月），沈钧儒：《沈钧儒文集》，群言出版社，2014年，第321页。
[3] 生活书店史稿编辑委员会：《生活书店史稿》，生活书店出版有限公司，2013年，第282页。

处起草了一份《重庆文化界对言论出版自由的意见书》，要求当局取消新闻、出版、戏剧、演出等各项审查制度，保障人民从事新闻出版、学术研究、戏剧演出的自由。①在文艺、新闻、出版各界的强大舆论压力下，重庆国民政府不得不对出版查禁政策作出一些改变。1937—1945年间，国民党统治者颁布了众多修正新闻出版法规的文件，如《修正战时图书杂志原稿审查办法》《修正抗战期间图书杂志审查标准》等。1944年8月，重庆国民党中央政府又宣布废止《战时图书杂志原稿审查办法》。国民党当局频繁修正进而废止一些新闻出版法规，一方面固然是为了顺应抗战形势的变化而对法规作出的主动修正，但更为重要的一方面，是国民党当局在文化出版界进步人士持续抗争压力下被迫作出的让步。

第二部分　全民族抗日战争时期中共敌后抗日根据地出版业的勃兴

抗日战争时期，中共领导下的敌后抗日根据地出版事业取得了较大的发展。全面抗战爆发后，中国共产党领导下的八路军、新四军挺进敌后，积极开辟敌后抗日根据地，先后创建了晋察冀、晋绥、晋冀鲁豫、陕甘宁、山东、华中、华南等多块抗日根据地。这些抗战烽火中创建和发展起来的敌后抗日根据地，成为抗日战场上牵制日寇的一支重要力量。

抗战期间，各抗日根据地一边打击日寇侵略，一边积极开展根据地政权建设，发展政治、经济和文化等各项事业。为了宣传和动员根据地民众起来抗战，各抗日根据地党、政、军、群部门创办了大量刊物，如《晋察冀日报》、《新中华报》、《解放日报》、《解放》周刊、《抗敌报》、《抗敌》杂志、《拂晓报》、《真理》、《抗战日报》、《晋西大众报》(《晋绥大众报》)、《山东文化》、《山东画报》、《东江民报》等等。抗战时期，中共领导下的各敌后抗日根据地还出版了大量马列主义经典著作和毛泽东等中共领导人的著作，尤以毛泽东著作的出版成绩最为突出，如，晋察冀抗日根据地出版了我国最早的一部《毛泽东选集》。此外，各根据地还出版了大量抗战图书和政治、经济、社会科学著作，以及整风运动图书、文艺读物、通俗读物和供根据地使用的各类教材等。

为了加强对新闻出版活动的管理，中共在敌后抗日根据地恢复重建和新成立了一些新闻出版事业管理机构，如中央党报委员会、中央出版发行

---

① 生活书店史稿编辑委员会：《生活书店史稿》，生活书店出版有限公司，2013年，第282页。

部、中央出版局等。同时，为更好地开展书刊出版和发行业务，各抗日根据地相继创建了一批出版发行机构，如新华书店、解放社、江南社、吕梁文化教育出版社、华北书店、太行文化教育出版社、浙东韬奋书店等。

抗日战争时期各敌后抗日根据地出版工作的开展，为推动根据地文化教育和各项建设事业的发展，为夺取抗战的最后胜利作出了重要贡献。

第一节　晋察冀抗日根据地的出版活动

晋察冀抗日根据地是抗战期间中共在敌后开辟的第一块抗日根据地。1937年8月，八路军主力部队115师、120师、129师根据中共中央指示先后从陕西出发开赴华北抗日前线，并以五台山为中心，向东、南、西、北不断拓展。最后，发展成为连接晋、察、冀三省边界的敌后抗日根据地。1937年10月，中共晋察冀省委在河北阜平成立。1937年11月7日，晋察冀军区在山西五台县成立（后移至河北阜平）。1938年1月，晋察冀边区政府在河北阜平正式成立。

晋察冀边区政权建立后，积极发展出版事业，创建了一批出版机构，创办了一批革命刊物，出版了一批马列经典书籍、时政类书籍、文化教育类书籍和党的文献。抗战期间晋察冀边区出版的书刊，为唤起民族觉醒，动员广大民众团结抗日，为国家的进步和民族的解放作出了巨大的贡献。

一、晋察冀抗日根据地出版事业发展概况

抗日战争时期，晋察冀边区的党、政、军、群各机关团体均十分重视报刊和书籍的出版工作，创办了众多抗日救亡刊物，出版了大量马列著作、毛泽东等中央领导人著作、政治理论读物、文艺作品和教材。

晋察冀边区党政机关、八路军部队和各级群众团体，纷纷开展办报办刊工作，创办了大量的报纸和杂志（表5-3）。

中共中央晋察冀分局、边区党委都成立了党报委员会，边区从县委、地委到区党委也都办有自己的党报。例如，区党委一级的报刊，就有冀中区党委创办的《冀中导报》、冀东区党委创办的《冀东日报》、冀热辽分局创办的《冀热辽日报》、冀晋区党委创办的《冀晋日报》等。1938年2月，晋察冀边区党委创办了机关刊物《战线》，该刊至1948年4月停刊时共出版130余期。《战线》是具有较高水平的党内理论刊物，是边区党的各级领导研究和总结边区斗争及建设经验教训，指导边区党政军民各项工作的党刊，为边区党的理论建设发挥了积极作用。

表5-3 抗战时期晋察冀抗日根据地创办的部分期刊

刊名	创办时间	刊期	主办机关（负责人）	期数	备注
《战线》	1938年2月20日	半月刊	中共晋察冀中央局	130余期	是晋察冀抗日根据地的机关刊物，主要刊登根据地党、政、军、群领导人的重要文章，转载中共中央领导人的文章
《红星》	1938年3月20日	半月刊	冀中人民自卫军政治部	3期	
《边政导报》	1938年6月13日	周刊	晋察冀边区行政委员会秘书处		
《抗敌画报》	1938年8月1日	不定期	晋察冀军区政治部		以刊载宣传画为主
《青年旬刊》	1938年夏	旬刊	深泽县青救会		同年8、9月份停刊
《文化时代》	1938年		冀中抗战学社		综合性刊物
《诗建设》	1939年2月	周刊	战地社	50多期	是晋察冀根据地出版时间最长、发表作品最多、影响最大的诗歌刊物
《诗战线》	1939年3月	半月刊	铁流社（负责人：钱丹辉、魏巍）	20多期	所载诗体有街头诗、传单诗、抒情诗、叙事诗等，主要以歌颂军民中的英雄人物及其事迹为主。发行范围较广，作者遍及边区
《边区文化》	1939年4月	旬刊	晋察冀边区文化界抗日救国会	4期	
《边区教育》	1939年4月	月刊	晋察冀边区行政委员会教育处		1943年1月1日改为《教育阵地》，初期发行3000份，1947年发行增至22000份。1947年11月30日终刊
《晋察冀通讯》	1939年5月		晋察冀通讯社（负责人：刘平）		主要刊登根据地通讯社文章，通讯社还办有《文艺通讯》《通讯往来》
《抗战建设》	1939年6月1日	半月刊	晋察冀边区行政委员会实业处		主要刊登边区经济战线方面的文章。1942年1月并入《边政导报》

续表

刊名	创办时间	刊期	主办机关（负责人）	期数	备注
《抗敌周报》	1939年7月7日	周刊	抗敌报社		为通俗时事刊物
《新长城》	1939年7月	月刊	晋察冀中央分局（北方分局）		晋察冀边区大型理论性、指导性刊物，主要登载边区党、政、军、群领导人的文章，转载《解放》杂志上的重要文章
《工作通讯》	1939年夏		冀中军区《前线报》社（负责人：陈更生、郝荫墀）		主要刊登指导部队工作的文章
《北岳青年》	1939年10月31日	月刊	北岳青年出版社		
《群众杂志》	1939年10月31日	月刊	晋察冀边区工、农、妇、青救会		1942年9月3日改为晋察冀《群众报》
《青年战旗》	1939年下半年	不定期	冀中青年抗日救国会（主编：张绍锋）		1943年停刊
《敌国月刊》	1939年	月刊	冀中军区政治部敌工部		1942年停刊
《学习月刊》	1940年2月	月刊	学习月刊社		设有"哲学与生活""政治研究""经济分析""历史教训""青年妇女儿童""工作经验""科学与技术""大众文艺"等栏目
《熔炉》	1940年3月1日		晋察冀军区政治部		
《报社生活》	1940年3月25日	不定期	抗敌报社职工会（负责人：陈春森、李肖白）		
《连队文艺》	1940年春	不定期	冀中军区政治部宣传部（负责人：阎素、陈桥）		主要刊登部队文艺作品
《支部生活》	1940年春	不定期	晋县（今河北省晋州市）县委		主要刊载反映党支部活动情况的文章
《边政往来》	1940年7月25日	不定期	晋察冀边区行政委员会		为《边政导报》附刊，后并入《边政导报》

续表

刊名	创办时间	刊期	主办机关（负责人）	期数	备注
《文艺报》	1940年10月		晋察冀边区文艺协会		
《冀中教师》	1940年秋	月刊	冀中文建会和冀中行署教育科（主编：孙志平）		1942年5月停刊
《冀中回民》	1940年秋	不定期	冀中区回民抗战建国联合会（总编辑：马铁轮）	10期	主要内容为进行抗日宣传教育，介绍回民群众抗日活动中的先进事迹，交流工作经验。1942年5月因日寇进行"大扫荡"而停刊
《歌与剧》	1940年冬	不定期	冀中新世纪剧社（主编：远千里）		主要刊登剧本、歌曲。除本刊外，冀中新世纪剧社还主办了《诗与画》（1941年春创刊）、《新世纪诗刊》（1941年秋创刊），这些刊物均于1942年"大扫荡"后停刊
《时事文摘》	1940年底	不定期	冀中七地委《新民主报》社（主编：王亢之）	约10期	
《北岳妇女》	1940年	月刊	《北岳妇女》编委会		原名《边区妇女》，自1941年6月4日第2卷第5期改为《北岳妇女》
《洪流月刊》	1940年		冀中六地委《洪流》报社（主编：李梨）	3期	
《冀中文化》	1941年1月1日	不定期	冀中文化界抗战建国联合会（主编：路一）		
《文艺轻骑兵》	1941年初	不定期	冀东抗敌文化社		是冀东地区公开发行出版的第一份革命文艺刊物。同年10月停刊
《五十年代》	1941年5月1日		《五十年代》社（主编：何干之、沙可夫）	4期	为综合性大型文学艺术刊物，1942年4月终刊

续表

刊名	创办时间	刊期	主办机关（负责人）	期数	备注
《战友》	1941年5月7日		晋察冀反战同盟支部		该支部还创办有《前进月刊》《前进画报》《日本人民之友》《光明月刊》等刊物，内容为揭露日本法西斯的侵略行径，介绍国内国际形势，宣传八路军的对敌政策，反对侵略战争。创办两年内，刊物发行总数达10万份之多
《文艺习作》	1941年6月14日	不定期	冀中文建会		
《文化工作》	1941年上半年	不定期	冀中文建会（主编：笑彭）		
《坚持》	1941年8月21日		冀东区党委宣传部、冀东军分区政治部联合主办		党内刊物
《国防最前线》	1941年底	月刊	冀东抗敌文化社	4期	冀东地区文艺综合性刊物。由潘炯任编辑，沈同为助理编辑。1942年4月停刊
《冀中妇女》	1941年		冀中妇女抗日救国会（负责人：齐岩、白力行）		
《晋察冀文艺》	1942年1月		中华全国文艺界抗敌协会晋察冀边区文协		
《活路》	1942年6月	月刊	朝盟晋察冀分会		旨在动员在中国东北的朝鲜同胞共同抗日，唤起同胞觉醒、提高民族意识、介绍世界形势、揭穿日寇阴谋
《晋察冀画报》	1942年7月7日	不定期	晋察冀军区政治部（负责人：沙飞）		是晋察冀根据地创办的大型画报
《卫生建设》	1942年8月		晋察冀边区医药指导委员会		是指导边区卫生建设的学术研究刊物，也是各地医务工作者业务学习的重要材料

续表

刊名	创办时间	刊期	主办机关（负责人）	期数	备注
《北岳学习》	1942年8月		北岳区整风学习委员会		为整风期间编辑出版的整风刊物
《山》	1942年9月		晋察冀边区文联		沙可夫等任编委。创刊号发表有梁斌中篇小说《父亲》
《黎明特辑》	约1942年底	不定期	冀中七地委《黎明报》社（主编：王亢之）	113期	
《洪流画刊》	1942年		冀中六地委《洪流》报社（负责人：王雅波、丁达光）	3期	
《北斗星》	1942年	月刊	《冀中导报》社（主编：贾克斌）	1期	通过敌工部门秘密发行
《工作通讯》	1943年左右		中共中央晋察冀分局敌工部		秘密刊物
《救国时报》	1943年初	不定期	冀热边特委（社长：吕光；总编辑：顾宁）		1944年10月停刊
《晋察冀》	1943年5月28日		晋察冀日报社		英文杂志
《治安通讯》	1943年6月1日	不定期	北岳区公安局		北岳区公安局内部绝密刊物
《文风》	1943年6月28日		边区文化界整风委员会		主要刊载晋察冀边区有关文化整风研究的文章
《新长城》	1943年7月		《新长城》社（主编：顾宁）		文化综合性刊物，1944年10月停刊
《乡村文化》	1943年7月		北岳区文救会		
《自然科学界》	1943年7月		晋察冀边区科协		
《新闻别集》	1943年9月		晋察冀日报社		主要刊登专供边区领导参考的内部资料
《气节与纪律》	1943年下半年	不定期	晋深极县委		主要内容为对县区干部进行民族气节与纪律教育
《冀热边政报》	1943年12月16日	月刊	冀热边区行署		

续表

刊名	创办时间	刊期	主办机关（负责人）	期数	备注
《团结报特辑》	1943年		冀中九地委《团结报》社		
《通讯写作》	1944年1月	不定期	冀中七地委《黎明》报社（主编：李麦）		指导通讯员写作的刊物。主编李麦。1945年停刊
《团结月刊》	1944年初		冀中九地委《团结报》社（主编：杨循）	3期	综合性刊物
《工作学习》	1944年3月25日		冀中八地委		党内刊物
《整风学习》	1944年5月		中共中央晋察冀分局		党内刊物
《胜利月刊》	1944年		冀中八地委《胜利报》社（负责人：肖竹）	约3期	
《城工通讯》	1945年7月15日		中共冀晋区党委城工部		党内刊物
《支部生活》	1945年7月20日		冀中九地委		
《冲锋》	1945年7月24日		冀中七地委	192期	党内绝密刊物
《晋察冀边区妇女》	不详		晋察冀边区妇联		

抗日战争时期，晋察冀抗日根据地在办报、办刊的同时，还编印出版了大量书籍，其中，以马克思、恩格斯、列宁、斯大林、毛泽东和其他党政领导的著作居多，尤其是毛泽东的著作，出版数量最大。抗战期间，晋察冀根据地出版了毛泽东的《论持久战》《论新阶段》《目前时局指南》《新阶段形势与任务》《新民主主义论》《〈共产党人〉发刊词》《中国革命与中国共产党》《毛泽东选集》《毛泽东言论选集》《辩证法唯物论》《抗日游击战争中的战略问题》《经济问题与财政问题》《论联合政府》《一九四五年的任务》《在延安文艺座谈会上的讲话》等。在当时物资条件缺乏、印刷设备简陋的环境下，能取得如此丰硕的出版成果，实属不易。

抗战期间，晋察冀边区各级党政部门和部队还出版了一些文艺读物和学习课本等。如晋察冀军区政治部出版了《兵士兼统帅》《诉苦复仇》《八路军的英雄们》《英雄的晋察冀子弟兵》等文教类图书。晋察冀边区文协和边区剧协也编辑出版了"文艺小丛书"和"喜剧小丛书"，边区文协还出版了一套"文学作品小丛书"，该丛书收录了《夜》《睡眠》《意大利童话》等读物。

抗战时期，晋察冀抗日根据地创办的晋察冀日报社，不仅是党的机关报社，也是党在晋察冀边区创办的一个最大和最重要的出版社。该社在抗战期间，除出版马列著作和毛泽东等中央领导人的著作外，还出版了大量的政治、军事、社会科学、文化、艺术等方面的图书。据统计，仅1937年至1942年的5年中，晋察冀日报社就出版了156种书刊，总印数达1113207册（表5-4）。

表5-4　1937—1942年晋察冀日报社出版图书杂志统计[①]

类别	种数/种	数量/册	备注
政治	41	183982	
军事	18	28210	
论党	9	53313	
社会科学	22	97668	
哲学	5	12286	
文艺	11	21998	
杂志	9	404576	
一般读物	5	16928	
对敌宣传品	14	129869	
音乐	1	16889	
医药卫生	2	3000	
文化教育	10	95563	
其他	9	48925	
合计	156	1113207	1113207册

抗战时期，晋察冀边区的各级机关和群团组织编印出版的大批政治理论读物，对于提高边区干部的思想觉悟和马克思主义理论水平，增强党的凝聚力起了积极的作用。为了把革命书籍发行到平、津、保等敌占区，晋察冀抗日根据地还出版了不少"伪装书"。如将毛泽东的《新民主主义论》《论持久战》等经典著作采用《三国演义》《水浒传》《文史通义》《婴儿保育法》等古典名著和通俗类图书的书名伪装出版。

抗战期间，边区成立的各级新华书店是边区重要的出版发行机构。1941年6月6日，新华书店晋察冀分店成立，随后新华书店冀中支店、冀热察分店相继成立。各级书店的出版发行工作者在极端艰苦的条件下从事

[①] 邓拓：《晋察冀日报五年来发行工作的回顾》，中国报刊发行史料编辑组：《中国报刊发行史料》，光明日报出版社，1987年，第335—336页。

图书的出版和发行工作，为边区文化教育事业的发展作出了卓越贡献。

二、《抗敌报》[①]和《晋察冀日报》的出版

《抗敌报》是抗战初期晋察冀边区创办的一份抗日报刊，也是《晋察冀日报》的前身。《抗敌报》创办于1937年12月11日，报社地址设在河北阜平，归属军区政治部领导。该报设有新闻、社论、通讯、专刊、漫画等版块，深受读者欢迎。《抗敌报》积极宣传抗日救国的思想，动员民众参加抗日斗争，积极宣传开展持久战和敌后游击战，保卫和建设抗日根据地，在敌后抗日根据地开展大生产运动。[②]

《抗敌报》除出版正刊外，还设有《抗敌副刊》，副刊只在军队中发行，主要刊载反映军中生活、指导军事斗争、交流作战经验的文章。1938年3月5日，《抗敌报》出版至24期时，因日军对晋察冀抗日根据地进行"扫荡"，该报随即转移至山西五台县继续出版。1938年4月，《抗敌报》改由中共晋察冀省委主办，并由邓拓出任报社社长兼总编辑。邓拓（1912—1966），笔名马南邨，福建福州人，是我国著名的新闻出版家和历史学家。

《抗敌报》创办之初，因为印刷设备缺乏，只能采用油印，印刷效率不高，发行数量有限。随着报纸影响力的扩大，报纸发行数量难以满足读者的需要。1938年5月，报社从冀中的任丘、定县（今河北省定州市）购得铅印机、脚蹬机各1架，并运来铅字架，陆续调进和招聘了部分编辑和印刷工人，报社发展到90余人。[③]随着印刷设备的改进和报社工作人员的增加，报纸的印刷质量和效率获得了较大的提升。

1938年9月下旬至11月上旬，日军调集重兵向晋察冀抗日根据地展开大规模"扫荡"，分多路向晋察冀中心地区发起进攻。《抗敌报》在激烈战斗的环境下坚持出版，并发行了一种带有号外性质的《抗敌外报》，及时报道战斗情况，同时也刊登一些社论、民众运动的消息和文艺作品。

日军对晋察冀抗日根据地的军事"扫荡"被八路军坚决击退，晋察冀抗日根据地革命政权得到巩固，政治、经济、文化各项事业进一步发展。《抗敌报》在这一时期也获得了较大的发展。1939年1月，中共中央北方

---

① 抗战期间，中共领导下的八路军和新四军创办的以《抗敌报》命名的刊物主要有4份。除了本节所述由晋察冀边区八路军军区政治部主办的《抗敌报》外，新四军政治部出版了一份《抗敌报》（周恩来题写报头），新四军江北指挥部出版了《抗敌报》（江北），新四军一师政治部也创办了一份《抗敌报》。

② 叶再生：《中国近代现代出版通史》（第3卷），华文出版社，2002年，第859页。

③ 保定历史文化丛书编辑委员会：《保定抗战文化》，方志出版社，2005年，第39页。

局决定进一步加强抗敌报社的建设，报社内设置了编辑部、出版部、经理部等机构，报社的分工由此更加明确，机构更加健全。为加强对外联络，报社还单独成立了晋察冀通讯处。这期间，报纸的发行量也由1938年8月的3000份猛增至1940年10月的21000份。出版新书增加到180多种、71600册。[1]1940年5月18日，中共北方局书记彭真视察抗敌报社，他对该社在出版工作中取得的成绩给予了充分肯定，同时强调，《抗敌报》作为党的机关报要坚持党性原则，要注意将党性明确地表示在群众中。

1940年11月7日，《抗敌报》出版至第457期后，根据中共北方局的决定，该报改名为《晋察冀日报》。《晋察冀日报》设有国际版、国内版、边区版和副刊4个版面。《晋察冀日报》在极端困难的情况下，转战各地，坚持出版。为适应游击战争的环境，报社要求记者稿件只使用3000个常用汉字，而且要保证文章质量，尽量少用冷僻字。这样就可以减少铅字的使用量，有助于减轻印刷设备的重量，方便报社人员转运设备。邓拓本人也身体力行，带头用常用字写作。他们通过采用各种灵活的办报方法，与日寇周旋，在敌人的"扫荡"下求生存、求发展。

《晋察冀日报》的工作人员既是宣传队，又是作战队。他们一手拿笔写作，一手握枪打击敌人。1941年至1943年间，在日军对晋察冀根据地的多次"扫荡"中，报社采用流动办报的方式开展工作，全部设备随时可以用几头骡子装上运走。邓拓带领这支精干的编辑和创作队伍，翻山越岭，与敌周旋，经受了血与火的严峻考验，锻炼出了一支文武双全的战斗队伍，在新闻出版史上留下了"八头骡子办报"的佳话。[2]

《晋察冀日报》是敌后抗日根据地报刊中出刊最多的报纸，共出2845期。另外，《晋察冀日报》还创办了《文化界》《海燕》《剧运》《子弟兵》《农村经济》《老百姓》《边区青年》等20多种副刊。该报的栏目设置也很丰富，辟有国际新闻、国内新闻、评论、漫画、顺口溜、诗歌等众多栏目。其所刊文章内容通俗易懂、幽默诙谐，因而深受老百姓的喜爱。

《晋察冀日报》尤其重视社论的写作，共撰写社论、评论1000多篇。《晋察冀日报》撰写的社论体现出革命性、广泛性、群众性、政策性、指导性、严谨性、通俗性、地域性、时代性等诸多鲜明特色[3]，该报所刊载的社论和评论能够结合对敌斗争需要和根据地建设的实际，体现党的意志和主张，及时引导舆论。邓拓作为该报的总编辑和主要撰稿人之一，为该报

---

[1] 叶再生：《中国近代现代出版通史》（第3卷），华文出版社，2002年，第862页。
[2] 周胜林：《邓拓和〈晋察冀日报〉》，《新闻大学》1983年第6期。
[3] 夏松涛、张勇：《试论〈晋察冀日报〉的特点》，《史志学刊》2006年第5期。

撰写了大量的社论。邓拓的社论文章说理透彻，体现出深厚的文化底蕴。他在该报发表的《论民族气节》就是典型代表，该文阐述了民族自尊心、自信心同民族气节的关系，指出民族自尊心"最基本的、最明显的表现就是民族气节"[1]。作者在文中指出，中华民族历朝历代都有很多富贵不能淫、贫贱不能移、威武不能屈的气节凛然的人物，他们是我们国家和民族的宝贵精神财富。

《晋察冀日报》重视对典型事件的报道和分析。如，该报针对日本侵略者在华北地区实施的"治安强化运动"连发5篇社论，详细分析了日寇发动"治安强化运动"的背景和实质，并结合抗战形势提出相应对策。社论的发表有助于广大群众认清抗战形势和敌寇的阴谋，并对共产党的抗日主张有更为深刻的认识。1941年9月，日寇对晋察冀根据地展开大规模"扫荡"，25日凌晨，日军进攻狼牙山区，遭到我军的顽强抵抗。该报详细报道了"狼牙山五壮士"的英雄事迹。1941年11月5日，《晋察冀日报》发表青年记者沈重经过20多天战地采访写成的通讯报道——《棋盘陀上的五个"神兵"》，该文详细报道了"狼牙山五壮士"（马宝玉、葛振林、胡德林、胡福才、宋学义）奋勇杀敌，宁死不屈，舍身跳崖的英雄事迹。经过《晋察冀日报》的报道，"狼牙山五壮士"的故事迅速从边区传遍全国各地，五位战士也成为中国军民浴血抗日的楷模。

《晋察冀日报》在新闻报道工作方面的严谨态度得到中央多位领导的肯定。时任中共中央宣传部部长的陆定一曾对《晋察冀日报》的工作给予了高度评价，他称该报是一份"模范的战时宣传鼓动刊物"[2]。他还称赞《晋察冀日报》的记者和通讯员没有"记者架子"，不愧为"战地报人"，他们所写的通讯，无论是较短的地方通讯还是内容较长的特约通讯都"切切实实，无一笔浪费"[3]。聂荣臻也称赞该报是"民族的号筒"[4]。

晋察冀日报社社长兼总编辑邓拓认为，报纸是办给群众看的，报纸一定要做人民群众的"热心人"，要关心群众，做群众的好朋友。早在创办《抗敌报》时，该报就注意紧密贴近根据地群众生活，帮助群众生产，保护群众利益。如1939年3月7日，该报刊发了《部队应该怎样帮助春耕》

---

[1] 邓拓：《论民族气节》，《晋察冀日报》，1941年2月28日，常君实：《邓拓全集》（第2卷），花城出版社，2003年，第111—112页。
[2] 陆定一：《陆定一文集》，北京，人民出版社，1992年，第176—177页。
[3] 陆定一：《陆定一文集》，北京，人民出版社，1992年，第176—177页。
[4] 方汉奇、李矗：《中国新闻学之最》，新华出版社，2005年，第255页。

一文，提出边区部队应帮助农民开展春耕运动。[1]1941年边区税制进行重大改革，为了让边区群众更好地了解这一新税制，该报连续刊发7篇社论，从不同侧面、不同角度讨论边区税制改革的内容、特色及意义。1943年6月22日，《晋察冀日报》刊发了《提高农产价格，保护农民利益》一文，文章提出为了加强对敌斗争，粉碎敌人掠夺粮食的计划，边区工商管理部门要注意提高粮食收购价格，以保持工、农业产品之间价格的平衡，防止物价"剪刀型"的发展趋势，以保护农民利益。[2]正是因为《晋察冀日报》关心民众，该报才得到了广大民众的关心和爱护。1943年秋，一股日军窜犯报社驻地阜平马兰村，妄图一举摧毁报社。为保护晋察冀日报社，该村14名村民献出了自己的生命。

《抗敌报》和《晋察冀日报》的发行工作大致可分为两个阶段：第一阶段为1937年至1938年10月。这一时期，报社还没有设立独立的发行机构，主要通过军邮渠道把报纸发行到读者手中。第二阶段为1938年11月至1941年4月。这一时期，报社单独组建了发行科，发行工作逐渐走向正规化。发行科由总务部领导，交通员增至50余人。[3]此外，各区县也设立了派报社并派驻了发行员。[4]

1939年4月，报社在晋察冀边区增设了阜平、灵寿、唐县、平山、灵丘5个交通站，这5个交通站是报社较大的报刊发行网点，此外，在其他各县还设立了一些较小的交通站。较大的交通站一般设有3至4名交通员，较小的交通站只设1名交通员。这些交通站，不仅是《晋察冀日报》的发行网点，也成为边区其他书报的发行中转点。晋察冀日报社通过在各地增设交通站，在晋察冀边区建立起完整的图书发行网。这些交通站的设立，使得报社的发行渠道更加顺畅，发行速度加快，发行数量也迅速增加（表5-5）。

---

[1] 《部队应该怎样帮助春耕》，《抗敌报》，1939年3月7日，晋察冀日报史研究会：《晋察冀日报社论选（1937—1948）》，河北人民出版社，1997年，第183页。
[2] 《提高农产价格，保护农民利益》，《晋察冀日报》，1943年6月22日，晋察冀日报史研究会：《晋察冀日报社论选（1937—1948）》，河北人民出版社，1997年，第368页。
[3] 《中国报刊发行史料》编辑组：《中国报刊发行史料》（第1辑），光明日报出版社，1987年，第333页。
[4] 晋察冀日报史研究会：《晋察冀日报史》，人民出版社，1993年，第523页。

表5-5　1937—1942年《抗敌报》(《晋察冀日报》)发行数量统计①

单位：份

月份/月	年份/年					
	1937	1938	1939	1940	1941	1942
1		1500	7000	11900	5000	8000
2		1500	7900	12000	6000	8000
3		1500	8800	12000	7600	8000
4		1500	8400	12000	10000	7000
5		1500	9250	16100	17000	6000
6		1500	8750	17200	17000	6000
7		1500	9250	18500	17000	6000
8		3000	9900	18500	15000	6000
9		1200	10400	19800	5500	6000
10		1200	8800	21000	5500	3250
11	1500	1200	1700	18500	5500	3250
12	1500	6000	8000	3800	5500	
总计	3000	23100	98150	181300	116600	67500

从表5-5可看出，《晋察冀日报》在建立独立的发行科之前，报纸发行数量有限，每月发行数不过1000来份。自1938年11月报社设立发行科后，报纸的发行量有了迅猛增长，12月报纸的发行量由1200份猛增至6000份。随着报社在各地设立交通站，交通员数量不断增多，自1939年下半年开始至1941年8月，除个别月份因日寇对根据地的"扫荡"导致报纸的发行量有所萎缩外，《晋察冀日报》的发行数量呈现出稳中有增的状态。其中，1940年10月，《晋察冀日报》更是创下发行的新高，达到21000份。表5-5也反映出抗战时期，《晋察冀日报》的发行受外部环境的影响明显。1939年9月，由于日军对根据地开展冬季"大扫荡"，报社广大职工为保卫革命根据地，亲自上前线奋勇杀敌，报纸的发行量因此大受影响。1939年9月，报纸的发行量尚有10400份，但至11月，报纸的发行量迅速跌至1700份。1941年9月，日寇对晋察冀根据地再次开展大规模的"扫荡"，该报的发行量由8月份的15000份迅速降至5500份。

抗日战争胜利后，1945年9月12日，《晋察冀日报》迁至张家口继续出版。1948年6月14日，该报并入晋冀鲁豫中央局机关报《人民日报》，《晋察冀日报》宣告终刊。从1937年12月11日《抗敌报》的创办算起，该报在艰难困苦的环境中，坚持战斗了10多年时间，共出版了2854期。

---

① 《中国报刊发行史料》编辑组：《中国报刊发行史料》（第1辑），光明日报出版社，1987年，第335页。

该报积极传播马列主义、毛泽东思想，宣传党的方针政策，报道根据地军民英勇抗日的事迹，为团结广大军民共同抗击外来侵略，为夺取抗日战争和解放战争的胜利作出了贡献。

三、第一部《毛泽东选集》的出版

毛泽东在青年时代就开始接受马克思主义，土地革命战争时期和抗日战争时期，他创造性地将马克思主义理论运用于中国革命斗争实践，提出了许多富有洞见的革命思想和理论，并撰述了一系列理论文章和论著。这些文章和论著的真理性，又在长期的革命斗争实践中不断得到检验。中国革命斗争的实践证明，毛泽东思想是指引中国革命走向胜利的唯一正确指导思想。1942年，延安开展整风运动后，全党对毛泽东思想的正确性有了更为深刻的认识和更为迫切的学习需求。许多党员干部不再满足于零敲碎打地学习毛泽东的某一篇文章，而是希望能够系统全面地学习和掌握毛泽东思想。正是在这种历史条件下，中国第一部《毛泽东选集》诞生了。

1944年1月，晋察冀宣传部门在制订年度工作计划的时候，就决定将编辑出版一部《毛泽东选集》作为该年度宣传工作的一项重要任务，还制订了具体的编辑出版计划。[①]该计划得到中央的批准，同时，中央指示晋察冀宣传部部长胡锡奎和晋察冀日报社社长邓拓负责《毛泽东选集》的编辑工作。

邓拓在接到编辑出版任务后，同报社编辑人员一起，紧张地投入《毛泽东选集》的编选工作。报社全体人员仅用了半年左右的时间，就把这部鸿篇巨制赶印了出来。1944年7月，《毛泽东选集》正式印制完成[②]，这是新中国成立前出版的最早的一部毛泽东的选集。

晋察冀日报社编选的首部《毛泽东选集》，收录了毛泽东在大革命时期、土地革命时期和抗日战争时期所撰写的文章，总计29篇。[③]选集按内容分编为5卷。其中，第1卷收录了5篇（包括正文4篇，附录1篇）文章，主要阐释新民主主义革命的基本理论和政治制度问题；第2卷收录的文章数量最多，共11篇，主要论述抗日民族统一战线问题；第3卷连同附录共收录3篇文章，主要论述战争和军事问题；第4卷收录了3篇文章，主要

---

① 高海萍、张云燕：《毛泽东的书单》，新华出版社，2014年，第207页。
② 版权页上标明的出版时间为1944年5月，但实际出版时间应为7月，因为从内容上看，第一部《毛泽东选集》收录了毛泽东同中外记者团在1944年6月间的谈话。
③ 河北省新闻出版局出版史志编委会：《中国共产党晋察冀边区出版史》，河北人民出版社，1991年，第33页。

是关于经济和财政问题的论述；第5卷收录了7篇文章，主要内容为探讨党的思想作风建设问题。各卷具体文章篇目列表如下（表5-6）。

表5-6 《毛泽东选集》第1—5卷收录文章篇目

篇名	所在卷目	发表（出版）时间	发表期刊（出版社）	备注
附录《湖南农民运动考察报告》	第1卷	1927年3月12日	《向导》	首部《毛泽东选集》只收入了该报告的第一、二章
《新民主主义论》	第1卷	1940年2月15日	《中国文化》第1期	该文原题为《新民主主义的政治与新民主主义的文化》。1940年2月20日，在延安出版的《解放》刊出时，改为《新民主主义论》
《新民主主义的宪政》	第1卷	1940年3月1日	《新中华报》《解放》	该文是1940年2月20日毛泽东在延安各界宪政促进会上的演说词
《中国革命和中国共产党》	第1卷	1940年	《共产党人》第4、5期	该文包括《中国社会》《中国革命》两章内容
《在陕甘宁边区参议会的演说》	第1卷	1941年11月22日	《解放日报》	《新华日报》《晋察冀日报》《战线》等也曾刊出该文
《为争取千百万群众进入抗日民族统一战线而斗争》	第2卷	1937年5月15日	《统一战线》第5期	该文为1937年5月8日毛泽东在延安召开的中国共产党全国代表会议上所作的讲话
《中国抗日民族统一战线在目前阶段的任务》	第2卷	1937年6月	解放社	该文为毛泽东1937年5月3日在延安召开的中国共产党全国代表会议上的报告
《论反对日本帝国主义进攻的方针、办法与前途》	第2卷	1937年7月26日	《解放》第12期	1938年战时读物社出版的《毛泽东抗战言论集》、民族解放社出版的《毛泽东抗战言论全集》以及1939年新华日报馆出版的《毛泽东救国言论选集》分别收录该文
《国共两党统一战线成立后中国革命的迫切任务》	第2卷	1937年10月2日	《解放》第18期	1938年1月民族解放社出版的《毛泽东抗战言论全集》、国际时事研究会编印的《统一战线下的中国共产党》，1939年5月新华日报馆出版的《毛泽东救国言论选集》，分别收录该文

续表

篇名	所在卷目	发表（出版）时间	发表期刊（出版社）	备注
《与美国记者贝特兰之谈话》	第2卷	1937年11月13日	《解放》第23期	文章标题中的"美国记者"系"英国记者"之误。1938年1月民族解放社出版的《毛泽东抗战言论全集》，国际时事研究会编印的《统一战线下的中国共产党》，1939年5月新华日报馆出版的《毛泽东救国言论选集》，分别收录该文
《与合众社记者的谈话》	第2卷	1938年3月5日	《解放》第32期	1938年3月，解放社出版的《抗日民族统一战线指南》第3期。1939年5月，新华日报馆出版的《毛泽东救国言论选集》分别收录该文
《当前时局的最大危险》	第2卷	1939年7月	《新华日报》《新中华报》和《解放》第75、76期	该文是1939年6月30日毛泽东为纪念抗战两周年而写
《用国法制裁反动分子》	第2卷	1939年8月4日	《新中华报》	该文为1939年8月1日毛泽东在延安追悼"平江惨案"死难烈士大会上的讲演
《相持阶段中的形势与任务》	第2卷	1940年2月3日	《新中华报》	1940年3月解放社出版的《新形势与新任务》，以及1940年8月《抗日民族统一战线指南》第10期均收录该文
《在延安庆祝十月革命节干部晚会上的讲话》	第2卷	1943年11月7日	《解放日报》	
《与中外记者团谈话》	第2卷	1944年6月13日	《解放日报》	《新华日报》《晋察冀日报》《抗战日报》均刊载过该文
《抗日游击战争的战略问题》	第3卷	1938年5月30日	《解放》第40期	延安解放社编印的《抗日民族统一战线指南》和新华日报馆出版的《毛泽东救国言论选集》均收录该文
《论持久战》	第3卷	1938年7月1日	《解放》第43、44期	该文为1938年5月26日至6月3日毛泽东在延安抗日战争研究会上的讲演
附录《中国共产党红军第四军第九次代表大会决议案》	第3卷	1944年4月	新四军政治部出版单行本	该决议案最早是在古田会议上作出的
《经济问题与财政问题》	第4卷	1942年12月	解放社出版单行本	该文为毛泽东1942年12月在陕甘宁边区高干会上的报告

续表

篇名	所在卷目	发表（出版）时间	发表期刊（出版社）	备注
《组织起来》	第4卷	1943年12月2日	《解放日报》	该文为1943年11月29日毛泽东在中共中央招待陕甘宁边区劳动英雄大会上的讲话
《论合作社》	第4卷	1944年1月5日	《党的生活》第68期	该文为1943年10月毛泽东在陕甘宁边区高干会上的讲话
《反对自由主义》	第5卷	1937年10月20日	《党的工作》第46期	1938年2月20日，中共晋察冀中央局的《战线》第1期，1942年4月10日延安《解放日报》刊出过该文。延安解放社编印的《整顿三风文献》也收录了该文
《中国共产党在民族战争中的地位》	第5卷	1938年11月25日	《解放》第57期	该文为1938年10月毛泽东在扩大的中共六届六中全会上的政治报告《论新阶段》中的部分内容
《〈农村调查〉序言》	第5卷	1941年5月	《共产党人》第18期	1941年9月《党的生活》第45期也刊载了该文
《改造我们的学习》	第5卷	1942年3月27日	《解放日报》	该文为1941年5月19日毛泽东在延安干部会上的讲演
《整顿学风党风文风》	第5卷	1942年4月27日	《解放日报》	该文为1942年2月1日毛泽东在中共中央党校开学典礼大会上的讲演
《反对党八股》	第5卷	1942年5月	《晋察冀日报》	该文为1942年2月8日毛泽东在延安干部会上的讲演。1942年7月，由延安解放社出版单行本
《在延安文艺座谈会上的讲话》	第5卷	1943年10月19日	《解放日报》	该文为1942年5月毛泽东在延安举行的文艺座谈会上的讲话。1953年编入《毛泽东选集》第3卷

《毛泽东选集》由晋察冀日报社开办的印刷厂负责印刷。由于日寇对晋察冀抗日根据地的大扫荡，印刷厂条件十分艰苦，印刷设备简陋，要在较短的时间内印制完成一部鸿篇巨制，无疑是一项高难度的挑战。但印刷厂的广大职工以高度的革命热情完成了这一光荣而又艰巨的政治任务。排校工人认真核对校样，通读样书，报社还专门派人冒着生命危险进入敌占区购买质量较好的凸版纸。装订中第一次采用了锁线技术，精装本还专门采用了布面烫金字。[①] 首部《毛泽东选集》初版共印刷4000册，其中，精、

[①] 河北省新闻出版局出版史志编委会：《中国共产党晋察冀边区出版史》，河北人民出版社，1991年，第33页。

平装版各印 2000 册。《毛泽东选集》于 9 月正式与读者见面，结果 4000 册图书很快就被读者抢购一空。

晋察冀日报社出版的《毛泽东选集》及其后续出版的增订本和续编本，尽管由于当时历史条件的局限而存在一些缺陷，但它为根据地广大党员干部提供了重要的精神食粮，有助于广大党员干部更好地学习、掌握毛泽东思想，有助于解放区军民树立战胜敌人，取得全国革命胜利的信心。同时，晋察冀革命根据地首部《毛泽东选集》的出版为新中国成立后各种版本的《毛泽东选集》的编辑出版工作奠定了基础。相关资料统计，晋察冀日报社所选的毛泽东的 29 篇文章，后来被收入 1951 年至 1953 年出版的各种版本的《毛泽东选集》中的就有 24 篇，约占总篇数的 83%。[1] 由此也反映出首部《毛泽东选集》的编选者具备了较高的思想政治素养和编辑能力。

邓拓和晋察冀日报社的广大干部职工，为首部《毛泽东选集》的出版倾注了极大的政治热情，付出了辛勤的劳动和汗水，在革命战争年代为宣传毛泽东思想、传播革命真理作出了巨大贡献。

四、晋察冀敌后抗日根据地出版工作的特点

晋察冀边区的出版事业，是在抗日战争的炮火声中壮大起来的，是和边区的军事斗争，党的建设，政治、经济、文化建设的实际分不开的。晋察冀边区的出版事业呈现出以下一些特点。

首先，出版工作有明确的政治目的。晋察冀敌后抗日根据地出版工作是党的宣传工作的重要组成部分。边区各级政府部门创办的刊物和出版的图书，宣传了党的理论路线和方针政策，起到了党的喉舌的作用。晋察冀边区出版的图书中，80% 以上都是政治理论图书，这些图书积极传播马克思主义，宣传毛泽东思想，宣传和报道根据地政治、经济、文化、军事等方面的建设成就。这些图书的出版，为巩固根据地政权，团结和教育广大民众参加抗日斗争发挥了积极作用。

其次，出版部门数量众多。抗日战争时期，晋察冀抗日根据地党、政、军、群各级部门都十分重视办报办刊，把报刊出版工作作为宣传工作的一件大事来抓。抗战期间，晋察冀边区的党、政、军机关和各群众团体创办了大量的报社、杂志社和出版社，各级出版机构出版发行了大量的报纸、期刊和各类图书。晋察冀抗日根据地出版报刊数量非常庞大，仅

---

[1] 刘金田、吴晓梅：《〈毛泽东选集〉出版的前前后后》，台海出版社，2012 年，第 41 页。

冀中区就出版了250余种刊物。据不完全统计，在全面抗战和解放战争时期，晋察冀边区仅区一级以上部门就创办了400多种刊物，编印各类图书达500多万册。[①]这一时期创办的刊物数量之多，参与办报、办刊、编印图书的单位和人员之广，是任何一个时期都无法与之相比的。

最后，采用流动出版的方式。晋察冀抗日根据地的出版活动，是在抗日战争这一极为特殊的环境下开展的。由于根据地时常遭到日伪的"围剿"和"扫荡"，从事新闻出版业务的报社、出版社、印刷所不得不经常随军转移，许多从事新闻出版活动的记者、编辑、通讯员、交通员也经常要拿起枪上战场与敌人拼杀，出版活动只能采用游击作战的方式开展。抗战初期，许多出版部门没有固定的办公场所，印刷设施也极为简陋，往往只有几块钢板，一台油印机和数量极其有限的蜡纸、油墨、纸张等原材料。到抗战后期，随着根据地建设事业的不断发展以及石印、铅印设备和原料供应的增加，根据地的出版印刷条件有了较大改善，印刷质量得到较大提高，甚至能够编印《毛泽东选集》这样的大部头著作了。

聂荣臻曾回忆道："新闻出版机构，是边区文化战线一个很出色的部门。"[②]晋察冀边区的新闻出版工作者在抗日的烽火年代，面对日伪的残酷扫荡和国民党反动派的封锁，克服重重困难，创办了大批报刊，编印出版了大量马列著作、毛泽东著作、各种政治理论图书以及通俗读物、文艺读物，为边区新闻出版事业的发展，为抗日战争的胜利作出了重要贡献，在中共出版史上写下了光辉的一页。

第二节 陕甘宁边区出版管理机构的建立及其出版活动

中共敌后抗日根据地的出版事业是在沦陷区和国统区的出版业受到严重摧残和压制的形势下发展壮大起来的。抗战期间，由于陕甘宁边区等敌后抗日根据地形势相对稳定，再加上中国共产党重视新闻出版工作，同时在文化上采取了较为宽松的文化政策，一大批文学艺术、哲学社会科学等领域的高级知识分子积极响应中国共产党的召唤，奔赴陕北延安等敌后抗日根据地，这些知识分子精英团队为陕甘宁边区出版事业的发展提供了丰富的内容资源。

---

① 河北省新闻出版局出版史志编委会：《中国共产党晋察冀边区出版史》，河北人民出版社，1991年，第20页。
② 河北省新闻出版局出版史志编委会：《中国共产党晋察冀边区出版史》，河北人民出版社，1991年，第36—37页。

一、陕甘宁边区出版管理机构的成立

抗战时期,为了加强对于新闻出版事业的管理,陕甘宁边区重建了中国工农红军在长征途中一度中断的新闻出版监管机构,如中央党报委员会,同时,还新建了一些出版管理部门,如中共中央出版发行部等,这些出版管理部门的设立,对抗战期间根据地的出版工作起到了重要的监管和指导作用。这些出版管理部门在履行管理职能的同时,也开展了大量的出版发行业务活动,出版了大量报刊和图书,为边区军民提供了丰富的精神食粮。

(一)中央党报委员会

中央党报委员会最早为中央临时政治局于1927年11月在上海成立的中央党报编辑委员会。1933年,中央党报编辑委员会从上海迁入瑞金,改成中央党报委员会。中国工农红军开始长征后,由于处于行军打仗途中,居无定所,中央党报委员会工作被迫暂时停顿。1937年1月,中共中央抵达陕北延安后,形势逐渐稳定下来,中央决定恢复重建党报委员会,党报委员会由张闻天、周恩来、博古、凯丰、王明等5人组成[①]。党报委员会成为中共领导和管理党报出版的专门机构。党报委员会主要领导延安新华社、《新中华报》、《解放》周刊、中央印刷厂的工作。中央党报委员会内部机构设置有出版科、发行科、资料科,另外还有直属部门中央印刷厂(图5-1)。

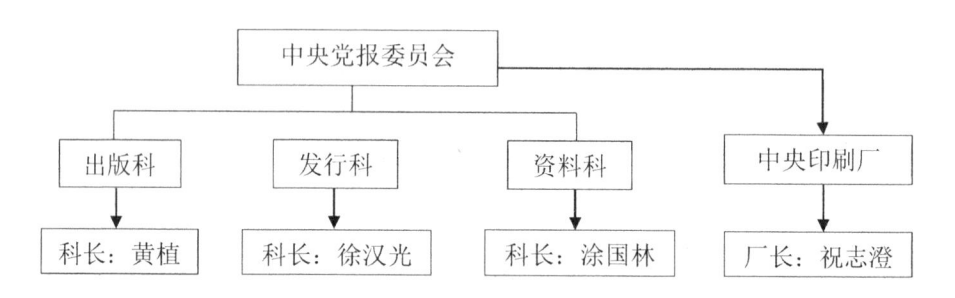

图5-1 中央党报委员会内部机构设置和直属部门

中央党报委员会内部机构分工如下:(1)发行科:主要负责陕甘宁边区发行网点的开拓,《解放》周刊、《新中华报》以及各种马列著作和革命书刊的发行;(2)中央印刷厂:主要负责解放区各种报刊如《解放》周

---

① 关于中央党报委员会的组成人员,有多种说法,参见刘苏华:《延安时期中国共产党出版史研究(1937—1947)》,湖南师范大学出版社,2012年,第113页。

刊、《新中华报》等，以及马列经典著作、政治理论图书、社科图书、文艺图书、教材等的印刷；（3）资料科：主要为延安中央领导人撰写文章、发表演讲和社论收集相关资料。（4）出版科：主要负责各种马列著作的编选和其他各类书刊的选题、组稿和编辑加工，黄植、刘雪苇、孙萍先后任出版科科长[①]。

1943年3月，中共中央政治局会议决定设立中央宣传委员会，以集中统一管理有关宣传、文化、教育和新闻出版等事业。中央党报委员会随即撤销，其工作职能并入中央宣传委员会。

（二）中共中央出版发行部

抗战全面爆发后，随着中共领导下的敌后抗日根据地不断发展壮大，发行工作的重要性日益凸显，革命形势的发展迫切要求设立统一的出版发行机构，以领导根据地的出版发行工作。

为了加强党的书刊发行工作，1939年3月22日，中共中央发布《关于建立发行部的通知》，要求从中央到各县级党委应普遍设立发行部，必要时区一级机关也要设立发行部。通知还要求各级部门要选派一批有发行经验的人员专门从事发行工作，同时要注意培养发行人员。[②]边区发行工作的目的是把党的各项方针政策传播到敌占区、各抗日根据地和国统区，从而使全国民众对中共的抗日政策、革命和建设成就有更为全面的了解。接着，5月17日，中共中央又发布了《关于宣传的指示》，要求县级以上各级党委应出版报刊和马列主义书籍，同时，各级宣传部门要与发行部门加强联系，要"经常注意与检查党的发行工作"，除充分利用各种公开渠道发行革命书刊外，还要注意拓展地下秘密发行渠道。[③]

根据中央指示精神，1939年6月，中共中央发行部在延安清凉山正式成立，发行部长一职由时任中组部副部长的李富春兼任，副部长王林。该机构的主要职能是负责党的出版发行工作并直接领导新华书店。同年9月，中共中央发行部改为中共中央出版发行部，办公地址设在延安城北门外，部长仍由李富春兼任，副部长由王林担任。[④]中央出版发行部设有秘书处（处长：褚苏生）、总务处（处长：臧晓真）、出版处（处长：孙萍）、

---

① 孙萍、程成：《清凉山——传播马列主义思想的基地》，延安清凉山新闻出版革命纪念馆：《万众瞩目清凉山——延安时期新闻出版文史资料》（第1辑），1986年，第347页。
② 《中共中央关于建立发行部的通知》（1939年3月22日），中国社会科学院新闻研究所：《中国共产党新闻工作文件汇编》（上卷），新华出版社，1980年，第88页。
③ 中国社会科学院新闻研究所：《中国共产党新闻工作文件汇编》（上卷），新华出版社，1980年，第90页。
④ 刘思让：《延安时期出版发行工作情况》，延安清凉山新闻出版革命纪念馆：《万众瞩目清凉山——延安时期新闻出版文史资料》（第1辑），1986年，第386页。

发行处（处长：向叔保）、印刷处（处长：祝志澄）。[①]发行处设有发行、推广、批发、邮购、栈务、会计6个科室。

1940年9月10日，中共中央就敌后抗日根据地的文化运动工作发布指示，要求各级党政军机关"注意组织报纸、刊物、书籍的发行工作"。[②]10月14日，党中央又发布了《关于充实和健全各级宣传部门的组织及工作的决定》，要求各根据地区党委一级以上宣传部门应"设立出版发行科，以管理出版发行工作"[③]。根据这一决定，党中央加强了出版发行工作的领导和管理，有组织、有计划、有步骤地在全国各地建立发行网点。

为贯彻落实中央关于加强发行工作的各项指示精神，中共中央出版发行部抽调了30多名发行干部，组成工作组，赶赴各根据地，指导和帮助各根据地建立中央出版发行部的办事处，开办印刷厂和建立书店。[④]

（三）中共中央出版局

1941年11月6日至21日，在陕甘宁边区召开的第二届参议会上，党外人士李鼎铭等参议员针对边区政权建设中出现的机构臃肿的问题，提出了"简政主义"的改革提案。这一提案获得中央政府的高度重视。1941年12月28日，中共中央和中央军委发布《中央、军委关于一九四二年中心任务的指示》，指示提出要实施"精兵简政"[⑤]。根据中央指示精神，1941年12月，中共中央出版发行部改组为中共中央出版局。解放日报社社长博古（秦邦宪）兼任中央出版局局长，许之桢任秘书长。[⑥]

为贯彻中央精兵简政的方针，新成立的中央出版局将原中央出版发行部下设的5个部门精简合并为出版、发行、指导3个科室。其中，尹达任出版科科长，卜明任发行科科长，臧剑秋任指导科科长。通过改组，中央出版发行管理部门达到了"精兵简政"的目的。

新成立的中央出版局除领导解放社、新华书店总店、中央印刷厂等部

[①] 苏生：《黎明前的号角——关于中共中央出版发行部的片断回忆》，延安清凉山新闻出版革命纪念馆：《万众瞩目清凉山——延安时期新闻出版文史资料》（第1辑），1986年，第343页。

[②] 中共中央文献研究室、中央档案馆：《建党以来重要文献选编（一九二一——一九四九）》（第17册），中央文献出版社，2011年，第527页。

[③] 中央档案馆：《中共中央文件选集 第十二册（一九三九——一九四〇）》，中共中央党校出版社，1991年，第508页。

[④] 延安清凉山新闻出版革命纪念馆：《万众瞩目清凉山——延安时期新闻出版文史资料》（第1辑），1986年，第340页。

[⑤] 《中央、军委关于一九四二年中心任务的指示》（1941年12月28日），中央档案馆：《中共中央文件选集 第十三册（一九四一——一九四二）》，中共中央党校出版社，1991年，第272页。

[⑥] 刘思让：《延安时期出版发行工作情况》，延安清凉山新闻出版革命纪念馆：《万众瞩目清凉山——延安时期新闻出版文史资料》（第1辑），1986年，第386页。

门外，还对各抗日根据地的出版业务负有监管和指导之职责。1942年4月15日，中央发布《关于统一延安出版工作的通知》，要求"中央出版局应会同中央宣传部等部门，按时决定编辑、出版、发行工作的一般方针与具体计划，并保证其实现"。中央出版局在工作中应坚持"集中指导、分散经营"的原则，但出版局应该保证"各部门的独立工作"，这种独立工作"今后不应减弱而应加强"[①]。中央对出版局工作职责与范围、原则的确定，有助于推动各抗日根据地出版事业的发展。

为了更好地开展业务工作，中央出版局制定了《中央出版局的业务与组织》，规定其具体业务：一是出版和发行边区出版的各种书刊；二是统一协调管理延安各编审机构的出版计划；三是"指导各根据地之出版发行工作"。[②]由此可看出，中央出版局兼有出版管理和出版业务的双重职能，在出版管理方面，它主要负责指导敌后抗日根据地的出版发行工作，中央出版局与各编审机构的关系是上下级之间的领导关系，书刊编审机构在中央出版局的领导下独立开展工作。抗战时期，陕甘宁边区设置的主要编审机构有马列著作翻译局、中央军委编译局、新文字丛书工作委员会等。此外，边区教育厅和延安医科大学、自然科学院等教育科研机构也成立了编审部门，这些编审机构主要负责各级各类学校教材的编审。

中央出版局成立后，在协调和管理各单位的出版计划，保障边区纸张供应，提升边区印刷生产力，保障边区教材、干部读物和通俗读物的供应，加强边区发行网点的建设等方面做了大量工作。延安整风运动期间，中央出版局组织出版了一批整风运动出版物，为整风的顺利开展创造了条件。抗战胜利后，国内形势出现新的变化，国民党阴谋发动内战，为了加强各解放区的工作，中央出版局派出干部队伍前往东北、华北等新解放区开拓出版阵地。

1946年1月，中央决定撤销中央出版局建制，将其机构职能归并到中央宣传部，其下属单位中央印刷厂和新华书店总店也一并归由中宣部领导。

二、陕甘宁边区的图书出版工作

中共陕甘宁边区政权建立后，立即着手出版发行工作。抗战时期，陕甘宁边区出版了大量的马列经典著作、毛泽东等中共领导人著述、党的文

---

① 中央书记处《关于统一延安出版工作的通知》（1942年4月15日），中央档案馆：《中共中央文件选集 第十三册（一九四一——一九四二）》，中共中央党校出版社，1991年，370页。
② 叶再生：《中国近代现代出版通史》（第3卷），华文出版社，2002年，第781—782页。

献、文艺作品、时政读物和通俗读物（表5-7）。

表5-7 抗战时期延安图书出版情况统计

图书类别	种数	册数	所占比例
马列主义、毛泽东思想	21	286	32.80%
哲学	9	12	1.38%
政治、社会科学	8	120	13.76%
经济	9	19	2.18%
军事	10	83	9.52%
法律	6	24	2.75%
文化教育	6	68	7.80%
文学艺术、语言文字	21	72	8.26%
史地类	6	164	18.81%
自然科学	1	5	0.57%
医药卫生	1	16	1.83%
农艺	1	3	0.34%
总计	99	872	100.00%

资料来源：《解放区根据地图书目录》（内部资料），中国人民大学图书馆，1961年。

（一）马列经典著作的出版

抗战时期陕甘宁边区出版的马列著作包括马克思主义哲学、政治经济学著作，以及马克思、恩格斯、列宁关于文艺和军事理论等方面的作品，这些作品主要由解放社、八路军军政杂志社负责出版（表5-8）。①

表5-8 延安出版的马克思、恩格斯、列宁著作中文译本

书名	作者	译者	出版社	出版时间
《法兰西内战》	马克思	吴黎平、刘云	解放社	1938
《社会主义从空想到科学的发展》	恩格斯	吴黎平	解放社	1938
《共产党宣言》	马克思、恩格斯	成仿吾、徐冰	解放社	1938
《马克思、恩格斯关于唯物史观的书信》	马克思、恩格斯	艾思奇	解放社	1938
《马克思恩格斯论中国》	马克思、恩格斯	方乃宜	解放社	1938
《列宁选集》（第五卷）	列宁	何锡麟、王实味	解放社	1938
《什么是马克思主义》	列宁	唯真	解放社	1938
《马克思、恩格斯与马克思主义》	列宁	柯柏年、吴黎平	解放社	1938

① 吴永贵：《中国出版史 下册·近现代卷》，湖南大学出版社，2008年，第380页。

续表

书名	作者	译者	出版社	出版时间
《哥达纲领批判》	马克思	何思敬、徐冰	解放社	1939
《恩格斯军事论文选集》（第一册）	恩格斯	焦敏之	八路军军政杂志社	1939
《德国的革命与反革命》	恩格斯	柯柏年	解放社	1939
《资本论提纲》	恩格斯	何锡麟	解放社	1939
《政治经济学论丛》	马克思、恩格斯	王学文、何锡麟	解放社	1939
《马恩通信选集》	马克思、恩格斯	艾思奇、景林、柯柏年	解放社	1939
《列宁读战争论的笔记》	克劳塞维茨	杨作材	八路军军政杂志社	1939
《拿破仑第三政变记》	马克思	柯柏年	解放社	1940
《英国工人运动》	恩格斯	吴文焘	中国工人社	1940
《新德意志帝国建设之间的暴力与经济》	恩格斯	曹汀	八路军军政杂志社	1940
《列宁选集》（第二卷）	列宁	柯柏年	解放社	1940
《社会主义与战争》	列宁	杨松、袁维、许之桢	解放社	1940
《普法战争》	恩格斯	曹汀	八路军军政杂志社	1941
《列宁选集》（第四卷）	列宁	何锡麟、王实味	解放社	1941
《法兰西阶级斗争》	马克思	柯柏年	解放社	1942
《列宁选集》（第十一卷上册）	列宁	吴黎平	解放社	1942
《列宁选集》（第十七卷）	列宁	何锡麟	解放社	1942
《列宁选集》（第六卷）	列宁	何锡麟、王实味	解放社	1942
《列宁选集》（第一卷）	列宁	何锡麟、张仲实	解放社	1942
《社会主义从空想到科学的发展》	恩格斯	博古	解放社	1943
《共产党宣言》	马克思、恩格斯	博古	新华书店	1943
《列宁论文化与艺术》	列宁	萧三	解放社	1943
《列宁选集》（第十一卷下册）	列宁	何锡麟	解放社	1945
《列宁选集》（第十六卷）	列宁	何锡麟	解放社	1945
《列宁选集》（第十八卷）	列宁	张仲实	解放社	1945
《论民族殖民地问题》	列宁	张仲实	解放社	1945
《卡尔·马克思》	列宁	博古	解放社	1945

资料来源：张静庐：《中国近现代出版史料》（补编），上海书店出版社，2011年，第448—475页。

抗战时期，陕甘宁抗日根据地编译出版了一套"马克思恩格斯丛书"，由解放社出版，该套丛书共收录了马克思、恩格斯所著的哲学著作单行本共10种。表5-8中的马克思著《法兰西内战》（吴黎平、刘云译），马克思、恩格斯合著的《共产党宣言》（成仿吾、徐冰译）以及恩格斯著的《社会主义从空想到科学的发展》（吴黎平译）均为该套丛书的一部分。这些作品均为延安马列学院编译部编译，解放社出版。以上作品的译者如成仿吾、吴黎平、刘云、徐冰均为延安马列学院编译部成员。

抗战时期，延安马列学院除编译了众多马克思、恩格斯著的单行本外，还开始着手《列宁选集》的编译、出版工作。延安马列学院所编译的《列宁选集》共有20卷本，至抗战结束时已出版至18卷。第19、20卷也已完成译稿，正准备付印之时，国共内战爆发，国民党部队大举进犯陕甘宁解放区，因而未能来得及出版。

（二）中共领袖人物著作的出版

抗战时期，陕甘宁边区出版了大量毛泽东、刘少奇、张闻天等中共中央领导人的著作，其中，出版数量最多的是毛泽东的著作（表5-9）。毛泽东在陕北延安期间，用了极大的时间和精力去总结中国革命的经验，发表了大量讲话，作了多场报告、演讲，并且撰写了大量文章和著作。其中，许多报告、讲话、文章和著述，均由当时陕甘宁边区的八路军军政杂志社、解放社和新华书店整理出版。

表5-9 抗战时期陕甘宁边区出版的毛泽东著作

篇名	出版时间	出版社	备注
《辩证法唯物论》	1937年9月	延安抗日军政大学	该篇系根据1937年毛泽东在延安抗日军政大学讲授哲学的记录稿整理而成，油印出版
《联合战线与中国抗战》	1937年	解放社	该篇为毛泽东与朱德等人合著的专题汇编本
《毛泽东最近的抗日主张》	1938年1月	战时出版社	毛泽东著，向愚编
《抗日游击战争的战略问题》	1938年7月	解放社	该篇是为解决党内外一些人士忽视游击战争重要性而写的，主要阐释抗日战争中开展游击战争的重要性
《抗日民族统一战线指南》	1938年	解放社	毛泽东著，抗日战争研究会编
《论持久战》	1938年	解放社	该篇驳斥了国民党的"亡国论""速胜论"等论调，深刻阐释了抗日战争是持久战。
《关于团结救国问题》	1938年	解放社	毛泽东等著，抗日战争研究会编

续表

篇名	出版时间	出版社	备注
《论新阶段》	1939年1月	解放社	该篇为毛泽东在中共六届六中全会上所作的报告
《中国革命和中国共产党》	1940年3月	解放社	毛泽东在该篇著作中首次提出了"新民主主义"这一科学概念
《新民主主义论》	1940年3月	解放社	该篇原名《新民主主义的政治与新民主主义的文化》，首发于《中国文化》第一期（1940年2月15日）
《关于宪政诸问题》	1940年3月	解放社	
《相持阶段的形势与任务》	1940年	解放社	
《中国革命的战略问题》	1941年	八路军军政杂志社	该篇主要内容为总结土地革命时期的战争经验
《农村调查》	1941年	解放社	
《整顿三风文献》	1942年4月	解放社	该篇收入了整风必读的22个文件
《改造我们的学习》	1942年	解放社	该篇为1942年5月19日毛泽东在延安干部会上所作的报告，该篇和《整顿党的作风》《反对党八股》是整风运动中的三篇重要文献
《反对党八股》	1942年	陕甘宁边区新华书店	该篇为整风运动中的重要文献
《整风文献》	1942年	陕甘宁边区新华书店	该篇为《整顿三风文献》的订正本
《经济问题与财政问题》	1942年	解放社	该篇为1942年12月毛泽东在边区高干会议上所作的报告
《整顿党的作风》	1942年	解放社	该篇为毛泽东在1942年中共中央党校开学典礼上的演讲
《毛泽东同志在延安文艺座谈会上的讲话》	1943年10月	解放社	该篇为1942年毛泽东在延安整风运动期间召开的文艺座谈会上发表的重要讲话。该讲话为根据地的文艺运动发展指明了方向和路径
《文艺问题》	1943年10月	解放社	
《论联合政府》	1945年5月	解放社	该篇是毛泽东1945年4月在中共"七大"上所作的政治报告

延安整风期间，解放社、新华书店出版了毛泽东撰写的《毛泽东同志在延安文艺座谈会上的讲话》《文艺问题》《农村调查》《改造我们的学习》《反对党八股》《整顿党的作风》《整风文献》等著作。1942年，延安解放社出版了毛泽东的《经济问题与财政问题》单行本，这是毛泽东在陕甘宁

边区高级干部会议期间为总结边区经济建设经验所作的报告。报告共分10章，主要内容涉及农业、畜牧业、手工业、合作事业、盐业、自给工业、军队生产事业、机关学校生产事业和粮食工作等方面。报告不仅提出了"发展经济、保障供给"这一财政经济工作的总方针，而且提出了发展经济的各项具体措施。《经济问题与财政问题》是毛泽东经济思想的具体体现，该书的出版，不仅对于指导陕甘宁边区的经济建设，提高根据地人民抗战胜利的信心具有重要意义，而且给各抗日根据地和全国提供了解决经济问题和财政问题的"辉煌模范的例子"①。1945年4月，毛泽东在中共"七大"上作了《论联合政府》的政治报告之后，5月，解放社便出版了这一重要报告的单行本。

除毛泽东的著作外，抗战时期，延安解放社、新华书店等还出版了周恩来的《抗日政治工作纲要》（解放社，1938年）、《怎样进行持久战》（抗战知识社，1938年）、《中日战争之策略与战略问题》（抗战编译社，1939年）；刘少奇的《抗日游击战争中各种基本政治问题》（解放社，1943年）、《论党内斗争》（解放社，1943年）、《论共产党员的修养》（解放社，1943年）；朱德的《第八路军》（抗敌出版社，1938年）、《论抗日游击战争》（延安解放社，1938年）等。此外，这一时期，陕甘宁边区还出版了张闻天的《十年来的中国共产党》、陈云的《怎样做一个共产党员》、聂荣臻的《抗日模范根据地晋察冀边区》、罗瑞卿的《抗日游击战争的战术问题》等著作。

抗战时期，陕甘宁边区出版的中共领导人著作，不仅丰富了马克思主义理论学说，而且对于加强党的建设，巩固边区政权，提高广大干部和群众的马克思主义理论水平，夺取全国抗战的最后胜利起了十分重要的作用。

（三）通俗文艺作品的出版

抗战时期，在中国共产党抗日民族统一战线和尊重知识分子、吸收知识分子政策的感召下，大批文艺理论界、哲学社会科学界的知识分子奔赴抗战大后方延安，他们创作大批宣传抗战的文艺作品和通俗读物，促进了边区文艺事业的繁荣。

毛泽东在延安文艺座谈会上讲话后，延安的文艺创作呈现出一派生机勃勃的景象。为贯彻文艺座谈会的精神，延安的文艺界掀起了一股"文艺

---

① 陕甘宁边区财政经济史编写组、陕西省档案馆：《抗日战争时期陕甘宁边区财政经济史料摘编》（第1编），陕西人民出版社，1981年，第175页。

下乡"的热潮，许多文化界人士主动奔赴基层，深入农村、部队、厂矿，与工农群众亲密接触，创作了大量反映工农兵革命斗争和生产建设的文艺作品，这些文艺作品风格体裁多样，有新诗、小说、散文、报告文学、戏曲、歌剧、木刻等。如，艾青创作的《吴满有》，用诗歌的形式讴歌了陕甘宁边区的劳动模范。周立波创作的报告文学《王震将军记》，讲述了八路军优秀指挥员王震的英雄形象。李季创作的新诗《王贵与李香香》，开创了"信天游"诗体，被誉为"新文坛上一个惊奇的成就"。受延安文艺座谈会讲话精神的鼓舞，赵树理扎根陕北农村，开展调查研究，在此基础上创作了《小二黑结婚》《李有才板话》等反映农民和农村生活的小说，深受敌后抗日根据地广大群众的喜爱。

抗日战争时期，陕甘宁边区为丰富边区军民的精神生活，号召民众奋起抗日，创作了一批群众喜闻乐见的戏剧作品。这些戏剧中，有号召人们起来抗日的作品，如《好男儿》《中国拳头》《中国魂》《一条路》；有揭露国民党反共反人民罪行的作品，如《血泪仇》《穷人恨》；有表现陕甘宁边区大生产运动的作品，如《十二把镰刀》；有表现边区人民美满和幸福生活的作品，如《大家喜欢》；有反对封建包办婚姻，宣扬婚姻自由的作品，如《桃花村》等。这些剧本的创作和上演，得到毛泽东、周恩来、朱德、彭德怀、陈云、李富春、王震等中央领导人的高度赞扬。毛泽东在观看了《中国拳头》《中国魂》后，表示了高度的赞扬，他称赞《中国拳头》"简单、明了、动人"，《中国魂》"情节动人"，并称这些戏剧作品对于鼓舞边区民众参加抗日具有积极作用。毛泽东、周恩来等人还亲自接见这两部剧本的编创者马健翎，给予他热情鼓励。这些戏剧作品也深受边区广大人民群众的喜爱，作品在边区各地巡回上演后，边区民众争先恐后地赶去观看演出。

三、抗战时期陕甘宁边区的报刊出版业

陕甘宁边区的延安是抗日战争时期中共中央政权机关所在地，各级党政军部门都十分重视利用报刊开展宣传工作。此外，陕甘宁边区的众多群团组织，如陕甘宁边区文化界救亡协会、陕甘宁边区青年救国联合会、陕甘宁边区学生救国联合会、文艺界抗战联合会、延安文艺战线社、延安诗歌总会、延安文艺协会、陕西血流社、西北战地服务社、延安山脉文学社等，为宣传抗日救亡，推动边区文艺事业和群众运动的发展，也纷纷开展办报办刊活动，创办了大量报纸和杂志（表5–10）。

表5-10　1937—1945年陕甘宁边区报刊一览表

报刊名称	创办时间、地点	主办单位	刊期	备注
《新中华报》	1937年1月，延安	中共中央	五日刊（后改三日刊）	该报续接《红色中华》，创刊号为325期，第390期起改为陕甘宁边区政府机关报，1939年2月7日起改为中共中央机关报。1941年5月16日起，根据中共中央的决定，《新中华报》与《今日新闻》合并为《解放日报》
《中共陕甘宁省委通讯》	1937年2月，延安	中共陕甘宁省委	不定期	该刊共出版14期，另出副刊1期
《解放》周刊	1937年4月，延安	中央党报委员会	周刊	该刊是中共中央在敌后抗日根据地创办的重要政治理论刊物。张闻天主持，吴亮平任编辑部主任。该刊主要发布中共的政策文件、宣言、指示、决议，译介了马克思、恩格斯、列宁和斯大林的著作。1941年8月停刊，共出版134期
《党的工作》	1937年6月，延安	中共陕甘宁边区党委	不定期	该刊主要发布党和政府的指示、决定，介绍各地的工作经验等
《党的生活》	1937年7月，延安	中共陕甘宁特区党委	不定期	该刊旨在动员群众参加民主选举新政权、创造模范民主抗日根据地
《西北战线》	1937年10月，三原	中共陕西省委	五日刊	1937年12月停刊，共出35期，每期发行500份左右
《西北》	1937年10月，三原	中共陕西省委	三日刊	李初梨主编，该刊主要内容为宣传抗日民族统一战线与民主问题。出版5期后停刊
《文化动员》	1937年11月，延安	延安文化动员委员会		
《工人之路》（原名：《特区工人》）	1938年1月，延安	陕甘宁边区文化教育部	月刊	该刊为《新中华报》副刊，后并入《动员》杂志
《血流》	1938年1月，延安	陕西血流社		该刊由延安人民书店总经销
《前线》	1938年1月，西安	十八集团军总政治部	周刊	出版6期后改为半月刊，1941年6月出至第23期停刊
《团结》	1938年2月，延安	中共陕甘宁边区委员会	月刊	毛泽东题写刊名，1940年4月8日出版至24期后停刊

续表

报刊名称	创办时间、地点	主办单位	刊期	备注
《军事月刊》	1938年7月，西安	陕甘宁边区留守兵团	月刊	
《前线画报》	1938年8月，西安	十八集团军总政治部	月刊	该刊以画为主，配以文字说明，主要宣传八路军战斗、生产和学习活动。编辑人员有江丰、陈钧、孙萍等
《边讯》	1938年8月，延安	陕甘宁边区文化界救亡协会	旬刊	
《文艺突击》	1938年9月，延安	陕甘宁边区文化界救亡协会	半月刊	该刊从1939年2月第4期起改为边区文化协会编印并改为月刊。共出版6期
《陕北民众教育通讯》	1938年9月，米脂	米脂民众教育馆		
《山脉诗歌》	1938年10月，延安	延安山脉文学社	不定期	该刊为延安和陕甘宁边区的第一个诗歌刊物，不定期出版，出版10期后停刊
《战地通讯》	1938年，延安	西北战地服务团	半月刊	该刊主要反映八路军英勇抗敌事迹
《诗建设》	1938年，延安	延安诗歌总会	周刊	
《战术研究资料》	1938年，延安	第八路军总指挥部	不定期	该刊所载内容包括会议记录、作战经验总结、苏联战术理论、敌军文件、战时教材等
《战歌》	1938年，延安	陕甘宁边区文化界救亡协会	不定期	该刊由陕甘宁边区文化界救亡协会所属的"战歌社"主编，柯仲平任社长
《八路军军政杂志》	1939年1月，延安	八路军政治部	月刊	该刊编委会由毛泽东、郭沫若、王稼祥、肖劲光、萧向荣5人组成，萧向荣兼任主编，设有"抗战言论""实战经验与战术研究""战斗总结""政治工作""对敌研究"等栏目。1942年3月25日终刊
《文艺战线》	1939年2月，延安	文艺界抗战联合会、延安文艺战线社	月刊	该刊是文艺界为贯彻抗日民族统一战线政策而出版的大型现代文艺刊物，由周扬担任主编，出至1940年2月第6期后停刊

续表

报刊名称	创办时间、地点	主办单位	刊期	备注
《中国青年》	1939年4月，延安	全国青年联合会延安办事处	月刊	该刊原为1932年创办于上海的共产主义青年团机关刊物，1937年停刊。1939年4月在延安复刊，胡乔木任总编辑。1941年4月15日出版至3卷第5期后停刊
《边区青年》	1939年5月，延安	陕甘宁边区青年救国联合会、边区青救会宣传部	不定期	该刊旨在指导边区青年运动和边区青年工作
《中国妇女》	1939年6月，延安	中共中央妇委	月刊	该刊为综合性的妇女刊物，以宣传抗日，指导抗日妇女运动为宗旨。主要刊登中共中央、中央妇委的文件及有关抗日和妇女运动的决定、指示，妇女运动理论和婚姻家庭问题，交流妇女工作经验。1941年4月停刊，共出版10期
《抗战报》	1939年7月，绥德	中共绥德地委	五日刊	1947年国共内战爆发，国民党军队进攻陕甘宁边区，该刊停刊
《共产党人》	1939年10月，延安	中共中央	不定期	该刊为中共党内刊物，张闻天主编。主要传达中共中央有关党的建设举措，宣传中共的政策、方针和经验等。1941年8月出至第19期停刊。
《国防卫生》	1939年11月，延安	八路军总部军医处	双月刊	该刊主要刊载医疗卫生方面的知识，毛泽东为该刊题词："救死扶伤"
《通讯月刊》	1939年12月，延安	新华通讯社	月刊	
《学生通讯》	1939年12月，延安	陕甘宁边区学生救国联合会	月刊	该刊为陕甘宁边区学生救国联合会机关刊物
《八路军》	1939年12月，延安	八路军政治部	月刊	该刊于1942年停刊，共出4卷
《通讯战士》	1940年1月，延安	延安通讯学校	不定期	该刊为通讯技术类杂志，1941年10月第2卷1期起改为中央军委三局编
《青年新闻》	1940年2月，延安	陕甘宁边区学生救国联合会	半月刊	

续表

报刊名称	创办时间、地点	主办单位	刊期	备注
《中国工人》	1940年2月，延安	中共中央职工运动委员会	月刊	该刊旨在团结广大工人阶级起来反对日本帝国主义的侵略，毛泽东为该刊撰写了发刊词，1941年3月8日出版至第13期后停刊
《中国文化》	1940年2月，延安	陕甘宁边区文化协会	月刊	该刊由艾思奇主编，1941年8月20日出至3卷第2、3期合刊后停刊，共出版15期
《边区群众报》	1940年3月，延安	延安大众读物社	旬刊	主编胡绩伟，主要供基层群众阅读。该刊销量最多时曾达10000多份
《通讯》	1940年3月，延安	新华社、中国青年记者协会延安分会		
《大众文艺》（原名《文艺突击》）	1940年4月，延安	中华全国文艺界抗敌协会延安分会	月刊	该刊前身为《文艺突击》，是延安最早出版的文艺类刊物，1940年4月15日改为《大众文艺》，萧三任主编，毛泽东为该刊题写刊名。《大众文艺》共出版9期
《女大校刊》	1940年4月，延安	延安女子大学	月刊	
《边区教师》	1940年5月，延安	延安边区教师编委会	半月刊	该刊旨在培育陕甘宁边区教师，毛泽东为该刊题词："为教育后代而努力"
《大众习作》	1940年8月，延安	陕甘宁边区文化协会延安分会、延安大众读物社	月刊	该刊旨在辅导通讯员和初学作者写作，以帮助他们提高写作能力。该刊出至1941年第5、6期合刊后停刊
《连队生活》	1940年8月，延安	八路军后方留守处政治部	旬刊	该刊于1943年4月后改为《部队生活》
《新诗歌》	1940年9月，延安	陕甘宁边区延安文化协会	月刊	该刊旨在推动陕甘宁边区的诗歌创作和诗歌运动，由萧三任主编，共出版6期
《抗大》	1940年9月，延安	抗日军政大学编审会	月刊	1941年11月出至27期后停刊，1946年8月起改为《军政大学月刊》
《歌曲》	1940年11月，延安	陕甘宁边区音乐协会	月刊	该刊以音乐创作理论研究为中心，兼发歌曲作品

续表

报刊名称	创办时间、地点	主办单位	刊期	备注
《中国青年通讯》	1940年12月，延安	中国青年社	不定期	该刊旨在推动延安青年运动和中国青年运动的发展
《鲁艺校刊》	1940年，延安	鲁迅艺术学院编委会	不定期	该刊由李伯钊、王玉堂、陈默君、蒋弼、肖芒、汪耀前、高鲁等编辑。创刊号上有朱德、彭德怀的题词
《敌国汇报》	1940年，延安	八路军政治部敌工部	半月刊	该刊旨在介绍日本各方面的情形，有系统地发表对敌研究报告和敌军的文件、材料
《文艺月报》	1941年1月，延安	延安文艺协会	月刊	该刊先后由萧军、丁玲、舒群任编辑
《陕北文化》	1941年3月，绥德	陕甘宁边区绥德分区文联分会	月刊	主编欧阳正，编辑马济川、霍仲年、赵亚农、冯文江等。该刊出版3期后停刊
《选举通讯》	1941年3月，延安	陕甘宁边区政府	周刊	该刊旨在指导各县、区、乡的选举工作，内容包括选举委员会组织规程，参议会组织条例，选举条例的解释及实施等
《关中文化》	1941年3月，马栏	陕甘宁边区文艺家协会关中分会	不定期	
《边区教育通讯》	1941年4月，延安	陕甘宁边区政府教育厅	半月刊	该刊旨在提高小学教师的教育教学能力，改进教育工作
《敌伪研究》	1941年5月，延安	延安日本问题研究会	月刊	该刊共出版4期，1941年9月停刊
《解放日报》	1941年5月，延安	中共中央党报委员会	日刊	该报是抗战时期敌后抗日根据地影响力最大的一份报刊，由《新中华报》与《今日新闻》合并而成。毛泽东题写报头和撰写了发刊词。该报于1947年3月27日停刊，共出版2130期
《歌曲》	1941年5月，延安	延安作曲家协会	半月刊	主要刊登歌曲作品和歌曲创作理论文章
《锄奸画刊》	1941年6月，延安	陕甘宁边区保安处		
《新少年》	1941年7月，延安	延安儿童之友社	半月刊	主要刊载儿歌、故事、少年习作，封面有精美的木刻作品
《文艺生活》	1941年8月，绥德	绥德文化研究会	月刊	现存第1卷第2期残本（仅残存36页），发表了《拉青年陪葬的人》《除名》《陌生的姑娘》《延安归来》《羊》《土地》《虎子》《再生》等文章

续表

报刊名称	创办时间、地点	主办单位	刊期	备注
《西北儿童》	1941年9月，绥德	西北儿童社	月刊	仅见2期，主编顾敏，常紫钟发行，西北抗敌书店（绥德、米脂、葭县）总经销，新华书店、华北书店代售
《诗刊》	1941年11月，延安	延安诗歌总会		艾青担任该刊主编，该刊共出版6期
《草叶》	1941年11月，延安	延安鲁迅艺术学院草叶社	双月刊	该刊由陈荒煤主编，1942年9月15日停刊，共出版6期
《谷雨》	1941年11月，延安	中华全国文艺界抗敌协会延安分会	月刊	该刊为大型文学杂志，编辑有艾青、丁玲、舒群、萧军等。1942年8月15日终刊，共出版6期
《中国新文字》	1941年11月，延安	新文字协会	季刊	该刊为新文字协会在延安创办的机关刊物，由拓彬、姚俊编辑
《征粮通讯》	1941年12月，延安	陕甘宁边区财政厅征粮通讯组	不定期	该刊旨在指导边区各县征粮工作，并使各县在进行征粮工作中彼此交换工作经验，该刊共出版6期
《群众报汇刊》	1941年，延安	边区群众报社	不定期	该刊主要刊载《解放日报》和《新华日报》社论
《通讯》	1941年，延安	陕甘宁边区保安处	不定期	该刊旨在推动边区情报工作
《部队文艺》	1941年，延安	中央军委直属部队政治部		胡耀邦题写刊名，公木（张松如）主编，晋驼、朱子奇、方杰等编辑
《抗敌》周刊	1941年，延安	抗敌周刊社	周刊	该刊主要报道边区军民抗敌战斗消息，编委有施复亮、艾思奇、张仲实、钱亦石等。该刊一直出版至1942年
《初学者》	1941年，延安	延安南区初学者文艺社	月刊	主要为文艺初学者提供发表园地
《学习月报》	1942年1月，延安	延安南区文艺社	月刊	该报由延安中级学习杂志社、延安学习月报社联合编辑。该刊曾发表了徐特立、范文澜等人的文章
《边区作曲者协会会刊》	1942年3月，延安	边区作曲者协会	月刊	
《民族音乐》	1942年4月，延安	陕甘宁边区音协编委会、边区作曲者协会		1942年10月1日出至第8期停刊，改出《群众音乐》

续表

报刊名称	创办时间、地点	主办单位	刊期	备注
《边区戏剧》	1942年5月，延安	陕甘宁边区剧协		主要研究边区剧运情况，旨在指导边区戏剧工作
《前锋战时新闻》	1942年5月，延安	延安前锋战时新闻社	不定期	该刊为不定期刊物，主要刊载新华社消息
《抗战中的八路军》	1942年7月，延安	八路军政治部宣传部		该刊为八路军政治部宣传部主办的画刊
《情况反映》	1942年7月，延安	陕甘宁边区保安处		
《金融贸易旬刊》	1942年7月，庆阳	陇东贸易分局	旬刊	该刊主要报道市场物价、出口贸易等情况
《学习通讯》	1942年9月，延安	陕甘宁边区党校		该刊为中央党校校刊，刊载了大量整风运动学习的文章
《延安评剧研究院成立特刊》	1942年10月，延安	延安评剧研究院	不定期	1942年毛泽东为该刊题词："推陈出新"
《青苗》	1942年10月，绥德	绥德文化协会	月刊	该刊主要读者对象为陕北青年学生、小学教师和一般中下级干部
《大家看》	1942年，延安	延安新文字协会		该刊为延安新文字协会出版的初级新文字刊物
《边区文化》	1942年，延安	陕甘宁边区文艺家协会		该刊主要报道边区文化生活，旨在推动边区文化事业的发展
《敌伪参考资料》	1943年5月，延安	十八集团军政治部敌伪研究室	不定期	该刊主要编译日本人对延安党、政、军政策方面的论文、报告，供中共领导研究参考
《陕情汇报》	1944年5月，延安	中共关中地委统战部	半月刊	该报于1949年5月22日停刊
《时事参考资料》	1944年6月，延安	延安时事资料社	不定期	
《延川通讯》	1944年8月，延川	延川报社		该刊主要介绍延川县开展抗敌和政治、经济、文化建设方面的情况
《时代文摘》	1944年9月，延安	新华书店	十日刊	该刊内容主要选自上海出版的《时代》周刊，以介绍苏联反法西斯卫国战争和社会主义建设情况为主
《工农通讯》	1944年10月，延安	边区群众报社		该刊旨在指导工农通讯员写作
《陇东金融简讯》	1944年11月，庆阳	边区银行陇东分行		该刊为内部刊物，出版至1945年12月
《通讯员往来》	1944年11月，延安	解放日报社	月刊	解放日报社采编部创办，旨在为通讯员之间相互学习和交流提供平台

续表

报刊名称	创办时间、地点	主办单位	刊期	备注
《情况》	1944年11月，延安	陕甘宁边区保安处		
《军事文摘》	1944年，延安	八路军总政治部		该刊主要摘译苏、美、英等国军事论文，旨在帮助八路军将领提高军事知识
《金融通讯》	1945年2月，延安	陕甘宁边区银行		该刊为内部刊物，出版至1946年9月30日
《三边金融旬刊》	1945年8月，定边	陕甘宁边区银行三边分行	旬刊	该刊为内部刊物，出版至1946年11月
《边区中等教育资料》	1945年9月，延安	陕甘宁边区教育厅	月刊	该刊出至1946年，共出版11期
《供您参考》	1945年10月，延安	中央军委外事组	不定期	该刊专门选登英美记者撰写的关于中国解放区报道的文章，供解放区领导参考
《边区教育通讯》	1945年11月，延安	延安边区教育通讯委员会	月刊	该刊出至2卷6期后停刊，1948年12月复刊，出版至1949年11月停刊

抗战时期，陕甘宁边区创办的中央一级的报刊主要有《新中华报》、《解放》周刊、《共产党人》、《解放日报》、《中国妇女》。边区省一级的报刊有《中共陕甘宁省委通讯》《团结》《党的工作》《党的生活》《西北》《西北战线》《选举通讯》《工人之路》等。抗战期间，陕甘宁边区的八路军部队也创办了大量军事报刊，如《八路军》《抗战中的八路军》《前线》《前线画报》《战地通讯》《国防卫生》《连队生活》《部队文艺》《敌国汇报》《敌国研究资料》等。这些刊物，有的重在宣传八路军部队英勇抗日事迹，有的主要反映部队战斗、学习和生活，有的重在刊载军事、国防、卫生、医疗、救护知识，有的重在研究敌国情况以及敌伪对于八路军的报道，以供中央领导和八路军指战员研究参考。

抗战时期，由于大批知识分子和文艺界人士从国统区奔赴延安，再加上中共对于文艺事业的重视，陕甘宁边区的文艺创作呈现出繁荣的景象。各种抗日文化团体如中华全国文艺界抗敌协会延安分会、陕甘宁边区文化界救亡协会、延安诗歌总会、延安文化动员委员会、陕甘宁边区剧协、边区作曲者协会、延安评剧研究院、延安鲁迅艺术学院草叶社、延安南区文艺社、延安山脉文学社、绥德文化协会等如雨后春笋般涌现。这些抗日文化团体，在开展文艺创作的同时，也积极开展办报办刊活动，创办了大量的文艺期刊，如《中国文化》《文艺突击》《边区戏剧》《文艺战线》《陕北文化》《文艺生活》《文艺月报》《诗刊》《新诗歌》《谷雨》《草叶》《民族音乐》等。这些刊物，有的积极宣扬抗日救亡，刊载了大量抗日文艺作品，有的重在反映共产党领导下边区民众翻身得解放，过上了幸福美满的生活，有的积极开展诗歌、小说、戏剧、音乐等理论的研究，反映边区文化建设和文艺工作所取得的成就。抗战时期，陕甘宁边区文艺期刊的出版，为推动边区文艺事业的繁荣作出了贡献。

四、《新中华报》《解放日报》《解放》周刊的出版

（一）《新中华报》的出版

《新中华报》的前身为土地革命时期中央苏区出版的《红色中华》，该报在瑞金共出版了240期，后因红军长征而暂时休刊。中央红军长征到达陕北后，重新恢复了《红色中华》的出版，该报在陕北出版了84期。1937年1月29日，该报改名为《新中华报》。该报最初是作为陕甘宁边区政府机关报，1939年2月7日，改组为中共中央机关报，并出版"刷新第一号"。

《新中华报》辟有社论、国内要闻、边区新闻、五日国际、三日战况、专论、短评、专访、战地通讯、各县短讯、战地速写、人物介绍、生产运动、读者信箱等栏目。毛泽东曾称赞该报是当时全国报纸中最好的一家，并先后两次为该报亲笔题词，第一次题词为"把《新中华报》造成抗战的一支生力军"，第二次题词为"抗战团结进步，三者不可缺一"。《新中华报》由向仲华主编，徐冰、汪伦、萧英、雷烨、员宪千、方树民、刘毅、黎光等参加编委工作。冯文彬、胡乔木、曹光林、刘光、宋一平、李昌、张春桥、潘汉年、范长江、萧同兹、丁文安、王亚明、王芸生、邹韬奋、吴克坚等人为该报主要撰稿人。

《新中华报》的创办宗旨，一是"对全民族抗战力量努力积极地动员"，二是"对日寇及汉奸卖国贼一切阴谋毒计加以无情的暴露"。[①]

《新中华报》大量报道了抗战消息。该报发表了许多社论，号召全国人民起来坚持团结抗战。该报的"三日战况""战地通讯""战地速写"等栏目，对中国军民英勇抗日的情况进行了广泛、深入的报道。如该报刷新第一号分别登载了《敌军三千哗变》《敌犯冀中区》《我机飞运城炸敌军机场》《我歼敌数百名大小战斗达二十余次》；第30号"三日战况"一栏

---

① 《新中华报改革的意义》，《新中华报》刷新第一号，1939年2月7日。

分别刊发了《战事重心移鄂豫边》《鄂豫边敌两路西犯》《山西敌增兵五台》《敌军强占鼓浪屿》《赣河东岸敌我炮战》等抗敌消息。1939年10月13日，该报第72号发表了《湘北战役的伟大胜利》的社论，报道了长沙守军浴血奋战，多次击溃日寇的英勇事迹。文章指出，湘北战役的胜利告诉我们："在坚持抗战、坚持团结、坚持进步的条件下，我们不仅能获取战役上的极大胜利，而且能够奠定准备战略反攻争取最后胜利的坚固基础。"① 1939年2月10日，《新中华报》刷新第2号刊发了《八路军新四军创敌捷闻》一文，该文共登载了9则专电，第5则专电报道了日寇敌机来犯，结果被我某旅高射机枪击落敌机1架，俘虏敌驾驶员2名，并获机枪1挺。第6则专电报道了1月24日晚我军夜袭伪军，大获全胜的消息。本次战斗不仅全歼伪军，缴获步枪21支，驳壳枪12支，战马14匹，而且活捉了包括伪旅长李颜良在内的伪军官兵共17人。

在积极报道抗战胜利消息的同时，《新中华报》还大力揭露和抨击了抗日战争中的投降派。1939年4月10日，该报发表了《穷凶极恶的汪精卫卖国阴谋》的社论。社论开篇便痛斥汪精卫"认贼作父、丧心病狂、穷凶极恶"。文章指出，日寇灭亡中国的幌子是"反共"，汪精卫卖国的旗子也是"反共"。日寇口中的"反共"是灭亡中国，汉奸卖国贼口中的"反共"，是出卖祖国。文章提出了克服日寇引诱中国妥协投降的阴谋的办法：一是要更加坚决地进行持久抗战，二是"要巩固和扩大抗日民族统一战线——特别是巩固和扩大国共合作"②。1939年6月16日，该报发表社论《起来，克服时局重大的危机》，文章指出，当前时局面临着的重大危机就是"妥协投降"。文章号召全国同胞起来克服时局的重大危机，反对投降派的阴谋诡计，停止反共活动，巩固国共合作，严惩投降卖国分子，"为坚持抗战的国策奋斗到底"③。1939年10月10日，该报发表《反对东方慕尼黑》的社论，对国民党外交部长王宠惠在接受美联社记者采访时所说的"中日战争有光荣和平之可能"的言论进行了批评。社论认为他的谈话"完全是东方慕尼黑的真正开始"，这个谈话，"根本违反了国民政府的抗战国策""违反了中华民族的利益""违反了四万万五千万中国人民抗战的坚强意志"。社论指出，王宠惠氏这个论调与汪精卫的卖国投降主张没有什么分别。文章最后号召："为着坚持抗战，为着中华民族的自由和解放，对于一切掩藏的投降派和民族的败类"，必须进行严重的警告，决不

---

① 《湘北战役的伟大胜利》，《新中华报》第72号，1939年10月13日。
② 《穷凶极恶的汪精卫卖国阴谋》，《新中华报》第20号，1939年4月10日。
③ 《起来，克服时局重大的危机》，《新中华报》第39号，1939年6月16日。

姑息。①

《新中华报》还大力宣传了敌后抗日根据地建设的成就。对抗战期间各敌后根据地在政治、经济、文化、教育、军事等方面的建设情况，进行了广泛深入的报道。这方面的文章如《关于召开边区议会推进边区民主政治的宣传大纲》《生产运动》《生产突击以后》《抗大开荒》《生产·劳动·劳作——文协生产会议速写》《生产战线上的巡礼》《统一战线部的开荒热》《马列学院秋收报告》等。该报第20号发表了李富春的专论《生产突击以后》，指出延安的各级部门在历时半个月的开荒突击中取得了完全的胜利。这次生产突击运动"不但改造了自然，而且改造了每个从事生产的人们"②，通过开展生产突击运动，边区人民体会了"劳动神圣"的光荣。这一革命实践运动还"证明了中国共产党十八年艰苦奋斗优良传统的无坚不摧"③。

《新中华报》第4版为副刊，由艾思奇、柯仲平负责编辑工作。副刊以刊载小说、诗歌、散文、杂感、译文和文学评论等文学类作品为主。

《新中华报》的发行有零售、代售和订阅三种渠道。其中，零售价格为本埠每张3分（含邮费），外埠为5分（含邮费）；订阅价格为本省每张4分（含邮费），外省为6分（含邮费）；代售方式则是根据销售份数实行不同程度的优惠政策，其具体优惠办法如下（表5-11）。

表5-11　《新中华报》代售优惠办法

销售地区\代售份数	20份以下	20份—49份	50份—99份	100份及以上
本埠	无优惠，每份3分	8折	7折	6折
外埠	无优惠，每份5分	9折	8折	7折
以上含邮费					

皖南事变后，中共面临的斗争任务更为艰巨，一方面要领导敌后军民抗击日伪的野蛮侵略，另一方面又要同国民党顽固派破坏抗日民族统一战线的行为进行斗争。《新中华报》因为只设置了4个版面，而且是三日刊，信息容量有限。为了及时传达中国共产党的主张，我们党迫切需要有信息容量更大的刊物担负更为繁重的宣传任务。为此，党中央决定改出一份更大型的报刊，以加强党在抗战中的宣传工作。根据中央指示，1941年5月

---

① 《反对东方慕尼黑》，《新中华报》第71号，1939年10月10日。
② 李富春：《生产突击以后》，《新中华报》第20号，1939年4月10日。
③ 李富春：《生产突击以后》，《新中华报》第20号，1939年4月10日。

16日,《新中华报》宣布停刊,同时改出《解放日报》。

《新中华报》从创刊到终刊,共出版230期。该报在宣传抗日民族统一战线,揭露和批判国内投降派的卖国行径,谴责国民党顽固派破坏统一战线,打退国民党反动派掀起的反共高潮方面发挥了重要作用。

(二)《解放日报》的出版

1941年5月16日,《解放日报》正式与读者见面。该报是中共中央主办的大型机关报,也是陕甘宁边区创办的影响力最大的报纸。解放日报社由博古担任社长,杨松担任总编辑(后由陆定一任总编辑)。

《解放日报》的创办宗旨和任务,在于宣传我党的抗日民族统一战线政策,团结一切民众和一切阶层共同抗日。毛泽东在给该报写的发刊词中指出:"中国共产党的政策始终是抗日民族统一战线政策。""中国共产党的使命就是本报的使命。""团结,团结,团结,这就是我们的武器,也就是我们的口号。"[1]

《解放日报》初创时期仅设置了两个版面。1941年9月16日后扩为4个版面,各版面的栏目设置为国际新闻(第一、二版)、国内新闻(第三版)、边区新闻(第四版)、副刊(第四版)。各版分别设一名主编,编辑若干名。其中,第一版国际新闻栏目主编为曹若茗,编辑人员有张映吾、王揖、邓垦、吴文焘,第二版国际新闻栏目主编为余光生,编辑人员有吴冷西、黄操良、杨永直等;第三版国内新闻栏目主编为吴敏(杨放之),编辑为李锐。第四版边区新闻栏目的编辑人员有赵守一、杜绍西、邓友星等人;第四版副刊由丁玲主编,编辑人员有陈企霞、马加、雪苇、黎辛等。从以上版面编排来看,初创时期的《解放日报》尤为重视对于国际新闻的报道,无论是从版面数量还是从编辑人员配备上,国际新闻栏目都占据了绝对优势。据统计,《解放日报》从创刊到12月31日的七个半月时间里,共发表217篇社论,其中关于国际问题的社论为139篇,占比64.1%,关于国内抗战形势的社论38篇,占比17.5%,关于边区建设的社论为36篇,占比16.6%,关于中国共产党的建设的社论4篇,占比仅1.8%。[2] 关于国际问题的报道占了6成以上比例,反映边区建设、群众生活和党的建设的新闻报道数量严重不足。

《解放日报》初期这种脱离群众和脱离党的中心工作的编辑方针,受到读者批评。1942年3月30日,《解放日报》发表了一封读者来信,该信

---

[1] 晋察冀边区阜平县红色档案丛书编委会:《晋察冀日报文摘》(第2卷),中共党史出版社,2017年,第457页。

[2] 王敬:《延安〈解放日报〉史》,新华出版社,1998年,第22页。

对《解放日报》提出尖锐批评,认为该报"最大的毛病,即是立论空泛",并且"和建设边区的实际工作似乎相距太远了些"。该信还建议将报纸的所有副刊合并成为一个综合性副刊,使它成为解决实际问题的刊物,而不仅仅是一个思想建设的刊物。[1]与此同时,中共中央也发出通知,要求中央至各地方党委要把办好党报作为一项中心工作来抓,各地方党部"尤应根据毛泽东同志整顿三风的号召,来检查和改造报纸"。[2]根据通知,《解放日报》开始着手进行改组,改组的目标是将该报由"不完全党报"改造成"真正的、完全的党中央机关报"。

毛泽东亲自领导了这次改版工作,1942年3月31日,在《解放日报》改版座谈会上,毛泽东在听取了社长博古以及相关编辑人员关于报纸改版工作的汇报后,发表了重要讲话,他指出:"利用《解放日报》,应当是各机关经常的业务之一。"[3]他接着谈到了整风问题,强调在整风运动中要充分发挥报纸的舆论引导作用。

1942年4月1日,《解放日报》改版完成。新版报纸在版面编排上有了较大改动,头版主要刊登国内外重大新闻,国内新闻着重报道中共领导下的各敌后抗日根据地的消息;二版为边区新闻和国内新闻栏目;三版为国际新闻,有时也发表一些理论文章;四版为综合副刊,将八大副刊专栏合并为综合性副刊。改版后的《解放日报》由陆定一担任总编辑,编辑人员也进行了调整。其中,第一版编辑人员有张映吾、叶澜等,第二版编辑人员有邓友星、杨永直、李锐等,第三版编辑人员有吴冷西、王揖、邓垦、黄操良等,副刊由舒群主编。

改版后的《解放日报》大大扩充了解放区和陕甘宁边区的新闻报道篇幅。1944年,在该报改版的两年之后,《解放日报》编委会又对该报的版面安排进行了一次新的调整,具体调整如下:一版主要刊登要闻及战况;二版报道边区生产活动,政治、经济、文化建设成就和战斗通讯;三版为国内消息和副刊;四版为国际新闻。《解放日报》的两次改版,并不是一般意义上的技术性调整,而是延安整风运动的重要组成部分。通过改版,报纸的宣传报道能更紧密地配合党的中心工作任务,更加深入边区军民的生产和斗争实际。

抗战期间,《解放日报》积极宣传中国共产党的抗战、团结、进步的

---

[1] 李军:《解放区文艺转折的历史见证:延安〈解放日报·文艺〉研究》,齐鲁书社,2008年,第230页。
[2] 中共中央文献研究室、中央档案馆:《建党以来重要文献选编(一九二一——一九四九)》(第19册),中央文献出版社,2011年,第162页。
[3] 《在〈解放日报〉座谈会上的讲话》,《解放日报》,1942年4月2日。

方针，揭露国民党的反共阴谋。1942年7月4日，《解放日报》刊发《迎接"七七"》的社论，指出，团结是胜利之本，抗日民族统一战线是战胜日寇的最锐利武器。国共团结如果出现间隙，就会给敌人以可乘之机。针对国民党挑起反共摩擦，破坏统一战线的行径，社论强调要"调整目前很不正常的国共关系"，巩固和增进各党派之间的团结，"使各党派对于目前抗战及对战后新中国的建设取得一致的意见"。[1] 7月7日，在全面抗战爆发五周年之际，《解放日报》发表《中共中央为纪念抗战五周年宣言》的社论，社论主要分析了我国抗战面临的两大问题，一是"时间问题"，二是"团结问题"。文章指出，日寇的挑拨离间，导致抗日阵营不团结，国共关系极不正常。因此，在抗战接近胜利的时候，中国各抗日党派应勠力同心，排除万难，不但在抗战中要保持团结，就是在抗战胜利后也应继续保持团结。[2]

1942年，延安整风运动展开后，《解放日报》大力配合党中央的部署，积极开展关于整风运动的宣传报道。1942年2—4月间，《解放日报》先后发表了毛泽东撰写的《整顿学风党风文风》《反对党八股》《改造我们的学习》等重要文章。同时，刊发了中央的关于开展整风运动的一些指示、通知、决定等文件。这些指示、通知、报告和文章，分析了党内存在的主观主义、宗派主义和党八股的表现及其危害，阐释了开展整风运动的意义，整风的内容、任务以及在整风运动中应坚持的立场、观点、方法和态度等。《解放日报》关于整风运动的宣传报道，有助于提高边区党员干部的思想认识和马列主义理论水平。

在延安整风期间，中国共产党为了克服财政经济困难，在陕甘宁边区掀起了大生产运动的高潮。《解放日报》努力贯彻中共中央提出的"发展生产、保障供给"的方针，对陕甘宁边区开展大生产运动的情况进行了大规模的宣传报道。1942年4月30日，该报刊发了《模范农村劳动英雄吴满有》一文，介绍了边区劳动模范吴满有在大生产运动中取得的突出成绩，"人家平常每垧地打粮平均五斗，他种的地每垧都打六斗"。文章还分析了他收粮比别人多的原因：一是比别人勤劳；二是地耕得深；三是耕种适时。此后，该报相继发布了一系列关于劳动模范吴满有的报道，如《边区农民向吴满有看齐》（1942年4月30日）、《吴满有——模范公民》（1942年5月6日）、《开展吴满有运动》（1943年1月11日）等。在开展大生产运动中，部队的大生产运动也搞得热火朝天，尤其以王震领导的359旅在开

---

[1] 王敬：《延安〈解放日报〉史》，新华出版社，1998年，第108页。
[2] 中国共产党中央委员会：《中共中央为纪念抗战五周年宣言》，《解放日报》，1942年7月7日。

垦南泥湾的垦荒运动中表现突出。《解放日报》以社论、文章、消息、特写、诗歌、木刻等各种形式的作品对南泥湾大生产运动进行了大力宣传。1942年12月12日，该报在头版发表社论《积极推行"南泥湾政策"》，社论赞扬王震领导的359旅是执行中央屯田政策的典范，该旅在开展大生产运动中表现突出，上自首长下至士兵都积极参加劳动并展开生产竞赛，"某团政治委员所领导的一个小组，在竞赛中创造了每天每人平均开荒六分的全团最高纪录"[①]。《解放日报》通过对典型人物和典型事例的宣传报道，极大地提高了解放区军民开展大生产运动的热情。

《解放日报》还刊发了大量反映抗日根据地民主政权建设成就的文章，如《边区目前的选举运动》（1941年6月1日）、《要在全国人民面前作出更好的榜样——陕甘宁边区选举运动开始》（1941年10月15日）、《中共中央关于抗日根据地土地政策的决议》（1942年3月6日）、《开展拥政爱民活动》（1943年2月1日）等。这些文章，对陕甘宁边区开展民主选举、精兵简政、减租减息、拥政爱民、拥军优属运动进行了大力宣传。《解放日报》通过对边区民主政权建设的报道，广大民众更加深切地认识了中国共产党领导下的边区新政权建设的成就，更加坚定了战胜经济困难和争取抗战胜利的信心。

1946年6月，国民党蒋介石撕毁停战协定，悍然挑起内战，派重兵进攻陕甘宁边区。同年11月，《解放日报》根据中共中央指示，开始撤离延安，在转移途中，该报还坚持出版了一段时间。后由于战事急迫，出版环境恶化，《解放日报》于1947年3月27日宣布停刊。该报从创办到停刊，共出版2130期。《解放日报》作为中共中央主办的大型综合性机关报，为抗战事业，为边区政权建设，为传播党的声音作出了十分重要的贡献。

（三）《解放》周刊的出版

《解放》周刊于1937年4月24日在延安创刊，该刊是由中央党报委员会主办的重要政治理论刊物。张闻天任该刊主编，吴亮平任编辑部主任。该刊辟有时事短评、通讯、专载、特载、木刻等众多栏目。

《解放》周刊大力宣传中共关于抗日民族统一战线的政策。如，该刊第4期发表了毛泽东的《为争取千百万群众进入抗日民族统一战线而斗争》一文，文章就"和平问题""民主问题""革命前途问题""干部问题""党内民主问题""大会的团结和全党的团结""为争取千百万群众进入抗日民族统一战线而斗争"等7个方面的问题进行了详细的阐释。作

---

① 《积极推行"南泥湾政策"》，《解放日报》，1942年12月12日。

者深刻指出："我们的正确的政治方针与坚固的团结，唯一的是向着争取千百万群众进入抗日民族统一战线这个目的。"①只有将各阶层团结到一起，结成最广泛的抗日民族统一战线，我们才能打倒日本帝国主义，实现全民族的解放和社会解放。第18期刊登了毛泽东的《国共两党统一战线成立后中国革命的迫切任务》一文，文章认为国共两党统一战线的建立和发展，必将给中国带来光明的前途，将粉碎日本帝国主义的侵略，实现中华民族的解放。文章同时强调，抗日民族统一战线不能只限于国共两党，要充分唤醒广大工农群众、小资产阶级和一切爱国人士，将他们发动、组织、武装起来，结成最广泛的抗日民族统一战线，才能战胜日本帝国主义。②

《解放》周刊积极宣传马列主义学说。据统计，该刊自创刊至1941年8月31日停刊，"共译介有关马克思主义的文章170余篇"③。《解放》周刊刊载了大量译介马列主义经典作家生平及学说的文章。如《斯大林论列宁》（第99期），《列宁论党报的作用》（第100期），《列宁论青年的学习问题》（第41期），杨松译《斯大林与世界共产主义运动》（第81、82期），戈宝权译《关于列宁著〈俄国资本主义发展〉一书》（第83、84期）、柯柏年译《列宁论战斗的唯物论底意义》（第62期），吴黎平、王石巍译《马克思学说的历史命运》（第66期）等。对马列主义经典作家原著的翻译，促进了马列主义在中国的大众化传播，同时，为中国共产党更加准确地理解马克思主义学说，为促进马克思主义的中国化奠定了基础。此外，《解放》周刊还刊登了苏联理论家对于马克思主义和社会主义学说进行介绍的文章，如《什么是社会主义》《什么是乌托邦社会主义》《马克思列宁主义——统一的、整个的学说》《发展是对立的统一和斗争》等。这些文章的刊发，有助于帮助全体党员干部提高马克思主义理论水平，更加全面和准确地理解社会主义学说。

《解放》周刊重视对于青年的思想教育，该刊发表了大量介绍青年运动和论述青年修养的文章。如列宁著、石巍译的《列宁论青年的学习问题》（第40、41期），洛甫的《论青年的修养》（第39期），凯丰的《我们所望于北方青年者》（第2期）、《寄语北方青年》（第7期）、《论目前中国

---

① 毛泽东：《为争取千百万群众进入抗日民族统一战线而斗争》，《解放》周刊第1卷第4期，1937年5月24日。
② 毛泽东：《国共两党统一战线成立后中国革命的迫切任务》，《解放》周刊第1卷第18期，1937年10月2日。
③ 袁文伟：《陕西抗战记忆丛书：抗战中的陕西民众》，太白文艺出版社，2018年，第173页。

青年运动的任务》(第38期)、《青年学习问题》(第133期),乔木的《青年要发扬五四爱国精神》(第70期)、《大后方的学生》(第102期)、《世界青年反对帝国主义战争》(第120期),冯文彬的《中国青年运动的新方向》(第67期)、《中国青年的当前任务》(第106、107期)、《当前各抗日根据地青年运动的基本方向》(第134期)等。《列宁论青年的学习问题》一文指出:"一般青年底任务,尤其是共产主义青年团及其他一切组织的任务,可以用两个字来总括起来:学习。"[1]作者在该文中强调了青年在学习马克思主义的过程中,不能机械地、呆板地、生吞活剥地去学习理论知识,而是要把理论学习与革命斗争实践紧密结合起来。

《解放》周刊是中共中央主办的最有权威的政治理论刊物。毛泽东、张闻天、朱德、周恩来、博古等中央领导人都曾在该刊发表过文章。毛泽东本人对《解放》周刊的出版非常重视,一些重要的社论、评论他都亲自审阅。1938年7月,毛泽东还为该刊亲笔题词:"坚持抗战,坚持统一战线,坚持持久战,最后胜利必然是中国的。"

《解放》周刊是中共中央创办的公开发行的刊物,除了在陕甘宁边区等敌后抗日根据地发行外,还在国统区以及港澳地区发行。其销售数量也不断增长,出版至第10期时,每期销量已达10000多份。而据任弼时的说法,该刊"销售到三万余份"。[2]1939年5月17日,张闻天在中央书记处会议上谈到《解放》周刊时指出,该刊迄今已办70余期,发行70余万份,比过去大革命时期的《向导》更广,这是"中宣部最大的工作""传播了中央主张"。[3]

1941年8月31日,《解放》周刊出版至第134期后,遵照中央关于集中力量办好《解放日报》的指示精神,宣告停刊。该刊从创办至停刊,坚持出版了四年多时间,为宣传抗日民族统一战线,传播马克思主义理论作出了重要贡献。

五、新华书店的成立

新华书店诞生于抗战的炮火声中。其前身为1937年4月24日在延安成立的新华书局。1937年9月,延安新华书局更名为延安新华书店,店址位于延安清凉山的万佛洞内。

---

[1] 列宁:《列宁论青年的学习问题》(石巍译),《解放》周刊第40期,1938年5月30日。
[2] 任弼时:《任弼时选集》,人民出版社,1987年,第202页。
[3] 中共中央党史研究室张闻天选集传记组、张培森:《张闻天年谱 上卷(1900—1941)》,中共党史出版社,2010年,第420页。

延安新华书店初创时,与中共中央党报委员会发行科为同一套班子,在书店工作的只有7名成员,其中包括发行科长涂国林、副科长臧剑秋,另加5名通信员。通信员的主要职责是负责书刊的包装和运输等工作。

1939年6月1日,中共中央发行部成立后,为了加强边区的图书发行工作,开始着手筹建新华书店。当时负责书店筹建工作的主要成员有王矛、卜明、周保昌、殷益文、史堪、孙勤学等人。①

1939年9月1日,新华书店在延安正式开业,店名由毛泽东亲自题写。开业庆典当天,朱德、张闻天等中央领导人亲自前往书店视察和祝贺。新华书店首任经理为王矛,后由张道吾、易吉光相继接任。新华书店建立之初,设置了门市、批发、发行、进货、栈务、邮购、会计等7个科室。

抗战时期,新华书店在极为简陋的条件下担负着发行党报、党刊、书籍、杂志的任务。该机构不仅发行了《共产党宣言》《新民主主义论》《论联合政府》等马列经典著作和毛泽东等中央领导人著作,以及《整风文献》等党的文件,还发行了《解放》周刊和《新中华报》《军政杂志》《中国文化》《中国工人》《中国青年》《中国妇女》《解放日报》《团结》等报刊以及大量革命文艺作品。

新华书店重视拓展发行网点,抗战期间,该书店先后在陕甘宁边区以及晋察冀、山东等敌后抗日根据地建立分支机构,在各县建立支店和分销处。由于图书分销网点的开拓,新华书店的书刊发行数量在短时间内得到迅速提升。据统计,新华书店在成立之初的三年时间里,就发行了陕甘宁边区出版的图书160余种,50余万册;发行报刊10种,100多万份;此外,新华书店还发行了大后方出版的进步图书300余种,报刊70余种。②

除了增设分支店外,新华书店还为顾客办理书刊邮购业务。该店曾在《新中华报》上发布启事:"为远地读者便利购买书报起见,特设有邮购部,手续简易,妥捷便利,邮票十足通用,无异向门市现购。"③随着发行人员的进一步充实,书店业务范围也进一步拓展,从1940年9月起,新华书店开展了送书上门服务,对于延安各机关、团体、学校订阅的书刊,书店将派发行人员送至所在单位。

1942年,中央决定将延安北门外的华北书店划归边区中央宣传部领导。1943年,华北书店正式并入延安新华书店,两店合并后,新华书店的业务范围进一步扩大。在整风运动中,新华书店遵照中宣部的指示精神,

---

① 延安清凉山新闻出版革命纪念馆:《延安时期新闻出版文史资料》(第1辑),1986年,第375页。
② 文东:《红色发行机构——新华书店》,《中国图书商报》,2001年7月5日。
③ 哈九如:《新华书店七十纪事(1937—2006)》,上海人民出版社,2007年,第5页。

发行了一批关于整风运动的单行本。随后，新华书店又将这些单行本汇编成《整风文献》一书出版发行。这些整风文献及其单行本的出版发行，对于宣传整风运动，增强广大党员学习的自觉性、积极性，提高党员干部的马克思主义理论水平，推动整风运动的深入发展，都具有积极意义。

在整风运动中，延安新华书店还根据中宣部提出的"文化下乡"的指示精神，积极开展"书报下乡"活动，将发行工作从城市向农村拓展。在"书报下乡"活动中，新华书店除在各区设立分支店和代销处以外，还积极深入农村基层、部队，开展送书送报活动。书店发行人员还利用农村赶集、赶庙会和举办展销会等机会，在现场摆摊设点，进行书报刊的宣传和推广工作。此外，书店还积极发展流动书报摊，书店发行人员挑着文化货郎担，深入农村偏远地区开展流通图书供应。这一做法受到广大农村读者的欢迎，"不论干部、群众、教员、学生都争先选购"[①]。在送书下乡的过程中，书店发行人员还会对暂时缺货的图书，让读者写下姓名和地址，以及所求购的图书书名和数量，等下次下乡的时候带来或直接从书店邮寄过来。新华书店开展的"书报下乡"活动，是延安整风期间书店发行工作的一次重大改革。开展送书下乡，不仅使广大农民读者能够获得所需的精神食粮，拓展了图书的发行范围，提升了图书的销量，而且推动了党的宣传工作向农村延伸。

抗战时期，新华书店除在陕甘宁边区开展发行网络建设外，还向晋察冀、晋绥、山东等其他敌后抗日根据地开拓发行网点，从而形成覆盖整个敌后抗日根据地的书刊发行网络。与此同时，新华书店还通过各种秘密渠道，将书刊发行至国统区，从而基本建立起覆盖全国的图书发行网络。

六、中央印刷厂的印刷与发行工作

中央印刷厂于1937年7月1日在延安正式成立，厂址选在延安清凉山。祝志澄任中央印刷厂厂长。

抗战时期，中央印刷厂担负了繁重的书刊印制任务。当时陕甘宁边区的《新中华报》《解放日报》《边区群众报》均由中央印刷厂负责排印。各级宣传部门、延安解放社、新华书店等出版的马列著作、整风文献以及毛泽东、刘少奇等中央领导人的著作也由中央印刷厂负责印刷。此外，抗战时期，延安创办的许多文艺刊物，如《诗刊》《文学月报》《民族音乐》等均由中央印刷厂排印。陈荒煤、艾青、周立波、丁玲、马可等著名作家经

---

① 赵生明：《新华书店诞生在延安》，华岳文艺出版社，1989年，第121页。

常到印刷厂书版间来校对自己的作品。①1938年，抗日战争进入相持阶段后，由于日寇对抗日根据地的封锁，中央印刷厂的材料供应十分困难，尤其是纸张和油墨，消耗很大，供应不足。为了解决这一问题，中央印刷厂厂长祝志澄曾亲自去西安、重庆联系采购。与此同时，全厂职工发扬自力更生的延安革命精神，研究造纸和制作油墨技术，他们通过将当地的马兰草作为造纸原料，生产出一种马兰纸，从而解决了纸张供应不足的问题。同时，中央印刷厂的工人研制了小型轧墨机，又利用松香燃烧产生的松烟自制油墨，解决了印刷油墨的供应问题。

延安整风运动期间，陕甘宁边区开展了学习赵占魁的"赵占魁运动"。赵占魁是陕甘宁边区农具厂的工人，他通过钻研技术，改进工艺，提高了产品质量，被陕甘宁边区政府评为模范工人。毛泽东称赞他是中国式的"斯达汉诺夫"②。中央印刷厂通过开展"赵占魁运动"，出版产品质量和印刷效率均有了较大提高。例如，在排字方面，1938年，中等技术工人每小时能排800字，后通过开展整风学习和改进技术，到1945年时，一般工人每小时能排1200字。③1944年5月21日，《解放日报》报道了该厂在"赵占魁运动"中所取得的突出成果，"直接参加生产的人数比1942年减少了1/4，而印刷总数却提高了52.3%"④。

中央印刷厂在开展生产竞赛运动中，涌现出一批先进模范。佟玉新就是其中的典型代表，他是中央印刷厂生产竞赛运动中的一面旗帜。1944年1月22日，《解放日报》对佟玉新的模范先进事迹进行了宣传报道。同年7月，中央印刷厂开展了学习佟玉新的生产大竞赛活动。通过开展"赵占魁运动""佟玉新运动"，该厂的生产效率获得显著提升。据统计，延安期间，中央印刷厂排印的马恩丛书、抗日战争丛书、列宁选集、斯大林选集、毛主席著作以及有关政策文件、文学艺术等图书达321种，排版印刷的报刊达20余种。⑤这些革命书刊，通过各种渠道发行到各解放区和国统区、沦陷区，武装了全国人民的思想，团结壮大了革命队伍，给全国人民指明了中国革命的光明前途，鼓舞了全国人民的抗日斗志。

1946年11月，国民党发动内战，调集重兵向陕甘宁边区进攻，中央印刷厂根据中央指示，疏散撤退到子长县（今陕西省子长市）魏家岔村，

---

① 延安清凉山新闻出版革命纪念馆：《延安时期新闻出版文史资料》（第1辑），1986年，第492页。
② 斯达汉诺夫是苏联著名煤矿工人，曾经创造过采矿超过定额13倍的纪录，全国因此开展了学习斯达汉诺夫的"斯达汉诺夫运动"。
③ 延安清凉山新闻出版革命纪念馆：《延安时期新闻出版文史资料》（第1辑），1986年，第423页。
④ 《中央印刷厂管理合理化，成本减低，效能提高》，《解放日报》，1944年5月21日。
⑤ 延安清凉山新闻出版革命纪念馆：《延安时期新闻出版文史资料》（第1辑），1986年，第340页。

继续从事印刷活动。1948年3月中旬，中共中央决定从陕北向华北实施战略转移，中央印刷厂完成了它的光荣历史使命。

第三节　山东抗日根据地的出版活动

山东抗日根据地的出版事业是随着抗日民主政权的建立而逐渐发展壮大起来的。山东抗日根据地建立后，为发展党的新闻出版事业，先后创办了大众日报社、山东文化出版社、大众印书馆、山东新华书店等一批新闻出版机构。这些出版机构出版了大量马克思主义经典书籍、政治理论书籍、革命文艺书籍和学校教材。抗战时期，山东敌后抗日根据地还创办了《大众日报》《山东文化》《山东画报》《胶东画报》等一批通俗报刊。这些书刊的出版，为宣传党的政治路线和抗日主张，为传播马克思主义，为推动抗战的胜利发挥了重要作用。

一、山东抗日根据地出版机构的创建

抗战初期，山东抗日根据地的出版工作大都由报社兼任。1938年6月，中共胶东区党委在黄县建立胶东联合社，并出版了《怎样做瓦解敌军的工作》，这是抗战时期山东抗日根据地出版得最早的图书。同年8月，胶东大众报社在黄县创建，胶东联合社即与大众报社合并，由大众报社统一领导，进一步加强了图书出版编辑工作。据统计，抗日战争和解放战争时期，以胶东联合社或大众报社的名义出版的图书有99种，近百万册。[①]

1939年1月，中共山东分局在沂水县王庄成立大众日报社。该社成立后，出版了一批马列著作、毛泽东著作、政治理论、社会科学和抗战类图书。根据当时《大众日报》刊登的新书广告，该社出版了《抗日民族统一战线》《什么是马克思主义》《社会科学概论》《共产国际纲领》《列宁主义概论》《共产党宣言》，毛泽东的《论新阶段》《论持久战》《抗日游击战争的战略问题》，刘少奇的《论共产党员的修养》，陈云的《怎样做一个共产党员》，艾思奇的《大众哲学》等各类图书188种。这些书，绝大多数都是翻印延安解放社的版本。以上各类图书的出版和发行，给山东敌后抗日根据地的党员干部和群众以有力的思想武装。

1940年8月1日，山东抗日根据地召开各界联合大会，大会提出"要活跃敌后的出版事业"，"适应社会需要，供给文化食粮"。[②]根据会议精神，

[①] 山东省出版总社出版志编辑部：《山东出版志资料》（第8辑），1989年，第13页。
[②] 山东省出版总社出版志编辑部：《山东出版志资料》（第8辑），1989年，第14页。

山东各地抗日根据地创办了山东文化出版社、大众印书馆、海滨书局、山东新华书店等一批出版机构（表5-12）。

表5-12 抗日战争时期山东抗日根据地的主要出版机构

出版机构	成立时间、地点	负责人	主管部门	出版图书	备注
大众日报社	1939年1月1日，沂水	刘导生 匡亚明	中共山东分局宣传部	《论新阶段》《社会科学概论》《列宁主义概论》《大众哲学》《论持久战》等188种图书	
山东文化出版社	1940年4月，沂水	刘导生	中共山东分局宣传部	《抗战道理》《怎样办农救会》《怎样办合作社》《抗日自卫团读本》《青救会读本》《职工会读本》等	1940年改为大众印书馆
大众印书馆	1940年12月7日，沂水	李竹如 仲星帆	中共山东分局宣传部	《唯物论辩证法研究提纲》《哲学选辑》《中国现代革命运动史》《苏联共产党（布）历史简明教程》《马恩列斯论共产党》等	1942年4月与大众日报社合并
海滨书局	1942年春，莒南县	潘寿卿	八路军115师政治部	《整风文献》《组织起来》《李有才板话》《小二黑结婚》等	1944年7月与山东新华书店合并
鲁北文化供应社	1943年5月，陵县（今山东省德州市陵城区）、平原、临邑一带	不详	中共冀鲁边区二地委宣传部	《在延安文艺座谈会上的讲话》《新民主主义论》《大众哲学》《李有才板话》等	1944年7月停办
山东新华书店	1944年7月6日，莒南县	刘力子 于光	华东局宣传部	《政治经济学》《学习方法与思想方法》《蒋党真相》《中国共产党烈士传》等；"新华小文库""文艺创作丛书""新华文摘丛刊""大众文库""战时小丛书"等丛书；出版刊物有《滨海农村》《新华文摘》《文化翻身》《群众文化》等	
渤海新华书店	1945年1月，惠民县	崔冠三	渤海日报社	《劳动英雄冯国玉同志》《好劳动好班长赵占奎》等	
鲁南新华书店	1945年春，费县梁丘	张治 王锦堂	鲁南时报社	《中共土地政策研究》等	1947年冬书店撤销
鲁中新华书店	1945年春，莱芜	李克公 刘更生	鲁中大众社	《名人文选》《敌后解放区介绍》等	1948年春书店撤销

续表

出版机构	成立时间、地点	负责人	主管部门	出版图书	备注
泰运文化出版社	1945年8月，平阴	梁杰三	泰西专署文教科	主要编辑出版中小学课本及教学辅导材料，出版过《冬学课本》《三字经》《冬学宣传参考》《目前形势和我们的任务》	1948年9月合并于冀鲁豫新华书店

1940年4月，山东文化界进步人士在中共山东分局宣传部领导下，建立起山东文化出版社，并选举李澄之、杨希文、孙陶林、李竹如等9人为山东文化出版社理事。山东文化出版社的成立，为根据地文化出版事业的发展打开了新局面。1940年12月，中共山东分局宣传部在原山东文化出版社的基础上，创办了大众印书馆。印书馆下设通俗读物组、小学课本组，其任务是发展出版事业，在文化战线上粉碎敌人。大众印书馆的创办，使得山东抗日根据地的出版工作进一步完备，出版规模进一步扩大。1942年春，山东分局决定将大众印书馆与大众日报社合并。大众印书馆编辑部改为山东省行政委员会教育处编审科。

1941年，冀鲁豫行署也创建了文化出版社，承担编辑出版根据地图书的任务。随着形势的发展，各抗日根据地行署机关报社相继创建，如群众日报社、鲁西日报社、卫河日报社、冀鲁豫日报社、鲁中大众社、鲁南日报社、战士报社、前锋报社等。这些报社不仅印刷出版报纸，还编印出版了不少图书。

抗战后期，随着山东敌后抗战形势的胜利发展，图书出版由报社兼任的状况已经不能适应形势的需要。此时，各根据地新华书店陆续建立，图书编辑出版工作纷纷从报社脱离出来，交由各地新华书店承担。1944年7月6日，山东新华书店在莒南县成立，该书店是集编、印、发于一体的出版机构，其任务是传播新民主主义文化，供应全山东的精神食粮。同年，冀鲁豫书店成立。接着，1945年1月，渤海新华书店成立；1945年春，鲁南新华书店在费县成立，鲁中新华书店在莱芜成立；1945年10月，胶东新华书店成立。至抗战结束时，山东抗日根据地已形成了一个比较健全和完整的图书出版发行网络。

二、抗战时期山东抗日根据地的图书出版

抗日战争时期，为了适应根据地文化教育事业发展的需要，山东抗日根据地的党政机关、部队、文化组织与学术团体都编印出版了一些报刊和

图书。1940年8月，山东省战时工作委员会成立后，设立了教育处编审科，负责编印冬学教材及小学课本等。此外，编审科还颁布了小学课程标准总纲，出版了综合读本。胶东地区也成立了国防教材编辑委员会，负责编辑课本的工作。1941年，中共山东分局宣传部发布通知，要求："地委以上宣传部应成立编审委员会，大量编辑党内教材，尤其是时事教材与补充教材，推动文教科、文协成立编委会或出版社，大量编辑出版教育材料、通俗读物及各种宣传品。"[1]根据这一指示精神，山东解放区各区党委宣传部大多成立了编审委员会，负责图书的编审工作。群众文化团体，如山东省文协、山东省艺术协进会、胶东文协编委会、胶东国防剧团、战友剧团社、文荣文化供应社、鲁北文化供应社、泰运文化出版社等，也相继开展编印出版工作。部队文化单位如山东军区政治部、八路军山东纵队、115师政治部等也都积极开展出版活动。

抗战初期，为了唤醒民族觉悟，增强民众战胜敌人的信心，宣传党的抗日主张，山东抗日根据地各级报社、党政机关、部队等集中翻印了10多种马列主义图书和毛泽东等中共领导人的图书，如《共产党宣言》《马列主义纲要》《马恩列斯论共产党》《列宁主义概论》《新民主主义论》《论新阶段》《抗日游击战争的战略问题》等。1939年2月，大众日报社为了出版《论新阶段》一书，曾在该报刊登紧急启事："为了赶印《论新阶段》一书，约需三周完工，自下星期起，篇幅缩小，所有订户每月照十份寄奉。"[2]该书出版后，受到上级表扬。接着，报社又接连为该书进行广告宣传，介绍其内容及装帧情况，使其销量大增，仅大众日报社就印制了2万多册。

抗日战争时期，山东抗日根据地出版了大量政治理论读物和宣传抗战的书，如《抗战道理》《战时政治工作》《中国革命基本问题》等。1942年至1945年，抗日战争进入艰苦的决战时期，为进一步动员抗战，推动解放区的各项建设，根据地各个部门又编印出版了一批政治理论读物和马列经典著作，如《国家与革命》《论持久战》《左派幼稚病》《新民主主义论》等。其中，1944年渤海新华书店第一次翻印了《毛泽东选集》1至5卷。据统计，1942年至1945年，山东抗日根据地编印出版了226种哲学和政治理论图书。[3]这些图书以动员群众参加抗战和支援前线，配合各项群众运动为主要内容。

1942年，整风运动开始后，山东抗日根据地为配合整风运动，相继

---

[1] 常连霆：《山东党史资料文库》（第14卷），山东人民出版社，2015年，第658页。
[2] 山东省出版总社出版志编辑部：《山东出版志资料》（第8辑），1989年，第17页。
[3] 山东省出版总社出版志编辑部：《山东出版志资料》（第8辑），1989年，第19页。

编印了《论共产党》《党性修养》《整风文献》《三风》《怎样做一个共产党员》等一批文献和图书。其中《怎样做一个共产党员》一书，仅胶东区党委宣传部就再版3次。清河区群众报社出版的《整风文献》一书，成为该区广大党员干部的必读图书。

在文化教育类图书方面，抗日战争时期，山东抗日根据地出版的多为战时需要的小学、民众教育课本。如《战时小学国语课本》《冬学教材》《妇女自卫团教材》《冬学政治课本》等。此外，还出版了部分专业理论书，如《教育概论》《新闻工作学习材料》等。

抗日战争时期，山东抗日根据地出版了一批文学、艺术方面的图书，主要为小说、戏剧和报告文学，如《两万五千里长征故事》《毛泽东的故事》《模范党员申常林的故事》《李有才板话》《劳动英雄模范村长田二鸿》《好劳动好班长赵占奎》《山东战斗英雄》等。为提高根据地干部和群众对于中国社会和历史的认识，唤起军民的抗战救国热情，抗日战争时期，山东抗日根据地出版了一批历史类图书，如《中国社会史问题》《中国现代革命运动史》《甲申三百年祭》《中华民族解放斗争史》等。

抗日战争时期，山东抗日根据地还出版了一批军事类图书，其中包括歌颂抗日战争时期牺牲的八路军将士的书，如《晋冀鲁豫烈士英名录》《中国共产党烈士传》《参战英雄录》《山东省著名革命烈士英名录》等；军事理论和军事技术方面的书，如《两个战场》《论解放区战场》《拥政爱民与军队群众的建设》《怎样备战》《第二个战场的开辟与中国抗战》《步兵射击教材》《手榴弹教材》《捷克式轻机枪参考材料》等。据统计，抗日战争时期，山东抗日根据地出版的军事图书共87种。[①]

三、抗战时期山东抗日根据地的刊物出版

山东解放区的报纸和期刊出版工作是随着抗日民主政权的建立和巩固而发展起来的。抗日战争爆发后，日军向山东进犯，国民党山东省政府主席韩复榘竟未做任何抵抗，率十万大军向南逃跑，致使山东很快沦陷。在日寇的侵略下，齐鲁人民处于水深火热之中。日军侵占山东后，中共山东省委坚决贯彻中共中央《关于在山东发动组织人民抗战》的指示，积极组织武装群众开展游击战争，建立抗日民主政权。先后建立了胶东、清河、冀鲁豫、鲁西、鲁南、鲁中、滨海、渤海等抗日根据地。为了提高广大群众的抗战救国热情，团结一切力量，实现全民抗日，山东抗日根据地各级

---

① 山东省出版总社出版志编辑部：《山东出版志资料》（第8辑），1989年，第23页。

党组织都很重视宣传工作，把创办报纸、刊物作为大事来抓。

（一）山东抗日根据地期刊出版概况

抗日战争初期，山东各抗日根据地的党政机关及军队纷纷创办期刊，积极宣传抗日救亡。1938—1939年，胶东、清河、鲁西、鲁南、鲁中等抗日根据地共创办期刊19种。其中，各级党组织创办的有13种，八路军抗日支队创办的有6种。[①]1940—1942年，山东抗日战争进入最艰苦的时期，为了粉碎日寇的侵略，宣传和发动全民抗战，激发军民的抗战救国热情，各抗日根据地的党政机关、部队和群众团体，在极端困难的环境下创办了一批刊物。

抗日战争时期，山东各地纷纷成立了各种抗日群众组织，如山东省职工救国联合总会、山东省文化界救亡协会、山东省农民救国总会、山东省妇救总会等。各级群众组织也纷纷创办刊物，如妇女团体创办了《前哨妇女》《战地妇女》等刊物，文协组织创办的主要刊物有《文化阵地》《胶东大众》《大众戏剧》《大众画刊》《山东文艺》等，青年组织创办了《青运通讯》《青年人》等刊物。抗日战争后期，山东抗日政权日益巩固和发展，各级群众组织更加健全，因而这一时期的期刊出版数量也不断增长，尤其是增加了不少文艺、教育类期刊（表5-13）。

表5-13　1937—1945年山东抗日根据地的期刊出版

刊物名称	创办时间、地点	主办单位	刊期	备注
《民声》	1937年，掖县（今山东省莱州市）	中共掖县县委		主编郑耀南。共出版12期
《老乡三日刊》	1937年，菏泽	不详	三日刊	该刊旨在宣传、教育、唤醒民众、团结抗战，终刊日期不详
《抗战青年》（《群众月刊》）	1938年春，莱芜	中共莱芜县委	月刊	该刊于1940年底改为《群众月刊》，终刊时间不详
《先锋》	1938年6月，聊城	中华民族解放先锋队鲁西北总部	月刊	
《大众》	1938年9月，沂水	中共苏鲁豫皖边区省委	半月刊	主编孙陶林。1940年出至第35期改为月刊，1941年8月出至第45期停刊。该刊主要报道国际国内大事，经常刊登毛泽东等领导人的文章、地方党组织领导人作的报告，以及妇女工作、青年工作、军队工作的文章

---

① 山东省出版总社出版志编辑部：《山东出版志资料》（第8辑），1989年，第25页。

续表

刊物名称	创办时间、地点	主办单位	刊期	备注
《血花》	1938年7月，淄博	八路军山东抗日游击第三支队十团政治部	不定期	1938年11月停刊
《海涛》	1938年12月，掖县	八路军山东总队第五支队21旅海涛社	半月刊	社长郑耀南，主编罗竹风、李佐长。该刊旨在宣传抗日，普及革命理论，传播新知识。该刊辟有时事漫谈、专论、小说、诗歌、名人介绍、大众讲座、通讯、半月大事记等栏目。共出版3期
《鲁东月刊》	1938年，烟台	鲁东月刊社	月刊	
《大众先锋》	1938年，烟台	中华民族解放先锋队胶东总队	不详	
《抗战青年》	1939年，泰安	泰山区青年救国分会	周刊	
《战地文艺》（《抗战文艺》）	1939年1月4日，临沂	中共山东分局	日刊	该刊为《大众日报》的文艺副刊。主要刊登速写、戏剧、通讯、报告文学、诗歌、歌曲、民谣、鼓词、土调、秧歌等文艺作品，以揭露日本侵略军的罪行，鼓舞人民的抗日信心，歌颂抗敌斗争中的英雄模范人物
《文化防线》	1939年6月，烟台	胶东文协	不详	主编阮志刚
《群力》	1939年，郓城	中共郓城县委	不定期	
《时事通讯》	1939年，临沂	八路军115师政治部宣传部	周刊	社长赖可可。1940年停刊
《群众月刊》	1940年10月，泰安	中共泰山地委	月刊	主编徐干晨
《山东群众》	1940年，莒南	山东群众社	月刊	该刊中间一度停刊，1945年10月复刊，终刊日期不详
《文教月刊》	1940年，济南	山东文化教育委员会	月刊	
《动力周刊》	1940年冬，博山	中共博山县委	周刊	1942年停刊
《文艺学习》	1940年，临沂	八路军115师政治部	月刊	主编那沙。该刊是山东抗日根据地较早铅印出版的文艺报刊，约出版5期后停刊

续表

刊物名称	创办时间、地点	主办单位	刊期	备注
《文娱材料》	1940年，临沂	滨海分区政治部宣传队	不详	该刊由山东滨海新华书店发行，终刊日期不详
《博山教声》	1940年，博山	博山县模范地区教员联合会	月刊	
《胶东大众》	1941年1月15日，烟台	中共胶东区委宣传部、胶东文化界抗日协会	月刊	主编先后为韩力、马少波、江风。该刊主要发表政治、经济、军事论文、时事述评、文艺作品、工作经验、通讯报道等。1947年8月15日，出至63期后改为《胶东文艺》
《大众画刊》	1941年6月，海阳	胶东文艺工作团	不定期	1944年1月停刊
《战时儿童》	1941年7月，荣成	荣成县抗日民主政府	不详	
《大众电讯》	1941年11月，临沂	大众日报社	日刊	1946年1月停刊
《农村》	1941年，荣成	荣成县抗日民主政府	半月刊	终刊日期不详
《战士朋友》	1941年，烟台	八路军胶东军区政治部	月刊	该刊旨在提高士兵群众的阅读自修和写作能力。1945年停刊
《山东民主导报》	1942年3月，沂南	山东民主导报编辑会、山东战时行政委员会	不详	
《战士》	1942年，临沂	八路军山东军区115师政治部	月刊	
《山东青年》	1942年，济南	山东青年月刊社	月刊	
《抗战生活》	1942年，临沂	鲁苏战区战地党政委员会	不详	
《山东文化》	1943年3月1日，莒南	山东省文协总会	月刊	刘知侠、燕遇明、蔡贲、刘雪苇等先后任主编。刊登文艺理论、时事政治、文化工作、实用科学、国际经济等方面的稿件和文艺作品。1947年终刊
《胶东青年》	1943年3月，烟台	胶东青年社	月刊	胶东文协主编
《中国青年》	1943年5月，济南	中国青年月刊社	不详	
《通讯工作》	1943年6月，烟台	大众报通联科	不详	

续表

刊物名称	创办时间、地点	主办单位	刊期	备注
《大家看》	1943年6月，德州	鲁北文化供应社	十日刊	1944年7月停刊
《农村生活》	1943年7月，临沂	山东省文协、滨海区文协	月刊	1944年改为半月刊
《山东画报》（《华东画报》）	1943年7月，莒南	山东军区政治部	月刊	该刊主要反映军队的英雄业绩以及根据地和解放区的建设情况。读者对象为根据地和解放区的军民和党政干部。1946年底改为《华东画报》。共出版49期
《大众歌选》	1943年，临沂	山东省文协戏剧音乐委员会	不详	
《胶东画报》	1944年4月，烟台	胶东画报社	双月刊	该刊提出其历史与文化任务是：应当而且必须要用工农兵的血和汗，来描绘他们的斗争；要用工农兵的感情，来体现他们的生活；要用工农兵团结各个阶层人士的态度，来记载他们大公无私的民主精神。设有报道通讯、图画、图案剪影、诗歌、写作园地等栏目
《胶东画报（部队版）》	1944年6月，烟台	山东军区胶东军区政治部	月刊	
《老百姓》	1944年6月，菏泽	邳睢铜联救会	半月刊	
《爆炸大王》	1944年10月，烟台	胶东武装部	不详	
《农村戏剧》	1944年，烟台	胶东文协	不详	
《整风》	1944年，烟台	中共胶东区委	不详	
《医学文摘》	1944年，临沂	山东军区卫生部	不详	
《电讯》	1944年，德州	中共渤海区二地委宣传部	不定期	主要内容为编发延安新华社的电讯稿。1946年停刊。
《调查材料》	1944年，烟台	中共胶东区委调查研究室	不详	
《山东医务杂志》	1945年1月，临沂	山东军区卫生部	月刊	1945年12月停刊
《大众歌声》	1945年5月，临沂	山东文化救亡协会	不详	

续表

刊物名称	创办时间、地点	主办单位	刊期	备注
《郯城通讯》	1945年5月，郯城	中共郯城县委	不定期	该刊负责人刘岩生。1948年11月停刊
《战邮通报》	1945年10月，烟台	胶东战邮管理局	不详	
《通讯业务》	1945年10月，临沂	山东军区通讯业务编委会	不详	
《临沂通讯》	1945年10月，临沂	中共临沂县委	周刊	该刊负责人张华。1947年3月停刊
《新华文摘》	1945年11月，临沂	山东新华书店	半月刊	该刊为山东解放区第一个文摘性综合刊物。主要刊载马克思主义理论和中国共产党重要领导人的文章、报告，述评国内外时事等。辟有世界职工联盟介绍、各国共产党领袖介绍、文化消息、各国介绍等栏目。1947年12月5日出版了《新华文摘（胶东版）》，1949年3月30日出至第4卷4期后停刊
《滨海画报》	1945年，莒南	滨海农村报社	不定期	1948年1月停刊
《前锋》	1945年，滨州	八路军山东渤海军区政治部	三日刊	
《战士歌集》	1945年，临沂	战士剧社	不详	
《工作快讯》	1945年，莱芜	中共莱芜县委	不定期	1946年3月停刊
《戏剧》	1945年，临沂	山东文协	不详	该刊由山东新华书店发行

据统计，1943—1945年，山东抗日根据地新创办的刊物有64种，其中文学艺术类刊物14种，文化教育类刊物10种。[1]这一时期，山东抗日根据地创办的影响力较大的期刊有：《山东文化》《山东画报》《胶东画报》《山东群众》等。这些在抗战烽火年代创办的刊物，在组织和发动广大群众参战，夺取抗日战争的最后胜利方面起了积极作用。

（二）《山东文化》

《山东文化》于1943年3月1日在山东莒南创办。该刊是抗战期间山东抗日根据地创办较早的一份综合性文艺杂志，主办机构为山东省文协总

---

[1] 山东省出版总社出版志编辑部：《山东出版志资料》（第8辑），1989年，第26页。

会山东文化社。先后担任主编工作的有刘知侠、燕遇明、蔡贲、刘雪苇等，编辑人员还有尚力科、郝欣、韩川、刘亮、张伟强（女）、姚明（女）等人。[①] 1943年7月，燕遇明任《山东文化》总编辑，刘知侠任副总编辑。为满足大众的文化需求，编辑部还相继编辑出版了《戏剧》《大众歌声》《农村生活》《新儿童》等通俗刊物。

《山东文化》栏目设置丰富多样，所刊内容有报告文学、通讯、小说、故事、诗歌等，主要反映山东解放区军民的战斗生活、生产劳动、拥军爱民等事迹，歌颂了各条战线的英雄模范人物。经常为该刊撰稿的除陶钝、刘知侠、张笠吾、张凌青等知名作者外，绝大部分作者是来自解放区的党政部门、部队和各群众团体的青年干部。[②]

由于作者大多来自生产和战斗第一线，因此所撰稿件内容真实，深受抗日根据地读者的喜爱。如该刊第3期刊登的《在上饶集中营里》一文，作者是曾被关押在上饶集中营，后趁机逃回解放区的一名新四军干部。文章描述了被国民党反动派关进"上饶集中营"的共产党员和新四军战士所遭受的各种酷刑和残酷折磨，以及他们在敌人的淫威下所展现出来崇高的革命气节。由于文章所记述的事件乃作者所亲身经历，内容不仅真实而且十分生动，读者阅读之后无不深受感动。

《山东文化》所刊载的文章与山东解放区的抗日斗争和生产生活紧密结合。1943年，山东军区召开英模大会后，为了宣传英雄模范，号召抗日根据地军民向英雄模范学习，《山东文化》及时采访并刊发了介绍英雄模范事迹的稿件，如《民兵英雄臧西山》，介绍了抗日根据地民兵英雄臧西山英勇抗日的事迹。文章讲述了民兵分队长臧西山带领他的民兵分队，四年来与日伪作战100多次，单独与日寇作战10多次，配合主力部队拔据点，杀敌上百人，而自己部队无一人牺牲的英雄事迹，给根据地抗日军民以极大鼓舞。[③]

1945年春，敌后抗日根据地军民迎来抗战大反攻的阶段，山东解放区的部队兵分两路向敌占城市和交通要道大进军。在这一新形势下，《山东文化》社的编辑和记者纷纷奔赴前线参加抗战，《山东文化》也暂时停刊。1945年8月，日本侵略者宣布投降，历时14年的抗战取得伟大胜利。抗战胜利后，1945年冬至1946年春，《山东文化》曾在临沂复刊，1946年8月，该刊出至4卷4期后，为了加强领导，成立了新的编委会，由山东省

---

① 常连霆：《山东党史资料文库》（第20卷），山东人民出版社，2015年，第197页。
② 常连霆：《山东党史资料文库》（第20卷），山东人民出版社，2015年，第197页。
③ 原载1944年《山东文化》，尚力科：《我亲历过什么》，长征出版社，2002年，第23页。

文协会长张凌青及刘雪苇分别担任正副主编。1947年春，该刊宣告停刊。

（三）《山东画报》

《山东画报》是山东抗日根据地创办的大型摄影、美术画刊。该刊是在《晋察冀画报》的影响下创办的。1942年秋，山东军区政治部主任肖华到太行区八路军总部汇报工作时，看到了《晋察冀画报》，他对这种富有特色的报刊产生了浓厚的兴趣，当即决定要在山东抗日根据地也创办摄影画刊。1943年7月，《山东画报》正式创刊，同时成立了山东画报社，报社地址设在山东莒南。山东画报社由康矛召担任社长，郝狄担任主编，王建础、郝世保、龙实、赵钱孙等为编委会成员。[1]

《山东画报》由军区政治部战士印刷厂承印。由于印刷设备缺乏，没有照相制版，只能出版石印美术画报。后山东画报社派人到上海购得照相制版和摄影器材，但在准备安装过程中，正赶上日军对山东抗日根据地的"大扫荡"，山东画报社一部分印刷制版器材遭到敌人破坏。1944年冬，反"扫荡"结束后，山东画报社把被日军破坏了的部分照相制版器材利用起来，开始试做铜版。1945年2月，山东画报社成功印制出第一幅铜版照片毛主席像。此后，《山东画报》便成为以刊载摄影作品为主的摄影画报。

《山东画报》刊载的主要内容有：反映山东抗日根据地军民反击日寇侵略的英勇事迹，介绍根据地军民团结抗日、减租减息、劳动模范事迹，宣传苏联红军抗击法西斯侵略的胜利消息，以及刊载各种通讯、故事、照片、连环画、木刻、漫画等。1945年7月1日出版的《山东画报》第25期刊载了胶东、鲁南、鲁中、渤海等抗日根据地军民攻克文登、泗水、蒙城、利津等城池，诸城伪军反正等战斗事迹。[2]这些作品的刊载，对鼓舞山东抗日根据地军民的斗志，增强抗战胜利的信心，推动山东根据地的宣传文化工作起了积极的作用。

《山东画报》作为抗战期间创办的面向广大军民的通俗读物，发表了大量摄影、美术等作品，形象地宣传报道了根据地部队的战斗事迹。如八路军攻克郯城、赣榆、莒县、临沂，打死汉奸刘桂棠，岱固保卫战等。为了从前线采集珍贵镜头和材料，山东画报社的记者冒着生命危险接近火线，一些人甚至为此献出了宝贵的生命。

《山东画报》为16开本，原定为月刊，实为不定期出版，每期印数约为1500份，由大众日报社发行科按战时邮政系统分发给滨海、鲁中、鲁

---

[1] 山东省文化厅史志办公室：《山东省文化艺术志资料汇编》（第13辑），1988年，第304页。
[2] 常连霆：《中共山东编年史》（第4卷），山东人民出版社，2015年，第494页。

南、胶东各区部队和党政群单位。军区政治部还组织了政治交通队，由交通员把画报和《战士报》《战士》等一起，由津浦路穿越敌人的封锁线，送往鲁西、鲁西南地区的部队，并送到太行山八路军总部。

抗日战争期间，《山东画报》的出版得到各方面的关怀。当时，山东军区司令员兼政治委员罗荣桓，山东军区政治部主任肖华等人都十分关心印刷厂的建设和安全，先后委派王登高、李世全、宋光等人负责印刷厂的安全保卫工作。日寇"扫荡"期间，山东画报社和印刷厂的同志掩藏好印刷器材，拿起枪和群众一起保卫印刷厂。《山东画报》也得到大众日报社的指导和帮助。《大众日报》总编辑白子明，副总编辑陈楚、陈冰等人都对画报的编辑工作给予过指导。此外，军区政治部、山东省文协以及胶东区和滨海区许多搞文艺、美术和版画创作的人员也对《山东画报》给予了极大支持。

1945年8月，日寇宣布无条件投降后，山东画报社由莒南县搬进临沂城内继续出版。解放战争爆发后，那狄、王建础、白刃先后随军赶赴东北，《山东画报》由龙实任主编，鲁岩、吕蒙任副主编。1946年底，《山东画报》改名为《华东画报》，从第40期起，该刊又改回《山东画报》，继续不定期出版，直至1949年5月停刊。从1943年7月创刊至1949年5月停刊，《山东画报》共出版49期，其中，在抗日战争中出版了26期，解放战争中出版了23期。

（四）《胶东画报》

《胶东画报》由胶东画报社创办。1944年4月，中共胶东区党委在牟平县（今山东省烟台市牟平区）埠西头村成立了胶东画报社，开始筹备《胶东画报》的出版事宜。胶东画报社由胶东军区政治部宣传干事鲁萍任社长，成员有李善一、李恕、温国华、丁炎等人。1944年4月，《胶东画报》正式创刊。该刊为16开本，双月刊，每期发行约5000份，主要面向胶东区广大军民。

关于《胶东画报》的宗旨和任务，创刊词中写道："《胶东画报》是毛泽东旗帜下的产物。因此，他必须贯彻毛泽东的思想，必须遵循毛泽东所指的方向，同时在新文化事业中，他又必须成为对敌斗争的锐利武器！"《胶东画报》"要用工、农、兵的血和汗，来描绘他们的斗争，要用工农兵的感情来体现他们的生活，要用工农兵团结各个阶层人士的态度，来记载他们大公无私的民主精神"。[①]

[①] 原载《胶东画报》第1期，山东省出版总社出版志编辑部：《山东出版志资料》（第9辑），1989年，第115页。

《胶东画报》创刊后，因为工作需要，中共胶东区委又陆续调来了李静纯、鲁农、潘沼等人。自1945年春季到1946年夏初，先后调来画报社的业务骨干还有姜信之、范子厚、王鼎、杨荣敏等人。由于刊物的编辑力量得到加强，胶东画报社的出版业务不断拓展。1945年6月间，山东军区政治部决定将《山东画报》胶东渤海分版的出版任务交由胶东画报社负责。

《胶东画报》刊载的文章内容着重报道胶东解放区军民开展抗敌斗争、广大民众支援前线的英勇事迹，以及解放区的政治、经济、文化建设和大生产运动等。《胶东画报》栏目设置丰富多样，有图片新闻、文字通讯、诗歌、谚语、小故事、讽刺小品、简短文艺作品、科学知识和军事常识等。每期由军区首长撰写一篇政论性文章。用英雄人物做封面是《胶东画报》的一大特点。从第2期开始，该刊每期都刊登有摄影图片，有的摄影图片还刊载于封面。从1944年创刊至1945年4月，该刊共出版7期，其中有4期采用摄影作品做封面。如，第2期封面刊登了胶东著名战斗英雄任常伦的照片，第3期封面照片为两名战斗英雄手持机枪的照片，第7期封面刊载了胶东区劳动英雄张富贵的照片。这些摄影照片和图片的刊登，使《胶东画报》在内容和形式上更加丰富多彩。[1]

1947年夏，国民党蒋介石军队侵犯山东解放区，为了适应革命战争形势急剧发展的需要，胶东画报社的大部分工作人员被调往野战军部队从事新闻报道工作，《胶东画报》宣告停刊。《胶东画报》从创办到停刊，共出版了30余期。

第四节 晋冀鲁豫抗日根据地的出版活动

抗战期间，中共领导下的八路军挺进华北，建立了晋察冀、晋绥、晋冀鲁豫抗日根据地，并分别建立了抗日民主政权。其中，晋冀鲁豫根据地是抗战时期中共建立的面积最大、人口最多的抗日根据地。晋冀鲁豫抗日根据地横跨晋、冀、鲁、豫、苏五省，地理位置十分重要，无论是抗日战争时期还是解放战争时期，晋冀鲁豫根据地都是一块战略重地，也是党的宣传工作的主战场。

一、晋冀鲁豫根据地的新闻出版事业概况

全面抗战爆发后，日军侵占我国大片领土，党的新闻出版事业遭到极

---

[1] 顾棣：《中国红色摄影史录》（上），山西人民出版社，2009年，第67页。

大破坏。再加之抗战初期，国民党正面战场抗战的失利，使国内充斥着一些亡国论调。面对国内战争的新形势，为了宣传我们党的抗日主张，唤醒民众抗日救国热情，1937年7月23日，毛泽东发表《反对日本进攻的方针、办法和前途》一文，呼吁广大爱国同胞团结起来，共同驱逐日寇。作者在文中还提出要加强国防教育，"新闻纸、出版事业、电影、戏剧、文艺，一切使合于国防的利益"。①

1939年5月17日，中共中央书记处发布《关于宣传教育工作的指示》，指示要求实行全党办报，地方各级党委要自办印刷所印刷地方报纸和"翻印中央党报及书籍小册子"，指示还提出要"坚持公开宣传马列主义，出版翻印各种关于马列主义的刊物与书籍"。②

在这一方针的指引下，晋冀鲁豫各根据地的党委，纷纷建立各种报刊出版发行机构，编印出版了大量报刊、图书和宣传小册子。太行区作为中共中央北方局、八路军总部、晋冀鲁豫边区政府所在地，先后发行了《先锋报》《战场报》《胜利报》《晋冀豫日报》《中国人报》《新华日报》（华北版）等。其中，《新华日报》（华北版）是抗战时期晋冀鲁豫抗日根据地出版的一份最具权威性和最具影响力的报纸。太岳区创办了《太岳日报》《晋豫报》《光明报》《岳南大众报》等；冀南区出版了《冀南日报》《人山报》；冀鲁豫区创刊了《冀鲁豫日报》《抗战日报》《卫河日报》《鲁西日报》等。

1940年4月5日，中共北方局进一步提出要"建立各种印刷机关、发行出版各种抗战的书报、杂志，特别要出版大量的通俗读物"的指示。③此后，晋冀鲁豫根据地各分区在原有各种刊物的基础上，又相继出版了一批贴近群众实际，反映抗日根据地军民战斗生活的通俗刊物。其中，太行区出版发行了《华北文艺》《华北妇女》；太岳区创办了《太岳文化》《工农兵》；冀南地委出版了《光明之路》《卫河》《冀南青年》《少年儿童》；冀鲁豫边区文联也先后创办了《平原文艺》《新地》《冀鲁豫画报》《战友月刊》等抗战文艺类刊物。

抗战初期，晋冀鲁豫抗日根据地新闻和出版工作紧密联系在一起，在组织机构方面也没有明确分工，报社在出版报纸的同时，也翻印一些图

---

① 中共中央文献研究室、中央档案馆：《建党以来重要文献选编（一九二一—一九四九）》（第14册），中央文献出版社，2011年，第397页。
② 中共中央文献研究室、中央档案馆：《建党以来重要文献选编（一九二一—一九四九）》（第14册），中央文献出版社，2011年，第307页。
③ 山西省档案馆：《太行党史资料汇编》（第4卷），山西人民出版社，2000年，第226页。

书。如，太岳日报社就是根据地集出版、印刷、发行三位一体的新闻出版机构。1944年4月，太岳书店与太岳日报社合并，太岳书店也改名为太岳新华书店，合并后一年时间内，共印刷《新华日报》太岳版114期，716213份；《中国人报》7期，18420份；《晓光报》6期，3962份；各种书87种，226904册。①

抗战时期，晋冀鲁豫根据地党的各级宣传部门也组织翻印出版了大量马克思主义著作、各种政治理论读物和时事宣传小册子。这些书刊和宣传手册的出版发行，指导了抗日根据地军民的斗争，宣传了党的抗日主张，提高了根据地广大干部的思想政治觉悟和马克思主义理论水平。

抗战初期，晋冀鲁豫出版的各种报刊和图书以宣传党的抗日救亡主张，唤醒民众抗日热情，团结民众抗日，发展抗日民族统一战线等为主要内容。抗日战争中后期，晋冀鲁豫出版的各类书刊，转变为以揭露日寇侵略暴行，反映抗日根据地军民战斗生活，报道根据地党政军的建设成就为主要内容。②1942年，毛泽东的《在延安文艺座谈会上的讲话》发表后，晋冀鲁豫抗日根据地全面展开了文艺整风运动。在文艺座谈会精神的指引下，根据地各区委出版了一批大众化、通俗化的文艺读物。

晋冀鲁豫抗日根据地的出版事业作为党和人民的喉舌，经历了不断发展壮大的光辉历程。根据地出版的各种报纸和书刊，在宣传党的抗日主张和各项方针政策，开展抗战动员，推动根据地各方面建设和满足根据地广大军民的战时精神文化需求方面，作出了积极贡献。晋冀鲁豫抗日根据地在抗日战火硝烟中开创的新闻出版事业，为夺取抗战胜利发挥了重要的作用，在中国近代新闻出版史上写下了光辉的一页。

二、晋冀鲁豫根据地的办刊活动

抗日战争时期，晋冀鲁豫抗日根据地出版了大量的期刊（表5-14）。据不完全统计，太行区、太岳区先后出版军事、政治、文艺、卫生、美术、摄影和综合性刊物约135种，"是抗战时期期刊出版最多的地区之一"。③

---

① 张树栋等：《中华印刷通史》，印刷工业出版社，2004年，第656页。
② 郭秀芬等：《晋冀鲁豫根据地史研究》，河北人民出版社，2014年，第193页。
③ 山西省史志研究院：《山西通志·新闻出版志》（第43卷），中华书局，1999年，第137页。

表5-14 抗战时期晋冀鲁豫根据地出版的部分刊物

刊名	刊期	创办时间、地点	主办机关	主编（负责人）	出版期数	备注
《战斗》	半月刊	1937年11月9日，辽县	中共冀豫晋省委	徐子荣	120多期	该刊是太行区出版时间最长的刊物
《抗战生活》	半月刊，后改月刊	1939年4月1日，长治	抗战生活社	张磐石	不详	该刊为综合性期刊，辟有时事述评、经验教训、信箱词典、文艺等栏目。1941年3月第3卷4期起改月刊
《文化动员》	不定期	1939年5月，沁县	晋东南文救总会	王振华、高沐鸿、王玉堂	不详	
《山地》	不定期	1939年	黄河日报社	赵树理	不详	该刊为《黄河日报》文艺副刊
《燎原》	不详	1939年	黄河日报社	不详	不详	
《太南青年》	十日刊	1940年4月	青救总会太南分会宣传部	不详	不详	
《太行工人》	不详	1940年5月1日，沁县	晋东南总工会	不详	不详	内容侧重于工会工作
《建设》	半月刊	1940年8月1日	中共太岳区党委	不详	不详	该刊物主要为指导各级党委、政府机关、群团组织在整党建党方面的工作
《青年与儿童》	半月刊	1940年	华北青年社	孟奚、杨笃、杨俊	不详	以青年和儿童为对象的综合性读物，内容包括文艺、军事、自然、社会等知识
《新时代》	不详	1940年，平顺	中共太南区委	张向一	不详	该刊主要向国统区发行
《太岳文艺》	不详	1941年1月，沁源	沁河文协	江横、苏策	不详	
《新华周刊》	周刊	1941年3月25日，沁县	华北《新华日报》	不详	不详	
《胜利周刊》	周刊	1941年春	胜利报社	不详	13期	辟有抗日经济讲座、经济动态、经济常识等栏目

续表

刊名	刊期	创办时间、地点	主办机关	主编（负责人）	出版期数	备注
《太岳政报》	不定期	1941年11月21日	太岳行署	不详	不详	内容包括政府公文、政策、指示、计划、总结，以及反映政府在各种中心工作中的典型范例、经验教训、工作指导等
《辑文》	不详	1941年	太行青年记者服务队	不详	不详	
《交流》	不定期	1943年5月1日	太岳行署	不详	不详	主要内容为交流各地区具体工作经验，同时也发表一些指示文件，读者对象为各县区级干部
《工农兵》	月刊	1944年5月	太岳新华书店	不详	12期	第5期载有"农村戏剧专号"，包含玉亭、关守耀编的《光荣抗属》，张国贤、崔于春编的《后悔》，段二苗编的《双转意》，太岳一分区燎原剧社编的《全家福》等文章
《新大众》	月刊	1945年6月1日	华北新华书店编辑部	王春、冯诗云、章容等	45期	综合性、通俗性大众读物，主要面向区村干部、小学教员和知识分子

资料来源：山西省史志研究院：《山西通志·新闻出版志》（第43卷），中华书局，1999；齐峰，李雪枫：《山西革命根据地出版史》，山西人民出版社，2013。

三、太行文化教育出版社的成立

抗战期间，为粉碎日寇对革命根据地的进攻，加强敌后抗日根据地的文化建设，提高根据地干部的政治理论水平，增强根据地广大民众的抗战必胜信心，1938年6月，中共冀豫晋省委会议决定出版《中国人报》，同时成立太行文化教育出版社。[1]

---

[1] 太行革命根据地史总编委会：《太行革命根据地史料丛书之八 文化事业》（第8辑），山西人民出版社，1989年，第290页。

1938年8月[1]，太行文化教育出版社正式成立，社址在长治城内府坡街路西22号。社长由王振华担任，副社长由张伯园、杜毓沄担任。太行文化教育出版社的主要任务：一是宣传党的抗日民族统一战线政策；二是团结文化教育界人士；三是训练小学师资，开展抗日的教育工作；四是编辑出版小学教科书及各种图书、教材、宣传画，其中以出版小学教材为主要任务。[2]

太行文化教育出版社设有编辑、文化教育和出版后勤3个部门。编辑部门主要负责编印图书、教材及各种宣传品，编辑部主任先后由陈沂、陈岱、李竹如、张磐石担任；文化教育部负责联络团结文化教育界人士，开展统一战线工作，部长由杜毓沄兼任；出版后勤部主要负责行政、总务、财务和书刊发行等任务，部长由杨叙九担任。此后，出版社的工作人员逐渐增多，规模最大的时候发展到近百人。

太行文化教育出版社成立后，编印出版了大量教材、刊物、通俗读物、年画和抗战宣传小册子。如《战时读本》《论持久战》《论新阶段》《三民主义概论》《怎样做一个部队的文化教员》《斯大林与红军》《最后胜利是我们的》《晋察冀边区汉奸托派的卖国罪》《晋察冀边区粉碎敌人围攻的几个重要点》《辩证法唯物论》《苏联战时政治工作》《国际形势与我国抗战》《抗战戏剧集》《宣传队的工作》《论持久战浅说》《怎样办民族革命小学》《抗战知识丛书》《游击小组讲话》《抗战大鼓词》《晋察冀边区青年运动在巩固》《辩证法唯物论》《华北敌后——晋察冀》《陕甘宁边区概况》《苏联工人的幸福生活》《日本特务机关在中国》《世界大战新阶段与中国抗战新阶段》《社会科学概论（下册）》《抗日民族统一战线教程》《新千字文》《华北形势详图》《欧洲新形势图》《世界地理初级读本》《国际政治分析地图》《政治经济学初级读本》《世界简图》《关于宪政问题》《近代史讲话》等。[3]

《战时读本》是晋冀鲁豫抗日根据地为提高军民的识字水平而编写的一套教材。全面抗战爆发后，为加强根据地的文化教育工作，中共北方局

---

[1] 太行文化教育出版社成立时间，有的学者认为是1938年5月（参见叶再生：《中国近代现代出版通史》第3卷，华文出版社，2002年，第912页）。有的说法认为是在1938年10月（参见山西省地方志办公室编《太行革命根据地史》，山西人民出版社，2015年，第75页）。本文采用了1938年8月（参见刘江、鲁分主编《太行新闻史料汇编》，太行新闻史学会，1994年，第200页）。待考。

[2] 太行革命根据地史总编委会：《太行革命根据地史料丛书之八 文化事业》，山西人民出版社，1989年，第291页。

[3] 太行革命根据地史总编委会：《太行革命根据地史料丛书之八 文化事业》，山西人民出版社，1989年，第304页。

要求出版社编写一套战时小学读本，以供根据地小学和部队战士学习。当时太行文化教育出版社把战时教材的编写列为首要任务，并由陆定一亲自指导该项工作。1939年1月，晋冀鲁豫抗日根据地第一套《战时读本》编写完成。该读本共分4册，经陆定一审查修改和中共北方局的批准，向整个根据地出版发行。除了编写教材外，太行文化教育出版社还创办了一些报纸和期刊。1939年4月，《抗战生活》创刊，该刊主要反映我党领导下抗日根据地军民的战斗和生活事迹。该刊内容丰富多样，设有时事述评、经验教训、信箱辞典、文艺等栏目。李竹如和张磐石先后担任该刊主编。1939年7月，该刊出版至第6期后，因日寇扫荡而被迫暂时停刊。1940年4月，该刊复刊。复刊从第2卷第1期重新排列期数。1941年3月，该刊从第3卷第4期起改为月刊。1941年12月，该刊与《华北文艺》合并后停刊。

1939年7月，太行文化教育出版社编辑出版了《新华日报》（太南版），后改为《太南日报》。负责该报的编辑人员有张磐石、杨波、杜宏、马楠和刘祖春等。

太行文化教育出版社成立之初，没有设置专门的发行部门，书刊的发行主要是依靠各抗日救亡团体和各区县政府、牺盟会代为销售。后来，出版社先后在沁县、陵川、武安、邢台等地成立了一些分社和办事处、发行站。

太行文化教育出版社在创建和发展过程中，始终得到根据地领导的关怀和指导。当时，具体领导出版社工作的，是北方局组织部部长朱瑞。朱瑞调山东工作后，由北方局宣传部部长李大章领导。八路军总司令朱德和副总司令彭德怀等人都十分关心出版社的工作，对出版社的工作进行指导。出版社出版的书刊，先后由陆定一、李大章和陈沂等负责审查。

1939年底，根据中共北方局的决定，太行文化教育出版社合并入《新华日报》华北分馆。分馆下设报纸和图书两个编委会。报纸编委会主要由报社原有编辑组成，图书编委会主要由出版社编辑部成员组成。合并之后，图书出版仍使用"太行文化教育出版社"的名称。

太行文化教育出版社从成立到合并，虽只有一年多时间，但对宣传党的抗日民族统一战线政策，宣传毛泽东同志的论持久战的战略思想以及团结文化教育界人士，推动抗日文化教育工作，起到了积极作用，也为我党的革命事业培养与输送了一批文教干部，在抗日文化教育出版事业上作出了一定的贡献。

四、《新华日报》华北分馆

《新华日报》华北分馆创建时间为1938年12月19日。华北分馆的社长兼总编辑一职由何云担任。华北分馆除出版《新华日报》外，还翻印出版了延安的《解放》杂志以及大量革命图书。1939年，该报馆出版了毛泽东的《论新阶段》和《论持久战》，王稼祥的《中国共产党与革命战争》，左权、陆定一的《晋察冀边区怎样粉碎了敌人的进攻》等图书，总计达20多种。

1940年1月，太行文化教育出版社与《新华日报》华北分馆合并后，该报馆成为华北敌后新闻出版工作的总机关，担负着出版报纸和图书的双重任务。报馆分别设立了丛书编辑部，由张磐石任部长，韩进兼任副部长，赵文敏、李汉辉、黄啸曾、张德甫、王默馨为编委，编辑部下设教材科、丛书科和通俗科，分别负责编辑各种图书。图书的印刷由报社的印刷部负责，图书的发行渠道与报纸相同。两机构合并后，报馆陆续出版了马恩列斯和毛泽东等中央领导人的著作，如：《共产党宣言》《两个策略》《左派幼稚病》《斯大林选集》《思想方法论》《新民主主义论》《陕甘宁边区的共产党》等。

在抗战的特殊环境下，这种新闻、出版合二为一的模式，便于敌后根据地新闻出版机构集中使用人力、物力和财力，不仅有利于办好报纸，而且也进一步促进了图书出版的发展。据统计，1940年，《新华日报》华北馆自编和翻印出版图书共达45万余册，此外，还复刊了大型杂志《抗战生活》，支持了《青年与儿童》《华北文化》《华北文艺》《敌伪动态》《文艺增刊》等刊物的出版与发行。[1] 1940年12月，《新华日报》华北分馆出版了《毛泽东论文集》，该书收集了毛泽东的重要著作23篇，这是在华北敌后抗日根据地出版最早的一部毛泽东论文集。

1940年9月至12月，报馆在黎城县城关、辽县麻田两地开设了新华书店门市部，分别由徐晨钟、赵国良任书店经理，专事图书发行工作。1941年5月，中共中央北方局宣传部发布《关于开办书店的决定》，决定要求"在新华日报所在地开设新华书店总店，每个区党委所在地开设分店（太北区党委分店可由总店兼管，不再另设分店），领导和推动全区的书店工作"[2]。根据决定，报馆附属的新华书店扩大为新华书店华北总店，这是华北新华书店的前身。新华书店华北总店在报馆发行部领导之下，先后于漳

---

[1] 刘江、鲁分：《太行新闻史料汇编》，太行新闻史学会，1994年，第202页。
[2] 上海市出版工作者协会《出版史料》编辑组：《出版史料》（第2辑），学林出版社，1983年，第9页。

北、晋中、冀西、太南、晋东等地设立分店，开展图书零售业务，新华书店华北总店负责批发业务。至此，《新华日报》华北分馆构建起较为完备的图书发行系统，为华北新华书店的成立创造了有利条件。

五、华北书店的成立

华北书店成立于1941年1月1日，店址设在辽县（今左权县）桐峪村。华北书店是由大后方重庆的"生活""读书""新知"三家书店联合建立的敌后抗日根据地书店。

1940年夏，在周恩来、邹韬奋的支持下，重庆生活书店李文、读书生活出版社刘大明、新知书店王华受各自单位委派，共同奔赴晋冀鲁豫边区的八路军总部驻地辽县（今左权县）创办华北书店。

华北书店出版发行的第一批书是《1941年日历》和高尔基的《鹰之歌》《海燕》，由于印刷设备缺乏，图书采用油印出版。图书出版后，深受根据地军民喜爱，很快售罄。随后，华北书店又翻印出版了大量文艺类作品，如鲁迅的《狂人日记》《阿Q正传》《故乡》《朝花夕拾》，以及苏俄著名文艺作品如邵洛霍甫著、曹靖华译的《死敌》，高尔基著、罗稷南译的《和列宁相处的日子》，拉夫列尼约夫著、曹靖华译的《第四十一》，聂维洛夫著、曹靖华译的《不走正路的安德伦》等。由于印刷技术的不断改进，图书质量不断提高。如华北书店于1941年5月刻印的《第四十一》，被译者曹靖华赞为"刻印精美"的珍本。与此同时，华北书店还出版发行了《怎样写作》《小学行政》《小学训导》《苏联历史讲话》《农村调查》《经济常识》等通俗政治读物和教学辅导用书。

1942年，华北新华书店抽调部分印刷工人到华北书店进行印刷业务指导。在他们的指导下，书店利用《新华日报》华北分馆浇铸的铅版手工印刷书籍，印刷条件进一步得到改善。铅印的第一本书《人怎样变成巨人》，共发行1000余册。[①]1943年，《新华日报》华北分馆帮助华北书店在涉县建立了一家拥有40多名印刷工人的铅印厂，出版条件得到进一步改善，华北书店图书出版数量因而大增。为了扩大发行范围，华北书店在左权县麻田和涉县河南店增设了两个分店。

华北书店出版的图书，除了在根据地发行外，还向敌占区和国民党管辖地区发行。为躲避敌伪检查扣押，发行到敌占区和国统区的图书大都使用伪装书名。如《新民主主义论》一书的封面上印的书名为《虞初新志》，

---

① 陈厚裕、邢晓寿：《八路军总部在左权》，中央文献出版社，2008年，第389页。

《论新阶段》一书封面印的是《文史通义》。为了迷惑敌人，以上两书的封面还印上了"上海广益书局印行"字样，实际上为华北书店印行。

1943年10月，根据上级指示，华北书店合并入华北新华书店。两店合并后，图书出版的数量大幅度增加。据统计，从1943年冬至1945年抗日战争胜利的两年时间里，华北书店和华北新华书店的工作人员密切合作，共出版了60多种图书。[1]此外，还编印出版了群众性通俗刊物《新大众》以及普及医药常识的期刊《卫生》等。这些图书和期刊的出版，对太行区文化教育出版事业的发展，起到了极大的推动作用。

六、华北新华书店的成立

华北新华书店前身为《新华日报》华北分馆新华书店。华北分馆新华书店成立于1940年1月1日，店址设在黎城县。1940年9月1日，《新华日报》（华北版）刊登了一则启事："新华书店开幕，地址黎城。"[2]书店隶属报社，全称为"《新华日报》华北分馆新华书店"。9月11日，又刊登"新华书店开幕启事"。启事说："本报鉴于交通阻隔，文化食粮缺乏，特于9月1日在黎城开设新华书店，业已正式开幕，承售本报所出版之名贵书籍杂志40余种。并正与敌后方及延安各大书店、杂志、报社函洽推销其出版物，以沟通敌后与我后方之文化，而解决文化食粮之恐慌，提高敌后军、政、民的政治文化水平，务希各界人士协力扶持！"[3]

《新华日报》华北分馆新华书店开业不久，便因日寇对敌后根据地的"扫荡"而停业。1940年12月10日，华北新华书店在辽县麻田镇开设了新的门市部，同时，还在武乡洪水、辽县桐峪，涉县河南店镇、索堡镇开设了分店。1941年9月，根据中共中央北方局宣传部的决定，《新华日报》华北店、彰北分店、晋中分店、冀西分店、太南分店进行合并，成立华北新华书店总店。1942年1月1日，华北新华书店总店在辽县正式宣布成立。同日，《新华日报》刊登了"新华书店"启事，称："本店定于民国三十一年一月一日正式开幕，出版发行《新华日报》，出版发行及经售各种书籍杂志。今后希各界多加指导，藉以改进工作是荷！"[4]

华北新华书店总店由杜毓沄任总经理、王显周任副总经理。总店下设

---

[1] 王辅刚：《三晋史话·长治卷》，三晋出版社，2016年，第275页。
[2] 山西省史志研究院：《山西通志·新闻出版志》（第43卷），中华书局，1999年，第290页。
[3] 山西省史志研究院：《山西通志·新闻出版志》（第43卷），中华书局，1999年，第290页。
[4] 北京市新闻出版局党史资料征集领导小组：《北京出版史志资料选辑》（第1辑），北京出版社，1990年，第45页。

经理部、审计室、发行部和印刷厂。抗日战争时期，华北新华书店主要发行了以下图书：一是马恩列斯理论著作，如《马克思主义民族问题》《左派幼稚病》《两个策略》《马恩通讯选集》《斯大林选集》（1—5卷）等。二是毛泽东等中共领导人的著作，如毛泽东的《新民主主义论》《论新阶段》，刘少奇的《论共产党员的修养》等。三是通俗社会科学和文化读本，如《联共（布）党史简明教程》（上、下）、《哲学选辑》（艾思奇著）、《苏联概况》（赵飞克等译）、《中国青年运动》（冯文彬著）、《社会进化史》、《政治经济学》、《宪政问题》、《中国共产党与革命战争》、《中国革命运动史》、《中国近代革命运动史》、《中国现代革命运动史》、《社会科学概念》、《三民主义概论》、《三民主义与共产主义》、《三年抗战与八路军》、《世界地理初级读本》、《哲学论文集》、《毛泽东论文集》、《国际政治分析地图》、《华北形势详图》、《欧洲形势图》、《民权读本》、《战时读本》（1—4册）等。除了书籍的发行外，抗战时期，华北新华书店还发行了一些期刊，如《解放》《抗战生活》《前线》《火线通讯》《文化哨》等。

1942年，毛泽东在延安文艺座谈会上发表讲话后，各根据地文艺界的整风运动进一步深入推进。华北新华书店为配合当时的整风运动，出版了大量的整风文献和通俗读物，如《反对主观主义》《论党内斗争》《改造我们的学习》《思想方法论》《反对党八股》《论共产党员的修养》《整顿三风文件廿二种》《抗日时期的财政问题和经济问题》《农村调查》《时代文摘》《宣传指南》《经济常识》等。1943年9月，华北新华书店出版了赵树理的《小二黑结婚》，得到八路军副总司令彭德怀的高度肯定，他认为："像这种从群众调查中写出来的通俗故事，还不多见。"[1]

华北新华书店成立之初，仍与《新华日报》华北分馆合署办公。1943年10月1日，华北新华书店与报社正式分开，独立开展出版发行工作，同时，又将华北书店归并于华北新华书店。为更好地开展图书出版业务，书店增设了编辑部，由林火担任总编辑，编辑部成员还有王春、赵树理、冯诗云、章容、浦一之、彭庆昭等人。

1945年6月，华北新华书店成立了发行职业学校，主要为太行山区培养书刊发行人员，学员毕业后分配到太行、太岳两区书店工作。

抗日战争胜利后，华北新华书店由山西迁至河北邯郸，由史育才担任书店经理，并相继在山西省的长治、阳泉、榆次，河北省的邯郸、邢台，河南省的焦作、安阳等地设立了分店或支店。1948年4月，华北新华书店

---

[1] 刘江、鲁兮：《太行新闻史料汇编》，太行新闻史学会，1994年，第203页。

与晋察冀新华书店合并，成立华北新华书店总店，下辖冀中、邯郸、石家庄3个总分店。北平解放后，总店于1949年3月迁往北平。

七、太岳新华书店的成立

太岳新华书店前身为1941年成立的太岳书店。该店最初是太岳日报社下设的发行科，后从报社独立出来并改称太岳书店。姜时彦任书店经理，魏汉卿任副经理。书店店址设于山西沁源。太岳书店下设工厂科、材料科、会计科、发行科、总务科等业务部门。[①]

书店成立后，由于日伪的封锁，根据地的印刷、纸张等物资奇缺，书店各科人员克服各种困难，努力学习造纸和印刷技术。在全体职工的努力下，书店编印了大量马克思主义经典著作，如《毛泽东选集》等，满足了根据地广大干部学习之所需。1942年，为配合整风运动，太岳书店出版了《整风文件廿二种》《思想方法论》《马恩列斯论共产党》等一批政治理论图书，及时供应给根据地广大干部。在军队开展诉苦三查整军运动过程中，太岳书店也出版了一批反映解放军战士及贫雇农控诉地主剥削和军阀残酷统治罪行的小册子。为供应解放区的学校教材，太岳书店印刷了中小学课本，满足了学校教学之需。此外，书店还派出采购员到太行区采购图书。由于日伪的严密封锁，采购人员经常要冒着生命危险，冲破敌人的封锁线，将图书运回到太岳书店。1942年11月，日寇对晋冀鲁豫根据地进行"扫荡"，副经理魏汉卿、印刷工人王剑平、刻字工人刘韵波等在"反扫荡"战斗中不幸牺牲。

为了集中人力、财力和物力，促进太岳根据地新闻出版事业的发展，1944年3月，太岳书店和太岳新华日报社合并为太岳新华书店。合并后的太岳新华书店翻印出版了一批政治理论、文艺图书和介绍抗战英雄的读物，为太岳区广大军民提供了丰富的精神食粮（表5-15）。

表5-15　1944—1945年太岳新华书店出版的部分图书

图书名称	作者	出版时间	出版单位
《做一个好党员，建设一个好党》	刘少奇	1944年5月	太岳新华书店
《中国抗战一般情况介绍》	叶剑英	1944年6月	太岳新华书店
《小二黑结婚》	赵树理	1944年	太岳新华书店
《论联合政府》	毛泽东	1945年5月	太岳新华书店
《论解放区战场》	朱德	1945年6月	太岳新华书店
《一九四五年的任务》	毛泽东	1945年	太岳新华书店

[①] 太岳新闻史编辑委员会：《太岳新闻事业史略（1940—1949）》，山西人民出版社，1991年，第318页。

续表

图书名称	作者	出版时间	出版单位
《职工运动与工商政策》	不详	1945年	太岳新华书店
《中央关于老区半老区进行土地改革与整党的指示》	不详	1945年	太岳新华书店
《形势任务与政策》	不详	1945年	太岳新华书店
《论忠诚与老实》	不详	1945年	太岳新华书店
《论布尔什维克的原则性》	不详	1945年	太岳新华书店
《告农民书、告党员书》	不详	1945年	太岳新华书店
《中国土地法大纲》	不详	1945年	太岳新华书店
《青年活页文选》	不详	1945年	太岳新华书店
《土改中的几个问题》	不详	1945年	太岳新华书店
《中国革命与中国共产党》	不详	1945年	太岳新华书店
《一等杀敌英雄赵金生》	美生	1945年	太岳新华书店
《特等杀敌民兵李德吕》	郑东	1945年	太岳新华书店
《特等合作英雄牛德河》	金沙	1945年	太岳新华书店
《靳乾秉的互助大队》	江横	1945年	太岳新华书店
《一等杀敌英雄胡尚礼》	荣欣	1945年	太岳新华书店
《民兵英雄吴福有》	黎风	1945年	太岳新华书店
《夜明珠李银宝》	金沙	1945年	太岳新华书店
《毛泽东的故事》	不详	1945年	太岳新华书店
《劳武双全一等战斗英雄蒲春》	不详	1945年	太岳新华书店

太岳新华书店除在沁源城内设有门市部外，还先后在安泽、北岳、浮山寨设立了3个门市部。1947年又增设了沁源、鲍店、浮山、晋城等分店，并创办了随军书店。1947年，晋南战役胜利后，书店又陆续开设了翼城、闻喜、曲沃、新绛和洛阳等分、支店。到1948年6月，太岳书店已拥有阳城、洛阳、运城、临汾、沁源分店，晋城、新绛、曲沃、平遥、浮山等多个分、支店。1949年11月1日，根据全国新华书店出版会议决定，太岳新华书店并入太原分店。

第五节　晋绥抗日根据地的出版活动

晋绥抗日根据地是抗日战争时期由中国共产党领导的八路军和山西新军在敌后建立的主要一块抗日根据地。晋绥抗日根据地由晋西北、晋西南和大青山（绥蒙）3个抗日根据地组成。晋绥抗日根据地所辖的晋西北与绥远南部地区，大都为偏僻山区，经济文化相对落后。抗战之前，图书、报刊的出版发行活动主要集中在太原、归绥（今呼和浩特市）等少数大城市，各中小城市与广大农村极少能见到报刊、图书。抗日民主新政权建立后，为了解决根据地广大军民精神食粮的匮乏问题，晋西北的党政军民自己动手，艰苦创业，办起了多种报刊，建立了一批出版机构，出版了一批马列主义经典著作、政治理论读物和文艺读物。

一、晋绥抗日根据地的报刊出版活动

晋绥抗日根据地党政军各级组织和一些群众团体，创办了众多的报刊（表5-16）。由于当时的经济文化相对落后，印刷设备缺乏，这些报刊大多为油印或石印。1940年9月，中共中央晋绥分局创办的《抗战日报》是晋绥边区创办的第一份铅印报刊。

表5-16 1937—1945年晋绥边区创办的主要报刊

报刊名称	创办时间及地点	主办单位	刊期	备注
《牺牲救国》	1937年初，太原	山西牺牲救国同盟会	日刊	总编辑赵石宾。该报主要介绍抗日根据地的军事、政治、民主、文教等工作情况和经验，以及牺盟会各县组织工作中的经验介绍、意见交流、问题探讨。1937年11月停刊
《政治周刊》（《黄河战旗》）	1937年夏，太原	中共山西省委	周刊	主编赵石宾。该刊主要介绍抗战工作的意见和经验，各抗日根据地文化建设、抗日军民英勇奋战的事迹。设有时事、评论、论文、工作意见、工作经验、通讯、报告文学、诗歌等栏目。1939年9月15日改名为《黄河战旗》
《战动通讯》	1937年11月，离石（今山西省吕梁市离石区）	战动总会宣传部	日刊	主编段云。共出版182期
《动员》	1937年12月16日，离石	战动总会宣传部	半月刊	主编赵宗复。1938年3月停刊
《西北战线》	1938年4月，岢岚	战动总会宣传部	双日刊	编辑有刘柯、吉喆、饶斌、卢梦、赵中书等。共出版120多期
《战动周刊》	1938年4、5月间，岢岚	战动总会宣传部	周刊	该刊为当时晋西北唯一的小型综合性刊物，主要分析抗战形势，交换工作意见，记载游击队战斗情况及各地工作通讯。发行范围逐渐由晋西北拓展至全省、全国乃至南洋新加坡等地

续表

报刊名称	创办时间及地点	主办单位	刊期	备注
《五日时事》	1938年5月，孝义	中共晋西南区党委	五日刊	该报主要介绍国内时政、战场战况，以及区党委的指示通知等。主要编辑有王修、曹速。每期印5000份。1940年9月与《新西北报》《黄河日报》合并，改为《抗战日报》
《一周间》	1938年5月，太原	山西牺牲救国同盟会	周刊	主编高锡嘏、董晓征
《战斗报》	1938年6月7日，汾西	山西省第六督察专员公署	三日刊	主编穆欣。1939年12月晋西南事变后停刊
《战斗通讯》	1938年7月，太原	山西省第六督察专员公署	月刊	主编穆欣。该刊由战斗通讯社发稿，供报社、杂志社采用
《战地动员》	1938年10月1日，岢岚	战动总会	半月刊	主编段云。该刊是在《动员》《战动周刊》的基础上创办的半月刊。主要内容有论著、工作往来、战地通讯、战地文艺等。1939年7月停刊
《东战线报》	1938年，运城	山西省第六督察专员公署	五日刊	
《长城》	1938年，太原	山西青年抗敌决死队第二纵队政治部	不详	该报主要分析国内抗战形势、国际问题，辟有社论、短论、通讯、战地文艺等栏目
《政卫》	1938年，太原	山西政治保卫队政治部	不详	该报主要反映部队战斗、工作、学习、生活等情况
《童声》	1938年，太原	山西省政治保卫队儿童团	不详	该报主要反映儿童团的工作、学习、生活等情况
《大众抗日报》	1938年，太原	牺盟会洪赵中心区	日报	
《前线》	1938年，太原	山西青年抗敌决死队第四纵队政治部	月刊	主要编辑有卢梦、曾之毅（即胡也）、成刀戈等
《战地快报》	1938年，太原	山西工人自卫队政治部	不详	
《战动画刊》	1938年，太原	战动总会宣传部	不详	主编陈斌
《战线报》	1939年1月11日，岚县	120师358旅政治部	不定期	1941年后兼为晋绥军区二分区报纸。编辑先后有胡昭衡、艾汶、温厚华、王达、刘吾雄、李兆翔、孙叔阳、彭文、高全朴、黄绍奎等
《战火报》	1939年1月，岚县	120师358旅政治部	不定期	主编刘昭平

续表

报刊名称	创办时间及地点	主办单位	刊期	备注
《黄河战旗》	1939年9月29日，宜川	牺盟会、黄河出版社	周刊	主编赵石宾，编辑有刘列夫、陈之向、韦苇（张耀东）、邢荷田、毛大风、冯牧、张榜来、刘昇平等
《文化前锋》	1939年10月，太原	山西民族革命大学	不详	主编庄启东。该刊主要刊登文化教育方面的理论和实践问题，探讨教育制度、学校政治工作、学校中的文化娱乐等方面的问题，也登些诗歌等文艺作品。宣传和阐述党的坚持抗战，反对投降的方针，教育和团结师生员工同反共顽固派斗争
《黄河文艺》	1939年12月，宜川	黄河出版社	不详	仅出一期
《战线画报》	1939年，岚县	120师358旅政治部	不详	编辑有刘吾雄、梅一芹等
《战线月刊》	1939年，岚县	120师358旅政治部	月刊	
《战地烽火》	1939年，岢岚	中共晋西北区党委	不详	编辑有蓝玉、胡昭衡、郭辅仁、王敬、汪涛、李半黎等
《西北线报》	1939年，太原	203旅政治部	不详	
《长江》	1939年，太原	山西青年抗敌决死队	不详	
《长风》	1939年，太原	山西青年抗敌决死队	不详	
《新西北报》	1939年，岢岚	中共晋西北区党委	三日刊	主编吉喆，编辑有张友、成刀戈、刘仲明、吴子牧
《文化导报》	1940年5月4日，兴县	晋西文化界抗日救国联合会	不定期	该刊共出版26期
《行政导报》	1940年6月，兴县	晋西北行政公署	半月刊	该刊后改为月刊
《黄河战报》	1940年夏秋间，交城	山西青年抗敌决死队、第八军分区合办	日报	主编康平
《抗战日报》	1940年9月18日，兴县	中共中央晋绥分局	日报	创刊时名《抗战日报》，1946年7月1日改名为《晋绥日报》。社长、总编辑先后有廖井丹、赵石宾、郝德青、周文、常芝青。1949年5月1日终刊
《党内生活》	1940年10月15日，兴县	中共晋西区党委	不定期	该刊为党内刊物

续表

报刊名称	创办时间及地点	主办单位	刊期	备注
《晋绥大众报》	1940年10月26日，兴县	吕梁文化教育出版社	三日刊	创刊时名《晋西大众报》，1945年6月5日改名《晋绥大众报》。报头由著名抗日将领续范亭题写。社长和主编先后有王修、周文、樊希骞、卢梦、吉酷、马烽、张友
《通讯生活》	1940年10月，兴县	抗战日报社	月刊	该刊主要供记者、编辑、通信员学习。设有论文、调查统计研究、采访工作讲座、新闻常识、通讯精选、广播台、信箱等栏目
《中国青年》（晋西版）	1940年11月1日，兴县	晋西青年救国联合会	月刊	主编韦君宜、黄照。该刊主要面向中下级干部、高小以上的学生、小学教师以及乡村知识分子。创刊号上有晋绥军区司令员贺龙的题词："青年应该是革命的先锋队。"1942年停刊
《试笔》	1940年，兴县	中共晋西区党委	不详	主编曹速
《战斗画报》	1940年，吕梁	晋绥军区政治部	月刊	该刊主要面向连队为战士服务。1948年底停刊，共出版74期，总印数12万多份。编辑先后有吕琳、马斯、崔文涛、刘蒙天、林军等人
《新前线报》	1940年，交城	山西行军决死四纵队	三日刊	编辑有李长路
《大众画报》	1941年3月，吕梁	晋西美术工厂	双月刊	主编李少言。共出版11期
《西北文艺》	1941年7月5日，兴县	晋西文协	月刊	第2卷起改为季刊。1942年6月15日停刊，共出2卷2期
《战斗文艺》	1941年，兴县	120师战斗剧社	不定期	主编石丁
《正义报》	1942年春，兴县	中共晋西区党委宣传部	半月刊	主编毛大风。该报主要介绍国际反法西斯的真实情况，报道苏联红军的胜利消息，传播八路军、新四军和各地人民武装斗争的胜利消息，介绍党的抗日民族统一战线政策，报道抗日根据地的建设成就等。该报通过党的秘密交通站，向敌占区读者分发

续表

报刊名称	创办时间及地点	主办单位	刊期	备注
《战斗》	1942年8月1日，兴县	晋绥军区政治部	月刊	该刊主要刊登敌我友战术特点、部队整训经验、参谋工作经验、地方武装的组织教育等。主编张非垢
《晋绥学讯》	1943年3月15日，兴县	中共中央晋绥分局总学委	不定期	该刊为党内刊物
《祖国呼声》	1943年3月，兴县	中共中央晋绥分局宣传部	半月刊	其前身为《正义报》，主要编辑有王修、张友、汪涛。1945年8月停刊
《生产与战斗》	1943年，绥远	绥察行政公署	不详	
《文教通讯》	1944年，兴县	晋绥根据地第二专员公署	不定期	
《工作通讯》	1944年，兴县	晋绥根据地第六专员公署	不定期	

抗日战争时期，晋绥边区党、政、军、群各部门都开展了办报办刊活动。中共晋西北区党委（后改为中共晋绥分局）创办了《战地烽火》《新西北报》《抗战日报》《晋绥大众报》《新闻战线》《祖国呼声》《晋绥学讯》等一系列刊物，是抗战时期晋绥边区创办报刊较多的部门。山西省第六督察专员公署创办了《战斗报》《东战线报》《工作通讯》等报刊。在部队办刊方面，八路军120师358旅政治部也创办了一系列抗战刊物，如《战线报》《战火报》《战线画报》《战线月刊》等。

抗战时期，晋绥边区办刊较多的其他部门和团体还有：（1）山西牺牲救国同盟会（简称"牺盟会"）。牺盟会在抗战期间创办了《一周间》《大众抗日报》《黄河战旗》等报刊。（2）山西青年抗敌决死队。抗战期间先后创办了《长城》《前线》《长江》《长风》《黄河战报》等抗日刊物。（3）战地总动员委员会（简称"战动总会"）。战动总会在抗战初期创办了《战动通讯》《动员》《西北战线》《战动周刊》《战地动员》《战动画刊》等刊物。这些抗日报刊的创办，为宣传党的抗日主张，动员晋绥边区民众奋起抗日，开展边区政权建设，起了重要作用。

二、晋绥抗日根据地的图书出版

晋绥抗日根据地建立后，为发展边区文化事业，加强政权建设，先后建立起吕梁文化教育出版社、吕梁印刷厂、晋西北新华书店（后改为晋绥新华书店）等出版、印刷、发行机构，这些机构的成立，使晋绥抗日根据地的出版印刷条件得到较大改善，图书出版品种和数量有了较大的增长。据不完全统计，从1940年到1945年，晋西北新华书店出版发行马列著作和毛泽东著作共66种，政治、经济、军事、文化等各类图书123种，图书总印数达100余万册。[①]抗战时期，晋绥边区还编印发行了小学教材38种，通俗读物和各种参考书37种，教师教学用书28种，共计14万余册。[②]

晋绥边区出版的图书主要包括以下几类：（1）马列著作、毛泽东著作和中共其他领导人的著作，如《马恩列斯论农民土地问题》《论国家》《论持久战》《湖南农民运动考察报告》《中国革命与中国共产党》《论共产党员的修养》等。（2）时政类读物，如《共产主义常识》《党员课本》《毛泽东的人生观与作风》《社会发展简史》《整风文献》等。（3）政策、法规、章程类出版物，如《中国共产党党章》《中国土地法大纲》《山西省第二游击区民政法令汇编》《晋绥边区修正公粮征收条例》《工商政策与职工政策选辑》《晋西区抗日根据地的各种基本政策》《晋绥边区婚姻暂行条例》《晋绥民兵杀敌立功保民条例》等。（4）经济类读物，如《开展合作运动》《关于变工互助》《巩固农钞》等。（5）领袖人物传记，如《恩格斯的故事》《列宁传》《毛泽东的故事》《毛泽东印象记》《朱总司令的故事》等。（6）通俗文艺读物。这类读物所涉及的体裁有小说，如《吕梁英雄传》《张初元的故事》《第一次收获》《赵树理短篇小说选集》；有报告文学，如《转移》《塞外血泪》等。此外，晋绥边区出版机构还出版发行了不少散文集、儿童文学、民间故事、剧本和歌曲等。（7）连环画、年画、地图、宣传画、领袖像等。（8）知识普及类读物，如《步兵战斗条令》《科学常识》《常识读本》《农村应用文》《军民卫生手册》等。晋绥抗日根据地出版的各类图书，为传播马克思主义理论，宣传党的抗日主张和各种政策、法规，提高边区干部和群众的知识文化水平，满足边区偏远和落后地区读者对于精神文化生活的需求，起了重要作用。

三、《抗战日报》的创办

1938年5月，中共晋西南区党委创办了机关报《五日时事》，1940年9月，该报与《新西北报》《黄河日报》合并，改为《抗战日报》。廖井丹任报社社长，赵石宾任该报总编辑。《抗战日报》是晋绥边区创办的第一份铅印报，毛泽东为该报题写报头。1942年9月，中共晋绥分局成立后，

[①] 齐峰、李雪枫：《山西革命根据地出版史》，山西人民出版社，2013年，第110页。
[②] 刘泽民：《山西通史》（第8卷），山西人民出版社，2001年，第236页。

该报改为晋绥分局机关报。关于《抗战日报》的宗旨，发刊词中指出："《抗战日报》是晋西五百万人民的报纸，就是说，它是代表晋西五百万人民抗战意志的报纸。"[1]《抗战日报》的主要任务：一是"坚持抗战到底"，二是"坚持团结到底"，三是"坚持晋西北的建设"。[2]

《抗战日报》积极宣传抗战，对边区军民抗日的英勇事迹进行了大量报道。1945年1月11日，该报转载了延安《解放日报》的社论《敌后战场伟大胜利的一年》（1944年12月31日）。社论全面总结了中国共产党领导的敌后战场（华北、华中、华南）所取得的伟大胜利，同时分析了敌后战场取得胜利的原因，包括中共在敌后开展的减租减息运动，提高了广大群众对敌斗争的积极性，敌后根据地军民在长期的对敌斗争中逐渐积累了丰富的经验，广大民兵的参战给敌人以严重打击等。

《抗战日报》积极宣传党的方针政策，大量报道了中国共产党领导下抗日根据地在民主政权建设方面的成就。1942年，中共在敌后抗日根据地实施"精兵简政"政策后，为了配合党的中心工作，《抗战日报》接连发表社论，论述"精兵简政"。1942年9月15日，在中共晋绥分局召开高干会议讨论"精兵简政"问题前夕，《抗战日报》发表了《贯彻精兵简政》的社论。社论指出"精兵简政"的重要意义，在于使我们工作更短小、更精悍、更机动、更灵活，以适应当前的环境和任务。[3]"精兵简政"是爱护民力，积蓄民力，使抗战得以持久的重大措施。《抗战日报》发表的一系列社论和文章，为后来晋绥边区进一步开展"精兵简政"做了思想准备。随后，晋绥部队便开始了第二轮精兵，主力部队由3万余人减至2.5万人，地方武装由6521人减至5000余人，通过精兵简政，晋绥军区部队达到了"缩编单位、合并后方、调整机关、充实连队、提高战斗力的要求和目标"[4]。

《抗战日报》对晋绥边区开展民主政权建设的活动进行了充分的报道。1941年7月，晋西北行署召开政务会议，决定在晋西北开展区选工作，会议讨论并通过了《晋西北区选暂行条例》和《晋西北区政府组织暂行条例》。7月23日，《抗战日报》全文发布了这两个条例。10月12日和16日晋西北行署分别公布了《山西省第二游击区村选暂行条例》和《山西省第二游击区村政权暂行组织条例》。11月30日，《抗战日报》登载了"村选

---

[1] 《发刊词》，《抗战日报》第1号，1940年9月18日。
[2] 《发刊词》，《抗战日报》第1号，1940年9月18日。
[3] 山西省史志研究院：《晋绥革命根据地政权建设》，山西古籍出版社，1998年，第444页。
[4] 中共山西省委党史办公室：《中国共产党山西历史》（第1卷），中共党史出版社，2012年，第527页。

须知",从选举名额的确定、公民登记、选举方式、候选人竞选、投票规则及检票等方面,对条例进行了进一步的解读。"村选须知"的发布,有助于根据地广大民众更好地理解党的方针政策。

在晋绥边区开展大生产运动中,《抗战日报》发表了一系列社论,积极宣传生产节约运动。如《合作社向生产方面发展》(1940年12月4日)、《论自力更生》(1941年9月30日)、《厉行节约》(1942年11月28日)、《统筹统支与自力更生》(1942年12月24日)、《发展劳动互助》(1943年4月8日)等。《发展劳动互助》一文,强调在生产运动中,发展劳动互助的重要性。文章提出,根据地农民可在自愿的基础上结成劳动互助小组,通过合作互助,提高农业生产效率。

《抗战日报》刚创办时,共设置了4个版面,其中第一版为社论、国内外要闻、地方新闻,第二版为国际新闻,第三版为国内新闻,第四版为副刊。随着根据地建设事业的发展,这种版面设置已不能满足根据地生产和斗争实际的需要,也不能满足根据地广大干部和群众的需求。为了把《抗战日报》真正办成晋绥人民自己的报纸,《抗战日报》进行了三次改版。

第一次改版是1941年5月,《抗战日报》将第一版改为刊登社论和国内外要闻;第二版改为国内国际新闻;第三版改为地方新闻版;第四版为副刊。改版后的《抗战日报》大幅增加了地方消息的报道数量,使报纸更加贴合根据地党、政、军、群的生产和斗争实际。同时,副刊还增设了"村选""敌情""卫生""青年"等一些与根据地建设工作紧密结合的专栏。

1942年,党中央发布关于在全党开展整风运动的指示后,为贯彻整风运动的指示精神,抗战日报社召开了新闻改革座谈会,对过去的办报工作进行了检查和反思。廖井丹社长在会上作了总结性发言,他指出,新闻报道常患聋、盲、哑、软四种病症,一是"听不见群众的呼声",二是"看不见群众的活动",三是"说不出群众的要求",四是"对工作中的缺点错误批评不够"。[①]1942年5月19日,《抗战日报》根据上级提出的"地方化、通俗化、杂志化"的办报精神,进行了第二次改版,第一版主要刊登社论和地方要闻,第二版为地方新闻版,第三版为国内国际新闻混合版,第四版为副刊。这次改版将地方消息扩充为两版,大大增加了地方新闻的报道数量。副刊也增设了一些富有特色的专栏,如"十日国际述评""半月军事动态""半月敌情"等。这次改版,使《抗战日报》与晋绥

---

① 方汉奇:《中国新闻事业编年史》(中),福建人民出版社,2000年,第1469页。

根据地的生产和斗争实际结合得更加紧密。

1943年11月，中共中央晋绥分局根据"全党办报"这一精神，发布了《关于〈抗战日报〉工作的决定》，决定指出："《抗战日报》是根据地党政军民的喉舌，是体现党和政府一切政策的有力工具，是反映人民生活和要求的镜子，是对敌斗争的锐利武器。凡我晋绥边区每个党员都有爱护它、研究它、为它写稿、为它传播的责任。"[①]根据这一决定，《抗战日报》进行了第三次改版，出版周期由间日刊改为日刊，在版面设置上，除了保持第一版和第二版的地方新闻版面外，第三版国内国际新闻版也增加了一些地方新闻内容，第四版副刊增加了地方文艺内容。

1944年12月20日，毛泽东在延安接见晋绥分局代理书记林枫时，专门就如何办好《抗战日报》发表谈话，他说："本地消息，至少占两版多至三版。排新闻的时候，应以本地为主，国内次之，国际又次之。"毛泽东在谈话中指出，《抗战日报》是给晋绥边区人民办报，而不是给新华社办报，不能全登新华社的文章，"应根据当地人民的需要（联系群众，为群众服务）否则便是脱离群众，失掉地方性的指导意义"。[②]《抗战日报》对毛泽东的指示精神进行了认真的研讨，通过开展学习和讨论，报社新闻记者和编辑人员的思想认识有了很大提高，他们积极主动地深入群众，深入边区的实际，发掘新闻素材。在报纸的内容编排上，反映边区军民战斗、生产、学习和生活的报道内容占了报纸的大半篇幅，并被放置到显眼的位置。通过以上改版和革新，报纸面貌在短时间内焕然一新，报纸的发行量也有了较大的增长，"最高时达到1.5万份"[③]。

抗战胜利后，《抗战日报》更名为《晋绥日报》继续出版，直至1949年5月1日终刊。

四、《晋西大众报》（《晋绥大众报》）的创办

1940年10月26日，吕梁文化教育出版社出版了《晋西大众报》（后改为《晋绥大众报》）。该报是晋西北抗日根据地创办的面向基层干部和边区农民的通俗报刊，也是我党在革命根据地创办较早的一份通俗报刊。《晋西大众报》创刊号用山西快板的形式，阐明了办报宗旨在于办一张老百姓能够看懂的通俗大众报，报道国内国际时事，揭露日寇侵略中国的罪行。该报创刊词写道："咱们这个大众报，个头虽小有材料，全国事，按天报，

---

① 樊润德、路敦荣：《晋绥根据地资料选编》（第1集），1983年，第137页。
② 毛泽东：《毛泽东新闻工作文选》，新华出版社，1983年，第120页。
③ 陈力丹：《马克思主义新闻学词典》，中国广播电视出版社，2002年，第222页。

天下省县说得到；鬼子有甚坏门道，咱有宝镜把妖照。"[1]创刊词内容生动活泼，通俗易懂，这种顺口溜式的创刊词，读起来朗朗上口，深受当地百姓喜爱。该报设有"时事讲话""国内时事"等专栏，主要刊载国内外时政大事。例如：该报创刊号刊载了《世界大战记》一文，介绍了第二次世界大战的演变，以及苏联开展卫国战争的情况。

《晋西大众报》是在中共中央晋绥分局的领导下，由吕梁文化教育出版社主办的报刊。为了把该报真正办成一张通俗化和本地化的报纸，1942年，晋绥分局发布《关于〈晋西大众报〉工作的决定》，确定了该报的办报方针为"宣传贯彻党和政府的各种政策，反映各地群众斗争及日常生活，教育能识八百字以上的区村干部和群众"。决定还对报纸的内容和形式作出了如下要求："内容应以多登载村干部和群众对敌斗争的生动消息和故事为主；形式应力求多样、活泼、生动；文字应该尽量大众化、口语化，避免知识分子某些用语。"[2]根据这一指示精神，《晋西大众报》在办报过程中，十分重视内容的通俗化。针对读者对象为认识800字以上的基层干部和群众，新闻报道用字一般不超过1200个常用字范围，力求做到篇幅短小、风格活泼、语言通俗化、口语化，适合农民读者的口味。为了使报道能更加贴近当地群众，该报常用一些具有本地特色的词语，如"好拍"（表示夸夸其谈）、"溜舔"（表示溜须拍马）、"凄惶"（表示凄惨可怜）、"吃二馍"（表示贪污受贿）。此外，报道中还使用一些老百姓喜闻乐见的谚语、歇后语等。这些群众语汇，精辟生动，富有哲理，深受老百姓喜爱。

《晋西大众报》重视内容的编排，在内容的配备上，既抓住中心，又兼顾全面。每期报纸都紧抓一个中心问题，如该报第315期第一版头条刊登了《青黄不接发动互助》的社论，下面紧接着刊登了《保证有借有还互借就开展了》《农民帮农民大家都翻身》两条消息，以配合社论，进一步宣传生产互助合作运动。在标题的设置上，该报也颇具匠心，力求做到通俗化、口语化。许多标题的设置既通俗易懂，又生动有趣，如《懒汉回头赛过牛》《杀人不见血的苍蝇》《国民党军队绑票比土匪还凶》《锄头底下出黄金》《三家相靠倒了锅灶》；有的标题带有很强的鼓动性，如《劳动英雄们都来赛一赛，高保童向全区挑战》；有些标题带有警示意味，如《耍钱输了地，你还打算春耕不啦？》。这些标题既简短、精练，又清晰、醒

---

[1] 冯并：《中国文艺副刊史》，华文出版社，2001年，第407页。
[2] 中国人民政治协商会议山西省委员会文史资料研究委员会：《山西文史资料》（第33辑），山西人民出版社，1984年，第104页。

目，有助于吸引农民读者的眼球。

《晋西大众报》的副刊办得也很有特色，发表了大量民间故事、通俗小说、歌谣等作品。这些通俗文艺作品语言生动，文风活泼，颇受农民读者欢迎。[①]

1945年6月5日，中共中央晋绥分局将《晋西大众报》更名为《晋绥大众报》。同年6月，该报开始连载马烽、西戎合著的长篇纪实文学作品《吕梁英雄传》，连载时间长达16个月。小说真实地反映了山西吕梁地区民众在抗战期间坚持开展敌后抗日活动，英勇抗击日寇的感人事迹。[②]故事生动逼真，人物形象栩栩如生、性格鲜明，语言通俗生动，具有浓厚的乡土气息。因此，小说一发表就在根据地引起极大的轰动。报纸发行量也由原来的四五千份，迅速增加至上万份，最多时达到1.2万份。在《晋绥大众报》创刊一周年之际，晋绥军区司令员贺龙在该报上撰文《模范的通俗报纸》，称赞该报"是群众的一位优良教师""是群众利益的坚决维护者""创造了大众文化运动中的模范榜样"。[③]

《晋绥大众报》一直持续出版至1949年7月24日才宣告终刊，从创刊到终刊历时近9年，共出版445期。

五、晋绥新华书店（晋西北新华书店）的成立

晋绥新华书店的前身为晋西北新华书店，创建于1940年3月，店址在山西兴县，江奔海任经理，刘玉卿任副经理。

晋西北新华书店创建时，正是日寇对根据地进行大"扫荡"的时期。由于敌人进行严密的经济封锁，根据地生活环境极为艰苦，出版发行工作困难重重。为满足边区广大干部和群众阅读、学习之所需，区党委要求各级发行机构："充实图书设备，供给中下级干部以读物。翻印必要的读物，编辑通俗的读物，如表册地图等，举凡学习必要的，要尽可能搜集购买，供广大干部学习之用。"[④]根据区党委指示，晋西北新华书店自己刻印了一批通俗理论读物和各种宣传小册子。如毛泽东的《新民主主义论》《论持久战》《中国共产党在民族战争中的地位》，以及《地图》《看图识字》《庄稼杂志》等。书店还刻印了一些供农村读者学习的各种小丛书、通俗读

---

① 冯并：《中国文艺副刊史》，华文出版社，2001年，第408页。
② 王海勇、杨宏伟、张用贵：《明证：在敌后壮大的抗日根据地报刊》，浙江工商大学出版社，2015年，第196页。
③ 山西省出版史志编纂委员会、内蒙古《晋绥边区出版史》编委会：《晋绥边区出版史》，山西人民出版社，1997年，第64、65页。
④ 赵生明：《新华书店诞生在延安》，华岳文艺出版社，1989，第102—103页。

物、秧歌剧本、木刻年画、生产画以及宣传标语等，深受根据地读者的喜爱。

晋西北新华书店成立后，中共晋西区党委给予了书店极大的支持和帮助，协助书店迅速建立各县（区）级发行机构，设立发行网点，增加发行设备，配备发行人员。1940年4月25日，中共晋西区党委发布通知，要求各地党委"广泛深入地建立书摊书站。发行党的定期报纸、供给党的高级理论书籍与基本通俗小册子。利用发行站发行网的各种公开与秘密的关系，建立并巩固与前方根据地的联系"[1]。通知下发后，晋西北各区县纷纷建立起图书发行网点，在不到一年的时间里，便建立了7个支店和23个分销处。[2] 随后，书店又在一些大的集镇设立了代销处，还建立了流动书报供应点，形成一个覆盖整个晋西北的图书发行网。为解决偏僻农村群众购书难的问题，晋西北新华书店还在各乡、镇建立了农村代销点。为了培养发行人员，晋西区党委还先后举办了发行干部训练班，培训了一批发行骨干，建设起了一支懂业务、有技术、有文化的出版发行队伍。

为了进一步加强图书发行网点的建设。1941年3月，中共晋西区党委决定在原交通队的基础上，成立晋西通信总站。同时，在各专（分）区设中心站，各县设小站。同年5月，晋西通信总站改为晋西北行署交通总局，区、县一级设置了交通分局或交通站。另外，在通往陕甘宁边区和其他根据地的边缘地区，设立了联络站。到1942年初，晋西北行署交通总局已建立了6个分局、27个县局和7个联络站，开辟了从总局所在地兴县到各地的6条交通干线和一条支线。[3] 这些交通干线和支线的开辟，把晋绥根据地与中共中央所在地延安紧密相连，同时，通过华北各个抗日根据地，与全国各抗日根据地也连到了一起。晋西北新华书店通过这些交通线，把书报杂志送到广大军民手中。

为方便读者购书，晋西北新华书店还颁发了《新华书店晋内分店邮购办法》，办法规定：读者可以委托本店帮助查询所需图书杂志，读者可将所需读物范围，如军事、政治、经济、文化、教育、文艺、教科书、通俗读物、理论书等，以及所需图书数量函告本店。"凡本店邮购户均有优先权。"[4]

---

[1] 赵生明：《新华书店诞生在延安》，华岳文艺出版社，1989年，第102页。
[2] 山西省出版史志编纂委员会、内蒙古《晋绥边区出版史》编委会：《晋绥边区出版史》，山西人民出版社，1997年，第134页。
[3] 山西省出版史志编纂委员会、内蒙古《晋绥边区出版史》编委会：《晋绥边区出版史》，山西人民出版社，1997年，第135页。
[4] 赵生明：《新华书店诞生在延安》，华岳文艺出版社，1989年，第103页。

1942年10月，中共晋绥分局成立后，晋西北新华书店更名为晋绥新华书店。①为了扩大书籍供应，晋绥新华书店派出发行人员到绥德、延安、西安等地书店采购，还从大后方进步书店购进鲁迅、郭沫若以及国外进步作家的著作。除了在根据地发行这些书外，书店还将马列著作、毛泽东著作以及宣传我党对敌斗争政策的书籍伪装成《三国演义》《红楼梦》《西游记》《五女兴唐传》等古典名著和通俗文史类书籍，通过地下发行工作者和交通员，发行到敌占区。

1943年9月5日，晋绥分局发布《关于发行工作的指示》，要求各地重视图书发行工作，把图书发行工作作为对敌开展政治攻势的重要一环。1944年8月25日，中共晋绥分局对书刊发行工作再次发布指示，要求"书店工作必须认真做到为群众服务，使群众能够有地方购买书籍和订阅报纸""为使书籍、报纸深入群众，区以下的交通发行工作，由区公所民教馆助理员负责管理，有计划地建立发行网和读报组，并负经常督促检查之责"。②由于晋绥分局对书店出版发行工作的重视，晋绥新华书店的书刊发行工作有了很大的发展。

1945年，抗日战争胜利后，晋绥新华书店门市部从兴县南关街迁至东城街。新建的书店门市部，经营管理工作日益规范和完善，加强了与边区各地新华书店联络，图书发行数量和范围不断拓展，书刊发行工作得到进一步发展。

六、吕梁文化教育出版社（晋绥出版社）的成立

吕梁文化教育出版社是晋绥边区成立的一个通俗读物出版社，它于1940年9月成立，社址设在山西兴县，王修担任首任社长。

吕梁文化教育出版社以出版通俗读物为主，主要供根据地工农兵阅读。抗战期间，该社出版了大量通俗类时政读物、文艺读物、教材以及卫生类普及读本，此外还出版了一些宣传小册子以及年画、挂历、地图等。仅1942年，该社就出版各类通俗读物22种，印数达24900册（表5-17）。③

---

① 晋绥新华书店（晋西北新华书店）还曾出现过"晋西新华书店""新华书店晋西分店""新华书店晋绥分店"等名称。
② 吕梁地委党史资料征集办公室：《晋绥根据地资料选编》（第5集），1984年，第261页。
③ 《山西文史资料》编辑部：《山西文史资料全编》（第3卷），1999年，第165页。

表5-17　1942年吕梁文化教育出版社出版的各类读物

出版物类别	种数	出版物名称
甲种丛书（供基层干部阅读）	5种	《社会发展简史》《怎样办村选》《怎样办民革室》《巩固农钞》《开展合作运动》
乙种丛书（供群众阅读）	3种	《爱护抗日军》《新西北施政纲领读本》《不买日本货》
冬学教材	3种	《识字课本》《看图识字》《常识读本》
剧本	3种	《顽固大失败》（赵石宾）、《群众剧选》（施凌杉）、《铁路工人张好义》（墨遗萍）
唱词	2种	《施政纲领唱词》《质问国民党唱词》
医药卫生	2种	《夏天的卫生》《军民卫生手册》
挂图	4种	李半黎绘制《中国抗战形势图》《山西明细地图》，曹速绘制《苏联西部地域详图》《远东战场形势图》

1942年5月，中共中央宣传部召开延安文艺座谈会议后，晋绥解放区掀起文艺创作的热潮，一批作家深入农村基层和抗战前线发掘创作素材，并创作出一大批优秀文艺作品。1944年，为纪念全面抗战七周年，晋绥边区举办了文艺有奖征文活动。此次征文活动，共收到应征作品132件，题材类型包括剧作、小说、散文、诗、歌曲、图画等，内容大都是歌颂边区军民的抗战生活。同年9月18日，晋绥边区评选出29件获奖作品，其中戏剧类12种，小说、散文、报告文学类5种，图画类6种，歌曲类6种。这次征文活动的所有获奖作品，都由当时的吕梁文化教育出版社出版（表5-18）。

表5-18　1944年吕梁文化教育出版社出版的获奖文艺作品

作品类别	种数	作品名称
歌剧	5种	《大家好》《新旧光景》《提意见》《三个女婿拜新年》《劳动英雄回家》
郿鄠剧	3种	《王德锁减租》《开荒一日》《订计划》
话剧	2种	《甄家庄战斗》《打得好》
山西梆子	1种	《张初元》
道情	1种	《大家办合作》
小说、散文、报告文学	5种	《新与旧》《侯圪旦和他的少先队》《张初元的故事》《转移》《解救》
年画	3种	《农家历》《劳动英雄回家》《女人家的好营生》
连环画	3种	《日军守备队的生活》《锄头与枪杆》《温象拴》
歌曲	6种	《党在敌后方》《七月的太阳》《四季变工》《变变好》《妇女要生产》《儿童团歌》

吕梁文化教育出版社出版的这些获奖作品内容和形式丰富多样,有反映边区政府和人民开展减租斗争和抗击日伪斗争的作品,如《王德锁减租》《侯圪旦和他的少先队》《甄家庄战斗》《打得好》等;有反映边区开展大生产运动的作品,如《开荒一日》《新旧光景》《劳动英雄回家》《大家好》《订计划》等。这些文艺作品,"有力地说明了晋绥边区文艺运动的成就"[1],是抗战时期晋绥边区文艺运动的珍贵收获。

抗战后期,吕梁文化教育出版社还出版了根据岳飞抗金故事改编的新编历史剧《陆文龙》和《千古恨》。这两个剧目,在晋西北抗日根据地上演后,反响良好。[2]

1948年,吕梁文化教育出版社改为晋绥出版社,由晋绥文联副主席卢梦旦任社长,马烽任总编辑。1949年7月,《晋绥大众报》终刊后,晋绥出版社也随之停办。

第六节 华中抗日根据地的出版活动

1938年9月至11月,中共六届六中全会讨论通过了"巩固华北,发展华中、华南"的战略方针,决定撤销中共中央长江局,设立中共中央南方局,由周恩来任书记,董必武任副书记,负责领导长江以南地区党的工作。与此同时,将原中共中央长江局所属的中共中央东南分局改为中共中央东南局,由项英任书记,曾山任副书记。随后,叶挺、陈毅、粟裕、谭震林、张云逸、张鼎丞等人率领新四军部队挺进华北,深入华北敌后,并在八路军的配合下,开辟敌后抗日根据地。至1940年底,华中抗日根据地已辖有包括苏南、苏中、苏北、皖中、淮南、淮北、鄂豫皖、浙东在内的八块抗日民主根据地。[3]抗日战争时期,华中抗日根据地的出版事业不断发展壮大,编印出版了大量抗日图书和报刊,在宣传教育群众,团结组织人民抗日,指导根据地各项建设工作,争取抗日战争最后胜利等方面作出了历史性的贡献。

一、华中抗日根据地的报刊出版

抗日战争时期,华中抗日根据地出版了大量的报刊(表5-19)。1941

---

[1] 杜学文、杨占平:《世界反法西斯战争中的山西抗战文学》(下),北岳文艺出版社,2010年,第587页。
[2] 《山西文史资料》编辑部:《山西文史资料全编》(第3卷),1999年,第166页。
[3] 北京新四军暨华中抗日根据地研究会:《新四军文化工作专辑》,解放军出版社,2002年,第794页。

年，陈毅在《八路军军政杂志》发表的《四年抗战与新四军现状》一文中写到，新四军控制区办有日报27种，周报、月刊及半月刊共40余种，部队报纸40余种，油印报纸以区乡部队计约200余种，是主持抗战文化的各级文化团体所主办。①

表5-19 华中抗日根据地出版的主要报纸和期刊

报刊名称	创办时间及地点	刊期	主办	主编（负责人）	出版期数	备注
《抗敌报》	1938年5月，泾县	五日刊，后改三日刊	新四军政治部	冯定 汪海粟	221期	宣传持久抗日和中共的路线、方针、政策。刊载新四军主要领导人叶挺、项英、陈毅等人的讲话、文章等
《火线报》	1938年6、7月间，镇江	三日刊	新四军二支队政治部	谢影冰 许彧青 谷力虹		为新四军挺进苏南后印行的第一份报纸
《大众周刊》	1938年8月22日，金沙	周刊	中共江北特委	唐守愚	9期	刊载中共领导人、著名民主人士的讲话和文章，以及国民政府号召抗日的言论等。辟有"大众信箱"和"短言"等栏目
《拂晓报》	1938年9月29日，确山	三日刊	新四军第四师，后改为淮北区党委	彭雪枫 王子光 冯定 王少庸 陈其五	1000期	该报主要宣传党的抗日主张，传播中共中央关于抗战建国、民主根据地建设的各项指示，报道军民的抗日斗争，刊载延安新华社的消息和新闻。1946年夏，该报出至1000期后，改名为《雪枫报》。该报社还办有副刊《拂晓每日电讯》《拂晓画报》等
《新地》	1938年11月，扬州	不定期	新四军挺进纵队	陈寒 毛振风		以宣传抗日救国和中共抗战政策为宗旨
《小消息》	1939年1月，确山	五日刊，后改三日刊	中共鄂豫边区党委	王阑西 曹荻秋 齐光		1939年10月停刊

---

① 陈毅：《四年抗战与新四军现状》，《八路军军政杂志》，1941年8月25日，《红色档案》编委会：《延安时期文献档案汇编》，陕西人民出版社，2013年，第398页。

续表

报刊名称	创办时间及地点	刊期	主办	主编（负责人）	出版期数	备注
《抗敌》	1939年2月，泾县	不定期	新四军军部政治部	朱镜我等	19期	总结交流建军、作战等方面的经验教训。编委有冯达飞、薛暮桥、聂绀弩、夏征农、李一氓、林植夫、朱镜我等人。1940年12月停刊
《皖东北日报》	1939年春，泗洪	日报	第五战区第六抗日游击司令部政治部	贺汝仪		1940年3月改为《人民报》
《淮涛》	1939年4月16日，阜阳		中共皖北特委	王乔鹤 尹辛野	2期	出版了第2期后停刊，后改出《淮流》
《江南》	1939年5月，无锡	半月刊	中共江南特委	张英 张困斋	36期	该刊为综合性刊物，以京沪路东路地区抗日干部为主要读者对象。内容包括新闻、战况、社论、专论、时事分析、工作总结、经验交流、问题讨论等，还辟有文艺专栏
《战斗报》	1939年6月，溧阳	不定期	中共溧阳县委	任大可		宣传团结抗日的方针。发行量3000份左右，发行范围至安徽省的郎溪、广德和浙江省的长兴等县。在群众中有一定的影响和声誉
《七七报》	1939年7月7日，京山	不定期	中共鄂豫边区党委	李苍江	463期	1946年初与《挺进报》合并，改出《七七日报》
《群众导报》（《中流报》《前进报》）	1939年夏，扬中	五日刊	新四军挺进纵队	赵良斌		中途停刊，复刊后改名为《中流报》。1940年秋改名为《前进报》
《淮流》	1939年9月，阜阳	半月刊	中共皖北特委	濮思澄	16期	设有时事论坛、国际时事、前方通讯、青年问题漫谈、文艺阵地等栏目

续表

报刊名称	创办时间及地点	刊期	主办	主编（负责人）	出版期数	备注
《民众报》	1939年12月，丹阳	五日刊	中共丹阳中心县委	徐少白		设有副刊《茅山》，刊载小品文、小故事、战士生活等
《团结报》	1939年，淮北		苏鲁豫皖印刷局			1945年11月并入《拂晓报》
《苏北日报》	1940年1月，泰州	日报	中共苏皖区党委	李明扬 孙 毅 徐定国		主要刊登宣传团结抗日的文章
《团结报》	1940年1月28日，睢宁	不定期	邳睢铜陵地委	梁 浩 吴献贤 廖量之 欧远方	440期	主要转载中共文件、各地斗争情况及工作经验等
《大众报》	1940年2月8日，常熟	三日刊	中共东路特委，后改为路东特委	萧 湘 徐庆云	215期	刊登社论、战讯、军政机关宣言、通告、地方新闻及战地通讯、对敌斗争、民运工作、政权建设、经济及文教专文等。还辟有副刊"大众园地""江南文艺""战地"等，主要发表报告文学、随笔、诗歌、独幕剧、抗战歌曲、木刻画
《人民报》	1940年3月24日，泗洪	三日刊	中共苏皖区党委			1941年11月改名为《淮海报》，人民报社还出版有《人民通讯》《人民画报》
《突击报》	1940年4月，常州	不定期	中共太滆工委	洪海泉	12期	1940年10月改为《前驱报》
《东进报》	1940年5月，江阴	周刊	江南人民抗日救国军政治部	张 鏖 过鉴清	54期	该刊每期发行700份左右。1941年秋改名为《前哨报》
《前进报》	1940年5月，澄西（今属江苏省江阴市）	不定期	中共澄、锡、武中心县委	陈广生 赵良斌		1940年9月与《中流报》合并。该报主要揭露敌伪罪行及其丑态，宣传中国共产党抗日民族统一战线的方针、政策，设有国际要讯、国内要讯、半月国际述评、太平洋战况、敌后捷报、根据地、部队通讯等专栏

续表

报刊名称	创办时间及地点	刊期	主办	主编（负责人）	出版期数	备注
《新民主报》	1940年7月7日，淮南	五日刊	淮南路西区党委	朱凡		1946年6月停刊
《抗敌周报》	1940年7月，泰兴	周报	苏北指挥部政治部			1940年底改为《抗敌报》
《人民报》（淮北版）	1940年秋，淮北	二日刊	淮北区党委			该报为《人民报》随军东进时留下的部分设备和人员所创办
《联抗报》	1940年10月10日，曲塘	五日刊	联抗政治部	彭冰山		每期发行500份
《警钟报》	1940年10月10日，武进（今江苏省常州市武进区）		新四军二支队独立二团			宣扬抗日救亡，唤醒民众抗日，被誉为"老百姓的耳目"
《前驱报》	1940年10月，常州	不定期	中共太滆工委	储以民		1941年3月并入《太湖报》
《抗敌杂志》（苏北）	1940年11月，盐城	半月刊	新四军第一师政治部			宣传抗战，报道苏北人民的抗战消息
《东进报》	1940年11月，澄西	三日刊，后为周刊	中共东路特委	顾克如	约30期	其前身为《电讯》（1940年8月创办）。主要刊载国内外新闻电讯，还设有文艺副刊"原野""大众戏剧"。该刊每期印数约1000份，1941年4月停刊
《新路东报》	1940年11月，盱眙	三日刊	淮南津浦路东区委、联防办事处	包之静		辟有地方新闻、国内新闻、国际新闻等。1944年3月，与《新六合报》合并为《淮南日报》
《江淮日报》	1940年12月2日，盐城	日报	中共中央华中局	钱俊瑞 王阑西		辟有国内外新闻、言论、专文、短评、江淮副刊、新地、新诗歌、文艺等多个栏目。报道国内外形势，宣传抗战救国
《大众报》	1940年12月4日，盐城	不定期	中共中央华中局		43期	为面向工农群众的通俗报刊

续表

报刊名称	创办时间及地点	刊期	主办	主编（负责人）	出版期数	备注
《江淮杂志》	1940年12月15日，盐城	不定期	中共中央中原局		10期	面向广大干部和群众，刊载关于军事、政治、经济及文化作品，宣传中共政策、马列主义，指导抗日斗争和根据地建设
《路东党刊》	1941年1月，淮南		津浦路东区党委		11期	1943年4月改为《淮南党刊》
《正义报》	1941年初，黄冈		中共鄂东特委	刘西尧 杜陵波 林		1942年改为《鄂东报》
《太湖报》	1941年2月，常州	五日刊，后改三日刊	中共太滆地委	田树凡		辟有副刊，内容有特写、报告文学、小说、诗歌、散文等。1941年8月改名为《抗战报》，1944年10月停刊
《如西报》	1941年2月，如西（今江苏省如皋市）	不定期	如西县抗日救国会	曹衍正		1941年7月改名为《种田人》（丁正锋主编）
《先锋报》	1941年2月，阜东（今属江苏省盐城市）	不定期	新四军第三师政治部	方言		该师还有八旅政治部创办的《战斗报》，九旅政治部创办的《奋斗报》，十旅创办的《战旗报》
《先锋画报》	1941年4月，苏北		新四军第三师政治部	胡捷		该报是苏北敌后根据地创办较早的画报，对苏北美术创作活动的开展起了带头和促进作用
《苏北记者》	1941年4月12日，盐城	月刊	青年记者协会苏北分会	王阑西	4期	编辑有黄声、李洛、李铮、虞侃。创刊号发表有王阑西的《论新闻政策》、吴敏译的加里宁的《通讯的写作和修养》
《江淮文化》	1941年4月14日，盐城	不定期	苏北文协		2期	该刊为综合性通俗刊物，内容偏重于文艺作品

续表

报刊名称	创办时间及地点	刊期	主办	主编（负责人）	出版期数	备注
《敌后文化》	1941年5月，盐城	不定期	敌后文化社			以分析抗日形势，从事抗日宣传为宗旨，同时开展文艺创作和研究，培养敌后的文化生力军
《敌后文艺》	1941年5月，盐城	不定期	敌后文艺社			以宣传抗日为宗旨，主要刊载政治评论、剧本、诗歌、小说、杂文、报告文学及文艺批评等
《新诗歌》	1941年5月，盐城	不定期	苏北诗歌协会		2期	宗旨在于团结广大文化人士，建立文化抗日民族统一战线，加强苏北文艺界与各根据地的联系，倡导诗歌大众化
《实践》	1941年6月5日，盐城	半月刊	苏北青年救国协会			该刊为综合性通俗刊物，以知识青年为读者对象
《大众科学》	1941年6月9日，盐城	不定期	苏北自然科学协进会			该刊旨在推广自然科学教育，普及自然科学基础知识
《大家看》	1941年6月27日，盐城	不定期	华中鲁艺分院			该刊为面向农民读者的通俗化期刊
《江潮报》（《江海导报》《新华日报》）	1941年7月1日，泰州	四日刊，后改二日刊	苏中三地委	徐进周擎宇等		1945年底改称《江海导报》。1947年改为《新华日报》（华中版），为中共华中工委机关报
《真理》	1941年7月10日，盐城	不定期	中共中央华中局宣传部	彭康	20期	主要刊载中共中央和华中局的文件、指示，中共负责人和华中局负责人的文章，各地工作经验的介绍和调查研究报告，有关抗日战争的形势分析和政策指示等
《教育周刊》	1941年7月，盐城	周刊，后改半月刊	苏北教育研究会			主要针对日伪的奴化教育，进行研究、批判，开展抗日教育
《苏中儿童》	1941年7月，东台		新安旅行团苏中工作队		7期	该刊旨在教育儿童，指导儿童开展抗日宣传活动

续表

报刊名称	创办时间及地点	刊期	主办	主编（负责人）	出版期数	备注
《民众报》	1941年7月，茅山		中共茅山特委	甘林		每期发行900至1200份
《青年团结》	1941年8月，镇江	半月刊	中共苏皖区党委	邹毅程乐等		内容有通讯、漫画、文艺作品等。1942年1月改为《团结》。每期印500份，发行范围为茅山地区和无锡、江阴、宜兴等地
《无线电讯》	1941年8月26日，阜宁		中共中央华中局宣传部、新四军政治部宣传部	刘述周陈修良黄源范长江		主要转载延安新华社的消息
《先锋杂志》	1941年9月，阜宁		新四军第三师政治部	李恩求	40期	主要刊载党政军的文件指示，带有指导性的经验介绍和重要问题的研讨文章，以及文艺作品等。读者对象为党政军、地方干部。1944年12月改为《先锋》
《前哨画报》	1941年9月，江都		新四军第六师政治部			1948年改为《火线画报》
《老百姓报》	1941年秋，京山	不定期	鄂豫边区党委宣传部、民运部	夏忠武顾文华		1944年改刊名为《农救报》
《大众半月刊》	1941年10月5日，淮北	半月刊	苏皖区文化事业委员会			该刊为文艺性通俗读物，供学生、农民、店员及乡村知识分子阅读。主要栏目有社论、宣讲台、通讯，还辟有文艺专栏
《新盐城》	1941年10月10日，盐城	不定期	盐城县委	吴迪		主要报道盐城军民的抗日斗争消息
《淮北大众》	1941年10月，淮北	半月刊	淮北苏皖边区文化事业委员会			该刊辟有大众的话、讲演台、歌谣、连环图画、唱词、土调、小说、大众词典等栏目。1942年7月下旬停刊

续表

报刊名称	创办时间及地点	刊期	主办	主编（负责人）	出版期数	备注
《儿童生活》	1941年11月21日，盐阜	旬刊，后改半月刊	盐阜区党委、第三师政治部	范政	30多期	设有战斗故事、革命历史故事、各地儿童生活、模范儿童团员、天下大事、孩子的话、科学世界等栏目。发行量最高时达到1万多册
《布尔什维克》	1941年11月，江都（今江苏省扬州市）	不定期	苏中一地委	金湘 巴一熔		主要刊载时评、论述等指导性的理论文章
《前哨报》	1941年11月，高邮	五日刊	新四军第六师政治部	萧湘	120多期	1943年1月与《湖东报》合并。1945年5月停刊。每期发行量约2000份
《老百姓报》	1941年，盐城	不定期	盐城各界救国会	王树佳	6期	为通俗性的大众读物，设有老实话、国家大事、世界大事、工农生活、小知识等栏目。刘少奇为该报写了报头并题词
《团结》	1941年，太仓	周刊	太仓抗日民主政府			主要报道太仓县抗日斗争事迹，每期发行100多份
《盐阜报》	1942年1月1日，阜宁	三日刊	中共盐阜区党委	王阑西 艾寒松	1000多期	旨在宣传中共的抗日民族统一战线的政策、方针，团结各阶层人士共同抗日。设有国际版、国内版、地方版和副刊。1945年改名为《苏北报》，1946年10月改名为《盐阜日报》
《江海报》	1942年1月1日，南通	二日刊	苏中四地委	李俊民		主要发行于通州、如皋、启东、海门、东台及崇明等地。1945年12月9日并入《江海导报》
《时论丛刊》	1942年1月1日，阜宁	月刊	新四军政治部			该刊为时事和政治性的刊物
《滨海报》	1942年2月，东台	不定期	苏中区党委、二地委	徐达	100多期	该刊宗旨为唤醒人民亲密团结，坚持敌后斗争。1944年春终刊

续表

报刊名称	创办时间及地点	刊期	主办	主编（负责人）	出版期数	备注
《大江报》	1942年3月26日，无为	周刊	中共皖中区党委	周新武 舒文	507期	该报为皖中地区的一家主要报纸。其前身为《电讯》（《战斗报》），设有地方新闻、国际新闻、国内新闻等栏目，还设有副刊。印数多时达5000份
《路东农民》	1942年4月，淮南		淮南津浦路东农民抗敌协会	江平秋		1943年停刊
《大众知识》	1942年4月15日，盐阜		盐阜区文化社	黄源 阿英		1945年改名为《新知识》
《路西行政》	1942年5月1日，淮南		淮南津浦路西联防办事处			
《湖东报》	1942年5月，宝应		中共苏中江高宝中心县委	李浩礼		1943年1月与《前哨报》合并
《敌工通讯》	1942年5月，阜宁	不定期	新四军敌工部			该刊内容以刊登新四军敌工工作、情报工作经验为主
《健康报》	1942年6月1日，阜宁	月刊	新四军卫生部			设有大家讲卫生、常见病防治、民间医学、卫生画廊等栏目，内容主要为介绍科学卫生知识，解答卫生方面的疑难问题
《盐阜党刊》	1942年6月10日，阜宁	不定期	盐阜区党委	王阑西	14期	主要阅读对象为基层党支部党员及干部
《新华报》	1942年7月1日，阜宁	五日刊	中共中央华中局和新四军军部	陈修良		陈毅兼任新华报社社长，1942年12月停刊
《时事简讯》	1942年7月7日，慈溪	三日刊	中共浙东区党委	陈静之 于岩		主要登载延安新华社电讯和浙东新闻。每期发行1500份左右。1944年4月改名为《新浙东报》

续表

报刊名称	创办时间及地点	刊期	主办	主编（负责人）	出版期数	备注
《日本士兵之声》	1942年7月13日，阜宁	不定期	在华日人反战同盟苏北支部			设有士兵的话、诗歌、散文、漫画、故事、家信等栏目。该刊对协助新四军开展敌工工作，瓦解敌军士气，发挥了积极作用
《江南党刊》	1942年9月10日，苏南		苏皖区党委	欧阳惠林	20多期	主要刊载本地区中共工作的总结、典型经验介绍、专题调查研究、模范党员事迹，以及批评和建议等。1944年6月停刊
《军事建设》	1942年9月，泾县		新四军司令部			主要刊载关于军事建设情况，各种作战教育和经验教训，以及军内文件、军事领导人讲话等
《先锋文艺》	1942年10月，阜宁	不定期	新四军第三师		2期	设有历史故事、五分钟剧本、战士的画、游戏等栏目
《鄂东报》	1942年，黄冈		中共鄂东地委	林波		
《文化通讯》	1943年1月1日，淮北		淮北文协			主要刊载文艺创作、木刻图画，介绍文化常识，转载、摘刊一些外刊文章
《东南报》	1943年3月，启东	不定期	中共东南县委	马力		编辑人员有高风、李准、颜辉等。抗战胜利后，改名为《海启大众》
《盐阜大众》	1943年4月25日，滨海	半月刊，后改周刊、三日刊		王阑西 赵平生		该刊为面向乡干部和工农群众的通俗性刊物
《南通报》	1943年4月，南通	不定期	中共南通县委			1943年冬终刊
《新知识》	1943年6月，盐阜			阿英	6期	内容主要反映新文化、新思想，体现中共的文艺政策。以部队干部和青年知识分子为对象，每期印数约2000份

续表

报刊名称	创办时间及地点	刊期	主办	主编（负责人）	出版期数	备注
《大众画报》	1943年7月，盐城	月刊			3期	该刊旨在充分发挥美术作品的宣传教育作用。内容直观、生动活泼，在宣传抗日方面发挥了独特作用
《大江月刊》	1943年8月1日，无为	月刊	中共皖中区党委	周新武 舒文		以刊载文件、领导讲话、组织决议、工作总结为主
《战斗报》	1943年8月23日，余姚	周刊	新四军浙东游击纵队政治部	丁柯		主要内容为抗战新闻、上级指示及论文、工作经验和知识介绍，设有社论、新闻、战斗俱乐部、工人生活、文艺通讯等栏目。每期发行约500份。1945年9月停刊
《儿童画报》	1943年11月，淮安	半月刊	新安旅行团	王德威	5期	该刊为新安旅行团儿童画集
《每月新歌》	1943年11月，淮安	月刊	新安旅行团	范政 王德威		该刊为新安旅行团儿童歌集
《江都导报》	1943年11月，江都	五日刊	中共江都县委	魏宁 杜明甫	200多期	编辑有邱枫、陈木兰等。1945年夏停刊
《苏中报》	1943年12月2日，东台	三日刊	新四军军部政治部	粟裕 林淡秋 史乃展	250期	内容为传播马克思主义，宣传党的理论、方针、政策；报道国内国际形势，动员民众参与抗战
《新时代》（日文）	1943年，淮南		在华日人反战同盟苏中支部	滨中政志		该刊为在华日人编辑的反战刊物，主要宣传日本侵华战争非正义性，以唤起在华日军的厌战情绪，加入反战行列。1945年1月停刊
《淮南大众》	1944年1月15日，盱眙	三日刊	中共淮南区党委	江平秋 汪毅侠	130期	江平秋、汪毅侠、罗函文、田野、高志平等先后担任主编。1946年1月停刊

续表

报刊名称	创办时间及地点	刊期	主办	主编（负责人）	出版期数	备注
《淮南日报》	1944年4月1日，淮南	日报	淮南区党委	包之静 姚漆		前身为《新路东报》与《新六合报》，主要刊载淮南军民自卫反击的消息。1946年8月28日终刊
《新浙东报》	1944年4月13日，慈溪	三日刊，后改为二日刊	中共浙东区党委	谭启龙 顾德欢 于岩	231期	辟有要闻、党政机关指令、国际国内新闻等栏目，报道各抗日根据地的消息，世界反法西斯战争的形势；还设置了《新地》《文艺周刊》《新时期》等副刊以及《生产》《浙东妇女》专刊。每期发行1500—4000份
《苏北画报》	1944年5月1日，阜宁		苏北画报社			该刊面向部队战士、干部，内容主要反映部队战斗以及工农生产和生活，有战斗英雄、模范事迹、生产运动、拥政爱民等
《青年解放》	1944年6月1日，如西		苏中三分区青年抗日救国会			1945年12月停刊
《群众报》	1944年6月10日，东台		苏中二地委			该刊内容为揭露日寇侵略暴行，反映根据地建设情况。主要面向基层干部和识字群众。1944年11月停刊
《人民报》	1944年6月12日，宝应	三日刊	苏中一地委	蔡修本		
《老百姓》	1944年6月25日，睢宁	月刊	邳睢铜地区抗日联合救国会	谢景鸿		主要内容有通讯、民间曲调、抗战英雄事迹等。1945年8月改名为《工农兵》
《苏中教育》	1944年8月15日，南通	月刊	苏中行署教育学会		8期	
《苏南报》（《苏浙日报》）	1944年10月，长兴	不定期	中共苏皖区党委	欧阳惠林 储非白 谷力虹		1945年9月改名为《苏浙日报》

续表

报刊名称	创办时间及地点	刊期	主办	主编（负责人）	出版期数	备注
《路东通讯》	1944年11月1日，淮南		中共淮南路东地委			该刊主要面向区乡干部和小知识分子，设有根据地的政策、经验介绍、支部工作、生产运动、乡村民主建设、民兵生活、反蚕食、反奸细斗争等栏目
《农村剧团》	1944年11月3日，盐阜		盐阜区行署文教处			
《农村文娱》	1944年，盐阜	半月刊	盐阜总剧联			主要内容为提供农村文娱材料，指导农村文娱工作
《庄户报》	1944年，东台	三日刊	东台县政府			内容包括政权建设、生产、财经、文教工作情况，以及向农民传授农业生产知识，指导农民种田
《前哨画报》	1944年，兴化	旬刊	苏中一地委宣传部	谢镜生 石明 景正平		每期印1000份
《苏中画报》	1944年，如皋		苏中区委宣传部	涂克	9期	编辑有费星、杨涵、江有生等。1946年并入《江淮画刊》
《解放周报》（日文版）	1945年1月16日，余姚	周刊	浙东游击纵队政治部	黄源 楼适夷		该刊旨在向日本侵略军进行反战宣传，分化瓦解敌军
《苏北画报》	1945年1月，阜宁	不定期	新四军苏中军区政治部	涂克	8期	1946年1月并入《江淮画报》
《生活》	1945年3月10日	周刊	苏中出版社		7期	
《东南文化》	1945年4月，余姚	月刊	东南文化社	黄源 楼适夷 张瑞昌 江岚 于岩		该刊以"务求切合当年斗争，反映现实生活，提高东南抗日民主文化运动的热潮"为宗旨，主要刊载根据地政治、军事、经济、科学、文化问题动态以及各种体裁的文艺作品

续表

报刊名称	创办时间及地点	刊期	主办	主编（负责人）	出版期数	备注
《苏北党刊》	1945年4月5日，盐阜		苏北区党委			该刊为面向区营以上干部的党内读物，主要刊载各地、各部门有关工作总结、典型经验、调查研究、党内批评与建议，以及不适合公开发表的内容
《苏浙前线》	1945年5月，长兴	三日刊	新四军苏浙军区	杨恺	2期	主要报道部队的抗战消息和军政建设经验。每期发行2000余份
《大众报》	1945年8月，余姚	周刊	浙东行署文教处			该报为通俗性报纸，主要面向初识文字的群众

以上是笔者所搜集到的自1938年5月开始至1945年8月抗战胜利结束期间华中抗日根据地所出版的刊物，共计122种。[①]抗日战争时期，华中抗日根据地出版的刊物，其主办机构或出版单位大致有以下几类：

（1）中共中央华中局和新四军军部。中共中央华中局和新四军军部作为华中敌后抗日根据地党和军队的领导机关，在领导军民开展抗日斗争的同时，也积极从事办报办刊的工作。抗战期间，华中局和新四军军部先后创办了《江淮日报》《大众报》《真理》《无线电讯》《新华报》《苏中报》等一批具有全国影响力的刊物。（2）新四军第一师和苏中抗日根据地。抗战时期，新四军第一师及其驻守的苏中地区创办了《抗敌杂志》《江潮报》《布尔什维克》《江海报》《滨海报》《青年解放》《群众报》《人民报》《苏中教育》《前哨画报》《苏中画报》等刊物。（3）新四军第二师与淮南抗日根据地。新四军第二师主要活动在淮南地区津浦路东西两侧，负责保卫淮南抗日根据地。抗战时期，淮南地区出版了《新民主报》《新路东报》《路东农民》《路西行政》《路东通讯》等。（4）新四军第三师与苏北抗日根据地。"皖南事变"后，新四军第三师奉命创建苏北抗日民主根据地，发展地方武装。抗战时期，新四军第三师政治部与苏北区党委、苏北文协等

[①] 以上是有确切年份的刊物，一些刊物因出版时间、地点等数据不全，未搜录在内。根据相关学者研究，抗战期间华中抗日根据地一共出版过200多种刊物。见赵晓恩《以延安为中心的出版工作》（三），出版发行研究，2001年第3期。

众多党政部门和群团组织创办了《抗敌周报》《江淮文化》《新诗歌》《实践》《大众科学》《教育周刊》《团结报》《老百姓》《新盐城》《儿童生活》《盐阜党刊》《大众知识》《苏北画报》《农村剧团》等刊物。(5)新四军第四师与淮北抗日根据地。新四军第四师主要驻守淮北抗日根据地，抗战时期，淮北抗日根据地出版了《拂晓报》、《人民报》（淮北版）、《淮北大众》、《文化通讯》等。(6)新四军第五师与鄂豫抗日根据地。抗战时期，新四军第五师及其开辟的鄂豫抗日根据地出版了《小消息》《老百姓报》《七七报》《挺进报》《正义报》《鄂东报》等报刊。(7)新四军第六师与苏南抗日根据地。抗战时期，谭震林领导的新四军第6师在苏南地区开展军事斗争的同时，还积极开展文化建设，先后创办了《前哨画报》《前哨报》《苏南报》（《苏浙日报》）《大众报》《江南》等一系列报刊。(8)新四军第七师与皖中抗日根据地。抗战时期，新四军第七师及其开辟的皖中抗日根据地出版了《大江报》《大江月刊》《大江杂志》等报刊。(9)新四军浙东游击纵队与浙东抗日根据地。1942年，中共中央华中局和新四军军部派谭启龙、何克希等一批干部到浙东开展抗日游击战争，创建了以四明山为中心的浙东游击根据地。抗战期间，浙东抗日根据地出版了《时事简讯》、《战斗报》、《新浙东报》、《大众报》、《解放周报》（日文版）等报刊。

  抗战期间，华中抗日根据地出版的报刊，具有以下特点：首先，具备鲜明的党性、战斗性和群众性。抗战期间，华中抗日根据地出版的报刊刊登了大量报道根据地军民英勇抗日的事迹、宣传抗日英雄事迹、总结对敌斗争策略的文章。如，1939年11月5日，新四军政治部主任袁国平在《抗敌》杂志第6期发表《论坚持大江南北的敌后抗战》一文，探讨了在平原水网地区建立抗日根据地的必要性和可能性，文章指出，平原水网地区的抗日根据地"是坚持敌后抗战的枢纽，也是将来准备反攻的前进阵地"[①]。1940年6月27日《拂晓报》第159期刊登的《豫皖苏边宪政宣传周决议及宣传大纲》一文，宣传了党的民主选举政策，文章提出：今后各级政权机构，包括县长、区长、乡长都要实行民选。这一消息的报道，给根据地广大群众以极大鼓舞和教育。

  其次，重视所刊内容的通俗性和大众化。1942年，中共中央宣传部就改进党报工作下发通知，要求"各地党报的文字应力求通俗简洁，不仅

[①] 江苏省新四军和华中抗日根据地研究会：《袁国平纪念文集》（上），中共党史出版社，2014年，第27页。

使一般干部容易看懂，而且使稍有文化的群众也可以看"。[1]根据这一指示精神，华中抗日根据地创办的许多报刊，内容和形式丰富多样，不仅有消息、通讯、评论、署名文章、记者采访等常见新闻报道栏目，而且还采用民歌、小调、唱词、歇后语、顺口溜、木刻连环画等老百姓喜闻乐见的艺术形式报道抗日事迹。如新四军浙东游击纵队主办的《战斗报》上发表的《整训的早晨》一文写道："今天早上／月亮白光光／杨永生以为天亮了／连忙喊起全班同志／快快起床、快快起床／阵阵喊杀声／惊醒了房东老公鸡！"[2]这是一首短小的叙事诗，采用大白话的创作手法，生动形象地描述了新四军战士晨训的场面。类似这样的通俗新闻，在华中各抗日根据地创办的报刊上随处可见。此外，为了配合识字运动，各根据地还出版了大量画报。

为了使报刊内容更加贴近民众，华中抗日根据地积极培养工农兵为报刊写稿。根据地报社编了一批新闻写作辅导材料，如，苏中报社编写了《提倡作什么写什么》《怎样才能把新闻写得通俗些》《怎样介绍经验》等新闻写作培训教材。一些报刊还积极介绍有关新闻写作的知识，供根据地广大工农兵学习。如，1941年4月，《苏北记者》第1期刊登了《研究时事的一些知识》《论通讯的写作》《通讯员的写作和修养》等文章。此外，一些报社还开设了新闻训练班。通过学习和培训，许多粗识文字的战士和群众也开始拿起手中的笔，进行新闻采写活动，大大丰富了报刊的内容，增强了报刊的大众化和群众性。

第三，华中各抗日根据地不少报刊都办有副刊或专刊。如《拂晓报》办有增刊、丛刊、专刊以及《拂晓文化》《拂晓画报》等副刊；中共浙东区党委主办的《新浙东报》出版了《新地》《文艺周刊》《新时期》等副刊，以及《生产》《浙东妇女》专刊；《江淮日报》出版了《江淮杂志》《江淮文化》《江淮艺术》等副刊；《大众报》办有《大众园地》《江南文艺》《战地》等副刊。从副刊内容来看，华中抗日根据地所创办的报纸副刊除了文艺类副刊外，还有教育、科学、医药卫生、国际知识等副刊。这些报纸副刊兼具科学性、知识性和趣味性，它们在向根据地广大群众宣传和普及自然科学知识、社会科学知识方面起了积极作用。

---

[1] 中央档案馆：《中共中央文件选集 第十三册（一九四一——一九四二）》，中共中央党校出版社，1991年，第359页。
[2] 中国人民政治协商会议余姚市委员会文史资料委员会：《余姚文史资料》（第8辑），1990年，第116页。

二、《抗敌报》的出版

《抗敌报》是抗战时期由新四军政治部主办的一份抗日报刊。该报于1938年5月1日在皖南正式出版，周恩来亲自为该报题写报名。[①] 冯定、汪海粟先后担任该报主编。《抗敌报》初为油印，五日刊，从1939年起改为铅印，三日刊。

该报以华中抗日根据地广大军民为主要读者对象，除刊载一般消息外，还有战地通讯和各种问题的讲解，在宣传国内外形势，报道新四军、八路军抗战业绩和揭露日伪阴谋等方面起了重大作用。

《抗敌报》的内容主要有以下几个方面：一是报道新四军前线抗战事迹和胜利消息；二是社论和国际新闻，国际新闻主要报道苏联社会主义经济建设成就，苏联红军战绩，美国、西欧外交及欧战情况，日本国内危机以及印度人民争取民族解放运动等新闻；三是刊载中共中央的重要文件、决议、通知和指示精神；四是刊载中共中央领导人和新四军领导人的文章。

抗日战争时期，《抗敌报》及时报道了新四军在大江南北战场抗击日、伪、顽三方面敌人的情况。特别是血战繁昌、泾县保卫战、夜袭上海机场等的报道，极大地鼓舞了广大军民的士气。

《抗敌报》主张团结抗战，反对任何投降分裂的阴谋。1940年2月1日，该报发表题为《请看反共的末路》的社论，文章指出，自汉奸卖国贼汪精卫投降日寇，竖起反共旗帜以来，国内一些顽固的反共分子，如周佛海、陈公博、梅思平等人，"极尽卑鄙龌龊地向日寇投降"。文章指出，"反共"和"投敌"是一体两面、互为表里的关系，"反共的前途，必然是投敌，投敌的准备，必然是反共"。[②]

该报对八路军和新四军开展对敌斗争及其取得胜利的消息进行了大量报道，同时，还刊载了新四军主要领导人叶挺、项英、陈毅等人的讲话文章。如：1940年5月22日，该报第153期发表的《鄂北克复枣阳》一文，报道了枣阳战斗的情况。在此次战斗中，新四军不仅解放了豫鄂间的重镇枣阳，而且取得打死和打伤敌人7000余人的辉煌战果。此类文章还有如《晋博路据点尽入我手》《汉口敌兵车两列被炸》《从化县境随处激战》等一系列关于抗日战况的报道。[③]

---

① 张静如、梁志祥、镡德山：《中国共产党通志》（第4卷），中央文献出版社，2001，第417页。
② 王文彬：《中国现代报史资料汇辑》，重庆出版社，1996年，第745页。
③ 王海勇、杨宏伟、张用贵：《明证：在敌后壮大的抗日根据地报刊》，浙江工商大学出版社，2015年，第222页。

《抗敌报》还登载了外国记者和作家关于新四军英勇抗战的报道。如，该报曾刊载了美国著名新闻记者埃德加·斯诺先生的《新四军印象记》，该文报道了新四军英勇抗击日寇的战绩，文章写道："新四军成立3个月内，已经和敌人作战过100多次。""新四军战斗的胜利使向来怀疑新四军不能作战的人，渐渐信服起来。"[①]该报还刊发了美国记者史沫特莱女士撰写的《新四军优秀的伤兵医院》和《史沫特莱在皖南》两篇报道，在文章中，作者以战地记者的身份，真实、详细地记录了皖南新四军战士开展敌后抗日斗争的英雄事迹。这些外国作家和记者的文章和报道，生动形象地展示了中共领导下的新四军英勇抗日事迹，给全国人民乃至世界反法西斯战争的民众以巨大鼓舞。

抗战期间，《抗敌报》还先后出版了《文艺》《战士园地》《抗敌副刊》《抗敌艺术》《抗敌剧场》《新文字》《红匾》《青年队》8种副刊。其中，《战士园地》是专供新四军战士阅读的刊物，主要刊载一些英勇战斗的故事，真实地表现了根据地战士们的战斗和生活，文章内容通俗，文风活泼，深受广大新四军战士的喜爱。

1941年1月4日，新四军军部开始从皖南撤退，《抗敌报》也宣告终刊。该报从创刊至终刊，共出版221期。

抗战时期，《抗敌报》还出版了江北版和苏北版。《抗敌报》（江北版）由新四军江北指挥部主办，1939年11月20日在皖东定远县创刊，由王阑西任主编。《抗敌报》（江北版）在创办过程中，得到中原局书记刘少奇的大力支持。他指示该报要注意宣传党的抗日民族统一战线政策，广泛发动民众起来参加抗日斗争。他还指示新四军领导邓子恢和赖传珠应重视并大力协助办好《抗敌报》（江北版），并要求中原地区各地党委充分利用该报开展抗日救亡宣传工作。

《抗敌报》（江北版）的主要内容，一是摘自延安新华社播发的国内和国际新闻；二是刊载党中央的重要决议、命令、指示，以及军队和地方党政机关的文件；三是刊载地方通讯。该报对华中抗日根据地军民抗击日寇的情况进行了广泛报道。如，1939年11月初，日伪对华中抗日根据地发动了一次大"扫荡"，该报报道了新四军在徐海东的指挥下，集中兵力，击溃敌伪军的消息。《抗敌报》（江北版）最初为油印版，每期发行约2000份，后期改出铅印版后，每期发行量扩大至四五千份。

皖南事变后，国民党顽固派掀起反共高潮，日伪也乘机对华中各抗日

[①] 海南省文化交流促进会：《红色记忆43：铁骨铮铮新四军》，南海出版公司，2015年，第81页。

根据地展开残酷"扫荡"。1940年10月，遵照中央指示，中原局向苏北盐城地区转移。不久，中原局改为华中局。为了加强对华中地区党的政策的宣传工作，根据中共华中局的决议，《抗敌报》更名为《江淮日报》继续出版。

《抗敌报》苏北版由新四军苏北指挥部主办，1940年10月在苏中海安县创刊。张崇文担任主编。该报主要报道对敌斗争的捷报、国际局势的发展以及军事动态等。1941年5月，《抗敌报》苏北版改为中共苏中区委机关报。皖南事变后，该报改由新四军第一师主办。1942年8月，因日军对苏中地区进行"扫荡"，该报被迫停刊。

三、《抗敌》杂志的出版

《抗敌》杂志是新四军军部政治部主办的大型综合性刊物，1939年2月创刊于皖南云岭，主编李一氓。《抗敌》杂志的主要任务，一是总结抗战中的经验教训，二是宣传我党我军在新任务下所采取的方针、政策，"使全军指战员和一切忠于民族抗战的人士能够在敌氛笼罩下的江南，在汉奸底亲日主和与防共的妖言惑众下的江南，拨开云雾，向着光芒的灯塔，勇猛前进"。[①]

《抗敌》杂志辟有"社论""专论""特辑""文艺""战斗报告""调查报告"和"新四军一日"等栏目。该刊大量刊发了毛泽东、朱德、周恩来等中共领导人和叶挺、项英、陈毅等新四军领导人的讲话和文章。

《抗敌》杂志创办期间，国内抗战开始进入相持阶段。为对国民政府实施政治诱降，日本帝国主义改变侵略方针，把主要兵力用来集中对付八路军和新四军。在日寇的政治诱降下，国民党顽固派也不断制造反共摩擦事件。面对抗战新形势，《抗敌》杂志以大量篇幅向根据地军民分析了国内外形势，并提出了相应的指导方针。这方面的文章有毛泽东的《第二次帝国主义战争》《相持阶段中的形势与任务》《团结到底》，周恩来的《新阶段的诸问题》《中国抗战的严重时期和目前任务》，项英的《论目前国内外形势》等。这些文章的刊发，有助于华中抗日根据地广大干部认清抗战形势和世界反法西斯战争的形势，从而有针对性地开展抗战工作。

《抗敌》杂志刊发了大量文章，揭露汪伪政权的投降卖国罪行和国民党顽固派"假抗日、真反共"的阴谋，号召大家认清汪伪政权卖国投降政策的性质和危害。如，该刊第12期发表了周恩来的《中国抗战的严重时

[①] 《发刊词》，《抗敌》创刊号，1939年2月15日，安徽省档案馆、安徽省博物馆、新四军军部旧址纪念馆：《抗日战争史料选：新四军在皖南（1938—1941）》，1985年，第61页。

期和目前任务》一文，作者在文中指出，当前抗战最大的危险，除"汪精卫一流投降分子"外，还有隐藏在抗战营垒中的投降妥协分子，尤其是国民党内的投降分子。他们压制进步的抗战组织，挑拨抗战军队内战，阴谋叛变，主张削弱八路军、新四军及边区，对抗战怠工。这是造成目前投降危险的主要根源。[①]

《抗敌》还发表了大量关于新四军开展军事斗争、军队政治工作等方面的文章。如1939年5月10日，新四军政治部主任袁国平在《抗敌》杂志上发表《论江南伪军工作》一文，该文提出，应通过加强政治宣传以杜绝伪军产生的根源，应制定争取伪军官兵的正确政策，扩大争取伪军的鼓动工作，要利用一切机会进行宣传，以动摇伪军人心和激励伪军走向抗敌报国的道路。

《抗敌》杂志还刊登了大量抗战文艺作品。如扬帆的《〈和平文学〉及其他》，钟畏的《平江的血》（中篇小说），东平的《蒋老大和老叶》（短篇小说），陈毅的《江南之春》（战地杂讯）和《十年》（诗歌）。此外，还有聂绀弩等著名作家创作的小说、散文、戏剧等。这些抗战文艺作品，以群众喜闻乐见的形式宣传了抗日救亡的道理，起到了教育和鼓舞民众团结抗日的作用。另外，该刊还刊载了国际友人、美国著名记者和作家史沫特莱写的《论鲁迅》等文章。

《抗敌》杂志创办之初由新知书店总经销，1940年2月改由战地文化服务社总经销。1940年12月1日，《抗敌》杂志在出版至第6、7期合刊后，因皖南事变爆发而被迫停刊。该刊从创办至停刊，共出版2卷19期。

四、《拂晓报》的出版

《拂晓报》创办于1938年9月29日，报社地址设在河南确山。拂晓报社由王子光兼第一任社长，后由王少庸担任社长。编辑部成员有阿乐、易河、单斐、陈阵、庄芳、杜百根、蓝芳、李朴人、余智明、张宏、钱申夫等人。

《拂晓报》以马列主义理论为指导，积极宣传抗日救国思想和党的路线、方针、政策，经常刊载党中央的指示、决定，根据地党政军活动和战讯，以及彭雪枫等部队首长的讲话、重要文章等。该报栏目多样、内容丰富翔实，设有"一周时事""半月军事动态""战士园地""名词解释""卫生常识""谈天说地"等多个栏目。此外，该刊还经常发表特写、报告文

---

① 安徽省出版总社出版志编辑室：《安徽出版资料选辑》（第1辑），黄山书社，1987年，第18页。

学、散文、诗歌等文艺作品。这些作品文笔流畅，语言生动，字体刻印精美，再加之配以花边、线条和插图等，版面显得十分新颖活泼，因而深受根据地广大军民喜爱。

抗战期间，《拂晓报》对华中抗日根据地军民抗击日伪斗争的事迹进行了大量报道。1940年，日伪集中3000多人的兵力向豫皖苏地区进行大"扫荡"。《拂晓报》连续4期以头版头条报道了萧（萧县）、宿（宿县）、永（永城）地区抗日部队开展反"扫荡"斗争的消息。如《我军反"扫荡"胜利开始》（第130期）、《我军反"扫荡"续获胜利》（第131期）、《萧宿永反"扫荡"，我军再接再厉，捷报频传》（第132期）、《山城集血战竟日，鲁总队长[①]英勇殉国》（第133期）。这些消息文笔精练，及时准确地传达了根据地军民英勇反"扫荡"斗争的胜利成果。除了刊发短小精悍的消息外，《拂晓报》还以社论、通讯、速写等多种形式，报道了日寇的野蛮侵略罪行以及前线战士英勇抗日的事迹。

皖南事变后，国民党顽固派掀起反共高潮，围攻坚持敌后抗战的八路军、新四军。《拂晓报》积极报道了华中根据地军民开展"反顽斗争"[②]的消息，该报先后发表社论《要求明令取消"防止异党活动办法"》（第88期）、《揭露暗藏在政府机关中的汉奸两面派》（第89期）等，无情地揭露了国民党顽固派制造反共摩擦的罪行。1940年10月，国民党蒋介石发动第二次反共高潮，并密令汤恩伯向淮北新四军第四师大举进攻。1941年2月8日，《拂晓报》刊发社论《引狼入室的反共恶果》，猛烈抨击汤恩伯消极抗战，残杀同胞的罪行。该报第232期发表《敌伪顽协同夹击我军被击溃》，揭露了国民党反动军队勾结日伪夹击我军的罪行，报道了我军英勇奋战粉碎日伪顽夹击的消息。第223期发表《蒙南民众不堪反共军蹂躏》一文，报道了国民党反动军队在蒙城一带拉丁派捐的恶行以及人民苦不堪言、义愤填膺进而奋起反抗的消息。《拂晓报》以无可辩驳的事实，揭露了国民党顽固派的反共罪行，说明了国民党顽固派发动反共内战是不得人心之举。

抗日战争期间，《拂晓报》对华中各抗日根据地开展民主政权建设、军事建设以及群众运动的情况进行了详细报道。如第293期发表《淮宝县民选县长》一文，报道了淮宝县召开参议会，讨论生产救荒、拥军优抗、农田水利、革命武装工作，以及开展民主选举县长的活动。第641期刊发《选举好人做好事，张敦乡热烈竞选》的消息，报道泗南县张敦乡开展基

---

① 鲁总队长，指鲁雨亭，新四军六支队一总队长。
② "反顽斗争"是反对顽固派的简称。

层民主选举活动的情况。在对根据地军事建设的报道方面，该报第287期刊发了彭雪枫的《论精兵主义》一文，文中提出要树立精兵主义、加强军事训练的精兵思想。类似的报道还有新四军第四师将领张震的《我师军事建设之急务——贯彻中央精兵政策》（第334期）、肖望东的《一年斗争中的政治工作》（第86期）。同时，该报还设置了"军事讲座"专栏，介绍现代军事科学知识，以及转载苏联红军和八路军军事将领撰写的军事科学论著。抗日战争期间，《拂晓报》还对华中抗日根据地开展大生产运动、减租减息、拥军爱民活动进行了大量的报道。这些报道，对提高根据地广大军民的政治、军事和文化素质，增强军民团结，巩固华中抗日根据地具有重要的指导作用。

《拂晓报》发行范围广泛，除向豫皖苏边区发行外，还通过党的地下交通线发行到大别山区、延安、西安、重庆等地，并通过中共设在重庆的办事处，发行至桂林、昆明、贵阳和香港等地。该报还通过中共地下党和国际红十字会等渠道发行至印度、印尼、法国、英国、苏联、美国、加拿大等国。

《拂晓报》的创办，与新四军第四师师长彭雪枫的指导和关怀是分不开的。该报也被人们称为彭雪枫将军的"三宝"[1]之一。对于《拂晓报》，彭雪枫既是"抚育者、领导者，又是它的热心读者和撰稿人"。[2]他亲自为报刊题写报头并写了创刊词。他在创刊词中热情洋溢地写道："'拂晓'代表着朝气、希望、革命、勇敢、进取、迈进、有为，胜利就要到来的意思。"[3]《拂晓报》的主要任务是保持和新四军将士之间的血肉联系；与各种错误思想、意识、行为进行斗争；团结广大群众和友军，坚决执行抗日民族统一战线政策。[4]

在《拂晓报》出版过程中，彭雪枫不仅亲自审阅重要新闻和社论，还积极参与新闻稿件的编校并指导排版印刷工作。[5]他曾对报社编辑和记者说："《拂晓报》是给人看的，首先要使人爱看，办报要有自己的特色，力求生动活泼，战斗力强。每篇文章对人都要有所启发和教益。"他认为，报纸的标题要注意做到"鲜明生动，能够引人入胜"。他认为报纸要做到

---

[1] "三宝"，指拂晓剧团、骑兵团、《拂晓报》。
[2] 林颖：《深切怀念雪枫战友》，《忆彭雪枫同志》编辑组：《忆彭雪枫同志》，河南人民出版社，1979年，第98页。
[3] 杨居人：《拂晓报史话》，新华出版社，1987年，第7页。
[4] 杨居人：《拂晓报史话》，新华出版社，1987年，第8页。
[5] 杜百256：《彭雪枫同志和〈拂晓报〉》，《忆彭雪枫同志》编辑组：《忆彭雪枫同志》，河南人民出版社，1979年，第265页。

大众化和通俗化，报道的内容"千万不要满篇之乎者也矣焉哉"，而是要通俗易懂，要让工农兵也能读得懂。他强调报纸的形式要与内容相统一，形式要为内容服务，"版面的规划，花边插图都是为文章内容添色加彩的"。①

《拂晓报》的创办，得到了众多中央和地方党政军领导人的高度评价，毛泽东、刘少奇、王稼祥、张闻天、陈毅、邓子恢、谭震林、滕代远、曾希圣、徐海东、鲁雨亭等都曾给该报题词。毛泽东曾给彭雪枫写信，称赞《拂晓报》办得好，"看了几期，报纸办得好，祝同志们继续努力，作出更好的成绩"②。刘少奇为《拂晓报》题词："为抗战的正确路线而斗争！"陈毅称该报"是我军报纸中比较优秀的一个希望"。谭震林称《拂晓报》的诞生，"惊破了黎明前的黑暗，唤醒了豫皖苏边的青年，催动了全军的艺术，吓破了日寇的胆肝"。滕代远称该报是"敌占区内广大人民的灯塔"③。

1942年11月，中共豫皖苏边区党委主办的《人民报》合并入《拂晓报》。1945年10月，淮北三地委主办的《团结报》合并入《拂晓报》。抗战胜利后，《拂晓报》继续出版，至1946年1月10日，该报已出版至第1000期。解放战争期间，《拂晓报》改名为《雪枫报》，继续随军在淮北敌后行军战斗，开展宣传报道，直至全国解放。

五、《真理》杂志的出版

《真理》杂志于1941年7月10日在阜宁创刊，该刊是抗日战争时期华中局宣传部主办的一份党内理论刊物。

《真理》积极宣传党的路线、方针、政策，大量刊载了中共中央和华中局发布的各项指示、决议、决定等文件，以及中央领导人、新四军将领的讲话和文章。这些文件、文章和讲话内容丰富，涉及党的建设、军队建设、群众工作、青年工作、妇女工作、生产建设、整风运动等多个方面。以上诸多内容中，又以关于党的建设、军队建设和群众工作方面的文章数量最多。现就这三方面内容作一介绍：

首先，关于党的建设。《真理》刊发了大量关于如何加强党的建设的文章。根据笔者统计，《真理》杂志20期，一共刊载184篇文章。其中，关于党建方面的文章数量就有43篇，占刊文总数的近1/4。创刊号刊载了刘少奇的《做一个好党员，建设一个好的党》，该文回顾了中国共产党成

---

① 晓音：《一代名将彭雪枫》（中），宁夏人民出版社，2010年，第74页。
② 晓音：《一代名将彭雪枫》（中），宁夏人民出版社，2010年，第67页。
③ 晓音：《一代名将彭雪枫》，华岳文艺出版社，1987年，第200页。

立以来的战斗历程及其成就,并提出如何在我们党已有的成绩上继续前进的问题。作者在文中对怎样成为一个好党员以及怎样建设一个好的党进行了深入的阐述。文章强调:"只有大多数党员努力工作,努力学习,努力提高与增进自己的品质,努力前进,才能建设一个好的党。"[1]创刊号还登载了邓逸凡的《为克服党的各种不正确倾向而斗争》一文,该文首先指出了新四军直属部队中的一些党组织存在的不正确倾向,如个人主义的私人感情超过了党的政治原则、组织观念薄弱、自由主义倾向浓厚等,并分析了这些不良倾向产生的根源。文章重点提出了克服党的各种不正确倾向的办法:一是要党员干部认识与了解这些倾向与现象对党和革命的危害;二是要在支部中进行广泛深入的检查,彻底揭发党内干部中存在的不良倾向与现象;三是严密党的组织并提高党的纪律,发挥支部的作用;四是加强党员干部的教育;五是在党员中开展批评和思想斗争。[2]该刊第2期刊载的《中央关于增强党性的决定》一文,指出了党内存在的"个人主义""英雄主义"等各种违反党性的倾向,并提出了纠正和解决的办法,如坚决服从党的领导、严格执行党的各项决议、及时纠正错误、加强党纪教育、加强自我学习和改造、虚心听取党员群众的批评和开展自我批评等。这些文章的发表对于根据地加强党的建设,转变党的工作作风,增进党员队伍的团结,提高党员素质具有重要的作用。

其次,关于军队建设。《真理》刊发了众多关于军事斗争和军队建设方面的文章。从具体内容来看,这些文章涉及反"扫荡"、军队干部教育、伤残军人工作、游击战争、连队工作、部队政治工作、军队整风学习、精兵简政、拥军工作、扩军工作等诸多方面。创刊号发布了陈毅的《论建军工作》一文。作者认为,皖南事变后,新四军处于极危险的境地,建军工作成为当前迫切的任务。文章从军队党建工作、军事组织建设和军事技术训练、军队纪律和作风建设、工作制度建设等方面阐述了军队建设的任务和内容。作者在文章中指出,建军是伟大的学习运动,对干部要以提高党性锻炼与军事素养为中心,对全体军人要以服从党的绝对领导、加强政治军事教育、坚决执行命令、完成任务为目标。[3]

该刊第6期刊载的《中央革命军事委员会、中央军委总政治部关于军

---

[1] 中共中央华中局:《红藏:进步期刊总汇(1915—1949)真理》(1),湘潭大学出版社,2014年,第3—14页。
[2] 中共中央华中局:《红藏:进步期刊总汇(1915—1949)真理》(1),湘潭大学出版社,2014年,第49—56页。
[3] 中共中央华中局:《红藏:进步期刊总汇(1915—1949)真理》(1),湘潭大学出版社,2014年,第15—49页。

队干部教育的指示》一文，首先列举了部队学习过程中存在的一些主观主义与教条主义倾向，如不重视文化教育和军事教育等。针对这些问题，该文提出了军队干部教育过程中学习的内容和原则，其中，学习的内容包括"军事教育""政治教育""文化教育""业务教育"四大版块，学习的原则是："军事干部以学习军事为主，政治干部以学习政治为主，技术专门人才应以发展其专门技术为主。"[1]该文的发表，有助于提高八路军、新四军干部的政治、军事、文化和业务素质，进而增强军队干部的领导力和带兵打仗能力。该刊第8期刊登了《目前军事建设中的部队政治工作》一文，该文是新四军第三师师长黄克诚在华中局扩大会议上所作的军事建设报告的一部分内容。文章论述了政治工作建设在军事建设中的地位和责任，同时，提出了当前部队政治工作建设的中心方向和具体内容：一是要巩固党的绝对领导，加强党的组织工作；二是要"提高干部的党性，提高干部知识与独立工作能力"，三是要"加强政治教育，加强军事宣传，提高政治觉悟和军事纪律"；四是要"加强连队与地方独立部队的政治工作"；五是要"加强后勤政治工作，完成后勤政治工作建设"。[2]报告最后还就政治工作本身建设问题，提出了相关意见。

最后，关于群众工作及青年工作。《真理》杂志刊发了不少关于群众工作和青年工作的文章，如《中央关于青年工作的决议》《华中局关于武装群众工作给各级党的指示》《开展群众运动必须同时加强党的建设》等。《开展群众运动必须同时加强党的建设》一文，提出要在开展群众运动的过程中建设党。文章认为，要保证苏北群众运动的广泛发动与深入发展，那就不仅要把群众组织起来，而且必须使加入组织的群众认识到自己是组织中的一员，有一定的组织观念，能为自己团体的利益与抗战的利益斗争到底。"要办到这点，就必须加强党在群众中的基础与领导作用"[3]，如果群众运动没有党的核心领导，"那么群众运动起来后亦得不到巩固，更不能说有保障地得到胜利"。

《真理》杂志于1945年1月20日停刊，共出版20期。该刊的创办，为各地编印党内刊物提供了经验。

---

[1] 中共中央华中局：《红藏：进步期刊总汇（1915—1949）真理》（2），湘潭大学出版社，2014年，第48—65页。

[2] 中共中央华中局：《红藏：进步期刊总汇（1915—1949）真理》（2），湘潭大学出版社，2014年，第209页。

[3] 中共中央华中局：《红藏：进步期刊总汇（1915—1949）真理》（2），湘潭大学出版社，2014年，第114页。

六、华中抗日根据地出版机构的建立及出版活动

华中敌后根据地在出版抗日报刊的同时，也十分重视敌后出版社的创建，充分发挥出版社在报刊和书籍出版方面的作用。抗日战争时期，华中局和各抗日根据地的党政军部门都非常重视出版工作，不仅建立了众多专门的书刊出版发行机构（表5-20），华中局各级党委宣传部门也大都设有出版科，负责领导和管理书刊发行工作。在抗日战争的特殊形势下，许多书刊都是由报社、杂志社、书店、地方各级党委宣传部门、群众团体、部队政治部编辑出版的。

表5-20 抗日战争时期华中抗日根据地的主要出版发行机构

出版发行机构	成立时间	成立地点	出版活动
苏北出版社	1938年	淮阴	出版报纸《抗盟周报》；出版抗战图书如《中国抗战的一般介绍》；出版通俗政治图书、文艺类图书，如苏联小说《文件》《中国国文选》等
战地文化服务社	1938年	泾县	出版《抗敌画报》《抗敌五日刊》《救亡报》《老百姓画报》等刊物和《抗战艺术》《理论与实践》《学习》《敌后记者》等图书。另外，还用抗敌社名义，出版了大批马列经典著作、毛泽东等中央领导人的著作、通俗读物
东海文化服务社	1938年底	东海	该社将山东敌后根据地出版的书刊，转运至东海、沭阳地区，翻印过《论持久战》和《论新阶段》等图书
苏锡各界抗日联合会出版社	1939年5月	常熟	翻印出版了毛泽东的《论抗日民族统一战线》《论持久战》，斯大林的《论政党》，洛甫的《论待人接物》以及一些抗日读本、识字课本等
苏北文化服务社	1939年	金沙	发行过《共产党宣言》《列宁主义问题》《西行漫记》《论持久战》《上海周报》《译报周刊》等革命进步书刊
江南社	1940年5月	常熟	该社任务是编辑出版《江南》《大众报》《江南歌声》《江南戏剧》和"江南丛书""战地戏剧丛书"等书刊。该社还建有江南印刷厂，在苏南地区设有众多图书发行网点
盐城大众书店	1940年10月	盐城	该书店主要经销政治理论图书，如《苏北摩擦真相》《论共产党》《目前苏北应该做些什么》《农救工作经验》《中国现代革命运动史》《战争论》《资本论》《辩证唯物论入门》《哲学门外谈》《列宁家书》《马恩论中国》。该书店还在东台、阜宁等地开设了分销处
江南书店	1941年3月	江阴	该书店主要经销鲁迅、茅盾、老舍等进步作家的作品以及马列主义著作。江南书店于1941年7月停业，只存在了3个月左右

续表

出版发行机构	成立时间	成立地点	出版活动
江淮出版社	1941年	盐城	出版了《论持久战》《反对自由主义》《新民主主义论》《抗日游击战争的战略问题》《中国革命文献》《共产党宣言》《共产国际纲领》《论青年的修养》《民主政治与三三制的组织形式》等政治理论图书。此外，还出版了《目前苏北应该做些什么》《苏北目前的形势与任务》《我们在敌后做些什么》等关于如何开展根据地政权建设的图书，以及一些文艺类图书
淮北教育出版社	1943年3月	淮北	出版了大量小学和冬学教材以及政治读物和通俗文艺读物，如《淮北一年》《社会发展史》《二万五千里长征》《小二黑结婚》《李家庄的变迁》等。此外还出版了军事地图、领袖画像、年画、边区行政图、行署布告以及抗战宣传小册子等。1946年春，淮北教育出版社宣布撤销
浙东书局（后改为韬奋书店）	1944年8月	四明山梁弄	浙东韬奋书店除发行《新浙东报》外，还出版了大量图书，如毛泽东的《论持久战》《新民主主义论》《论联合政府》等。浙东书局下辖机构有新浙东报印刷厂和芝林纸厂，同时，在上虞、余上、鄞西、嵊（县）新（昌）奉（化）、章家埠等处建立了多个分店
苏南出版社	1944年10月	镇江	该社主要负责出版《苏南报》，此外，还出版了《新民主主义论》《论联合政府》《国共谈判与中国民族问题》《论解放区战场》《苏南施政纲领》《敌后抗日根据地介绍》《中国共产党抗战一般情况介绍》《怎样做一个共产党员》以及"团结丛书"等政治理论图书和通俗读物
苏中出版社	1944年	如皋	出版了《毛泽东选集》《新民主主义论》《整顿三风》《抗日救国纲领》《怎样领导生产运动》《阎锡山批判》《国民必读》《农民须知》等政治理论图书和通俗读物

在华中各抗日根据地建立的各级各类出版发行机构中，江南社、浙东韬奋书店是在华中抗日根据地有着较大影响力的出版社，这些出版社出版了大量抗战书刊，为抗日战争的胜利作出了贡献。

（一）江南社的成立及出版活动

江南社是中共京沪线东路特别委员会创办的出版机构，1940年5月在苏南东路地区成立。刘平若、傅学群分别担任该社正、副社长。江南社下设编辑部、出版部、发行部3个主要部门。其中，编辑部主任为吴宝康，编辑部成员还有肖湘、李明、林子平、蔡修本、蒋锡金、陈春、霍然、孙毓英等人；发行部主任为沈毅；出版部主任由傅学群兼任，成员有周汶、刘宗炎、薛勇、陆震等人。出版部下设印刷厂，先由傅学群兼管，后由沈玉明、吴以常、孙五美和骆风等同志分工负责。印刷厂下设：排字股，负责人王惠良；印刷（兼装订）股，负责人田朝沂；总务（兼校对），负责人刘宗炎。[①]

江南社主要负责编辑和发行《大众报》、《江南》杂志以及各种抗日读物，该社还设置了流动图书馆，向根据地军民出借进步图书，被誉为苏常抗日游击根据地的"敌后文化舰队"。

《大众报》于1940年2月8日创刊，为中共东路特委（后改称路东特委）机关报。该报初为油印，3日刊，由大众报社出版。1940年7月后改为铅印，由江南社编辑出版。《大众报》主要刊登路东特委的指示，新四军、八路军的战斗情况，以及有关抗日救亡的报道和时评。该报共设有4个版面，其中，第一版和第四版主要刊发社论、电讯、地方新闻、党政军机关宣言、通告、布告以及各种条例、法规等；第二版主要刊载各类专题性研究文章；第三版为副刊，辟有"大众园地""江南文艺""战地"3个专栏。这些专栏刊登的作品内容有报告文学、散文、诗歌、小说、剧本、歌曲、漫画、木刻等。《大众报》的发行量一般在3000—4000份之间，最高时有13000份左右。

1941年3月，江南社奉命由苏常太地区向澄锡虞地区转移[②]。同年7月，日伪军队对苏南抗日根据地展开大规模"扫荡"。由于出版形势的恶化，1941年7月21日，《大众报》宣布停刊。该刊从创办至停刊，共出版215期。《大众报》的出版，为宣传抗日、鼓舞抗日士气发挥了重要作用。

《江南》杂志于1939年5月创刊于江苏无锡梅村。1939年5月，该刊迁至苏州，改为以无锡、苏州各界救国联合会宣传部名义出版。1939年11月底停刊。1940年7月，《江南》杂志复刊，改由江南社领导，成为东路军政委员会的机关刊物。

《江南》杂志辟有新闻、战况、社论、专论、时事分析、经验交流、问题讨论、工作研究、工作指导、工作报告、工作总结、实践大学、资料室、文艺等多个栏目。该刊经常转载中共中央领导人如刘少奇、朱德、谢觉哉等人的文章。《江南》还发表了大量有关东路地区的抗战以及政权建设方面的文章。如：《一年来的民抗》《论东路的民主运动》《回答对于江

[①] 常熟市委党史资料征集小组办公室：《抗日战争时期革命回忆录选辑》，中共常熟市委党史资料征集小组办公室编，1983年，第144页。

[②] "苏常太"指苏州、常州、太仓地区；"澄锡虞"指江阴、无锡、常熟地区。

抗的种种谣言》《东路抗战中的两条战线》《关于常熟县人民抗日自卫会》《东路的教育工作》《青年工作的检讨》《常熟农协工作的一年》《妇女工作在苏州》《一年来的常熟妇女工作》《一年来苏州的群众工作》《半年来的澄锡虞民运工作》《太仓一年来工作的总结》《怎样进行东路记者工作》等。1941年7月，《江南》杂志出至第8卷第12期后，因日伪对华中根据地进行清乡，《江南》杂志被迫停刊。《江南》杂志从创刊至停刊，共出版36期。

除了编辑出版以上两种刊物外，江南社还翻印出版了一批政治理论图书和文艺作品，如《反汪》《宪政正反辩》《民族抗日自卫战争中的中国共产党》《新民主主义论》《论共产党员的修养》《揭露皖南事变阴谋》《论东路抗战的一般问题》《关于民运工作》《汪伪汉奸公审大会纪实》《江南歌声》等。其中，《江南歌声》共辑录中外革命歌曲23首，除国际歌外，有"新四军军歌""三大纪律八项注意""抗大校歌""陕北公学校歌""太行山国共合作进行曲""赞美新中国""壮丁上前线""渡过冷的冬天""还政于民""反扫荡"等中国革命歌曲以及"红旗进行曲""火犁进行曲""游击队"等苏联革命歌曲。此外，江南社还编印了一套"战地戏剧丛刊"，其中辑录了《巴豆》《完粮》《信号》《打鬼子去》《口供》《收成》《自卫团的问题》《反正》等8个剧本。

江南社在苏常太及澄锡虞地区普遍建立了发行网点，各县人民政权均设有办事处，下设发行站、分站、支站，遍及90多个市镇。

江南社在战争环境中从事出版工作是十分不易的，为应付日伪扫荡，便于转运印刷设备，江南社建立起一座水上印刷厂，排字房和大部分印刷设备安置在船上，将十几条船前后相接，所有排字、印刷工作都可以在船上完成。水上印刷厂除排印《大众报》、《江南》杂志外，还负责承印华中抗日根据地各级党政机关的文件、公告、传单、票据等，并翻印过毛泽东等中共领导人的重要理论著作和单行本。

1941年7月，日伪先后在苏常太和澄锡虞地区进行大规模的"清乡"，《江南》半月刊和《大众报》被迫先后停刊，江南社成员进行疏散转移。江南社从建立至停办虽然只有短短一年多时间，但它为宣传党的抗战方针和政策，为推动苏常太和澄锡虞地区抗日运动向深入发展起了积极作用，在中共抗战史上写下了光辉一页。

（二）浙东韬奋书店的出版活动

浙东韬奋书店是抗日战争时期在中共浙东区党委领导下成立的一家出版机构。1942年8月，新四军浙东游击纵队在何克希、谭启龙的率领下，挺进浙东，开展敌后抗日游击战争，开辟了以四明山为中心的浙东抗日根据地。为加强抗日救国宣传工作，1944年8月，浙东区党委决定成立"浙东书局"，由区党委宣传部部长张瑞昌（顾德欢）直接领导。

1945年春，浙东区党委决定将"浙东书局"改名"浙东韬奋书店"，以此纪念伟大的爱国人士和著名出版家邹韬奋先生。浙东韬奋书店由诸克任经理、陈永年（陈树穗）任副经理。1944年底，浙东区党委决定将浙东根据地的新浙东报社发行部、新浙东报社印刷厂和芝林造纸厂，统一由浙东韬奋书店领导。各部门负责人分别为发行总部主任钟虹，印刷厂厂长何平，芝林造纸厂厂长吴唐华。此外，韬奋书店内部还设置了出版股、会计股、干训班等部门。

韬奋书店除负责发行《新浙东报》和《战斗报》等报刊外，还翻印出版了各解放区出版的图书，这些图书品种丰富，大致可分为以下几类：

（1）军事理论和军事斗争类书籍。其中以毛泽东的军事类著作和文章最多，如《抗日游击战争的战略问题》《论持久战》等。（2）政治理论和政权建设类书籍。如《论新阶段》《新民主主义论》《论联合政府》《根据地建设问题》《根据地的减租减息》《关于领导方法的若干问题》《评中国之命运》《锄奸文献》《妇女工作的新方向》。（3）党的建设、整风运动类书籍。如《论共产党员的修养》《中国革命与中国共产党》《关于党的政策》《整顿三风》《整风参考资料》。（4）文艺类书籍。如：《王贵与李香香》《兄妹开荒》《战斗画报》《大渔岛战斗》。（5）教材和常识读本。如《政治常识》《国语常识读本》《识字课本》等。（6）丛书。抗战时期，浙东韬奋书店出版了一批适合根据地群众阅读的通俗小丛书，如"新华丛书""团结小丛书""真理小丛书"等。

由于敌伪对浙东抗日根据地的封锁，浙东韬奋书店的发行工作处境十分艰难，书报的运输完全靠手提肩挑。为了及时将书报送到各部队驻地和地方组织，书店发行部的通信员冒着生命危险，乔装打扮成挑夫或客商，机智勇敢地穿越敌人的封锁线，及时把书报送到根据地广大官兵手中。书店还利用统战关系，将革命书刊送到敌伪顽部队，从而达到扩大我党我军影响力，分化瓦解敌人的目的。

浙东韬奋书店十分重视做好书刊的发行工作，为了更好地满足浙东抗日根据地广大军民对于革命书刊的需求，浙东韬奋书店不断开拓书刊发行网点。至抗日战争胜利前夕，韬奋书店已先后在杜徐岙、梁弄、袁马等地设立了发行总部，在三北、上虞、余（姚）上、鄞西、嵊（县）新（昌）奉（化）、章家埠等地设立了分部，从而组建起覆盖整个浙东地区的书刊发行网。当时，浙东韬奋书店的各发行部门，凡是设立了门市部的，除供应书店自己翻印的图书外，还通过秘密渠道从上海的生活书店、新知书店、读书生活出版社购进了一批进步书刊。规模较大的书店门市部，如梁弄的韬奋书店，除销售书报外，还供应钢笔、铅笔、日记本、墨水等文具用品。①

浙东韬奋书店十分重视图书发行网点的开拓，每当部队攻下一个城镇，韬奋书店就在该城镇开设一家门市部。由于网点众多，同时，书店又是进行开架销售，书店的书都是放在柜子上，读者可以随意挑选，因而很吸引读者。除了新四军官兵外，"许多老百姓也争着来看书、买书"②。

浙东韬奋书店的工作人员主要由浙东游击纵队政治部分配，这些人员大多是从上海、宁波、浙南等地来的青年学生。书店为了让他们尽快熟悉出版发行业务，还开办了训练班，对这些新进的青年学生进行培训。如，1944年冬和1945年上半年，浙东韬奋书店举办了两期短训班。通过开展培训活动，书店培养了一批"既讲政治又讲发行业务，还学会计和打算盘等"的出版发行人员。③

1945年9月，抗战胜利后，新四军浙东游击纵队根据中央指示，率部北撤。浙东韬奋书店的出版、印刷和发行人员，随部队向北撤退到苏北和山东解放区。浙东韬奋书店的业务由此结束。浙东韬奋书店诞生于抗战的枪炮声中，它在抗战期间开展的出版活动，为宣传党的方针政策、传播马列主义和毛泽东思想、提高浙东根据地军民的思想政治觉悟和知识文化水平，作出了重要贡献。

第七节　华南抗日根据地的出版活动

全面抗战爆发后，根据中共中央提出的"巩固华北，发展华中、华南"④的战略方针，东江地区抗日游击武装、海南岛抗日游击队武装分别开辟了东江和琼崖两块抗日根据地。与此同时，海陆丰地区、雷州半岛和潮汕地区的敌后武装力量也相继建立抗日根据地，所有这些根据地统称为

---

① 浙东抗日根据地革命文化史料编纂委员会：《浙东抗日根据地革命文化史料选编》（上），1992年，第414页。
② 钟虹、陈树德、鲁明，等：《追忆浙东抗日根据地的新闻出版发行事业》，宁波市政协文史资料委员会：《宁波新闻出版谈往录》，1993年，第118页。
③ 中共余姚市陆埠镇委员会、余姚市新四军历史研究会：《四明红色印务　抗战时期的浙东印刷厂》，2015年，第36页。
④ 朱姝璇：《华南人民抗日游击队史》，江苏人民出版社，2017年，第65页。

华南抗日根据地。抗日战争时期，华南抗日根据地军民在中国共产党领导下，多次粉碎日伪军的"扫荡"，不断巩固和发展根据地。华南抗日根据地的创建和发展壮大，为出版事业的发展提供了相对稳定的环境。

一、华南抗日根据地出版概况

1938年10月，广州沦陷后，活跃在东江一带的红军游击队，在曾生等人的领导下组建了抗日游击队（后称东江纵队），并开辟了东江抗日根据地。为了加强抗日宣传，丰富抗日根据地军民的文化生活，东江抗日根据地各抗日民主政权纷纷开展办报办刊和编印图书的活动。

抗战时期，东江抗日根据地出版的报刊主要有《大家团结》《东江民报》《前进报》《岳中导报》《抗日杂志》《百姓报》《政工导报》《锻炼》等。此外还出版了一批政治理论图书、政权建设图书和军事教材。这些书一部分翻印自延安解放社，如《整风文件》，其余大部分为根据地自己编印。华南抗日根据地出版的这些图书都有较强的实用性和针对性，如东江纵队政治部编印的《十要运动》，该本薄薄的小册子以群众喜闻乐见的歌谣形式向民众进行抗日宣传；《连队政治工作》《军队政治工作条例》是供部队指战员用的政治工作小册子，意在为做好部队战士的思想政治工作提供指导；《基本战斗教练》《野外演习》《行军》《基本战术》等书则是供部队训练的军事教材。抗日战争时期，由于日寇的封锁，铅印出版设备缺乏，东江抗日根据地出版的书刊大都为油印。

抗战全面爆发后，中共琼崖特委根据中央提出的关于建立抗日民族统一战线的指示精神，组建了琼崖独立队。1939年3月，琼崖独立队扩编为独立总队，并着手创建琼（山）文（昌）抗日游击根据地。1940年3月至年底，琼崖根据地各区县先后建立起抗日民主政权。为了加强抗日宣传，琼崖抗日根据地部队和各区委机关在开展抗日斗争的同时，也大力开展文化宣传活动，编印出版了一些图书和报刊。

抗日战争时期，琼崖抗日根据地先后出版了《救亡呼声》《战斗生活》《救亡旬刊》《新琼崖》《抗日新闻》《军政杂志》《琼崖时报》《每日要电》《南路堡垒》《每周时事》《新文昌报》等10余种报刊。此外还编印出版了不少抗日宣传小册子、歌曲、漫画、文化读本等。这些宣传资料"源源不断地供给基层干部作文化、政治、宣传教育之用"[1]，极大地丰富了根据地干部和群众的精神食粮。

---

[1] 中共广东省委党史研究室：《广东党史资料》（第24辑），广东人民出版社，1994年，第238页。

在书刊发行方面，除依靠交通站转运图书外，琼崖抗日根据地还创办了一些书店，如在海口、儋县等地创办了"大众书店"，在昌江创办了"群众书店"。

二、《大家团结》、《新百姓》（《东江民报》）的创办

1941年1月，由广东抗日游击队第三大队主办的《大家团结》在东莞出版。同年2月，第五大队主办的《新百姓》也在宝安与读者见面。这两份报刊是抗战期间东江抗日根据地最早创办的两份革命报刊。

《大家团结》由陈嘉（杜襟南）担任主编，编辑人员还有何太、金石坚、徐日青、涂夫等人。该报除报道国内外新闻和东江地区军民开展抗日斗争的情况外，还刊载了众多东江抗日游击队将领和地方政府领导人撰写的文章。《大家团结》报以抗战根据地干部为主要阅读对象，共出版约20期。

《新百姓》由杨奇担任主编。《新百姓》设有国际国内要闻栏目，登载了不少国际新闻。如揭露英日妥协的"东方慕尼黑"阴谋；报道苏德战争和苏联红军保卫莫斯科战斗的胜利消息；报道日寇偷袭珍珠港，发动太平洋战争及九龙、香港沦陷的消息。该报刊载的新闻主要摘自香港的进步报刊。《新百姓》以普通民众为阅读对象，其版面美观大方，有时还配以套色，深受根据地民众喜爱。

1941年7月间，为集中人力、物力、财力，提高办报质量和水平，东江游击队决定将两份报刊进行合并，合并后的报刊名统一为《新百姓》报。1941年10月，国民党反动派调集军队4000余人，向宝安大岭山游击区发动进攻。为配合游击区的反顽斗争，鼓舞根据地军民斗志，《新百姓》报社决定临时出版《火线报》，专门报道根据地反顽消息和军民英勇战斗事迹。

1941年12月，日本侵略者攻占香港后，东江游击队遵照党中央的指示，及时将留港的全国各界著名学者和文化人士邹韬奋、茅盾、胡绳、于伶、杨刚、胡风、胡仲持、宋之的、沈志远、戈宝权、刘清扬等人护送到东江抗日根据地。他们参观了《新百姓》举办的报刊印刷品展览后，一致称赞该报在抗日艰苦的环境下还能办得如此出色。邹韬奋赞扬《新百姓》"真不简单"，"如此艰苦的环境，四处为家，为民族抗日大喊大叫，可喜可嘉！"[①]邹韬奋还建议将《新百姓》改为《东江民报》，这样便于以"人

[①] 中共广东省委党史研究室：《广东党史资料》（第30辑），广东人民出版社，1998年，第248页。

民大众的立场说话",批评和监督国民党当局。[①]

在邹韬奋的建议下,1942年2月,《新百姓》从第36期起改名为《东江民报》,主编一职由抗战文化界名人谭天度担任。《东江民报》在出版过程中,得到文化界诸多人士的指导和帮助,邹韬奋为该报题写报头,并执笔撰写了社论。此外,茅盾为《东江民报》副刊题写"民声"二字,胡绳为民报撰写文章,杨刚为民报撰写了反映欧洲战场的章回小说,丁聪为该报创作漫画和插图。1942年3月下旬,《东江民报》出版至第6期后,改名为《前进报》继续出版。

《大家团结》、《新百姓》(《东江民报》)在广东抗日游击纵队党组织的领导下和根据地广大军民的热情支持下,克服重重困难,在游击战争的流动环境中,因陋就简,坚持定期出版报刊,为宣传党的方针政策和抗日主张,揭露日寇的野蛮侵略和国民党顽固派的反共罪行,打击汉奸亲日派作出了积极贡献。

三、《前进报》的创办和抗日宣传活动

1942年初,广东人民抗日游击总队成立后,为了加强抗日宣传工作,广泛发动民众起来开展抗日游击战争,决定将《东江民报》更名为《前进报》,作为总队的机关报。前进报社由杨奇担任社长、涂夫担任副社长。《前进报》内部机构设置及成员安排如下:(1)编辑部:国内版负责人李冲、国际版负责人李牧、副刊负责人许明。(2)出版部:主任石铃。(3)发行部:主任张弘,副主任何尔夫,总务刘坤。(4)印刷厂:厂长黄耀坤。(5)油印室。此外,该报还往路西、路东、江北等各区部队派驻了特派记者,其中,驻路西特派记者何松、驻路东特派记者杨明、驻江北特派记者钟紫。[②]

《前进报》创办期间,正值日、伪、顽对东江抗日根据地进行清乡扫荡的时期,形势十分险恶。报社人员经常要背负着沉重的出版印刷设备随军转移,流动出版。他们在深山密林里搭建帐篷,以工具箱作为桌子进行编辑、誊写、油印工作。虽然工作条件极为艰苦,但报社编辑出版人员充满着革命的乐观主义精神。正如他们编写的《前进报》社歌中所说:"深山密林是我们的工厂,生产了万千精神食粮。谁说我们不会打仗?钢板、

---

① 中共广东省委党史研究室:《广东党史资料》(第30辑),广东人民出版社,1998年,第248页。
② 广东省新闻学会:《广东革命报刊研究》(第1辑),中共广东省委党史资料征集委员会,1987年,第167页。

铁笔是我们的炸弹和钢枪。"①

《前进报》积极宣传抗日。该报刊载了大量报道根据地军民紧密团结，合力抗击日伪的消息，如《齐心合力打敌伪》（第37期）、《爱国的党派、军队和人民总动员起来保卫东江》（第46期）、《和敌人展开坚决勇猛的斗争》（第47期）、《论今天的敌后斗争》（第48期）。1945年1月1日，《前进报》刊载了《东江纵队强攻沙井伪军》一文，报道了东江纵队英勇战斗，歼灭敌伪，大获全胜的消息。在这场战斗中，我军部队得到民兵和当地民众的大力配合，参战的民兵有300多人。民众听到打沙井的枪声后，十分兴奋，"个个都睡不着，半夜爬起床来自动地准备担架、运输、慰劳各种工作"②。1945年1月21日，《前进报》登载了《东江纵队与敌血战收复龙岗圩》一文，报道我军在龙岗圩与敌展开激烈巷战、屡次击退敌人进攻的消息。文章写道："我英勇战士以刺刀与敌人反复冲锋肉搏，至为激烈，敌卒不支，急急退出龙岗。在八仙岭，我另一部又与敌发生肉搏遭遇战，亦将敌击退。"③

《前进报》对国民党顽固派破坏抗日团结、发动内战的行径进行了谴责和声讨。如该报第38期至45期连续发表《迅速制止内战危机》（第38期）、《制止内战，粉碎敌人的进攻》（第39期）、《请问叶指挥官》（第40期）、《声讨无法无天的罪行》（第41期）、《全东江人民站起来，把内战投降的反动派打出去》（第42期）、《目前时局的出路》（第43期）、《国民党往何处去》（第44期）、《严重的形势与伟大的胜利》（第45期）等8篇社论，谴责国民党顽固派破坏抗战团结，分裂统一战线的罪行，号召根据地广大军民起来，坚决打退日伪顽的进攻。

《前进报》虽然办报条件艰苦，但报社人员因陋就简，把报纸办得极有特色。该报版面编排灵活，标题形式多样，字体工整秀美，印刷清晰，图文并茂，深受东江抗日根据地军民喜爱。该报的"战斗简报"和"街谈巷议"两个栏目，所刊文章短小精悍，文笔简练。"民声"栏目经常刊载一些东江当地的客家山歌和民间"讲古"（当地民间故事），所刊文章语言生动、通俗易懂。为配合斗争形势，《前进报》刊发的一些文章还配有连环画、插图和漫画。如第62期刊载了美国飞行员克尔中尉自己创作的5幅

---

① 中共广东省委党史研究室：《广东党史资料》（第30辑），广东人民出版社，1998年，第249页。
② 中国人民解放军历史资料丛书编审委员会：《华南抗日游击队》（上），军事科学出版社，2008年，第1137页。
③ 中国人民解放军历史资料丛书编审委员会：《华南抗日游击队》（上），军事科学出版社，2008年，第1138页。

漫画，讲述了他在与日军的战斗中因飞机失事，坠落九龙，被东江纵队战士发现和营救的故事，画面简洁、生动、幽默滑稽。

为了将该报办成群众爱看的报纸，1944年2月15日，东江纵队发布《关于加强前进报工作的决定》，要求各机关分队积极选派有一定写作能力的人员充实到通讯员队伍中来。[1]决定还要求报社要纠正"写稿是知识分子的事情"和"不敢写作、写了怕不登"的错误观念，要大胆鼓励群众创作并指导他们怎样写稿。各机关分队要把培养与发展工农兵通讯员的工作纳入各队考核范围。决定还要求部队首长、政工干部、民运工作者与各机关负责人要带头写稿并指导工农干部写作。

东江抗日根据地领导对于《前进报》的出版发行工作给予了高度重视。1944年2月、9月，东江纵队司令部、政治部两次对办报工作作出指示，要求各抗日连队建立通讯网，通讯员应经常去收集各种材料并按时向报社寄送。[2]

《前进报》除分发给东江纵队各分队外，还通过地下交通线发行到敌占区。为了突破敌伪顽设置的重重关卡，报社发行人员常常冒着生命危险，化装成商客或樵夫，将报刊秘密传递到读者手中。同时，又将办报所需的纸张、油墨等辗转运回到报社。该报在全盛时期每期发行数达到30000份，除在东江地区发行外，"还发行到珠江、粤东、粤中、粤北、西江、韩江、南路等游击区和部队"[3]。此外，该报还通过各种渠道发行到广州和香港等地。

1946年6月，根据中央指示，广东人民抗日游击总队北撤至山东，《前进报》完成使命宣布停刊。该报自1942年初出版至1946年6月停刊，共出版100多期。

四、《抗日新闻》的创办

《抗日新闻》是抗日战争时期琼崖抗日根据地影响力最大的一份报刊。该报于1938年创办于琼山，李雨枫任报社社长，编辑部主任由陈说担任，编辑部成员还有陈克攻、李子平、周朝博、周旦、朱旦等人。

该报栏目设置较为丰富，有社论、专论、国际新闻、国内新闻、本岛新闻、时事短评、文艺副刊等栏目。琼崖抗日根据地领导人冯白驹、李

---

[1] 中国抗日战争军事史料丛书编审委员会：《华南人民抗日游击队》，解放军出版社，2015年，第194—195页。
[2] 广东省新闻学会：《广东革命报刊研究》（第1辑），1987年，第166页。
[3] 中共广东省委党史研究室：《广东党史资料》（第30辑），广东人民出版社，1998年，第254页。

明、黄魂等经常为报社撰写社论和评论文章，宣传党的抗日方针、政策。国际、国内新闻主要来自通过电台收听到的延安的消息，地方新闻主要来自派驻各地部队和地方党政组织的通讯记者发回的消息稿。此外，该报还开辟了"党的生活"和"文艺"专栏，前者主要发表如何做一个好党员，以及如何开展支部活动和过好组织生活类的文章，后者主要刊登琼崖抗日诗歌，以及从延安传来的抗日歌曲。为配合琼崖抗日根据地党的中心工作，《抗日新闻》大力宣传抗日民族统一战线政策，及时反映抗日形势，揭露国民党顽固派与日伪勾结反共反人民的罪行。

《抗日新闻》的创办得到琼崖抗日根据地各级党政机关的大力支持。1942年9月15日，中共琼崖特委第九次扩大会议对根据地的文化建设作出指示，要求根据地各级党政军部门"加强宣传工作，提高党报党刊宣传的质量"，要"纠正轻宣重教的错误观念"，同时，要求各地设立读报组或读报网。[1] 1944年8月25日，中共琼崖特委向各县委发出通知，要求各单位向《抗日新闻》提供本岛各地消息。通知指出："自反蚕食斗争以来，各县对于供给当地消息的工作，是很不够的，作为一份主要供琼崖人民阅读的报纸，每期抗战新闻中刊登的本岛消息内容却很少，这是说不通的。"为弥补这一不足，通知要求各级党政军部门，须及时向该报提供反映本区县军事、政治、行政、民运、经济、生产等各方面情况的动态消息。[2]

《抗日新闻》主要向琼崖党政军机关、民众团体和基层党支部发行，此外，还通过地下交通员发行到敌占区。该报发行数最初为500份，后期增至每期1000—2000份。[3] 1940年底，日伪向琼崖抗日根据地展开"扫荡"，出版印刷物资短缺，再加上战斗频繁，办报面临极大困难。《抗日新闻》报社一度转移到比较隐蔽的文昌海边一带。1941年2月，报社转移到琼山老区，依靠当地群众的支持，报纸得以继续出版。1943年初，由于日军对琼山进行扫荡，该报又转移到澄迈出版。

1946年2月，《抗日新闻》更名为《新民主报》继续出版，直至海南解放后才宣告停刊。《抗日新闻》是抗日战争时期中共琼崖抗日根据地的重要舆论阵地，它在宣传党的抗日民族统一战线政策，组织和动员广大军民团结抗日，分化和瓦解敌人方面发挥了积极作用。

---

[1] 中共广东省委党史资料征集委员会：《琼崖抗日斗争史料选编》，1986年，第224页。
[2] 广东省档案馆：《广东革命历史文件汇集（1937—1945）》，1987年，第419页。
[3] 李吉明：《关于琼崖抗战情况的报告》，1940年4月10日，邢诒孔、王克荣、徐冰：《中共琼崖地方史》，中共党史出版社，1995年，第310页。

第六章　全国解放战争时期进步出版业的发展壮大

抗战胜利后，中国人民渴望和平民主，但是，以蒋介石为首的国民政府却图谋建立起一党专政的法西斯独裁统治。国共重庆谈判之后不久，蒋介石就撕毁协议，悍然发起了反共反人民的内战。国共内战爆发后，国民党在大规模进攻解放区的同时，还不断加强思想文化领域的控制，限制进步言论和出版自由。为了控制国内舆论，钳制进步出版活动，国民党中央及各地方各级政府大肆打击迫害进步出版活动。为争取言论出版自由，进步出版界人士与国民政府摧残进步出版活动的行为进行了坚决斗争。

全国解放战争时期，中共领导下的解放区出版事业取得了进一步发展，尤其是中共领导下的新华书店在解放战争期间得到迅速壮大。解放战争后期，全国各大区都相继成立了新华书店总店，许多地市、县也设立了分支店，初步形成了覆盖全国的出版发行网络。至新中国成立前夕，全国新华书店已建立起一支多达8000余人的庞大革命出版队伍。

在新华书店发展壮大的同时，中共领导下的生活、读书、新知三家书店在国统区严酷的环境下继续坚持从事反对国民党反动统治，争取民族解放和独立自由的进步出版活动，出版发行了大量革命进步书刊。解放战争时期，国统区三家进步书店为应对国民政府的严厉打压，采取了各种灵活的斗争策略，建立了一些二、三线书店，作为出版前线战斗堡垒。1948年，三家书店撤至香港后，根据党中央指示，三家书店完成了合并，成立了三联书店。中共领导下的人民解放军取得三大战役的伟大胜利后，国民党反动政权已逐渐走向瓦解，中共在接管国民党出版机构的同时，开始着手统一全国的出版事业。

第一节　东北的解放及其出版业的新生

自"九一八"事变以来，东北人民长期处于日寇的殖民统治之下。1945年8月，日本侵略者宣布无条件投降，中国抗战事业取得伟大胜利。中国共产党领导下的东北抗日联军经过14年的不懈斗争，终于粉碎了日伪对东北的殖民统治。

抗战胜利后，中共中央制定了"向北发展、向南防御"的战略方针和抢占东北的重要战略决策。1945年8月15日前后，中共中央派遣冀热辽军区司令员兼政治委员李运昌率先遣部队向东北挺进。1945年9月6日，冀热辽军区先遣部队收复了东北最大工业城市沈阳，并迅速组建了临时政府。与此同时，东北抗联也迅速进占吉林、黑龙江。随后，中共中央又从关内派遣10万多人的部队和大批干部赶赴东北。1945年9月15日，中共中央东北局成立，由彭真担任东北局书记。东北局成立后，根据中央指示，大力开展新闻出版工作，着手创办报刊并成立出版、印刷、发行机构，从事进步书刊的出版和发行，东北的进步出版事业由此逐渐走向繁荣。

一、中共领导下的报刊出版事业

全国解放战争时期，在中共领导下，东北各级党政军部门积极开展了办报办刊活动。

1945年9月11日，中共辽西地委与辽西专署主办的《民声报》出版，这是中共在东北公开创办的第一张报纸。10月，冀热辽军区第十六军分区政治部主办的《先锋报》在本溪创刊。1945年11月1日，中共东北局在沈阳创办的《东北日报》正式出版，这是我党在沈阳历史上公开创办的首份报刊。1945年11月24日，中共中央东北局宣传部以中苏友好协会的名义创办了《文化导报》。

1946年1月1日，中共辽吉省委创办的《胜利报》正式与读者见面。1946年1月，中共地下党组织沈阳市委城工部创办了《东北公报》。

1948年1月9日，由东北局领导的《生活报》在哈尔滨与读者见面。（1949年8月15日，该报与《知识》和《东北青年》进行了合并，改出《生活知识报》，作为东北团委机关报。）1948年3月1日，东北局宣传部主办的《翻身乐》在沈阳与读者正式见面，该刊于当年7月更名为《新农村》。1948年11月2日，中共地下党员孙序夫、安西、王增国等人策划出版了《民主报》。1948年11月5日，东北新华广播电台主办的《沈阳时报》出刊。东北全境解放后，1948年12月5日，东北邮电管理总局与东北邮电职工总会联合出版《邮电》报。

1949年3月，东北人民政府文化部主办的《戏曲新报》在沈阳与读者见面。1949年4月15日，沈阳铁路职工总会创办了《沈铁消息》。1949年6月1日，中共黑龙江省委主办的《黑龙江日报》在齐齐哈尔创刊。1949年8月25日，由东北人民政府卫生部主办的《健康》报在沈阳出版。

（一）《东北日报》的创办

《东北日报》于1945年11月1日在沈阳创刊。该报是中共在沈阳公开出版的第一张报纸，也是解放战争时期在东北出版的影响力最大的一份报刊。东北日报社首任社长由李常青担任，副社长廖井丹，首任总编辑为李荒，初创时编辑部成员还有林火（韩冰野）、叶兆麒、宋士达（宋振庭）、杨永平、陆地等人。

由于战局关系和应苏联军队的要求，1945年11月23日，《东北日报》撤出沈阳，转移到本溪出版。此后，《东北日报》一直辗转迁移各地，在战事频繁的环境下坚持出版。1946年1月，国民党军队大举进攻沈阳，并图谋进犯本溪，《东北日报》又随东北局向吉林省海龙县转移。1946年4月，东北民主联军解放长春后，该报随即迁移到长春出版，5月22日，国民党军队向长春进犯，报社被迫迁往哈尔滨。辽沈战役胜利后，1948年12月12日，该报又重新迁回沈阳出版。

《东北日报》在发刊词中明确提出办报的宗旨："本报是东北人民的喉舌，它以东北人民的利益为利益，以东北人民的意志为意志，反映人民的要求，表达人民的呼声，……为东北人民自己做主的民主自由繁荣的新东北而奋斗。"[①]

《东北日报》积极宣传中共的各项方针、政策，揭露国民党反动当局独裁统治和反共反人民的罪行，宣扬人民当家做主。该报对东北解放区政治、经济建设、军事斗争、政权建设、党的建设、土地改革、生产建设、财政建设、文化建设进行了及时和客观公正的报道。在以上诸多方面的报道中，又以军事斗争报道最为突出，文章篇幅数量最多。解放战争期间，《东北日报》大量报道了中国共产党领导下的人民军队与国民党反动军队展开顽强斗争并不断取得胜利的消息。

1947年1月，临江战役打响后，该报派出大批记者深入前线采写新闻，详细报道此次战役。其报道规模之大，篇幅之多，为报纸创办以来所仅见。据相关资料统计，从1947年1月临江战役爆发至3月的两个多月里，该报"共发表了110多篇消息、22篇通讯、4篇言论"[②]。这些消息和通讯详细报道了东北人民解放军对国民党反动军队展开英勇战斗，多次击溃敌军进犯临江的图谋。1947年，我军在东北战场发动夏季攻势后，东北战场形势发生根本逆转，东北人民解放军完全占据战场主动，从战略防御转

[①] 苏长春：《辽宁新闻志资料选编》（第1册），辽宁新闻志编写组，1990年，第66页。
[②] 苏长春：《辽宁新闻志资料选编》（第1册），辽宁新闻志编写组，1990年，第77页。

入战略进攻。从夏季攻势开始一直至全东北解放，《东北日报》刊发了众多军事报道。如，1947年，在我军对国民党反动军队发动50天夏季攻势中，该报在头版发布35条消息，报道我军歼敌8万，收复城池38座的胜利消息。①

在辽沈战役阶段，《东北日报》更是在头版用大字标题报道人民解放军歼敌的胜利消息。一些重要战事如《解放战略重镇锦州，守敌十万全部就歼》《六十军长春起义》《郑洞国率部投降》《辽西围歼战彻底胜利，全歼敌精锐五个军》《攻克沈阳全歼守敌，东北全境解放》等消息报道，标题用了比一般消息标题大八九倍的字体，通栏只能排下八九个字，十分突出醒目。

1948年7月22日，《东北日报》刊发题为《共产党员董存瑞英勇爆炸扫除障碍自我牺牲换取胜利》和中共冀热辽分局书记、军区司令员程子华亲自撰写的《董存瑞同志永垂不朽》两篇文章，报道了在隆化战斗中，人民解放军优秀战士董存瑞舍身炸碉堡，为革命英勇献身的事迹，宣传了我军的革命英雄主义精神。

《东北日报》第四版为综合性副刊，设有"历史常识""八路军和老百姓的故事""青年园地""新闻通讯""特刊""解放军人""妇女""卫生"，以及"信简""书评""我飞向自由的天地"等栏目。其中，"青年园地"一栏，主要用来为爱好写作的青年人提供发表作品的园地，"特刊"一栏专门用来发表纪念重要人物或事件的文章。如1946年10月19日，《东北日报》第四版推出了《鲁迅先生逝世十周年纪念特刊》，刊发了《鲁迅精神不朽！》（金人）、《鲁迅的眼睛最犀利》（铸夫）等纪念文章。"解放军人"主要用来报道被解放的蒋军官兵在解放区的生活、学习和感受。"卫生"一栏主要用来刊载医学知识和卫生常识。如1948年5月20日，"卫生"一栏登载了《"天花"病》《讨厌的疥！》《谈伤风》《抽血与健康》《烟毒》等医学卫生知识。副刊的阅读对象主要为城市知识青年、大中学生、学校教职员和机关职员，所刊文章内容丰富、形式广泛，有科普、报告、速写、散文、小说、诗歌、民谣、杂文、漫画、素描、歌曲、剧本、新书评介、影剧评介等各类作品。《东北日报》的副刊凝聚和培养了一大批优秀作家，丁玲、萧军、舒群、罗烽、塞克（陈凝秋）、金人、周立波、刘白羽、华山等国内知名作家都曾在副刊发表文章，所刊载的不少作品在当时都引起强烈的反响。

新中国成立后，《东北日报》继续出版，直至1954年8月31日停刊。

---

① 苏长春：《辽宁新闻志资料选编》（第1册），辽宁新闻志编写组，1990年，第78页。

（二）《文化导报》的出版

1945年11月24日，中共中央东北局宣传部部长凯丰委派鲁企风（王继尧，延安鲁艺文艺学系毕业），以中苏友协的名义出版了《文化导报》。《文化导报》在出版过程中，始终保持了战斗风格和党性原则。该报的消息来源主要收听自新华社的广播消息和摘自《东北日报》的新闻稿件。《文化导报》刊发了一些反映民主建国主张的文章，如《论和平民主新阶段》《再论和平民主新阶段》等。该报还大量刊发了进步作家的文艺作品，如田贲的《不，先不要放下武器》《人民是正直的》《你们的和我们的》《他们的钱是谁的》，于丹民的杂文《瘌子国》，丁帆的小说《不可惑忘的记忆》和散文《黎明》等。另外，该报还连载了苏联卫国战争小说《无私与恐惧》，这些中外文艺作品有着极强的鼓动性、战斗性和革命性。[①]

《文化导报》还发布了众多揭露国民党蒋介石"假和平、真内战"阴谋的文章。重庆谈判后，国共两党签订《双十协定》，然而，协议墨迹未干，国民党军警特务就开始残杀西南联大的学生，制造了震惊全国的"一二·一"惨案，并进行颠倒黑白的宣传。1946年2月，国民党反动当局利用接收抚顺煤矿的国民党特派员张莘夫被杀事件，借机掀起反苏反共的浪潮。对此，《文化导报》发布社论《重庆事件与东北问题》，对国民党反共宣传予以揭露，以正视听。1946年3月16日，苏联红军撤出东北后，国民党当局强行解散了沈阳苏中友好协会，同时查封报社并逮捕编辑人员。《文化导报》在出版至104期后，被迫停刊。

抗战时期，中共就在敌后抗日根据地建立了众多出版发行机构。抗战胜利后，大片沦陷区被八路军和新四军收复，解放区范围空前扩大。东北三省是最早获得解放的地区。1945年9月，中共领导下的东北局成立后，为了加强党的宣传工作，立即着手开展文化出版工作，不仅出版了大批革命报刊，而且成立了一批出版发行机构。解放战争时期，东北地区创办的主要出版发行机构有东北书店（后改为东北新华书店）、大众书店、光华书店、兆麟书店、鲁迅文化出版社、辽东建国书店、热东人民书店等。

二、东北书店的成立

东北书店于1945年11月16日在沈阳成立，书店经理由东北日报社发行部主任向叔保兼任，副经理为史修德、史堪，书店工作人员有程刚枫、白秀珍、刘福海、刘景洲等人。书店开业后，大受当地读者欢迎，第一批

[①] 苏长春：《辽宁新闻志资料选编》（第1册），辽宁新闻志编写组，1990年，第152页。

上架的新书如《论联合政府》《新民主主义论》《中国共产党党章》等书很快就销售一空。

1945年11月26日，因国民党军队大举进犯东北，东北书店开业仅10天就不得不撤出沈阳，转移到辽宁本溪。1945年12月28日，中共中央向东北局发出指示，要求在"距离国民党占领中心较远的城市和广大农村建立根据地"。①根据中央指示方针，东北局及其所属各机构实施战略转移。东北书店也于1946年1月由辽宁本溪迁往吉林省海龙县。由于海龙地理位置相对偏僻，远离中心城市，为了让东北各地的干部和群众方便购书，东北书店开始着手组建发行网，先后在抚顺、清源、新滨、山城镇、梅河口、朝阳、辉南、东丰、西安、伊通、吉林等地设立了分支店。②

1946年4月，随着东北民主联军解放长春，东北书店也随东北局迁入长春。长春曾是抗战时期伪满洲国政权所在地，印刷出版条件较为优越，东北解放后，东北局没收了这些印刷出版机构，用来为人民出版事业服务。由于有了更为先进的出版印刷设备，东北书店的业务进一步扩大。根据东北局的决定，《东北日报》的发行业务，由报社负责，东北书店不再负责《东北日报》的发行，而是作为东北局的一个直属部门，"专门从事于书籍的出版发行工作"③。东北书店在长春时期，由李文担任书店总经理，卢鸣谷担任副总经理。

东北书店在长春经营了一个月左右。1946年5月，国民党军队大举进犯长春，我军实施战略转移，主动撤出长春，向哈尔滨和佳木斯方向转移。东北书店随东北局转移到佳木斯。在佳木斯期间，东北书店继续调整和充实总店业务机构，大力培养出版发行人员。同时，书店还在当地创办印刷厂，并在合江、牡丹江等地设立分支店，不断拓展农村发行网点。这一时期，书店根据东北局的指示，出版了一批配合当地农村土地改革运动的图书和宣传小册子，如将《东北农村调查》《怎样划分阶级》《中国土地法大纲》《湖南农民运动考察报告》《土地改革中的几个问题》《土改工作手册》等图书，及时发行到广大农村，受到广大农民的欢迎。

随着形势的发展，中共领导下的东北解放区不断巩固和扩大，尤其是经过土地改革运动后，为建立巩固的东北根据地奠定了基础。在这种形势下，为扩大编辑出版业务，东北书店筹备往中心城市哈尔滨迁移。

1947年4月，东北书店总店在哈尔滨正式开始营业。书店改由中共中

---

① 戴茂林：《中共中央东北局（1945—1954）》，辽宁人民出版社，2017年，第57页。
② 上海市出版工作者协会《出版史料》编辑组：《出版史料》（第2辑），学林出版社，1983年，第14页。
③ 上海市出版工作者协会《出版史料》编辑组：《出版史料》（第2辑），学林出版社，1983年，第14页。

央东北局宣传部直接领导，书店内部机构也随之进行了调整，设置了编辑部、出版部、业务部（后改为发行部）、经理部4个科室。东北局调派周宝昌担任总店副总经理，李一黎担任总店编辑部主任。这一时期，东北书店除翻印出版延安及其他各解放区的出版物外，还编印出版了一些新书，如《暴风骤雨》（周立波著）、《政治委员》（刘白羽著）、《夏红秋》（范政著）、《江山村十日》（马加著）、《国事痛》（许立群著）等，新版图书和翻印图书累计达300余种[①]。在哈尔滨时期，东北书店还在中共中央东北局的主持下，出版了一套《毛泽东选集》。该套选集于1948年5月出版，是解放战争时期发行量最大、印刷质量最好和装订最为精美的一部选集。

1948年11月，东北全境解放，东北书店总店部分工作人员随军先行进入沈阳，开始着手接管国民党创办的正中书局、拔提书店等出版发行机构及其所属的印刷厂。1949年1月，东北书店总店由哈尔滨迁回至沈阳。这期间，书店内部机构设置进一步健全，增设了秘书处、审计部两个部门，并建立了沈阳、长春、哈尔滨3个印刷厂和苏家屯造纸厂。人员配置也作了调整，总经理一职由李文担任，东北局调派卜明、毛星、王大任到总店担任副经理。为了充实各业务部门，书店还通过招考的方式从当地选拔了一批知识青年入职。

1949年7月1日，东北书店总店改名为东北新华书店。1949年8月20日，东北局宣传部发布《关于东北新华书店工作的决定》，指出："东北新华书店是东北局宣传部直接领导下的出版发行部门，负责组织进行在东北地区内党的出版发行工作。"各地分支店虽在业务上、行政上直属东北新华书店总店管理，但各地党委宣传部仍旧在政治上工作上加强对其所属地区书店的领导。[②]新中国成立后，东北新华书店总店进行了业务拆分，其发行部改为新华书店东北总分店，编辑部改为东北人民出版社，印刷部则改为沈阳新华印刷厂和长春新华印刷厂。东北书店从1945年11月成立至新中国成立前夕，总计出版图书907种[③]。

东北书店的出版活动具有以下特点：

（1）图书出版积极配合党的中心工作。解放战争时期，东北书店积极配合东北局开展的中心工作，及时出版了各种图书。例如，在东北开展土地改革运动中，东北书店编辑出版了一批反映土改运动政策的文献、宣传手册、歌曲、故事和剧本等。为结合干部理论学习，东北书店曾出版过一

---

① 辽宁省地方志编纂委员会办公室：《辽宁省志·出版志》，辽宁科学技术出版社，1999年，第13页。
② 辽宁省地方志编纂委员会办公室：《辽宁省志·出版志》，辽宁科学技术出版社，1999年，第244页。
③ 辽宁省地方志编纂委员会办公室：《辽宁省志·出版志》，辽宁科学技术出版社，1999年，第14页。

批马列主义理论著作,如《共产党宣言》《卡尔·马克思》《国家与革命》等。为支援前线,反映我军英勇作战的事迹,东北书店出版了《人民与战争》《八路军新到解放区》《刘志丹的故事》《杨靖宇和抗联第一路军》《英雄传》《烈士传》《十八勇士》等。为配合东北根据地干部队伍建设,加强对根据地干部队伍教育,东北书店先后出版了《党员课本》《党章教材》《怎样做一个共产党员》《论自我批评》等党建读本和教材。

（2）坚持发行工作"为人民服务"的理念。东北书店根据群众的实际需要,出版了大量通俗文艺作品、年画、挂历、识字课本、冬学课本等读物,这些出版物都是普通群众能买得起、看得懂而且实用性很强的读物。解放战争时期,东北书店创办的《翻身乐》(后改为《新农村》)杂志,就是以乡村干部和农民为读者对象的。《翻身乐》积极宣传报道农民翻身解放、当家做主的消息。杂志所刊作品"有画有歌,有小调、大鼓、快板、秧歌、故事"[1],不仅内容丰富,而且通俗易懂,因而深受当地老百姓喜爱。为了解决农村群众买书难的问题,东北书店在积极拓展图书发行网点的同时,还组织下乡流动队,开展送书下乡服务。

（3）重视发行网点的建设。东北书店在创办过程中,十分重视发行网点的建设。由于战事频繁,书店先后辗转沈阳、本溪、海龙、长春、佳木斯、哈尔滨等地,经常处于流动出版的环境。虽然处境艰难,但是书店的出版发行工作者,克服各种困难,努力拓展书刊发行网点,坚持为群众服务。据统计,东北书店自创立至1947年底,先后建立了松江、嫩江、合江、牡丹江、黑龙江、辽北、吉林7个直属分店,下属60个支店,100余个代销处。[2]初步建立起一个覆盖全东北的图书发行网。至中华人民共和国成立前夕,东北书店共建立了201个分支店[3]。东北书店的出版发行人员,始终把书刊发行作为党的宣传工作的重要组成部分,积极开展图书发行网点的建设,为传播马克思主义理论、毛泽东思想,为宣传党的方针、政策作出了贡献。

三、大众书店的成立

大众书店于1945年8月28日在大连成立,由白全武、车升五、车长宽等一批革命青年和进步人士共同创办。车升五任书店总经理,白全武、车长宽负责书刊编辑工作。书店刚创办的时候,主要翻印从解放区带来的

---

[1] 周保昌:《东北解放区出版发行工作的回顾》,辽宁人民出版社,1988年,第64页。
[2] 上海市出版工作者协会《出版史料》编辑组:《出版史料》(第2辑),学林出版社,1983年,第15页。
[3] 辽宁报业通史编委会:《辽宁报业通史》(第1卷),辽宁人民出版社,2016年,第497页。

一些进步图书。如毛泽东的《论联合政府》、孙中山的《三民主义》、艾思奇的《大众哲学》、俞铭璜的《新人生观》、张仲实的《政治经济学》、平心的《论青年修养》等。① 这些书很受当地读者的欢迎，单是毛泽东的《论联合政府》一书，一次就印了10000册，结果不到半个月就销售一空。大众书店在创办过程中，得到中共大连地方党组织的关注，不仅向书店介绍出版物，还选派干部前往书店指导工作，并在书店建立起党支部，大力发展党员队伍。白全武等最初创办书店的革命青年后来都加入了中国共产党。1946年2月，中共中央东北局委派作家柳青到大连，担任大众书店党支部书记兼总编辑，主持大众书店工作。1947年1月，中共大连市委宣传部接管了大众书店，并调派徐澄波任书店副经理。这一时期，书店的业务不断扩大，先后在金州、旅顺、瓦房店等地开设了分店，同时还建立了自己的印刷厂。

随着业务范围的扩大和印刷能力的加强，大众书店出书品种和数量显著增加，除翻印来自延安等解放区的图书外，还自行编印了一些政治理论图书、文艺作品和通俗读本。据统计，自1946年10月1日至12月20日，大连大众书店陆续出版发行马克思主义理论和时政类图书38种、244000册，社会科学及青年学习和修养类读物38种、248667册，文艺类作品20种、193860册，通信报告类读物14种、74930册，史地类读物12种、61000册，其他类18种、200866册。②

1946年4月，大众书店把收集到的毛泽东著作单行本集结起来，编印出版了一套《毛泽东选集》。这是东北地区出版的最早的《毛泽东选集》。该套选集共分5卷，收录了毛泽东在抗战以来的著作、讲演，共计31篇文章，近50万字。③ 该部著作出版后，还托人给毛泽东本人送了一部。毛泽东收到图书后，给大众书店回了一封感谢信，对书店工作人员的辛勤付出表示谢意。

1947年春，柳青离开大连后，组织上又调派叶克、余定华等人到大连大众书店。两人先后担任书店编辑部长。1948年初至1949年4月，大众书店的出版工作由翻印图书为主转向自编出版图书为主。书店翻译出版了苏联政治、文艺书籍，如"苏联宣传鼓动丛书"等，还自编出版了一些政治理论丛书和通俗读物，如《学习马列主义理论的补助资料》和"职工通俗读物丛书"等。《学习马列主义理论的补助资料》一书摘编马恩列斯经

---

① 辽宁省地方志编纂委员会办公室：《辽宁省志·出版志》，辽宁科学技术出版社，1999年，第14页。
② 大连市史志办公室：《大连印记》，中共党史出版社，2009年，第221页。
③ 大连市史志办公室：《大连印记》，中共党史出版社，2009年，第223页。

典著作中的有关论述共12篇,摘编的内容包括马恩列斯关于政党、阶级与阶级斗争、资本主义与社会主义、农民土地问题、战争问题、国民经济建设等方面的论述。该书出版后,受到各地读者的欢迎,首印5000套很快售罄。

新中国成立前夕,大众书店还出版过"国际知识小丛书""青年知识丛书"和"大众文库"等丛书。[①]1949年7月1日,大众书店更名为东北新华书店大连分店。解放战争时期,大众书店的出版发行活动,为新中国成立后的大连出版发行事业奠定了基础。

四、光华书店的成立

光华书店是由生活、读书、新知三家书店在东北解放区联合开办的书店。1946年7月,生活、读书、新知三家革命书店分别派出邵公文、何步云、孙家林等人从烟台光华书店总店来到东北解放区,创办光华书店。解放战争时期,光华书店先后在安东、大连、佳木斯、哈尔滨、齐齐哈尔、长春、沈阳等城市成立了8家分支店(表6-1)。

表6-1 解放战争时期东北解放区创办的光华书店

光华书店分店	创办时间	历任经理(负责人)
安东分店	1946年8月	孙家林、朱启新、李馥春
大连分店	1946年11月15日	邵公文、宁起枷、吴毅潮、孙洁人、毛邦安、吴超
佳木斯分店	1947年2月11日	孙家林、赵志诚、毛邦安
哈尔滨分店	1947年2月	朱晓光、邵公文、孙家林
齐齐哈尔分店	1947年6月	段宏真、胡世英、王秀萍
驻辽宁办事处(瓦房店)	1948年8月	朱晓光
长春分店	1948年10月	唐绍康
沈阳分店	1948年11月22日	邵公文、朱晓光、孙家林、王人林、刘建华

大连光华书店开业的时候,从上海和胶东解放区运来了一批新书,如《政治经济学》、《大众哲学》、"青年自学丛书"、《铁流》、《革命文豪高尔基》,以及鲁迅、茅盾、巴金、邹韬奋等人的作品。[②]这些革命图书和著名作家的作品大受当地读者欢迎,新书上架后很快就被抢购一空。

为了翻印出版更多的书籍,以便满足读者的阅读渴求,1947年1月,

---

① 张泽贤:《民国出版标记大观》,上海远东出版社,2008年,第71页。
② 生活·读书·新知三联书店文献史料集编委会:《生活·读书·新知三联书店文献史料集》(下),生活·读书·新知三联书店,2004年,第754页。

光华书店建立了一家印刷厂——光大印刷厂，由何步云任厂长。印刷厂的创办，扩大了书刊的生产印制能力，缓解了书店供货的压力。1947年10月，光华书店成立了编辑部，先后由李庚、李定坤担任总编辑。

解放战争时期，大连光华书店出版了《种谷记》（柳青著）、《简明中国通史》（下卷，吕振羽著）、《太阳照在桑干河上》（丁玲著）、《平凡的真理》（冯定著）、《群猴》（宋之著）、《水塔》（雷加著）、《紫堡》（方冰著）、《大众哲学》（艾思奇著）、《摄影讲话》（郑景康著）、《写话》（平生著），以及《唐璜》（芳信译）、《绞索套着脖子时的报告》（刘辽逸译）、《哈泽·穆拉特》（刘辽逸译）等文艺类和哲学社会科学类初版新书。这一时期，书店还编译了"少年文库""国际问题译丛"等文库类图书和丛书。1948年3月15日，大连光华书店编辑部创办了一份《学习生活》杂志，由李定坤担任杂志主编。该刊为供青年学习辅导之用的刊物，共出了两期，后于1949年2月停刊。

据统计，"大连光华书店1946年出版16种书，3.3万册；1947年出版72种书，24.1万册；1948年出版16种书，35.2万册"[①]。大连光华书店的图书除向本地读者销售外，还向北满解放区供应图书。因此，该店实际成为光华书店在整个东北解放区的图书供货基地。

除了大连光华书店外，东北解放区其他分支店也出版了一些书刊。1947年2月，孙家林、朱晓光等人受光华书店总店的委派，来到哈尔滨创办光华书店。解放战争期间，哈尔滨光华书店翻印出版了生活、读书、新知三家书店的进步书籍，如《辩证唯物主义》《大众哲学》《中国历史》《现代中国经济教程》等；翻译出版了苏联、捷克等国外文学作品如《国家与文学及其他》《夏伯阳》《攻克柏林》《希特勒的末日》《列宁勋章》《绞刑架下的报告》等。此外，为配合东北解放区的战斗、土地改革和文化建设，书店还出版了《战士们》《铁的部队》《土地和枪》《东霸天的故事》《苏联见闻录》《时代的印象》《两天一夜》《上当》《阴谋》《妯娌争先》等通俗类读物。据统计，哈尔滨光华书店从创办至1948年夏的一年多时间里，新版和再版图书共79种[②]。

全国解放战争时期，哈尔滨光华书店最有影响力的出版活动是重印出版了《鲁迅全集》和《资本论》这两部巨著。这不仅是当时解放区出版史

[①] 生活·读书·新知三联书店文献史料集编委会：《生活·读书·新知三联书店文献史料集》（下），生活·读书·新知三联书店，2004年，第757页。
[②] 黑龙江省地方志编纂委员会：《黑龙江省志 第五十二卷 出版志》，黑龙江人民出版社，1996年，第73页。

上的大事，也是中国出版史上的一件大事。[①]

东北全境解放后，为了加强对各处书店的统一管理，1949年2月，三联书店在沈阳设立了东北区管理处。新中国成立后，三联书店在北京成立了总管理处，东北区管理处随之撤销，东北各地光华书店全部改名为"生活·读书·新知三联书店"。

第二节 中共及进步出版界争取出版自由的斗争

抗战胜利后，全国人民渴望国家统一、和平、民主和团结。但是，以蒋介石为首的国民政府，为抢占胜利果实，不惜发动内战。为了控制国内舆论，国民政府出台了一系列新闻出版法规，对中国共产党及其领导下的进步出版事业进行摧残和压制。为了争取言论出版自由，中共领导下的进步出版界与国民党当局展开了坚决的斗争。

一、出版界的"拒检"运动

抗战时期，国民党为加强对意识形态领域的管控，出台了《战时图书杂志原稿审查办法》等一系列审查法令，并建立起从中央到地方的图书杂志审查制度。在国民党严格的图书杂志审查制度下，许多革命进步书店被捣毁、查封，人员被逮捕，书报刊被查禁、销毁。国民党的文化专制政策，始终遭到进步出版界的强烈抵制和反对，以中国共产党为首的进步出版界与国民党当局摧残进步出版业的行为展开了坚决斗争。

1945年7月，黄炎培、章伯钧、左舜生等6名国民参政会参政员，受中共中央和毛泽东邀请，由重庆赴延安考察。回渝后，黄炎培将其在延安考察期间的见闻和感受撰写成《延安归来》，该书稿以"答问词"和日记体裁的形式，详细地记录了中共在解放区实施的各项政策及其所取得的成就。按当时的出版环境，这部书稿势必遭到国民党审查机关的删削甚至扣押。为了使该书能顺利和完整地出版，黄炎培在接受中共地下党员黄洛峰的建议后，决定不将该书稿拿去送检而是自行出版发行。1945年7月30日，书稿送重庆南岸润华印书馆印刷，8月7日正式出书，初版2万册很快便被抢购一空。以《延安归来》一书的自行出版为标志，国统区进步出版界发动了一场声势浩大的冲破国民党文化专制统治的"拒检运动"。

[①] 朱晓光、李子明、姜伟：《光华书店辽宁办事处成立前后》，辽宁省新华书店《店志》编写组：《辽宁图书发行史料》（第1辑），辽宁省新华书店，1986年，第108页。

继《延安归来》一书出版后，黄炎培又约张志让、杨卫玉、傅彬然等几位杂志主编共同起草了一份"拒检"的联合声明，提出自1945年9月1日起，不再将原稿送交国民党图书杂志审查部门审查，声明还忠告国民党当局必须尽快废止书刊审查制度。

"拒检"声明得到重庆杂志界的积极响应，当时在重庆出版的《东方杂志》《现代妇女》《国讯》《国论》《宪政月刊》《民宪》《中华论坛》《新中华》《民主世界》《文汇周报》《中学生》《民主与科学》《战时教育》《再生》《中苏文化》《学生杂志》等16家杂志联名发表"拒检声明"，并函告国民党中宣部等新闻出版主管部门，请求明令废止不合时宜的书刊审查制度。①

重庆16家杂志联名签署的"拒检声明"一发布，立即在新闻出版界引起轰动。由生活、读书、新知、国讯等33家书店组成的"重庆新出版业联合总处"获知消息后，迅即发表声明，宣布支持杂志界的"拒检运动"。与此同时，中共主办的重庆《新华日报》特地刊发了《为笔的解放而斗争》一文，号召废除新闻检查，给人民以新闻出版和言论自由。1945年9月4日，《新华日报》刊发社论，呼吁："现时的一切束缚人民的言论出版结社集会自由的法令必须立即废除。"②9月6日，重庆杂志界联谊会宣告成立，在"拒检声明"上签名的杂志社进一步扩大至33家。与此同时，中共主办的机关刊物《群众》周刊也正式宣布不再送交国民党当局检查，自行担负出版法律责任。

重庆杂志界发起的"拒检运动"，迅速扩大至整个大后方新闻出版界。1945年9月8日，成都的川康通讯社、自强通讯社和《华西晚报》《新中国日报》《开明少年》等16家新闻出版机构发布支持"拒检运动"的联合声明。紧接着，龙门联合书局、开明书店、科学书店等17家出版单位也加入了"拒检"行列，并共同组建了"成都文化新闻杂志联谊会"，集体声援"拒检运动"。1945年9月15日，昆明《民主》周刊、《大路》周报等11家新闻出版单位也发表联合声明，宣布加入"拒检"行列，同时还发表《昆明文化界争取出版自由宣言》，提出"撤销各地图书杂志审查处""取消邮电书报检查""保障民营出版机构""尊重文化人的人身自由和言论自由"等6项主张。③

迫于新闻出版界"拒检运动"的浩大声势，1945年9月28日，国民政

---

① 丁淦林、刘家林、孙文铄，等：《中国新闻事业史新编》，四川人民出版社，2008年，第351页。
② 方汉奇、李矗：《中国新闻学之最》，新华出版社，2005年，第343页。
③ 张静庐：《中国近现代出版史料》（现代丙编），上海书店出版社，2011年，第71—72页。

府发布《废止出版检查制度办法》，9月30日，国民党《中央日报》刊发了废除出版检查的消息，至此，进步新闻出版界发起的"拒检运动"终于取得阶段性的胜利。

"拒检运动"胜利的意义，正如《新华日报》发布的《言论自由初步收获》社论中所说："检查制度的废止，是言论自由的开始。"虽然它还不是言论自由的真正实现，但终究是进步新闻出版界长期坚持反"查禁"斗争所取得的胜利成果。

"拒检运动"的胜利，使中共及其领导下的进步出版业获得发展机会。从1945年底至1946年初，全国各地先后创办和复刊了众多报刊，如《新语》《建国日报》《自由人》《民主》《平民周刊》《新文化》《经济周报》《月报》《新闻报》《生活知识》《文萃》《中苏月报》《新妇女》等。

抗日战争胜利后，解放区的出版业也得到了进一步发展，原先各敌后抗日根据地创办的许多报刊，如《解放日报》《晋察冀日报》《晋察冀画报》《抗战日报》《晋绥大众报》《大众日报》等在抗战胜利后继续出版。

这里尤其值得一提的是《抗战日报》，该报是抗战时期晋绥抗日根据地出版的一份机关报。1946年7月1日，《抗战日报》将报名变更为《晋绥日报》继续出版。1947年6月以后，《晋绥日报》在中共中央晋绥分局领导下，发起了反对"客里空"[①]运动。1947年6月25、26日，该报连载了《不真实新闻与"客里空"之揭露》一文，该文根据读者反映和报社调查所获的材料，公开检查新闻报道中存在的"客里空"问题。反"客里空"运动很快推广到全国各解放区，1947年8月28日和9月1日，新华社先后发表社论和评论员文章，号召解放区新闻出版界的同志学习《晋绥日报》的自我批评精神，开展反"客里空"运动。这一运动的旨意在于纠正当时解放区新闻工作中的不实报道问题。但是在这个运动中也出现了一些"左"的偏差，主要表现为对一些工作中的一般失误进行上纲上线的批评，如有记者在报道中弄错了一位农民的阶级成分，被看成是"丧失阶级立场"；有的编辑在审稿时错改了一个地方，被认为"站错了立场"。1948年4月2日，毛泽东接见了《晋绥日报》工作人员并发表重要谈话。他总结了解放区报刊在开展反右和反"左"斗争中的经验教训，深刻地阐明了办好报刊工作必须贯彻党的群众路线的思想。毛泽东指出，我们的报纸"要靠全体人民群众来办，靠全党来办，而不能只靠少数人关起门来

---

① "客里空"是苏联戏剧《前线》中一个惯于吹牛拍马和弄虚作假的记者名字，反"客里空"运动是中国新闻史上一次反对不真实新闻的批评教育运动。

办"①。1949年5月1日,《晋绥日报》宣布停刊。该报从创刊至终刊,共出版2171期。

同时,各地先后建立起一批进步出版发行机构,如北平中外出版社、重庆三联书店分店、广东兄弟图书公司、天津知识书店、武汉联营书店等,这些进步出版机构出版了一批高质量的图书,如郭沫若著的《甲申三百年祭》《十批判书》《青铜时代》,冯雪峰著的《有进无退》(散文集)、老舍、宋之的著的《国家至上》(剧本),傅雷译的《约翰·克利斯朵夫》等。与此同时,许多进步图书、报刊也能在书店或书报摊上公开买到了。

二、国民政府对进步出版业的摧残

"拒检运动"虽取得胜利,然而国民政府颁布的《出版法》却仍然存在。为此,出版界进一步开展了要求国民政府废止出版法,保障人民言论出版自由的斗争。1946年1月,重庆政协会议召开期间,出版界代表、三联书店管理委员会主席黄洛峰在《民主生活》第2期上发表了《除去言论自由的障碍——废止出版法》一文,文章指出国民党为巩固其一党专制和排除异己,"借出版法这把斧子砍杀了多少刊物,更有许多从事文化工作者,被戴上所谓破坏、违反、颠覆等罪名,或遭逮捕,或遭监禁"②。文章强烈呼吁国民政府应立即废止限制或剥夺人民自由的出版法。黄洛峰的文章,表达了出版工作者争取民主自由权利的主张,得到出版界和进步人士的大力支持,《新华日报》也发表了《废止法西斯的出版法》的社论,声援进步出版界的斗争。

然而,对于进步出版界的呼声,国民政府不仅置之不理,反而变本加厉,加紧了对革命和进步新闻出版业的迫害。重庆谈判后,国共双方签署的"双十协定"墨迹未干,蒋介石就挑起了全面内战,向解放区发动大规模进攻。与此同时,在出版领域,国民党当局对以中国共产党为首的进步新闻出版业极力打压和摧残。从1946年2月起,进步新闻出版界就接连发生遭受摧残迫害的事件。2月10日,重庆"较场口惨案"发生后,中共主办的《新华日报》以及进步人士创办的《民主报》《商务日报》对这一事件进行了如实报道,由此激怒了国民党。三家报纸均遭国民党当局报复,《商务日报》还被勒令停刊两天,重庆《新华日报》的工作人员被国民党军警人员打伤,成都《新华日报》分馆也遭国民党特务破坏。1946年2月

---

① 朱移山:《中国新闻传播史文选》,合肥工业大学出版社,2016年,第237页。
② 生活·读书·新知三联书店文献史料集编委会:《生活·读书·新知三联书店文献史料集》(上),生活·读书·新知三联书店,2004年,第616页。

13日，广州的《自由世界》《文艺新闻》《新世纪》《学习知识》等进步刊物均被国民党广州地方当局以"出版手续不合，内容荒谬"为由，下令查禁没收。3月间，国民党广州市军警下令查封《国民》《学习知识》等刊物和《东北问题》《窃国大盗袁世凯》等图书。

1946年4月3日，北平市当局派出大批军警搜查《解放日报》驻北平联络处、新华社北平分社和《解放》社，非法逮捕了《解放》社包括总编辑钱俊瑞、副总编辑姜君辰在内的工作人员共48人，其中大部分为中共党员，制造了震惊全国的北平"四三"事件。[1]5月23日，国民党中央宣传部发出"辰漾宁（36）密电"，指示北平市政府对"未依法呈准登记，擅自出版"的报纸、通讯社及杂志进行取缔。[2]5月29日，北平市警察局下令查禁中共机关报《解放》（三日刊）、新华社北平分社、《商业日报》、《光华日报》、《集纳半月刊》、《北平杂志》等，一天之内查禁报刊和通讯社共达77家。为谴责国民政府的暴行，北平《解放》报刊发《告全国同胞书》的社论，公开揭露国民党当局的野蛮查禁行为，要求当局恢复言论出版机关的自由。然而，国民党当局对于新闻出版界的正义呼声充耳不闻，继续在全国各地对中共及其进步出版业进行摧残迫害。1946年6月1日，上海《新文艺》月刊创刊号刚出版还未发行便被上海市警察局扣押。6月18日，国民党天津市当局下令查禁《民言》《青年世纪》《文联》等21种刊物。不仅如此，国民政府为了加强对于出版物的管控，还出台了《出版发行注意事项》，实施出版"特许制"。在出版特许制度下，许多未经国民党当局"特许"出版的出版社、书店、报社、杂志社，被任意加以查封。

1946年，西安进步报刊《秦风日报·工商日报联合版》因刊出了中共代表团提出的《和平建国纲领草案》，同时谴责国民党撕毁停战协定，扩大内战的行径，因而遭到国民党军政当局的忌恨。1946年5月3日，西安军警严密封锁报社，大肆殴打、恫吓、拘捕报社编辑人员，并勒令报纸停刊。5月17日，中共地下党在上海创办的外文刊物《新华周报》，因宣传中共的和谈政策，反对独裁和内战，遭到国民党上海当局的查禁，该刊仅出版3期。1946年6月8日，广州市地方当局调集大批军警搜查全市民

---

[1] 中共北京市委宣传部、中共北京市委党史研究室、北京市文化局：《解放战争时期北平第二条战线的文化斗争》，北京出版社，1998年，第140页。
[2] 北京市档案馆藏（档号：J2—4—364），北京市档案馆：《北京档案史料》（四），新华出版社，2000年，第138页。

主报刊,"由下午4时至入夜已搜掠被诬指为未登记书刊的读物12卡车"①。

1946年6月22日,国民党上海市当局以"未经请准登记"为由,强行查禁《生活知识》《昌言》《人人周刊》《青年学习》等4种刊物。②6月29日,广州警察局手持"警察行字H458号"密令,分别查封了冼福记、蔡锦记、友联报社、南中文化企业公司、《华商报》广州分社、《正报》广州分社、兄弟图书公司、广州书报杂志供应社以及人民报、文艺出版社等13家报社和出版发行机构。③此后,广东当局又接连派遣特务对广州进步出版业进行摧残,至1946年8月,先后被广州当局查封的报纸杂志单位达40多家。在国民党当局的摧残下,整个广州的文化园地满目荒凉,百花凋零。残存的一些书店,也因经常受到恐吓和威胁,只敢卖些旧书、课本以及所谓的"官版图书"来维持生计。至于书报摊,只好偷偷出售一些色彩斑斓的海淫小报,供市民茶余饭后消遣之用。国民政府对于进步出版业的摧残,不仅限于上海、广州等东南沿海大城市,内地城市的进步出版业同样遭到迫害。1946年11月,国民党贵州省政府以《贵州工报》"言论反动""混乱是非""煽动劳动风潮"为由饬令贵阳市当局查禁该刊。④

1947年3月,中共支持和领导下的革命刊物《文萃》以及由重庆迁上海的《群众》周刊,因大胆揭露国民党的内战阴谋及镇压民主力量的罪恶活动,遭国民党当局查封。《群众》周刊被迫迁香港出版,《文萃》后改为《文萃丛刊》,以"人人出版社"名义秘密出版。同年7月,《文萃丛刊》第10期正准备出刊时,被国民党特务发现,国民党上海市党部下令市监察局,"对文萃出版的各种丛书迅速予以严格取缔,没收存书,禁止发行"。⑤《文萃丛刊》被迫停刊,编辑人员陈子涛、骆何民、吴承德被逮捕。三人在狱中仍坚持斗争,最后英勇就义,史称"《文萃》三烈士"。

1947年3月底,国民政府内政部通令各省、市以"违法出版"为由查禁了近20种报刊,其中,重庆出版的《职工青年》《唯民周刊》《联合特刊》等被查封,上海被查禁的报刊有《新文化》《中国学术》《清明》和《经济月刊》等,香港的《自由世界》《正报》《青年知识》《文萃》《中国农村》《民潮》等遭查禁,民主同盟广西支部在桂林出版的《民主星期刊》

---

① 中国人民政治协商会议广东省广州市委员会文史资料研究委员会:《广州百年大事记》,广东人民出版社,1984年,第548页。
② 金炳华:《上海文化界:奋战在"第二条战线"上史料集》,上海人民出版社,1999年,第69页。
③ 《抗议"六二九"暴行》,《民主星期刊》,第13期,1946年7月3日。
④ 贵州省地方志编纂委员会:《贵州省志》,贵州人民出版社,2003年,第71页。
⑤ 马光仁:《上海新闻史(1850—1949)》,复旦大学出版社,2014年,第1017页。

也被查封。①

1947年5月，上海《联合晚报》《文汇报》《新民报〈晚刊〉》三家进步报刊因刊载"五二〇学潮"的消息和文章，被国民党上海当局勒令停刊。②1947年5月31日，国民党广州警备司令部查封了《每日论坛报》并逮捕了包括社长和总编辑在内的工作人员共60多人。1948年9月21日，国民党上海当局以"屡作歪曲事实言论，为匪宣传，动摇人心，意图破坏公共秩序"的罪名，勒令《时与文》"永久停刊"。③

在查禁报刊的同时，国民党内政部还以"内容荒谬""为匪宣传"等罪名查禁了一大批革命进步图书，如《患难余生记》《毛泽东的思想》《毛泽东论》《中国革命与中国共产党》《左派幼稚病》《论民主与修养》《新民主主义与中国经济》《思想方法论》《论群众观点》《阶级论》《论党与个人》《黄河大合唱》等。④10月12日，上海利群书报联合发行所因销售宣扬共产主义的图书而遭国民党上海军警查封，包括发行部经理陆梦生在内的14名发行人员被捕，其中6人惨遭杀害。此事还牵连到黄河书店、海燕书店和众多读者，被牵连者达100多人。在国民党的文化专制政策下，进步出版业的生存空间已被剥夺殆尽。

进入1949年后，随着人民解放军取得三大战役的重大胜利，国民党的统治已是摇摇欲坠。为挽救颓势，国民党反动当局对于进步出版业的控制程度更加严厉。2月，杭州合众书店出版的鲁迅《拾零集》被当地国民党当局查禁。3月初，徐中玉、姚雪垠创办的《报告》，因刊载介绍解放区新面貌的文章，第1期印刷的8000册杂志刚出版就被国民党全部查扣。3月中旬，国民党上海市政府下令取缔《和与战》《时局人物》《中共内幕》《政治观察》《新时代》《国情》《时论》《纵横》《透视》《野风》《新闻观察》《时局观察》《小市民》等28种议政刊物，另有《群言》《中建》《舆论》3种杂志也被勒令停刊。⑤3月19日，《展望》周刊第3卷第18期刚刚出版，便被国民党当局以"言论荒谬、挑拨离间、违反国策"为由，下令查封。该刊总编辑尚丁向读者写了题为《告别了，再见》的终刊信，作者满怀信心地指出，虽然《展望》被迫停刊，但是，"言论自由的成为力

---

① 余文焕：《战地黄花分外香——解放战争时期国统区的进步出版界》（三），《出版发行研究》，1999年第11期。
② 王文彬：《中国现代报史资料汇辑》，重庆出版社，1996年，第951页。
③ 朱海明：《风情民国老期刊》，苏州大学出版社，2012年，第160页。
④ 余文焕：《战地黄花分外香——解放战争时期国统区的进步出版界》（五），《出版发行研究》，2000年第1期。
⑤ 《上海文化年鉴》编辑部：《1989上海文化年鉴》，上海人民出版社，1989年，第274页。

量"，不会随着《展望》的停刊而终止。①与《展望》同时被查封的，还有《世界知识》半月刊，该刊被国民党上海当局以"内容反动，有碍社会治安"的罪名查封。紧接着，国民党京沪杭警备总司令部下令查禁了《启示》《大学评论》《现代妇女》《再生》《世纪评论》《时与潮副刊》《中学时代》《新闻内幕》等37种刊物。②1949年4月28日，广州《天地新闻日报》因刊登中国人民解放军发起渡江作战的消息，被国民党广州当局勒令停刊，总编辑和发行人员被逮捕。③

解放战争期间，国民党当局对于中共及其进步出版业的严酷摧残，给国统区的中国共产党的出版事业造成严重困难。然而，青山遮不住，毕竟东流去，1949年4月20日，随着人民解放军向国民党反动派发动总攻击，百万雄师横渡长江，国民党在国统区实行的法西斯专制统治土崩瓦解。

三、中共及其进步出版界争取出版自由的斗争

国民党当局迫害进步新闻出版业的暴行，使出版界清醒地认识到，只有团结起来共同斗争才有力量。1946年3月15日，北平市出版界率先联合，由中共地下党领导的民主出版社、中外出版社、北方书店等，联合《人言周刊》、《解放》（三日刊）、《人民文艺》、《新闻评论》、《文艺周报》、《人民世纪》、《民主青年》等29家进步出版发行机构，组建了"北平市出版业联合会"，并决定出版《出版与文化》会刊。3月18日，北平市出版业联合会发表《为抗议摧残出版发行自由紧急呼吁》，要求"立即废止出版法及出版物呈请登记核准之规定""彻底实现真正的言论出版自由""保证今后绝无任何破坏文化事业组织（包括书店、报摊、派报社、出版社、报社、杂志社、印刷所及文化界、出版界、书报商各种团体集会等）和危害文化界个人身体自由的事件发生"。④为声援北平出版界的斗争，1946年3月，上海《民主》《周报》《世界知识》《文萃》《新文化》等进步杂志社发起成立了"上海杂志界联谊会"，并发布《为抗议摧残言论出版发行自由宣言》，全力支持北平出版业联合会提出的要求。宣言指出："言论自由为人民基本自由之一，是民主国家所一致承认的。"言论自由又与出版、发

---

① 中共上海市委党史资料征集委员会：《上海革命文化大事记（1937.7—1949.5）》，上海翻译出版公司，1991年，第270页。
② 余文焕：《战地黄花分外香——解放战争时期国统区的进步出版界》（五），《出版发行研究》，2000年第1期。
③ 杨万秀、钟卓安：《广州简史》，广东人民出版社，1996年，第527页。
④ 中共北京市委宣传部、中共北京市委史研究室、北京市文化局：《解放战争时期北平第二条战线的文化斗争》，北京出版社，1998年，第136页。

行自由相联系，因此，"妨害出版、发行的自由，不仅是妨害营业自由，实在也就是摧残言论自由的另一种手段"①。

1946年4月3日，北平"四三"事件发生后，陕甘宁边区、晋察冀边区、晋冀鲁豫边区、华东解放区以及国统区的西安、重庆、南京、上海等地的100多个新闻出版单位和机关团体发布通电，抗议国民党北平当局的暴行。②为了向全国人民揭示事件的真相，《解放》三日刊于4月5日刊发了《滕代远将军公馆、新华社、解放报社遭非法搜查》的消息。同日，延安《解放日报》发表《抗议非法搜捕北平解放报事件》的社论，强烈抗议国民党反动当局非法拘捕《解放》三日刊社工作人员的罪恶行径。延安的新华社总社就北平"四三"事件连续刊发重要消息和评论，揭露国民党当局侵犯人身自由、破坏进步新闻出版业的罪行。

与此同时，重庆政治协商会议中共代表团成员周恩来、董必武等人，就北平当局非法逮捕报社工作人员一事，向国民党蒋介石政府提出严正交涉，敦促当局释放被押人员。③中共代表团的严正交涉和进步新闻出版界的共同声讨，最终迫使国民党北平当局就"四三"事件道歉，并释放全体被拘押的报社人员。北平"四三"事件的胜利解决，不仅使《解放》三日刊在北平读者中的影响得到扩大，更使出版界增强了争取出版自由的决心和信心。

"四三"事件后，一批进步报刊如北京《新民报》、上海《联合日报》、《新音乐》等报纸和杂志相继复刊，国讯书店和大孚图书公司也由重庆迁至上海。1946年10月，群益出版社、云海出版社、海燕书店等进步出版发行机构在上海共同组建了"群海联合发行所"。④在广州，中共及其进步文化界人士相继创办了《自由世界》《现代生活》《学习知识》《国民》《文猎》《文艺》《文艺新闻》《新世纪》等29种刊物，还组织了"广州杂志联谊会"，出版了联合增刊。⑤1946年4月10日，广州杂志联谊会联名发表《为维护言论出版自由紧急呼吁》，要求国民党广州当局保障人民的言论出版自由权利，立即制止各地查禁合法刊物的非法措施，并撤销各种秘密禁令。"呼吁"指出，这些非法措施若不严加制止，"人民势必误会政

---

① 叶再生：《中国近代现代出版通史》（第4卷），华文出版社，2002年，第285页。
② 中共北京市西城区委党史办等：《往事珍影：北京市西城老同志回忆》，中共党史出版社，2006年，第106页。
③ 中共北京市西城区委党史办等：《往事珍影：北京市西城老同志回忆》，中共党史出版社，2006年，第107页。
④ 福建省政协文史资料委员会：《文史资料选编》（第3卷），福建人民出版社，2001年，第330页。
⑤ 广州市地方志编纂委员会：《广州市志》（第16卷），广州出版社，1999年，第20页。

府言行相悖，出尔反尔，影响所及，必使道路侧目，万邦腾笑"[1]。

广州进步出版界的举措，让国民党当局大为恼火。6月5日，国民党广州当局指示"御用文人"在《华南日报》发表《谈"文化界的毒素"》一文，大肆诬蔑进步文化人士，还辱骂"广州杂志联谊会"出的联合增刊"是广州文化界的一条狗"，作"野性的狂吠"，叫嚣这些杂志的主办人是有"政治的使命"的人物。[2] 国民党当局的野蛮行径遭到进步文化界人士的强烈抗议。同日，中国文协粤港分会发表严正声明，抗议当局摧残进步文化。同时，黄药眠、司马文森、楼栖、华嘉、陈残云等21位作家联名发表《告国际文艺家书》的公开信，向国际著名作家和文艺人士揭露国民党当局的独裁统治。公开信在国内外引起强烈反响，但国民党当局仍变本加厉摧残进步文化。随后国民党发动内战，大批广州文艺界进步文化人士被迫撤往香港。

面对国民党的残暴行径，中共及其领导下的进步出版界，采取了一些灵活的斗争策略，根据中共地下党的指示，国统区的进步书店分成三条战线，互相配合，与国民党反动派展开周旋和斗争。第一条战线的书店，公开发售革命进步书刊和时政类书籍，冲在斗争最前列，随时做好被国民党当局捣毁的准备；第二条战线的书店，以经营一些历史类、人物传记等社科类图书作掩护，秘密出售政治书籍和革命书刊；第三条战线的书店最为隐蔽，以公开发行教材、学习参考书、工具书及儿童读物作掩护，秘密发售革命进步书刊。这样，万一前两道战线的书店被捣毁和查禁，第三道战线的书店还能继续发售革命进步书籍，从而使中国共产党及其领导下的进步出版事业，还能在"夹缝"中生存下来。

在国民党当局对出版业的严厉管制之下，革命进步书刊的出版也是越来越隐蔽。为了迷惑敌人，一些革命书刊采用伪装封面的形式出版。如：《为美国对蒋军援助事毛主席发表声明》一书的封面名字伪装为《苦海明灯》，《中共文件汇编》封面伪装成周作人著的《秉烛后谈》，《一年来的一笔总账》封面印的是《朱柏庐先生治家格言》。[3] 1947年1月，中国共产党机关刊物《群众》周刊转移至香港印刷出版后，曾分别以《茶亭杂话》《活不下去了》《野火烧不尽》《七十一个老板的商店》等各种刊名进行伪装，然后秘密运送至国统区发行。[4]

---

[1] 张静庐：《中国近现代出版史料》（现代丙编），上海书店出版社，2011年，第116页。
[2] 广州市地方志编纂委员会：《广州市志》（第16卷），广州出版社，1999年，第20页。
[3] 高信成：《中国图书发行史》，复旦大学出版社，2005年，第439页。
[4] 张克明：《民国时期禁书目录述评》，《档案史料与研究》，1990年第2期。

1945年10月创刊于上海的《文萃》周刊是中共领导下创办的一份政治性刊物。国共和谈破裂后，该刊改为《文萃丛刊》并转入地下秘密出版。为了应付当局的搜查，该刊每期都变换刊名出版，如将刊名伪装为《论喝倒彩》《论纸老虎》《人权之歌》等。该刊及时传达中国共产党的方针政策，揭露国民党的政治欺骗和镇压人民的暴行，支持上海及各地人民反内战的斗争，对于帮助国统区人民了解事实真相，坚定人民革命必胜的信心，起了重要作用。

中华职业教育社黄炎培等创办的《国讯》旬刊，因刊登了中共制定的《中国土地法大纲》和一系列倾向性极强的文章，1948年4月8日，国民党当局以"替共产党宣传"的罪名，勒令该刊停止出版。《国讯》被查封后，黄炎培同主编杨卫玉等人商议，利用原《展望》周刊的登记证，移花接木，顶替了原《国讯》周刊。黄炎培还向中共上海地下党请求派人来主持《展望》的编辑工作。9月，王元化受中共地下党的委派进入《展望》周刊社当编委，并负责刊物的日常工作。这个杂志是当时上海地下党唯一公开出版的合法刊物。[①]《展望》周刊敢于揭露国民党的欺骗宣传，敢说真话，敢于揭示事情真相，因而深受读者喜爱，发行量迅速飙升，"在短短的一年之中就达到每期10.3万多份"[②]。《展望》周刊大胆抨击国民党的行为，遭到国民党当局的记恨。1949年3月19日，《展望》出至第3卷18期后遭国民党上海市社会局查封。

与《文萃》《国讯》不同，上海地下党领导的《时代日报》采用的是另一种方式与国民党当局周旋。该报辟有"半周军事述评"一栏，是由中共上海局文委成员姚溱主持的。他先后以"秦上校""马可宁""萨里根"作笔名，评述国内解放战争的形势。[③]在评论中，作者采用了"以子之矛，攻子之盾"的战术，即不用自己的语言，而是广泛缀录中央社、外国通讯社电讯及国民党报刊上的语句，并一一加以标注。经过作者的巧妙运用，国民党欺骗民众、掩盖事实的真相就昭然若揭了。因为作者评述的内容都是报刊上已公开发布的消息，当局抓不到作者把柄，也就无法对刊物和作者定罪。国民党当局对此深感头疼，因没有把柄，不好直接干预，就以各种名义投诉报馆，妄加指责。1948年6月3日，该刊最终被国民党上海当

---

① 中国近代现代出版史编纂组：《中国近代现代出版史学术讨论会文集》，中国书籍出版社，1990年，第327页。
② 中国人民政治协商会议全国委员会文史资料委员会：《文史资料选辑》（第40辑），中国文史出版社，2000年，第149页。
③ 通州市文史资料编辑部：《通州文史》（第16辑），国际文化出版公司，2000年，第135页。

局以"扰乱金融,煽动工潮学潮,歪曲军事报道,破坏治安秩序"的罪名,勒令停刊。①

在整个解放战争时期,以中国共产党为首的进步出版界,为争取出版自由,与国民党当局摧残迫害出版业的行为一直进行着不屈不挠的斗争。在这三年多的时间里,虽然出版业处境艰难,但中国共产党实行了正确的统一战线政策,团结一切进步力量,采取了灵活的斗争策略,因而中共出版事业在国统区仍然取得了一定程度的发展。解放战争时期,一些进步书店仍然出版了一批质量较高的图书,如罗稷南译《马克思传》(上海骆驼书店,1946),胡绳著《理性与自由》(华夏书店,1946),郭大力译《恩格斯传》(读书生活出版社,1947),许涤新著《现代中国经济教程》(新知书店出版,1947),马烽、西戎合著《吕梁英雄传》(上海通俗书局,1947),胡绳著《思想方法与读书方法》(耕耘出版社,1947),(俄)陀思妥耶夫斯基著、耿济之译《白痴》(开明书店,1947),(苏)阿·托尔斯泰著、曹靖华译《保卫察里津》(新群出版社,1947),臧克家著《我的诗生活》(新群出版社,1947),林超真译《马克思恩格斯书信选》(亚东图书馆,1949)等,给国统区的读者送上了丰富的精神食粮。

第三节 解放区新华书店的发展壮大

新华书店是中国共产党在敌后抗日根据地公开创办的出版发行机构,1937年4月24日诞生于延安。抗日战争时期,陕甘宁、晋绥、晋察冀、晋冀鲁豫、山东、华中等抗日根据地相继创办了新华书店。

一、全国解放战争时期各地新华书店的出版发行活动

全国解放战争时期是新华书店的一个大发展时期。随着抗日战争的胜利及解放战争的胜利推进,新华书店获得了较快的发展,西北、东北、华东、华中、华南、中南、西南各大区相继建立了新华书店总店及其众多的分支店。

(一)西北新华书店

西北新华书店的前身为抗日战争时期在延安成立的陕甘宁边区新华书店。1942年5月1日,中共陕甘宁边区中央局决定成立陕甘宁边区新华书店,其主要任务是负责整个陕甘宁边区的出版发行业务,为边区干部和

---

① 马飞海:《上海革命文化史略》,上海人民出版社,1999年,第435页。

群众提供精神食粮。陕甘宁边区新华书店成立后发行了《解放日报》《边区群众报》《草叶》《西北儿童》《文摘》《关中报》《边区教育通讯》《子长报》《群众生活》《抗战报》《陇东报》等一系列报刊，同时，还出版了大量政治理论、哲学、历史、文艺、小说、诗歌、农业书籍以及供边区学校使用的教材读本等。整风运动期间，陕甘宁边区新华书店还出版了大量整风学习文献。[1]

1944年11月，为纪念杰出的新闻出版工作者邹韬奋先生，边区政府将华北书店改名为韬奋书店。1945年11月25日，韬奋书店正式合并到陕甘宁边区新华书店，组成"新华、韬奋联合门市部"，实行统一经营。[2]

1946年，国共内战爆发后，蒋介石派胡宗南率国民党部队疯狂进攻陕甘宁边区。陕甘宁边区新华书店遵照中共西北局的指示精神，与边区群众报社进行了合并，组建了西北新闻社。边区新华书店的工作人员编成战斗队，跟随部队在边区一边战斗、一边进行宣传和发行活动。他们把每天出版的报纸等宣传品送到中央机关、边区政府以及广大军民手中，还带上《边区群众报》等到处张贴，在群众中组织阅读，进行战时推广与宣传。为满足部队指战员对于图书阅读的需要，根据西北局宣传部指示，原边区书店工作人员建立了随军书店。在游击战争的过程中，书店人员积极向群众供应书报，宣传我党我军政策。

1948年4月，延安光复后，陕甘宁边区新华书店又迁回到延安，并改名为西北新华书店。1949年5月20日，西安解放，西北新华书店在西安设立了总店门市部。随着大西北的解放，西北新华书店在西北各地迅速建立了新华书店的分支店。

全国解放战争时期，西北新华书店除了出版马列主义理论书籍和中共领导人的著作外，还出版了大量国际时事、社会科学、群众运动、财政经济、政治法律、文化教育、教科用书和综合类图书。据统计，1949年6月至1950年，西北新华书店共出版图书621种。[3]

（二）山东新华书店

山东新华书店成立于1944年7月1日，店址设在山东滨海区莒南县。该店成立之初，隶属于大众日报社，抗战胜利后，书店从报社独立出来，直接归华东局宣传部领导。1945年9月，山东新华书店迁往临沂，于光担

---

[1] 赵生明：《新华书店诞生在延安》，华岳文艺出版社，1989年，第115页。
[2] 中国人民政治协商会议延安市委员会文史资料研究委员会：《延安文史资料》（第5辑），1989年，第116页。
[3] 西安市地方志编纂委员会：《西安市志》（第6卷），西安出版社，2002年，第568页。

任书店经理，周保昌任副经理。1946年1月，于光调往大众日报社，周保昌随军调往东北解放区，书店改由王益、叶籁士担任正副经理。山东新华书店设有秘书科、出版科、编辑部、营业部、材料科、会计科、印刷厂等部门，并设立了泰安、新安、诸城、日照4个直属分店。编辑部下设通俗读物编辑科、一般读物编辑科、通联科。1946年2月，华中新华书店北撤山东，并入山东新华书店。

全国解放战争时期，山东新华书店的出版发行业务取得了较快的发展。据统计，1946年1月至6月的半年时间里，该店共出书181种，72万余册，销售584万元。[①]1946年7月，山东新华书店在《大众日报》上刊出广告称："编辑、出版、发行是本店的三件大事，传播新民主主义文化，供应全山东精神食粮，是本店的任务。书店是为读者办的，欢迎读者提出意见。编辑部欢迎有价值的著作，出版科和印刷厂愿意承印各种图书表册。"[②]由此可看出，当时山东新华书店是集编辑、出版、印刷和发行于一体的综合性书刊发行机构。

全国解放战争时期，山东新华书店根据不同层次读者的需求，有计划有系统地编印出版了一批图书。例如，针对解放区高级干部的阅读和工作需要，书店出版了一批马恩列斯和毛泽东的著作以及中央政策文件，如，书店重印了延安解放社出版的《列宁选集》等马列著作和毛泽东著作的单行本等。为满足一般干部和知识分子的需求，书店出版了一批大众文艺读物和文艺丛书，此外，还翻译出版了一批外国文艺作品，尤以苏俄文艺作品居多，如《钢铁是怎样炼成的》《鼓风炉旁的四十年》《恐惧与无畏》《俄罗斯问题》《苏沃洛夫元帅》《前线》《考验》《日日夜夜》等。为满足广大工农群众的阅读需求，书店出版了"大众文库""战时小丛书"等通俗性的丛书。"大众文库"搜集了时事、文艺、知识、鼓词等方面的宣传小册子和作品。文艺类作品有赵树理的《小二黑结婚》《李有才板话》，柯蓝的《洋铁桶的故事》，马烽、西戎的《吕梁英雄传》等，知识类读物有《科学常识》《怎样带小孩》《养羊法》等。[③]

山东解放区出版的图书除翻印延安、东北等解放区和上海等地出版的图书外，还有大量山东解放区部队和山东地方作者的创作成果。如，"文艺创作丛书"中所搜集的作品均为山东解放区作家所创作，其中包括王希坚的《地覆天翻记》（长篇小说）、那沙的《一个空白村的变化》（短篇小

---

① 常连霆：《山东党史资料文库》（第29卷），山东人民出版社，2015年，第266页。
② 王益、周保昌、王文彬，等：《战争年代的山东新华书店》，山东人民出版社，1990年，第51页。
③ 上海市出版工作者协会《出版史料》编辑组：《出版史料》（第4辑），学林出版社，1985年，第75页。

说)、韩川的《乌龟店》(中篇小说)、王若望的《吕站长》(短篇小说)、洪林的《李秀兰》(短篇小说)以及蒋元椿的散文《沂蒙山》和白文创作的话剧《大榆林》等。此外，山东新华书店还出版了薛暮桥著的《政治经济学》《思想方法和学习方法》，恽逸群著的《蒋党真相》和《新闻学讲话》，宿士平著的《炼狱杂忆》，韩希梁著的《飞兵在沂蒙山上》，洪林著的《一支运粮队》，王希坚著的《民歌百首》，平生著的《写话活教学法》，陈怀白著的《中国通史讲话》，沈长洪著的《世界史话》，黄祖英著的《近百年史话》，章枚著的《民主歌声》，以及任迁乔编绘的连环画《庄阎王》等图书。除了出版文艺和社会科学类图书外，山东新华书店还编印了一批实用性和常识类读物，如《实用生理卫生》《妇女司法常识》《会计学》《机关部队农业生产常识》《农村应用文》等。①

山东新华书店还鼓励编辑部门的人员自己动手写稿，从事创作和翻译活动。解放战争时期山东新华书店出版的《翻身》(华应申编)、《红军长征故事》、《山东民间故事集》都是由本店编辑人员编写的图书。

除出版图书外，山东新华书店还创办了《新华文摘》《文化翻身》等刊物。《新华文摘》主要转载国统区报刊上的进步文章和国内外时政述评，主要供广大干部阅读。《文化翻身》为通俗性综合性期刊，主要供农民读者阅读，该刊图文并茂，内容通俗易懂，因而深受农民读者的欢迎。

1947年7月，山东新华书店更名为华东新华书店总店。1949年2月，华东新华书店总店迁入山东省会城市济南；6月，华东新华书店总店更名为山东新华书店总店。至新中国成立前夕，山东新华书店总店已建立起7个直属分店、124个支店、4个印刷厂，总店和直属分支店职工共计2000余人。新中国成立后，山东新华书店总店改称新华书店山东总分店。

(三)华中新华书店

抗战胜利后，苏北、苏中、淮南、淮北、淮海等解放区连成了一片，中共中央华中分局及所属单位从淮南解放区转移到淮安和淮阴城内。1945年12月，华中新华书店总管理处在清江(现淮阴市区)成立，归属中共华中局宣传部领导。华应申和华青禾分别担任正副经理，华应申同时担任华中局宣传部出版科科长。华中新华书店设有编辑部、出版科、秘书科、财务科、发行科等部门。各部门负责人分别为：编辑部负责人宋原放、杜诺，出版科负责人王祖纪、朱执诚，发行科负责人张良、张锡文，财务科负责人桂容，秘书科负责人储继、甄海澄、王德银。此外，书店还陆续吸

---

① 中共陕西省委党史研究室：《中共中央在延安十三年史》(下)，中央文献出版社，2016年，第740页。

收了从上海、宝应来的一批知识青年。[①]华中新华书店总店下设清江、合德2个直属店,6个分店(第四、八分店未成立正规书店)和46个支店(表6-2)。

表6-2　华中新华书店总管理处所属分、支店

店名	地址	支店分布处
华中新华书店总管理处	清江西大街	
直属清江店	清江	
直属合德店	射阳	
一分店(韬奋书店)	如皋	姜堰、东台、大中集、马塘、海安、聚兴镇、金沙、季家市
二分店	高邮	兴华、宝应、沈家仓、沙沟、樊川、邵伯、高邮
三分店	天长	盱眙、涧溪、来安、小金沟、铜城、马集、竹镇、大仪、汊涧
五分店	淮安	盐城、湖垛、陈家洋、东坎、益林、羊寨、涟水、高公涧、仁和集
六分店	沭阳	众兴、王集、塘沟、阴平、大兴集、大伊山、高沟、新安镇
七分店(雪枫书店)	泗县	灵璧、大李集、睢宁、宿迁、石厢

注:1.以上书店统计截止时间为1948年7月;2.华中新华书店直属店、分支店共54处,四、八分店因时局动荡和交通不便,并未建立正规书店。
资料来源:淮阴文化局:《淮阴文化艺术志》,淮阴文化局,1997年,第450页。

华中新华书店成立后,在转战频繁的情况下,克服各种困难,出版了一批政治理论图书和文艺类图书。其中,政治理论图书有《共产党宣言》《国家与革命》《论一元论历史观的发展》等,文艺类作品有《上饶集中营》《文艺大众化的理论和实践》《李闯王》《纠纷》《把秧歌舞扭到上海去》等。此外,华中新华书店还翻译出版了苏联文艺作品《恐惧与无畏》《士兵与统帅》《考验》等。据华中新华书店编印的《出版数字统计》,该书店从成立至1946年12月底,累计出书159种,61.45万册。[②]1947年2月,华中新华书店与山东新华书店合并为华东新华书店总店。

(四)华北新华书店

华北新华书店于1942年1月1日成立。店址设在辽县岭南,杜毓沄、王显周分别担任书店的正副总经理。书店设有经理部、编辑部、审计室、发行部、印刷厂等部门。其中,编辑部成员有李汉辉、郑笃、夏秋水等。

[①] 上海市出版工作者协会《出版史料》编辑组:《出版史料》(第2辑),学林出版社,1983年,第22页。
[②] 上海市出版工作者协会《出版史料》编辑组:《出版史料》(第2辑),学林出版社,1983年,第25页。

华北新华书店由中共中央北方局宣传部领导，是晋冀豫（后为晋冀鲁豫）边区统一的出版、发行机关，同时还负责对太行、太岳、冀南、冀鲁豫各新华书店进行业务指导。①

书店创办之初，与《新华日报》（华北版）是一套班子、两套人马。1943年10月，华北新华书店正式独立出来，并迁往左权县（1942年9月，辽县易名为左权县——笔者注）。王显周、史育才分别担任书店正副总经理，林火任总编辑。编辑部人员有王春、赵树理、冯诗云、章容、浦一之、彭庆昭等人。②

华北新华书店创建初期，出版了众多通俗读物，如《农村调查》《时代文摘》《宣传指南》《经济常识》《历史》等。为配合整风运动，出版了一批整风文献，如《整风文件22种》等。延安文艺座谈会之后，出版了大量文艺作品，如《白毛女》《小二黑结婚》《李有才板话》《兄妹开荒》等。此外，还出版了《华北青年》《新大众》《华北文艺》等一批文艺期刊，抗战胜利前夕还编印出版了一套2卷本的《毛泽东选集》。③在抗日战争和解放战争时期，华北新华书店承担了《人民日报》和《新华日报》（太行版）的印制工作。华北新华书店编辑部人员还亲自搞创作，编写了一些书稿。书店出版的《古话正误》《阎排长磁县收干儿》《日本帝国主义还能活多久？》《吴满有》等都是由本店编辑人员编写的。

1948年，晋冀鲁豫和晋察冀两个解放区合并后，华北新华书店与晋察冀新华书店也进行了合并，成立了华北新华书店总店。总店由史育才任总经理，李长彬、王钊任副总经理；王春、冯诗云分别担任正副总编辑。华北新华书店总店门市部最初设在井陉县南西焦村，1948年10月迁往获鹿县（今石家庄市鹿泉区）。

1949年1月31日，北平和平解放，东北局和华北局分别派出书店工作人员前往北平接收国民党在北平的出版发行机构，东北局在接收国民党原正中书局的基础上，成立了新华书店第一门市部，华北局在西单成立了新华书店第二门市部。1949年2月22日，中共中央宣传部在北平成立了出版委员会。出版委员会主要任务是做好北平、天津地区出版工作的集中统一，并为新中国的出版工作做好准备。在出版委员会第一次会议上，中共华北局宣传部部长周扬指出，"平津解放后，出版上的第一件事首先应

---

① 皇甫建伟、张基祥：《抗战文化》，山西人民出版社，2012年，第249页。
② 史育才：《华北新华书店变迁始末》，北京市新闻出版局党史资料征集领导小组：《北京出版史志资料选辑》（第1辑），北京出版社，1990年，第45页。
③ 新华书店总店：《书店工作史料》（第1辑），1979年，第85页。

该做到是统一",出版委员会目前的重点工作在北平,"首先解决平津的统一,将来再召集各区,再商讨整个合并"。[①]4月,太原解放后,华北新华书店在太原设立了总分店。5月,经出版委员会批准,东北局和华北局的两支新华书店队伍合并,成立新华书店北平分店,为出版委员会的直属单位。1949年7月25日,华北新华书店全国各地分支店的负责人齐聚北平开会,讨论集中统一问题。根据会议精神,华北新华书店各省、市、县的分支店,统称为新华书店。由此,华北新华书店率先实现了全国范围内的集中统一。

（五）中南、西南新华书店

1947年,刘邓大军挺进大别山,建立了中原解放区,山东新华书店奉命抽调部分干部,前往河南宝丰创办了中原新华书店。同时,抗战后期在洛阳建立的太岳新华书店也并入中原新华书店。1948年10月,中原新华书店总店移至郑州。1949年5月,武汉三镇解放后,中原新华书店由郑州迁往武汉,并更名为"新华书店华中管理处",后又改为"新华书店中南总分店"。原中原新华书店留在河南的工作人员,着手筹建河南省的书店领导机构。郑州解放后,1949年4月1日,新华书店在河南郑州创办了分店。江西省当时也属中南区,1949年5月22日,南昌解放,华中管理处派出干部队伍赶赴南昌,积极筹备建店,9月1日,江西分店正式成立。1949年7月,中南总分店派出干部和工作人员,前往湖南,着手筹建新华书店。1949年8月5日,长沙和平解放,8月27日,湖南分店成立。1949年10月初,中南总分店派出干部队伍前往广西建店,11月22日,桂林解放,12月9日,广西分店开业。广东省的新华书店,首先是由香港的党组织派出干部队伍负责筹建。广州解放后,1949年10月14日,中共华南分局派出书店工作人员在广州创办了新华书店。1950年3月,广州新华书店改为新华书店华南总分店。同年7月,新华书店在海南建立了海口分店。

西南地区解放较晚,新华书店在西南的建店时间也相对较晚。解放战争时期,川黔一带只有生活、读书、新知三家书店和新华日报馆的分支机构。1949年冬至1950年春,四川、云南、贵州、西康四省相继解放。新华书店随军进入西南,在西南各省着手筹建新华书店。1950年1月3日,西南总分店在重庆成立,接着在成都、泸州、南充、重庆、贵阳、昆明等地相继建立了省级分店。同年11月,南京市抽调部分书店干部人员参加

[①] 中国出版科学研究所、中央档案馆：《中华人民共和国出版史料》（第1卷），中国书籍出版社,1995年,第24—25页。

西南服务团，并负责前往贵州、云南等地筹建新华书店。1949年11月15日，贵阳解放，1950年1月15日，西南服务团新华书店分队进入贵阳，建立了新华书店贵州分店。1949年12月9日，昆明解放，西南服务团新华书店分队随军入城，与"云南人民日报文化部"的干部队伍共同创办了新华书店昆明分店。1952年2月，西南总分店抽调部分干部组成随军书店，随人民解放军入藏，先后在甘孜、昌都、拉萨等地开设了新华书店。新中国成立前后，新华书店在全国已建立起统一的发行网络。

据相关资料统计，新中国成立前夕，全国各大解放区（后改大行政区）新华书店共出版图书5291种，发行4.47亿册。新华书店的分支店达735处，工作人员8100余人。[1]这支经受了战火洗礼的革命出版发行队伍，再加上生活·读书·新知三联书店悉心培育的356名出版发行业务骨干，共同构成了新中国成立初期出版发行事业的主力军。[2]

二、全国解放战争时期新华书店的发展特点

全国解放战争时期，新华书店的发展表现出以下一些特征：

第一，新华书店发展势头迅猛，网点布局更加完善。这一时期的新华书店，无论从规模上还是数量上都较抗日战争时期有了较大的发展。以晋绥新华书店为例，随着新解放区的不断扩大，晋绥新华书店的发行网点也迅速增加，分支机构逐渐由较大的城市往县城直至城乡（镇）一级拓展。解放战争时期，晋绥新华书店先后开设了吕梁新华书店、晋南新华书店、晋中新华书店，在宁武、忻县、汾阳、崞县、隰县、五寨、左云、离石、静乐、徐沟、文水、新绛、集宁、丰镇、清太徐、交西等地建立了多个分支店。[3]

第二，书店流动性比较大。解放战争时期新华书店的出版发行环境虽较抗战时期略有改善，但仍然十分艰苦。国民党蒋介石发动内战后，向各个解放区发动了大规模的军事进攻。书店工作人员在从事出版发行工作的同时，还要随军参加战斗。在战争环境下，新华书店的出版工作流动性很大，书店工作人员随时都要拿起枪上战场。当时，解放区的许多新华书店都组织了随军书店，部队打到哪里，书店发行队伍就跟进到哪里。

第三，新华书店的分工越来越明确。在抗日战争时期，由于日伪的严

---

[1] 郑士德：《图书发行学概论》，高等教育出版社，1995年，第64页。
[2] 方厚枢：《历史回望纪实》，中国书籍出版社，2017年，第137页。
[3] 山西省出版史志编纂委员会、内蒙古《晋绥边区出版史》编委会：《晋绥边区出版史》，山西人民出版社，1997年，第145页。

密封锁，各个解放区书刊发行网点数量有限，书报主要通过邮局和交通站发行，受人力、设备等条件的限制，书店和报社经常是一套人马，两块牌子。许多报社在发行报纸的同时，也出版发行一些图书。如晋察冀日报社在出版报纸的同时还排印毛泽东等中共领导人的著作。与此同时，许多书店也兼做报纸的出版和发行，如华北新华书店除了出版发行图书外，还负责出版发行《人民日报》和《新华日报》（太行版）等报刊。晋察冀书店在发行图书时，也发行了《北方文化》《时代青年》《时代妇女》《长城》《教育阵地》等刊物。

全国解放战争时期，各个解放区逐渐扩大并连成一片。随着形势的发展变化，抗日战争时期设立的交通站纷纷改成了邮局，如，1946年3月，华北解放区实行"交邮合一"时，晋绥行署交通总站改为晋绥边区邮政管理局，撤销了各专区的交通分站，各县交通站一律改称邮局。与此同时，新华书店各分支店也不断增多，布局更加完善，发行力量得到了加强。在这一形势下，书店的独立性不断增强，分工也更加明确。随着解放战争的胜利推进，图书出版数量不断增多，新华书店开始与报社、邮局逐渐分离，成为主要从事图书出版和发行的机构。新中国成立后，新华书店的编辑部门逐渐独立出来，新华书店成为专事图书发行的机构。

三、新华书店从分散走向集中统一

由于长期处于战争环境，抗战时期各解放区的新华书店不得不处于独立和分散经营的状态。随着解放战争的胜利推进，西北、华北、华东、中原各解放区迅速扩大并逐渐连片，新华书店也随着人民军队的节节胜利不断扩大发行网点。新中国成立前夕，随着战事临近结束，新华书店在全国范围内实施集中统一经营的条件已渐成熟。

1948年8月，中共中央在西柏坡时就考虑建立全国出版工作的统一集中领导机关。同年12月，毛泽东亲自为新华书店题写店名。1949年1月31日，中共中央对出版工作作出如下指示："出版工作需要统一集中，但是要在分散经营的基础上，在有利和可能的条件下，有计划的、有步骤的走向统一集中。"[①]2月22日，中央宣传部出版委员会成立，由黄洛峰任主任委员，祝志澄、平杰三、王子野、华应申、史育才、欧建新、徐伯昕任副主任委员。中央出版委员会除负责领导平津地区及华北解放区的出版发行工作外，还着手筹划全国新华书店的集中统一工作。

新中国成立后，中央人民政府成立了出版总署，作为领导国家出版事

---

① 方厚枢、魏玉山：《中国出版通史9·中华人民共和国卷》，中国书籍出版社，2008年，第20页。

业的最高领导机构，由胡愈之担任首任署长。1949年10月3日，全国新华书店首届出版工作会议在北京隆重召开，各大行政区新华书店总店、各省分店及有关单位的代表出席了本次会议。会议主要讨论了新华书店由分散经营走向集中统一的问题，并一致通过了统一全国新华书店的决议。新中国成立之初召开的全国新华书店工作会议，为新华书店最终走向集中统一奠定了基础。

第四节　生活、读书、新知等进步书店的出版活动

抗日战争时期，以生活书店、读书出版社、新知书店为代表的进步书店，进入了一个大发展时期，不仅出版了大量马列著作和宣传抗战的书刊，而且在大后方都建立了分支店。皖南事变爆发后，国民党统治者加紧了对进步出版业的迫害，三家书店在各地的许多分支店都被国民党当局查封，工作人员被拘捕。皖南事变之后，以三家书店为代表的国统区进步书店根据中共中央规定的白区工作"隐蔽精干、长期埋伏、积蓄力量、以待时机"的总方针，一方面疏散工作人员和设备，一方面配合当时斗争形势，积极开展统一战线工作。抗战后期，国统区众多进步书店在重庆共同组建了联营书店，并以三家书店为主体成立了重庆新出版业联营书店总管理处。

一、重庆三联书店的成立及其出版活动

抗日战争胜利后，生活、读书、新知等进步书店，遵照中共中央指示，由重庆迁回上海，在上海及其他大城市设立书店，积极抢占党的宣传阵地，在思想文化战线上同国民党反动派展开针锋相对的斗争。与此同时，三家书店在重庆分别保留了一个发行网点。为了集中人力、物力和财力，三家书店决定进行合并。1945年10月22日，三家书店共同发布《生活、读书、新知为合组重庆三联分店告同人书》，正式宣告合并成立三联书店。

新成立的重庆三联书店由仲秋元任经理，刘逊夫任副经理。书店分设营业、总务、会计3个部门。营业部主任由刘逊夫兼任，杨明担任总务部主任，何理立担任会计部主任。其中，营业部下设批发、进货、栈务、邮购发行、推广5个科室和3个门市部。

重庆三联书店成立时，正值国共两党签订"双十协定"，准备召开政治协商会议之际，各种政治力量空前活跃，各民主党派和进步力量纷纷出版各种书刊，表达各自的政治主张。众多政党和社团组织都把书刊发行的

任务交由三联书店承担。据统计，重庆的三联书店从成立至1945年底的短短两个多月时间里，就有15种进步刊物交由三联总经销。以后又陆续增加到22种（表6-3）。①

表6-3 重庆三联书店发行的进步刊物

刊物名称	刊期	主办单位	主编	类型	备注
《重庆杂志界联合三日刊》	三日刊	各民主党派联合主办	邓初民	政治	
《民主星期刊》	周刊	民盟	陶行知、邓初民	政治	
《民主生活》	周刊	救国会	沈钧儒、宋云彬	政治	
《自由导报》	月刊	民建	苏东	政治	
《中华论坛》	半月刊	农工党	章伯钧	政治	
《再生》	半月刊	民社党	张君劢	政治	
《民主教育》	月刊		陶行知	专业	
《中原、希望、文哨、文艺杂志联合特刊》	半月刊		郭沫若、胡风、邵荃麟、叶以群	文艺	
《现代妇女》	月刊		曹孟君	专业	
《职业妇女》	月刊	职业妇女联合会		专业	
《青年知识》	月刊	青年知识社		专业	
《科学与生活》	月刊		蒋一苇	专业	
《萌芽》	月刊		邵荃麟、何其芳	文艺	
《抗战文艺》	月刊	文艺界抗敌协会	老舍	文艺	
《人物杂志》	月刊		张知辛	文艺	
《故事杂志》	月刊		苏东	文艺	
《中国学术》	季刊	中国学术工作者协会		专业	
《民主》	周刊		郑振铎	政治	上海出版，委托重庆三联书店发行
《民主周刊》	周刊	昆明民主同盟		政治	昆明出版，委托重庆三联书店发行
《经济周报》	周刊		许涤新	专业	上海出版，委托重庆三联书店发行
《希望》	月刊		胡风	文艺	成都出版，委托重庆三联书店发行

---

① 生活•读书•新知三联书店文献史料集编委会：《生活•读书•新知三联书店文献史料集》（上），生活•读书•新知三联书店，2004年，第592页。

续表

刊物名称	刊期	主办单位	主编	类型	备注
《呼吸》	月刊		方然	文艺	成都出版，委托重庆三联书店发行

资料来源：三联书店文献史料集编委会：《生活·读书·新知三联书店文献史料集》（上），生活·读书·新知三联书店，2004，第592-595页。

表6-3所列的22种期刊中，包括政治类期刊8种，文艺类期刊7种，专业类期刊7种。除《民主》《民主周刊》《经济周报》《希望》《呼吸》5种期刊为外地出版商委托重庆三联书店发行外，其余17种期刊均由重庆三联书店出版和发行。《重庆杂志界联合三日刊》是各民主党派以重庆杂志联谊会的名义出版的，由邓初民主编。该刊的主要任务是揭露国民党反动派破坏《双十协定》，阴谋发动内战的分裂行径和反动政策。《中原、希望、文哨、文艺杂志联合特刊》是由郭沫若主编的《中原》、胡风主编的《希望》、叶以群主编的《文哨》、邵荃麟主编的《文艺杂志》4种期刊联合起来出的特刊，于1946年1月创刊，同年6月终刊。该刊的出版宗旨在于"加强文艺战斗与政治战斗的配合"和"加强文艺运动上的思想斗争"，所刊作品要求"短小精悍、富有现实性"。[1]所刊内容注重文艺批评和社会批评，表现出较强的战斗性。联合特刊所辟栏目丰富，有论文、短论、小说、诗、散文、童话、杂文、书评等。为刊物撰稿的有郭沫若、茅盾、冯雪峰、叶圣陶、老舍、刘白羽、袁水拍、王亚平、陈白尘、邵荃麟、艾芜、沙汀、路翎、何其芳、野谷等众多知名作家。该刊虽定为半月刊，实际只出版6期。

重庆三联书店出版和发行的这些进步刊物，配合中共主办的《新华日报》和《群众》周刊，刊发了大量反对内战、呼吁和平、争取人民民主自由的文章，在国统区形成了强大的舆论宣传攻势。

在图书的发行方面，重庆三联书店除了发行本版和新华书店出版的图书外，还承担了峨嵋出版社、现代出版社、北门出版社、新地出版社、黎明出版社、甲申出版社、自强出版社、雅典书屋、实学书局等21家进步出版机构在重庆和西南地区的总经销任务。三家书店总店迁沪后，重庆三联书店还选择了一些三店沪版新书中读者需求量比较大的图书在渝重印，这些书包括《列宁主义问题》《联共（布）党史简明教程》等马列经典著作和毛泽东的《在延安文艺座谈会上的讲话》等。此外，还出版了《近廿

---
[1] 陈建功：《百年中文文学期刊图典》（上），文化艺术出版社，2009年，第564页。

年文艺思潮论》《辩证唯物主义与历史唯物主义》《患难余生记》等图书以及一些整风文献。

重庆三联书店在出版发行书刊的同时，也为言论出版自由而与国民党反动派展开了斗争。抗战期间，虽然在进步出版界的持续斗争下，国民政府当局被迫取消了书刊审查制度，但是国民政府并未放松对于革命、进步出版业的迫害。他们经常派出军警和特务人员对革命进步书店进行搜查，除查禁书刊外，还拘捕工作人员。国民党反动政府的法西斯暴行，遭到重庆进步出版界的谴责。1946年1月，政治协商会议召开前夕，生活、读书、新知三家书店联合重庆一些进步出版机构，共同起草了《重庆出版业致政治协商会议意见书》，提出"废除为国民党一党专政而制定的出版法""取消期刊登记办法""撤销收复区的书刊原稿审查制度""取消一切对书刊的非法检扣""取消对书刊的寄递限制"等5项要求。[1]意见书发出后，得到重庆众多中小出版发行机构的声援，在该份意见书上签名的书店、杂志社达35家。

重庆政协会议前后，重庆三联书店以及进步出版业的同人，除公开署名发表争取言论出版自由的文章外，还直接参加了一系列争取民主自由的斗争。重庆三联书店在黄洛峰的领导下，在沧白堂事件、较场口血案中，同国民党反动派展开了针锋相对的斗争。黄洛峰当时是重庆各界政协会议协进会的领导成员之一。政协会议开幕后，协进会每晚都会邀请一些政协代表在沧白堂进行讲演。为了保障演讲能够顺利进行，黄洛峰要求三联书店的工作人员积极参加并负责会场的组织和保卫工作。沧白堂的演讲集会活动遭到国民党反动当局的敌视和仇恨，他们指使特务分子到会场进行捣乱破坏，不仅辱骂演讲的代表，还打伤听众，郭沫若以及李公朴等多人被特务分子砸伤。沧白堂演讲会是一场民主与法西斯面对面的斗争，沧白堂事件再一次暴露了国民党的法西斯独裁真面目。

政协会议闭幕后，重庆各界纷纷举行庆祝会，重庆进步出版界在黄洛峰等人的领导下积极组织和参加庆祝活动。1946年2月10日，重庆各界代表人士和广大市民在较场口举行集会，庆祝政协会议的成功召开。为了保障会议的顺利进行，重庆三联书店的工作人员承担了多项筹备工作，如印制《告同胞书》《大会口号》等宣传品，同时担任大会的现场记录和保卫工作。然而，大会刚开始便遭到国民党军警和特务的破坏，他们冲进会场，抢夺话筒，殴打人员，李公朴、郭沫若、章乃器、施复亮、马寅初等

---

[1] 生活书店史稿编辑委员会：《生活书店史稿》，生活书店出版有限公司，2013年，第293页。

与会代表被打伤，此外，还有多名记者和群众也遭到殴打，这就是震惊中外的较场口血案。血案发生后，重庆进出版界除组织新闻出版界人士慰问受伤人员外，还在《新华日报》等报刊上发表了《陪都各界庆祝政治协商会议成功大会紧急启事》《快发动保障人民自由运动》《向全国同胞控告书》等一系列文章，强烈谴责国民党特务的暴行，要求国民政府当局严肃查究肇事者。

1946年7月，昆明发生了震惊中外的"李闻惨案"，国民党当局指使特务分子暗杀了著名民主人士李公朴和闻一多。李、闻被杀害的噩耗传到重庆后，重庆三联书店和进步出版界人士纷纷发出唁电，并联合写了一封抗议信，谴责特务的残杀暴行，要求国民政府当局严惩凶手。在重庆各界举办的追悼李、闻二烈士的大会上，包括重庆三联书店在内的37家出版社、杂志社和书店参加筹备工作。国民党当局的暴行，使重庆进步出版界反内战、反迫害和争取民主自由斗争的民主统一战线进一步扩大了。

1947年5月，重庆发生了声势浩大的"反饥饿、反内战"的群众游行示威活动。6月1日，国民政府当局对重庆各学校学生运动骨干和包括新闻、出版行业在内的各界进步人士展开大搜捕，被捕人数多达270余人。在"六一"大搜捕中，重庆三联书店经理仲秋元被捕，重庆军警部门给仲秋元捏造了4大罪状，分别是"中共对外关系委员会委员""为中共宣传售卖共产党书报""与吴玉章等人来往密切""与中共驻渝机关有密切经济往来"。[①]仲秋元被捕后，重庆联营书店、开明书店等50多家出版机构联名保释，要求重庆当局无条件放人。后经多方面营救，1949年3月31日，仲秋元最终获释。

1947年7月，国民政府发布《动员戡乱完成宪政实施纲要》（俗称"戡乱令"），大肆逮捕共产党员和进步人士，重庆三联书店在反动派的压迫下，处境日益困难。为了保存力量，上海三联书店总管理处从全局考虑，指示重庆三联书店结束营业，人员往上海和香港撤离。

二、生活、读书、新知三家书店在国统区的出版活动

抗日战争胜利后，生活、读书、新知三家书店除在重庆留下部分人员继续经营外，大部分成员复员至上海，重新创建党的出版发行阵地。根据上海地下党组织的指示，上海的三家书店暂时分散，各自开展独立经营。之所以这样做，是为了尽快抢占上海的出版发行阵地，争取革命进步出版

---

① 樊希安：《美术馆东街22号：三联书店改革发展亲历记（2005—2014）》，上海三联书店，2018年，第416页。

事业的更大发展。1945年10月，生活书店在上海吕班路6号（今重庆南路）设立了门市部。1946年，新知书店在四川北路开设了门市部。[①]同年，读书出版社也在四川北路设立了门市部。

生活书店在上海开业后，首先重印了弗·梅林著、樊集译的《马克思传》，邹韬奋著的《经历》，茅盾著的《腐蚀》，斯诺著的《战时苏联游记》以及威尔逊著的《天下一家》等书。1945年10月至1946年初，重庆和内地的书店、报社和文化界人士纷纷来沪创办各种刊物，许多进步刊物如《民主》《周报》《文萃》《文艺复兴》《联合日报》《时代日报》《文汇报》相继创办或复刊。生活书店的业务经营范围也因此不断扩大，除发行图书外，还经销各种进步报刊。随着经营业务范围的扩大，生活书店正式恢复了编辑部，主要成员有徐伯昕、胡绳、沈志远、戈宝权、薛迪畅、史枚等人。[②]

国民党发动内战后，对于进步新闻出版业进行疯狂压制。生活、读书、新知三家书店时常有宪兵、特务来搜查和捣乱，进步出版活动面临着严酷的考验。在这一形势下，三店负责人黄洛峰、徐伯昕、沈静芷及时调整了出版对策，对出版工作做了如下安排："一、继续做好上海新出版业的统一战线工作；二、三店各自大量出版新书；三、大力开展解放区的出版发行工作；四、继续发挥副业的作用。"[③]这里的副业，主要是指三店开辟的"上海—苏北—胶东"海上运输线，他们将解放区急需的物资如纸张、油墨、印刷器材、药品等由上海运往解放区，回程时则从解放区运送一些农副产品至上海销售。通过开展副业经营，缓解了三店开展出版活动的资金短缺问题。

为了在上海站稳脚跟，不让国民党反动派找到任何查禁借口，生活书店迁回上海后，将出书重点改为以出版学术理论著作和青年修养读物为主，马列著作、党的文件和时政类读物等则通过其设立的一些"外围"出版机构出版发行。当时出版的主要学术理论图书有《中国政治思想史》《近代中国思想学说史》《先秦诸子思想》《历史的镜子》《辛亥革命与袁世凯》等。在青年读物的出版方面，上海生活书店编印了"青年自学丛书""汉译世界名著"以及适合于青年自修的"生活丛书""百科小丛书"等。此外，生活书店还出版了《理论与现实》（沈志远主编）和《读书与

---

① 生活·读书·新知三联书店文献史料集编委会：《生活·读书·新知三联书店文献史料集》（下），生活·读书·新知三联书店，2004年，第1330页。
② 生活书店史稿编辑委员会：《生活书店史稿》，生活书店出版有限公司，2013年，第312页。
③ 范用：《战斗在白区：读书出版社（1934—1948）》，生活·读书·新知三联书店，2001年，第102页。

出版》（史枚、陈翰伯、陈原主编）两份刊物。

为了适应斗争形势和环境的需要，生活书店迁回上海后，还成立了一些二、三线出版机构（表6-4）。这些出版机构，是上海进步书刊出版的前沿阵地。

表6-4　解放战争时期生活书店在上海建立的二、三线出版机构

出版机构名称	经理（负责人）	出版书刊
韬奋出版社	不详	主要出版韬奋著作，如《韬奋文集》《经历》《苏联的民主》《对反民主的抗争》《读书偶译》《患难余生记》《萍踪忆语》《萍踪寄语选集》等
华夏书店（书店副牌还有拂晓社、知识出版社、丘引社、中国出版社、燕赵社等）	许觉民 韩近庸	《论联合政府》、《新民主主义论》、《论共产党员的修养》、《在延安文艺座谈会上的讲话》（后改名为《论文艺问题》）、《整风文件》、《评〈中国之命运〉》、《中国四大家族》、《光荣归于民主》、《苏北真相》、《北行漫记》、《随军散记》、《腐蚀》、《白求恩大夫》、《李有才板话》
骆驼书店	赵筠	出版了狄更斯的《匹克威克外传》《奥列佛尔》《大卫科波菲尔》《双城记》等，巴尔扎克的《高老头》《欧也妮·葛朗台》，罗曼·罗兰的《约翰·克利斯朵夫》，费定的《城与年》，斯坦培克的《相持》和《红马驹》等
致用书店	孙明心	主要出版经济学著作，如《新货币学》《经济新闻读法》等。此外，还出版过茅盾的《杂谈苏联》等
峨嵋出版社	方学武	该社原在重庆创设，抗战胜利后迁沪。出版了《民元前的鲁迅先生》《华莱士的呼声》等。
士林书店	邱正衡	出版了《论美国主义》《美国侧面像》《战后日本问题》《苏联经济小史》《苏联的经济建设》等
新生图书服务社	许觉民	为生活书店办的发行机构，专营邮购书刊业务，主要为外地读者代办代订全国出版的书刊
自由出版社	沈百民 王造时	为生活书店办的发行机构，以门市经营为主要业务。主要经营《民主》《周报》《文萃》《时代》周刊等各种进步刊物，以及商务印书馆、中华书局、开明书店等出版的优秀社会科学读物、文艺作品和工具书等
知识出版社	不详	出版了丁玲著《一颗未出膛的枪弹》、茅盾著《腐蚀》、平心著《论第三方面的民主运动》、乔木著《从战争到和平》、蒋天佑译《斯达林与文化》、端木蕻良著《新都花絮》、周而复著《白求恩大夫》、沙汀著《随军散记》、丁易著《过渡》等

这些二、三线出版社和书店，是上海生活书店的"外围"出版机构，这些出版机构负责人大多由生活书店委派，有的出版机构如华夏书店、自

由出版社等是与其他人合作开办。生活书店设立二、三线书店，是在国民政府对进步出版业严厉打压下采取的应对之策。因为有这些书店在前面冲锋，生活书店才能在严酷的环境下正常开展出版发行业务。

为了继承韬奋精神，生活书店在上海还创办了《民主》周刊，该刊由郑振铎主编，编委有马叙伦、周建人、许广平、罗稷南、董秋斯、郑森禹、蒋天佐、艾寒松等人。《民主》周刊对外称自己是"无党无派""没有任何军队或政党的支持"，实际是中共领导下的进步期刊。[1]《民主》周刊敢于揭露国统区的政治丑闻，对国民党撕毁停战协议、挑起内战的行为予以谴责。如"李闻惨案"发生后，该刊发表了《悼李公朴闻一多二先生》，对国民党反共反人民的血腥暴行进行声讨。《民主》周刊与当时的《文萃》和《周报》在反内战和争取民主自由斗争的巨大浪潮中，都是舆论的前哨。[2]由于《民主》周刊敢于公开批评国民政府和坚决主张政治民主，因而遭到国民党上海当局的嫉恨。该刊出版至1946年10月后，被国民党上海警察局下令查禁。

1947年秋，国民党反动派发布"戡乱令"后，对进步出版业的打击更加严酷。1948年2月，国民党当局秘密下达了正式查封三店的文件。生活书店得知消息后，宣布关门停业，人员和物资迅速转移至香港，主要负责人徐伯昕、胡绳也及时撤至香港。

读书出版社迁回上海后，在两年多的时间里，先后出版了一批马列主义书和历史、哲学方面的著作。其中，较为重要的马列主义图书有马克思著的《资本论》、列宁著的《唯物论与经验批判论》、普列汉诺夫著的《论一元论历史观的发展》和《思想方法论》、周扬编的《论文艺问题》（原名《马克思主义与文艺》）、博古编译的《辩证唯物主义与历史唯物主义基本问题》，以及《卡尔·马克思》《恩格斯传》《恩格斯论资本论》《资本论通信集》等。历史类图书有苏联科学院编的《近代新历史》，古柏尔著的《殖民地附属国新历史》，范文澜著的《中国近代史》，华岗著的《中华民族解放运动史》和艾思奇、吴黎平著的《科学历史观教程》等；哲学类图书有罗逊塔尔著的《唯物辩证法》、米定·易希金柯著的《辩证唯物论辞典》（平生等译）、斯威特洛夫著的《西洋哲学史简编》（王子野译）等。

读书出版社在上海的进步出版活动，引起当局的警惕和仇视。1947年

---

[1] 福州市地方志编纂委员会：《郑振铎志》，海潮摄影艺术出版社，2006，第108页。
[2] 生活·读书·新知三联书店文献史料集编委会：《生活·读书·新知三联书店文献史料集》（上），生活·读书·新知三联书店，2004年，第724页。

10月9日，国民党中央宣传部副部长陶希圣在接受记者采访时声称："新知书店和读书出版社刊行共匪书籍尤多。"[1]紧接着，1948年2月12日，国民党当局发出查封三家书店的密令。三家书店得到消息后，在《大公报》上发布停业公告，并紧急疏散人员。读书出版社的欧阳章、欧建新前往解放区，汪锡棣则带着一部分图书，秘密运至南京，寄存于友人名下。范用、丁仙宝等留在上海，继续秘密从事进步出版活动。这期间，读书出版社秘密出版了《剩余价值学说史》（郭大力译）以及《巴黎圣母院》《有产者》等外国文学名著。与此同时，在郑易里主持下，开始编撰《英华大辞典》，该部大辞典，新中国成立后由三联书店正式出版。

新知书店在上海先后由胡绳、邵荃麟负责编辑工作，他们拟订了一个出书计划，把出书的重点放在历史、哲学和经济类读物上。解放战争时期，上海新知书店出版的历史类读物有范文澜著的《中国通史简编》、韩启农著的《中国近代史讲话》、侯外庐著的《中国古代社会史》、翦伯赞著的《历史哲学教程》、宋云彬著的《中国近百年史》、陈原译的《现代世界民主运动史纲》和侯外庐、杜国庠、赵纪彬合著的《中国思想通史》（第一、二卷）。此外，还出版了世界历史研究会编著的《近代世界史简编》、历史研究会编著的《中国近代史研究纲要》等。经济类读物有薛暮桥著的《经济学》和《农村经济基本知识》、许涤新著的《现代中国经济教程》、狄超白的《经济学讲话》等；哲学类读物有胡绳著的《辩证法唯物论入门》、侯外庐著的《新哲学教程》、孙冶方译的《简明哲学辞典》和哲学研究社编著的《新哲学研究纲要》等。

全国解放战争时期，新知书店还整理选择了一部分抗日战争时期的图书重新出版，如从1938年在桂林时出版的《社会科学基础教程》（原名《社会科学概论》）一书中整理选择了《资本主义以前的社会》（杜民著）、《论苏联》（苏华著）等8个章节的内容分别独立成书，另增加《两次世界大战》（杨松著）和《中国革命的基本问题》（薛暮桥著）共10本读物，编成"社会科学读本"丛书，于1946年在上海重新出版。1948年，新知书店又将该套丛书增加和调整了部分内容，编为"社会科学小丛书"，在香港以"南海出版社"名义出版。该套丛书共选择了20种读本，选题广泛，内容丰富，一出版便受到广大读者的欢迎。

在丛书的出版方面，除了上述"社会科学读本"和"社会科学小丛书"外，全国解放战争时期，上海新知书店还编印出版了"新知丛书"、

---

[1] 生活书店史稿编辑委员会：《生活书店史稿》，生活书店出版有限公司，2013年，第331页。

"新世纪文学译丛"和"传记丛书"等丛书读物。①

1946年6月，国民党反动派发动全面内战后，为了控制舆论宣传，对中共及其进步出版业采取了严厉的查禁政策。上海新知书店的出版活动也遭到国民党上海当局的迫害。1947年6月26日，新知书店在上海《大公报》上刊登了范文澜著的《中国通史简编》一书的新书出版预告，引起国民党当局注意。在新书发售过程中，国民党上海当局派出特务和军警跟踪并查抄了新知书店门市部，该书被抄去70多本。②

1947年11月，国民党上海市政府指示淞沪警备司令部查封新知书店。新知书店得到消息后，迅速转移人员和资产，将门市部的图书转移到秘密地点存放；同时，将人员迅速疏散到香港以及解放区。11月11日，新知书店在《大公报》发布"上海新知书店门市部结束告读者"的广告，宣布在上海停业。

三、生活、读书、新知三店在香港合并

生活、读书、新知三家书店撤退至香港后，在中共港澳工委文委的领导下，决定进行全面彻底的合并。③

三家书店到达香港后，在合并之前也开展了一些出版活动。新知书店早在1947年间就在香港设立了南洋书店。生活书店迁至香港后，创办了《大众文艺丛刊》和《店务通讯》。其中，《大众文艺丛刊》是一本文艺理论杂志，由邵荃麟担任主编，主要撰稿人有冯乃超、胡绳、林默涵、乔冠华、周而复等。该刊主要刊发文艺理论方面的文章和解放区的文艺作品。《店务通讯》是一份内部刊物，主要报道进步文化和出版界开展的一些政治文化活动。该刊记录了抗战时期和解放战争时期出版界与政治界、文化界紧密团结，努力推动进步文化和出版事业发展的史实。生活书店编辑部随总管理处迁到香港之后，在香港出版了一批新书，如邹韬奋著的《韬奋文录》、乔冠华著的《方生未死之间》、李达著的《新社会学大纲》、吕振羽著的《中国政治思想史》、周谷城著的《中国史学之比较》、狄超白著的《中国土地问题讲话》等。此外，香港时期，生活书店还出版了一批文学作品和通俗读物，如袁水拍著的《马凡陀的山歌（续集）》，高尔基著的《旁观者》（罗稷南译）以及艾明之著的《马克思》《列宁》，周哲著的《孙中山》，胡耐秋著的《蔡特金》，刘尊棋著的《美国》，胡绳著的《怎样搞

---

① 徐雪寒：《徐雪寒文集》，生活·读书·新知三联书店，2006年，第540页。
② 上海市出版工作者协会《出版史料》编辑组：《出版史料》（第1辑），学林出版社，1982年，第50页。
③ 生活书店史稿编辑委员会：《生活书店史稿》，生活书店出版有限公司，2013年，第336页。

通思想方法》等。①

1948年6月6日，中共中央领导人周恩来对三家书店工作作出指示，要求三家书店将工作人员、编辑人员主力和资产逐渐向解放区转移，同时，对转移人员"必须告以解放区条件困难，使他们有精神准备"。②接到中央指示后，三店加速了合并过程，由香港中共文委领导人胡绳、邵荃麟和三店负责人徐伯昕、黄洛峰、沈静芷5人组成合并工作筹备委员会，领导三店的合并工作。在筹备委员会之下，成立了处理具体事务的综合小组，成员由三家书店的业务骨干组成。综合小组对于合并过程中如何清产核资，如何处置书稿、纸型、存书、房产家具等问题进行了讨论协商。同时，成立了起草小组，主要负责起草新机构章程和规章制度。③

1948年10月18日，生活、读书、新知三家书店在香港召开股东代表大会，大会宣布成立临时管理委员会，选举黄洛峰、徐伯昕、邵荃麟、胡绳、万国钧、沈静芷等15人为委员。临管会一致推举黄洛峰为主席。10月26日，临时管理委员会在香港召开全体成员大会，正式宣布"生活·读书·新知三联书店"成立，至此，生活、读书、新知三家书店彻底完成了合并。三家革命书店的胜利合并，"揭开了有深厚历史传统和强烈人文精神的三联发展的新序幕"④。

三联书店成立后，根据中央指示精神以及临时管理委员会的安排，除一部分人员继续留港外，大批工作人员由水陆两路开赴山东、华北和东北解放区。首批离港的三联书店工作人员有毕青、欧建新、倪子明、赵晓恩、蔡学昌等业务骨干。1949年春，三联书店临时管理委员会领导人黄洛峰、沈静芷、徐伯昕以及业务骨干华昌泗、王仿子、程浩飞、胡耐秋、张朝同等人相继抵达北平。⑤1949年4月，新中国成立前夕，三联书店遵照党中央指示，将总管理处由香港迁往北平。

第五节　中华人民共和国成立前后党的出版工作

1948年9月至1949年1月，中共领导下的人民解放军与国民党反动军队展开了战略大决战。经过辽沈、淮海和平津三大战役，国民党主力部队

---

① 王仿子：《出版生涯七十年》，上海百家出版社，2010年，第382页。
② 中共中央文献研究室：《周恩来年谱（1898—1949）》，中央文献出版社，1989年，第83—84页。
③ 生活书店史稿编辑委员会：《生活书店史稿》，生活·读书·新知三联书店，2007年，第337页。
④ 辛锋、王思懿：《出版家黄洛峰》，云南人民出版社，2017年，第177页。
⑤ 生活书店史稿编辑委员会：《生活书店史稿》，生活·读书·新知三联书店，2007年，第338页。

被歼灭。国民党蒋介石在大陆的统治已摇摇欲坠,全国解放胜利在望。中共领导下的出版工作者也开始着手为新中国成立后的出版事业进行筹备。1949年1月,天津和北平相继解放,随后,南京、上海等各大城市相继解放,中国人民解放军在各解放了的城市成立了军管会。解放区的新华书店也随军纷纷进入新解放的城市,参与接管国民党出版机构的工作。与此同时,国统区的三联书店也遵照中共中央的指示,赶赴新解放的地区。新华书店和三联书店两支革命出版队伍胜利会师后,一起参与到即将到来的新中国出版事业的筹备工作中。

一、对国民党出版机构的接管

1949年初,中共中央致电东北局宣传部,要求东北书店总店派出干部队伍入关,协助中宣部和华北新华书店接管平、津两地的国民党出版机构。东北书店总店接到命令后,随即派出30多名干部和业务骨干,在副总经理卢鸣谷和齐齐哈尔分店经理史修德的带领下赶赴天津,接管了国民党的正中书局。1月19日,东北书店在天津成立了新华书店第二门市部。6月,根据上级决定,来自华北、东北的两支书店队伍合并,成立了新华书店天津分店,由苏光任担任经理。同年3月,生活·读书·新知三联书店也在天津设立分店,由陈怀平担任经理。[1]1949年1月31日,北平和平解放。东北书店总店和华北新华书店分别派出工作人员随军入城。按照中国人民解放军北平市军事管制委员会的部署,由徐迈进、卢鸣谷、万启盈和王钊、张兴树组成军管会出版代表组,负责接管国民党在北平设立的出版、发行、印刷机构,如正中书局、中国文化服务社、独立出版社等。接管的程序,首先是由军管会代表召集被接管单位的全体人员开会,宣布接管方针、政策。新闻出版部门采取的接管方针政策是"原封不动""按系统完整地接收"和"原职原薪",对旧人员的处理方式是先让被接管单位的新闻出版人员"一律停止工作,等待甄别后再行决定去向"[2]。

在接管过程中,军管会出版代表组成员仔细清点人员、物资、家具、账册、书本、设备等。在对书店旧有员工的接管中,代表组人员向他们宣布中央接管方针、政策和具体办法,并解释"国民党员如何登记""员工待遇如何"等疑问。[3]由于代表组成员在接管问话中态度谦和诚恳,因而

---

[1] 郑士德:《中国图书发行史》,中国时代经济出版社,2009年,第531页。
[2] 周红妮:《中国共产党接管大中城市纪实》,河北人民出版社,2013年,第274页。
[3] 卢鸣谷:《关于接管正中书局北平分局、独立出版社北平分社工作总结》(1949年2月19日),北京市档案馆:《北平解放》(上),中国档案出版社,2009年,第410页。

接管过程进展顺利。对于被接管书店的图书，接管组人员也进行了甄别，如对于正中书局出版的391743册教材和60931册其他图书，接管组仔细审查后，认为"其中若干种教材即可临时供学校采用"，其他自然科学著作、工业、农业、工艺、医学等方面的图书中"有参考价值者亦不少"。[1]

由于新闻出版接管组成员正确贯彻了北平军管会关于做好接管工作的方针政策，因而接管工作总体效果较好。但在接管过程中，也出现了一些违纪和处理不当的事件。如对《华北日报》和中央社的接管过程中，接管人员将旧的编采人员停止工作后，未及时发给生活维持费，造成不好影响。还有的接管组对被接管单位中的地下党人员和进步分子未能给予妥善安排，造成他们生活上的困难，致使一些人产生失望和不满情绪。此外，对被接管单位中的进步编辑、记者等人员没有大胆地使用，也是这次接管新闻出版部门的一个教训[2]。

经过两个多月的接管，至1949年3月，新闻出版单位的接管工作基本结束。1949年3月10日，中共北平市军管会发布通知，要求所有本市已出版的书籍、杂志、报纸及其新闻出版单位，均需向军管会申请登记。登记的内容包括以下7个方面：（1）名称、负责人住所、职业、政治主张与各党派的关系；（2）社务组织；（3）主要编辑、经理的个人简历；（4）刊期、字数、发行数量和范围；（5）经济来源、股东状况；（6）兼营事业；（7）印刷所名称、住地、发行所。办法还规定，"登记时应呈缴过去一年的全部出版物"，只有取得本会颁发的临时登记证才可开展业务，未取得该证者不得在本市出版或营业。[3]

根据中央指示精神，遵照接管基本结束即移交有关机构使用的指示，正中书局、独立出版社、中国文化服务社等移交新华书店，三家出版发行机构附设的印刷厂和油墨厂移交中央出版局。1949年2月10日，东北书店在北平王府井大街正中书局的原址上建立了新华书店第一门市部（又称王府井新华书店）。2月15日，华北新华书店总店从石家庄迁往北平，在中国文化服务社原址上成立了新华书店第二门市部（又称西单新华书店）。3月，生活·读书·新知三联书店总管理处从香港迁来北平，同时，在王府井大街建立了三联书店北平分店，首任经理曹健飞。5月10日，华北、东

---

[1] 卢鸣谷：《关于接管正中书局北平分局、独立出版社北平分社工作总结》（1949年2月19日），北京市档案馆：《北平解放》（上），中国档案出版社，2009年，第411页。
[2] 周红妮：《中国共产党接管大中城市纪实》，河北人民出版社，2013年，第275页。
[3] 《北平市军管会关于北平市报纸杂志通讯社登记暂行办法的布告》（1949年3月10日），北京市档案馆：《北平解放》（上），中国档案出版社，2009年，第423页。

北两家新华书店的领导机构合并，成立新华书店北平分店，首任经理史修德。

1949年4月23日，南京解放，南京市军管会文教委员会接管了中央通讯社、正中书局、拔提书店等所有国民党官办新闻出版机构。4月24日，太原解放，新华书店太原总分店随军入城，接管了国民党和阎锡山反动军阀政府在太原创办的新闻出版机构。5月16日，武汉三镇解放，新华书店华中管理处派出陈树穗、倪德甫、彭展、王汝泉、刘玉瑞、马宝林、赵诚、魏启元等50余人随军进入武汉。在武汉市军管会领导下，先后接管了国民党官办正中书局、建国书店、中国文化服务社和新湖北日报社、和平日报社、武汉日报社、青年日报社、大同日报社，以及各出版机构下设的印刷厂。6月，中原新华书店总店在汉口江汉路正中书局原址成立新华书店第一门市部，负责人陈树穗，这是武汉市成立的第一家新华书店。同时，在汉口交通路中国文化服务社原址成立第二门市部，负责人刘俊民。汉口新华书店成立后，从洛阳等地运来一批革命书刊如《共产党宣言》《国家与革命》等，以满足广大武汉读者对于图书的需求。7月中旬，中原新华书店总店改为新华书店华中区管理处，由华青禾担任经理。管理处初设南京路，后迁黄兴路，"统一领导华中当时已经解放了的豫、鄂和湘、赣部分地区的书店工作"①。

1949年5月20日，中国人民解放军解放了历史文化名城西安，西北新华书店奉命接管了国民党正中书局西安分局及新中国出版社西安分社，查封了国民党所办的《新民日报》《民言晚报》等报纸以及华夏社等通讯社，同时，开设新华书店门市部，以供应广大西安市民。1949年5月22日，南昌解放，中共江西省委工作团与新华书店华中管理处共同派出干部，成立新华书店江西分店，曾霞初任经理。8月5日，长沙和平解放，华中管理处派出部分干部赴长沙成立新华书店湖南分店，李崇钦、赵诚任正副经理。

1949年5月27日，上海解放。华东新华书店总店派遣工作人员进入上海，会同中宣部出版委员会徐伯昕、祝志澄率领的南下出版工作组和上海三联书店的同志，在上海市军事管制委员会领导下，开始着手接管国民党在上海创办的反动出版发行机构。

为了做好接管工作，上海军管会成立了文教管制委员会新闻出版处，由周新武任处长，徐伯昕、祝志澄等人任副处长。新闻出版处成立后，主

---

① 武汉市政协文史资料委员会：《武汉文史资料》（第3、4辑合刊），1992年，第131页。

要开展了以下工作：一是"接管国民党反动派的新闻出版机构"；二是"查禁具有反动背景报纸的出版"；三是"办理报纸、杂志、通讯社的登记"；四是"查禁投机书及反动书籍"。①

从5月底开始的3个月时间里，文管会新闻出版处先后接管了14家报社，2家通讯社，29家书店、出版社和印刷厂。在出版社和书店的接管方面，最先接管的是正中书局和中国文化服务社。之后，相继接管了拔提书店、东方书店、建国书店、胜利出版公司、智慧书局、众众文化公司、独立出版社、时与潮社、中国印书馆、铁风出版社、天文台出版社等。新闻出版处为真正做到保障人民言论出版自由，剥夺反动分子的言论出版自由，对于审查工作极为慎重。上海军管会成立后，发布了《报纸、杂志和通讯社登记暂行办法》，规定所有本市报纸、杂志、通讯社，均需依法向军管会申请登记。经详细调查确实进行过反动宣传或对人民有害无利的报刊，禁止出版。对于审查通过的报纸、杂志和通讯社，则发给军管会的临时登记证，允许其继续出版或营业。在书刊审查过程中，军管会下设的新闻出版处查处了一批反动图书。这些图书，有的是故意歪曲新民主主义与中共政策，有的是任意裁剪、篡改或翻印关于新民主主义、中共政策文件和人物传记等方面的内容，有的是无出版地址的非法印刷品。

5月30日，《人民日报》发表《祝上海解放》的新华社社论，社论指出："革命的出版发行大军胜利会师了，一个共同任务就是要尽快地解决上海人民如饥似渴地要求学习马列主义、毛泽东思想，以及了解党的方针政策的各种革命书刊。"②同日，华东新华书店总店在刚接管过来的四川北路正中书局总管理处原址设立了门市部，大力组织各种革命书刊的出版发行，以满足上海广大人民群众对于知识的需求。6月5日，中宣部出版委员会南下出版工作组在福州路中国文化服务社原址建立了新华书店第一门市部，经理朱晓光。华东新华书店总店在河南中路正中书局原址建立了新华书店第二门市部，经理宋玉麟。人民书报供应社在福州路独立出版社原址设立了门市部，经理钟德秋，副经理张培华、胡大章。人民书报供应社归华东新华书店总店发行部领导，主要负责全市书报杂志的批发和零售。1949年9月1日，华东新华书店总店上海分店成立，上海分店统一领导第一、第二门市部和流动支店。10月，上海市军管会委派华东出版委员会副主任卢鸣谷为军代表，接管了有少量官僚资本股份的大东书局、世界书局

---

① 中共上海市委党史研究室：《上海文化建设文献选编（1949—1966）》（下），上海书店出版社，2014年，第12—14页。
② 《华东新华书店简史》编写组：《华东新华书店简史》（1949—1954），文汇出版社，1998年，第4页。

和华夏图书公司。至此，上海新闻出版单位的接管工作基本完成。

1949年10月，广州解放后，文教接管委员会新闻出版处相继接管了国民党的中央通讯社、正中书局、中国文化服务社、怀远书店、教育印刷厂，以及《中正日报》《建国日报》《中央日报》《前锋日报》等报社。[①]

至1950年初，国民党在大陆创办的官办新闻出版机构被全部接收和接管。对国民党新闻出版机构接管工作的胜利完成，为社会主义新闻出版事业新局面的开创奠定了基础。

二、中共中央宣传部出版委员会的成立

中国共产党在延安时期曾建立过主管出版发行工作的领导机构——中共中央出版发行部。延安整风运动开始后，为了实行简政主义，中央出版发行部改组为中央出版局。1946年1月，中央出版局撤销，其出版管理职能归入中央宣传部。解放战争时期，新华书店成为解放区的主要出版力量，各地纷纷建立新华书店及其分支店。在国统区，生活·读书·新知三联书店成为中共领导下的又一支重要出版力量。随着解放战争的胜利推进，这种分散管理的出版业态已不能适应新形势的需要。中共中央鉴于形势的发展，决定成立全国性的集中统一的出版领导机构。

1949年2月11日，中共中央发布《关于北平出版事业致彭、叶、赵电》，电文中说："为筹划与进行新华总店与华北之统一及领导新华与新中国两店的出版事业，组织临时的出版工作委员会。"[②]2月16日，中共华北局宣传部召开出版委员会筹备会议，周扬在会上传达了中央要求组建临时出版委员会的指示，他指出，当前首要的工作是"先把临出委会这个机构建立起来"。此外，他还要求出版委员会组织印刷力量审查目前发售的书刊和小学教科书等的生产问题。[③]

1949年2月22日，出版委员会第一次会议在北平正式召开，周扬在会上做了报告，他指出，"平津解放后，出版上的第一件事首先应该做到是统一"，出版如果不统一，就会造成人力、物力浪费的现象。"教科书、马恩列斯的著作、毛主席的著作都要赶快做到统一出版。只有先求得出版的统一，业务才能统一。"[④]出版委员会第一次会议选举黄洛峰、祝志澄、平

---

① 罗国雄：《广州解放见闻录》，广州市海珠区文史工作委员会：《海珠文史》（第4辑），1991年，第13页。
② 《中共中央关于北平出版事业致彭叶赵电》（1949年2月11日），中国出版科学研究所、中央档案馆：《中华人民共和国出版史料》（第1卷），中国书籍出版社，1995年，第52页。
③ 叶再生：《出版史研究》（第3辑），中国书籍出版社，1995年，第182页。
④ 《出版委员会第一次会议记录》（1949年2月22日），中国出版科学研究所、中央档案馆：《中华人民共和国出版史料》（第1卷），中国书籍出版社，1995年，第24页。

杰三、王子野、华应申、史育才、欧建新、徐伯昕等8人为委员，黄洛峰被推举为主任委员，负责出版委员会的领导工作。出版委员会后来又增加了卢鸣谷和王钊2人为委员。出版委员会设置了出版处、厂务处、秘书室和会计室4个处室。（图6-1）

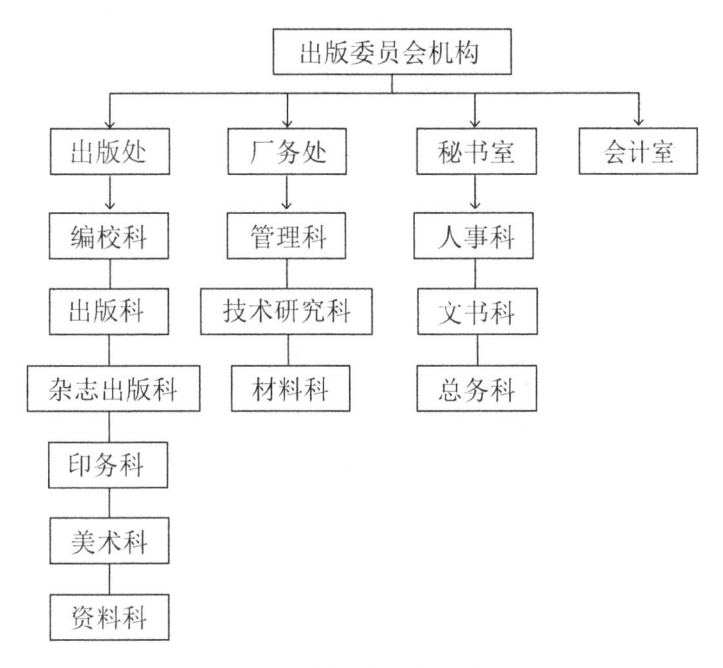

```
                    出版委员会机构
        ┌──────────┬──────────┬──────────┐
       出版处      厂务处      秘书室     会计室
        │          │          │
       编校科     管理科      人事科
        │          │          │
       出版科    技术研究科    文书科
        │          │          │
      杂志出版科   材料科      总务科
        │
       印务科
        │
       美术科
        │
       资料科
```

图6-1　出版委员会机构设置

出版处由华应申任主任、徐律任副主任，下设编校科、出版科、杂志出版科、印务科、美术科和资料科，共6个科室。厂务处下设管理、技术研究和材料3个科室；秘书室下设人事、文书和总务3个科室，王钊兼任秘书室主任。

出版委员会作为党的出版工作的领导机构，在集中统一全国出版事业方面做了大量工作。出版委员会成立后，重点开展了以下一些工作：

1. 出版政策文件和干部读物

新中国成立前夕，中共面临的一项紧迫任务是要让新解放城市的广大人民群众了解党的方针政策。鉴于抗战时期和解放战争时期各解放区出版的书刊大部分都是自编自印，有的还是根据电报记录排印的，不仅版本不一，有些出版物还存在不少错漏。在1949年5月4日召开的出版委员会第10次会议上，华应申在会议报告中说道："最近翻版书很多，如《目前形势与我们的任务》的标准本、《新人生观》、《社会发展史》等书，翻印本错误很多。"①随着全国解放的即将到来，统一版本，提高出版物质量的工作已是当务之急。

出版委员会成立后，以统一版本为目的，重新编印排版了一批政策文件和文艺读物，并分别以"政策丛书""人民文艺丛书"等丛书的形式出版。1949年3月，在西柏坡召开的中共七届二中全会上，中央决定出版一套"干部必读"丛书，毛泽东亲自选定了12种读物，这些书大部分为马、恩、列、斯著作，如《共产党宣言》《国家与革命》《联共（布）党史简明教程》等，他在会议报告中要求党的各级干部认真学习这套丛书。

出版委员会对这一工作给予了高度的重视，将这套"干部必读"丛书编为8卷，每卷印制3万册，其中精装本印1.1万册。为了统一版本，出版委员会将每一种书都打印了6副纸型，"除自留两副外，分送东北、华中、华东、华南各一副"②，从而确保全国各地出版的"干部必读"丛书皆为同一版本。该套丛书从1949年4月开始出版，至1950年上半年全部出齐。"干部必读"丛书的出版发行，对于培养干部、提高各级干部的马克思主义理论水平具有重要作用。

2. 重排《毛泽东选集》

早在抗日战争和全国解放战争时期，晋察冀抗日根据地、苏中解放区、山东解放区、东北解放区等都曾编印过不同版本的《毛泽东选集》，对宣传毛泽东思想起了重要作用。由于当时处于战争环境，这些版本都未经毛泽东本人审阅过，体例繁杂，文字上也存在一些错讹。平津解放后，中共中央决定重新编印一部新的《毛泽东选集》，以供全党干部学习。

新版《毛泽东选集》由出版委员会负责排版印制。为了完成这一光荣的政治任务，出版委员会制定了周详的工作计划，要求"在编校科中非党员干部不担任《毛选》的校对工作"③。新版《毛泽东选集》第一批稿件于1949年5月6日开始发排，初校工作由北平新华印刷厂承担，二、三校和清样由出版委员会负责。当时负责二、三校工作的有编校科科长徐律、文书科科长倪子明、出版科科长朱希等人。以上负责校对工作的人员均为中共党员，也是有着多年编校工作经验的三联书店老出版人。到6月中旬，出版委员会已完成三校工作。《毛泽东选集》共排印1200页，100多万字。所有清样出来后，都要呈送毛泽东本人亲自校阅，他对于稿件的选用和

---

① 《出版委员会第十次会议记录》（1949年5月4日），中国出版科学研究所、中央档案馆：《中华人民共和国出版史料》（第1卷），中国书籍出版社，1995年，第86页。
② 王仿子：《出版生涯七十年》，上海百家出版社，2010年，第27页。
③ 王仿子：《出版生涯七十年》，上海百家出版社，2010年，第319页。

校阅十分严肃认真，至新中国成立前夜，毛泽东才校完全书清样稿的1/3。新中国成立后，百废待兴，毛泽东将主要精力放在恢复和发展国民经济上，《毛泽东选集》的校阅工作时断时续。直至1951年10月，该套选集的第1卷才与读者正式见面。

在重排《毛泽东选集》的过程中，出版委员会还出版了一批毛泽东著作单行本。如《新民主主义论》《中国革命与中国共产党》《改造我们的学习》等。出版委员会美术科为这些单行本设计了简练而庄重的封面。毛泽东著作单行本的出版，不仅起到了统一版本的作用，而且解决了广大干部学习之所需。

3. 统一教材版本，建立联合出版社

全国解放战争期间，各解放区出版的教科书大多为自编自印，教材版本不一，课程标准各异。为了统一中小学教材版本和课程标准，当时的华北人民政府于1949年4月成立了教科书编审委员会，并聘请著名教育家叶圣陶担任主任委员。教科书编审委员会成立后，从华北、东北、华东等解放区和原国统区中挑选了一批质量较高、影响力较大和使用范围广的课本进行修订和改编，重新编印了一套中小学教科书，以供应华北和全国其他一些地区。[1] 因为教科书分春秋两季发行，不仅发行量大，而且时间非常紧迫。而且当时出版委员会和华北新华书店的资金、设备、纸张和人手都比较缺乏，出版发行力量有限。为了能按时把教科书分发到各个学校的师生手中，出版委员会决定"团结运用私人出版业的力量"[2]，做好教科书的发行工作。

1949年7月初，在出版委员会领导下，北平新华书店、三联书店联合商务印书馆、中华书局、开明书店、世界书局等15家（后增至23家）私营书店，以公私合营方式组建了"华北联合出版社"。[3] 华北联合出版社董事成员由入股单位的负责人共同组成。史育才任董事长，薛迪畅任总经理。同年7月底，出版委员会又在上海组建了"上海联合出版社"，该社采取股份制的经营方式，由新华书店、三联书店和商务印书馆、中华书局、开明书店等数十家私营出版机构联合经营。[4] 上海联合出版社由王益任董事长，万国钧任总经理。"华联社"和"上联社"是当时出版与发行

---

[1] 中国出版科学研究所、中央档案馆：《中华人民共和国出版史料》（第1卷），中国书籍出版社，1995年，第170页。

[2] 黄洛峰：《出版委员会工作报告》，宋应离、袁喜生、刘小敏：《20世纪中国著名编辑出版家研究资料汇辑》（第7辑），河南大学出版社，2005年，第391页。

[3] 《北京出版史志》编辑部：《北京出版史志》（第1辑），北京出版社，1993年，第152页。

[4] 辛锋、王思懿：《出版家黄洛峰》，云南人民出版社，2017年，第194页。

教科书的主要机构,其主要任务是出版和发行中小学教科书及教学参考书。出版委员会通过联合私营出版力量,基本解决了华北区五省和华东、华中新解放区中小学教科书的供应问题。

组建华北联合出版社和上海联合出版社是新中国成立前夕出版业开展公私合营的早期尝试。这一全新的大胆尝试为新中国成立后出版业公私合营的顺利实施积累了经验。

4. 举办业务训练班

北平解放后,新华书店在北平建立了门市部,随着出版业务的不断扩大,北平市新华书店经过公开招聘,录用了120余名新职员。同时,新中国书局也招考吸收了一批青年。这批新职员大多为来自城市的青年学生,在政治上还不够成熟,也不太熟悉出版业务。出版委员会为了帮助各直属单位的新招聘的青年职工提高政治思想,尽快熟悉业务,决定举办业务训练班,业务训练班由黄洛峰和华应申分别兼任正副主任。

1949年5月1日,业务训练班正式开学,7月10日结业。第一期业务训练班共招收学员53人,其中,"新华书店第一门市部22人,第二门市部13人,新中国书局15人,新时代出版社1人,印刷厂1人,出版委员会1人"。[①]

业务训练班开设了政治课、业务课和文化课三类课程,其中,政治课主要学习马列主义理论;业务课主要讲授出版、发行业务,出版简史,会计知识等,业务课主讲人员由新华书店和三联书店的业务骨干担任;文化课主要学习史地知识、应用文写作等。

第一期业务训练班于7月10日结业,结业晚会上,中宣部部长陆定一到场讲话。他首先回顾了革命出版事业历史,讲到农村和城市两支革命出版队伍艰苦奋斗的历程。他勉励广大学员要做"革命的出版家",要极其严肃认真地对待自己的工作,要对人民负责,"不能给老百姓吃毒药,要连沙子亦不能有"。[②]

业务训练班是新中国成立前夕出版行业开办成人教育的一次尝试。学员通过训练班的学习,思想政治觉悟和业务水平得到提高。第一批业务训练班培训的学员,后来逐渐成为各自岗位的领导和业务骨干,为新中国的出版事业的建设和发展发挥了重要作用。

[①] 叶再生:《出版史研究》(第3辑),中国书籍出版社,1995年,第187页。
[②] 陆定一:《在出版委员会业务训练班结业晚会上的讲话》,中国出版科学研究所、中央档案馆:《中华人民共和国出版史料》(第1卷),中国书籍出版社,1995年,第174页。

5.统一华北地区的出版发行工作，接管敌伪出版机构

平、津解放后，华北新华书店和东北新华书店分别进入北平和天津。出版委员会成立后，根据中央关于出版工作统一集中的指示精神，将平津两地的新华书店合并，分别成立了新华书店北平分店和华北分店。并将华北地区其他省市的新华书店统一，各省、市、县设立分支店。与此同时，北平军管会把国民党正中书局北平印刷厂的接管和整顿任务移交给出版委员会。出版委员会在该印刷厂的基础上，把独立出版社印刷厂和工合印刷厂的设备集中起来，组建了北平新华印刷厂。

出版委员会不仅是一个出版管理机构，同时也开展了一些出版业务活动。新中国成立前夕，出版委员会排印了《毛泽东选集》并发行了单行本，此外，还发行了一些文艺刊物，如《华北文艺》《文艺报》《人民文学》《新音乐》等。

新中国成立后，中央决定组建出版总署，作为统一领导全国出版事业的主管部门。1949年11月，出版总署成立后，出版委员会的使命宣告结束，其工作职能归入出版总署出版局。

出版委员会是新中国成立前夕，中共建立的一个临时性、过渡性质的领导机构。它从成立到撤销，虽仅存在了9个多月时间，但它在领导华北以及全国出版发行工作从分散走向集中统一方面做了大量工作。它不仅出版了《毛泽东选集》及毛泽东著作单行本，满足了广大干部的精神生活需要，还创建了联合出版社，出版教科书，满足了学校师生学习之所需。此外，出版委员会还通过举办业务训练班，为新中国成立初期培养了一批熟悉出版业务的骨干力量。

三、全国新华书店出版工作会议的召开

全国新华书店出版工作会议是新中国成立之初召开的一次具有指明人民出版事业方向意义的重要会议。本次会议召开时间为1949年10月3日，结束时间为10月19日，前后时长为17天，共有来自全国新华书店、三联书店及其他出版发行系统的115名代表出席了本次大会。

本次会议的主要议题是讨论新中国成立后，如何解决全国新华书店由分散经营走向集中统一的问题。大会由胡愈之致开幕辞，他指出："过去，由于战争的环境，我们出版工作者都是分散在各地区的。我们没有办法统盘筹划全国出版工作。新华书店本身也还谈不到统一集中。"[1] 今天，新中

---

[1] 胡愈之：《胡愈之文集》（第5卷），生活·读书·新知三联书店，1996年，第293页。

国已经诞生，我们必须"由分散走向集中，由面对局部趋向于面对全国，因此，怎样使新华书店有计划地、有步骤地走向集中统一领导、集中经营，是这次会议所担负的主要任务"①。

在会议召开期间，毛泽东亲笔为大会题词："认真作好出版工作"。在会议结束前的10月18日下午，他还在中南海亲切接见了全体参加会议的代表。朱德总司令也为本次会议题词："加强领导，力求进步"。他还在开幕式上代表党中央发表重要讲话。朱德在讲话中肯定了出版工作所取得的成绩及其在文化建设中的重要作用，同时勉励大家要继续努力做好出版工作，向人民群众学习，不断追求进步。他说："革命的出版工作者，必须时时刻刻记得他是对人民负责的，是在人民中的政治工作者、宣传工作者，因此他就首先要向人民大众学习。"②他要求出版工作者不仅要加强业务知识的学习，还要加强政治理论学习，要认真学习马列主义和毛泽东思想，认真研究各方面的政策。

会议期间，不少出版工作者都在大会上作了报告。大会第二天，即10月4日，胡愈之作了《全国出版事业概况》的报告，他在报告中回顾了近代以来中国出版事业发展简史及特点，指出人民出版事业与旧出版业之间的根本区别在于"旧出版业是违反人民利益的，而人民出版事业则是为人民服务的"，"人民出版事业是依靠人民的力量、革命的力量成长起来的……它是革命的宣传教育工具"。③他提出当前出版工作的主要和具体任务，是要生产供应人民需要的出版产品，要重点出版"教科书""通俗读物"和"干部读物"。

本次大会召开的时间长达17天，总共召开了15次大会。在第4次大会上，出版委员会主任黄洛峰作了工作报告。他在报告中总结了出版委员会成立的经过及其所做的具体工作，探讨了新华书店在全国范围内的统一问题，着重强调了解放区和国统区两支出版队伍会师后的团结问题，要求两支队伍互相学习，取长补短，搞好团结。在第4次大会上作报告的还有大会秘书长徐伯昕，他在《国统区革命出版工作报告》中重点回顾了中共领导下国统区的革命出版工作历史，讲述了国统区进步出版业所遭受的迫害以及革命出版工作者与国民党当局的斗争。他在报告中着重强调，国统区和解放区两支出版队伍胜利会师之后要"加强团结，成为中华人民共和

---

① 胡愈之：《胡愈之文集》（第5卷），生活·读书·新知三联书店，1996年，第293—294页。
② 朱德：《在全国新华书店出版工作会议开幕会上的讲话》（1949年10月3日），《人民日报》第1版，1949年10月5日。
③ 胡愈之：《胡愈之文集》（第5卷），生活·读书·新知三联书店，1996年，第298页。

国传播马列主义、毛泽东思想和建设新民主主义文化的一支常胜军"①。

本次会议上,东北、华北、西北、华东、华中五大战略区的新华书店代表李文、史育才、王顺桐、王益、华青禾分别就本区的新华书店情况作了报告。在会议上作报告的还有来自三联书店的代表邵公文,他在大会上就生活·读书·新知三联书店的发展概况、编审工作、出版工作、发行工作、经济情况和企业化管理、干部问题、新华书店和三联书店的关系和团结同业等问题进行了汇报。此外,陈雨代表随军书店作了《华东军区、第三野战军随军书店——图书馆工作报告》。随军书店是战争特殊环境下的产物,它是新华书店为支援前线和前方部队而设置的流动图书供应点。随军书店在向前线部队官兵和群众宣传党的政策和胜利形势方面起了重要作用。

在10月19日举行的闭幕大会上,中宣部部长陆定一致了闭幕词。他肯定了本次会议的成绩,认为此次全国新华书店出版工作会议的召开,"在政策上、组织上、制度上、业务上都得到了一致的意见,奠定了全国新华书店统一的基础"②。他同时指出,虽然全国新华书店有了较大的发展,但是仅靠现有新华书店的力量还不够。新华书店要有力量,就必须要统一,如果不统一,就没有力量迎接将要到来的文化建设高潮。他在闭幕会上强调,新华书店"要和公私合营的与私营的书店合作,引导他们进行有利于人民的出版事业"③。他在会议最后还向全体与会代表提出了"临别赠言",他指出,中国共产党领导下的出版事业要做到为人民服务,"为人民服务的出版事业是有前途的",革命的出版工作绝不能脱离政治和人民。

本次会议开幕期间和会议闭幕后,中共中央机关报《人民日报》都进行了相关报道。10月5日,该报刊发了《祝全国新华书店出版会议》的评论文章,指出"这是我国人民文化出版战线上重大的事件之一,它标志着全国出版事业适应着新的情况,开始走向全国范围的统一"④。大会闭幕后,该报于10月21日刊发了《出版会议的收获》的社论,指出:"这次会议为迎接我国人民新的文化高潮提供了重要保证。"⑤

---

① 黄洛峰:《国统区革命出版工作报告》,中国出版科学研究所、中央档案馆:《中华人民共和国出版史料》(第1卷),中国书籍出版社,1995年,第316页。
② 《中共中央宣传部陆定一部长在全国新华书店出版工作会议上的闭幕词》,三联书店文献史料集编委会:《生活·读书·新知三联书店文献史料集》(上),生活·读书·新知三联书店,2004年,第93页。
③ 《中共中央宣传部陆定一部长在全国新华书店出版工作会议上的闭幕词》,三联书店文献史料集编委会:《生活·读书·新知三联书店文献史料集》(上),生活·读书·新知三联书店,2004年,第93页。
④ 《祝全国新华书店出版会议》,《人民日报》第1版,1949年10月5日。
⑤ 《出版会议的收获》,《人民日报》第1版,1949年10月21日。

新中国成立之初召开的全国新华书店出版工作会议，是一次承前启后、继往开来的出版盛会。虽然会议讨论的主要议题是关于新华书店的集中和统一问题，但它所涉及的是全国出版战线的重大问题，既是对新民主主义革命时期中共领导下的出版工作的一次全面总结，也是对即将到来的社会主义建设高潮时期出版工作的一次总体部署。

中央人民政府出版总署成立后，于1950年3月25日正式颁布了《关于统一全国新华书店的决定》，中国共产党领导下的人民出版事业由此翻开了新的篇章。

第七章 结 语

新民主主义革命时期的中共出版业是在中国共产党的领导下发展起来的。自五四时期至中华人民共和国成立前夕，中共出版业经历了从孕育、初创、成长、勃兴到进一步发展壮大的过程。在20世纪上半叶风云激荡的岁月里，中共出版业历经磨难，走过了一条极不平坦的道路。但是，在广大革命出版工作者的顽强拼搏下，中共出版业逐渐由小到大，由弱变强，由星星之火到渐成燎原之势，由分散走向全国集中统一。在我国由出版大国向出版强国迈进的今天，梳理中共出版业发展的历史，分析其出版规律和特征，无疑可以给当下出版业一些有益的启示。

第一节 新民主主义革命时期进步出版业的性质、规律和特点

新民主主义革命时期的中共出版业具有鲜明的红色基因特质。尽管中共出版业在新民主主义革命时期的不同阶段面貌各异，但出版宗旨和性质是一以贯之的，中国共产党始终把出版当作是党的喉舌，出版工作始终是党的宣传工作的重要组成部分。新民主主义革命时期，中共领导下的出版业为政治服务的色彩极其鲜明，出版工作要努力配合党的中心任务，积极传播党的声音。

中共出版业在发展过程中，尽管历经曲折和磨难，但出版事业始终薪火相传、光焰不灭，前后相继、传承有序。新民主主义革命时期的中共出版业在发展过程中呈现出以下一些规律和特点。

一、出版发行管理体制的高度集中统一

中共出版业从初创时期起，就建立起了一种高度集中统一的指令型出版管理体制，出版工作归属党的宣传部门领导和管理，并在历史的发展进程中其指令型功能不断得到强化。

中共出版业这种指令型管理体制集中体现在中共出版管理机构的设置上。从中共出版管理机构的演变历史来看，中共出版业作为党的宣传工具的特性十分明显。中共成立之初，出版业直接由中央局宣传部负责领导，至全国解放战争时期，中共出版业的管理权限再次集中于中央宣传部（图7-1）。

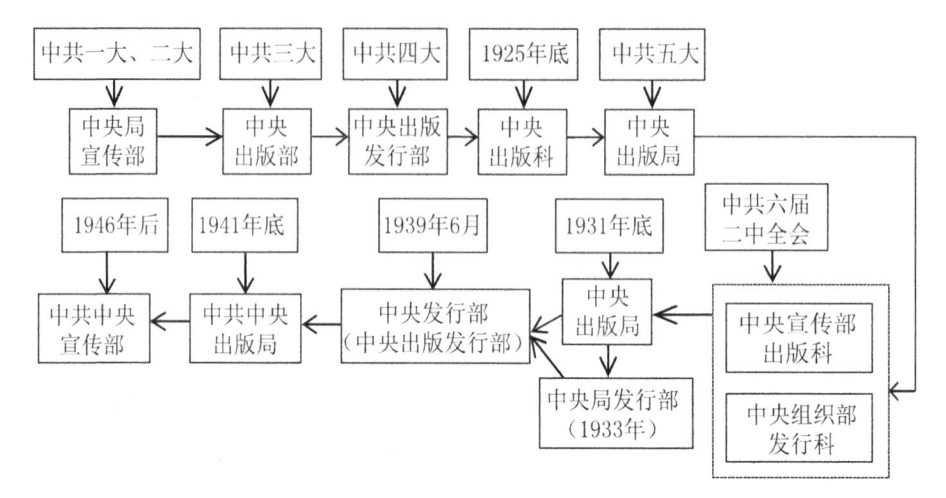

图7-1 新民主主义革命时期中共出版发行管理机构演化

中共三大之前，由于党员数量不多，中央领导机构的设置数量有限，因而并没有设立专门的出版管理机构，出版业直接归中共中央局领导。当时，中共中央局指示人民出版社要出版20种以上图书。

中共三大之后，随着党员数量的日益增多，出版业务也有了新的发展，需要有专门的部门负责管理出版业。1924年5月，中共成立了中央出版部，负责管理党团书刊和指导各地书店的出版发行工作。中共四大后，中央出版部更名为"中央出版发行部"。1925年底，中央出版发行部改为"中央出版科"。与此同时，各省市地方党组织也相继成立了出版科（股）、分配科（股）。中央出版科与各地方的出版分配科（股）形成一种垂直管理的关系。由此表明，中共四大之后，我党已开始着手创建全国性的出版发行管理系统。

1927年4月，中共五大后，中共中央临时政治局在汉口成立了中央出版局，作为领导全党出版工作的机构。10月，中共中央临时政治局决定成立中央党报编辑委员会，主要负责审查和指导《布尔塞维克》《红旗》等中央机关报刊的出版和发行工作。

1929年6月，中共六届二中全会后，中央出版局撤销，其出版管理工作归由中央宣传部负责，中央宣传部下设出版科。这一时期，中共中央组织部也设立了发行科。二者的主要分工为，中宣部出版科负责公开出版物的发行工作，中央组织部发行科负责党内刊物和秘密刊物的发行。

中央苏区时期，中共成立了管理出版事业的领导机构——中央出版局，主要负责审查苏区书报刊的出版和发行工作。同时，还成立了中央印刷局，主要负责管辖下设的中央印刷厂和苏区的印刷事业。中央出版局局长张人亚同时兼任中央印刷局局长一职。1933年后，中央出版局内设的"总发行部"单列出来，由中共中央局直接管理，改称为"中央局发行部"（简称"中央发行部"）。中央局发行部的职责是负责指导和管理中央机关刊物《红色中华》《斗争》等的发行工作。

抗战全面爆发后，随着中共领导下的敌后抗日根据地不断发展壮大，发行工作的重要性日益凸显，革命形势的发展迫切要求设立统一的出版发行机构，以领导根据地的出版发行工作。1939年6月，中共中央在延安成立了"中央发行部"，主要负责党的出版发行工作并领导新华书店。同年9月，中央发行部改为"中央出版发行部"。

中共中央提出"精兵简政"的号召后，1941年12月，中共中央出版发行部精简改组为"中共中央出版局"，主要负责领导解放社、新华书店总店、中央印刷厂等部门的工作，以及指导和管理各抗日根据地的出版业务。

抗战胜利后，1946年1月，中共中央决定撤销中央出版局建制，其出版管理职能并入中共中央宣传部，其直属的中央印刷厂和新华书店总店也一并归由中宣部领导。

在党报管理部门的设置上，中共三大后，党中央成立了中央机关报编辑委员会，负责中共机关报刊《向导》《前锋》等的编辑出版。中共四大后，中共中央成立了中央编译委员会，主要负责马列主义书籍的编译工作。1926年7月，中共又设立了中央编辑委员会，主要负责审查、指导中央党团组织出版物的出版发行。

1933年，中央临时政治局迁瑞金后，中央党报编辑委员会也随之迁入瑞金，并改为中央党报委员会。中国工农红军长征期间，党报委员会的工作暂时停顿。1937年1月，红军长征胜利到达陕北延安后，中央恢复重建了党报委员会，作为中共领导和管理党报出版工作的专门机构。

延安整风后，为了响应中共中央提出的"精兵简政"的号召，1943年3月，中共中央政治局会议决定成立集中统一管理有关宣传、文化、教育和新闻出版等事业的机构——中央宣传委员会，中央党报委员会撤并入中央宣传委员会。

通过以上梳理，我们可以看出，新民主主义革命时期的中共出版业，无论是党报党刊的出版还是其他各种书刊的出版工作，其领导和管理权限不断向中共中央宣传部门集中，这种高度集中统一的出版发行管理体制一直持续至新中国成立前夕。

二、红色出版机构的有序演进

早在五四时期，陈独秀等人就创办了早期的出版发行机构新青年社，该社除发行《新青年》杂志外，还出版发行了众多马列主义经典著作。1921年4月，新青年社因遭上海法租界巡捕房人员的搜查而被迫由上海迁往广州。五四时期，上海共产党早期组织还发起成立了社会主义研究社和新时代丛书社等早期编辑出版机构，并出版了一批共产主义普及读物。

中国共产党成立后，为了宣传马克思主义理论和党的方针政策，在上海秘密创办了第一个人民出版社，由主管中央宣传工作的李达主持社务工作。人民出版社成立后，中央局要求该社编译出版20种以上的共产主义图书，后因时局动荡、出版经费筹措困难等，人民出版社最终出版马列主义图书16种。1922年11月，人民出版社停办，其业务并入广州新青年社。1923年10月，广州新青年社也宣布停业。

广州新青年社停业后，1923年11月，中共在上海创办了一家公开的出版发行机构——上海书店，原广州新青年社的出版和发行业务归并入上海书店。1926年，上海书店因经销进步书刊遭北洋军阀政府查封。为了使党的出版发行业务能够继续开展，北伐军攻下武汉后，1926年10—11月，中共又在汉口创办了长江书店，由瞿秋白主持书店工作。

土地革命时期，中央苏区成立了红色出版机构——闽西列宁书局，这是一家集编辑、印刷、发行于一体的综合性红色出版机构，也是土地革命时期中央革命根据地成立最早的一家红色书店。

抗日战争时期，中共中央在其政权所在地延安创办了新华书店。新华书店在各抗日根据地得到了迅速发展，各地成立了众多的分支店，最终形成覆盖整个敌后抗日根据地的书刊发行网络。此外，新华书店还通过各种秘密渠道，将发行业务渗透到沦陷区和国统区，从而基本建立起覆盖全国的出版发行网络。国统区的进步出版机构生活书店、读书出版社、新知书店也逐渐向党组织靠拢，并在中共领导下出版发行了大量抗日救亡书刊。

解放战争时期，中共领导下的新华书店进一步发展壮大，在全国各大区成立了新华书店总店，许多地市级城市也设立了新华书店分支店。至新中国成立前夕，新华书店已建立起覆盖全国的图书发行网络。与此同时，在国统区，生活、新知、读书三家书店遵照中共中央指示，于1948年在香港进行了合并，正式成立了三联书店。新中国成立前夕，历经战火考验的新华书店与三联书店胜利会师，为筹备建立全国统一的出版业而共同努力。新中国成立后，新华和三联两支革命出版队伍共同成为新中国出版业的骨干力量。

通过对各个时期中共出版发行机构的变迁分析，我们可看出，中共出版发行事业是前后相承、演进有序的。新民主主义革命时期，中共出版发行机构虽不断遭到帝国主义和国民党反动政府的阻挠、查封和捣毁，但是，"野火烧不尽，春风吹又生"，中共领导下的红色出版事业始终未曾断绝，而且不断发展壮大。至新中国成立前夕，中共主要出版发行机构新华书店已建立起覆盖全国的出版发行网络。

三、党报党刊红色基因的一脉相承

五四时期，早期共产党人陈独秀创办的《青年杂志》（后改为《新青年》），率先举起了"民主"与"科学"的大旗，大力宣扬新思潮新文化。继《新青年》之后，《每周评论》《湘江评论》《共产党》月刊等一批红色刊物纷纷出版，这些早期共产党人创办的刊物，积极传播马克思主义学说。因此，中共孕育时期的出版活动，就早已播撒下了红色基因的种子。

中国共产党成立后，于1922年9月在上海创办了《向导》，这是我党成立之后公开出版的第一份党报，由蔡和森担任首任主编。接着，1923年7月1日，中共又创办了一份机关刊物《前锋》，由瞿秋白担任主编。《向导》和《前锋》高擎反帝和反封建军阀的旗帜，号召民众起来为争取民族独立和人民自由而奋斗。

1927年，中央临时政治局宣布停办《向导》，同时改出《布尔塞维克》并作为中央机关报刊。《布尔塞维克》接过反帝和反封建的伟大旗帜，向群众积极传播马克思主义理论，宣传党的路线和方针政策，积极探索中国革命的道路和方向。

1931年，中央苏区政权成立后，出版了机关刊物《红色中华》，该报积极宣传苏维埃政权建设和红军开展军事斗争的成就。《红色中华》在红军长征途中曾休刊一段时间，红军长征抵达陕北延安后，重新恢复出版。1937年1月29日，该报改名为《新中华报》继续出版，并改组为中共中央机关报。

抗战时期，中共在国统区公开出版了党报《新华日报》和党的理论刊物《群众》周刊，积极宣传抗日救亡和抗日民族统一战线的政治主张。

中共中央抵达陕北后，于1937年4月在延安创办了《解放》周刊。该刊是中共在陕甘宁边区出版的一份重要政治理论刊物，由中央党报委员会主办。1941年5月16日，中共为更高效、快速地揭露国民党破坏抗日民族统一战线的罪恶行径，以及宣传敌后抗日根据地军民抗击日伪斗争和开展根据地政权建设的成就，决定停办《新中华报》，同时出版了一份更为大型的综合机关报——《解放日报》。

1948年，中共中央决定将《晋察冀日报》与晋冀鲁豫中央局主办的《人民日报》进行合并，统一定名为《人民日报》，作为中共中央的机关报。《人民日报》作为党的机关报刊的职能贯穿新中国成立前后，一直延续至今天。

由此可以看出，新民主主义革命时期，中共创办的各种机关刊物虽然名称历经变更，但是，其红色基因却是一脉相承的。在各个时期，中央党报党刊都是党的喉舌，是传播党的声音的重要舆论工具。

第二节　新民主主义革命时期进步出版业的地位、作用及影响

新民主主义革命时期的中共出版业上承近代中国新式出版业，下启中华人民共和国出版事业，在中共百年出版史上处于源头地位。新民主主义革命时期的中共出版业在中共百年出版史长河中起到了理论构建、文化普及、舆论引导、精神鼓舞和人才培养的作用。新民主主义革命时期的中共出版活动影响了一个政党、民族乃至国家的历史进程。

一、促进了马列主义理论在中国的传播和中国化的进程

中共出版业从孕育时期起，就开始致力于传播马克思主义学说。《新青年》创刊后，早期共产党人陈独秀、李大钊等在该刊纷纷撰文，大力宣扬马克思主义学说。该刊还开辟了"马克思主义研究专号"，专载研究马克思主义的文章。继《新青年》后，《每周评论》《湘江评论》《共产党》月刊等一批传播马克思主义理论的刊物如雨后春笋般破土而出。五四时期进步报刊的出版，为中国共产党的成立做了思想舆论上的准备。这一时期，进步出版机构社会主义研究社、新青年社、新时代丛书社等也纷纷译介马克思主义著作，如，社会主义研究社出版了陈望道翻译的《共产党宣言》中文全译本、新青年社出版了《共产主义ABC》等。

中国共产党成立后，先后创办了《向导》《前锋》等刊物，进一步传播马克思主义，宣传党的理论路线和方针政策。1921年，人民出版社成立后，把出版马克思主义著作作为一项中心任务。当时，该社拟定出版的49种图书中，马列主义图书数量为40种，占比高达81.6%。虽然后来出于种种原因，该社只出版了16种图书，但它为中国共产党的理论建设发挥了

重要影响。继人民出版社之后，中共又先后成立了上海书店和武汉长江书店。这些革命书店经销了《共产党宣言》《资本论入门》等一系列马列主义理论图书，进一步促进了马克思主义在中国的传播。

土地革命时期，中共主办的红色刊物《布尔塞维克》积极宣传马克思主义理论，报道国际共产主义运动。该刊主编瞿秋白在刊物上发表了《中国革命中无产阶级的新策略》《武装暴动的问题》等文章，提出了工农联盟的思想以及强调开展工农武装暴动的重要性。由此可看出，中共领导人已开始思考马克思主义理论中国化的问题。中央苏区时期是红色出版业发展的一个高峰时期，各类出版机构出版了大量马列经典著作和毛泽东等中共领导人的著作。

中央苏区时期，毛泽东在推动马克思主义中国化的进程中取得了重要成果，他撰写的《调查工作》（后改名《反对本本主义》）以及《才溪乡调查》等文章，都是在深入实地调查的基础上的研究成果，是中共领导人将马克思主义理论与中国革命实际相结合的产物。在井冈山根据地开展革命斗争的过程中，毛泽东对中国革命的性质、道路和方向进行了深入的思考，并在此基础上撰写了《星星之火可以燎原》《中国的红色政权为什么能够存在》《井冈山的斗争》等一系列光辉篇章。这些文章是马克思主义理论中国化的重要成果，标志着毛泽东思想正式形成。

抗战时期和解放战争时期，是毛泽东思想走向成熟的时期，各个抗日根据地和解放区都出版了大量马列主义著作和毛泽东等中共领导人的著作。抗日战争时期，晋察冀抗日根据地出版了中共出版史上的第一部《毛泽东选集》。延安解放社、新华书店还出版了刘少奇的《论共产党员的修养》、陈云的《怎样做一个共产党员》等单行本。同时，各抗日根据地还创办了大量期刊，积极介绍马列主义和毛泽东思想，宣传党的统一战线政策。

解放战争时期，东北书店以及各地新华书店大力行销马列主义经典书籍，东北解放区的大众书店编印出版了一部《毛泽东选集》，解放区的哈尔滨光华书店、国统区的读书出版社还翻译出版了马克思的《资本论》。中共在各个时期创办的党报党刊以及出版的马列著作和毛泽东等中共领导人的著作，为传播马克思主义理论作出了卓越贡献，并在推进马克思主义中国化的进程中发挥了重要作用。

二、推动了文化的普及和发展

新民主主义革命时期，中共出版业在传播马列主义理论、毛泽东思想的同时，还积极开展文化普及活动，出版了大量的文艺、科普及通俗读物。

五四时期，北大进步社团"新潮社"在陈独秀、李大钊等人的帮助下，积极宣扬新文化运动，出版了《迷信与心理》（陈大齐著）、《科学方法论》（王星拱著）、《现代心理学》（陶孟和著）等自然科学和社会科学普及类图书。

中共成立后，在汉口设立了长江书店，出版发行了大量通俗青少年读物、妇女读物、实用书籍和文艺读物，如《妇女生活》《平民读本》《革命歌集》《恋爱与结婚》等。这些读物内容浅显，通俗易懂，具有较强的文化普及意义。1922年4月，广州新青年社译介出版了著名经济学著作《欧洲和议后之经济》一书，该译本被《民国日报》副刊《觉悟》称赞，认为译文"恰合识字工人底要求"[①]。1923年，新时代丛书社译介了英国作家麦开柏著《进化：从星云到人类》等科普类读物。

土地革命时期，中央苏区为发展文教事业，各级文教部门编印了大量学校教科书、常识读本，以及各类儿童读物、工农识字课本、士兵识字读本、夜校课本和供红军学校使用的教材读本等。中央苏区出版的文艺读物题材广泛，体裁丰富。在选材和内容上，有的反映地主豪绅残酷剥削农民和破坏苏区革命政权建设，有的反映工农红军在前线打胜仗的消息，有的反映苏区军民鱼水情深，有的展示中央苏区土地改革成果。在作品体裁上，有小说、戏剧、革命诗歌集、革命歌谣等。考虑到苏区民众的文化水平，这些文艺作品大多内容通俗易懂，语言表述生动，因而深受苏区军民喜爱。

抗日战争时期，为了宣扬抗日救亡，国统区的生活书店、新知书店、读书出版社、海燕书店等进步书店出版发行了大量抗战文艺读物和大众普及读物，如"中国文化丛书""救亡文丛""通俗读物丛刊""战时读本""大众军事丛书""世界知识战时特刊"等。各敌后抗日根据地也出版了大量的文教类、知识类作品。如，晋察冀抗日根据地出版了一批"文艺小丛书""喜剧小丛书""文学作品小丛书"等，丛书收录的多为内容比较浅显的文艺作品。

抗战期间，中共中央宣传部曾明确要求各地党报要注意做到通俗化和大众化，文字表述务求简洁，不仅要使一般干部能够看得懂，而且要使稍

[①] 施光亮：《劳动学校教科用书〈劳动运动史〉出版》，上海《民国日报》副刊《觉悟》，1922年4月18日。

有文化的群众也能阅读。[①]根据这一精神指示，中共各敌后抗日根据地出版的报刊都注意做到内容丰富，文字表述简洁，形式活泼多样。如，华中抗日根据地创办的报刊，不仅设有消息、通讯、评论等常见的新闻报道栏目，而且还开辟了民歌、小调、唱词、歇后语、顺口溜、木刻连环画等群众喜闻乐见的栏目。山东抗日根据地创办了《山东画报》《胶东画报》等以照片、美术作品为主要内容的通俗刊物，对于文化普及发挥了重要作用。

1942年，毛泽东在延安文艺座谈会上的讲话发表后，各敌后抗日根据地随即掀起了一股文艺创作的热潮。为贯彻文艺座谈会的精神，各抗日根据地的知识分子和作家队伍积极开展"文艺下乡"活动，深入农村、矿山、部队，与基层干部群众紧密接触，大量收集文艺创作素材，创作了大量接地气的通俗文艺作品。如陕甘宁边区出版的叙事长诗《王贵与李香香》，采用陕北民歌"信天游"的新型创作手法，歌颂了边区政权建设的成就。抗战时期，进步作家赵树理深入陕北农村，与农民群众打成一片，搜集了丰富的文艺素材，并在此基础上创作出了《小二黑结婚》和《李有才板话》两部脍炙人口、深受读者喜爱的小说。此外，抗战时期，中共敌后抗日根据地还出版了不少戏剧作品，如《白毛女》《中国魂》《好男儿》《中国拳头》《血泪仇》等。这些文艺戏剧作品的创作出版，不仅起到了激发民众斗志的作用，而且发挥了普及文化、提高抗日根据地和解放区民众文化水平的作用。

抗战时期和解放战争时期，中共敌后抗日根据地和解放区的主要出版发行机构新华书店积极响应边区政府号召，大力开展"文化下乡""送书下乡"活动。新华书店不仅开拓了众多的图书发行网点，还积极开展书刊流动供应工作。书店发行人员经常挑着货郎担，走街串巷，深入广大农村偏远地区，将各种文化普及类读物送到广大农民手中。新华书店开展的书报下乡活动，不仅起到了文化普及的作用，而且推动了党的工作不断向农村基层延伸。

三、引领了社会舆论的导向

中国共产党向来把出版看作重要的舆论引导工具，在新民主主义革命的各个阶段，都充分发挥了引导社会舆论的功能。在中共出版业的孕育时期，各地共产党早期组织和进步社团纷纷办报办刊，高举反帝反封建的旗帜，向帝国主义和封建军阀势力展开了猛烈的进攻。同时，众多进步报刊

[①] 中央档案馆：《中共中央文件选集 第十三册（一九四一—一九四二）》，中共中央党校出版社，1991年，第359页。

还积极宣传马克思主义理论。如上海共产党早期组织创办的《劳动界》大力倡导科学社会主义的基本原理，向群众宣传社会主义的种种好处，号召工农劳苦大众起来为建立一个"各尽所能，各取所需"的平等的社会制度而斗争。

中共成立之初创办的机关刊物《向导》，高度重视舆论引导作用。该刊开辟了"时事评论""寸铁"等栏目，主要刊登一些时政类的评论文章，意在通过对国内外时政事件的评论，以引导社会的舆论导向。《向导》中"寸铁"一栏的文章绝大部分为陈独秀所撰写，他写的文章篇幅短小精悍，大多数文章都为100至200字的时政短评，短评语言犀利，看问题一针见血，充分发挥了媒体的舆论引导功能。

土地革命战争时期，中央苏区出版的《红色中华》《青年实话》《斗争》《红星》都充分发挥了引导社会舆论的作用。这些报刊积极配合中央苏区的各项建设事业开展新闻报道工作。如《青年实话》在题材选择上，注意围绕苏区党、团建设的政治任务开展报道。在中央苏区开展土地改革、查田运动、扩红运动过程中，这些报刊对苏区开展各项运动的意义，以及运动中所取得的成就进行了大量报道。如苏区查田运动开始后，毛泽东在《斗争》发表了《查田运动的群众工作》一文，对查田运动的实质，查田运动中应注意的问题，如何正确地开展该项运动等都做了详细深刻的分析，为苏区查田运动的开展起了重要的宣传鼓动作用。

《红星》报是土地革命战争时期中央革命军事委员会创办的一份重要报纸。该报主编邓小平在主持《红星》报编辑工作期间，尤为注重刊物在引导舆论方面的作用。例如，苏区开展"扩红运动"后，为了配合这一运动，邓小平撰写了《猛烈扩大红军》等社论，大力宣传扩红运动的重要性。

抗战全面爆发后，中日民族矛盾上升为主要矛盾，抗日救亡成为时代重任。为了宣扬党的抗日民族统一战线政策，中共在国统区创办的重要机关报刊《新华日报》和《群众》周刊积极配合党的中心工作，开展抗日救亡动员工作。《新华日报》作为中共重要的舆论宣传工具，通过刊发中共党政军领导人的抗战言论和文章，大力宣扬党的政治纲领和抗日民族统一战线主张，为国统区和敌后抗日根据地军民指明了前进的方向。中共重要政治理论刊物《群众》周刊也大量刊载了中共领导人论抗日民族统一战线的演讲、谈话和文章，如周恩来的《目前抗战形势与坚持长期抗战的任务》[1]、博古的《抗战形势与抗战前途》[2]、董必武的《怎样动员民众积极参

---

[1] 周恩来：《目前抗战形势与坚持长期抗战的任务》，《群众》第1卷第3期，1937年12月25日。
[2] 博古：《抗战形势与抗战前途》，《群众》第1卷第3期，1937年12月25日。

加抗战》①等，这些谈话和文章的发表，对于推动抗日民族统一战线的建立起了重要作用。

四、激发了民众斗志，振奋了民族精神

近代中国面临着帝国主义、封建军阀势力、官僚资本主义的多重压迫。面对这些凶残的敌人，中国共产党领导全国民众与之进行了顽强的、毫不妥协的斗争。中共领导下的出版业在与敌人的斗争中发挥了强大的精神鼓舞作用。

新文化运动中，陈独秀创办的《新青年》高喊出"民主"与"科学"的口号，与封建旧思想旧文化展开了激烈战斗。《新青年》将中国未来的希望寄托于青年身上，对青年人给予了热情洋溢的赞美。陈独秀在《敬告青年》一文中，称赞青年"如初春，如朝日，如百卉之萌动，如利刃之新发于硎，人生最可宝贵之时期也"②。号召青年崇尚科学，接受新思想，为争取民族独立和人民自由而斗争。《敬告青年》以及其他众多战斗檄文的发表，给近代中国知识分子和青年学生以强大的精神鼓舞。受此影响和俄国十月革命胜利消息的鼓舞，中国爆发了轰轰烈烈的五四运动，把新文化运动直接推向高潮。

五四时期，陈独秀、李大钊等创办的《每周评论》，毛泽东创办的《湘江评论》等都对帝国主义和封建军阀势力展开了猛烈抨击。李大钊在《每周评论》发表的《新纪元》一文中热情地歌颂了俄国的十月革命，指出俄国革命为黑暗的中国带来了光明，为在沉沉的黑夜中探索的革命者指明了"新人生的道路"。作者在文章中号召广大民众起来为争取光明的社会而奋斗。③毛泽东在《湘江评论》发表的《创刊宣言》中更是振臂高喊："天不要怕，鬼不要怕，死人不要怕，官僚不要怕，军阀不要怕，资本家不要怕。"④他鼓动民众起来打破各种强权，铲除各种封建旧恶势力。这些文章的发表，给予五四时期的青年学生和革命群众注入了强大的精神力量。五卅运动时期，中共领导广大工人阶级创办了大量反帝爱国报刊，如《血潮日报》《公理日报》等，同时出版了大量爱国图书，如《中国民族革命运动史》《拥护省港罢工》等。这些反帝爱国书刊的出版，给广大工人阶级以强大的精神力量，坚定了他们与帝国主义进行斗争的意志和信心。

---

① 董必武：《怎样动员民众积极参加抗战》，《群众》第1卷第4期，1938年1月1日。
② 陈独秀：《敬告青年》，《青年杂志》，1915年9月15日。
③ 李大钊：《新纪元》，《每周评论》第3号，1919年1月5日。
④ 毛泽东：《创刊宣言》，《湘江评论》创刊号，1919年7月14日。

土地革命时期，国民党蒋介石政府为了扼杀新生的苏维埃政权，对中央革命根据地发动了疯狂的军事"围剿"行动。中共领导下的工农红军与国民党反动军队展开了英勇的战斗。为了鼓舞军民增强战胜国民党反动派军事"围剿"的信心，中央苏区创办的《红色中华》《斗争》《青年实话》《红星》报等，纷纷报道红军在前线英勇杀敌，取得战斗胜利的消息。《红色中华》设有"赤色战士通讯""革命的捷报""前方通讯""战地通讯"等专栏，专门用来报道红军在前线英勇战斗的消息。该报在报道红军打胜仗的消息时，对于消息标题还特别以大字号的方式处理，如《会昌攻下，活捉县长史丞汉》《红军攻下龙岩城》《鄂豫皖红军大获胜利》等报道，均配以醒目的大字标题。这些极富视觉冲击力的大字标题，给苏区广大读者以强烈的震撼和鼓舞。

在延安整风期间，中共为了克服财政经济困难，在陕甘宁边区开展了大生产运动。为了鼓舞边区军民踊跃投入开荒生产运动，延安《解放日报》积极报道大生产运动中涌现的劳动英雄模范，如该报先后刊登了《模范农村劳动英雄吴满有》《边区农民向吴满有看齐》《开展吴满有运动》等报道，通过对大生产运动中典型人物和事例的宣传报道，极大地提高了边区军民开展大生产运动的热情。抗战时期，《解放日报》还大力宣传报道边区民主政权建设的成就，刊发了大量反映陕甘宁边区开展民主选举、土地改革、减租减息、拥军优属、拥政爱民、精兵简政的文章，使边区军民深切地感受到中共领导下的革命政权建设的成就，从而增强了战胜经济困难和夺取全国抗战胜利的信心。

五、奠定了新中国出版业发展的人才基础

新民主主义革命时期中共出版业在孕育、成长和发展壮大的过程中，培育了一大批红色出版家。这些经过战火洗礼的革命出版工作者，后来成为新中国出版战线上的骨干力量。

新中国成立后首任人民政府出版总署署长胡愈之，早年进入商务印书馆当练习生。20世纪20—30年代，他曾负责主编大型综合性刊物《东方杂志》，并协助邹韬奋创办《生活》周刊。抗战全面爆发后，他积极投身于抗日救亡运动，并组织出版力量翻译出版了美国著名记者埃德加·斯诺撰写的《红星照耀中国》。抗战期间，为抢救、保存鲁迅文稿，胡愈之组织了一支26人的出版队伍，及时整理、编辑出版了《鲁迅全集》。武汉失守后，胡愈之前往抗战大后方桂林创办文化供应社，开展革命书刊的发行工作。抗战胜利后，他受党的委派，赴南洋开展革命出版工作和海外统

战工作。在抗战年代和解放战争时期，胡愈之一直为革命出版事业奔走呼号，忙碌奔波着。新中国成立后，他又积极投身于社会主义出版事业，先后担任出版总署署长、《光明日报》总编辑等职，为党和人民的出版事业奉献了一生，被誉为新闻出版战线上少有的"全才"。

人民新闻出版家邓拓，在抗战年代毅然选择奔赴晋察冀抗日根据地开展新闻出版工作。他在负责主编《抗敌报》（后改为《晋察冀日报》）期间，由于敌人对抗日根据地的封锁和频繁的军事"扫荡"，报刊的出版工作只能在流动的环境下开展。邓拓带领晋察冀日报社的同志，用几头骡子拉着印刷设备，翻山越岭，与敌人进行周旋，开展游击出版。他们经常要一边写作，一边拿枪上战场与敌拼杀。通过艰苦磨炼，晋察冀日报社培养出一支既能拿笔写文章，又能扛枪上战场杀敌的革命出版队伍。在晋察冀抗日根据地时期，为了能使全党同志系统地学习毛泽东思想，提高马克思主义理论水平，邓拓还领导晋察冀日报社的全体同志，以极大的热情投入到《毛泽东选集》的出版工作中，经过报社全体人员的日夜奋战，中共出版史上首部《毛泽东选集》仅用了半年左右时间就赶印完成。首部《毛泽东选集》的出版，为宣传毛泽东思想，传播革命真理作出了卓越贡献。新中国成立后，邓拓出任人民日报社长兼总编辑，为新中国新闻出版事业继续鞠躬尽瘁，贡献力量。

新民主主义革命时期的中共出版业为新中国出版事业培养了一大批红色出版人才，除了胡愈之、邓拓等新闻出版家外，还有如黄洛峰、胡绳、叶圣陶、张静庐、徐伯昕、冯雪峰、沈静芷、邵荃麟、王子野、祝志澄、华应申、徐雪寒、金灿然、宋云彬、史育才、陈原、陈翰伯、陈克寒、王益、范用等一大批优秀的革命出版工作者。尤其是以新华书店和生活・读书・新知三联书店为主要力量的革命出版队伍，成为新中国成立以后党和人民出版事业的中坚力量。新华书店在延安清凉山万佛洞中刚创立时，只有7名工作人员，到新中国成立前夕，已发展为一支拥有8000多人的规模庞大的出版发行队伍。这支从抗日战争和解放战争的战火硝烟中走过来的红色出版队伍，与来自国统区的生活・读书・新知三联书店的350多名革命出版工作者南北汇合，共同构成了新中国出版发行事业的人才基础。

新中国成立后，于1950年3月成立了新华书店总管理处，从各部门主要负责人的出版履历来看，所有部门负责人都在革命年代从事过出版工作，其中大多为来自原新华书店、三联书店和中央印刷厂的革命出版工作者（表7-1）。

表7-1 新华书店总管理处各部门负责人名单

部门	职务	负责人	出版经历
总管理处	总经理	黄洛峰	读书出版社的创办人之一。抗战期间，担任读书出版社总经理。1948年，担任三联书店管理委员会主席；新中国成立前夕，担任中共中央宣传部出版委员会主任委员
	副总经理	祝志澄	早年在商务印书馆当排字工人。土地革命时期，担任中央苏区印刷厂副厂长兼印刷处处长；延安时期，担任中央印刷厂厂长；新中国成立前夕，担任中共中央宣传部出版委员会副主任委员
	副总经理	华应申	新知书店创办人之一。抗战期间，新知书店总店迁往桂林，华应申负责总店工作，并担任秦记西南印刷厂董事；皖南事变后，奉命前往上海"孤岛"从事地下出版工作；抗战胜利后，担任华中新华书店总管理处总经理兼华中局宣传部出版科科长；新中国成立前夕，担任中共中央宣传部出版委员会副主任委员
人事室	主任	卜明	延安时期任中央出版局发行科科长，新华书店筹建工作小组成员。1948年，任东北书店副总经理
审计室	主任	陈正为	抗战期间在生活书店工作
出版部	主任	华应申（兼）	
	副主任	徐律	新中国成立前夕，担任中共中央宣传部出版委员会出版处副主任，负责编校《毛泽东选集》，担任编校科科长
	秘书室主任	王仿子	抗战时期，在《救亡日报》从事出版发行工作，后到香港生活书店工作；新中国成立前夕，担任中共中央宣传部出版委员会印刷科科长兼宣传科科长
	出版处主任	赵晓恩	早年在生活书店当练习生。抗战时期，在桂林文化供应社工作，担任营业部主任，代总经理；1949年新中国成立前夕，参与筹建北平新中国书局，后赴上海参加出版业接管工作
	出版处副主任	范用	抗战时期，在读书出版社工作，先后任桂林、重庆分社经理；1947年，在上海读书出版社从事秘密出版工作
	编辑室副主任	梁涛然	1946年，担任《新华日报》（太岳版）副社长；新中国成立前夕，担任太岳日报社社长
	美术室主任	邹雅	抗战期间，曾任太行新华书店、太行《人民日报》社美术编辑室主任
	美术室副主任	老宪洪	抗战时期，曾担任山东新华书店编辑部美术组组长

续表

部门	职务	负责人	出版经历
厂务部	主任	祝志澄（兼）	
	副主任	周永生	延安时期，在中央印刷厂工作，后任华北版《新华日报》社印刷部部长，太行版《新华日报》社副社长
	秘书室主任	陈平舟	抗战时期，曾担任晋察冀日报社营业科长，华北新华书店营业科长及总分店经理
	业务室主任	糜文溶	早年曾在商务印书馆工作。抗战胜利后，担任中央印刷厂北平分厂厂长
	业务室副主任	王震欧	抗战期间曾任华夏图书出版公司的董事长兼总经理
发行部	主任	史育才	抗战期间担任华北版《新华日报》社交通科长，华北新华书店发行部长、副经理、经理
	副主任	薛迪畅	抗战时期，担任生活书店兰州分店经理；抗战胜利后，担任上海生活书店负责人，因经销革命书刊被国民党上海当局逮捕入狱，后被保释出来
	秘书室主任	贾德贞	抗战期间曾担任华北版《新华日报》社干部
	业务室主任	薛迪畅（兼）	
	业务室副主任	李德元	抗战期间曾担任太岳新华书店经理
国际书店	经理	史育才（兼）	
	副经理	朱执诚	抗战期间任华中新华书店出版部负责人，后担任新知书店浙江分店经理
		刘辽逸	解放战争期间在大连光华书店从事编辑工作

由表7-1可以看出，新中国成立后的出版业与新民主主义革命时期的中共出版业是一脉相承的，出版系统中的大部分干部和业务骨干都曾在新中国成立前从事过编辑、出版、印刷、发行等工作。如，新华书店总管理处总经理黄洛峰，是读书出版社的创办人之一。抗战全面爆发后，他被委任为读书出版社的总经理，在他的主持下，该社出版了大批抗日救亡图书和马列主义理论图书。此外，他在主持读书出版社工作期间还组织力量翻译出版了马克思的鸿篇巨制《资本论》。新中国成立前夕，他被推举为中共中央宣传部出版委员会主任委员，负责领导统一全国出版业的工作。

新中国成立后担任新华书店总管理处副总经理的祝志澄，早年曾在商务印书馆当排字工人，后加入中国共产党。土地革命时期，他被中华苏维埃临时中央政府委任为中央苏区印刷厂副厂长兼印刷处处长。抗战时期，延安中央印刷厂成立后，祝志澄受中共中央委派，赴中央印刷厂担任厂长。

除新华书店总管理处外，新华书店各大总分店的负责人也大都是在革命年代有过出版发行工作经历的出版工作者（表7-2）。

表7-2　新中国成立后新华书店各大总分店负责人名单

行政区	职务	人员名单	出版经历
华北总分店	总经理	李长彬	抗战期间担任中央印刷厂高家沟分厂厂长、中央印刷厂副厂长；后调任晋察冀新华印刷局局长兼晋察冀新华书店总经理
东北总分店	总经理	李文	抗战期间担任重庆生活书店经理，1941年创办华北书店并担任经理；解放战争时期担任东北书店总经理
	副总经理	周保昌	早年在上海生活书店工作。抗战时期，延安新华书店创办人之一；1941年，赴山东创办新华书店并担任经理；解放战争时期，任东北书店副总经理
	副总经理	毛星	抗战后期担任合江日报社总编辑、副社长，新中国成立前夕任松江日报社社长
	副总经理	王大任	解放战争时期任辽东日报社副经理兼印刷厂厂长
华东总分店	总经理	王益	抗战期间先后担任中共中央华中局宣传部发行科副科长，新四军政治部宣传部出版发行科科长，解放战争时期担任山东新华书店经理
	副总经理	卢鸣谷	解放战争时期担任东北书店副总经理
中南总分店	总经理	华青禾	早年在上海生活书店当练习生。抗战期间，先后担任苏北大众书店、华中新华书店总管理处和山东新华书店的副经理、经理；解放战争时期，先后担任新华书店中原总分店和华中总分店经理，并兼任中共中央华中局宣传部出版科副科长
	副总经理	彭展	抗战时期，曾在淮海印刷厂、华中《新华日报》、山东大众日报社工作
	副总经理	郭敬	新中国成立前夕任中共中央中南局宣传部新闻出版处处长
西南总分店	总经理	宋萍	抗战时期和解放战争时期在晋绥新华书店工作
	副总经理	周布	抗战时期曾在晋冀鲁豫日报社工作
山东总分店	总经理	张治	解放战争期间曾负责筹建新华书店鲁中南分店，并担任经理
	副总经理	陈静之	抗战时期任中共浙东区委时事简讯社社长，解放战争时期任山东新华书店副经理
	副总经理	李克公	抗战时期担任鲁中新华书店经理，解放战争时期担任山东新华书店胶东分店副经理

续表

行政区	职务	人员名单	出版经历
西北总分店	总经理	常紫钟	抗日战争时期曾任西北抗敌书店经理
	副总经理	雷达天	抗战时期在中央印刷厂工作
	副总经理	王乃夫	解放战争时期接替常紫钟任西北抗敌书店（后改名为"大众书店"）经理
新疆总分店	总经理	陈林彬	抗战时期在陕甘宁边区文协、边区群众报社工作，后任陕甘宁边区新华书店副经理
	副总经理	李庆宏	抗战期间在中央印刷厂工作

这些在革命年代历经战火硝烟考验的忠诚的红色出版战士，不仅拥有丰富的出版实践经验，而且有着坚定的理想信念和高度的党性觉悟。在新中国成立后，他们又积极投身于社会主义出版事业的建设中。

在出版人才的培养方面，新中国成立前夕，为了筹备即将到来的新中国出版事业，中共中央宣传部出版委员会还特地举办了一期出版业务训练班。该期业务训练班共招收了53名学员。出版业务训练班的学员除了学习出版业务知识和技能外，还要学习政治和文化类课程。在业务训练班结业典礼上，中共中央宣传部部长陆定一亲自到场讲话，他勉励学员要成为"革命的出版家"。通过业务培训，学员不仅掌握了出版发行业务知识，而且提升了思想政治觉悟，树立了为即将到来的社会主义出版事业建设高潮服务的坚定信念。这批经过业务培训的学员，后来都逐渐成为各自工作岗位的领导和出版发行业务骨干，为新中国的出版事业作出了积极贡献。

参考文献

一、著作类

艾晓明：《中国左翼文学思潮探源》，湖南文艺出版社，1991年。

安徽省出版总社出版志编辑室：《安徽出版资料选辑》（第1辑），黄山书社，1987年。

《北京出版史志》编辑部：《北京出版史志》（第1辑），北京出版社，1993年。

北京市档案馆：《北京档案史料》（四），新华出版社，2000年。

北京市新闻出版局党史资料征集领导小组：《北京出版史志资料选辑》（第1辑），北京出版社，1990年。

北京新四军暨华中抗日根据地研究会：《新四军文化工作专辑》，解放军出版社，2002年。

蔡和森：《蔡和森的十二篇文章》，人民出版社，1980年。

常君实：《邓拓全集》（第2卷），花城出版社，2003年。

常连霆：《山东党史资料文库》（第14卷），山东人民出版社，2015年。

常连霆：《山东党史资料文库》（第20卷），山东人民出版社，2015年。

常连霆：《山东党史资料文库》（第29卷），山东人民出版社，2015年。

常连霆：《中共山东编年史》（第4卷），山东人民出版社，2015年。

陈昌文：《都市化进程中的上海出版业（1843—1949）》，上海人民出版社，2012年。

陈独秀：《独秀文存·通信》，首都经济贸易大学出版社，2018年。

陈建功：《百年中文文学期刊图典》（上），文化艺术出版社，2009年。

陈望道：《陈望道文集》（第1卷），上海人民出版社，1979年。

陈遐瓒：《广东党史研究文集》（第4册），中共党史出版社，1994年。

陈忠贞：《鄂豫皖革命根据地史》，安徽人民出版社，1998年。

程沄：《江西苏区新闻史》，江西人民出版社，1994年。

出版史研究编辑部：《出版史研究》（第1辑），中国书籍出版社，1993年。

戴建兵：《白银与近代中国经济》，复旦大学出版社，2005年。

戴茂林：《中共中央东北局(1945—1954)》，辽宁人民出版社，2017年。

邓明以：《陈望道传》，复旦大学出版社，2005年。

邓榕：《我的父亲邓小平：战争年代》，生活·读书·新知三联书店，2013年。

邓小平：《邓小平文选》（第3卷），人民出版社，1993年。

丁淦林、刘家林、孙文铄，等：《中国新闻事业史新编》，四川人民出版社，2008年。

杜学文、杨占平：《世界反法西斯战争中的山西抗战文学》（下），北岳文艺出版社，2010年。

《鄂豫皖革命根据地》编委会：《鄂豫皖革命根据地》（第2册），河南人民出版社，1990年。

樊为之：《中共中央在延安十三年史》（上），中央文献出版社，2016年。

樊为之：《中共中央在延安十三年史》（下），中央文献出版社，2016年。

樊希安：《美术馆东街22号三联书店改革发展亲历记（2005—2014）》，上海三联书店，2018年。

范军：《中国出版文化史研究书录1978—2009》，河南大学出版社，2011年。

范慕韩：《中国印刷近代史初稿》，印刷工业出版社，1995年。

范用：《爱看书的广告》，生活·读书·新知三联书店，2015年。

范用：《战斗在白区：读书出版社（1934—1948）》，生活·读书·新知三联书店，2001年。

方汉奇、李矗：《中国新闻学之最》，新华出版社，2005年。

方汉奇：《方汉奇文集》，汕头大学出版社，2003年。

方汉奇：《中国新闻事业编年史》（中），福建人民出版社，2000年。

方汉奇：《中国新闻事业通史》（第2卷），中国人民大学出版社，1996年。

方厚枢、魏玉山：《中国出版通史9·中华人民共和国卷》，中国书籍出版社，2008年。

方厚枢：《出版工作七十年》，商务印书馆，2015年。

方厚枢：《历史回望纪实》，中国书籍出版社，2017年。

冯并：《中国文艺副刊史》，华文出版社，2001年。

福建省地方志编纂委员会：《福建省志·新闻志》，方志出版社，

2002年。

福州市地方志编纂委员会：《郑振铎志》，海潮摄影艺术出版社，2006年。

傅柒生：《红色记忆：中央苏区报刊图史》，解放军出版社，2011年。

赣南师范学院苏区教育研究室：《江西苏区教育资料汇编（1927—1937）》，江西高校出版社，2017年。

共青团南昌市委：《江西文史资料选辑》，江西人民出版社，1984年。

谷长岭、俞家庆：《中国新闻事业参考资料》，中央广播电视大学出版社，1987年。

广东省地方史志编纂委员会：《广东省志·新闻志》，广东人民出版社，2000年。

广东省委党史研究室：《广东党史资料》（第24辑），广东人民出版社，1994年。

广州市地方志编纂委员会：《广州市志》（第16卷），广州出版社，1999年。

贵州省地方志编纂委员会：《贵州省志》，贵州人民出版社，2003年。

郭秀芬等：《晋冀鲁豫根据地史研究》，河北人民出版社，2014年。

河北省新闻出版局出版史志编委会：《中国共产党晋察冀边区出版史》，河北人民出版社，1991年。

黑龙江省地方志编纂委员会：《黑龙江省志 第五十二卷 出版志》，黑龙江人民出版社，1996年。

《红藏：进步期刊总汇（1915—1949）》编辑出版委员会：《红藏：进步期刊总汇1915—1949》，湘潭大学出版社，2014年。

《红色档案》编委会：《延安时期文献档案汇编》，陕西人民出版社，2013年。

洪荣华：《红色号角：中央苏区新闻出版印刷发行工作》，福建人民出版社，1993年。

胡国铤、陈晓春、凌步机：《共和国之根：中华苏维埃共和国中央领导机构概览》（下册），中共党史出版社，2009年。

胡适：《胡适来往书信选》（上），中华书局，1979年。

胡愈之：《胡愈之文集》（第5卷），生活·读书·新知三联书店，1996年。

胡愈之：《胡愈之文集》（第6卷），生活·读书·新知三联书店，1996年。

湖北省地方志编委会：《湖北省志·新闻出版卷》（下册），湖北人民出版社，1995年。

湖南省新闻出版局出版志编写组：《文化书社——中国早期传播马克思主义的书刊发行机构》，湖南出版社，1991年。

《华东新华书店简史》编写组：《华东新华书店简史》（1949—1954），文汇出版社，1998年。

皇甫建伟、张基祥：《抗战文化》，山西人民出版社，2012年。

黄修荣：《国民革命史》，重庆出版社，1992年。

贾桂芳：《文学研究会资料》（上），河南人民出版社，1985年。

《江西省出版志》编纂委员会：《江西省出版志》，江西人民出版社，1998年。

江西省档案馆：《中央革命根据地史料选编》（下），江西人民出版社，1982年。

江西省方志敏研究会：《方志敏研究文丛》，上海文化出版社，2011年。

蒋伯英：《邓子恢闽西文稿（1916—1956）》，中共党史出版社，2016年。

蒋文华：《广西左右江革命根据地概况》，广西师范大学出版社，1987年。

金炳华：《上海文化界：奋战在"第二条战线"上史料集》，上海人民出版社，1999年。

金冲及：《毛泽东传（1893—1949）》，中央文献出版社，1996年。

晋察冀边区阜平县红色档案丛书编委会：《晋察冀日报文摘》（第2卷），中共党史出版社，2017年。

晋察冀日报史研究会：《晋察冀日报社论选（1937—1948）》，河北人民出版社，1997年。

晋察冀日报史研究会：《晋察冀日报史》，人民出版社，1993年。

军事科学院军事历史研究部：《中国抗日战争史》（下卷），解放军出版社，2015年。

李达：《李达文集》（第1卷），人民出版社，1980年。

李大钊：《李大钊文集》（下），人民出版社，1984年。

李军：《解放区文艺转折的历史见证：延安〈解放日报·文艺〉研究》，齐鲁书社，2008年。

李良明：《林育南传记》，华中师范大学出版社，2018年。

李瑞良：《中国出版编年史》（增订版，下），福建人民出版社，

2006年。

李晓红：《女性的声音：民国时期上海知识女性与大众传媒》，学林出版社，2008年。

李永春：《蔡和森年谱》，湘潭大学出版社，2008年。

李永春：《湖南新文化运动史料》（二），湖南人民出版社，2011年。

梁家禄、钟紫、赵玉明，等：《中国新闻业史》，广西人民出版社，1984年。

辽宁报业通史编委会：《辽宁报业通史》（第1卷），辽宁人民出版社，2016年。

辽宁省地方志编纂委员会办公室：《辽宁省志·出版志》，辽宁科学技术出版社，1999年。

林超：《川陕革命根据地历史长编》，四川人民出版社，1982年。

刘家林：《中国新闻史》，武汉大学出版社，2012年。

刘金田、吴晓梅：《〈毛泽东选集〉出版的前前后后》，台海出版社，2012年。

刘苏华：《延安时期中国共产党出版史研究（1937—1947）》，湖南师范大学出版社，2012年。

刘永生：《南京国民政府前期新闻舆论管控机制研究》，中国言实出版社，2013年。

刘泽民：《山西通史》（第8卷），山西人民出版社，2001年。

刘增杰、赵明：《抗日战争时期延安及各抗日民主根据地文学运动资料》（中册），山西人民出版社，1983年。

刘长鼎、陈秀华：《中国现代文学运动史》，山东文艺出版社，2013年。

刘长鼎、陈秀华：《中国现代文学运动史料编年》（中编），山西高校联合出版社，1993年。

刘哲民：《近现代出版新闻法规汇编》，学林出版社，1992年。

卢敦基：《浙江历史文化研究》（第6卷），浙江大学出版社，2014年。

卢洁、谭逻松：《毛泽东文物图集（1893—1949）》（上），湘潭大学出版社，2014年。

鲁迅：《鲁迅全集》（第四卷），人民文学出版社，2005年。

陆定一：《陆定一文集》，人民出版社，1992年。

吕德申：《马克思主义文艺理论发展史》，高等教育出版社，1990年。

吕芳文：《五四运动在湖南》，岳麓书社，1997年。

马飞海：《上海革命文化史略》，上海人民出版社，1999年。

马光仁：《上海新闻史（1850—1949）》，复旦大学出版社，2014年。

马洪武：《中国革命根据地史研究》，南京大学出版社，1992年。

马良春、张大明：《三十年代左翼文艺资料选编》，四川人民出版社，1980年。

马秋海：《群众周刊大事记》，红旗出版社，1987年。

马志春、王海勇、杨宏伟，等：《明证：在敌后壮大的抗日根据地报刊》，浙江工商大学出版社，2015年。

毛泽东：《毛泽东同志论教育工作》，人民教育出版社，1992年。

毛泽东：《毛泽东新闻工作文选》，新华出版社，1983年。

毛泽东：《毛泽东选集》（第2卷），人民出版社，1991年。

毛泽东：《毛泽东选集》（第4卷），人民出版社，1991年。

茅盾：《商务印书馆九十年》，商务印书馆，1987年。

茅盾：《我走过的道路》，人民文学出版社，1984年。

（美）埃德加·斯诺：《西行漫记》，东方出版社，2005年。

南方局党史资料编辑小组：《南方局党史资料》（第6辑），重庆出版社，1990年。

倪兴祥：《上海革命史资料与研究》，上海三联书店，2002年。

齐峰、李雪枫：《山西革命根据地出版史》，山西人民出版社，2013年。

钱承军：《建国前中国共产党报刊研究》，中国文联出版社，2009年。

钱小柏、雷群明：《韬奋与出版》，学林出版社，1983年。

饶良伦：《土地革命战争时期的左翼文化运动》，黑龙江人民出版社，1986年。

任弼时：《任弼时选集》，人民出版社，1987年。

（日）石川祯浩：《中国共产党成立史》，袁广泉译，中国社会科学出版社，2006年。

山东省出版总社出版志编辑部：《山东出版志资料》（第8辑），山东省出版总社出版志编辑部，1989年。

山西省出版史志编纂委员会、内蒙古《晋绥边区出版史》编委会：《晋绥边区出版史》，山西人民出版社，1997年。

山西省档案馆：《太行党史资料汇编》（第4卷），山西人民出版社，2000年。

山西省史志研究院：《晋绥革命根据地政权建设》，山西古籍出版社，

1998年。

山西省史志研究院：《山西通志·新闻出版志》（第43卷），中华书局，1999年。

中国人民政治协商会议山西省委员会文史资料研究委员会：《山西文史资料》（第33辑），山西人民出版社，1984年。

《山西文史资料》编辑部：《山西文史资料全编》（第3卷），山西省文史资料编辑部，1999年。

陕甘宁边区财政经济史编写组、陕西省档案馆：《抗日战争时期陕甘宁边区财政经济史料摘编》（第1编），陕西人民出版社，1981年。

上海革命历史博物馆：《上海革命史资料与研究》（第5辑），上海古籍出版社，2005年。

上海鲁迅纪念馆：《陈望道先生纪念集》，复旦大学出版社，2006年。

上海市出版工作者协会《出版史料》编辑组：《出版史料》（第1辑），学林出版社，1982年。

上海市出版工作者协会《出版史料》编辑组：《出版史料》（第2辑），学林出版社，1983年。

上海市出版工作者协会《出版史料》编辑组：《出版史料》（第4辑），学林出版社，1985年。

上海韬奋纪念馆：《韬奋全集》（增补本），上海人民出版社，2015年。

《上海文化年鉴》编辑部：《上海文化年鉴》，上海人民出版社，1989年。

生活·读书·新知三联书店文献史料集编委会：《生活·读书·新知三联书店文献史料集》（上），生活·读书·新知三联书店，2004年。

生活·读书·新知三联书店文献史料集编委会：《生活·读书·新知三联书店文献史料集》（下），生活·读书·新知三联书店，2004年。

生活书店史稿编辑委员会：《生活书店史稿》，生活书店出版有限公司，2013年

石西民、范剑涯：《〈新华日报〉的回忆》（续集），四川人民出版社，1983年。

《思想的历程》创作组：《思想的历程：马克思主义在中国的百年传播》，中央编译出版社，2011年。

四川省档案局：《抗战时期的四川：档案史料汇编》（上），重庆大学出版社，2014年。

四川省地方志编纂委员会：《四川省志·出版志》，四川人民出版社，

2001年。

宋应离、袁喜生、刘小敏：《20世纪中国著名编辑出版家研究资料汇辑》（第3辑），河南大学出版社，2005年。

宋应离、袁喜生、刘小敏：《20世纪中国著名编辑出版家研究资料汇辑》（第6辑），河南大学出版社，2005年。

宋应离、袁喜生、刘小敏：《20世纪中国著名编辑出版家研究资料汇辑》（第7辑），河南大学出版社，2005年。

宋应离：《中国期刊发展史》，河南大学出版社，2000年。

宋原放：《中国出版史料》（现代部分补卷），山东教育出版社，2006年。

宋原放：《中国出版史料》（现代部分第1卷），山东教育出版社，2001年。

宋原放：《中国出版史料》（现代部分第2卷），山东教育出版社，2001年。

太行革命根据地史总编委会：《太行革命根据地史料丛书之八 文化事业》，山西人民出版社，1989年。

太岳新闻史编辑委员会：《太岳新闻事业史略（1940—1949）》，山西人民出版社，1991年。

谭平山：《谭平山文集》，人民出版社，1986年。

唐惠虎、朱英：《武汉近代新闻史》（下），武汉出版社，2012年。

唐弢：《晦庵书话》（第2版），生活·读书·新知三联书店，2007年。

唐沅、韩之友、封世辉：《中国现代文学期刊目录汇编》（第2卷），知识产权出版社，2010年。

铁流、徐锦庚：《国家记忆：一本〈共产党宣言〉的中国传奇》，山东文艺出版社，2014年。

汪介之：《回望与沉思——俄苏文论在20世纪中国文坛》，北京大学出版社，2005年。

汪立夏、李康平：《红色江西》，江西人民出版社，2006年。

汪耀华：《1843年开始的上海出版故事》，上海人民出版社，2014年。

汪耀华：《新青年广告研究》，上海书店出版社，2016年。

汪原放：《回忆亚东图书馆》，学林出版社，1983年。

王仿子：《出版生涯七十年》，上海百家出版社，2010年。

王辅刚：《三晋史话·长治卷》，三晋出版社，2016年。

王桧林：《中国现代史》（上册），北京师范大学出版社，1991年。

王建明、王晓霞：《中国近代出版史稿》，南开大学出版社，2011年。

王健英：《中共中央机关历史演变考实（1921—1949）》，中共党史出版社，2005年。

王敬：《延安〈解放日报〉史》，新华出版社，1998年。

王其森：《苏区散论》，鹭江出版社，1993年。

王文彬：《中国现代报史资料汇辑》，重庆出版社，1996年。

王锡荣：《"左联"与左翼文学运动》，上海人民出版社，2016年。

王益、周保昌、王文彬，等：《战争年代的山东新华书店》，山东人民出版社，1990年。

王余光、吴永贵：《中国出版通史·民国卷》，中国书籍出版社，2008年。

魏剑美、骆一歌：《中国报纸副刊史》，新华出版社，2015年。

温中兰：《浙江翻译家研究》，上海交通大学出版社，2010年。

邬国义：《历史的碎片：国义文存》（第2集），上海人民出版社，2016年。

吴永贵：《民国出版史》，福建人民出版社，2011年。

吴永贵：《中国出版史 下册·近现代卷》，湖南大学出版社，2008年。

夏衍：《懒寻旧梦录》，生活·读书·新知三联书店，1985年。

肖邮华：《井冈山革命斗争史选编》，中央文献出版社，2010年。

晓音：《一代名将彭雪枫》（中），宁夏人民出版社，2010年。

辛锋、王思懿：《出版家黄洛峰》，云南人民出版社，2017年。

新华书店总店：《书店工作史料》（第1辑），新华书店总店，1979年。

新华书店总店：《书店工作史料》（第2辑），新华书店总店，1982年。

熊复：《中国抗日战争时期大后方出版史》，重庆出版社，1999年。

徐雪寒：《徐雪寒文集》，生活·读书·新知三联书店，2006年。

严帆：《中央革命根据地新闻出版史》，江西高校出版社，1991年。

杨居人：《拂晓报史话》，新华出版社，1987年。

杨铨：《杨杏佛文存》，平凡书局，1929年。

杨树升：《李大钊年谱》，甘肃人民出版社，1984年。

杨万秀、钟卓安：《广州简史》，广东人民出版社，1996年。

杨永兴：《张闻天的新闻实践研究》，光明日报出版社，2017年。

姚福申：《中国编辑史》（第2版），复旦大学出版社，2004年。

叶文益：《广东革命报刊史(1919—1949)》，中共党史出版社，2001年。

叶再生：《出版史研究》（第二辑），中国书籍出版社，1994年。

叶再生：《中国近代现代出版通史》（第1—4卷），华文出版社，2002年。

《忆彭雪枫同志》编辑组：《忆彭雪枫同志》，河南人民出版社，1979年。

余伯流、凌步机：《中央苏区史》（下），江西人民出版社，2017年。

袁文伟：《陕西抗战记忆丛书：抗战中的陕西民众》，太白文艺出版社，2018年。

袁小伦：《战后初期中共与香港进步文化》，广东教育出版社，1999年。

云南省昆明市委员会：《昆明文史资料集萃》（第4卷），云南科技出版社，2009年。

恽代英：《恽代英全集》（第四卷），人民出版社，2014年。

张德旺：《新编五四运动史》，黑龙江人民出版社，2009年。

张鸿声、（韩）朴宰雨：《世界鲁迅与鲁迅世界：媒介、翻译与现代性书写》，中国传媒大学出版社，2014年。

张静庐：《中国近现代出版史料》（补编），上海书店出版社，2011年。

张静庐：《中国近现代出版史料》（现代丙编），上海书店出版社，2011年。

张静庐：《中国近现代出版史料》（现代丁编，上），上海书店出版社，2011年。

张静庐：《中国近现代出版史料》（现代丁编，下），上海书店出版社，2011年。

张静庐：《中国近现代出版史料》（现代甲编），上海书店出版社，2011年。

张静庐：《中国近现代出版史料》（现代乙编），上海书店出版社，2011年。

张静如、梁志祥：《中国共产党通志》（第2卷），中央文献出版社，1997年。

张树栋等：《中华印刷通史》，印刷工业出版社，2004年。

张树军：《图文中国共产党纪事（1919—1931）》，河北人民出版社，2011年。

张万禄：《毛泽东的道路（1893—1949）》（上），陕西人民出版社，2017年。

张永江：《鲁迅与编辑》，河南大学出版社，1993年。

张允侯、殷叙彝：《五四时期的社团》（一），生活·读书·新知三联书店，1979年。

张泽贤：《民国出版标记大观》，上海远东出版社，2008年。

张召奎：《中国出版史概要》，山西人民出版社，1985年。

张之华：《中国新闻事业史文选（公元724年—1995年）》，中国人民大学出版社，1999年。

赵生明：《新华书店诞生在延安》，华岳文艺出版社，1989年。

赵晓恩：《延安出版的光辉》，中国书籍出版社，2002年。

郑保卫：《中国共产党新闻思想史》，福建人民出版社，2004年。

郑士德：《图书发行学概论》，高等教育出版社，1995年。

郑士德：《中国图书发行史》，高等教育出版社，2000年。

中共北京市委宣传部、中共北京市委党史研究室、北京市文化局：《解放战争时期北平第二条战线的文化斗争》，北京出版社，1998年。

中共北京市西城区委党史研究室等：《往事珍影：北京市西城区老同志回忆》，中共党史出版社，2006年。

中共广东省委党史研究室：《广东党史资料》（第30辑），广东人民出版社，1998年。

中共江西省委党史研究室：《中共江西地方史》（第1卷），江西人民出版社，2002年。

中共江西省委党史资料征集委员会：《江西党史资料》（第29辑），中央文献出版社，1994年。

中共山西省委党史办公室：《中国共产党山西历史》（第1卷），中共党史出版社，2012年。

中共上海市委党史研究室：《日出东方：中国共产党诞生地的红色记忆》（上），上海锦绣文章出版社，2014年。

中共上海市委党史研究室：《上海文化建设文献选编（1949—1966）》（下），上海书店出版社，2014年。

中共上海市委党史研究室：《中国共产党早期在上海史迹》，同济大学出版社，2013年。

中共上海市委党史资料征集委员会：《上海革命文化大事记（1919—1937）》，上海书店出版社，1995年。

中共四川省委党史工作委员会：《五四运动在四川》，四川大学出版社，1989年。

中共中央编译局：《五四时期期刊介绍》（第一集，上册），生活·读书·新知三联书店，1978年。

中共中央党史研究室：《全国党史文化论坛文集》（第2册），中共党史出版社，2013年。

中共中央党史研究室：《中国共产党第一次全国代表大会档案文献选编》，中共党史出版社，2015年。

中共中央党史研究室：《中国共产党九十年》（上），中共党史出版社，2016年。

中共中央党史研究室：《中国共产党历史：1921—1949年》，中共党史出版社，2011年。

中共中央党史研究室张闻天选集传记组、张培森：《张闻天年谱 上卷（1900—1941）》，中共党史出版社，2010年。

中共中央文献研究室、中央档案馆：《建党以来重要文献选编（一九二一—一九四九）》（第14册），中央文献出版社，2011年。

中共中央文献研究室、中央档案馆：《建党以来重要文献选编（一九二一—一九四九）》（第17册），中央文献出版社，2011年。

中共中央文献研究室、中央档案馆：《建党以来重要文献选编（一九二一—一九四九）》（第19册），中央文献出版社，2011年。

中共中央文献研究室、中央档案馆：《建党以来重要文献选编（一九二一—一九四九）》（第1册），中央文献出版社，2011年。

中共中央文献研究室、中央档案馆：《建党以来重要文献选编（一九二一—一九四九）》（第7册），中央文献出版社，2011年。

中共中央文献研究室、中央档案馆：《建党以来重要文献选编（一九二一—一九四九）》（第8册），中央文献出版社，2011年。

中共中央文献研究室：《"二大"和"三大"》，中国社会科学出版社，1985年。

中共中央文献研究室：《毛泽东年谱（1893—1949）》（下卷），中央文献出版社，2013年。

中共中央文献研究室：《毛泽东书信选集》，人民出版社，1983年。

中共中央文献研究室：《周恩来年谱（1898—1949）》，中央文献出版社，1989年。

中共中央文献研究室：《周恩来自述》，国际文化出版公司，2009年。

中共中央宣传部办公厅、中央档案馆：《中国共产党宣传工作文献选编》（1915—1937），学习出版社，1996年。

中共中央宣传部新闻局：《红色记忆：永远的丰碑》，学习出版社，

2007年。

中共中央组织部：《中国共产党组织史资料》（第1卷），中共党史出版社，2000年。

《中国报刊发行史料》编辑组：《中国报刊发行史料》（第1辑），光明日报出版社，1987年。

《中国报刊发行史料》编辑组：《中国报刊发行史料》（第1辑），光明日报出版社，1987年。

中国出版科学研究所、中央档案馆：《中华人民共和国出版史料》（第1卷），中国书籍出版社，1995年。

中国出版科学研究所：《近现代中国出版优良传统研究》，中国书籍出版社，1994年。

中国第二历史档案馆：《中华民国史档案资料汇编》（第五辑），江苏古籍出版社，1998年。

中国革命博物馆党史研究室：《党史研究资料》（第6集），四川人民出版社，1985年。

《中国共产党江西出版史》编写组：《中国共产党江西出版史》，江西人民出版社，1994年。

中国抗日战争军事史料丛书编审委员会：《华南人民抗日游击队》，解放军出版社，2015年。

中国人民解放军历史资料丛书编审委员会：《华南抗日游击队》（上），军事科学出版社，2008年。

中国社会科学院近代史研究所：《共产国际有关中国革命的文献资料》（第1辑），中国社会科学出版社，1981年。

中国社会科学院近代史研究所：《新民学会资料》，《中国现代革命史资料丛刊》，人民出版社，1980年。

中国社会科学院文学研究所：《左联回忆录》（上），中国社会科学出版社，1982年。

中国社会科学院现代史研究室：《"一大"前后》（第2册），人民出版社，1980年。

中国社会科学院新闻研究所：《中国共产党新闻工作文件汇编》（上卷），新华出版社，1980年。

中国延安精神研究会：《中共中央在延安十三年资料2：重要资料选辑》（中），中央文献出版社，2017年。

中央档案馆：《中共中央文件选集 第三册（一九二七）》，中共中央党校出版社，1989年。

中央档案馆：《中共中央文件选集 第十二册（一九三九——一九四〇）》，中共中央党校出版社，1991年。

中央档案馆：《中共中央文件选集 第十三册（一九四一——一九四二）》，中共中央党校出版社，1991年。

中央档案馆：《中共中央文件选集 第四册（一九二八）》，中共中央党校出版社，1989年。

中央档案馆：《中共中央文件选集 第五册（一九二九）》，中共中央党校出版社，1990年。

中央档案馆：《中共中央文件选集 第一册（一九二一——一九二五）》中共中央党校出版社，1989年。

钟树梁：《抗战时期西南的文化事业》，成都出版社，1990年。

重庆市新闻出版局：《重庆市志·出版志（1840—1987）》，重庆出版社，2007年。

周保昌：《东北解放区出版发行工作的回顾》，辽宁人民出版社，1988年。

周红妮：《中国共产党接管大中城市纪实》，河北人民出版社，2013年。

周晓明：《现代中国文学史》，华中师范大学出版社，2011年。

周毅：《抗战时期文艺政策研究》，四川大学出版社，2013年。

朱海明：《风情民国老期刊》，苏州大学出版社，2012年。

朱联保：《近现代上海出版业印象记》，学林出版社，1993年。

朱少伟：《烟雨斜阳》，上海三联书店，2012年。

朱姝璇：《华南人民抗日游击队史》，江苏人民出版社，2017年。

邹嘉骊：《忆韬奋》，生活·读书·新知三联书店，2015年。

邹韬奋：《韬奋全集》（第10卷），上海人民出版社，2015年。

邹韬奋：《韬奋全集》（第9卷），上海人民出版社，2015年。

二、文章类

薄景昕：《论〈新青年〉场域的构成》，《求是学刊》2009年第1期。

毕彩云：《〈湘江评论〉时期毛泽东力主"呼声革命"之原因》，《黑龙江社会科学》2015年第3期。

曹爱群：《邓小平编辑〈红星报〉的缘由、特点及启示》，《新闻知识》2015年第7期。

陈家新：《〈共产党宣言〉在中国的翻译和版本研究》，《中国国家博物馆刊》2012年第8期。

陈雷刚：《章汉夫与〈新华日报〉和〈群众〉周刊》，《百年潮》2015年第8期。

陈振新：《陈望道与建党初期的工人运动刊物〈劳动界〉》，《北京党史》2010年第5期。

陈志强、吴廷俊：《中央苏区时期报刊发行的途径与效果研究》，《南昌大学学报（人文社会科学版）》2010年第6期。

成寿焜：《毛泽东同志曾秘密散发的是〈共产党〉月刊》，《湘潭大学学报（社会科学版）》1984年第3期。

邓绍根、王明亮：《中国最早旗帜鲜明地高举"共产党"大旗的刊物——〈共产党〉月刊》，《新闻与写作》2011年第7期。

方振益：《武汉国民政府时期的汉口长江书店》，《编辑之友》1989年第5期。

方振益：《恽代英和他创办的利群书社》，《出版史料》1989第4期。

韩云：《〈红色中华〉的组织传播与大众传播》，《青年记者》2011年第2期。

胡绳：《传播马克思主义理论的先驱者——纪念李达同志诞辰一百周年》，《光明日报》1990年10月28日。

华景杭：《父亲华岗与〈共产党宣言〉的翻译、出版》，《纵横》2009年第10期。

黄艳林：《论〈红色中华〉报的编辑特点》，《福州大学学报（哲学社会科学版）》2003年第4期。

吉明学：《我国第一个新诗杂志——〈诗〉月刊》，《扬州师范学院学报》1990年第4期。

李劼人：《五四追忆王光祈》，《川西日报》1950年5月4日。

李永中：《空间转换与民族国家话语》，《文艺理论与批评》2008年第4期。

刘立丰：《论〈向导〉周报的宣传特色》，《哈尔滨学院学报》2008年第9期。

刘仰东：《"新政协运动"的兴起和走向》，《人民政协报》2019年7月11日。

刘莹莹、赵云泽：《中国第一个面向工人的通俗刊物〈劳动界〉》，《新闻前哨》2015年第11期。

马光仁：《有关党的早期报刊的一些史实——访郑超麟》，《新闻大学》1988年第1期。

马宁：《中国共产党历史上的第一个党刊——〈共产党〉月刊出版发行始末》，《出版发行研究》2017年第10期。

欧阳哲生：《〈新青年〉编辑演变之历史考辨：以1920—1921年同人书信为中心的探讨》，《历史研究》2009年第3期。

孙萍、赵云：《邓小平曾主编的〈红星报〉》，《新闻前哨》2011年第12期。

唐贤健：《李达与〈共产党〉月刊》，《湖南行政学院学报》2010年第5期。

王均予：《忆我在中央出版部的工作》，《上海党史资料通讯》1985年第11期。

王新刚：《陈望道译本之前的〈共产党宣言〉译介及其政治目的分析》，《理论月刊》2018年第8期。

王志蔚：《〈湘江评论〉创刊的文化资源》，《江汉大学学报》2011年第2期。

韦明：《〈共产党〉月刊作者、译者笔名考述》，《上海党史与党建》2018年第2期。

文东：《红色发行机构——新华书店》，《中国图书商报》2001年7月5日。

吴亮平：《急速开展群众的熬盐运动，回答敌人的加紧封锁》，《红色中华》第217期。

武志勇、宋阳：《论抗日战争时期〈晋察冀日报〉的发行工作》，《新闻大学》2006年第2期。

夏松涛、张勇：《试论〈晋察冀日报〉的特点》，《史志学刊》2006年第5期。

萧三：《毛泽东同志在五四时期》，《中国青年报》1979年5月5日。

许觉民：《新型出版家——徐伯昕同志传略（上）》，《出版史料》1990年第4期。

严帆：《中央苏区第一个出版发行机构——闽西列宁书局》，《新文化史料》1991年第1期。

颜同林：《姿态与宿命——第一个新诗刊物〈诗〉月刊研究》，《宁夏大学学报（人文社会科学版）》2009年第3期。

杨宏雨、肖妮：《〈星期评论〉——五四时期舆论界的明星》，《同济大学学报（社会科学版）》2012年第5期。

杨宏雨：《〈星期评论〉作者群研究》，《理论学刊》2018年第3期。

叶文益、吴海勇、王淑远：《中共建党史上不应被遗忘的人》，《党员文摘》2015年第9期。

余文焕：《战地黄花分外香——解放战争时期国统区的进步出版界》（三），《出版发行研究》1999年第11期。

余文焕：《战地黄花分外香——解放战争时期国统区的进步出版界》（五），《出版发行研究》2000年第1期。

张克明：《国民党政府查封上海华兴书局案》，《历史档案》1981年第1期。

张克明：《民国时期禁书目录述评》，《档案史料与研究》1990年第2期。

张明、张扣林：《〈共产党〉月刊在建党时期所作的宣传》，江苏科技大学学报（社会科学版）2009年第4期。

张明平：《论郁达夫与创造社的出版活动》，《康定民族师范高等专科学校学报》2004年第3期。

张颖：《试述中革军委创办最早的军报〈红星〉报》，《福建党史月刊》2010第4期。

张育仁、张夷驰：《论抗战时期文化普及读物的出版与新启蒙运动的兴起》，《重庆师范大学学报（哲学社会版）》2010年第4期。

张钊：《抗战期间国民党政府图书审查机关简介》，《出版史料》1985年第4期。

赵晓恩：《以延安为中心的革命出版工作（1936—1947）（三）》，《出版发行研究》2001年第3期。

赵晓恩：《以延安为中心的革命出版工作（1936—1947）（五）》，《出版发行研究》2001年第5期。

周爱武：《〈每周评论〉的传播学意义》，《怀化学院学报》2007年第5期。

周胜林：《邓拓和〈晋察冀日报〉》，《新闻大学》1983年第6期。

朱同留：《历史的记忆：抗战时期的〈新华日报〉》，《内蒙古大学学报》2011年第3期。

朱晓进：《政治文化心理与三十年代文学》，《文学评论》2000年第1期。

后 记

本书以时间推移为经,以事件发展为纬,研究了新民主主义革命时期中国共产党及其领导下的进步出版业发展历程。

由于新民主主义革命时期中共出版史与民国时期出版史研究在时空上有着较大的重叠性,当前学界对于这一时期的出版史研究大多是以民营出版业为主要考察对象,尤其是对"商(商务印书馆)、中(中华书局)、世(世界书局)、大(大东书局)、开(开明书店)"为代表的民营书业企业的出版史研究成果颇多。一些近现代出版通史性质的著作或是探讨民国出版历史的著作虽然也对这一时期中国共产党领导下的出版业发展历史有所论及,但是着墨不多,在研究内容上大都失之于简。本书将新民主主义革命时期中国共产党领导下的出版业作为一个独立的考察对象加以全面和系统的探究,通过对这一时期中共出版史资料的搜集、整理和研究,力图全景勾勒新民主主义革命时期中共出版业发展的历史概貌和演进历程,厘清其发展脉络,揭示其本质特征和发展规律。新民主主义革命时期中共领导下的出版工作是党的宣传工作的重要喉舌,出版工作具有鲜明的时代性、政治性、宣传性和普及性等特点。新民主主义革命时期中国共产党领导下的出版业在中国近现代出版史上占有重要地位,它是新中国出版业的源头活水,对新中国出版业的发展起到了理论构建、文化普及、舆论引导、精神鼓舞和人才培养的作用。

出版史研究是一项基础研究工作,也是一项非常艰苦、枯燥的工作,史料的爬梳整理和研究需要有一种不怕苦、不怕累、耐得住寂寞的精神,也就是所谓的"冷板凳"精神。该书从开始定题写作到最终完稿,历时六年多时光,所查阅和过目的文献资料难以计数。由于时间久远,岁月变迁,一些史料真伪错杂,互相抵牾,这就需要对史料进行考证和鉴别。为了查证史料的真伪,笔者耗费了大量的时间和精力,写作的过程中充满艰辛、痛苦、孤独和挑战,有时候为了查核一份报刊的创刊时间,或是一家出版发行机构的成立时间,需要跑图书馆和档案馆翻阅相关原始文献资料,这一过程是十分艰辛的。但是,当手中捧着发黄甚至有些残破的图书和报刊资料,查阅到准确的数据时,内心的激动和兴奋之情又是那么地难以言表。真可谓尝尽各种酸甜苦辣，个中滋味，只有亲身经历过，才能有切身的体会。

本书在撰写过程中，得到家人及众多师友、同事、学界同人的关心、支持、指导和帮助。一路走来，需要感谢的人太多，在此只能以挂一漏万的方式向他们致以崇高的谢意。

感谢我的博士生导师曹之先生和硕士生导师王征鲁先生，感谢他们对我的培养和指导，正是他们呕心沥血的指导、热情的鼓励、及时的指引和无微不至的关怀，才使我得以走上学术研究之路。两位导师开阔的胸襟、宽广的学术视野、殆无虚日的研究精神和严谨的治学态度，是我终身学习的榜样。

感谢对外经济贸易大学林汉川教授，在没有林老师的指导之前，本人在国家社科基金项目的申报上茫无端绪，屡战屡败。正是有了林老师的悉心指导，才使我得以成功申报"中国共产党出版史资料整理与研究（1921—1949）（项目号：16BDJ048）"这一国家级课题。

感谢单位领导和同事，感谢韩建民教授、王轻鸿教授以及王强、李中昌、王毅刚、赵晓斌、李金城、李婷、蒋琤琤、付玉、付茜茜、江黎黎、蒋小花等各位领导和同事，他们在本书撰写过程中，给予本人热情的鼓励和支持。

感谢浙江工商大学杨齐福教授、游海华教授和浙江大学肖如平教授，本书的撰写，得到三位师友的热情指点，他们提出了不少写作思路和建议，指点了不少迷津，使我得以顺利地完成本书的写作。

感谢浙江大学出版社平静编审，平女士对于书稿认真负责，为本书的编辑出版付出了许多的心血和汗水，其严谨细致、一丝不苟的工作态度给本人留下了深刻的印象。

感谢我的亲人，感谢我的妹妹陈昌文女士，在本人撰写书稿期间，因生病住院，远在外地上班的妹妹特意请假过来护理和照顾我；感谢我的爱人王水球女士，在我撰写书稿过程中，她不仅承担了繁重的家务劳动，还协助我整理了大量的文献资料。感谢我的父母和孩子，你们是我前行路上的不竭动力。

由于水平有限，再加上史料整理和发掘的困难，书中难免存在疏漏和不足之处，在此，恳请各位专家和读者批评指正！

陈矩弘
2023年春于杭州